河南专门史大型学术文化工程丛书

主编 谷建全
执行主编 张新斌

河南文化史

程有为 著

中原出版传媒集团
中原传媒股份有限公司
大象出版社
·郑州·

图书在版编目（CIP）数据

河南文化史 / 程有为著. — 郑州：大象出版社，2021.11
（河南专门史大型学术文化工程丛书 / 谷建全主编）
ISBN 978-7-5711-1230-1

Ⅰ. ①河… Ⅱ. ①程… Ⅲ. ①文化史-河南 Ⅳ. ①K296.1

中国版本图书馆 CIP 数据核字（2021）第 212700 号

河南专门史大型学术文化工程丛书

河南文化史
HENAN WENHUA SHI

程有为　著

出 版 人	汪林中
选题策划	王刘纯　张前进
项目统筹	李建平
责任编辑	曲　静
责任校对	牛志远　张绍纳　安德华
装帧设计	张　帆

出版发行　大象出版社（郑州市郑东新区祥盛街 27 号　邮政编码 450016）
　　　　　发行科 0371-63863551　总编室 0371-65597936

网　　址	www.daxiang.cn
印　　刷	北京汇林印务有限公司
经　　销	各地新华书店经销
开　　本	720 mm×1020 mm　1/16
印　　张	39.25
字　　数	637 千字
版　　次	2021 年 12 月第 1 版　2021 年 12 月第 1 次印刷
定　　价	176.00 元

若发现印、装质量问题，影响阅读，请与承印厂联系调换。
印厂地址　北京市大兴区黄村镇南六环磁各庄立交桥南 200 米（中轴路东侧）
邮政编码　102600　　　　　电话　010-61264834

河南专门史大型学术文化工程丛书(第二辑)编辑委员会

顾　　　问	魏一明　张占仓　袁凯声　丁同民
主　　　任	阮金泉　谷建全
副　主　任	王承哲　李同新　张新斌
主　　　编	谷建全
执　行　主　编	张新斌
执行副主编	唐金培　陈建魁　李乔

编　委
（以姓氏笔画为序）

于为民	卫绍生	王记录	王玲杰	毛　兵
师永伟	任崇岳	李晓燕	杨　波	杨世利
张玉霞	张佐良	陈习刚	程有为	焦培民
魏淑民				

河南专门史总论

张新斌

河南专门史研究,是河南历史的细化研究,是河南历史的全面研究,是河南历史的深入研究,也是河南历史的综合研究。河南历史研究,不仅是地方史研究,也是中国史研究,是中国史的核心研究,是中国史的主干研究,更是中国史的精华研究。

一、河南称谓的区域变迁及价值

(一)河南:由地理到政治概念的演变

河南是一个地理概念。河南概念的核心是"河",以黄河为指向形成地理方位概念,如河南、河东、河西、河内、河外等。《史记·殷本纪》:"盘庚渡河南,复居成汤之故居。"又,《战国策·齐策》:"兼魏之河南,绝赵之东阳。"魏惠王徙都大梁(今开封),而河南地区为魏之重要区域。《史记·项羽本纪》:"彭越渡河,击楚东阿,杀楚将军薛公。项王乃自东击彭越。汉王得淮阴侯兵,欲渡河南。"这里的"河南"明显不是一个政区概念,而是一个地理概念。

河南也是一个政治概念。《史记·货殖列传》所云"三河"地区为王都之地。"昔唐人都河东,殷人都河内,周人都河南。夫三河在天下之中,若鼎足,王者所更居也。"可见河南为周之王畿之地。又,《史记·周本纪》:"子威烈王午立。考王封其弟于河南,是为桓公。"《史记·项羽本纪》:"故立申阳为河南王,都洛阳。"这也从一个侧面反映出河南在战国、秦汉之际与王都连在一起,无疑应为政治中心。《通志·都邑略》对河南有一个重要评价:"故中原依大河以为固,吴越依大江以为固。中原无事则居河之南,中原多事则居江之南。自开辟以来皆河南建都,虽黄帝之都、尧舜禹之都于今皆为河北,在昔皆为河南。"

(二)河南:以洛阳为中心的政区概念

1. 河南郡。汉代始设,至隋唐之前设置。《汉书·地理志》云,河南郡,辖县22,有洛阳、荥阳、偃师、京、平阴、中牟、平、阳武、河南、缑氏、卷、原武、巩、谷成、故市、密、新成、开封、成皋、苑陵、梁、新郑。以上地区包括今洛阳市区周边,含今新安、孟津、伊川、偃师,今郑州市的全部,今开封市区,以及今原阳县,今汝州市。据《晋书·地理志》,河南郡领河南、巩、安、河阴、新安、成皋、缑氏、新城、阳城、陆浑。西晋时,汉河南郡东部析置荥阳郡,而西晋时的河南郡大致包括今洛阳市区及嵩县、新安、偃师、伊川等,以及巩义、登封、新密,还有荥阳的一部分和今汝州市。《宋书·州郡志》:南朝宋司州有三郡,包括河南郡,领河南、洛阳、巩、缑氏、新城、梁、河阴、陆浑、东垣、新安、西东垣等,其范围与西晋河南郡差不多。《魏书·地形志》说河南郡仅领县一个,其区划郡县叠加。《隋书·地理志》记述隋设河南郡,统领18个县,为河南、洛阳、桃林、阌乡、陕、熊耳、渑池、新安、偃师、巩、宜阳、寿安、陆浑、伊阙、兴泰、缑氏、嵩阳、阳城,涉及今三门峡市区及灵宝、渑池、义马等,今洛阳市区及新安、偃师、嵩县、宜阳等,今郑州所辖巩义、登封等。

2. 河南尹。东汉时洛阳为都,在都城设河南尹。《后汉书·郡国志》:河南尹,辖洛阳、河南、梁、荥阳、卷、原武、阳武、中牟、开封、苑陵、平阴、缑氏、巩、成皋、京、密、新城、偃师、新郑、平。其所辖范围与西汉河南郡基本相当。三国魏时亦有"河南尹",如《三国志·魏志》:夏侯惇曾"转领河南尹",司马芝于"黄初中,入为河南尹"。

3. 河南县。西汉时设县,沿至东汉、西晋、刘宋、北魏、隋、唐、宋等,金代已无河南县,洛阳的"河南""洛阳"双城结构正式瓦解。

4. 河南府。唐代始设,沿至宋、金、元,但元代已称之为路。据《旧唐书·地理志》,河南府辖河南、洛阳、偃师、巩、缑氏、告成、登封、陆浑、伊阙、伊阳、寿安、新安、福昌、渑池、永宁、长水、密、河清、颖阳、河阳、氾水、温、河阴、阳翟、济源、王屋。《新唐书·地理志》载,河南府共辖20县,有河南、洛阳、偃师、巩、缑氏、阳城、登封、陆浑、伊阙、新安、渑池、福昌、长水、永宁、寿安、密、河清、颍阳、伊阳、王屋。由此可以看出，其地含今洛阳绝大部分，今郑州的巩义、登封，甚至今豫西北的济源。《宋史·地理志》有河南府，辖河南、洛阳、永安、偃师、颍阳、巩、密、新安、福昌、伊阙、渑池、永宁、长水、寿安、河清、登封共16县。《金史·地理志》载，金时河南府仅辖9个县，即洛阳、渑池、登封、孟津、芝田、新安、偃师、宜阳、巩。以上县名与今县名比较接近，主要分布在今洛阳周边。《元史·地理志》载，在河南行省下有"河南府路"，实相当于河南府，相关县有洛阳、宜阳、永宁、登封、巩县、孟津、新安、偃师，以及陕州的陕县、灵宝、阌乡、渑池，相当于今三门峡市一部分、洛阳市一部分及郑州市一部分。《明史·地理志》记录的河南省下有河南府，属地有洛阳、偃师、孟津、宜阳、永宁、新安、渑池、登封、嵩县、卢氏及陕州的灵宝、阌乡2县。其地较元代河南府稍大。

5. 河南道。仅在唐代、五代时实行。据《旧唐书·地理志》载，"河南道"辖河南府、孟州、郑州、陕州、虢州、汝州、许州、汴州、蔡州、滑州、陈州、亳州、颍州、宋州、曹州、濮州等，其范围"约当今河南、山东两省黄河故道以南（唐河、白河流域除外），江苏、安徽两省淮河以北地区"[①]。《新唐书·地理志》也讲到"河南道"，相当于古豫、兖、青、徐四州之域。据《旧五代史·郡县志》载，五代时有"河南道"，含河南府、滑州、许州、陕州、青州、兖州、宋州、陈州、曹州、亳州、郑州、汝州、单州、济州、滨州、密州、颍州、濮州、蔡州等，可见其范围是极大的。

（三）河南：以开封为中心的政区概念

自元代开始，"省"成为地方最高级行政建制。元代正式设立"河南江北等处行中书省"。《元史·地理志》云，河南行省辖路12、府7、州1、属州34、属县182。其中，汴梁路，领录事司1（县17，开封一带），还领郑、许、陈、钧、睢等5州21县。河南府路，领录事司1（县8，洛阳一带），还领陕州及4县。南阳府，领南阳、镇平2县及邓、唐、嵩、汝、裕5州11县。汝宁府，领汝阳、上蔡、西平、确山、遂平5县及颍、息、光、信阳4州10县。归德府，领睢阳、永城、下邑、宁陵4县及徐、宿、邳、亳4州8县。襄阳路，领录事司1县6，还领均、房2州4县。蕲州

---

① 复旦大学历史地理研究所《中国历史地名辞典》编委会：《中国历史地名辞典》，江西教育出版社1988年版，第538页。

路,领录事司 1 县 5。黄州路,领录事司 1 县 3。以上仅为"河南江北道肃政廉访司",所领范围已包括今河南省黄河以南部分,以及今湖北省江北部分地区,今苏北、皖北部分地区。

明代正式称河南行省(承宣布政使司),《明史·地理志》记录河南省辖府 8、直隶州 1、属州 11、县 96。府有开封府、河南府、归德府、汝宁府、南阳府、怀庆府、卫辉府、彰德府,以及直隶州汝州。总的来看,明代的河南省已经与现在的河南省大体范围相当,成为一个跨越黄河南北的省。

清代沿袭了相关的行政建制。需要注意的是,其治所在开封。直到民国及新中国成立初期,开封一直为省会所在。

从以上的史料罗列中可以看出,"河南"是一个重要的概念。先秦时期,河南是一个重要的地理概念,而这个概念中实际上包含了非常深刻的政治含义,河南实际上是天下政治中心的具体体现。从西汉开始到清代,河南成为一个非常重要的行政建制名称。隋唐之前是河南郡(尹),隋唐之后则为河南府(路)。元代之前,河南郡、府、道、尹、县的治所,以及地理概念、政治概念的核心,均在今洛阳。可以说,河南的范围时有变化,作为河南中心的洛阳地位始终是不变的,洛阳甚至是河南的代名词。元代以后行省设立,开封成为行省治所(省会)所在,数以百年。虽然如此,但河南的根源、灵魂在洛阳。

二、河南历史的高度与灵魂

(一)河南历史的高度:河南史的实质就是中国史

河南是个大概念,不仅涉及地理、政区,也涉及政治,研究中国历史是绕不开以洛阳为中心的河南的。《元和郡县志》卷六对"河南"有一个解读:"《禹贡》豫州之域,在天地之中,故三代皆为都邑。"这里对夏至唐的洛阳为都有一个清晰的勾勒,如禹都阳翟、汤都西亳、成王都成周,东汉、曹魏、西晋、北魏等均都洛阳,隋炀帝号为东京,唐代号称东都或东京,"则天改为神都",到了北宋则成为西京。可以说,一部王朝史,绕不开以洛阳为中心的河南。《说苑·辨物》载"八荒之内有四海,四海之内有九州,天子处中州而制八方耳",而这个"中州"就是河南。

对于河南的认识,其战略地位的重要性不言而喻,还有另外一个角度的分析。《读史方舆纪要》卷四十六:"河南,古所称四战之地也。当取天下之日,河南在所必争;及天下既定,而守在河南,则岌岌焉有必亡之势矣。周之东也,以河南而衰;汉之东也,以河南而弱;拓跋魏之南也,以河南而丧乱。朱温篡窃于汴梁,延及五季,皆以河南为归重之地。以宋太祖之雄略,而不能改其辙也,从而都汴。都汴而肩背之虑实在河北,识者早已忧之矣。"在这里,作者将洛阳的战略地位定性为"四战之地",讲到得天下者首先要得河南,反映了作者的敏锐性。但是,将洛阳定位于岌岌可危之地则有所不妥。河南对关中的承接,实际上反映了中国古代的两大政治中心相互补充完善的作用。中国历史上的统一王朝,基本上都经历了定都于关中长安和河洛洛阳两个阶段。所以,从某种意义上讲,河南历史既是河南地方的历史,也是中国古代的历史;从区域角度来看,可以说河南区域史是极为精练的中国史,是影响甚至决定王朝走向的关键历史;从中国历史的大视野考察,具备这种关键作用的区域,在中国这种大格局中,也就是那么一两个地区,而河南无疑是其中之一。

(二)天地之中:中国历史最具灵魂的思维探寻

中国古代都城的选择是与中国人特定的宇宙观联系在一起的。在中国人的观念中,"中"具有极为特殊的意义。中国古代历史上最具影响力的都城中,最能体现这种观念的非洛阳莫属。[①]

周灭商之后,周公受命探寻"天地之中"。《太平寰宇记》卷之三云:"按《博物志》云:'周在中枢,三河之分,风雷所起,四险之国也。昔周武王克殷还,顾瞻河、洛而叹曰:"我南望三涂,北望岳鄙,顾瞻有河,粤瞻雒、伊,毋远天室。"遂定鼎郏鄏,以为东都。'《周书》又曰:'周公将致政,乃作大邑,南系于洛水,北因于郏山,以为天下之大凑也。'皇甫谧《帝王世纪》云:'周公相成王,以丰、镐偏在西方,职贡不均,乃使召公卜居涧水东、瀍水之阳,以即中土。而为洛邑,而为成周王都。'"周朝建立后,最大的问题是"择中而居"。选择"天下之中"与"天地之中",关键是"中"。《路史》卷三十:"古之王者,择天下之中而立国,择国之中而立官,择官之中而立庙。"又,《周礼订义》卷十五:"夫天不足西北,地不足东南,有余不足皆非天地之中,惟得天地之中,然后天地于此乎合土播于四时,所

[①] 张新斌:《"天地之中"与"天下之中"初论》,《中州学刊》2018年第4期。

以生长收藏万物一时之气,不至则偏而为害。惟得天地之中,然后四时于此而交,通风以散之,雨以润之,偏于阳则多风,偏于阴则多雨。惟得天地之中,然后阴阳和而风雨以序,而至独阴不生,独阳不成。阴阳之和不成则反伤夫形。"这里论述了天地之中的阴阳秩序。但从众多文献看,天地之合、四时之交、风雨之会、阴阳之和是个立体的概念。"天地之中"刻意强调了思想观念上的特殊性,着重关注了本质文化上的特质性,重点强化了政治统治上的正当性,具有综合意义。

"天地之中"所在地,以洛阳(洛、洛地、洛师、洛邑、洛之邑、洛河之邑、洛水之涯、洛邑之地、河洛等)之说为绝对主流观点;与"天地之中"对应的"天下之中",则更多强调了位置适中,交通便利,其地方文献也多以洛阳为主。《河南通志》卷七:"河南居天下之中,嵩岳表其峻,大河、淮、济紫流境内。"这里所说的河南实则是大河南,河南的本质是洛阳。所以,洛阳为都的观念思想特征的探寻,反映了中国古代的思维方式与思维特点,其理论的深刻性极大丰富了中国古代的思想宝库,也是中国古都历史的灵魂所在。

三、河南历史:既是地方史也是区域史

河南地方史同时还是河南区域史,这是我们对河南专门史进行研究时时常要注意的关键性问题。我们应该如何对待我们的研究?

(一)作为地方史的河南专门史

地方是相对中央而言的。每一个王朝,都有中央与地方。中央就是皇帝,以及三省六部;地方则是郡县、省府县。对中央而言,省及以下建置都是地方。地方史就是研究一定行政建制内的历史,比如县的历史、市的历史、省的历史。

关于地方史,有人认为"所谓地方史研究,就是专门考察、分析某一地区历史变迁的史学工作"[1],或认为"地方史的书写往往是一种以国家宏大历史叙事为背景,又兼具本土地方特色的历史书写","地方历史的建构既是对国家宏大

---

[1] 叶舟:《地方文献与地方史研究》,载《上海地方志》编辑部编《2017年地方志与地方史理论研讨会论文汇编》,第199—203页。

历史叙事的补充,也是新时期国家与地方共同致力于民族地方形象、软实力及文化生态打造的努力"。① 一般而言,地方史是与一定级别的行政建置有关联的。河南长期为地方行政建置,从河南郡与河南县,到河南尹与河南县,到河南府与河南县,到河南路与河南县,再到河南省,作为省级建置也有七百余年的历史。相对王朝而言,河南的历史理所当然地就是地方史。换句话说,河南地方史就是研究河南地方的历史,就是研究在省的建置下河南这一特定范围内所发生的历史。河南地方史,就是对河南特定行政建置(省)内所有历史大事、历史人物、历史规制、历史机构、历史社会、历史文化等总的汇集、总的提炼、总的评价,是一部中国特定地方的小通史,是中国通史的河南卷。河南专门史,则是河南地方历史的细化,是河南专门历史的汇集,是作为地方的河南的历史的总的盘点。

河南地方史的研究,在河南是个"偏科"。河南史学界研究中国史,研究世界史,研究考古学,研究史学理论,当然,大家的研究无疑必然会触及河南,因为在中国史的研究范畴中,如果回避了河南,中国史肯定就不是完整的中国史。一方面,从夏到北宋,河南是王朝的政治中心所在,从某种意义上讲,这期间河南史中的重大事件无疑也是中国史中的重大事件,河南的历史也是中国的核心历史、中国的精英历史。另一方面,关键是要从河南的角度来研究中国的历史,从历史纵的时间轴来研究河南史,从历史横的空间区域比较中研究河南历史。所以,对于研究中国史的学者而言,河南地方史既是熟悉的,又是陌生的。

(二)作为区域史的河南专门史

区域是相对总体而言的。区域可以是一个地方行政建置,如河南、郑州、新郑,也可以是一个地区,如豫北、河朔、齐鲁、三秦、华北。当然,区域也可以是永恒的,对全球而言,中国、东亚、远东,都是区域。在全球史的背景下,区域史是个很时尚的东西,研究中国史与世界史(世界各国的历史),实质上研究的都是区域史。

学界有关区域史的讨论,是非常复杂的。例如,将地方史等同于区域史就

---

① 杨旭东:《近年来地方史研究评述》,《中原文化研究》2016年第1期。

是一种常见的声音,如:"地方史,或称区域史,是历史学科的一个重要分支。"①有的直接将区域史的研究范式等同于地方史的研究范式;②也有的将区域史作为地方史的支脉,"地方史内部也演化出了新的支系"③。尽管区域史和地方史有一定的契合点,但两者还不能完全画等号。区域史研究一般多关注区域的特殊性,但是,"区域史研究的意义不仅仅在于认识作为个案的区域本身,而且有助于对国家整体史的认识。于是,区域史研究的一个重要归宿还在于对中华帝国整体史的理解和把握,并不是局限于孤零零的区域个案,也非仅凭借一两个新线索的发现来填补漏洞、空白,而是从局部、微观、特殊性中找到一些带有普遍性的反映整体的现象和规则"④。区域史,就是由诸地理要素所构成的特定地理空间,有较长时段的经济交流与政治联系,以及内部所共生的以文化为纽带的规律性问题的研究。区域史更多关注点在基层社会,是对特定的人群、组织架构、民间信仰,以及形成的民风进行的研究。除利用正史、正志之外,区域史也要更多关注地方文献,如家谱、文书、契约、方志等,只有这样,区域史才会更加丰满。

河南历史,就河南而言,其起点是地理概念。从历代史志可以看出,行政区划的河南是立足于地理概念河南之上而设置的,在中国古代由特定地理概念而产生的政区并不多见,仅从这一点而言,河南历史既可以是地方史,又可以成为区域史,甚至由于以洛阳为核心的河南在历史上特殊的政治地位,河南史在某些时段可以上升为中国史。这就是河南历史的特殊价值所在。

四、河南历史的研究现状与努力目标

(一)河南历史的主要研究成果

改革开放以来,河南省社会科学院及全省学界陆续推出了一系列河南历史

---

① 叶舟:《地方文献与地方史研究》,载《上海地方志》编辑部编《2017年地方志与地方史理论研讨会论文汇编》,第199—203页。
② 段建宏:《地方史研究的思考》,《忻州师范学院学报》2007年第1期。
③ 姚乐:《如何理解地方史与区域史?——以〈江苏通史·魏晋南北朝卷〉为例的分析》,《南京晓庄学院学报》2014年第3期。
④ 孙竞昊、孙杰:《中国古代区域史中的国家史》,《中国史研究》2014年第4期。

的研究成果：

一是通史类。如《简明河南史》（张文彬主编，1996）、《河南通史》（4卷本，程有为、王天奖主编，2005）。以上成果有首创意义，但分量不足，不足以反映河南历史文化的厚重与辉煌。

二是专门史类。如《河南航运史》（河南省交通厅史志编审委员会，1989）、《河南少数民族史稿》（马迎洲等，1990）、《河南陶瓷史》（赵青云，1993）《河南新闻事业简史》（陈承铮，1994）、《河南考试史》（李春祥、侯福禄主编，1994）、《河南文学史·古代卷》（王永宽、白本松主编，2002）、《河南文化史》（申畅、申少春主编，2002）《河南教育通史》（王日新、蒋笃运主编，2004）《河南农业发展史》（胡廷积主编，2005）《河南经济通史》（程民生主编，2012）《河南生态文化史纲》（刘有富、刘道兴主编，2013）、《中原科学技术史》（王星光主编，2016），以及即将出版的《中原文化通史》（8卷本，程有为主编，2019）等。总体来讲，质量参差不齐，形成不了河南专门史体系类的成果。

三是市县通史类。如《驻马店通史》（郭超、刘海峰、余全有主编，2000）、《商丘通史（上编）》（李可亭等，2000）、《洛阳通史》（李振刚、郑贞富，2001）、《南阳通史》（李保铨，2002）《安阳通史》（王迎喜，2003）《嵩县通史》（嵩县地方史志编纂委员会，2016），以及我们即将完稿的《郑州通史》（张新斌、任伟主编，2020）等。

（二）河南历史的研究机构与研究重点

河南历史研究以河南省社会科学院历史与考古研究所为核心。河南省社会科学院历史与考古研究所是专门从事河南历史研究的权威机构，该所前身为成立于1958年的河南省历史研究所。1979年河南省社会科学院成立之际，河南省历史研究所正式成为河南省社会科学院历史研究所，以后又成立了河南省社会科学院考古研究所，2007年正式合并为河南省社会科学院历史与考古研究所。该所现有工作人员19人，其中研究员4人、副研究员10人、博士或在读博士7人，其研究涉及中国历史的各个方面，尤以中国古代史研究实力最为雄厚，在省级社科院中位列前茅。该所主编的"河南历史与考古研究丛书"已出版第一辑（9本）、第二辑（6本），在中原文化、河洛文化、姓氏文化研究方面均有标志性成果。郑州大学的历史研究在以刘庆柱研究员领衔的中原历史文化重点学科、王星光教授为代表的中原科技史方向、吴宏亮教授为代表的河南与近现代中国方向、陈隆文教授为代表的河南史地方向等方面成果卓著。河南大学以黄河文明研究作为主轴,李玉洁教授的河南先秦史研究、程民生教授为代表的以汴京为核心的宋史研究等较为突出。河南师范大学、新乡学院立足新乡,开展牧野文化研究。安阳师范学院则形成了以甲骨文、殷商史为代表的特色学科。河南理工大学立足于焦作,研究太行文化、太行发展。河南科技大学、洛阳师范学院、洛阳理工学院及文物部门的徐金星、蔡运章、薛瑞泽、毛阳光、扈耕田等先生立足于洛阳,开展河洛文化和洛阳学研究。商丘师范学院立足于商丘,对三商文化与商起源的研究颇有建树。许昌学院对汉魏许都的研究、黄淮学院对天中文化的研究、南阳师范学院对东汉文化的研究则各具特色。信阳师范学院以尹全海教授为代表的根亲文化研究、以金荣灿教授为代表的淮河文化研究及三门峡职业技术学院李久昌教授的崤函文化研究等均独树一帜。这些都已经成为河南历史研究的重要力量,也总体反映出河南历史研究的特色。

(三)河南专门史大型学术文化工程运作的过程与目标

2007年以来,为了进一步整合力量,推出标志性成果,我们在已完成的《河南通史》等研究成果的基础上,提出加大对河南历史研究的力度,并以"河南专门史"作为深化河南历史研究的重要抓手。河南专门史的研究工作得到了河南省社会科学院历任领导的重视。早在2008年,河南省社会科学院副院长赵保佑研究员就积极支持专门史研究的工作构想,积极推动该项工作的落实。2010年,院长张锐研究员、副院长谷建全研究员,专门带历史与考古研究所的相关人员到北京社科院进行调研,向他们学习北京专史集成研究的工作经验。2015年,院党委书记魏一明、院长张占仓研究员、副院长丁同民研究员积极推动,将河南专门史正式纳入河南省社会科学院重大专项工作,并于年底召开了河南专门史的正式启动会。在河南专门史创研期间,院领导积极关注工作进展,副院长袁凯声研究员统筹协调,有力地推动了后续工作。2019年,院领导班子对河南专门史工作给了大力支持,尤其是院长谷建全研究员更是将专门史作为院哲学社会科学创新工程的标志性成果,院办公室、科研处等相关部门为本套书的出版做了大量的后勤保障工作,使河南专门史第一批成果能够按时高质量地出版。河南省社会科学院历史与考古研究所在承担繁重的创研工作的同时,也承担了大量的学术组织工作,张新斌、唐金培、李乔、陈建魁多次在一起商议工程的组织与推动,唐金培在学术组织工作方面,在上下联动、督促、组织上付出了大量的艰辛。大家只有一个想法:尽快拿出一批高质量的学术成果。

为了有效推动河南专门史大型学术文化工程,我们在工作之初便编辑了《河南专门史研究编写实施方案》《河南专门史大型学术文化工程第一批实施方案》《河南专门史大型学术文化工程工作方案》《关于征集河南专门史重大专项书稿的函》等文件,成立了以魏一明、张占仓为组长的"河南专门史大型学术文化工程"领导小组,工程实行首席专家制,由河南省社会科学院历史与考古研究所所长张新斌研究员为首席专家。整个工程坚持"三为主、三兼顾"的原则,即以河南省社科院科研人员为主,兼顾河南史学界;以在职科研人员为主,兼顾退休科研人员;以团队合作为主,兼顾个人独著。在写作上,采用"三结合"的方法,即史实考证与理论提高相结合、学术价值与当代意义相结合、学术性与可读性相结合。

在第一批书稿创研中,我们结合各自的研究基础,自动组成团队,不但河南省社会科学院历史与考古研究所全体科研人员参与了该项工程,文学研究所、哲学与宗教研究所等单位的科研人员也都承担了相关的任务。河南大学、河南师范大学、河南农业大学、华北水利水电大学、郑州市委党校等同行均参与了创研。最终确定了第一批 15 本书稿的创研目标:《河南考古史》《河南水利史》《河南移民史》《河南园林史》《河南哲学史》《河南水文化史》《河南道教史》《河南城镇史》《河南行政区划史》《河南基督教史》《河南古都史》《河南家族史》《河南书院史》《河南诗歌史》《河南史学史》。我们的总体目标是推出 100 部具有学术意义的河南专门史成果。

从第一批 15 部书稿中我们归纳出以下几个特点:一是极大丰富了河南历史研究的内容。这些书稿所涉及的门类有大有小,其研究不仅梳理了相关门类的历史脉络,也丰富了通史类成果无法容纳的分量。如考古史、基督教史时段较短但内容更为丰满,有的甚至可以形成重大事件的编年。二是从更高的视角研究河南。现代考古学在河南的发展对中国考古学的分期具有标志性意义,实际上我们是从中国考古史的角度来研究河南考古史的。正因为这样,我们对河南考古学在中国考古学中的地位有了更为清晰的看法。三是从史料梳理中探寻发展规律。对于每一个专题的研究者,我们更多地要求大家在对史实进行研究的基础上,要探寻相关门类发展的规律,寻找兴衰的规律,以及决定这种兴衰规律的内在因素。我认为在这批成果中,有的已经超越了地方史的范畴,而进入区域史的研究探索之中。当然,研究是一个永无止境的过程,我们期待着河南专门史在以后的创研过程中不断有更多的学术精品问世。

2019 年 8 月

目 录

绪 论 ... 001

第一节 黄河与河南地区 ... 003
    一、黄河、淮河与河南 ... 003
    二、河南与中原、中州 ... 004
    三、河南地区的政权机构与政区演变 ... 006

第二节 河南文化形成、发展的环境生态 ... 008
    一、居中的地理位置与优越的自然环境 ... 008
    二、长期建都的政治中心和文化中心 ... 010
    三、多民族杂居融合的大熔炉 ... 011
    四、发达的社会经济 ... 013

第三节 河南文化发展演变的历史轨迹 ... 014
    一、孕育与形成 ... 014
    二、发展与演变 ... 016

第四节 河南文化的内涵与成就 ... 019

第五节 河南文化的特性和历史地位 ... 022
    一、四大特性 ... 022
    二、重要的历史地位 ... 024

第六节　相关研究的回顾与本书的撰写　　027
　　一、河南文化研究的历史与现状　　028
　　二、河南文化史研究的基本资料　　029
　　三、本书的主要内容与撰写旨趣　　030

第一章　史前原始农耕文明的演进与文化积累　　033
第一节　原始人类与旧石器文化　　034
　　一、河南境内的原始人类　　035
　　二、旧石器时代文化点　　036
　　三、原始人群的渔猎与采集生活　　037
第二节　新石器时代早期原始农耕文化的起源　　039
　　一、李家沟文化　　039
　　二、裴李岗文化　　040
第三节　新石器时代中期农耕文化的发展　　041
　　一、仰韶文化早期　　041
　　二、仰韶文化中期　　043
　　三、仰韶文化晚期　　046
第四节　新石器时代晚期原始农耕文化的发展　　048
　　一、龙山文化早期的庙底沟二期文化　　048
　　二、龙山中晚期文化　　049
第五节　丰富的史前传说　　051
　　一、三皇的传说　　052
　　二、五帝的传说　　053
　　三、河图洛书的传说　　054
　　四、黄河洪水和治水的传说　　055
第六节　精神文化的起源与早期华夏文明　　057
　　一、刻画符号的出现与造字的传说　　057
　　二、文学艺术的孕育　　059
　　三、自然科学的萌芽和生产技术的积累　　062
　　四、原始崇拜与宗教祭祀的发端　　065

五、早期的华夏文明　　069

第二章　夏、商、西周的青铜文明与礼乐文化　　073

第一节　夏、商、西周三代的中原地区　　074
　　一、黄河中下游河道与中原地区的自然生态　　075
　　二、立国中原地区的夏、商、西周王朝　　076

第二节　考古发现的物质文化遗存　　080
　　一、夏代的新砦期遗存与二里头、下七垣文化　　080
　　二、商代的二里岗文化和殷墟文化　　084
　　三、河南境内的西周文化遗存　　087

第三节　辉煌的青铜文明　　089
　　一、中原青铜文化区的形成和发展　　089
　　二、规模宏大的青铜工业　　092
　　三、青铜工业带动下的其他手工业　　095
　　四、数量众多、种类齐全的青铜器　　100
　　五、先进的青铜冶铸技术与工艺　　102
　　六、高度发达的青铜艺术　　105

第四节　原始宗教信仰的发展　　107
　　一、自然神崇拜　　107
　　二、祖先神崇拜　　109
　　三、天神上帝崇拜　　110

第五节　巫史文化与人文思想　　111
　　一、《洪范》的神权政治思想　　112
　　二、《易经》的哲学思想　　114
　　三、周公的天命论与敬德保民思想　　117
　　四、祭公谋父论德与兵威　　120
　　五、《吕刑》的刑法思想　　121
　　六、史伯的和同之辨　　122

第六节　从刻画符号到文字的成熟　　123
　　一、夏代与商代前期的刻画符号　　124

二、商代后期的甲骨文字　　　　　　　　　　　124
　　　三、商代与西周的金文　　　　　　　　　　　　125
第七节　文学艺术的起源与发展　　　　　　　　　　　127
　　　一、散文的出现　　　　　　　　　　　　　　　128
　　　二、歌谣的出现与《诗经》中的诗歌　　　　　　129
　　　三、乐舞的发展　　　　　　　　　　　　　　　131
第八节　科学技术的发展与学校教育的起源　　　　　　133
　　　一、医药知识的积累　　　　　　　　　　　　　133
　　　二、天文、气象知识与历法的出现　　　　　　　134
　　　三、生产技术的进步　　　　　　　　　　　　　138
　　　四、贵族学校教育的起源与发展　　　　　　　　139
第九节　礼仪制度与生活习俗　　　　　　　　　　　　140
　　　一、夏商礼仪的形成与发展　　　　　　　　　　141
　　　二、周公制礼与西周礼仪制度的完备　　　　　　146
　　　三、生活习俗　　　　　　　　　　　　　　　　153

第三章　春秋战国时期的百家争鸣与元典文化　　　　　　159
第一节　春秋战国时期的河外与河内地区　　　　　　　161
　　　一、黄河的安流与良好的生态环境　　　　　　　161
　　　二、周、郑东迁与周文化影响的加强　　　　　　163
　　　三、三晋的迁入与楚国的北进　　　　　　　　　164
　　　四、郑国的子产改革与魏国李悝、韩国申不害的变法　166
　　　五、快速发展的社会经济　　　　　　　　　　　167
　　　六、华夏族与四裔的杂居与文化融合　　　　　　168
第二节　百家争鸣中的思想学术　　　　　　　　　　　169
　　　一、老子、庄子与道家学说　　　　　　　　　　169
　　　二、墨子与墨家学说　　　　　　　　　　　　　173
　　　三、商鞅、韩非与法家学说　　　　　　　　　　176
　　　四、名家、纵横家、兵家与杂家　　　　　　　　178
　　　五、儒学在中原地区的传播　　　　　　　　　　182

第三节　史地学著作的出现　183
一、《尚书》与《逸周书》　183
二、《竹书纪年》　184
三、《左传》与《国语》　184
四、《山经》与《禹贡》　186

第四节　文学艺术的兴起　186
一、《诗经》中的中原民歌　187
二、诸子散文　188
三、郑卫之音　190
四、书法与绘画　191

第五节　科学技术的进步与私学教育的出现　192
一、天文历法的进步与冶铁技术的提高　192
二、乡校与私学的出现　193

第六节　河南南部的楚文化　194
一、楚文化的北渐　194
二、河南南部的楚文化遗存　195

第七节　民风礼俗　196
一、中原各地的民风　197
二、中原地区的士风　198
三、衣食住行　199
四、冠婚丧葬　202
五、岁时节庆　205
六、朝聘、会盟与飨宴　207
七、祭祀与占卜　210

第四章　秦汉时期的文化建构与拓展　213
第一节　秦汉时期的河南与河内地区　215
一、黄河水患的频繁与生态环境的恶化　215
二、社会经济的快速发展　217
三、河南与河内的郡县设置　218

第二节　思想的演进与宗教的初传　219
　　一、李斯的政治思想　219
　　二、贾谊的哲学与政治思想　220
　　三、晁错的思想　221
　　四、桑弘羊的经济思想　222
　　五、河图洛书的演绎与谶纬学说　224
　　六、张衡的宇宙观　225
　　七、永平求法与佛教的初传　227
　　八、黄老祠祀与道教的起源　228

第三节　经学、史学与文字学的发展　228
　　一、西汉中原经学　229
　　二、东汉洛阳经学中心地位的确立　230
　　三、史学的兴起　231
　　四、李斯统一文字与许慎著《说文解字》　233

第四节　诗赋和散文　234
　　一、贾谊的赋、散文与晁错的散文　234
　　二、张衡的诗赋　235
　　三、蔡邕的诗赋与散文　235
　　四、汉武帝的《瓠子歌》与《古诗十九首》　236

第五节　书画与乐舞艺术的发展　238
　　一、李斯的篆书　238
　　二、蔡邕的书法与书论　238
　　三、汉墓壁画与画像砖石　239
　　四、东汉的乐舞　240

第六节　科学技术的进步　242
　　一、天文学　242
　　二、医学　244
　　三、冶铁技术　245
　　四、造纸术的发明　246

第七节　学校教育的逐渐完备　　246
一、西汉的学校教育　　247
二、东汉的地方官学　　247
三、东汉洛阳的太学与鸿都门学　　248
四、私学教育　　249
五、察举考试的制度化　　250

第八节　民风民俗　　250
一、中原各地风尚的异同　　251
二、儒学传播与民风变迁　　253
三、衣食住行　　255
四、婚姻丧葬　　258
五、祭祀与娱乐　　260

第五章　魏晋南北朝时期多元文化的融合与发展　　263

第一节　魏晋南北朝时期的司豫地区　　265
一、黄河的安流与生态环境的修复　　265
二、动荡不已、战乱频仍的政局　　266
三、残破停滞的自然经济　　268
四、民族的流徙、冲突与融合　　270
五、士族的政治影响与文化贡献　　272

第二节　玄学思想的出现与宗教的传播　　274
一、玄学思想的勃兴　　274
二、佛教的传播与兴盛　　278
三、道教的传播与改革　　281

第三节　学术的兴盛　　282
一、儒家经学的延续　　282
二、史学的繁荣　　283
三、舆地学的兴起　　285
四、目录学与文字学　　287

第四节　文学的自觉与创作的繁荣　　　　　　　　　287
　　一、高潮迭起的诗赋创作　　　　　　　　　　　　288
　　二、散文创作的繁盛　　　　　　　　　　　　　　294
　　三、文学评论的兴起　　　　　　　　　　　　　　295
第五节　艺术的发展　　　　　　　　　　　　　　　　296
　　一、书法家钟繇、郑道昭与魏碑体　　　　　　　　297
　　二、音乐舞蹈的新发展　　　　　　　　　　　　　298
　　三、石窟造像艺术　　　　　　　　　　　　　　　298
第六节　科学技术的成就　　　　　　　　　　　　　　300
　　一、天文学与律历　　　　　　　　　　　　　　　300
　　二、医学的新成就　　　　　　　　　　　　　　　301
　　三、农业生产技术的进步　　　　　　　　　　　　302
　　四、冶金、制瓷技术的提高　　　　　　　　　　　303
　　五、马钧的创造发明　　　　　　　　　　　　　　304
第七节　官学教育的延续与私学的兴盛　　　　　　　　304
　　一、洛阳的中央官学教育　　　　　　　　　　　　305
　　二、中原的地方官学教育　　　　　　　　　　　　306
　　三、私学与启蒙教育　　　　　　　　　　　　　　307
　　四、九品中正制与察举考试　　　　　　　　　　　307
第八节　风俗习尚　　　　　　　　　　　　　　　　　308
　　一、士风的改变　　　　　　　　　　　　　　　　308
　　二、衣食住行　　　　　　　　　　　　　　　　　309
　　三、婚嫁丧葬　　　　　　　　　　　　　　　　　314
　　四、岁时节令　　　　　　　　　　　　　　　　　315

第六章　隋唐时期的文化繁荣　　　　　　　　　　　317
第一节　隋唐时期的河南与河北道　　　　　　　　　　319
　　一、黄河河患的增加与生态环境的恶化　　　　　　319
　　二、由安定到战乱的政局　　　　　　　　　　　　320
　　三、由繁荣到衰退的经济　　　　　　　　　　　　321

第二节　哲学与新儒学思想　　323
　　一、姚崇的无神论和李荃的哲学思想　　323
　　二、刘禹锡的自然观　　325
　　三、韩愈的新儒学思想　　327

第三节　佛教、道教的兴盛与三夷教的传入　　329
　　一、佛教的兴衰与佛教宗派的形成　　329
　　二、道教的兴盛与著名道士　　332
　　三、祆教、摩尼教和景教的传入　　333

第四节　骄人的学术成果　　334
　　一、徐文远、郑覃的经学　　335
　　二、李延寿、吴兢、刘知几的史学成就　　336
　　三、《区宇图志》与《大唐西域记》　　337
　　四、目录学与音韵学的发展　　337

第五节　诗歌的繁荣与古文运动　　338
　　一、初唐诗人　　338
　　二、杜甫与盛唐诗人　　340
　　三、元稹、白居易与中唐诗人　　342
　　四、晚唐诗人李商隐　　344
　　五、韩愈与唐代散文　　344
　　六、元稹等的传奇作品　　345
　　七、刘禹锡、白居易的词作　　346

第六节　多姿多彩的艺术　　347
　　一、画圣吴道子与卢鸿的绘画成就　　347
　　二、褚遂良、郑虔的书法艺术　　348
　　三、石窟造像艺术　　349
　　四、洛阳等地的乐舞　　350

第七节　科学技术的进步　　351
　　一、天文历算学的新进展　　351
　　二、医学的进步　　352
　　三、手工业生产工艺的创新与技术的提高　　353

第八节　教育的发达与科举制的创立　　354
　　　　一、官学教育的完备与私学　　354
　　　　二、科举考试制度的创立与演进　　356
　　第九节　风俗习惯　　357
　　　　一、衣食住行　　357
　　　　二、婚丧习俗　　360
　　　　三、节日与娱乐　　362

第七章　五代宋金时期文化的鼎盛与衰落　　365
　　第一节　五代宋金时期的中原地区　　367
　　　　一、黄河频繁改道与生态环境的恶化　　367
　　　　二、中央集权的强化　　369
　　　　三、发达的社会经济　　371
　　　　四、中原汉人的南迁与民族融合　　375
　　第二节　象数学与洛学　　375
　　　　一、河图洛书的象数派和义理派　　376
　　　　二、邵雍父子的象数学　　376
　　　　三、程颢、程颐的洛学　　378
　　第三节　佛教、道教的发展与犹太教的传入　　383
　　　　一、佛教的发展　　383
　　　　二、道教的兴盛　　385
　　　　三、犹太教的传入　　388
　　第四节　类书的编修与史地、音韵目录学的新进展　　388
　　　　一、馆阁的设立与类书的编修　　389
　　　　二、史学的繁荣　　390
　　　　三、地志编撰与地图绘制　　392
　　　　四、音韵学、文字学与目录学的成就　　393
　　第五节　散文、诗歌的成就与词的新兴　　394
　　　　一、西昆派淫靡文风与诗文革新　　394
　　　　二、散文创作　　397

		三、诗歌的兴盛	398
		四、词作的兴起	401
	第六节	书画乐舞艺术的繁荣与杂剧的出现	404
		一、绘画与书法	404
		二、宫廷与民间乐舞	414
		三、杂剧的出现	415
		四、园林艺术	416
	第七节	科学技术的巨大成就	416
		一、医药学的发展	417
		二、天文学的突出成就	419
		三、指南针、火药和印刷技术的发明与应用	420
		四、建筑技术与《营造法式》	422
		五、瓷器烧造技术的进步	424
	第八节	官学、书院的兴盛与科举制的完备	425
		一、官学教育	425
		二、私学与书院教育	427
		三、科举考试制度的规范化	428
	第九节	风俗习惯	430
		一、衣食住行习俗	430
		二、婚姻丧葬	433
		三、节日	436
第八章	元明清时期文化的缓慢发展		439
	第一节	元明清时期的河南地区	440
		一、黄河下游河道的变迁与生态环境的持续恶化	441
		二、行省的设置与政区沿革	443
		三、缓慢发展的经济	444
		四、民族的流徙与融合	445
	第二节	理学思想的发展	445
		一、姚枢和许衡的理学思想	446

二、曹端的理学思想　　448

　　三、王廷相、高拱、吕坤的实学思想　　450

　　四、孙奇逢、汤斌的心学思想　　454

第三节　传统宗教的衰落与西方宗教的传入　　458

　　一、佛、道二教逐渐衰落　　459

　　二、民间的白莲教　　461

　　三、伊斯兰教和天主教的传入与犹太教　　462

第四节　学术研究与方志修纂　　464

　　一、经学与金石学　　464

　　二、史学　　465

　　三、语言文字学与目录学　　467

　　四、地方志的修纂　　468

第五节　小有成就的文学　　470

　　一、元代的诗文　　470

　　二、李梦阳、何景明与诗文复古运动　　472

　　三、明代的诗文　　474

　　四、清代的诗文　　476

　　五、小说创作　　479

　　六、杂剧创作　　480

第六节　书画、戏曲与乐舞艺术　　481

　　一、书法艺术　　481

　　二、文人绘画与民间画派　　482

　　三、朱仙镇木版年画　　484

　　四、地方戏剧的产生　　484

　　五、民间乐舞　　486

第七节　科学技术的新成就　　487

　　一、天文律历学与数学　　487

　　二、植物学　　489

　　三、医药学　　491

　　四、水利技术　　494

第八节	传统学校教育的衰落	495
	一、元代的学校教育	496
	二、明代的学校教育	496
	三、清代的学校教育	498
第九节	风俗习惯	500
	一、衣食住行	500
	二、婚姻丧葬	503
	三、节日习俗	505
	四、民间娱乐	506
第十节	武术的兴盛	507
	一、少林功夫的发展	507
	二、太极拳	508
	三、其他拳种	509

第九章　清代后期与民国时期的文化转型　511

第一节	清代后期与民国时期的河南省	513
	一、黄河水患的加重与生态环境的恶化	513
	二、动荡不已的政局	516
	三、缓慢前行的经济	518
第二节	西方宗教与思想学说在河南的传播	521
	一、洋教的传入与人民的反抗	521
	二、近代书报的刊行与西学的传播	523
	三、新文化运动的冲击与马克思主义的传播	525
第三节	现代考古学的开端与殷墟甲骨文的发现	527
	一、20世纪二三十年代的河南考古	527
	二、甲骨文字的发现整理与河南的甲骨学家	530
第四节	现代学术的萌生与发展	531
	一、抱残守缺的理学与经世之学	532
	二、哲学领域的新成就	533
	三、新史学的开创	535

　　　　四、语言文字学的进展　　　　　　　　　　　537
　　第五节　新文学的兴起　　　　　　　　　　　　　539
　　　　一、文学创作　　　　　　　　　　　　　　　539
　　　　二、文学研究　　　　　　　　　　　　　　　543
　　第六节　艺术的发展　　　　　　　　　　　　　　544
　　　　一、河南地方戏曲　　　　　　　　　　　　　544
　　　　二、曲艺　　　　　　　　　　　　　　　　　546
　　　　三、书法绘画　　　　　　　　　　　　　　　548
　　第七节　科学技术的进步　　　　　　　　　　　　549
　　　　一、自然科学的新进展　　　　　　　　　　　549
　　　　二、生产技术的进步　　　　　　　　　　　　553
　　第八节　近代教育的发展　　　　　　　　　　　　555
　　　　一、清末科举考试的废除和新学堂的开办　　　555
　　　　二、民国时期学校教育的曲折发展　　　　　　557
　　　　三、河南大学的兴建与演变　　　　　　　　　558
　　第九节　新旧风俗的交替　　　　　　　　　　　　560
　　　　一、衣食住行的改变　　　　　　　　　　　　560
　　　　二、礼仪习俗的中西杂糅　　　　　　　　　　563
　　　　三、岁时节庆古今合璧　　　　　　　　　　　565
　　　　四、尽力革除不良习俗　　　　　　　　　　　567

结　语　　　　　　　　　　　　　　　　　　　　　　571

　　　　一、新中国 70 余年河南的文化成就　　　　　　572
　　　　二、中原文化、黄河文化的保护、传承与弘扬　　577

参考资料　　　　　　　　　　　　　　　　　　　　　581

后　记　　　　　　　　　　　　　　　　　　　　　　593

绪论

河南,就是黄河之南。要说河南,自然离不开黄河。

黄河是中国的第二大河。在中国古代,黄河被称为"四渎之宗"、百水之首,它是中华民族的象征。1936年毛泽东率领红军东渡黄河,曾说:"你们可以藐视一切,但不能藐视黄河。藐视黄河,就是藐视我们这个民族。"[1]习近平总书记在黄河流域生态保护和高质量发展座谈会上的讲话中说:"黄河是中华民族的母亲河。"[2]黄河用自己的乳汁哺育了亿万华夏儿女,塑造了中华民族的优良品格,孕育了光辉灿烂的黄河文明。

河南省与黄河的关系极为密切。"河南"是以东西流向的黄河干流为参照物的地理方位名称。但是河南省辖境并不全在黄河以南,其大部分地域在黄河以南,小部分地域在黄河以北;郑州桃花峪是黄河中游与下游的分界。河南省地域跨黄河中游与下游,又跨越黄河南北,是黄河流域的一个重要省份。

"嵩岳苍苍,河水泱泱,中原文化悠且长。"这是河南大学校歌中的词句。峻极的嵩山中天而立,奔流的黄河横贯东西。河南地区历史悠久而绵长,文化厚重而灿烂。河南文化即狭义的中原文化,它是黄河文化,也是中华传统文化的重要组成部分。

---

[1] 刘继兴编著:《魅力毛泽东》五《情感·情趣》,新华出版社2009年版,第201页。
[2] 习近平:《在黄河流域生态保护和高质量发展座谈会上的讲话》,《求是》2019年第20期。

第一节　黄河与河南地区

一、黄河、淮河与河南

黄河发源于青海青藏高原巴颜喀拉山北麓的约古宗列盆地，现行河道流经青海、四川、甘肃、宁夏、内蒙古、陕西、山西、河南、山东九省区，在山东北部垦利注入渤海，干流全长5464公里，人们习惯于将它分为上游、中游、下游三段。黄河水利委员会以黄河源头到内蒙古自治区托克托的河口镇为上游，河口镇到河南省郑州市的桃花峪为中游，桃花峪到山东垦利的入海口为下游。

黄河中游干流由北向南穿过晋陕峡谷后，在潼关附近折向东，穿越三门峡、八里胡同峡等峡谷进入平原，又折向东北，在中国北方大地上画了一个巨大的"∪"字。在黄河环绕的"∪"字之内，又以太行山为界一分为二，西部古称"河东"，东部古称"河内"。而在"∪"字之下，则称"河南"或者"河外"。黄河成为中国古代地域划分的重要地理坐标，凸显了它在政治和经济地理格局中的重要地位。

有史以来，黄河下游河道的变迁基本上是北流、东流和南流。黄河下游在现行河道以北行河，常以今河南浚县与滑县上下为顶点；在现行河道以南行河，常以原阳、延津一带为顶点。也就是说，黄河下游河道变迁的范围以今郑州桃花峪为顶点，南不出颍河和淮河，北不出海河，形成面积约25万平方公里的冲积扇。这个黄河冲积扇的顶点位于河南东部，历史上黄河下游大的决溢改道都在这里发生。

北宋政治家王安石的《黄河》诗云："派出昆仑五色流，一支黄浊贯中州。"[1]

---

[1]　王安石：《王文公文集》（下册）卷七十一《律诗》，上海人民出版社1974年版，第754页。

黄河现行河道从灵宝市进入河南省,至台前县张庄附近出省,省内河长711公里。

黄河在河南省境内的主要支流是伊洛河和沁河。洛河发源于陕西省蓝田县,在河南省巩义市南河渡汇入黄河,流域面积15771平方公里。洛河的主要支流伊河发源于伏牛山北麓的栾川县黄谷峪村,在洛阳偃师区杨村汇入洛河,河长268公里,流域面积6029平方公里。沁河发源于山西省平遥县,至河南省武陟县方陵汇入黄河。伊洛河和沁河中下游自然环境优越,适于人类生存,农业经济发达。在中国古代,还有发源于济源王屋山的济水,被古黄河分为上、下两段。其上段在黄河以北,是黄河的一条支流;下段在黄河以南,是黄河的一条支津。至北宋时,济水已经湮废不存。隋大业年间利用黄河以北的清水和白沟开凿的永济渠,成为隋唐大运河的一部分。元代将大运河截弯取直,元末明初始称永济渠为卫河,至今尚存。

需要说明的是,今天的河南省辖境并不全属于黄河流域。由于黄河下游河床不断抬高,两岸的河水难以进入黄河,遂向东南流入淮河,或向东北流入卫河。就今河南省而言,淮河是其最大的水系。河南省中部、东部和南部大多属于淮河流域。河南省总面积16万平方公里,属于淮河流域的多达8.83万平方公里,占全省总面积的52.8%。河南北部的卫河向东北流经河北、天津入海,大多属于海河流域。河南省西南部的南阳盆地则属于汉水、长江流域。但就宏观而言,河南地区属于黄河流域。

二、河南与中原、中州

"河南"是一个古老的地域名称,其出现不迟于战国。《周礼·夏官·职方氏》和《尔雅·释地》都说:"河南曰豫州。"西汉著名史学家司马迁说:"昔唐人都河东,殷人都河内,周人都河南。"[1]刘邦对项羽说:"臣与将军戮力攻秦,将军战河北,臣战河南。"[2]

---

[1] 司马迁:《史记》第十册,卷一百二十九《货殖列传》,中华书局1959年版,第3262页。
[2] 班固:《汉书》第一册,卷一上《高帝纪上》,中华书局1962年版,第26页。

河南作为一个政区名称出现于西汉。汉高祖刘邦曾在洛阳一带设河南国,汉武帝时改设河南郡;东汉魏晋为河南尹;唐代有河南道、河南府;北宋、金仍设河南府;元代设河南府路;明清仍为河南府。春秋时期洛阳的东周王城,战国时期予以扩建,称河南城。秦朝在此设河南县,一直延续到北宋。总之,从战国以降,"河南"作为政区名称,有河南县、河南国、河南郡、河南尹、河南道、河南府、河南府路等。其名称既多变化,所辖地域也大小不一。要之,今河南省地域在宋、金以前不是一个政区。

河南作为一个省级政区,始于元代在地方实行行省制度。元朝初年始设河南省,旋改为河南江北行省,地域范围广大。至明清时期河南省的地域范围基本固定下来,并延续至今。

和"河南省"相关的地名,有"豫""中州""中原"。

《尚书·禹贡》托名大禹治水,分天下为冀、兖、青、徐、扬、荆、豫、梁、雍"九州"。九州从"冀州"始,而以黄河以南地区为豫州。两汉魏晋时期曾在黄河以南的局部地区设豫州,故河南省简称"豫"。今河南省地域的大部分(或局部地区)在中国古代曾属于豫州,少部分属于冀州及兖州、荆州。汉代人以冀、豫二州为中土,而以豫州为"中州"。如西汉刘安等解释"何谓九州",罗列八州之后说:"正中冀州曰中土。"[1]东汉王充说:"建初孟年,中州颇歉,颍川、汝南民流四散。"[2]当时颍川、汝南二郡属于豫州,王充直接称之为"中州",后来相沿成习。如西晋史家陈寿说:"是时中州士人避乱而南,依琮居者以百数。"[3]故河南省地域亦称"中州"。

今河南省的大部分地域古代属于中国中部的平原,所以人们又称河南为"中原"。"中原"作为一个历史地理概念,在不同时期所指代的意义也不相同。

春秋时期,晋公子重耳至楚国避难,离开时对楚成王说:"若以君之灵,得反晋国,晋、楚治兵,遇于中原,其辟君三舍。"[4]此处的"中原"指晋、楚两国之间的土地,即今河南地区。南宋初宋高宗为避金兵欲逃往江南,李纲劝谏说:"盖河

---

[1] 何宁:《淮南子集释》卷四《地形训》,中华书局1998年版,第312页。
[2] 王充:《论衡》卷二十九《对作》,上海人民出版社1974年版,第443页。
[3] 陈寿:《三国志》卷六十《全琮传》,中华书局1959年版,第1381页。
[4] 杜预:《春秋左传集解》僖公二十三年,上海人民出版社1977年版,第334页。

北、河东者,国之屏蔽也。料理稍就,然后中原可保,而东南可安。"①此处所谓"中原",即指今河南一带,这是狭义的中原。

战国秦汉时期,中原地域扩大到整个黄河中下游地区。西汉景帝时发生吴、楚七国之乱,汉朝和梁国军队在梁、齐、赵地(今河南商丘、山东临淄和河北邯郸一带)击败叛军。时赵人徐乐上书言:"七国谋为大逆……然不能西攘尺寸之地而身为禽于中原者,此其故何也?"②此处所谓"中原",显然指位于黄河中下游的关东地区。在中国历史上的分裂时期,"中原"常与四方特别是"南方"相对称。如三国时诸葛亮的《出师表》说:"今南方已定,兵甲已足,当奖帅三军,北定中原。"③诸葛亮以曹魏所辖的黄河中下游地区为中原,即广义的中原。

总之,中国古代所谓"中原",初指黄河中游地区,即今河南、山西、陕西一带,后来又扩大到整个黄河中下游地区,今山东、河北部分地区也包含其中,这就是广义的中原。著名史家吕思勉概括说:"原来古代所谓中原之地,不过自泰岱以西,华岳以东,太行以南,淮、汉以北,为今河南、山东的大部分,河北、山西的小部分。"④在宋、金以前,人们所说的中原,多取其广义,元代以降,特别是近代以来,人们所说的中原,则专指河南,而不包括其他地区。

本书所谓"河南",是以明清至今的河南省辖境为范围。如前所述,河南一带地方,在元代以前的数千年中曾属于不同的行政区域,甚至归不同的政权所统辖,而不存在与"河南省"地域范围相当的政区。我们只能以明清至今的河南省地域范围向上追溯。

三、河南地区的政权机构与政区演变

河南是中国的一个政区,其地方政权机构的演变也随着国家地方制度的演变而变化。它大体可以分为以下几个阶段。

---

① 脱脱等:《宋史》卷三百五十八《李纲传》,中华书局 1977 年版,第 11254 页。
② 司马迁:《史记》第九册,卷一百一十二《平津侯主父列传》,中华书局 1959 年版,第 2956 页。
③ 萧统编,李善注:《文选》卷三十七,中华书局 1977 年版,第 517 页。
④ 吕思勉:《中国文化史》,新世界出版社 2008 年版,第 297 页。

1. 邦国阶段

早在史前,河南地区已经出现了早期国家,称作方国或古国。夏代中国形成了广域国家,建立了相对统一的王朝政权,河南地区邦国林立。西周实行大分封,在河南地区建立诸侯国,一直延续到东周。

2. 郡县阶段

自秦朝建立统一的中央集权制的国家,在地方推行郡县制度,河南地区也出现郡、县两级政权。此后一直到宋代,又发生了一些演变。首先是从东汉开始,具有监察职能的"州刺史部"逐渐演变为一级政权,形成州、郡、县三级地方政权。隋唐则简化为郡县、州(府)县两级政权,而在其上有监察机构"道",置采访处置使,以监察州、县官吏。北宋改"道"为"路",置监司、军帅诸职。转运使称漕司,提点刑狱司亦称宪司,安抚使亦称帅司,三者为有宋一代常制,其下有州(府)县。宋太宗以后转运使分设于路,演变为地方高级长官,经理调度一路财赋,监察各州官吏,奏报官吏违法、民生疾苦。提点刑狱,掌本路司法、刑狱,审问囚徒,复查冤案,监察所部官吏,举贤能劾违法。安抚使掌总护诸将,统制军旅,察治奸宄,肃清一道,总兵民之政,听狱讼、颁禁令、定赏罚,稽钱谷、甲械出纳之籍。

3. 行省阶段

元代开始在地方实行行省制度,在黄河以南、长江以北设河南江北行省,省府在开封。明朝初年设河南承宣布政使司,习惯上仍称"河南省"。清代仍称河南行省。明清时期河南行省包括黄河以北部分地区,地域范围基本固定下来,一直延续至今。

《中国历史地名大辞典》说:"狭义的中原指今河南省一带。"[①]元代以降的河南省辖境,可直接称河南地区。宋金以前的"今河南省一带地方"并非一个固定的行政区,以狭义的"中原地区"称之为宜。本书所谓河南文化就是狭义的"中原文化",它是广义中原文化的重要组成部分和核心;所谓河南文化史就是狭义的中原文化史。

本书的时间断限,上起原始社会,下迄中华人民共和国成立,阐述了五千年来河南地区(狭义中原)的文明史,特别是其精神文化发展演变史。

---

① 史为乐主编:《中国历史地名大辞典》,中国社会科学出版社2005年版,第395页。

第二节　河南文化形成、发展的环境生态

河南地区是中国地域文化生成、发展的一方沃土。首先,它自然环境优越,适宜人类生存,有利于社会经济的发展,其经济发达,长期领先于其他地区。其次,它居"天下之中",历史上多个朝代在此建都,长期是全国的政治中心,兵家必争,贤才会聚。其三,它是华夏部族的起源地,汉民族的中心区,也是民族融合的重要地区。这些为中原文化的形成和发展营造了良好的环境条件。

一、居中的地理位置与优越的自然环境

说到河南地理位置,可以概括为一个"中"字。

河南居中国中部。我国以秦岭、淮河为南北地理分界线,河南省地跨淮河南北,其辖区的大部分在淮河以北,其西部为秦岭余脉,在南北方向上居全国中部,东西方向上位置偏东。我国改革开放以来,将全国分为东部、中部、西部地区,河南省属中部地区。

由于黄河与其支流伊洛河交汇的地区是中华文明肇始阶段和夏、商、周三代的奠基之地,而被称为"天下之中"。西汉初刘敬说:周成王、周公"乃营成周洛邑,以此为天下之中也,诸侯四方纳贡职,道里均矣",成周洛邑即洛阳。司马迁也说:"夫三河在天下之中,若鼎足。"[1]以古都洛阳为中心的河东、河内、河南地区被称作"天下之中"。东晋十六国时期王弥也说:"洛阳天下之中,山河四塞。"[2]明清时期又称河南为"天下之中"。如明人张瀚说:"河南当天下之中,开

---

[1] 司马迁:《史记》第八册,卷九十七《刘敬传》;第十册,卷一百二十九《货殖列传》,中华书局1959年版,第2716、3262页。

[2] 司马光等:《资治通鉴》卷八十七《晋纪九》,中华书局1956年版,第2764页。

封其都会也"①,并从交通、贡赋、地理形势等方面论述河南地区的区位优势。清人顾炎武说:河南省"居天下之中,咽喉九州,阃域中夏,锁天中区,控地四鄙,居南北要冲"②。

古人又以洛阳、嵩山一带为"天地之中",简称"地中"或"土中",反映了古人的宇宙观念。据说周公在登封告成测日影,以此为地中。《周礼》说:"日至之景,尺有五寸,谓之地中,天地之所合也,四时之所交也,风雨之所会也,阴阳之所和也。然则百物阜安,乃建王国焉。"③东汉人王充说:"九州之内五千里,竟三河土中。周公卜宅,《经》曰:'王来绍上帝,自服于土中。'雒则地之中也。"④ 2010年登封"天地之中"历史建筑群被列入世界文化遗产名录。

洛阳又是最早的"中国"所在地。西周早期的"何尊"铭文云:"惟王初迁宅于成周……惟武王既克大邑商,则廷告于天曰'余其宅兹中国,自之乂民。'"⑤意思是说周武王伐纣灭商以后,认为洛阳一带是"中国"(亦即"国中"),要将都城迁到这里,在此治理民众。

总之,自古以来,都认为河南一带居国土之中。它连南接北,承东启西,具有明显的区位优势。

河南优越的自然环境包括多样性的地形地貌,温和的气候,丰富的矿产与动植物资源,四通八达的水陆交通等。

河南省属于大陆性季风气候,四季分明、气候温和、雨量适中,地处黄土高原和华北平原的过渡地带,北、西、南三面为山地环抱,东面是一望无际的平原。豫西山地是秦岭的余脉,崤山、熊耳山、伏牛山、外方山呈扇状分布,山高林密。豫北山区位于太行山的东麓。桐柏山、大别山拱卫南面。南阳盆地、太行山前盆地和伊洛河盆地土地平坦,豫东平原土壤肥沃。河南省地跨黄河、淮河、海河和长江四大流域。黄河横贯中部,支流有伊洛河、沁河。淮河发源于桐柏山,支流有颍河、涡河、洪汝河。北部的卫河、漳河流入海河,西南部的湍河、唐白河注入汉江。河流纵横,陂泽众多,利于灌溉与水运。

---

① 张瀚:《松窗梦语》卷四《商贾纪》,上海古籍出版社1986年版,第73页。
② 顾炎武:《天下郡国利病书》第十三册《河南》备录,见《四库存目丛书》史部171册,第548页。
③ 杨天宇:《周礼译注》第二《地官司徒》,上海古籍出版社2004年版,第150页。
④ 王充:《论衡》卷二十四《难岁》,上海人民出版社1974年版,第377页。
⑤ 马承源:《何尊铭文初释》,《文物》1976年第1期。

河南有丰富的动植物资源和矿产资源。煤、石油、天然气等能源,铁、金、银、铅、钼、铝、铜等金属蕴藏丰富;天然碱、盐、蓝石棉、耐火黏土、石英、萤石储量居全国前列。

河南地区交通便利。夏、商、周三代修筑了都城通往各地的道路。秦朝都城咸阳向东的主干道横贯河南地区。东汉时期洛阳成为欧亚丝绸之路的东端起点,西经关中、河西走廊可达西域。北宋时期以东京开封为中心的陆路四通八达。战国时魏国开凿的鸿沟连通黄河和淮水,成为大梁(今河南开封)通往东南的水上运输线。隋炀帝时开凿以洛阳为中心、北至涿郡(今北京)、南达余杭(今浙江杭州)的大运河,极大地方便了中国南北的水上交通。北宋开封周围有四条渠道,汴水是一条水上大动脉。元代以后的京杭大运河不再经过河南,但贾鲁河和卫河仍然是重要的水上运输线。在中国古代,洛阳、开封长期是全国的交通中心,便利的交通为河南经济发展、文化交流提供了良好的条件。

二、长期建都的政治中心和文化中心

历史上有多个朝代在河南建都,因而河南长期是全国的政治中心,兵家必争,贤才会聚。

夏、商两代都城多迁,大多在今河南境内。西周营建成周洛邑(今河南洛阳),作为统治东方的中心。平王东迁,洛阳成为东周王朝的首都。东汉、曹魏和西晋三朝均以洛阳为都城,北魏也迁都洛阳。隋、唐以洛阳为东都。后梁、后唐、后晋、后汉和后周五代建都开封和洛阳,北宋王朝以东京开封为都城,金朝后期也迁都开封。总之,河南是全国建都朝代最多、时间最长的地区。

在宋代以前,中国的都城主要在关东的洛阳、开封和关中的西安之间游移。都城建于洛阳、开封时,河南为畿辅地区;都城建于关中时,河南又是其东部屏障和通往东方的孔道,因而历来为兵家必争的"四战之地"。清人顾祖禹说:"河南,古所称四战之地也。当取天下之日,河南在所必争。"[1]数千年来,河南地区发生过无数次战争,例如牧野之战、鄢陵之战、荥阳成皋之战、昆阳之战、官渡之

---

[1] 顾祖禹:《读史方舆纪要》四《河南方舆纪要序》,中华书局 2005 年版,第 2083 页。

战、睢阳之战等。虽然战争对社会进步有一定推动作用,但也使生产遭到严重破坏,给人民带来了很大的苦难。河南地区还发生了不少动乱,如董卓之乱、八王之乱、永嘉之乱、河阴之变、安史之乱、靖康之乱等。经济文化的发展与社会的稳定有很大关系,动乱必然给经济文化带来破坏。

都城是全国的政治中心,往往也是文化中心。许多政治经济文化改革首先在河南地区进行,例如春秋时期郑国的子产改革,战国时期魏国的李悝、韩国的申不害变法,北魏的孝文帝改制,北宋的王安石变法等。社会变革往往伴随着各种思想和主张的激荡,这反而会促进经济文化的发展。

在宋代以前,河南地区名人辈出,贤才济济。丁文江曾对"二十四史"立有列传的历史人物一一进行籍贯考证,列出5783名历史人物的地理分布表,其中河南籍历史人物有912人,占总数的15.8%,居第一位。[1] 自唐至北宋,全国有史籍可考的188名状元中,河南籍有47名,居全国首位。[2] 河南地区作为多个朝代的都城所在,常吸引全国各地的优秀人才到此求学、仕宦、生活,成为天下英贤萃集之地。

人民群众是历史的主人,是文化的创造者,杰出人物对历史文化的发展有不可忽视的贡献与影响。"江山代有才人出,各领风骚数百年。"在河南文化的发展进程中,文化贤哲和学术大师一直起着引领风气的作用。

三、多民族杂居融合的大熔炉

河南是华夏部族的发祥地和汉族的中心区之一,也是中国古代民族交会、冲突、杂居和同化的重要地区。这一地区的民族融合,大体可以分为先秦秦汉、魏晋隋唐和宋元明清三个阶段。

史学家将上古民族分为华夏、东夷、苗蛮三个集团,或者江汉民族、河洛民族和海岱民族三个族群。华夏集团即河洛民族。苏秉琦说:"仰韶文化的庙底沟类型可能就是形成华族核心的人们的遗存,庙底沟类型的主要特征之一的花

---

[1] 丁文江:《历史人物与地理的关系》,《努力周报》第43、44号,1923年。
[2] 胡兆量等:《中国文化地理纲要》,人民教育出版社2005年版,第133页。

卉图案彩陶,可能就是华族得名的由来,华山则是可能由于华族最初所居之地而得名。"①华族的中心区在河南与陕西、山西两省交界地区,夏族的中心区在豫西的伊洛平原和嵩山一带。华夏族的后裔建立了夏王朝。原居东方的商国在漳河流域崛起,灭亡夏王朝,建立商王朝。原居渭水流域的周国逐渐强大,东下灭亡殷商,建立周王朝。夏、商、周三代,三个部族在河南地区杂居融合,逐渐成为一体。春秋时期河南有许多少数民族居住,呈现出"周遂陵迟,戎逼诸夏"和"南夷与北狄交,中国不绝若线"的局面。② 战国时期戎人遂与华夏族融合。秦汉王朝实行郡县制度,打破了先秦以血缘划分的部落方国的藩篱,华夏族融合进入中原的戎、蛮、夷、狄,最终形成汉民族,河南成为汉族的中心区。

魏晋南北朝时期是民族杂居、融合的又一个重要时期。西晋灭亡后,北方的匈奴、鲜卑、羯、氐、羌等"五胡"纷至沓来,河南地区呈现了胡汉杂居局面。其间有过激烈的民族冲突乃至仇杀,也有各族人民的和平共处。三个半世纪以后,进入河南的北方诸族实现了汉化和封建化。在建都河南的"五代"诸政权中,后唐、后晋、后汉都是源于突厥的沙陀人所建。沙陀贵族鼓励沙陀族人与汉人通婚,学习汉族文化,促进了沙陀等族与汉族的同化与融合。

宋金元时期是民族融合的第三个重要时期。金灭北宋,始置屯田军,女真、契丹、奚家"自本部族徙居中土,与百姓杂处"③。内迁的女真人、契丹人与汉人通婚,改用汉姓,学习儒学,逐渐融入汉族。元朝统一全国后,大批蒙古、色目军士迁入,"与民杂耕,横亘中原"④。元末蒙古人、色目人已与汉人不易识别。明初朱元璋禁止胡服、胡姓、胡语,留在河南的诸少数民族多变成汉人。清代不少满族人士进入河南,也渐与汉人融为一体。

北方少数民族陆续进入河南,不断带来草原游牧民族的文化,给河南地域文化输入新鲜血液,使之更加丰富多彩。

---

① 苏秉琦:《关于仰韶文化的几个问题》,《考古学报》1965年第1期。
② 范晔:《后汉书》卷八十七《西羌传》,中华书局1965年版,第2872页。《公羊传》鲁僖公四年,见《十三经注疏》,中华书局1980年版,第2249页。
③ 文惟昭著,崔文印校证:《大金国志校证》下册,中华书局1986年版,第520页。
④ 何广博:《〈述善集〉研究论集》,《伯颜宗道传》,甘肃人民出版社2001年版,第57页。

四、发达的社会经济

河南地区自然环境优越,不仅适宜人类生存,而且有利于社会经济发展。早在新石器时代,河南所在的黄河中下游地区气候温暖湿润,土质疏松肥沃,中国的原始旱作农业率先在这里出现,裴李岗文化遗址发现的石斧、石铲等农具以及人工栽培的粟和稻粒,就是证明。在古代中国,北方是粟作农业区,南方是稻作农业区。河南地区属于粟作和稻作的交叉区,在气候、土壤、植被和农作物等方面具有南北过渡的特征。土地肥沃,光照充足,雨量适中,作物一年两熟或两年三熟。春秋战国时期开始使用铁农具,推广牛耕,由原始农业进入传统农业阶段。汉代河南地区土地普遍垦殖,生产技术先进,灌溉形成网络,成为粮食和丝麻的主要产区。隋唐前期河南地区人口稠密,山区和河池边的土地也得到垦殖,是全国粮食和桑蚕的首要产区。北宋河南地区农业仍有所发展,此后逐渐落后于江南地区。

河南地区的手工业也很发达。夏、商、周三代铸铜是重要的生产门类,创造了辉煌的青铜文明。战国时期河南冶铁业迅速发展,至汉代时在全国居领先地位。当时已能炼成性能良好的铸铁脱炭钢和球墨铸铁,比西方早一千多年。陶瓷也是一个重要门类。南北朝时期卫河、漳河流域成为瓷器的重要产区,烧制技术臻于成熟。巩义黄冶发现了烧制三彩陶的窑址,洛阳出土的唐三彩釉色斑斓。五代郑州柴窑的瓷器"青如天,明如镜,薄如纸,声如磬"[①]。宋代全国有五大名窑,河南独有其三。河南也是丝麻纺织品的重要产区,汉代全国设有两个服官,陈留郡襄邑(今睢县)即为其一。魏晋时丝织品种类繁多,质量上乘。隋至唐前期,黄河南北是全国盛产丝织品的地区。北宋开封锦院所产丝织品和"蜀锦"并称天下第一。

夏代河南地区商业萌生。春秋战国时期,周(今洛阳)人经商之风甚盛,郑、卫两国商业发达。秦、西汉时期,洛阳、宛县(今南阳)是全国著名的商业都市。

[①] 陈元龙编:《格致镜原》卷三十六《古窑器》,台湾新兴书局有限公司1972年版,第1598—1599页。

东汉魏晋时洛阳成为全国商业的中心。隋朝东都洛阳的丰都市有120行3000多个店肆,盛唐时洛阳城人口已过百万。北宋东京(今开封)人口逾百万,店铺密集,夜市和瓦市兴起,是世界上商业最发达的国际都会。

河南所在的黄河中下游地区是全国经济开发最早的地区,夏、商、周三代河南经济在全国最为发达。春秋战国至西汉,河南所在的关东经济区和关中经济区同步发展,在全国处于领先地位。东汉至隋唐,关东经济区独占鳌头。以河南为中心的中原社会经济的发展,成为唐开元天宝盛世的重要标志。"安史之乱"使中原地区遭受严重破坏,原本兴旺发达的经济一下子跌至谷底。唐中期以后全国的经济重心开始南移。北宋河南的经济实力当与河北不相上下,仍处于最发达的行列。及宋室南迁,全国经济重心的南移完成。明代河南的经济地位和质量都明显下降,清代河南仍保持着传统的自给自足生产方式,经济起伏较大。

第三节　河南文化发展演变的历史轨迹

河南文化的形成和发展演变,大体可以分为以下几个阶段:史前的孕育期,夏、商、西周三代的形成期,春秋战国的勃兴期,秦汉的建构拓展期,魏晋南北朝的融合期,隋唐的繁荣期,北宋的鼎盛期,元、明和清代(前期)的缓慢发展期,清代(后期)和民国的转型更新期。

一、孕育与形成

早在中更新世,河南地区已有原始人类生存繁衍。考古工作者先后在南召县云阳镇杏花山和栾川县栾川乡湾滩村孙家洞发现了距今约五六十万年的猿人(又称直立人)的牙齿化石,分别称作"南召猿人"和"直立人栾川种"。距今10万年前后,有早期智人(又称古人)在中原地区生存。在许昌灵井镇西侧遗址发现了距今10万年到8万年的晚更新世早期人类头盖骨化石,称作"许昌人",可能是中国北方早期现代人的直接祖先。原始人群以打制石器、木棒为生产工具,考古学上称这一时期为旧石器时代。河南地区西部旧石器文化遗址分布密集,是中国旧石器文化交会的重要地区。

距今一万年前后,先民开始生产和使用磨制石器,进入新石器时代。河南新石器时代遗址分布广泛而密集,先后出现了裴李岗文化、仰韶文化和河南龙山文化。

考古工作者在新密岳村镇李家沟发现了距今约10500—8600年的史前文化堆积。其早期尚属旧石器时代末期的典型细石器文化,晚期则已具备新石器时代的文化特征。有学者认为,在李家沟文化晚期,磨制石器逐渐代替了打制石器,农业刚刚出现,应为新石器时代早期文化。

裴李岗文化是新石器时代早期偏晚阶段的文化遗存,因新郑裴李岗遗址的发现而得名,主要分布在河南西部山地东边缘的丘陵地带以及中东部的黄淮平原地区,大约距今9000—7000年,以新郑裴李岗、新密莪沟、舞阳贾湖、汝州中山寨等遗址最为著名。石器经过琢磨,制作精致。人们将野生植物培育成庄稼,将野猪和野羊驯化成家畜,建造圆形或椭圆形的半地穴式房屋,过着定居生活。

仰韶文化因渑池县仰韶村遗址的发现而得名,大约距今7000—5000年,此类遗址的分布以灵宝铸鼎原、巩义双槐树、陕县(今三门峡陕州区)庙底沟、郑州大河村、汝州阎村、安阳后冈与大司空村及淅川下王岗等遗址最有代表性。仰韶时代先民在河谷台地上营建村落聚族而居,用石斧砍除荆棘,用石(骨)铲或鹿角锄翻耕土地,种植黍、稻,饲养狗、猪、羊、鸡。所制陶器造型精美,外表多有彩色纹饰。仰韶文化中后期是社会复杂化和文明进程开启的时期。

河南省境内的龙山时代文化遗存称作河南龙山文化,已发现遗址1500余处,其中汝州煤山、洛阳王湾、安阳后冈、永城王油坊、辉县孟庄、淅川下王岗等遗址较为典型。工具种类增多,磨制更加规范、光滑、锋利。在汝州煤山、登封王城岗、郑州牛砦等遗址发现了冶铜遗物,表明当时已进入铜石并用的时代。铜工具的使用提高了生产力水平,出现了较多的剩余产品,私有制发展,氏族成员分化,阶级出现。在登封王城岗、淮阳平粮台等地发现了14座龙山文化城址,说明中原地区已处于古国林立的阶段。

新石器时代特别是其后期的铜石并用时代是河南文化的孕育期。黄河中下游地区气候温暖湿润，土地肥沃，是旱作农业的起源地和中心区域。原始农业的产生和发展为文明的起源奠定了基础。古史传说可与上述考古发现相互印证。炎帝神农氏是农业的发明者，陈地（今周口淮阳区）曾经是炎帝之墟。黄帝轩辕氏是有熊国（今新郑）的国君。他教导百姓种植作物，建造房屋，养蚕抽丝，制衣服，营殡葬。颛顼都帝丘（今濮阳），帝喾都亳（今洛阳偃师）。崇伯鲧立国于嵩山周围，其子禹治水成功，得到人民拥戴，建都阳城（今登封告成）。五帝时期华夏族群在河南一带创造的物质文化和精神文化，成为河南文化的滥觞。

河南文化形成于夏、商、周三代。禹死后，其子启做了国王，夏朝诞生。河南龙山文化晚期和分布于颍、汝河流域的新砦期文化遗存属于夏代前期的夏族文化，二里头文化则是夏代中后期的文化。偃师二里头遗址是夏代中后期的都城遗址，发现的青铜礼器是社会进入青铜时代的标志。商部族在今冀南、豫北崛起，首领成汤出兵灭夏，建立商王朝，偃师商城、郑州商城和安阳殷墟都是商代的都城遗址。商代河南创造了辉煌的青铜文明，并开始使用比较成熟的文字甲骨文。周武王灭商建立周朝，成王时营建洛邑（今洛阳）作为统治东方广大地区的中心，周公制定的礼乐制度对后代有重大影响。

二、发展与演变

春秋战国时期是文化发展的"轴心"时代。东周的都城洛阳成为礼乐制度的渊薮。战国时期出现"百家争鸣"的学术繁荣局面。道家鼻祖楚国苦县（今鹿邑东）人李耳在洛阳担任史职，与后学著《老子》一书；宋国蒙（今商丘东北）人庄周与其后学著《庄子》一书。鲁（今鲁山，一说山东滕州）人墨翟长期在宋国做官，是墨家的代表人物，与后学著有《墨子》。法家的代表人物申不害、商鞅、韩非，纵横家苏秦，杂家吕不韦，都是河南人士。《诗经》中有十五《国风》，大半属于河南地区的诗歌。郑、卫之音独具特色。《老子》《庄子》《韩非子》代表了战国时期散文的最高成就。魏国人石申所著《天文》记载了天空的星象，墨子及其弟子对数学、物理进行了开创性研究。这一时期是河南文化的辉煌期，出现了第一个高峰。

秦汉时期是河南文化的建构与拓展期。随着政治上统一的中央集权的封建制度建立,学术思想上也实行一元独尊。西汉地方官员韩延寿、黄霸等用儒学教化民众,东汉因之,中原人民逐渐形成忠直礼让、勤本务农的风气。东汉的首都洛阳成为全国的文化中心。洛阳太学是全国传授经学的最高学府,立于太学的熹平石经则是由官方审核的经书定本。汉章帝召集名儒在洛阳北宫白虎观讨论儒学,写成《白虎通义》。东汉儒学兴盛,佛教传入,道教形成,呈现出儒、释、道三教并存的端倪。史学、文学从经学中分离出来,《汉书》《东观汉纪》等史学著作出现。贾谊、晁错的散文皆为西汉鸿文,贾谊、张衡、蔡邕的赋作则是辞赋的名篇。张衡在洛阳主持天象观测和编定历法,所著《灵宪》阐述天地日月生成和运动的理论。张仲景撰写的《伤寒杂病论》为后世中国医学发展开辟了道路。总之,这一时期河南文化得到拓展,基本建构了封建文化的框架。

魏晋时期儒学衰落,洛阳一带成为玄学思潮的发源地。曹魏何晏和王弼首倡玄风,"竹林七贤"紧随其后,西晋郭象集玄学思想之大成。佛经翻译与佛学研究高潮迭起,北魏后期的洛阳成为中国北方的佛教中心。北方少数民族进入中原,带来草原游牧民族文化,与当地汉族的封建文化互相碰撞。北魏孝文帝在洛阳推行汉族封建礼仪制度,改变鲜卑旧俗,促进了南下胡人与汉人的同化,胡汉文化相互融合。魏晋时期诗歌创作兴盛,"建安七子"中的阮瑀、应玚及女诗人蔡琰都是中原作家。阮籍擅名正始文坛。太康年间潘岳、潘尼的诗作辞采华丽。曹植的《洛神赋》脍炙人口,左思的《三都赋》成,洛阳为之纸贵。钟繇精于隶书和楷书,以龙门造像题记为代表的魏碑体魄力雄强,骨势峻迈。这一时期是河南地区多元文化的融合期。

隋唐时期国力强盛,文化开放。东都洛阳有国子监诸学。隋炀帝初创科举考试制度,武则天率先在洛阳实行殿试和武举,人才大批涌现,为文化的兴盛奠定了基础。佛教与儒学、道教相互竞争、吸收,并逐渐中国化。玄奘赴天竺(今印度)学习佛学,后致力于佛经翻译,开创唯识宗。韩愈倡导新儒学,有"道济天下之溺"的盛名。唐代河南地区文学家集中涌现,诗歌、散文创作成就辉煌。杜甫被称为"诗圣",其诗作有"诗史"之誉。李贺诗风瑰奇,李商隐的诗缠绵悱恻。韩愈提倡"文以载道",致力于散文写作,名列"唐宋八大家"之首。中亚、西亚的音乐、舞蹈、杂技相继传入。著名书法家褚遂良、颜真卿在中原留下了不少墨宝手迹。吴道子所绘佛道人物端庄秀丽,衣褶飘逸,他被尊为"画圣"。苏轼说:"君子之于学,百工之于技,自三代历汉至唐而备矣。故诗至于子美,文至于韩退之,书至于颜鲁公,画至于吴道子,而古今之变,天下之能事毕矣。"[1]总之,这一时期是河南文化的繁荣期。

著名学者陈寅恪曾说:"华夏民族之文化,历数千载之演进,造极于赵宋之世。"[2]继五代之后,建都东京开封的北宋王朝依赖儒家"三纲五常"等伦理说教整饬纲纪,开封的国子监诸学和科举制度不断完善。书院教育异军突起,全国有"四大书院",河南地区独有其二。洛阳人程颢、程颐创建洛学,经过朱熹的阐扬,称作"程朱理学",成为元、明、清三代的统治思想和官方哲学。文学方面宋词兴起,散文、诗歌继续发展,书法绘画成绩卓然。世俗市井文化开始兴盛。科学技术发达,中国古代的四大发明中火药、印刷术都出现于此时。北宋时期河南文化达到巅峰,金代开始衰落。

金、元、明、清诸代是河南文化的缓慢发展期。理学得以延续,文坛相对沉寂,仅有李梦阳、何景明、王廷相和侯方域等人尚可称道。王铎的草书险劲苍郁,有"神笔"之誉。明清戏剧艺术兴起,豫剧逐渐成为重要的地方剧种。朱载堉发明的"十二平均律",吴其濬的《植物名实图考》,反映了音律和植物学方面的重要成就。元、明、清三代,西部山地与东部平原长期固定在一个省区内,河南各地的风俗民情逐渐趋同。

清代后期和民国时期,河南地区处于新旧文化交替转型的阶段,传统文化逐渐衰落,新文化传播发展。西学传入,现代哲学、史学、考古学、经济学发轫,近代报刊创办,西方宗教传入,新文学萌生,戏剧曲艺发展,近代自然科学传入,新学堂开办,现代教育缓慢发展。

---

[1] 苏轼:《书吴道子画后》,《苏东坡全集》卷九十八,燕山出版社1998年版,第5588页。
[2] 陈寅恪:《邓广铭宋史职官志考证序》,《金明馆丛稿二编》,上海古籍出版社1980年版,第245页。

第四节　河南文化的内涵与成就

从夏、商、周三代以迄北宋，河南文化常开风气之先，思想活跃，学术博深，文学繁荣，艺术多彩，科技先进，教育发达，风俗淳朴，成为全国的首善之区，取得了辉煌的成就。金、元以后，河南文化发展缓慢，清代后期至民国时期，开始向近代文化转型。

河南地区数千年来涌现了许多思想家、哲学家，它作为诸代都城所在地聚集了全国的学术精英，形成了博大精深的思想和学术体系。河南地区是"百家争鸣"的核心地区和汉代儒学、魏晋玄学、隋唐佛学、宋明理学的发源地，其思想学术在中国思想史上占有重要地位。

商周之际，周文王在汤阴羑里演《易》。西周时期，周公姬旦在洛邑（今洛阳）制定礼乐制度。东周时期的都城洛阳成为礼乐制度的渊薮。道家的鼻祖老子（李耳）是楚国苦县（今鹿邑）人，在洛阳担任史职，著有《老子》。战国中期宋国蒙（今商丘北）人庄周，著有《庄子》。墨家的代表人物墨翟是鲁（今鲁山，一说山东滕州）人，长期在宋国活动，著有《墨子》。墨学与儒学成为战国时期的显学。此外，兵家吴起、尉缭，法家申不害、商鞅、韩非，纵横家苏秦，杂家吕不韦，都是中原人士。他们著书讲学，相互争辩，形成"百家争鸣"的学术繁荣局面。

西汉定儒学为一尊，河南出现京房、戴德、戴圣等一批经学家和《京氏易》《礼记》等著作。东汉洛阳是全国儒学教育和研究的中心。太学设五经博士，教授儒术。汉章帝时召集名儒在北宫白虎观讨论儒学，由班固写成《白虎通义》。立于洛阳太学门前的熹平石经，是官方审核的经书定本。荥阳人服虔，开封人郑兴、郑众父子，都是当时著名的经学家。

魏晋时期都城洛阳兴起玄谈之风。士人试图通过研究《老子》《庄子》和《易》这三部书，探讨宇宙的本原和人生的目的。南阳人何晏和山阳（今山东微山）人王弼首倡玄风，"竹林七贤"中的阮籍、嵇康、向秀及郭象等人步其后尘，阐发弘扬玄学。

汉魏时佛教传入,人们开始翻译佛经,研究佛学。北魏后期的洛阳成为北方的佛教中心。隋唐时期洛阳佛教兴盛,许多佛教宗派形成。缑氏(今洛阳偃师缑氏镇)人玄奘赴天竺(今印度)学习佛学,回国后致力于佛经翻译和著述,成为唯识宗的开创者。东汉后期道教形成并传播,北魏寇谦之在嵩山进行道教改革。

唐代河阳(今孟州西)人韩愈倡导新儒学,反对佛学,有"道济天下之溺"的盛名。北宋洛阳人程颢、程颐兄弟创建洛学,是理学的奠基者。后经南宋朱熹的发展,成为一套完备的理学体系,在中国封建社会后期的思想学术界居统治地位。

河南地区的史学、地理学、文字学和目录学均有显著成就。《汉书》《三国志》《东观汉记》等史学名著均在洛阳修撰,《资治通鉴》在开封、洛阳撰成。东汉颍川(今许昌)人荀悦的《汉纪》和东晋陈郡阳夏(今太康)人袁宏的《后汉纪》,隋朝相州(今安阳)人李延寿的《南史》《北史》,都是重要的史学著作。东汉召陵(今漯河市召陵区)人许慎的《说文解字》是一部文字学巨著。魏晋时开封人郑默的《中经簿》、颍阳(今许昌)人荀勖的《中经新簿》、尉氏人阮孝绪的《七录》都是重要的目录学著作。

河南文坛自古以来作家辈出,作品异彩纷呈。《诗经》中的不少篇章出自河南地区。《老子》《庄子》《韩非子》代表了春秋战国时期散文的最高成就。秦汉时期贾谊的《过秦论》《陈政事疏》,晁错的《论贵粟疏》等"皆为西汉鸿文"。贾谊的《吊屈原赋》、张衡的《二京赋》、蔡邕的《述行赋》,则是辞赋的名篇。

魏晋时期诗歌创作兴盛,"建安七子"中的阮瑀、应玚和女诗人蔡琰都是中原作家。阮瑀之子阮籍擅名正始文坛,其咏怀诗质朴自然而多感慨。西晋太康年间潘岳与其侄子潘尼的诗作辞采华丽。曹植的《洛神赋》脍炙人口。左思的《三都赋》成,洛阳为之纸贵。

隋唐时期中原诗歌、散文创作成就辉煌。盛唐时巩县(今巩义)人杜甫被称为"诗圣",其诗作广泛反映了社会现实,有"诗史"之誉。南阳人岑参是边塞诗人的卓越代表之一。中唐宜阳诗人李贺诗风怪异。晚唐河内(今沁阳)人李商隐的无题诗情意缠绵,语言清丽。孟县(今孟州)人韩愈是当时古文运动的领袖,提倡"文以载道"、言贵独创,写有不少优秀散文作品,名列"唐宋八大家"之首。宋元以后,河南文学逐渐由滞后走向衰落,明清时仅有李梦阳、何景明、王廷相和侯方域等影响较大,文坛相对沉寂。

河南古代艺术绚丽多彩,在书法、绘画、音乐、舞蹈、石刻造像和建筑艺术方面均取得了辉煌成就。

河南书法艺术源远流长,商代的甲骨文字娟秀瘦挺。秦朝上蔡人李斯的篆书"画如铁石,字若飞动"。东汉圉县(今杞县南)人蔡邕尤善汉隶。三国时长社(今长葛)人钟繇楷书尤精,"尽备法度,为正书之祖"。北朝以龙门造像题记为代表的魏碑体魄力雄强,骨势峻迈。汴州(今开封)人孙过庭以草书擅名。宋徽宗赵佶的瘦金体俊逸绝伦。清初孟津人王铎书法各体皆能,尤擅行草,有"神笔"之誉。

洛阳、永城、新密等地汉墓壁画和南阳、郑州等地的画像砖石十分精美。唐代阳翟(今禹州)人吴道子所绘佛道人物,端庄秀丽,衣褶飘逸,有"画圣"之名。荥阳人郑虔、济源人荆浩善画山水。北宋开封翰林图画院聚集了一批全国著名的画家,宋徽宗的画也很著名。南宋孟县(今孟州)人李唐兼善山水、人物,开一代画风。

夏、商、周三代河南地区已有优美的宫廷乐舞,春秋时期郑、卫之音特色独具。东汉至北宋洛阳、开封的宫廷雅乐不断更新,吸取西域和高丽的乐舞,形成了更为丰富优美的乐舞艺术。明清戏剧艺术兴起,豫剧、曲剧等地方剧种长盛不衰。

作为历代帝都的洛阳、开封有布局完整、气势雄伟的宫殿建筑。洛阳汉魏故城和隋唐东都的宫殿建筑美轮美奂。魏晋时期洛阳的佛寺道观,洛阳、开封的皇家园林和达官显贵的私家园林均巧夺天工。

在古代,河南地区科技人才辈出,发明创造颇多,在全国处于领先地位。见于文献记载的中国最早的历法《夏小正》出现于河南地区。战国时魏国人石申所著《天文星占》记载了天空的星象。东汉南阳人张衡在洛阳主持天象观测和编定历法,制造了浑天仪、地动仪,所著《灵宪》阐述了天地日月生成和运动的理论。

在数学、物理学方面,战国时期墨子及其弟子对数学、光学、力学进行了开创性研究;西汉阳武(今原阳)人张苍补订的《九章算术》,对我国数学体系的形成和发展有重大影响。

在医学方面,东汉南阳人张仲景撰写的《伤寒杂病论》是理、法、方、药兼备的临床诊疗专著,创建了辨证论治的理论,为后世中国医学发展开辟了道路。隋唐时期扶沟人甄权、甄立言兄弟是当时著名的针灸学家。

北宋开封人丁度编撰的《武经总要》、郑州人李诫撰写的《营造法式》,明代沁阳人朱载堉发明的"十二平均律",清代固始人吴其濬的《植物名实图考》,表现了军事、建筑、音律和植物学方面的重要成就,影响深远。

河南是全国最早兴办教育的地区,在夏、商、周三代,洛阳等地就办有贵胄学校。春秋战国时期私学兴起,孔子晚年曾带领弟子到宋、卫、陈、蔡等地游仕讲学。汉代河南各郡国县邑都创办了官学。东汉洛阳太学是当时全国的最高学府,学生人数最多时达3万人。隋唐时期东都洛阳设有国子监,管理诸学。北宋东京开封的国子监诸学和地方官学规范化、系统化,书院教育开始兴起,教育的发达为文化的发展创造了条件。明清时期河南教育落后于江南。

第五节　河南文化的特性和历史地位

河南文化是植根于河南地区的文化。与它密切相关的文化概念,还有河洛文化,河洛文化是植根于河洛地区的文化,河洛文化是中原文化的核心。河洛地区是黄河中游干流与其支流伊洛河交汇的地区,它比中原地域范围小一些。

河南文化与黄河流域其他板块文化及周边地域文化有着密切的交流和互动关系。将河南文化与其他地域文化加以比较,可以发现河南文化的特性。河南文化在中华民族传统文化中具有重要的历史地位,在以黄河、长江流域为基地的中华文明的形成和发展演变中具有独特的无可替代的作用。

一、四大特性

与中国其他地域文化相比,河南文化具有根源性、开放性、传承性和辐射性。

河南历史悠久,河南文化是一种根源性文化,中华传统文化的不少内涵起源于此。例如河南偃师二里头遗址出土的青铜礼器是中国进入铜器时代的标志,郑州商城、安阳殷墟出土的青铜器,代表着中国辉煌的青铜文明。殷墟发现的甲骨文字则是中国最早的成熟文字。"河图洛书"的传说被人们视为中华文化的源头。周文王在羑里(今属汤阴)演《易》奠定了《易》学的初基,周公在洛阳制定的礼乐制度影响中国数千年。春秋战国时期的道家、墨家、法家、纵横家、杂家均发源、活跃于此。东汉经学兴盛于洛阳,魏晋玄学、宋明理学都起源于洛阳。中国古代的官学教育体系和科举制度在河南地区创立。总之,河南文化的许多内容成为中国传统文化的根源。

河南文化是一种开放的多元文化汇聚融合的文化。河南地处"天下之中",有史以来许多地域和族属的文化在这里交汇融合。在河南文化的萌芽阶段,当地的仰韶文化、河南龙山文化即与黄河下游地区的大汶口—山东龙山文化、长江流域的屈家岭—石家河文化、良渚文化及西辽河流域的红山文化等发生交流和互动,吸收其先进因素,逐渐成为各地域文化的核心,最终形成了多元一体的夏文化。春秋战国时期,北方的晋文化、南方的楚文化、东方的齐鲁文化都对中原文化有较强的影响,源于邹鲁地区的儒家文化影响尤深。汉、唐时期中原人民以博大的胸襟,吸收北方少数民族和西域各族人民的草原游牧文化,对异域的佛教文化也予以吸纳、改造,实现了文化的融合发展。

河南文化是一种长期延续、传承不断的文化。在中国历史上,有些地域文化经过一段辉煌,很快衰落,乃至中断、消失,中原文化却得以长期赓续,传承不绝。例如在新石器时代后期,不少地域文化衰落,河南龙山文化却保持着强劲的发展势头,并为以后的夏文化——二里头文化所延续。此后,夏文化又为商文化、周文化所延续。秦汉以降不断改朝换代,魏晋至宋金时期许多北方少数民族入主中原,但它们大都认同前代中原地区的文化传统,并予以传承弘扬,使华夏文明得以薪火相传。中原地区的文化发展链条数千年不断线,成为中国华夏文化的重要传承区。

河南文化长期是一种向四方传播、辐射的强势文化。河南地跨黄河中游、下游,土壤疏松肥沃,气候温和,中国最早的旱作农业就在这里产生。生活在中原地区的华夏部族先民率先摆脱了野蛮和蒙昧,迈入了文明的门槛。中原是夏、商、周三代的畿辅地区,开发比其他地区要早,较早使用青铜器和铁器,最早进入了传统农业阶段。秦汉至唐宋河南地区经济长期在全国处于领先地位,政治和文教也常开全国风气之先,引领时代潮流。河南是全国建都时间最长的地区。从公元前21世纪"禹都阳城"开始,到公元1234年蒙古军队攻破汴京灭金为止,前后约有22个全国性或地方性王朝在河南建都或建陪都,时间长达2200多年,这在全国是独一无二的。河南长期是全国的政治中心,也是文化中心。许多重大文化事件在这里发生,许多文化制度在这里创立。河南长期成为全国文化的首善之区,其文化带有官方文化的特点,历代统治者利用行政和教化的手段将京畿地区文化向全国各地区推广,因此,河南文化具有很强的辐射力。

人是文化的载体,大规模地移民在文化传播中起到了十分重要的作用。西晋灭亡后中原汉人大批迁往江南及西北、东北地区,将河南文化带到江南塞北,促进了这些地区经济发展、文化进步。北宋灭亡后宋室南迁,又有不少河南人民迁往江南,再次将河南文化带到南方。河南文化与当地土著文化的融合,形成了闽台文化和客家文化。

二、重要的历史地位

河南是黄河流域的一个组成部分。要说明河南文化的历史地位,必须先从黄河流域和黄河文化说起。

学术界将中国分为若干文化区或者文化圈,但是它们的范围大小不同,不可等量齐观。如黄河流域构成的黄河文化区,长江流域构成的长江文化区。在黄河流域又具体分为上游的河湟及河套文化区,中游的中原文化区,下游的海岱文化区。广义中原文化区又分为河洛(或狭义中原)、关中(或三秦)、三晋文化区。

黄河流域是中国北方的一个重要地区,黄河文化是植根于黄河流域的历史文化。习近平总书记说:"在我国5000多年文明史上,黄河流域有3000多年是全国政治、经济、文化中心,孕育了河湟文化、河洛文化、关中文化、齐鲁文化等,分布有郑州、西安、洛阳、开封等古都,诞生了'四大发明'和《诗经》《老子》《史记》等经典著作。"因此,"黄河文化是中华文明的重要组成部分,是中华民族的根和魂"。①

广义的中原地区主要是指黄河中游地区的河南、陕西、山西一带地方,或将黄河下游的山东及河北部分地区也包括在内。中国古代的八大古都中有洛阳、西安、开封、安阳、郑州五大古都分布在中原地区。中华文化的诸多元典,中国古代的一些重大科技成果,也诞生于这块土地。中原文化是华夏文明形成和早期发展阶段的核心,在宋金以前,中原文化在中华民族传统文化的形成和发展中发挥着极其重要的作用。中原地区是中华文明的核心,中原文化是中华文明的主根主脉。黄河流域尤其是黄河中游地区因其国都地位而成为凝聚中华民族的向心力所在。在这个意义上,黄河文化成为中华民族的根和魂。

河南地处黄河中游向下游的过渡地区,是黄河文明的重要源头和黄河文化的核心区域,在黄河文化孕育、形成、发展中发挥着重要作用。狭义的中原地区即今河南一带,其核心地带为河洛地区。河洛地区是指黄河中游干流与其支流伊洛河交汇地区,西起华山,东至嵩山,北起太岳山、漳河一线,南达伏牛山。河南有优越的自然环境,居"天下之中"的区位优势,四通八达的交通,是欧亚丝绸之路的东端起点,隋唐大运河的中心,华夏部族的发祥地,民族融合的重要地区。社会经济发达,长期在全国处于领先地位。夏、商、东周、东汉、魏晋、唐宋诸代,2000多年都在今河南境内建都,河南成为全国或者中国北方的政治中心、经济中心、文化中心和首善之区。《周易》《诗经》《尚书》等文献,《老子》《庄子》《墨子》《韩非子》等诸子书,《左传》《汉书》《三国志》《资治通鉴》等史籍,都在此地出现。中国的四大发明,造纸、印刷术、火药、指南针的制作应用,无不在这一地区。总之,河南文化在黄河文化乃至中华民族传统文化中都占有极其重要的历史地位。

1. 华夏文明形成阶段的核心

中国古代文明以黄河、长江流域为基础,中原地区为中心。中国史前文化是一个"多元一体"的格局,中原在这一格局中具有重要的无可替代的地位。"中华文明的演进过程,在很大程度上可以视为不同地域的文明以及不同民族的文明,在交往的过程中整合为一体的过程。整合的模式是以中原华夏文明为核心,核心向周围扩散,周围向核心趋同,核心与周围互相补充、互相吸收、互相

---

① 习近平:《在黄河流域生态保护和高质量发展座谈会上的讲话》,《求是》2019年第20期。

融合。"①在我国史前文化和进入文明社会后的文化发展过程中,中原文化始终发挥着中心作用和导向作用,因而成为华夏文明的核心,博大精深的中华民族文化的基石。

中国古代文明是多源的、多区域的,但是不同时期、不同区域的文化发展又是不平衡的。在若干关键的当口,特定的区域会起特殊的历史作用。中原地区比其他地区有更多的区位优势。在新石器时代中后期,黄河中游的仰韶文化—河南龙山文化持续发展。随着中原地区在调整重组后再度崛起以及社会文明化进程步伐的加快,全国文化分布的格局也发生了变化,在内重结构的中央形成了一个核心,导致文化的交流活动开始出现了一个围绕中原这个中心展开的趋势。河南龙山文化是夏文化形成的直接源头。在上古时代,最早的"中国"即指河洛地区。② 华夏族在中原地区建立了中国最早的国家政权,并逐渐实现了国家的相对统一。以中原为中心全方位的交流,形成一股强大的向心力和凝聚力,促进民族间的理解和认同,推进多元文化和社会一体化趋势的发展。夏、商、周三代都在中原建都,进入中原的东夷、苗蛮等族逐渐与华夏族融合为一体。总之,华夏文化主要源自中国古代早期国家夏商文化及其更为久远的河南龙山文化。河南地区是华夏文化的发源地及其形成、发展的核心地区。

2. 中华民族传统文化的主流

秦汉时期,华夏族和其他民族融合,形成了中国的主体民族汉民族。此后,许多王朝建都洛阳和开封,河南成为全国文化的中心。河南地区是汉族的中心区,诸多封建王朝的腹里地区,也是汉族文化、中华民族文化的重要发源地。华夏族文化、汉民族文化是中国历史上的主体文化,河南文化在中华民族文化中具有极为重要的地位。

中华民族文化的核心和主流是礼乐制度和儒家思想。早在夏、商两代,礼乐制度就在河南地区起源。周公姬旦在吸收前代礼乐制度的基础上,在洛阳制定了西周的礼乐制度。春秋战国时期,孔子在周代礼乐制度的基础上,创立了

---

① 袁行霈等主编:《中华文明史总绪论》,《中华文明史》第一卷,北京大学出版社2006年版,第12页。
② 西周初期的"何尊"铭文称:"惟王初迁宅于成周……惟武王既克大邑商,则廷告于天,曰:'余其宅兹中国,自之乂民。'"意思是说,周武王灭商以后,认为洛阳一带是中国,要将都城迁到此地。马承源:《何尊铭文初释》,《文物》1976年第1期。

儒家学派。孔子周游列国时,首先在河南地区传播儒学。孔子死后,其高足子夏在"西河"(今安阳一带)聚徒讲学,儒家学说首先在魏国广泛传播。从东汉到魏晋,洛阳是全国儒学的教育和研究中心,魏晋玄学和宋明理学均起源于洛阳。

道家、法家学说以及佛学、道教思想,也是中国传统文化的重要组成部分。道家的代表人物老子、庄子,都是河南人士,他们首先在河南地区创立和弘扬道家学说。早期法家申不害、商鞅以及法家学说的集大成者韩非也是中原人士,先秦法家学说在河南地区形成、流行。佛教在东汉时期首先传入洛阳,经魏晋隋唐时期的传播及与儒学、道家学说竞争、融合,逐渐成为中国文化的一个组成部分。

总之,河南省位于我国中部,地跨黄河中下游,历史悠久,文化灿烂,是华夏族的主要发祥地,也是中国的主体民族汉族的中心区。在夏朝以降的4000年中,夏、商、东周、东汉、魏、西晋与五代、北宋王朝均建都河南,时间近2000年。西周与隋、唐王朝,又以洛阳为东都,北魏与金朝后期,又分别迁都洛阳和开封。河南地区的政治关乎天下兴亡,牵系国家盛衰。河南文化是中华民族传统文化的一个重要源头,也是中华民族传统文化的重要组成部分,或者主流。在北宋以前的许多朝代,河南文化处于黄河文化和中华传统文化的中心地位,在中华民族传统文化的形成和发展中起到了相当大的作用。但是北宋灭亡之后,全国的政治、文化中心从河南地区移出,河南文化成为单纯的地域性文化,逐渐边缘化,发展缓慢,不能望东南沿海地区文化之项背。

第六节 相关研究的回顾与本书的撰写

河南文化的研究始于近代,特别是中华民国时期。这时西方社会和人文科学知识传入中国,人们开始用新的理论和方法研究学术,近百年的田野考古又为河南文化的研究提供了弥足珍贵的实证资料。

一、河南文化研究的历史与现状

早在20世纪30年代,一些教科书明确提出"中原文化"的概念。此后,少数学者对中原文化进行了初步的研究。1934—1935年北京大学中原文化社曾编辑出版《中原文化》(半月刊)22期;河南大学文学院张邃青教授曾编写讲义,为史学系学生讲授"中州文化史"课程。

20世纪80年代以来,全国出现了研究地域文化的热潮,河南文化研究快速发展。河南省研究中原文化的学术机构陆续成立,如河南省社会科学院中原文化研究中心,郑州大学中原文化资源和发展研究中心,河南大学黄河文明与可持续发展研究中心,实施了国家和省部级社会科学基金重要项目"中原文化与中华民族""河洛文化的内涵、传承与影响""河洛文化与民族复兴""黄河文明的历史变迁"等,取得丰硕的成果。中原出版传媒集团邀集河南省内300位专家学者共同撰写出版《中原文化大典》,分为总论、大事记和学术思想、文学艺术、科学技术、教育、民俗、文物、人物、著述等八典,共55册近3000万字,是一部综合性的典志类地域文化套书。近年又有宫松奇总主编的《焦作文化大典》,分为哲学、经济、文献、文学艺术、人物、文物、民俗武术、科技、教育等九典及大事记。其他关于中原文化的著作有张志孚、何平立的《中国地域文化丛书·中州文化》,王天奖、李绍连主编的《中华地域文化大系·中州文化》,以及朱绍侯主编的《中国地域文化通览·河南卷》等。

早在21世纪之初,省内有一批关于中原文化的理论研究著作面世,李庚香的《中原文化精神》是对中原文化的理论和历史的探讨,展示中原文化由野蛮走向文明的艰难历程,探寻中原文化兴衰的历史规律,并从中归纳出中原文化精神。李民主编的《中原文化大典·总论》对中原文化的科学内涵、自然与人文环境、区域整合、形态、特征、精神、地位和作用进行全方位的研讨;刘成纪、杨云香主编的《中原文化与中华民族》,分为总论、中原文化与中国文化、中原文化与中华民族精神及其互动与发展几个部分,对中原文化在中华民族历史中的作用、地位进行了深入的探讨。省外有刘乃和的《中原文化与传统文化》等。

河洛文化是广义中原文化的核心。近30年来,河南省成立多家河洛文化研究机构,连续实施国家社会科学基金重大委托课题,取得令人瞩目的成绩,出版专著和论文集数十部,其中王永宽的《河图洛书探秘》,薛瑞泽、许智银的《河洛文化研究》,徐金星、吴少岷的《河洛文化通论》,程有为的《河洛文化概论》,徐金星、郭绍林等的《河洛文化论衡》等,有一定代表性。

关于河南文化史著作,有杨玉厚主编的《中原文化史》,分为上、下两编,勾勒河南文化发展的脉络及其赖以繁荣兴衰的历史素地;申畅、申少春主编的《河南文化史》,分门别类地阐述河南文化的内容与成就;程有为主编的《中原文化大典·大事记》,记述河南有史以来文化方面的重大事件,堪称河南文化的编年史;程有为主编的八卷本《中原文化通史》,所述地域范围包括河南周边地区,与中原经济区大体相当,而将河南地区的文化历史作为核心内容予以阐述,属于一部大型地域文化通史著作。此外,程有为、王天奖主编的《河南通史》对各个历史时期的河南文化也有较多的叙述;朱绍侯主编的《中国地域文化通览·河南卷》的上编,依据历史时期分为八章,简要阐述了河南文化的发展脉络,堪称河南文化简史。

此外,还有一些关于河南文化史的专门著作,例如:王日新、蒋笃运主编的三卷本《河南教育通史》,王永宽、白本松主编的《河南文学史》(古代卷),王星光主编的《中原科学技术史》,代云等著《河南哲学史》,都有重要的学术价值。

在河南文化志方面,有河南省地方史志办公室编纂的《河南省志·文化志》和单远慕撰《中华文化通志·中原文化志》,分门别类阐述河南文化的内涵。此外,申畅、申少春主编的《河南文化史》在体例上也是一部文化志。

二、河南文化史研究的基本资料

河南地处中原地区,是华夏族和汉族的中心区,长期是全国的政治中心和文化中心。因此,包括经、史、子、集等部类的历史文献对河南文化的记载比其他地域文化要多,也更为详尽、具体,可谓得天独厚。现存的十三经,诸子书,二十四史和《清史稿》,《资治通鉴》及其续编,《通典》《通志》《通考》,文人的诗文集,都是研究和撰写河南文化史的重要资料。明清至今,河南地区留下卷帙丰富的地方志,也是不可或缺的重要资料。

自宋代以降,中原地区金石学发达,为研究历史文化提供了不少实物资料。河南是中国现代考古学的发祥地,安特生、袁复礼对渑池仰韶村遗址的发掘,成为中国现代考古学的开端,安阳殷墟等地的考古发掘则是中国学者进行的考古实践。近百年来考古发掘和研究硕果累累,为历史文化研究提供了丰富的资料。20世纪50年代以来,经过中国社会科学院(原中国科学院)考古研究所、河南省文物考古研究所、洛阳市文物工作队等单位几代考古工作者的不懈努力,河南地区史前传说时代的考古已经建立了一套完整的谱系,先秦、秦汉以降的考古也有很多成果发表。特别是20世纪90年代国家实施的夏商周断代工程和21世纪初实施的中华文明探源工程的预研究和第一阶段研究,都以河南地区为重点,有很多新的研究成果面世,为中原地区文明进程和文明初期的文化研究提供了弥足珍贵的资料。众多的田野考古报告和研究著作对于河南文化史研究都有较高的参考价值。

三、本书的主要内容与撰写旨趣

本书前有绪论,对河南文化进行宏观论述,包括河南地区在黄河流域的地位,河南文化生成和演变的自然生态与社会环境,河南文化的发展阶段与特性,河南文化在黄河文化和中华文明史上的重要地位等。本书上起史前原始社会,下迄20世纪中叶新中国成立,依照历史时期与文化发展阶段,分为史前、三代(夏、商、西周)、春秋战国、秦汉、魏晋南北朝、隋唐、五代宋金、元明与清前期、清后期与民国九章,每章简要介绍本时段河南文化的环境生态,详细阐述河南地区的精神文化,包括思想、学术、宗教、文学、艺术、科技、教育、风俗礼仪等,兼及当时的物质文化与制度文化,并着力探讨河南文化与黄河流域其他板块文化以及周边地域文化的交流互动关系,华夏族、汉族与其他民族文化的关系,廓清河南文化形成、发展、演变的历史轨迹和基本规律,以使读者对河南文化有一个较为全面、系统的认识。

本书在撰写过程中,力求做到以下三点:

1. 运用最新研究资料,吸收最新研究成果。21世纪以来,河南各地有许多重要的考古新发现,如栾川县出土的"直立人栾川种"牙齿化石,许昌灵井遗址出土的"许昌人"头盖骨化石,巩义双槐树"河洛古国"遗址,伊川徐阳陆浑戎贵族墓地,安阳县西高穴曹操高陵等,在学术界引起轰动。国家启动的"夏商周断代工程"和"中华文明探源工程"与河南地区密切相关,已经取得许多重要的成果。本书的撰写紧跟学术前沿,尽量运用这些考古新材料,吸收关于中华文明起源与早期发展的最新研究成果,以使读者耳目一新。

2. 引入生态文明和环境史学新理论,探讨河流湖泊与地域文化的关系。人类创造的文明除了物质文明、政治文明和精神文明,还有生态文明。马克思、恩格斯早就说过:"只要有人存在,自然史和人类史就彼此互相制约。"[1]生态环境条件的变化在一定意义上可以改变社会史的进程。本书引入生态文明和环境史学理论,在阐述河南地区各个历史时期的文化现象的同时,探讨河南地区的自然环境变迁,尤其是黄河下游河道与其重要支流的变迁,人类对水环境的改造和水资源的利用,以及其对河南社会变迁、文化兴衰的影响。

3. 立足河南,放眼黄河流域与全国。河南文化的形成和发展演变不是封闭的、孤立的,它和黄河流域、长江流域各文化板块有着千丝万缕的联系,和异域文化也存在着交流与互动。本书不是孤立地论述河南文化,而是将它与黄河流域其他板块文化作为一个互相联系的整体,着力探讨河南文化与其他地域的文化交流互动及其对地域文化发展演变的影响。本书立足河南,放眼黄河流域乃至全国,在黄河文明和中华文明的大背景中,考察审视河南地域文化与其他地域文化的关系,客观地揭示河南文化在黄河文化和中华传统文化中的历史地位和作用。

---

[1] 马克思、恩格斯:《德意志意识形态》,《马克思恩格斯文集》第一卷,人民出版社2009年版,第516页。

第一章 史前原始农耕文明的演进与文化积累

早在距今一百七八十万年前的更新世早期,在黄河金三角地区,即今山西南部、河南西部和陕西东部一带,已经出现原始人类的遗迹西侯度文化。到了更新世中期,又有匼河文化继之而起。

河南地区是中国史前文化最发达的地区之一。史前传说时代,考古学上的新石器时代,特别是其后期的铜石并用时代,是河南文化的滥觞期。这一时期河南地区不仅有丰富的三皇五帝和河图洛书的传说,而且新石器文化形成了完整的系列,主要有裴李岗文化、仰韶文化和河南龙山文化。从仰韶文化中后期到河南龙山文化时期,生活在华山至嵩山之间的华夏部族创造了辉煌的史前文化,原始农业和手工业不断发展。众多城址的发现,小件铜器的出土,原始宗教祭祀礼仪的产生,文字的起源,科学技术的萌芽,文学艺术的孕育等等,表明华夏文明的曙光已在河南地区显现。

第一节 原始人类与旧石器文化

黄河干流与伊洛河交汇之地及其附近地区古称河洛地区,它是中原地区的核心区。距今上百万年前河洛地区已经有原始人类生存,他们结成原始群体,过着以渔猎和采集为主的生活,创造了古老的旧石器时代文化。

一、河南境内的原始人类

黄河干流在华山潼关附近的山西省芮城县西南由南北流向变成东西流向，古称"河曲"，其附近地域则称黄河金三角地区，包括今山西运城、临汾，河南三门峡，陕西渭南等地，是黄河流域最早有原始人类生存的地区。

渑池—垣曲盆地是中国古近纪地层和始新世哺乳动物群的首次发现地，1916年6月由瑞典地质学家安特生发现。1985年至1994年间，中外科学家在渑池县南村乡任村上河组发现世界上最早的具有高等灵长类哺乳动物特征的曙猿化石，它属于始新世晚期（沙拉木伦期）任村上河动物群，距今4500万年左右，命名为"渑池上河曙猿"。渑池上河曙猿遗址是国际公认的人类原祖起源地之一。这一发现动摇了"人类起源于非洲"的论断，同时也把类人猿出现的时间向前推了1000万年。

更新世黄土高原东南部良好的黄土堆积和河湖相堆积，为远古人类生存提供了优越的自然环境条件。考古工作者在黄河金三角地区以及今河南中部发现了古人类化石，包括更新世中期的直立人（又称猿人）和晚期智人化石。原始人类创造的旧石器文化在中原地区广泛分布，时代涵盖旧石器时代早期、中期和晚期。

考古工作者在山西省芮城县风陵渡镇西侯度村后的河湖相沙砾薄层和交错砂层中发现了一批人类文化的遗物，包括石制品、有切割痕迹的鹿角、烧骨和大量动物化石等，称作西侯度文化，时代距今一百七八十万年，属于更新世早期。这是中国境内最古老的文化遗存。在山西芮城县还发现了匼河旧石器文化，大约距今100万年，属于更新世中期。以西侯度文化和匼河文化为代表的文化区，分布范围大致在山西南部、陕西东部和河南西部，遗址和石器地点总数达百处以上。

1978年9月，在河南省南召县云阳镇杏花山第二阶地褐黄色砂质黏土层中，发现了一颗猿人牙齿化石，特征与北京人相近，被定名为"南召猿人"。在化石出土地点获得一批更新世中期的古脊椎动物化石，有中国鬣狗、剑齿虎、剑齿象、肿骨鹿、熊、马、猪、犀等。2012年秋，在河南省栾川县湾滩村孙家洞旧石器时代遗址的洞穴中发现了 6 枚古人类牙齿化石,时代与北京猿人相当,定名为"直立人栾川种",简称"栾川人",也发现有石制品和动物化石。淅川药材公司 1973 年收购的"龙骨"中有 13 枚人类牙齿化石,也属于直立人阶段的标本。这些表明在距今六七十万年前,已有直立人在河南地区西部和西南部生活。

在更新世晚期,已有早期智人在豫西山地生活。1979 年,在河南省卢氏县南营子乡刘家岭一带发现了 2 枚人牙和 4 块人类头骨碎片,时代距今约 10 万年,人们称之为"卢氏人"。近年又在河南省栾川县庙子乡蝙蝠洞洞穴遗址发现了距今约 10 多万年的人类牙齿化石。2007 年底,在许昌灵井镇西侧旧石器时代文化遗址 9 号探方深 5 米处发现 16 块古人类头顶骨、额骨、枕骨、颞骨的断片,复原后成为一较完整的人类头盖骨化石,其时代距今 10 万—8 万年。"许昌人"头盖骨化石是我国在第四纪晚更新世早期地层中经过科学发掘出土的古人类头盖骨化石,对于研究东亚古人类演化和现代人类的起源,具有重要学术价值。早期智人与直立人相比脑盖较薄,脑容量较大,动脉分支较发达,智力比直立人有明显发展。

大约在距今 5 万年开始的更新世晚期,人类体质也发展到晚期智人阶段。1965 年考古工作者曾在许昌灵井遗址出土有两段人类股骨化石,介于智人与新人之间,表明中原地区的晚期智人正在向新人过渡。2021 年在鲁山观音寺仙人洞发现距今 3.2 万年的早期现代人类头骨化石。

总之,早在更新世,古人类已经在中原地区西部生存。他们用经过打制的石器作为生产工具,勉强维持低水平的生活,尽量适应周围的环境,以保持生命的延续。

二、旧石器时代文化点

河南地区按照现代自然地理划分,属于暖温带和亚热带的过渡区,植被类型也处于温带和亚热带森林区的过渡地带。在更新世的暖期,河南地区是温暖湿润的森林环境。这种情况从早更新世晚期一直持续到晚更新世之初,包括整个中更新世。河南地区得天独厚的地理位置,使得这里成为南北旧石器文化的交汇地带,成为文化交流的重要地区。

迄今河南境内已经发现旧石器地点和古人类化石地点 100 多处,分布以豫西、豫西南地区最为集中。人类的旧石器时代十分漫长,可以分为早期、中期和晚期三个阶段。

中国的旧石器时代早期,大约距今 180 万年到 10 万年前。河南省旧石器时代早期的文化地点有三门峡水磨沟和会兴镇、陕县张家湾、灵宝谢家坡等,工具主要是刮削器、砍砸器和尖状器,属于西侯度和匼河文化系统。这一时期人们已经掌握制造石器的具体办法,学会了制造石器,并学会了使用和管理火。

大约距今 10 万年到 5 万年间,属于旧石器时代中期。这一时期的文化点主要分布在豫西地区,有灵宝孟村、三门峡王官沟、洛阳凯旋路与北窑等,石器多为大型,石片角较大,加工较精,石器形状比较规整,类型比较确定,种类也有所增加,属于以晋南为中心的丁村文化系统,这是早期智人的遗存。

大约距今 5 万年到 1 万年前,属于旧石器时代晚期。这一时期的文化点分布更为广泛,有南召小空山、荥阳织机洞、洛阳王湾、安阳小南海等。在石器制作中普遍修理台面,许多地方出现了细石器。人们能用间接打击法生产出细长石片,还能用压制法加工石器。骨角器发展,多种装饰品出现。南召小空山和荥阳织机洞洞穴遗址出土石制品有刮削器、砍砸器、尖状器、雕刻器等,舞阳大岗遗址出土有石核、石片细石叶、多种砍砸器、尖状器等,还发现了一片磨刃石片。安阳小南海北楼顶山东坡的洞穴中出土石器少部分经过二次加工,或有使用痕迹,也属于细石器范畴。这一时期出现了复合工具、细石器镶嵌技术、磨制和穿孔技术。

三、原始人群的渔猎与采集生活

为了和险恶的自然环境、凶猛的野兽进行斗争,人类在漫长的生活实践中学会了制造简单的劳动工具。他们选择坚硬的石块,用砸击和捶击的方法,打制出薄边和尖端,制成粗糙的石器;又折断树枝,制成木棒。这些工具虽然十分简陋,但能把它制造出来,表明古人类已经脱离动物界。劳动不仅制造了工具,也创造了人类本身。

在旧石器时代,原始人类已开始使用火。在洛阳北窑遗址发现人类用火的痕迹,荥阳织机洞遗址发现17处用火痕迹。火的使用和控制,可以烧烤猎物进行熟食,促进人类体质的发展。恩格斯说,火的使用是"人类历史的开端",它"第一次使人支配了一种自然力,从而最终把人同动物界分开"。[①]

旧石器时代人类在洞穴中居住,使用打制石器进行生产活动,靠猎取动物、捕捞鱼虾和采集野生植物果实,维持低水平的生活。人类尚处于蒙昧时代,人们以采集现成的天然产物为主,人类制造的物品用作这种采集的辅助工具。在当时生产工具十分简陋、原始的情况下,要应对恶劣的自然环境,同凶猛的野兽进行斗争,不得不十几人、几十人结成一个群体,依靠集体的力量,共同劳动,共同生活。这种集体称作"原始群",是当时的社会组织。

到了旧石器时代晚期,石器的制作虽然还是打制,但有明显进步,而且还掌握了穿孔技术。出土的钻孔石饰说明,人们开始装饰自己,爱美的观念已经形成。人类社会已由血缘公社过渡到氏族公社,血缘群婚也被族外婚所代替。

在旧石器晚期之后与新石器早期之前这样一个阶段,考古学界或称"中石器时代"。许昌灵井遗址出土石器中细石器占多数,制作采用间接打击,二次加工以压削法为主。出土了大量骨器,又发现20多片夹砂陶片,这是目前已发现的最早的陶器。距今1万年前后,人类开始由旧石器时代向新石器时代过渡。2009年秋,考古工作者在河南省新密市李家沟遗址"发现距今约10500年至8600年连续的史前文化堆积。堆积下部出土有细石核与细石叶等典型的细石器遗存,上部则含绳纹及刻划纹等装饰的粗夹砂陶及石磨盘等"。其早期尚属旧石器时代末期的典型细石器文化,晚期则已经具备新石器时代的文化特征。该遗址发现的重要意义在于"其从地层堆积、工具组合、栖居形态到生计方式等多角度提供了中原地区旧、新石器时代过渡进程的重要信息,比较清楚地揭示了该地区史前居民从流动性较强、以狩猎大型食草类动物为主要对象的旧石器时代,逐渐过渡到具有相对稳定的栖居形态、以植物性食物与狩猎并重的新石器时代的演化历史"。李家沟文化遗存的"这一新发现清楚地展示了中原地区从旧石器时代之末向新石器时代发展的历史进程,为认识该地区及我国旧、新

---

① 恩格斯:《反杜林论》,《马克思恩格斯文集》第九卷,人民出版社2009年版,第121页。

石器时代过渡等学术课题提供了十分重要的考古学证据"。①

第二节　新石器时代早期原始农耕文化的起源

距今 1 万年前后,地球史进入全新世,气候变暖,冰川消退,大地解冻。在距今 8500—3100 年间,中国出现了长达数千年的温暖湿润气候,被称作"仰韶温暖期"。这一时期中原地区气候比今日温暖湿润,黄土高原出现"千沟万壑",土壤侵蚀严重,河水泥沙增加。黄淮海平原降水量要比现在多,整个平原显示出比较湿润的景象,湖泊扩大。人类开始由山林进入河谷平原,原来从事狩猎和采集的氏族逐渐过渡到种植谷物,形成了最初的农业氏族,并开始使用磨制石器,进入了新石器时代。迄今河南省境内已发现新石器时代文化遗址 3000 多处,可以分为早期、中期和晚期三个阶段。此外大汶口文化、屈家岭文化在中原局部地区也有分布。

一、李家沟文化

考古工作者在新密市李家沟遗址发现距今 1 万年前后的史前文化堆积。在堆积下部发现属于旧石器时代末期典型的细石器文化层,典型细石器与局部磨制石锛、陶片共存;中部则发现以压纹粗夹砂陶与石磨盘等为代表的早期新石器文化;最上部是典型裴李岗文化遗存。李伯谦先生认为,这一考古学文化遗存表明,磨制石器逐步代替了打制石器,农业刚刚出现,定居成为新的栖居形态,应为新石器时代早期早段文化。

---

① 北京大学考古文博学院、郑州市文物考古研究院:《中原地区旧、新石器时代过渡的重要发现——新密李家沟遗址发掘收获》,《中国文物报》2010 年 1 月 22 日第 6 版。

二、裴李岗文化

大约距今9000—7000年间,中原地区处于裴李岗文化阶段。裴李岗文化是以新郑裴李岗遗址为代表的一类遗存,属于新石器时代早期晚段文化,主要分布在豫西山地东部边缘的丘陵地带以及豫中、豫南的黄淮平原地区。迄今已发现此类遗址150余处,大体可分为嵩山周围的裴李岗类型、沙洪河流域的贾湖类型、汝河流域的中山寨类型。位于新郑市裴李岗村西的新石器时代早期遗址发掘出一批窖穴、墓葬和陶窑,出土有磨制石器、陶器、猪羊骨骼和陶猪、陶羊等原始艺术品。在对舞阳县北舞渡镇贾湖遗址的八次发掘中,发现有房址、窖穴、陶窑、墓葬、瓮棺葬、埋狗坑,出土陶、石、骨等质料的文物数千件及大量动植物遗骸,其中的栽培稻、家畜、酒残留物、骨笛、契刻符号、成组龟甲和象牙雕版的发现,为中国乃至世界的稻作起源、家畜起源、酿酒起源、音乐起源、甲骨契刻及原始崇拜等领域的研究,提供了不可多得的珍贵资料,可与西亚两河流域的同期文化相映生辉。

裴李岗文化的石器有打制的细石片和刮削器,还有磨制的农业工具和手工业工具,大部分在表面略加打磨,石碾(原定名石磨)盘、棒则是琢、磨兼用。

裴李岗时期的经济生活主要是农业。出土的农具,有砍伐用的石斧,松土、播种用的石铲,收割谷物用的有齿石镰、石刀等,磨制精细,刃部锋利,以长条形两端磨刃的石铲、带锯齿的石镰和四足鞋底形石磨盘最为典型。农作物主要是粟,在舞阳贾湖遗址发现栽培稻,出现了大量的谷物加工工具石碾盘和石碾棒。生产工具以农业工具为主,渔猎工具很少,表明当时粮食种植是占主导地位的经济活动。此外,人们还从事狩猎、采集和家畜饲养。贾湖先民饲养的猪和狗是目前所知中国最早的家养动物,同时他们也会将捕捞后吃不完的鱼养殖起来。原始手工业以制造石器和烧制陶器为主。在石器制造中,人们已经熟悉选料和制坯技术,磨制工艺达到了一定水平,造型有一定的规范。在遗址中发现有结构简单的陶窑。陶器都是手制,以泥条盘筑法为主。陶质松软,火候低,吸水性强,易于破碎。陶器分为夹砂和泥质两类,多呈红色,器表以素面居多,纹饰以篦点纹为主。对出土陶器内壁残留物的研究表明,贾湖先民已经用大米、蜂蜜、山楂等造酒。出土的陶纺轮和麻织物残片表明纺织也是当时的原始手工业之一。

裴李岗文化的半地穴式的房屋遗迹,多为圆形或椭圆形,有单间和多间。新郑唐户遗址发掘的房址形制多样,单间式房址60座,双间式3座。房址分布较有规律,分为四组布局。部分房址具有向心式和环壕布局的特征。在舞阳贾湖遗址发现距今8000多年的聚落与公共墓地。其中房屋基址45座,不仅有半地穴式房屋,也有地面起建的建筑基址,还有两座带有穿斗式结构的干栏式建筑遗迹。在聚落附近有氏族公共墓地,墓葬多为长方竖穴土坑墓,多单人仰身直肢葬,无葬具,随葬品很少。女性墓主的随葬品是陶器与粮食加工工具相组合,男性墓主的随葬品是陶器与农业生产工具相组合,这是男女分工在葬俗方面的反映。

裴李岗文化时期的先民已经开始从事农耕,并过上了定居生活。当时人们集体劳动,共同分配收获物,处于母系氏族社会阶段。

第三节　新石器时代中期农耕文化的发展

大约公元前5000年前后,中原地区先民进入仰韶文化时期。仰韶文化因首先发现于河南省渑池县仰韶村而得名,它是以彩色陶器和磨光石器为标志的一种新石器时代文化。仰韶文化时期是中国史前文化的一个辉煌期,其分布范围包括今河南全部、陕西大部、山西中南部以及内蒙古、甘肃、青海、宁夏、河北、湖北诸省区部分地区,而以黄河中游地区的泾渭、伊洛、汾水流域最为密集。

一、仰韶文化早期

中原地区的仰韶文化是由裴李岗文化以及磁山文化发展而来,已发现此类文化遗址约千余处,以今河南三门峡、洛阳、郑州等地最为集中,可分为洛阳以西的庙底沟类型,洛阳与郑州之间的大河村类型,河南北部的后冈类型和大司空村类型,河南西南部的下王岗类型等。依据时间顺序可以分为早、中、晚三个时期。

中原地区仰韶文化早期的重要遗址有郑州大河村(前一、二期)、洛阳王湾(一期一段)、长葛石固(五期)、淅川下王岗(一期)、安阳后冈一期、濮阳西水坡、汝州中山寨(二期)、偃师高崖(一期)、陕县三里桥等。仰韶文化早期的生产工具以较发达的磨制石器为主,常见刀、斧、锛、镞、纺轮等,石凿、穿孔石铲是新出现的工具,其次是骨器和陶器。

这一时期以原始农业为主体的经济得到进一步的发展。石质农具多为磨制,数量逐渐增多,主要有砍伐和加工木材的石斧、石凿,新出现便于安装木柄的有肩石斧。翻土工具是带肩石铲、穿孔石铲和骨铲,穿孔或带肩石铲就是后世"锄"的雏形。收割工具是长方形或两侧带缺口的石刀、石镰,开始有穿孔,还有蚌镰和石锯齿镰。粮食加工工具有石碾盘、棒和研磨器等。农作物以粟为主,并开始种植稻、麻和蔬菜,饲养猪、狗、牛、羊等家畜。遗址出土渔猎工具仍较多,出现了石镞和石网坠。一些遗址发现许多鱼骨、蚌壳和一些动物遗骨,说明渔猎仍是农业的一种补充。

在原始手工业方面,人们依然利用石、木、骨、角、蚌、牙等制造各类器物,磨光已成为制作器物的主要手段。制陶仍用泥条盘筑法,经陶拍拍打使其厚薄均匀。后段陶器大多经慢轮修整,形制较为规范。陶窑仍为横穴式结构,在汝州中山寨窑址发现窑箅,淅川下王岗二期窑址发现"内低外高的排烟斜道",这是我国最早出现的陶窑烟道的祖形。用于捻线的陶纺轮和石纺轮大量出现,在郑州青台遗址出土的红陶片上黏结着已炭化的麻布残迹,瓮棺葬中发现有丝织品残片,说明当时已出现麻、丝纺织。

陶器以泥质红陶为多,夹砂红陶和灰陶也占一定数量。器型主要有罐、鼎、钵、碗、壶、盆等,大多为光平的素面,碗、钵上的红色或棕色宽带纹成为纹饰的显著标志,新出现的条纹或由条纹组成的曲线纹、三角纹成为重要特征。后段出现甑和大型缸、瓮,彩陶有黑、红、棕三色,黑色为主,有的带白衣。较多出现直线三角纹、连环状水涡纹、草叶纹。在下王岗二期出现了众多装饰品和艺术品。骨器仍为骨针、骨锥、骨笄等。

住房基址比前段复杂多样。下王岗一期遗址出土6座房基,小型房基为圆形半地穴式建筑,墙体为木骨泥墙结构,上面用木椽架起屋顶,下有斜坡式门道。面积较大的地面上建筑多在居室中心树立数根木柱以支撑屋顶。在荥阳点军台一期出现长方形套间的地面上建筑,它需要牢固的墙壁和屋顶梁架架构,是在平地起建的圆形建筑的基础上的重大改进。在郑州后庄王下层半地穴式住房基址发现中原地区最早的白灰面地坪和最早的柱础遗迹。

仰韶文化早期盛行集体合葬和同性合葬,数百人埋在一个公共墓地,各墓的规模和随葬品差别很小,说明当时男女还处于平等地位,而女性仍然受到人们的尊敬,其社会组织形态仍然处于母系氏族社会。

二、仰韶文化中期

约从公元前4000年开始,仰韶文化发展到中期。这一时期中原地区的重要遗址有荥阳青台(一、二期)、荥阳点军台(一、二期)、郑州后庄王(下、中层)、郑州大河村(一、二期)、汝州中山寨(三期)、长葛石固(六期)、淅川下集(早、中期)、淅川下王岗(二、三期)、陕县庙底沟(一期)、渑池仰韶遗址(一期)、洛阳王湾(一期二段、二期一段)等。

仰韶文化中期后段是仰韶文化最繁荣的阶段,中原地区出现了庙底沟一期为代表的文化遗存,称作"庙底沟类型"或"庙底沟文化"。庙底沟类型文化因首先发现于陕县庙底沟遗址而得名,河南西部及中部、山西南部、陕西东部是其核心区,遗址分布较稠密,面积较大。这一时期在河南北部有后冈一期文化,西南部有八里岗类型遗存。仰韶文化向四方扩展,对周边地区产生了很大影响。

庙底沟时期农业种植得到进一步的发展。首先是农业生产工具与渔猎工具的比重明显增加。农业生产工具以石刀和石铲为最多,其次是石斧。用于收割的陶刀及石刀在被发现的农业工具总量中的比例增大,反映了农业生产规模的增大和效率的提高。收割工具及翻土工具的改进反映了耕种方式的改进,"半坡类型时期基本上仍停滞在砍倒烧光农业阶段,而到庙底沟类型时期则已基本进入锄耕农业的耕种方式"[①]。此外,家畜的饲养业也较发达。

---

① 白寿彝总主编:《中国通史》第二卷,上海人民出版社1994年版,第112页。

在原始手工业中,制陶业独具特色。制陶工艺相当成熟,采用泥条盘筑制坯,经修削、拍打或压磨,再用慢轮修整器形或口沿,器壁坚实,厚薄均匀,规整精美。陶窑结构有竖穴和横穴式两种,窑温一般达到1000℃上下,陶质坚硬。陶器种类也有所变化,平底瓶基本消失,增加了釜、灶、鼎、敛口盆、甑和瓮。陶器造型及装饰方面达到了新的高峰,双唇口尖底瓶是其代表性器物。双耳尖底瓶线条流畅匀称,极具艺术美感。

庙底沟期是彩陶最为发达的阶段。陶器上常有彩绘的几何形图案或动物形花纹,花纹繁缛,线条流畅而富于变化。花纹形式主要是圆点纹、弧形三角和涡纹为母体构成成组的水波浪纹,其次是草叶纹。动物纹饰中有蛙纹和浮雕壁虎纹,鸟纹增多,鱼纹绝迹。清晰的线纹取代粗浅的绳纹,戳印装饰消失,增加了泥塑鸟头装饰。鸟纹彩陶颇具代表性。彩陶成为中国史前文化成就的标志。

在巩义双槐树遗址出土了以兽牙制成的蚕形饰,说明当时人们已经开始养蚕缫丝。在荥阳青台遗址出土距今5300年的丝织品残片,表明当时已出现纺织品和编织物,制作编织物的技法比纺织物显得多样而复杂。

住房绝大多数为平地起建的长方形地上建筑。伊洛—郑州地区的房屋有单间和双间两种形式,均为平地起建,木骨泥墙,屋中设有灶台。下王岗三期出土的20套连间排房基址,17套一字排开横贯遗址东西,其中12套双间,5套单间,3套位于排房东端以南拐角,总长80余米,是仰韶时期最长的房屋。

聚落进一步扩大和稠密,并开始分化,中心聚落出现。河南灵宝铸鼎原的庙底沟类型仰韶文化最为繁盛,已经发现的19处遗址,最大的北阳平遗址面积近100万平方米,第二等的西坡遗址约40万平方米、东常遗址约12万平方米,其他遗址多只有三五万平方米。从遗址的大小看,这个聚落群显然是分级的。灵宝西坡遗址夹在东西六条河流中间,南北又有人工开挖的壕沟,形成一个严实的防御系统。遗址内发现了10多座大型半地穴式房屋基址。遗址中心有至少3座大型房屋,最大者占地516平方米,包括主室和回廊,地面、墙壁的处理十分讲究,具有殿堂性质。它是迄今发现最早的回廊式建筑,开创了中国古代大型屋顶建筑的先河。这些房屋很可能是氏族、部落或大规模的社会组织举行公共活动的场所。在各地还有一些规模较大但规格似乎稍低的次中心聚落,如洛阳王湾等。

墓葬可分为成人的土坑墓和儿童的瓮棺葬两种。随葬制度开始发生变化,男性的随葬品增多,但女性的社会地位普遍较高,对年长者在葬仪上无特别照顾。西坡墓地是庙底沟类型最晚阶段的典型墓葬,已发掘的 34 座墓葬具有等级差别。从墓圹和随葬品来看,至少也可分为三个层级。8 号和 27 号大墓都有一对彩绘的大陶缸,8 号墓还随葬一把玉钺。墓葬随葬品虽有差别,但并不特别突出。大墓和中小墓交织在一起,说明虽然已经出现了贫富和地位的分化,但还没有专门的贵族墓地。西坡大墓"阔大特殊而珍贵品不多",反映了中原地区的质朴风俗。"西坡墓地丧葬仪式反映的社会复杂化颇具特色:整体上随葬品数量少而简朴,高等级墓葬虽然有标志身份的大口缸等特殊物品,但这些物品数量少,也并不特别精致;与此形成鲜明对照的是,墓葬规模是社会身份的重要标志,与随葬品数量或'价值'相比,墓葬规模表现出的等级化趋势更加明确。""与东部各文化区的复杂社会相比,西坡类型代表的庙底沟类型社会选择了明显更简朴的'物化'社会等级的方式,既无奢华的随葬品,也无浓厚的宗教气氛。这一在社会复杂化初期形成的传统,对中原地区后来的文明化进程产生了深刻影响。"[①]西坡遗址的发掘,揭示仰韶文化中期中原地区社会已经开始走上分化之路,逐渐复杂化,开始由母系社会向父系社会过渡。

巩义双槐树遗址是目前黄河流域发现的仰韶文化中晚期具有最高规格和都邑性质的中心聚落,残存面积 117 万平方米,已发掘 3500 多平方米,有三重大型环壕,具有最早瓮城结构的围墙,大型中心居址和夯土基址,三处大型公共墓地,三处祭祀台遗迹,用陶罐模拟的北斗九星遗迹,出土最早的家蚕牙雕和彩陶钵等丰富文物。

这是一个社会分层明显的聚落。中心区域的大型建筑、重要墓葬与祭坛布局明显表现出该聚落已经产生一整套基于社会阶层分化的政治和宗教制度。而围墙内外把生活起居和政治活动的功能区分开来,也使聚落中心有了前朝后宫、左祖右社的结构性功能区分。居住于围墙以内的权贵已拥有通过政治活动统御外界的强大能力,其所统御的社会已经跨入文明的门槛,而且几乎奠定了后世中华文明历代王朝宫室结构与政治、宗教功能相协调的基本形制。

该遗址的发掘揭开了 5000 年前"河洛古国"的神秘面纱,为探索夏商周宫

---

① 中国社会科学院考古研究所、河南省文物考古研究所:《灵宝西坡墓地》,文物出版社 2010 年版,第 297—298 页。

室制度源头提供了早期关键资料,是探寻黄河流域文明起源过程的一把钥匙。它和同时期的灵宝西坡遗址相互印证,表明在距今5300年前后以双槐树遗址为中心的仰韶文化中晚期文明是黄河文化之根、华夏文明之魂,被专家学者称为"早期中华文明的胚胎"[1]。

三、仰韶文化晚期

大约从公元前3500年至前2600年,仰韶文化进入晚期,呈现出衰落的趋势。南方的屈家岭文化向北扩张,东方的大汶口文化向西扩张,进入中原地区。周边文化向中原地区汇集对中原文化向更高层次发展起到了促进作用。

这一时期中原南部成为屈家岭文化和仰韶文化交错存在的地区。屈家岭文化是新石器时代晚期长江中游地区的一支重要文化遗存,因首先发现于湖北京山屈家岭而得名。该文化以江汉平原为中心,北抵河南西南部地区。今河南境内已发现屈家岭文化遗存160余处,主要分布于汉水支流的丹江、唐白河流域,以淅川下王岗、下集和黄楝树遗存最为典型。豫南、豫中地区的仰韶文化遗址也受到屈家岭文化的影响。

东方的大汶口文化也大举进入豫东平原,达到颍河流域,有学者称它为"大汶口文化颍水类型"。大汶口文化是分布于黄河下游及东部沿海地区的一种新石器文化,因首先发现于山东泰安大汶口遗址而得名。中原地区的大汶口文化分布中心在今河南东部,典型遗址有郸城段寨、淮阳平粮台、鹿邑栾台、周口水灌台、商水章华台等。在河南中南部也发现不少含有大汶口文化因素的遗址。中原地区的大汶口文化可能是太昊部族的文化遗存。

这一时期中原地区仰韶文化的重要文化遗存,有河南荥阳秦王寨、青台(三、四期)、点军台(三期),郑州大河村(三、四期),洛阳西干沟(仰韶一、二期)、王湾(二期二、三段),汝州中山寨(四、五期),长葛石固(七、八期),安阳大司空村等。中原中部地区前段有秦王寨类型,后段有大河村类型,北部有大司空村类型,西部有西王村类型,西南部有赵湾类型。

---

[1] 王胜昔、王羿:《揭开五千年前"河洛古国"神秘面纱》,《光明日报》2020年5月8日第1、9版。

仰韶村、王湾和大河村的仰韶文化晚期遗存,在中原中部地区颇具代表性。其共同特征是:磨制石器发达,梯形铲、有肩铲和穿孔扁斧最为典型。红陶逐渐减少,黑陶、灰陶逐渐增加;彩陶逐渐减少,篮纹、附加堆纹陶逐渐增加。代表性陶器是凿形足鼎、折腹盆、小口高领瓮、带嘴罐和镂空豆等。流行分间式房屋;墓葬多单人葬,很少见随葬品。

这一时期的生产工具主要有石器、骨器、角器以及少量玉器,用锯加工成半成品,再琢磨而成,钻孔石器增多。陶器制作明显进步,器壁厚薄均匀,造型美观。荥阳点军台三期的横穴式窑址,火道分为四股,由火塘进入窑室底部。后段出现比横穴式陶窑进步的竖穴式陶窑,例如安阳鲍家堂遗址的陶窑由火门、火塘、火道和窑室四部分构成,烧制火候增高。器型主要是鼎、罐,其次为盆、钵、碗、杯。前段红陶居多,灰陶次之。彩陶最为发达,白衣最多,其次是红衣。彩绘为红、黑或红、棕两彩兼用。纹饰除沿用条纹、网状菱形纹、弧线三角纹外,新出现锯齿纹、眼睛纹、同心圆纹、梳篦纹、古钱纹、六角形纹及兽首纹。后段灰陶占据多数,红陶退居次要地位。彩陶减少,白衣彩陶基本消失。彩色纹饰减少,拍印纹饰增加,绳纹、附加堆纹和横篮纹增多。

仰韶文化晚期遗址出现了连间排房和分间式房屋。郑州大河村三期出土50多座平地起建和少量半地穴式长方形房基。已公布的9座中,一套四间排房,二套两间、一套一间半地穴式长方形建筑。大河村四期的12座房基,11座为地上长方形建筑,一般20平方米,最大120平方米,墙用草拌泥筑成,房间中部设灶台。郑州青台遗址发现保存较好的排房,每间房内都设有一至两个火塘,成为独立生活的单元。这一时期的房屋建筑既体现了家庭分化,又反映了社群集体观念。这些分间式房屋应是适应以父系为基础、具有相对独立经济的对偶制核心家庭而建的。

各地出土的一些大型聚落遗址,面积多达数十万平方米。有的遗址有二三百座房屋,有的遗址房屋规模和质量明显高于周围的遗址,表明当时存在某种中心聚落。较大聚落的房屋有一定的布局,周围有围沟,聚落外有墓地和窑场。郑州大河村仰韶文化后期遗存就是一个规模较大的中心聚落。一些实力较强的中心聚落出现了大型建筑,应为部族举行会议或宗教仪式的场所,开后世礼仪建筑的先河。

仰韶文化晚期的氏族公共墓地明显减少,墓葬排列杂乱,出现了"灰坑乱葬",大、中、小墓葬的分化明显。大河村四期出土土坑墓36座,瓮棺葬60座。流行单人葬,新出现一些一对成年男女的墓葬,推测是夫妻合葬,是家庭经济巩固的一种表现。郑州西山的仰韶文化晚期城址始建年代距今约5300年,是目前所知黄河流域较早的城址之一。这些表明中原社会已发生深刻变革,母系氏族社会开始被父系氏族社会所替代。

第四节　新石器时代晚期原始农耕文化的发展

大约从公元前2600年至公元前2000年,中原地区处于龙山文化时期。这一时期已经出现小件铜器,因而又称铜石并用时代,是中国文明和国家形成的关键时期,或者说是中华文明的早期历史阶段。

一、龙山文化早期的庙底沟二期文化

在公元前3000年前后,黄河中下游地区出现了一种不同于仰韶文化的新石器文化。由于它最早发现于山东章丘龙山镇的城子崖,故称作"龙山文化"。后来这种类型文化在中原地区多有发现,于是考古学界将发现于河南境内的龙山文化称作"河南龙山文化"。河南龙山文化在中原仰韶文化的基础上吸收周围文化的诸多因素继承和发展起来,并分化为诸多地方类型,达到了一个繁荣的阶段。河南龙山文化大约存在1000年,也可分为早、中、晚三期。

河南龙山文化的早期阶段是"庙底沟二期文化",其年代约在公元前2800至公元前2600年左右。现已发现这类遗存100余处,主要分布于伊河、洛河、颍河、汝河的河谷盆地和黄河两岸,在东部平原也有零星分布。陕县庙底沟二期、洛阳王湾二期、汤阴白营早期、鹿邑栾台一期、郾城郝家台一期等都是有代表性的遗存。

庙底沟二期遗址出土的磨制石器已经进入比较完善和成熟的阶段。石器

普遍通体磨光,并广泛运用切割法和管钻法加工。这一时期陶器为轮制或手轮兼制,竖穴窑取代横穴窑。陕县庙底沟二期的陶窑由窑室、火口、火膛、火道和窑箅构成,火道分为八股进入窑室底部,窑箅有 25 个火眼,火焰可以进入窑室以利于提高炉温。陶器群的颜色质地趋于多样化,以夹砂灰陶和泥质灰陶为主,间有少量的黑陶和棕色陶,彩陶衰减乃至消失,出现一些彩绘陶。典型器有小口平底瓶、釜、灶、夹砂罐、盆形鼎等,新出现了斝、鬲和刻槽盆等新器型。器表多饰横篮纹、绳纹和附加堆纹。

房屋为圆形、椭圆形的单间或双间,居住面多抹白灰。墓葬多见排列整齐的长方形竖穴土坑墓,流行单人直肢葬,一般无随葬品。

二、龙山中晚期文化

公元前 2500 年前后,河南龙山文化进入中期阶段,也是龙山文化发展和繁荣阶段。河南省境内已发现遗址数百处,形成了几支既有联系又各具特色的地方文化类型。以洛阳王湾三期遗存为代表的王湾类型主要分布于嵩山周围地区,以陕县三里桥二期遗存为代表的三里桥类型主要分布在洛阳以西地区,以安阳后冈二期遗存为代表的后冈类型主要分布在河南北部,以淅川下王岗龙山文化遗存为代表的下王岗类型主要分布于南阳盆地。王油坊类型又称造律台类型,主要分布在河南东部平原地区。各类型之间有不少共同的特征,其历史进程和社会性质也基本相同。

河南龙山文化的晚期阶段是龙山文化由盛而衰并逐渐转变为另一种新型文化的阶段。因为这类文化遗存首先发现于汝州煤山遗址,因而又称"煤山类型"文化。这类遗址有数百处,主要分布于以嵩山为中心的地区,在豫北、豫东、豫南一带也有发现,可以黄河为界划分为豫北、豫南两大类型。豫南类型在王湾类型的基础上形成和发展起来,主要分布于以嵩山为中心的地区,可以登封王城岗遗址为代表,出现了黑衣陶,橙黄色陶纹较前增多,炊器以罐、鼎为主。豫北类型在后冈类型的基础上发展而来,可以汤阴白营晚期为代表。

公元前 2500—前 2000 年为仰韶温暖期的中晚期。这一时期气候湿润多雨,温度较高。由于河水泥沙增加和海平面升高,经常发生河道的自然堵塞,大雨时至,江河漫溢,造成洪水频发,遍地流潦。在相对低洼的地方必然形成无数的沼泽沮洳,出现所谓"洪水横流,泛滥于天下"的严重自然灾害。①

龙山中后期农业生产有更大发展,农具有明显改进,常见穿孔石刀、石镰、蚌镰、骨铲等,出现挖土工具木耒。耕作农具仍然是石铲或石耜,石铲较轻薄,刃部较窄而锋利。收割工具主要是长方形穿孔石刀,石镰普遍出现,石刀和蚌镰大量增加。农作物主要是粟和稻,在河南博爱县西金城遗址首次发现小麦遗存。农业生产的发展促进了牲畜饲养的发展。

制陶业发生划时代的变革。陶器普遍使用轮制,约有半数为快轮制造。窑室底部采用多条火道,窑温提高,陶器受热更加均匀。窑口采用封闭饮水技术,使陶器不能氧化,多呈灰、黑色。此外还出现蛋壳黑陶和用高岭土烧制的白陶。陶器群的种类复杂多样,有罐形鼎、夹砂罐、斝、豆、甗、高领瓮、圈足盘、平底盆、刻槽盆、双腹盆、斜壁碗等,袋状空足器的出现是其显著特征。陶器群以灰色和黑色为主体,器表较多素面磨光,有的有彩绘,以篮纹、绳纹和方格纹为主体的拍印纹饰广泛流行。

作为手工工具的石器仍然是斧、锛、凿,纺轮多为陶质。兵器发展明显,以石镞和石钺为主,也有少量石矛。远射武器的改进和近距离使用的矛的出现,说明战争行为的加剧。漆器在贵族生活中已得到较广泛的应用,也有一定数量的玉器装饰品。

在河南龙山文化遗址中发现了多处炼铜残渣和青铜器残片,如郑州董砦的方形小铜片,登封王城岗的一件残铜器片,淮阳平粮台遗址灰坑中发现铜渣。汝州煤山的炼铜坩埚残片内壁保留有一层固化铜液,最多的一片上有六层,每层厚约1毫米,经化验分析应为红铜。② 这时铜器的使用逐渐增多,首先是锥,其次是刀、匕,余则有斧、镯、指环、铃、镜等。绝大多数是红铜,也有少数是黄铜或青铜。

聚落规模扩大,房屋数量增加,分布密集。房屋有半地穴式,也有地面建筑,多为圆形,也有分间式长方形,面积一般10—20平方米,屋内有灶。房子周

---

① 杨伯峻译注:《孟子译注》卷五《滕文公上》,中华书局1960年版,第124页。
② 中国社会科学院考古研究所河南二队:《河南临汝煤山遗址发掘报告》,《考古学报》1982年第4期。

围有储藏物品的窖穴。汤阴白营遗址发掘出62座房屋基址,面积在5—20平方米之间,适宜于一夫一妻制的个体小家庭居住。在汤阴白营、洛阳矬李、汝州煤山等遗址发现有方形或圆形水井。墓葬制度也发生深刻的变化。公共墓地多与住地分开,大多是长方形竖穴土坑墓,单人仰身直肢葬。随葬品多寡悬殊,有的墓葬随葬有猪下颚骨,作为墓主人私有财产的标志。有些灰坑中的人骨架呈屈肢状,有些圆葬坑中的人骨架有被砍伤的痕迹,有的身首异处,呈挣扎状。这些现象表明,在父系氏族社会晚期,随着私有财产的发展,出现了贫者与富者,产生了阶级和阶级斗争。

在登封王城岗、淮阳平粮台、新密古城寨、郾城郝家台、辉县孟庄、温县徐堡、博爱西金城等地发现有14座龙山城址,说明中原地区出现小国林立的局面。平粮台城址平面为正方形,坐北朝南,南门较大,设于南墙正中,设有东西相对两门卫房,中间通道狭窄,便于把守。发现一段下水管道,由陶管套接而成。发掘的十几座房基都是用土坯砌筑的分间式建筑,有的用夯土做台基,房内有走廊。城的建设规划整齐,中轴线布局,防卫设施严密,有公共下水道设施、较高级的房屋建筑、手工业设施和宗教活动遗迹,已经具备早期城市的基本要素。新密古城寨龙山文化城址内发掘出面积近230平方米的带回廊的高台建筑和长60多米的廊庑建筑基址。城堡是防御和权力的中心聚落,城堡群的出现标志着原始氏族社会行将结束,以国家政权为标志的文明时代的阶级社会即将到来。

第五节 丰富的史前传说

河南地区古代遗留下来许多神话传说,包括三皇、五帝、河图洛书与大禹治水的传说等。传说虽然扑朔迷离,众说纷纭,但也含有真正的史实素材,为我们探讨古史提供了不可缺少的线索,对于研究文明起源问题更有不可低估的价值。

一、三皇的传说

传说中的"三皇"见载于战国时期的文献：

> 上古之世，人民少而禽兽众，人民不胜禽兽虫蛇。有圣人作，构木为巢，以避群害，而民悦之，使王天下，号之曰有巢氏。民食果蓏蚌蛤，腥臊恶臭而伤害腹胃，民多疾病；有圣人作，钻燧取火，以化腥臊，而民悦之，使王天下，号之曰燧人氏。①

> 古者包牺氏之王天下也……作结绳而为网罟，以佃以渔，盖取诸《离》。包牺氏没，神农氏作，斫木为耜，揉木为耒，耒耨之利，以教天下，盖取诸《益》。②

> 神农之世，卧则居居，起则于于，民知其母，不知其父，与麋鹿共处，耕而食，织而衣，无有相害之心，此至德之隆也。③

上述记载，提及有巢氏、燧人氏、伏羲氏、神农氏，反映了上古时代人类社会筑巢、用火、渔猎和农业的几个历史阶段。

商丘有燧皇陵，传说为燧人氏葬地，古有纪念墓冢。

伏羲结网罟以教佃渔，养牺牲以充庖厨，是中国远古渔猎时代的代表。他画八卦、造书契，是中华人文初祖之一。中原地区有许多关于伏羲的传说和遗迹。今河南巩义、新密间有伏羲山，巩义河洛镇有伏羲台，伏羲曾在洛汭（洛水注入黄河处）祭天。伏羲的女儿宓妃在洛水上游玩，落水溺死，遂成为洛水之神。在济源、西华等地又有女娲的传说。

传说神农氏是农耕的发明者，教民稼穑。后来人们将神农氏与炎帝联系起来，称炎帝神农氏。"神农氏，姜姓也……都于陈，作五弦之琴。""位南方主夏，故曰炎帝。作耒耜，始教民耕农。尝别草木，令人食谷以代牺牲之命，故号神

---

① 王先慎集解，钟哲点校：《韩非子集解》卷十九《五蠹》，中华书局1998年版，第442页。
② 周振甫译注：《周易译注》之《系辞下传》，中华书局1991年版，第257页。
③ 郭庆藩辑：《庄子集释》第二十九《盗跖》，中华书局1961年版，第995页。

农。"①古陈县(今周口淮阳区)曾为神农之都。

除了燧人氏、伏羲氏和神农氏以外,中原地区还有共工和祝融的传说。共工活动的地域在今辉县(一说三门峡)一带,善于治水。祝融活动的地域在今新郑一带。

二、五帝的传说

古人多以黄帝、颛顼、帝喾、尧、舜为五帝,中原地区有许多五帝的传说。

黄帝是中华民族公认的人文始祖,传说黄帝部族的活动中心在今河南、陕西、河北、山西等省,其发祥地在河南中部的新郑一带。② 据《山海经》记载,河南省新安县的青要山是黄帝密都。黄帝曾经游祭于洛水之上,会合各部酋长与蚩尤战于河北的涿鹿之野,最后葬于桥山(今陕西子长县)。史称:"黄帝采首山铜,铸鼎于荆山下,鼎既成,有龙垂胡髯下迎黄帝,黄帝上骑,群臣后宫从上者七十余人。"③灵宝市西阳平有黄帝铸鼎原与黄帝陵,今尚存唐贞元十七年(801)所刻立的"轩辕黄帝铸鼎原铭并序"石碑,表明黄帝时代已能铸造铜器;黄帝有"群臣后宫",说明当时已有政权存在。传说黄帝时设置有专门管理生产陶器的"陶正",生产釜、甑、碗、碟等器物,又发明弩,以玉石为兵器。④

继黄帝而起的颛顼高阳氏都帝丘(今濮阳),又传位于帝喾高辛氏。帝喾时

---

① 皇甫谧撰,陆吉点校:《帝王世纪》第一,与《世本》《逸周书》《古本竹书纪年》合刊本,齐鲁书社2010年版,第4页。
② 司马迁:《史记》第一册,卷一《五帝本纪》"黄帝者",《集解》引徐广曰:"号有熊"。《索隐》案:注"号有熊"者,以其本是有熊国君之子故也;《正义》引《舆地志》云:"涿鹿本名彭城,黄帝初都,迁有熊也。""少典之子",《集解》引谯周曰:"有熊国君,少典之子也。"皇甫谧曰:"有熊,今河南新郑是也。"中华书局1959年版,第1—2页。
③ 司马迁:《史记》第四册,卷二十八《封禅书》,中华书局1959年版,第1394页。
④ 《列仙传》卷上载:"宁封子者,黄帝时人也,世传为黄帝陶正。"他在烧制陶器时,"能出五色烟"。《古史考》说"黄帝时有釜、甑",这是仰韶文化时期常见的器物。《世本》说"史皇作图",宋衷注:"史皇,黄帝臣也。图为画物像也。"另外,神话传说中说"轩辕作碗、碟"(《物原》),"黄帝作弩"(《古史考》),"黄帝之时,以玉(石器)为兵"(《越绝书》)。

的都城在亳(今洛阳偃师)①,活动中心也在豫西伊洛平原。内黄县梁庄镇有颛顼、帝喾二帝陵。

尧舜活动的中心区在今山西南部。《竹书纪年》记载,五十三年,帝尧"祭于洛",可见伊洛盆地也是帝尧时代政治和宗教文化的中心之一。尧死之后,舜继任部落联盟首领。舜曾渔雷泽、作什器于寿丘,"贩于顿丘,就时负夏"②。顿丘在今浚县西,负夏即瑕丘,在今濮阳县。舜早年的活动地域应在今山东西南、河南东北一带。有学者认为,永城造律台遗址为虞舜时期有虞氏文化遗存。

尧时治水的鲧为禹之父,其封地在崇,称崇伯。崇又作"崧"或"嵩",即中岳嵩山,在今登封。鲧除治水之外,又修筑城郭作为防卫设施。③ 禹为夏伯,封地在阳翟(今禹州)。舜死,禹避舜子商均于阳城,④即今登封告成镇。

总之,上述关于五帝的传说表明,河南地区是五帝活动的中心区。这一时代不仅有较为发达的原始农业和手工业,能够铸造铜器,而且有了商品交换,出现了都城、百官、刑法、礼仪,已经进入早期国家阶段。

三、河图洛书的传说

河图洛书的传说带有神话性质。所谓河图,是说伏羲时黄河中游一条支流中跃出一匹龙马,其背上规则地排列着表示数字的图形,伏羲据此创制八卦。所谓洛书,是说大禹时黄河的重要支流洛水中爬出一只神龟,其背上也规则地排列着文字符号,大禹据此创立了《九畴》。《论语》载,"子曰:'凤鸟不至,河不

---

① 司马迁:《史记》第一册,卷一《五帝本纪》云"至高辛即帝位",《集解》引皇甫谧曰:"都亳,今河南偃师是。"中华书局1959年版,第13页。
② 司马迁:《史记》第一册,卷一《五帝本纪》称舜"就时于负夏",《集解》引郑玄曰:"负夏,卫地。"《索引》云:"就时犹逐时,若言乘时射利也。"《尚书大传》曰"贩于顿丘,就时负夏",《孟子》曰"迁于负夏"是也。中华书局1959年版,第22—23页。
③ 《世本》又谓"鲧作城郭",《淮南子》卷一《原道训》说:"昔者,夏鲧作三仞之城,诸侯背之,海外有狡心。"《吴越春秋》说:"鲧筑城以卫君,造郭以守民,此城郭之始也。"
④ 司马迁:《史记》第一册,卷二《夏本纪》"夏禹",《正义》:"夏者,帝禹封国号也。"《帝王纪》云:"禹受封为夏伯,在豫州外方之南,今河南阳翟是也。"又称:舜死后,"禹辞辟舜之子商均于阳城。天下诸侯皆去商均而朝禹。禹于是遂即天子位,南面朝天下,国号曰夏后"。中华书局1959年版,第49、82页。

出图,吾已矣夫!'"①则说洛书是由凤鸟衔来的。据说洛阳孟津老城西北的黄河岸边为"河出图处",今孟津老城有古龙马负图寺;洛宁县长水镇附近玄沪河和洛河的交汇处为"洛出书处",今存两通古碑。

最早记载河图的文献是《尚书》,说周康王举行即位大典时,"大玉、夷玉、天球、河图在东序"②。据此可知在西周初年河图是实有其物的,但是对它的形状却没有具体的描述。《周易》说"河出图,洛出书,圣人则之"③,言圣人以河图洛书为自己的行动法则。《大戴礼记》记述明堂的建造有"二九四七五三六一八"④句,是关于洛书数字规则的最早表述。

此外,《墨子》说"河出绿图,地出乘黄。武王践功"⑤,"乘黄"即神马。《管子》说"昔人之受命者,龙龟假,河出图,洛出书,地出乘黄"⑥,都从祥瑞之兆的意义上议论河图洛书。河图洛书是黄河流域较早的神话传说,后人认为它与《周易》和《尚书·洪范》有关,是中华民族文化的源头之一。

四、黄河洪水和治水的传说

尧舜时期黄河中下游地区发生了特大洪水,见载于先秦秦汉时的文献。《尚书》载尧时"汤汤洪水方割,荡荡怀山襄陵,浩浩滔天,下民其咨"⑦。《孟子》说:"当尧之时,水逆行,泛滥于中国,蛇龙居之。民无所定;下者为巢,上者为营窟。"⑧《史记》也载:"当帝尧之时,鸿水滔天,浩浩怀山襄陵,下民其忧。"⑨可见在尧舜之时,黄河等河流泛滥成灾,五谷难以生长,百姓无处存身。尧时的洪水灾害,至少持续有二三十年,波及的范围相当广泛。受灾最严重的是黄河下游

---

① 康有为注,楼宇烈整理:《论语注》卷九《子罕》,中华书局1984年版,第129页。
② 蔡沉撰,王丰先点校:《书集传》卷六《顾命》,中华书局2017年版,第207页。
③ 周振甫译注:《周易译注》之《系辞上传》,中华书局1991年版,第248—249页。
④ 王聘珍撰,王文锦点校:《大戴礼记解诂》第六十七《明堂》,中华书局1983年版,第150页。
⑤ 孙诒让撰:《墨子间诂》卷五《非攻下》,中华书局2001年版,第152页。
⑥ 黎翔凤撰,梁运华整理:《管子校注》卷八《小匡》,中华书局2004年版,第426页。
⑦ 孔颖达等:《尚书正义》卷二《尧典》,《十三经注疏》本,中华书局1980年版,第10页。
⑧ 杨伯峻译注:《孟子译注》卷六《滕文公下》,中华书局1960年版,第154页。
⑨ 司马迁:《史记》第一册,卷二《夏本纪》,中华书局1975年版,第50页。

的华北大平原。洪水的泛滥,直接威胁着人们的生存和生活。于是治理洪水不仅是人们的热切期盼,也成为尧舜政权必须解决的一件大事。

传说中最早治水的是共工。共工部族是炎帝的后裔,活动的区域在今河南辉县一带。这里南临黄河,北靠太行,土地肥沃,水源充沛,适宜农耕。但是到了洪水季节,黄河及其支流经常泛滥,共工部族深受其害。史称:"共工之王,水处什之七,陆处什之三。"①部族首领共工带领部众治水,"壅防百川,堕高埋卑"②。大概是采用高地的土石,在低洼的地方修建一些原始的堤埂,以抵御洪水的侵犯。由于共工部族经常治水,积累不少经验,成为治水世家,所以古人说:"共工氏以水纪,故为水师而水名。"③共工治水有功,深受群众拥戴。

尧舜时期洪水泛滥,帝尧根据四岳的举荐,派鲧去治理洪水。史称:"尧听四岳,用鲧治水。九年而水不息,功用不成。"④鲧使用共工部族治水的老办法,用"堵"和"埋"的方式去"障洪水",即用堤埂把居住区和田地保护起来。但堤障抵御不了洪流的冲击,结果治水多年没有成功,被舜殛于羽山。但鲧开创的修筑堤坝治水的方法,对后世治理洪水产生了深远的影响。

鲧死后,舜举鲧子禹,使他继承鲧的治水事业。禹认真总结其父的经验教训,努力探索新的治水办法,"乃劳神焦思,居外十三年,过家门不敢入"。"身执耒耜,以为民先,股无胈,胫不生毛"⑤。他"命诸侯百姓兴人徒以傅土,行山表木,定高山大川"⑥,用了十多年的时间,终于治服汹涌的洪水。他又"决江疏河,通之四渎"。于是"百川顺流,各归其所。然后人民得去高险,处平土"⑦。禹又"令益予众庶稻,可种卑湿",治水促进了水稻的种植。水利的兴建,不仅保障了人民生命财产的安全,也直接促进了农业生产的发展。春秋时人刘夏称:"美哉禹功,明德远矣。微禹,吾其鱼乎!"⑧荀子也称颂:"禹有功,抑下鸿,辟除

---

① 黎翔凤:《管子校注》卷二十三《揆度》,中华书局 2004 年版,第 1370 页。
② 韦昭注:《国语》卷三《周语下》,上海古籍出版社 1988 年版,第 103 页。
③ 杜预:《春秋左传集解》昭公十七年,上海人民出版社 1977 年版,第 1420 页。
④ 司马迁:《史记》第一册,卷二《夏本纪》,中华书局 1959 年版,第 50 页。
⑤ 王先慎集解,钟哲点校:《韩非子集解》卷十九《五蠹》,中华书局 1998 年版,第 443 页。
⑥ 司马迁:《史记》第一册,卷二《夏本纪》,中华书局 1959 年版,第 51 页。
⑦ 陆贾:《新语》卷上《道基》,《百子全书》(一),浙江人民出版社 1984 年版,第 1 页。
⑧ 杜预:《春秋左传集解》昭公元年,上海人民出版社 1977 年版,第 1186 页。

民害逐共工。"①魏征的《砥柱山铭》称赞大禹:"大哉伯禹,水土是职""兴利除害,为纲为纪"。大禹作为治水英雄,世世代代为人们所赞颂。

第六节 精神文化的起源与早期华夏文明

原始社会是人类社会的发端。远古时代人类的生产活动,包括粮食种植、家畜饲养以及制石器、制陶、制骨、雕玉、建筑、纺织等,创造了丰富的物质文化。与此同时,也出现了精神文化,原始宗教信仰、礼仪、文字、文学、艺术和科学技术也在这一时期发源。黄河中游地区是华夏部族居住的核心区。中原地区从仰韶文化庙底沟类型的社会复杂化开始,到河南龙山文化时期早期国家的出现,经历了近2000年的文明化进程,社会进入华夏文明的早期。

一、刻画符号的出现与造字的传说

文字是记录语言和思维的符号,是人类在社会生产和生活中进行思想交流、记事备忘、抒情达意等必不可少的手段之一。但是,文字是人类社会发展到一定阶段的产物。

早在公元前五六千年,中原地区已出现简单的契刻符号。河南舞阳贾湖裴李岗文化遗址出土的龟甲及石质装饰品上契刻的符号,多为单个的几何符号和象形符号。其中一些符号比较有象形性,类似殷商甲骨文字,如眼睛形似甲骨文"目"字,门户形似甲骨文"户"字等。这些符号可能同后来商代的甲骨文有某种联系。几何形符号往往单独刻在陶器上,很少两个以上同时出现,有的可能具有数字的意义。这些刻画符号距今8000多年,它领先于古埃及纸草文字与两河流域的楔形文字,堪称世界上最早的文字雏形。它表明先民已具有用抽

---

① 梁启雄:《荀子简释》篇二十五《成相》,中华书局1983年版,第348页。

象符号记事或表现概念的能力。

河南地区一些仰韶文化遗址出土的陶器(陶片)上绘写或刻画着多种符号,数量和种类远比裴李岗文化时期为多。汝州洪山庙庙底沟类型遗存有6例符号,契刻或彩绘于陶缸的外壁上,多为造型符号。郑州大河村等遗址不断发现陶器上的绘写和刻画符号。这些符号是一种代表着一定的社会意义并为大众所识的符号,即人们能够替代语言进行某种思想交流和思维信息传递的特殊符号。郭沫若说:"彩陶上的那些刻划记号,可以肯定地说就是中国文字的起源,或者中国原始文字的孑遗。"① 于省吾也说:"这种陶器上的简单的文字,考古工作者以为是符号,我认为这是文字起源阶段所产生的一些简单文字。"②

到了河南龙山文化时代,原始文字又增加了新的字体。汝州煤山、淮滨沙冢、登封王城岗等遗址中出土的陶器上都有许多刻画符号。登封王城岗陶器上的两个符号,一个近似"F",一个像双手捧一物,有学者释为"共"字。永城王油坊上层造律台类型的陶器中也发现两例刻画记号:一是陶碗外面刻竖形符号和"×"形符号;另一是高领瓮肩上刻五个"×"形符号。龙山时代原始文字日渐增多,开始作为语言的符号而成为人们的思想交流工具。

新石器时代的符号有三类:一是单个出现的几何符号,二是单个出现的象形符号,第三类由两个以上符号排列成行。这三类符号各有特点,并行发展。前两类都是单体出现,可能是一种记号,而非语言的记录,应该不是文字。第三类可能表达简单的句子,应该是当时的原始文字。从首次发现成文文字看,龙山时代的文字已走出草创单字的萌芽时期,进入文字功能形成、初步可连字成文替代语言表达思想交流感情的时期,是成熟文字出现的前奏。

我国历来有"仓颉造字"的传说。许慎说:"黄帝之史仓颉见鸟兽蹄迒之迹知分理之可相别异也,初造书契。""仓颉之初作书,盖依类象形,故谓之文,其后形声相益,即谓之字。"③ 河南南乐县梁村乡吴村北有仓颉陵,相传仓颉出生于此,死后也葬于此。规模宏大的仓颉庙早已被毁,仅存明代碑刻,今已修复。此外,河南洛宁、开封、虞城、新郑等地亦有仓颉造字台等遗迹。但是文字由仓颉

---

① 郭沫若:《古代文字之辩证的发展》,《考古学报》1972年第1期。
② 于省吾:《关于古文字研究的若干问题》,《文物》1973年第2期。
③ 许慎:《说文解字叙》,段玉裁:《说文解字注》卷十五上,上海古籍出版社1981年版,第753—754页。

创造之说并不可信,"就目前所能见到的数以千计的古汉字形体而论,绝非一人一时所能创造,而是广大群众集体智慧的结晶。是他们在长期的生产与生活当中,因时因地不断地观察、思考和创造,并经过若干年代的积累,逐渐形成共同使用的文字"[1]。

文字的出现意义重大,它是文明起源的重要标志之一。恩格斯精辟地阐明了文字与文明的关系:"由于文字的发明及其应用于文献记录而过渡到文明时代。"[2]

二、文学艺术的孕育

人类早期的文学艺术活动,是伴随着人类物质活动和精神活动的实践而产生和发展起来的。人类的劳动是人们的物质与精神活动实践的重要内容,文学艺术的起源同人类的劳动密切相关。文学的产生就是源于人们的劳动。最早的文学形式是神话传说故事。神话是原始人以想象的思维方式,对客观世界(主要是自然界)的认识、理解和解释的最早的文学体裁,是原始人通过不自觉的方式创作的最早的口头艺术品。中原地区的神话传说,除了前面已经述及的三皇五帝、河图洛书及洪水与治水等内容,还有创世造人神话以及英雄神话等。

盘古开天辟地的神话传说主要流传在桐柏山区和太行山区。桐柏山的一个支系称盘古山(又称大复山),有盘古庙等遗迹。太行山区的济源有盘古寺。两地都流传着盘古开天辟地的神话。女娲的功业主要是炼五色石以补天,断鳌足以立四极,取芦灰以止淫水,抟黄土以造人,以及与兄滚磨成亲等。女娲神话在河南地区流行很广。女娲炼石补天的故事始见于《列子·汤问》,传说河南济源王屋山上有女娲补天的五色石,淮阳等地流传女娲抟土造人的神话。河南荥阳有女娲祠,济源、沁阳有女娲山和女娲祠等,西华有女娲城和女娲坟。

大禹治水的神话在中原地区广泛流传,据说大禹曾治理很多江河,其中最主要的无疑是黄河。大禹凿龙门(今山西河津与陕西韩城间),劈开三门(今河

---

[1] 高明:《中国古文字学通论》,文物出版社1987年版,第31页。
[2] 恩格斯:《家庭、私有制和国家的起源》,人民出版社1972年版,第23页。

南三门峡),导黄河水东流入海。在嵩山周围和伊洛一带流传着许多大禹传说,例如大禹凿镮辕山化作熊,其妻羞惭化为石,石裂而生启,河南登封有"启母石"和建于东汉的启母庙阙。

愚公移山和夸父追日的神话见载于《列子·汤问》,说是北山愚公下决心移除门前的两座大山太行山和王屋山,天帝感其诚心,派二神把此二山负往别处。夸父追赶太阳,饮于黄河、渭水和大泽,最后渴死,其木杖化为邓林(即桃林),在今河南省灵宝市东南。在中原地区东部,流传着羿射九日、嫦娥奔月的传说。当时天有十个太阳,晒得大地酷热难耐,羿用箭射落九个。羿妻嫦娥偷食不死之药,遂奔向月宫。

这些著名的神话,"是原始社会人们通过幻想的形式,认识自然界,征服自然力,支配自然力,并具有巨大的艺术魅力的古典神话作品"[1]。神话传说本身就是古代叙事文学的源头,也为后世各种体裁的文学作品提供了丰富的素材和想象的空间。

音乐和舞蹈是人们在劳动中表达思想、交流情感的产物。原始的音乐与舞蹈源起于劳动,是早期人类对于自然现象及自然物的模仿。《事物纪原》言"舞乐之兴,始于黄帝"[2],是古代流行的说法。

音乐起始于人们在劳动中交流情感和表达意愿的歌唱,它缘起于人们对于天籁之声及动物叫声的模仿。据说黄帝时伶伦"听凤皇之鸣,以别十二律",颛顼时飞龙"效八风之音,命之曰《承云》"[3]。音乐又可分为人的歌唱发出的声乐和乐器演奏的器乐两种。声乐比器乐的起源要早。《世本》说:"伏牺氏作瑟。""神农作琴。""女娲作笙簧。""夷作鼓。"[4]《帝王世纪》说:炎帝"都于陈,作五弦之琴。"[5]这些记述说明,在三皇五帝时期,许多乐器已经出现。这时的古乐,在乐器、演奏、音律等方面已经形成了一套较为完整的体系。

关于音乐的起源,河南地区有较多的史前考古遗存,可以与古代文献相互

---

[1] 张振犁:《夸父神话探源》,《中原神话研究》,上海社会科学院出版社2009年版,第95页。
[2] 高承:《事物纪原》卷二《乐舞声歌部》,《丛书集成初编》第1209册,第69页。
[3] 陈奇猷:《吕氏春秋校释》卷五《古乐》,学林出版社1984年版,第284—285页。
[4] 茆泮林辑:《世本》之《作篇》,与《帝王世纪》《逸周书》《古本竹书纪年》合刊本,齐鲁书社2011年版,第63、64、67页。
[5] 皇甫谧撰,陆吉点校:《帝王世纪》第一,与《世本》《逸周书》《古本竹书纪年》合刊本,齐鲁书社2010年版,第4页。

印证。近30年来考古工作者对舞阳贾湖裴李岗文化遗址进行了8次发掘,共出土30多支骨笛,均用丹顶鹤的尺骨制成,有两孔、五孔、六孔、七孔、八孔之分。其中282号墓中出土的两支骨笛,长约22厘米,骨质和制作精良,经测定可以吹出接近7声的音阶。距今8000多年前的贾湖先民制作的七孔骨笛,是人类在新石器时代早期最进步的乐器。贾湖骨笛的发现,是世界音乐考古的一件大事,改写了音乐史。在河南地区的仰韶文化遗址出土有陶埙、陶鼓、陶角等乐器。陕县庙底沟遗址出土的一件仰韶文化时期的陶钟质地坚硬,敲击可发出清脆悦耳的乐声。这些文物都说明河南地区的音乐有非常久远的历史。

舞蹈的起源缘起于人们在劳动中交流与宣泄情感的需要,也是人们对自然物以及自身劳动动作的模仿,这种模仿过程也更富有艺术创造性。《吕氏春秋》说:"昔葛天氏之乐,三人操牛尾投足以歌八阕。"[1]葛天氏是中原古部族之一,葛地在今宁陵,许昌又有长葛。

由于音乐与舞蹈在三皇五帝时期已经形成丰富的体系而且达到了相当高的水平,而三皇五帝活动的区域及有关传说主要在中原,因此可以说,古代音乐与舞蹈的起源应当主要在中原地区。

中原地区也是原始绘画产生最早的地区之一。唐代张彦远说:"庖牺氏发于荥河中,典籍图画萌矣。轩辕氏得于温洛中,史皇仓颉状焉。……是时也,书画同体而未分。无以传其意,故有书,无以见形,故有画。"[2]肇始阶段的绘画,是简单的线条刻痕,后来逐渐进步而出现了彩色绘画。河南地区的绘画起源于裴李岗文化时期,仰韶文化时代已较为成熟。距今7000年前的裴李岗文化中已有简单的陶器画,距今6000年前的仰韶文化的陶器上已有较生动的人和动物的图像以及几何图案。汝州阎村仰韶文化遗址出土彩陶缸上的鹳鱼石斧图是我国新石器时代画面最大、内容最丰富、技术最精湛的彩陶画,为迄今所发现同时代的其他绘画所难以比拟。在河南新郑的具茨山和登封、林州的山岩上也发现有刻绘的岩画。这些都是原始绘画起源的有力证据。

原始雕塑是与原始绘画同步发展起来的,它缘起于早期人类对于实物的模仿意识和造型意识。当代考古发现有不少原始雕塑作品的实例。距今8000年

---

[1] 陈奇猷:《吕氏春秋校释》卷五《古乐》,学林出版社1984年版,第284页。
[2] 张彦远:《历代名画记》卷一《叙画之源流》,《文渊阁四库全书》第812册,第279页。

前的裴李岗早期文化遗址出土有两件陶塑的猪头和一件陶塑羊头,可以说是中国最早的雕塑艺术品之一。密县(今新密市)莪沟北岗遗址出土的裴李岗文化的陶塑人头像造型逼真,陕县三里桥也出土有人面陶塑残片。

考古发现还有不少浮雕作品,如陕县七里铺遗址出土有一件人面夹砂陶片,陕县庙底沟仰韶文化遗址出土的陶器上有3个浮雕的壁虎,汝州洪山庙仰韶文化遗址出土陶缸上的浮雕壁虎,淅川下王岗出土的仰韶文化时期猪头形状的陶器盖纽,这些都属于中国最早的艺术品。还有堆塑作品,如河南濮阳西水坡仰韶文化遗址发现的用蚌壳堆塑成的龙与虎的形状,姿态生动,艺术水平很高。此外还有原始时期石雕、骨雕、蚌壳雕等艺术品被发现,都说明河南是原始雕塑艺术起源的重要地区之一。

三、自然科学的萌芽和生产技术的积累

在原始社会后期,自然科学已开始萌芽,主要表现在人们已经初步掌握了一些天文历法和物理、化学方面的知识。与此同时,人们在长期的生产实践中积累了冶金、制陶、建筑和治理洪水方面的技术。

由于生产和生活的需要,原始社会的人们不断观察日月星辰的运转和天体的变化。在距今约5300年前的巩义双槐树和荥阳青台遗址,出土了多件表面绘有八角星彩陶图案的陶罐。特别引人瞩目的是,巩义双槐树遗址还发现了把九件陶罐按照北斗星形状埋在一起的现象。北斗星的斗柄随着春夏秋冬季节的变化而分别指向东南西北,暗示当时中原地区的人们已经对日月星辰的运行以及所表示的农事季节有所了解。郑州大河村仰韶文化晚期遗址出土的彩陶上有精美的彩绘图案,以天象纹饰,如太阳纹、月纹、星纹、云纹、日晕纹、日珥纹、星座纹等最令人瞩目。日晕、日珥不是常有的现象,它的出现预示着天气要发生某种变化。而星座在宇宙中的位置涉及其运行的轨道与地球运行之间的关系,观察星座的位置变化可知人在地球上的方位和季节的变化。人们通过观察天象的变化掌握季节变换,以适时耕作,从而为历法的创立奠定了基础。河南龙山文化时代人们的天文学知识更加丰富,原始历法逐渐出现。

人类通过长期实践,认识到黏土、草拌泥和一般黄土有不同的耐火性能和

密度，这是一种物理知识。人们知道矿石加热到一定温度，铜便由固体变成液体从矿渣中分离出来。凝固的铜块在同样的温度下，又可变成液体，在空气中冷却后又变成坚硬的成形可用的器物。人们对铜的物理特性已有一定的认识。人们能够将一般黏土经过淘洗、成型，放入窑中烧烤之后使其变成坚固耐用的陶器，说明已具有一些化学知识。当时人们已认识一些物质的物理、化学属性，具备一些基本的物理、化学知识。

河南龙山文化时期的一项重大技术进步是采用坩埚冶炼金属。坩埚可两用，既能把铜矿石冶炼出纯金属液，将其倒出炉外冷却成为铜块，也可将铜块放入坩埚炉内熔化成液，然后将其直接倒入模范内浇铸铜器。这对后世的冶金技术发展有启迪作用。这一时期出现了青铜，如河南登封王城岗龙山文化617号灰坑所见，证明人们已懂得利用一定比例的铜、锡、铅等金属冶炼出比单一金属性能优越的合金，这是中国乃至世界上的一种早期合金，对于冶金术的发展具有重要影响。

龙山时代的制陶技术与仰韶时期相比有三个重要的进步：一是制坯广泛采用轮制。利用木制陶轮制坯，不仅速度快、效率高，而且坯胎规整浑圆，厚薄均匀，开创人类用机械替代手工进行生产的先例。二是改进陶窑结构，河南陕县庙底沟龙山文化一号陶窑创设窑箅，增设火道和火孔，达到8条火道和25个火孔。这不仅使陶窑充分利用热能，使陶坯受热均衡，而且能扩大窑室，为陶瓷业的发展奠定了基础。三是烧制黑陶采用碳素还原的技术，对于制陶业亦有重大意义。

陶纺轮的使用所采取的轮轴力学原理，为机械学奠定了原始基础。

在河南龙山文化时期，建筑技术明显进步：一是夯土房基常有发现，夯筑技术已经发明。二是土坯墙出现，河南永城王油坊、汤阴白营、安阳后冈和淮阳平粮台等地都发现用土坯砌墙的房子，土坯错缝叠砌，用黄泥黏结，墙面上抹草拌泥。三是石灰广泛应用。房屋地面和墙壁往往抹一层约2毫米的白灰，表面光滑平整，质地坚硬，颜色洁白。

大禹治水之所以成功，是由于他采取了科学的治水方法，在共工和鲧治水经验的基础上有所创新。古人称："禹之决渎也，因水以为师。"[1] 所谓因水为

---

[1] 陈广忠译：《淮南子》卷一《原道训》，中华书局2014年版，第8页。

师,就是善于根据水流运动的客观规律,因势利导,疏浚排洪。他提出"因水之性""高高下下,疏川导滞"①,"决九川,距四海,浚畎浍,距川"②的治水方法,就是利用水从高处向低处流的自然趋势,把壅塞的川流疏通,把洪水引入已疏通的河道或者洼地、湖泊,然后使之流入大海。史载大禹治水的具体举措是:"通大川,决壅塞,凿龙门,降通漻水以导河,疏三江五湖,注之东海。"③这里的决壅塞、凿龙门、降通漻水和通川、疏导,都是为了疏浚河道,这正是针对洪水泛滥的根由而采取的正确方略。这种方法,一是除去水流中的障碍,二是增多泄洪的去路,人们称为疏导法,又称疏分法。当然在治水实践中也离不开堙塞,在有些情况下,不先加以围堵,也难以实现有计划的宣泄。禹在具体的治水实践中,也吸收了前辈"堙水""壅防"的经验。史称"鲧障鸿水而殛死,禹能修鲧之功"④,说明禹在疏导的同时,也把堙障作为辅助手段。史载禹"湮洪水,决江河而通四夷九州""陂障九泽"⑤,就是将一部分洪水引入湖沼洼地,蓄水滞洪,发挥分洪作用,减轻洪水威胁。禹依靠这种方法平息了水患。

  根据文献记载,禹在治水过程中曾进行原始的测量,以确定河道的流向。大禹"左准绳,右规矩,载四时","行山表木,定高山大川"。⑥"准绳"和"规矩"大概就是类似于今天的铅垂线、角尺和圆规之类的测量工具,"行山表木"或"随山刊木"⑦,可能是原始的水准测量。它反映了当时大禹跋山涉水,率领人们勘测河道,根据水的流势确定河道走向的情景。史载:"故禹之所以治天下者,此数之所由生也。"汉代赵君卿注解说:"禹治洪水,决流江河,望山川之形,定高下之势,除滔天之灾,释昏垫之厄,使东注于海而无浸逆。乃勾股之所由生也。"⑧赵君卿把数学的产生和大禹治水联系起来,说明大禹在治水过程中确实采用了较为科学的测量方法和措施。大禹认识了水的运行规律,并在科学测量的前提

---

① 韦昭注:《国语》卷三《周语下》,上海古籍出版社1988年版,第104页。
② 孔颖达等:《尚书正义》卷五《益稷》,十三经注疏本,中华书局1980年版,第29页。
③ 陈奇猷:《吕氏春秋校释》卷五《古乐》,学林出版社1984年版,第286页。
④ 杨天宇:《礼记译注》第二十三《祭法》,上海古籍出版社1997年版,第795页。
⑤ 郭庆藩:《庄子集释》卷十《天下》,中华书局1961年版,第1077页;韦昭注:《国语》卷三《周语下》,上海古籍出版社1988年版,第104页。
⑥ 司马迁:《史记》第一册,卷二《夏本纪》,中华书局1959年版,第51页。
⑦ 孔颖达等:《尚书正义》卷五《益稷》,十三经注疏本,中华书局1980年版,第29页。
⑧ 《周髀算经》,见钱宝琮校点:《算经十书》,中华书局1963年版,第13页。

下确定了黄河河道的流向。

四、原始崇拜与宗教祭祀的发端

什么是宗教？"宗教是关于超人间、超自然力量的一种社会意识，以及因此而对之表示信仰和崇拜的行为，是综合这种意识和行为并使之规范化、体制化的社会文化体系。"[1]恩格斯指出："宗教是在最原始的时代从人们关于他们自身的自然和周围的外部自然的错误的、最原始的观念中产生的。"[2]

在远古时代，由于人们受对客观世界认识能力方面的种种限制，而产生了对自然物的敬畏和崇拜心理。早在新石器时代早期的裴李岗文化时期，中原地区先民已经有了原始崇拜意识和巫术仪式，这就属于原始宗教。在河南舞阳贾湖遗址一些墓葬中发现的包含装饰品、葬龟、杈形骨器、象牙雕版等成组随葬品就是证明。贾湖遗址遂成为世界上最早的原始宗教和巫术起源地之一。在距今6000年前的濮阳西水坡遗址的一座等级较高的墓葬中，墓主人的身体东西两侧用贝壳堆塑出龙虎形象，与战国到汉代流行的东青龙、西白虎、南朱雀、北玄武的方位观完全吻合，表明中国古代的很多信仰可能具有久远的历史渊源。

1. 图腾崇拜和生殖崇拜

图腾崇拜与生殖崇拜是两个相互关联的宗教形态。到了仰韶文化时期，图腾崇拜和生殖崇拜就是当时人们对世界的解释与心灵寄托。传说中的炎黄时代，已经出现了图腾崇拜。黄帝受国于有熊，称有熊氏，说明黄帝族以熊为图腾。中原地区的仰韶文化遗址发现了大量的图腾遗物。花瓣纹是仰韶文化庙底沟类型彩陶中的主要纹饰，苏秉琦先生曾把这种植物花卉图案称为"玫瑰花"，并指出这种花瓣纹实际上就是当时人们以花为图腾的反映。在彩陶上多绘有写实或写意的动物纹样，如鱼纹、蛙纹、鸟纹、鹿纹、壁虎纹等。河南汝州出土的彩陶鹳鱼石斧图，鹳代表了以鸟为图腾的部族，鱼代表了以鱼为图腾的部

---

[1] 吕大吉：《宗教学通论新编》，中国社会科学出版社1998年版，第73页。
[2] 恩格斯：《路德维希·费尔巴哈和德国古典哲学的终结》，《马克思恩格斯文集》第四卷，人民出版社2009年版，第309页。

族,整个图案反映的是鸟部族与鱼部族之间的斗争。[①] 龙的出现,是反映黄帝时代图腾崇拜的又一重要实例。《史记》记载了黄帝乘龙升天的故事:"黄帝采首山铜,铸鼎于荆山下,鼎既成,有龙垂胡髯下迎黄帝。"[②]生物界原本没有龙,它全然出原始社会先民的想象和虚构,又经过世世代代反复补充和再创造,于是成了能兴雨的神异动物。在濮阳西水坡仰韶文化遗址45号墓的墓主两侧,有用蚌壳摆塑的龙、虎图案,右侧为龙,左侧为虎。龙、虎图腾的出现,反映了仰韶时代人们的原始宗教观念。

古史传说中有许多关于炎黄二帝及其子孙的感生神话,说黄帝是其母附宝感雷电而生。关于炎黄的感生神话,流露出当时人们对人类自身生殖的模糊认识。生殖崇拜有一个发展过程,最初表现为崇拜妇女,进而变为对男性和男性器官的膜拜。在仰韶时代彩陶中有为数众多的鱼纹、蛙纹等,一方面是作为当时人类鱼图腾、蛙图腾的标志而遗留下来,另一方面也是人类崇拜女性生殖的结果。鱼多产子,青蛙鼓腹如同孕妇,人们很容易将崇拜女性与鱼、蛙等联系起来。仰韶文化晚期,男性生殖崇拜渐趋占据主导地位。男性生殖器的象形——陶祖在河南汝州中山寨和北刘庄、淅川下集等遗址均有出土。汝州洪山庙遗址1号墓中的3座瓮棺,所葬人骨均为成年女性,瓮棺上绘有男性生殖器图案,说明对男性生殖器的崇拜有着祈求生育的意义。这种宗教观念的转变,又是与当时社会形态从母系社会向父系社会的转变密切相关联的。

龙山文化时期,人们仍然有对生殖的崇拜,并由此产生了祖先崇拜。在龙山文化遗址中发现有陶祖、石祖及男性生殖器图案。例如淅川下王岗遗址曾发现龙山时代的3件陶祖。陶祖和石祖的出现标志着祖先崇拜的兴起。考古学和古文字学所提供的资料都说明,祖先崇拜是从人们重视父系传宗接代开始的。陶祖、石祖作为祖先崇拜的象征,可称之为中国祖先崇拜的雏形。"祖"字从"示"从"且"。"示"者,祭祀;"且"在甲骨文和金文中,其字形像男性生殖器。祖先崇拜是在原始氏族制度发展到父权制阶段时出现的,而龙山文化时期正是父权制得到充分发展的一个时期。

---

① 熊传新:《商周青铜器的动物造型和纹样与古代图腾崇拜》,《南方民族考古》1991年第1期。
② 司马迁:《史记》第四册,卷二十八《封禅书》,中华书局1959年版,第1394页。

2. 自然物崇拜与祭祀

原始社会的先民不能正确看待各种各样的自然现象,如风、雨、雷、电、山川、河流、天地等,从而产生了对自然的敬畏和崇拜心理,进而由敬畏和崇拜意识导致祭祀活动,成为整个原始宗教体系中的一个重要内容。

先民对自然的崇拜主要表现在对上天的崇拜和对土地的崇拜。考古工作者在河南杞县鹿台岗龙山文化晚期遗址发现了两座特殊的建筑基址,其中1号基址的平面形状是内墙呈圆形、外墙呈方形、外室包围内室(圆室)的特殊建筑,内室西面、南面各设有门道。圆形室内有两条呈东西—南北向的十字形通道,土质坚硬,土色为花黄色。外墙略呈圆角方形,西墙和南墙中部各有一个缺口。内室和外室的中心点相同。该遗址完整地表示着天圆地方的形象,很可能是一处完整的祭礼天地神的宗教遗迹。若此说不误,那么早在龙山时代,天圆地方的观念已在中原地区广泛流行。

自新石器时代以来,中原地区的人们过着以农耕为主的生活。在长期的生产实践中,他们认识到土地是自己赖以生存的基础,因而对土地产生了热爱、崇敬之情,奉之为神灵,并祭祀以求福佑。土地崇拜的具体表现形式就是祭"社"。鹿台岗2号基址由11个圆形土墩组成,其中部是一个大圆墩,周围分布着10个小圆墩。南部圆墩外侧约3米处,发现一长方形房基。这个遗址是用圆土墩绕成的一个圆形建筑,恰像后世文献记载的圜丘社坛,它应当是龙山文化时期的社坛遗迹。社又称"后土",是古人所祭祀的土地神。人们祭祀土地神的初衷,是祈求它能保佑庄稼丰收。

史称:"自禹兴而修社祀,后稷稼穑,故有稷祠,郊社所从来尚矣。"[①]社的出现,首先是人们对土地崇拜观念的产物。当它被升格为一个地区的保护神,社坛成为当地人们共同祭神、聚会的场所时,就具有了更新的社会意义。社的出现,祭社活动的盛行,反映出当时以地缘关系为基础的不同族属的人的群体已经开始出现。生活于同一地区的人们定期聚会于社,称作"社会",久而久之,遂成为现代意义的"社会"一词。鹿台岗社祭遗址的出现,反映着龙山文化晚期中原地区的社会已由血缘关系为基础的氏族组织开始向着以地缘关系为基础的"村社"组织转变,它是中原地区从原始社会过渡到文明时代的社会现实在观念

---

① 司马迁:《史记》第四册,卷二十八《封禅书》,中华书局1959年版,第1357页。

形态上的一个重要表现。

3. 原始宗教祭祀的盛行与颛顼的宗教改革

据《国语》记载,在少昊末期,九黎乱德,中原地区东部出现"民神杂糅,不可方物。夫人坐享,家为巫史"[1]的局面,反映了当时原始宗教信仰和祭祀风气的盛行。

龙山时代中原地区人们存在着原始宗教信仰,表现在各地一些龙山文化遗址发现的祭祀坑或奠基坑。例如在柘城李庄遗址龙山文化层发现有"略呈圆形的祭祀坑,坑内埋有9条整牛和1个鹿头"[2]。在淮阳平粮台城西南拐角处的内侧,有一个杀牛祭祀坑,内埋一大一小两具牛骨架,当是举行奠基仪式时留下来的。在汤阴白营遗址也发现有埋葬羊骨架的"羊坑"和小孩的罐葬坑。在登封王城岗的小城内发现有13个奠基坑,埋葬着13具成年人的尸骨,应是修筑城堡时用来奠基的牺牲。其中的1号奠基坑是一圆形袋状坑,坑内发掘的部位有20层夯土,在偏下的几层夯土之间,已清理出成年、青年和儿童骨架7具。建筑房屋或者城堡用人奠基,挖坑进行祭祀,反映了当时人们原始的宗教信仰。考古工作者在安阳后冈和大寒、汤阴白营、济源苗店、孟津小潘沟、登封程窑、淅川下王岗、郾城郝家台等河南龙山文化遗址均发现有卜骨,这些骨料一般是牛、羊和鹿的肩胛骨,早期多不加修整直接烧灼,中晚期出现少量的钻而后灼卜骨。卜骨的发现,证明当时中原地区普遍流行着占卜的习俗。

颛顼即位后,"乃命南正重司天以属神,命火正黎司地以属民,使复旧常,无复侵渎,是为绝地天通"[3]。颛顼的"绝地天通"是一次宗教改革。颛顼为了改变当时民神同位、名分无别和人人祭祀、家家接神的状况,命令南正重主天,会群神使各有序;北正黎主地,掌管土地民人,断绝地民和天神相通之道。颛顼改变了"民神杂糅""家为巫史"的局面,也就是剥夺了一般平民通神的权利,祭祀天神由巫师权贵专享。颛顼族所居的帝丘(今濮阳县)一带,即今豫北、鲁西、冀南地区,正处于东夷与华夏族团的交会地区。东夷集团、苗蛮集团与华夏集团在原始宗教上有着不同的传承,宗教形态有一定的差异。颛顼改革的结果,使

---

[1] 韦昭注:《国语》卷十八《楚语下》,上海古籍出版社1988年版,第562页。
[2] 河南省文物局编:《河南文物》上册,文心出版社2008年版,第144页。
[3] 韦昭注:《国语》卷十八《楚语下》,上海古籍出版社1988年版,第562页。

中原地区重实用、以人为本、以现实生活为主体的原始宗教体系占据主导地位，巩固了父权制度和等级制度。

4. 礼仪建筑与礼器的出现

早在仰韶文化庙底沟类型时期，已经出现了大型建筑，其中有些具有礼仪功能。龙山时代中原地区的一些大型聚落遗址，出现了一些礼仪建筑。在新密古城寨城址的东北部，发现一组规模较大、分布密集的夯土建筑基址群。其中1号房址位于城内中部略偏东北处，为夯筑高台建筑，面积383.4平方米，坐西朝东，南、北、东三面有回廊，房址上的6排柱洞把房屋分成7间，可称为后世大型宫殿和廊庑式建筑之滥觞。4号房址位于1号房址以北约7米处，由三道墙基槽、门道、门卫房和众多的柱洞组成，也是一座廊庑式建筑。在杞县鹿台岗发现的两座祭祀天地和土地的建筑，前已述及。一些随葬品已经成为墓主社会地位和等级特权的象征，而且有些随葬品又进一步成为区分显贵阶层中等级和差别的标志物。因此，当时社会上中层已普遍使用礼器，并已形成按贵族的等级身份依次有序的一套使用礼器的制度，但礼器制度反映这一时期礼制尚处于其形成的初级阶段。[①]

五、早期的华夏文明

中国早期文明是在黄河流域、长江流域和辽河西南部这一广大地区发生的。早在新石器时代后期的铜石并用时代，中原地区的庙底沟文化已经开始与其他地域文化进行某些交流，标志着"中国史前相互作用圈"的出现。但是各地区文化的发展水平与发展速度并不平衡，在密切频繁的文化交流与融合中，从邦国后期开始黄河流域的文明力量逐渐加强，并且进一步集中到中原地区，又由中原地区向四周扩展。从庙底沟二期文化开始到河南龙山文化时代，中原地区出现了主要来自长江流域和黄河下游地区的众多文化因素，如通过棺椁和随葬品规格数量体现的等级制度，通过玉琮、玉璧等体现的宗教思想等。这些都

---

① 高江涛：《中原地区文明化进程的考古学研究》，社会科学文献出版社2009年版，第321—322页。

是维系社会成员之间稳定关系的重要手段。中原居天下之中,八方辐辏,成为各种文化思想以及政治经验交汇融合的大熔炉。中原地区文化本身不尚浮华,强调王权而不过分渲染宗教的神力,这与在文化方面不故步自封而乐于吸收周围地区的优秀成果有关。区位优势给中原文化提供了其他文化所不具备的环境条件,因而得以持续发展。在公元前2000年前后全球范围内发生了突发性的气候变冷,并在多地伴发异常洪水灾害。"持续的气候变冷与洪水灾害对我国文明起源进程与格局产生了重要影响,导致一些地区的史前文化日趋没落,但中原地区由于区位优势而受灾相对较轻,最终促成了'多元并进,中原领先'的发展格局。"[1]

从仰韶文化中晚期开始,中原地区的考古学文化经历了长达1500年之久的分化过程,巩义双槐树大型都邑遗址和灵宝西坡大型聚落和墓葬就是最好的例证。河南西部地区是庙底沟二期文化的核心区,直至龙山文化阶段,遗址群的分布十分密集,大型聚落和城址如洛阳王湾、洛宁西王村、武陟大司马、济源庙街等各居一方,群雄并举。在传说中的五帝时代后期,在山西南部和河南西部地区出现了尧、舜、禹的方国联盟。龙山文化后期,社会发展的重心首先在山西南部的陶寺类型文化,后来转移到河南西部的王湾文化,发现有登封王城岗、禹州瓦店和新密古城寨等一系列遗址。新密古城寨的城墙至今还高达15米,城内的大型夯土建筑基址总面积达2000平方米以上。登封王城岗城址有34.8万平方米,可能就是传说中的"禹居阳城",禹州瓦店可能与夏启的"钧台之享"有关。邦国之间格外复杂激烈的冲突中,逐渐酝酿了一种新的社会秩序,其标志是公元前2000年前后在中原地区产生了被认为是夏文化的新砦期遗存及其后的二里头文化。中原地区形成了以二里头文化为主的中心文化区。龙山文化与二里头文化之间发生质变,由铜石并用时代进入青铜时代。中国社会历史实现由邦国阶段向王国阶段过渡发生在中原地区,从而奠定了夏、商、周三代中原地区在全国的中心地位,也就是中国上古文化的多元一体格局中的核心地位。

中原地区率先步入文明社会,除了前已谈及的文字起源、礼仪的出现等精神文化,在物质层面主要有以下几点:

首先是铜器的出现。新石器时代晚期,人类偶然从矿石里得到了金属,发

---

[1] 《早期中国——中华文明起源展》,《中国文物报》2009年9月30日第9版。

现了金属的特性和优点,并开始主动冶炼金属。人类使用的第一种金属是铜。中原地区发现的公元前4600年左右的含锌黄铜片和含镍白铜片是我国已知较早的金属器。青铜是纯铜与铅、锡的合金,比纯铜具有硬度高、熔点低、易冶炼铸造等突出优点,因此得到广泛使用。河南登封王城岗出土的青铜容器残片则表明,这一时期中原地区已掌握了复合范技术,开启了中国青铜时代铸造青铜礼器的先声。青铜的出现对于中华文明的意义不仅是物质史上的一次革命,更带来了一次精神文化的大变革。

其次是城的出现。由聚落发展到城邑是社会进步的重要标志之一。仰韶文化后期的河南郑州西山古城距今约5300年,是全国已发现的最早的城址之一。河南龙山时代的城址已发现14处。城内外的布局都有一定的规划,居住区、作坊区与墓葬区各自集中、井然有序。城的规模以3万—5万平方米的小城居多,也不乏10万平方米以上的大城。中原地区的史前城址基本呈方形或长方形,体现了方正对称的思想。城墙均为夯筑土墙,原始的堆筑法和先进的版筑法并存。中原地区史前时期的城墙夯筑技术与方形城垣影响了中国古代城市几千年的发展,成为中国古代城市的一大特色。城市的产生在很大程度上意味着文明的产生,城市的发展程度往往代表文明的发展程度。

公元前3500年前后,中国文明进程进入了加速期。社会分化是早期国家形成的显著标志。生产力的不断提高加速了人口的增殖,同时也加剧了人与人之间的冲突。财富和权力逐渐集中在少数人手中,形成了少数人统治多数人的社会秩序和管理制度,出现了国家机器的雏形。约公元前3000年,一些发展较快的地区相继进入初级国家阶段,中国开始了邦国时代。这是一个权力兴起、财富集中的竞争时代,也是邦国并起、群雄辈出的英雄时代。河南龙山文化时代大量城址的出现就意味着中原地区小国林立局面的形成。恩格斯说:"国家是文明社会的概括。"[①]许多象征国家的大型聚落或城址的出现,表明中原地区华夏族已经步入文明化的轨道,不过这一切在龙山时代才刚刚露出端倪,可以称作华夏文明的早期。

关于大禹治水的传说,先秦文献中多有记载。当然,这一传说也有许多附

---

① 恩格斯:《家庭、私有制和国家的起源》,《马克思恩格斯文集》第四卷,人民出版社2009年版,第195页。

会的内容,以致演变为神话。但是在黄河中下游沿岸至今还留存着许多据说是大禹治水的遗迹,如龙门、三门峡、伊阙等。大禹治水的传说仍以历史事实为原型,不能随便否认它的真实性。

大禹治水是中国上古史上的重大事件之一,在先民的印象中尤其深刻,不但一代代口耳相传,而且还被后人铭金刻石,以垂后世。在先秦文献《尚书》中有多篇文章记述了洪水和大禹的事迹。周代的金文也提供了有力的佐证。最近发现的制作于西周中期的"遂公盨"铭文中,一开始就说"天令禹尃土随山濬川"①,明确记述了禹治河川的事迹,表明在西周时期大禹治水的故事已流传甚广。吕不韦曾说大禹之"功绩铭乎金石,著于盘盂"②,说明战国时人在当时见到不少有关大禹治水的石刻和青铜铭文。郭沫若先生曾在研究了齐侯钟的铭文"成唐(汤),有严在帝所……咸有九州,处禹之堵(土)"后指出,"由上可知在春秋时代一般人之信念中,确承认商之前有夏,而禹为夏之先祖"③,从而肯定了大禹其人的真实性。总之,上古时期洪水和大禹治水的传说和记述,虽有某些夸张或神化的色彩,但基本上反映了当时的历史概貌,是大致可信的。

大禹治水在中国水利史上具有重要和深远的意义。它是中国历史上第一次方法得当并取得胜利的大规模的治水活动,揭开了中国水利科技史的序幕,它的实际意义远远超过了水利本身。大禹治水成功,水土得以平定,促进了农业的发展。而且在治理洪水的宏大事业中,加强了各个部族方国的联系和协作,原来以血缘关系为纽带的部族方国被以行政区划划分的"九州"所代替,开始以地域划分自己的国民。由于治水责任重大、时间紧迫,需要强有力的领导和严密的组织,于是赋予治水的领导者拥有至高无上的权力,公权力的加强,促成了国家机器的形成和强化。从禹开始,禅让的传统被破坏,禹的儿子启夺得了王位,建立了我国第一个相对统一的奴隶制国家——夏。大禹治水的传说不但揭示了治水活动对于社会生产力的巨大推动作用,也有力证明了治水活动对国家的产生和文明进步的重大影响。因此,我们有理由认为,大禹的治水活动不但拉开了中国水利史的序幕,也掀开了中华文明史的新篇章。

---

① 李铁华:《伟哉大禹,德治始祖》,《光明日报》2004年9月14日第3版。
② 陈奇猷:《吕氏春秋校释》卷二十二《求人》,学林出版社1984年版,第1515页。
③ 郭沫若:《评〈古史辨〉》,《古史辨》(七)下,上海古籍出版社1982年版,第364页。

第二章 夏、商、西周的青铜文明与礼乐文化

从约公元前2070年夏朝建立到公元前770年西周灭亡,中国经历了夏、商、西周三个朝代。它是古代历史上的"王国"时代,中原地区出现了辉煌的青铜文明和礼乐文化。

河南龙山文化晚期与新砦期文化遗存属于夏代早期的文化,二里头文化则是夏代中晚期的文化。偃师二里头遗址出土的青铜礼器是社会进入青铜时代的标志。夏代中晚期,商国在今冀南、豫北的古漳河流域崛起。约在公元前1600年前后,商国首领成汤出兵灭夏,建立商王朝,偃师商城、郑州商城和安阳殷墟都是商代的都城遗址。商代创造了辉煌的青铜文明,并开始使用比较成熟的文字——甲骨文。约在公元前1046年前后,周武王出兵伐纣灭商,建立西周王朝。周成王时,周公姬旦在黄河以南的伊洛平原营建洛邑,作为统治关东广大地区的中心。周公在洛阳制定的礼乐制度对后代影响重大。夏、商、周先后在中原大地建立国家政权,传承华夏文化。

第一节 夏、商、西周三代的中原地区

河洛地区指黄河与伊洛河交汇之地及其附近地区,它是中原地区的核心。西汉著名史学家司马迁曾说:"昔三代之居皆在河洛之间。"[①]中原地区居"天下之中",夏、商两代均建都于此。西周建都关中的"镐"(今陕西西安西南),称宗周,又在伊洛平原营建洛邑,称成周,作为统治关东广大地区的中心。

---

① 司马迁:《史记》第四册,卷二十八《封禅书》,中华书局1975年版,第1371页。

一、黄河中下游河道与中原地区的自然生态

1. "禹河"流向与黄河主要支流

大禹治水后,黄河下游的河道表现为游荡漫流的状态,经历了较长的安流期。据《尚书·禹贡》记载,大禹治水以后,黄河南流到华阴,然后折向东,经过砥柱(今三门峡),到达孟津,经过洛汭(今巩义南河渡),流向大伾山(今荥阳汜水),然后折向北,穿过豫北、冀南的漳水(降水),汇入河北境内的大陆泽,穿过大陆泽后分为数条支流(九河),迎着扑面而来的海潮(逆河),流向渤海。这条河道史称"禹河",应为夏商周时期的古黄河下游河道。

在夏代,商族的先公冥"勤其官而水死"[1],即因治水而殉职。商、西周时期,中原地区一些黄河重要支流已经形成。其西部黄河以南有洛水,北部黄河西北有滴水、洹水和淇水,济水则自西向东流入渤海,南部有自西向东流的淮河及其由西北向东南流的支流汝水、颍水、洧水。这些河水的流域都是人口比较集中的地区。中原地区东部则陂泽较多。

2. 中原生态环境的演变

夏代纪年约为距今4070—3600年,商代纪年约为距今3600—3046年。[2] 夏、商两代正处于气候波动加剧的时期。

夏代后期中原地区气候出现向干凉转化的趋势。夏末出现严重的旱灾,导致黄河的主要支流伊水和洛水发生枯竭断流,同时还发生地震。史称:"夏桀末年,社坼裂。"[3]地震将王都祭祀土地神的社坛震裂。又称:"昔伊、洛竭而夏亡。"[4]气候干燥等生态环境的恶化和连年的旱灾,加上地震带来的破坏,加剧了夏朝的社会危机,成为夏朝衰亡的重要原因。

---

[1] 韦昭注:《国语》卷四《鲁语上》,上海古籍出版社1988年版,第166页。
[2] 夏商周断代工程专家组:《夏商周断代工程1996—2000年阶段成果报告》,世界图书出版公司2000年版,第86—88页。
[3] 张洁、戴和冰点校:《古本竹书纪年》之《夏纪》,见《帝王世纪 世本 逸周书 古本竹书纪年》,齐鲁书社2010年版,第6页。
[4] 韦昭注:《国语》卷一《周语上》,上海古籍出版社1988年版,第27页。

在经历夏末至商代初期的干旱之后,黄河中下游地区的生态环境又很快进入仰韶温暖期的末期,气候较为适宜,但是温暖湿润的气候容易导致水患的发生。商代的中心区在黄河下游,即今河南、山东及河北南部一带。商代前期都城不断迁徙,当与黄河及其支流的水患不无关系。史称"祖乙圮于耿"①,是说祖乙的都城耿(今河北邢台)曾被河水所毁。在安阳殷墟出土的甲骨卜辞中,有不少是占卜是否发生大水,以及用"沉牛""沉妾"祭祀河神、祈求保佑的文字,说明当时人们常常受洪水的侵扰,因而对洪水极为关注。

商代晚期中原地区发生严重干旱,河流干涸,黄河与殷都安阳附近的洹水出现断流,且出现沙尘暴。史称:"太丁三年,洹水一日三绝。"②帝辛(纣)五年,"十日雨土于薄(亳)"③。"雨土"指严重的沙尘暴。又称:"河竭而商亡。"④说明商朝的灭亡也与生态环境的严重恶化、商末出现严重的旱灾有着密切的关系。

距今3100年前,受地球变化的影响,东亚季风格局发生突变,西北季风势力大大增强,沙尘暴加剧,从此进入一个相对干旱缺水的时期。黄土高原南部气候干旱,地表土壤退化,河湖枯竭断流,地震发生。气候变得寒冷,喜暖动物南迁,犀牛和野象退出黄河流域。周幽王二年(前780),地震引起岐山崩塌,干旱导致泾、渭、洛三川水流枯竭,黄土高原上的游牧民族也为干旱沙漠化引起的草场退化、水源断绝所驱使大规模南移,侵占泾、洛、渭、汾和涑水下游的农耕区,周王朝败于犬戎等游牧民族的南侵和占领,被迫东迁河南地区。

二、立国中原地区的夏、商、西周王朝

大约公元前2070年前后,中国历史上第一个王朝夏朝诞生,社会由邦国进入王国,这是一个划时代的变革。凌驾于众邦之上的大邦在河南地区崛起,以

---

① 孔颖达疏:《尚书正义》卷八《咸有一德》,十三经注疏本,中华书局1980年版,第55页。
② 张洁、戴和冰点校:《古本竹书纪年》之《殷纪》,见《帝王世纪 世本 逸周书 古本竹书纪年》,齐鲁书社2010年版,第9页。
③ 孙诒让:《墨子间诂》卷五《非攻下》,中华书局2001年版,第151页。
④ 韦昭注:《国语》卷一《周语上》,上海古籍出版社1988年版,第27页。

世袭王国的形式开创了王朝时代,这是中华文明发展演进的一座重要里程碑。王朝作为跨越广袤地域的政治核心,使中华文明的文化凝聚力和文化认同感达到新的高度,成为国家政权的基石。

1. 夏朝的兴衰

相传尧、舜时期黄河中下游地区发生特大洪水,给人民带来极大的灾难。大禹领导治水事业取得成功,得到人民的拥戴,成为方国联盟的首领。禹死后伯益主持夏国事务,禹的儿子启杀死伯益,成为夏王,建都阳翟(今河南禹州),从而结束了原始社会的"禅让"制,建立起世袭制的王国政权。

从夏朝建立到灭亡,共传14世17王,历时近500年。夏王启平定有扈氏的反抗和其弟武观的叛乱,政局稳定下来,方国宾服。启子太康即位,游乐无度,朝政荒废。东夷部族的首领后羿出兵夺取王位,因夏民以代夏政,史称"太康失国"。后来后羿的亲信寒浞杀死后羿,篡夺王位。太康之侄相迁居帝丘(今濮阳),被寒浞之子浇所杀。相的妻子怀着身孕逃奔有仍氏(今山东济宁),生子少康。少康长大成人后,在有虞氏的帮助下,联络诸夏,打败东夷有穷氏,恢复夏朝,还都阳翟,史称"少康中兴"。少康之子予先都原(今济源),再迁老丘(今开封),全力讨伐东夷。予之孙芒征服淮泗地区的"九夷",奠定了约200年的稳定局面。自夏王廑迁都西河,夏王朝开始衰落。孔甲即位,"好方鬼神,事淫乱。夏后氏德衰,诸侯叛之"①。末王桀迁都斟鄩(今洛阳偃师二里头),为政暴虐,诸侯内侵,夏朝被成汤率领的商军灭亡。

夏朝的中心区史称"有夏之居",包括黄河以南的豫西地区和黄河以北的晋南地区,而以嵩山周围、颍汝河中上游和伊洛河流域为中心。自此,中原的核心区域定格于黄土高原南缘和东南缘的河谷及山前平原地带。

2. 商族的崛起与都城迁徙

商族发源于古漳水流域。相传其始祖契在尧、舜时期曾担任司徒,因佐禹治水有功,被封于商。文献记载先商时期有八次迁徙,范围不出今河北南部、河南北部及山东西部地区。商先公契之后,商族社会发展迅速,开始向阶级社会过渡,社会分等,实行族长世袭制,族权神化并与神权、政权结合,中心聚落出现。先公相土时期畜牧业已很发达,开始用武力向外发展。王亥在位时社会开

---

① 司马迁:《史记》第一册,卷二《夏本纪》,中华书局1959年版,第86页。

始向邦国转变,常用牛、羊等畜群和其他部落进行贸易。王亥到有易氏部落(今河北易县一带)经商,有易首领绵臣谋财害命,王亥被杀。其子上甲微替父报仇,发动战争灭有易氏。上甲微至成汤时期,君权增强,君位世袭,邦国发展。据文献记载,商的先公从契到汤之前,传14世。

商国到成汤时期,建都于亳(今商丘睢阳区),农业、手工业发展,国力日益强盛。商汤在伊尹的辅佐下,灭掉夏的与国韦(今滑县)、顾(今范县)、昆吾(今濮阳县),乘胜进攻夏桀,夏朝灭亡。商汤将都城迁至夏朝中心区,史称西亳(今偃师),一说郑亳(今郑州)。从商王中丁以降,兄弟之间互争王位,政局动荡不安,商王朝逐渐衰弱。在不到150年的时间内,商朝曾四次迁都,即中丁迁隞(今郑州),河亶甲迁相(今内黄),祖乙迁邢(今河北邢台),南庚迁奄(今山东曲阜)。

盘庚继承商王位,迁都于殷(今安阳),从此商朝不再迁都。迁殷之后的商王朝称殷或殷商。迁殷后商朝政局逐步稳定下来,经济得到迅速发展。武丁在位时,任用傅说为相,用武力征服西面的羌方,西北的土方、鬼方,以及东面及东南淮河流域的夷方,商朝的疆域扩大到今河南省全部,还有山西、河北、山东、陕西、湖北、安徽、江苏的大部或一部分,成为当时世界上少有的文明大国。

商王朝从成汤建国到殷纣亡国,共传17代、31王,历时约600年,相当于公元前16世纪至公元前11世纪。

3. 西周营建洛邑与中原地区的诸侯国

周是一个古老的部族,辗转迁徙到关中的周原,臣服于商王朝。商代后期周国日益强大,开始"翦商"的事业。周文王姬昌迁都于丰(今陕西西安西南),出兵灭亡一些商的与国。公元前1048年前后,武王姬发率军伐商,战于牧野(今淇县西南),商军大败,商王纣自焚,商朝灭亡。周武王建立西周王朝,都镐(今陕西西安西南)。

周武王封商王纣之子武庚为商后,留在商都,代为统治殷商遗民,又封弟管叔、蔡叔、霍叔于附近,以监视武庚,称作"三监"。武王病死,成王年幼,周公旦摄政。武庚串通管叔、蔡叔发动叛乱,联合东方的奄(今山东曲阜)、蒲姑(今山东博兴)及徐夷、淮夷起兵反周。周公率军东征,历时三年,杀死武庚和管叔,流放蔡叔,灭奄、蒲姑等国,平定叛乱。周公摄政七年,还政成王。

武王灭商后,认为伊洛平原披山襟河,形势险要,拟在此地另建新都,但未能实现。周公摄政时,深感镐京过于偏远,不利于对关东广大地区的统治,决定在伊洛地区营建东都。成王五年三月,召公奭到伊洛平原察看地形,选择城址,规划宫室、郊庙、朝市布局。后来周公又亲自前往察看,决定在洛水北岸的涧水、瀍水之间建城,遂征用商朝遗民动工兴建,"乃作大邑成周于土中,城方千七百二十丈,郭方七十里。南系于洛水,北因于郏山,以为天下之大凑"①。九个月后告竣,称"成周"(又称洛邑)。成周有大小二城。小城后称"王城",大体呈正方形,王宫在城的中央偏南。南面是朝会的处所,北面是市,东面是祖庙,西面是社庙。大城叫郛(即"郭"),是居民会集和军队驻守之处。洛邑建成后,成王曾在此举行"殷礼",又把作为国家政权象征的"九鼎"存放于此,并驻军八师。成周是西周王朝的一个经济中心,各地财赋的聚集地。"西周初期对东都成周的建设,是当时政治上的一件大事,从此周王朝建立东西两都,使东西两个京畿连结成一片,成为全国政治、经济、文化的中心。"②成周建成后,周公还政成王,自己留镇成周,处理东方政务。

周武王为加强对东方广大新占领区的统治,进行首次大分封,把炎帝后裔分封到焦(今三门峡),舜的后裔妫满分封于陈(今周口淮阳区),夏禹的后裔东楼公分封于杞(今杞县),四岳之后文叔分封于许(今许昌建安区张潘古城)。周公东征平定武庚叛乱后,又进行了第二次分封,将幼弟康叔封在黄河、淇水之间的殷商故地,建立卫国,又将商王纣的庶兄微子启封到宋(今商丘睢阳区)。周初大规模的分封之后,中原地区除焦、陈、杞、许、卫、宋之外,还有蔡(今上蔡)、聃(即沈,今沈丘)、雍(今焦作西南)、原(今济源)、应(今平顶山)、凡(今辉县西南)、蒋(今固始东北)、胙(今延津北)以及郐(今新密东)、虢(今三门峡与荥阳)、邓(今邓州)等许多诸侯国,呈现出小国林立的局面。

中原地区原为殷商故地,周初在此营建东都洛邑,又分封许多周的同姓和功臣、姻亲国。周人进入河南地区后,吸收殷人的先进文化,例如青铜文化和殷商礼制等,促进了殷商文化与周文化的融合。洛邑作为周王朝控制东方的据点,周人势力比较强大,又有众多殷移民,成为两种文化相互融合的前沿区域。

---

① 袁宏点校:《逸周书》卷五《作洛解》,与《帝王世纪》《世本》《古本竹书纪年》合刊本,齐鲁书社2010年版,第49页。

② 杨宽:《西周史》,上海人民出版社2003年版,第531、543、546页。

从洛阳北窑西周贵族墓地的墓葬形制和随葬遗物看,周文化因素特别浓厚,但商文化因素也有所显示。两种文化因素不仅同时存在,而且进一步融合。周公之弟康叔所建的卫国是殷商故地,居住着大量的殷商遗民,采取的政策是"启以商政,疆以周索"①,即因其风俗,并用其政,保留殷商的文化传统,划定四界用周法,缓慢地实行两种文化的融合。殷周之间的差异,随着时间的推移不断缩小,并逐渐趋向统一,由新的周文化因素所代替。

第二节 考古发现的物质文化遗存

夏、商、西周三代中原先民创造了丰富的物质文化,在经历了数千年的沧桑变化之后,大多荡然无存,或深埋于地下。经过考古调查和发掘,许多尘封于地下的遗存得以重见天日,如夏代的二里头文化、下七垣文化及岳石文化,商代的二里岗文化和殷墟文化,西周的都城遗迹和墓葬。今河南地区的物质文化遗存包括都城及作坊、祭祀遗址、墓葬,以及极其丰富的出土文物。

一、夏代的新砦期遗存与二里头、下七垣文化

分布于今河南省西部地区的河南龙山文化末期、新砦期遗存与二里头文化,属于夏代的考古学文化。登封王城岗遗址可能是禹都阳城,禹州瓦店遗址可能与启的"钧台之享"有关,还有新密古城寨遗址,应属于夏代早期文化。

1. 新砦期遗存

新砦期遗存因首先发现于河南省新密市刘寨镇新砦遗址而得名。新砦遗址总面积逾100万平方米,是一处设有外壕、城墙与护城壕、内壕三重防御设施,中心区建有大型建筑的城址。城址大体呈方形,城内面积约70万平方米。

---

① 杜预:《春秋左传集解》定公四年,上海人民出版社1977年版,第1620页。

其西南部地势较高,现存西、北和东三面内壕,壕内面积6万多平方米。其中心区有一座东西长、南北宽的大型露天建筑基址。新砦期类型遗迹主要有城墙、大型建筑、壕沟、房屋、灰坑、墓葬和冲沟。出土的生产工具有石质的铲、刀、斧等,骨器有针、锥、簪和匕等,蚌器有刀和镰,还有陶纺轮和陶拍子;铜器有刀和铜容器的流以及铜渣;玉器有琮和圭;陶器有夹砂和泥质两大类,以灰陶为主,部分黑陶,极少白陶,器类有罐、鼎、瓮、器盖、盆、罐、豆、碗等。卜骨以牛羊肩胛骨为原料而略加整治。从整体上说,新砦期与二里头文化基本器类大致相同。二里头一期盛行的篮纹、附加堆纹、鼎足上刻画的人字形纹、兽面纹等,在新砦期都已出现。

考古发掘揭示了河南龙山文化王湾类型、新砦期类型与二里头文化早期遗存的叠压关系,表明这三种文化一脉相承。新砦期遗存的绝对年代大约在公元前1900—前1750年,主要分布于以嵩山南麓为中心的颍、汝河流域,中心区域在颍河中上游,主要遗址有新密古城寨、汝州煤山、平顶山蒲城店、巩义花地嘴等,与文献记载夏王朝前期活动的中心区域相吻合,出土遗物中含有不少东方文化的因素,有学者认为新砦遗址是后羿代夏或者少康中兴时的都城。

2. 二里头文化

二里头文化因偃师二里头遗址的发掘而得名,其范围东至豫东,南至河南淅川一带及湖北长江沿岸,北达沁河及晋南,西至关中盆地及商洛地区,绝对年代约在公元前1750—前1550年之间。主要遗址有偃师二里头、巩义稍柴、郑州洛达庙、荥阳大师姑、登封王城岗、新密新砦,山西夏县东下冯、垣曲古城南关,陕西华县南沙村、商州东龙山等,可分为以豫西为中心的"二里头类型"和晋南地区的"东下冯类型"。在河南省境内已发现二里头文化遗存200多处。

二里头遗址是夏代中晚期的都城遗址,面积约300万平方米,其中心区分布着宫城和大型宫殿建筑群,宫城外围有"井"字形主干道路网,将都邑整体划分为"九宫格"布局,并分割出不同的功能区。官营手工业作坊区位于宫城近旁,祭祀区、贵族聚居区拱卫在宫城周围。宫殿区位于遗址中部偏东,有城墙围绕,宫城呈长方形,总面积10.8万平方米。宫城内发现数十处宫殿基址。其中1号宫殿基址面积近1万平方米,上有宫殿、门厅和回廊,中间是一个大庭院。2号宫殿面积4000平方米,结构规整。在宫殿区的北面和西北一带,集中分布着与祭祀有关的建筑遗迹,包括圆形的地面建筑、长方形的半地穴式建筑及其附属墓葬。

二里头遗址是一座经过缜密规划、布局严整的大型都邑,也是当时中国最大的中心性城市。方方正正规整的宫城布局,带有明确中轴线的建筑群格局,大型宫殿建筑的规模和结构,都显现出王都所特有的气势。二里头宫城开启了我国古代帝王之居"建中立极"的建都模式,体现着礼制思想对于都城布局的决定作用,对我国古代的都城建设和规划影响深远。

二里头遗址的手工业作坊有铸铜、制陶、制骨、绿松石饰品制造等。遗址南部的青铜铸造作坊区面积达1万平方米以上。在中小贵族墓中出土的青铜器有鼎、斝、爵、盉、铃等礼乐器,戈、钺、戚、镞等兵器,锛、凿、钻、锥、刀和鱼钩等工具,还有镶嵌绿松石的铜牌饰等,它标志着中国青铜时代的发端。

二里头文化吸收了周边文化的因素,其兽面纹可溯源至黄河下游、长江中游的新石器时代晚期文化。二里头文化发现少量的几何印纹硬陶和原始瓷器,这类器物及其制造技术来自江浙一带的东南地区文化。中原王朝的优势文化对周边地区大范围地强势辐射,尤其是中原礼器与礼乐文化的对外传播,体现了中原王朝的礼制和权威不同程度地得到接受。二里头文化的陶礼器向北见于燕山南北(大甸子),南及浙江(马桥),西南到重庆、四川一带(朝天嘴、三星堆),西达黄河上游甘青地区。四川三星堆遗址出土与二里头遗址类似的镶嵌绿松石铜牌饰、玉戈、玉璋等物,表明二里头文化对它有较大影响。

3. 下七垣文化

下七垣文化因河北磁县下七垣遗址的发现而得名,属于夏代的商族文化遗存,即先商文化。其绝对年代约在公元前19—前17世纪之间,分布范围北至河北中部,西至太行山麓,东至故黄河沿岸,南至沁河、河南新乡一带。下七垣文化遗存可分为冀南的漳河型、豫北的辉卫型以及(河南杞县)鹿台岗型、保北型(又称岳各庄型)等。文化遗迹有灰坑、房址、陶窑和墓葬等,遗物有石器、骨器、陶器和铜器。出土石器以磨制为主,常见小型石镰。骨蚌器发达,见有卜骨,还有少量小件青铜器。"下七垣文化的主要特征,陶器以泥质灰陶和夹砂灰陶为主,次为泥质黑陶、夹砂褐陶。纹饰常见绳纹、弦纹、楔形点纹、绳切纹等,其中以细绳纹最具代表性。器物造型多小平底器、三足器。主要器类有卷细绳纹鬲、甗、橄榄纹罐、平口瓮、卵形瓮、器盖、豆等。"①

下七垣文化漳河型是目前确认的先商文化的最早类型,"其分布范围大体包括了河北省的唐河以南,河南省的淇河以北、卫河以西,山西省的沿太行山的西麓一线,其中心分布区是河北省的滹沱河与漳河之间的沿太行山东麓一线。滹沱河以南河北省境内的漳河型先商文化分布密集,豫北地区者遗存点亦很众多"②。漳河型是在本地龙山文化的基础上吸收了大量其他文化的因素形成的。河南北部安阳地区的代表性遗址有安阳梅园庄、漳邓遗址等。漳邓遗址位于安阳县曲沟镇漳邓村南,遗存以灰坑为主,出土有石器、骨器、蚌器和陶器,其典型器物与下七垣文化漳河型相同。在河南东部的杞县鹿台岗等地也发现有下七垣文化遗存,称作下七垣文化鹿台岗型,也有学者将鹿台岗型归入漳河型。王震中以为:"分布于冀南、豫北地区、典型的漳河型下七垣文化是上甲微至成汤时期以商族为主体创造的文化。其中安阳至濮阳的漳河型下七垣文化,特别是其晚期遗存,则应是汤居内黄韦亳时期的文化。而河南杞县鹿台岗遗址所代表的漳河型下七垣文化,特别是其晚期遗存,则应该是成汤与东夷联盟以及对'韦—顾—昆吾—夏桀'等国族进行征伐时所留下来的文化。"③

下七垣文化辉卫型主要分布于卫水上游地区,南至沁河,北达洹河,西抵太行山东麓,东南到今黄河,主要遗址有新乡潞王坟、淇县宋窑、鹤壁刘庄等。刘庄墓地和宋窑遗址较全面地展现了豫北地区辉卫型文化的面貌。鹤壁刘庄墓地发掘的336座墓葬中有随葬品的墓葬208座,出土有石钺、绿松石串饰以及陶器近500件。其中一座石棺墓由13块自然片石组成,上部平盖三块片石象征棺盖。此外,还发现有近20座简化石棺墓。④ 有学者将辉卫类型文化遗存归入下七垣文化,也有学者认为它是一支独立的考古学文化,或者是东下冯文化向东发展的一个分支。

中原地区东部(今豫东、鲁西南)又有岳石文化分布,主要遗址有夏邑清凉

---

① 李民、张国硕:《夏商周三族源流探索》,河南人民出版社1998年版,第92页。
② 河南省文物考古研究所:《安阳鄚邓》,大象出版社2012年版,第391页。
③ 宋镇豪主编,王震中著:《商代史》卷三《商族起源与先商社会变迁》,中国社会科学出版社2010年版,第140页。
④ 河南省文物考古研究所:《河南鹤壁市刘庄遗址下七垣文化墓地发掘简报》,《华夏考古》2007年第3期。

山、鹿邑栾台、杞县鹿台岗等。岳石文化的绝对年代距今3900—3500年左右，大约相当于夏代和商代早期，为东夷族的文化遗存。

二、商代的二里岗文化和殷墟文化

1. 商代前期的二里岗文化

二里岗文化因郑州二里岗遗址的发现而得名，分布范围以河南省辖境为中心，极盛时期西至陕西周原，东至山东中部、安徽西部，北达河北中部和晋南地区，南逾长江，主要遗址有郑州商城、偃师商城、焦作府城以及山西垣曲商城、夏县东下冯、河北藁城台西、湖北黄陂盘龙城、陕西西安老牛坡等。二里岗文化绝对年代约在公元前3600—前3300年，属于商代前期的文化遗存。

中原地区的二里岗文化可以郑州商城、偃师商城等几座大型城址为代表。

郑州商城遗址面积25平方公里，外城面积13平方公里，内城面积逾3平方公里。城墙由夯土筑成。宫殿区在城内中部偏北、偏东和东北部，发现数十座夯土建筑基址。其中15号房基东西长、南北宽，地坪面上有南北两排柱础槽，槽底部有石柱础，可以复原为重檐顶带回廊的大型宫殿。还发现有大型、中型和小型墓葬。在两处铸铜作坊遗址出土大量坩埚残片、红烧土块、炼渣、木炭和数以千计的铸造青铜器的陶范，在三个青铜器窖藏坑出土大方鼎、大圆鼎、牛首羊首尊等青铜器数十件，种类有工具、武器、礼器等。陶器以夹砂和泥质灰陶为主，器类有炊器、饮器、食器、盛储器等，纹饰主要是绳纹，一些泥质陶器表面装饰云雷纹、饕餮纹、夔纹、乳钉纹、方格纹、弦纹等。郑州商城作为商代前期的都城，其规模之大与规格之高远非夏都二里头所能比拟。

偃师商城遗址发现于偃师西郊的塔庄和高庄一带，由大城、小城和宫城三重城垣相套合，发现宫殿基址、水池和铸铜作坊，出土一批重要文物。大城平面近长方形，总面积约190万平方米。城墙用夯土筑成，已发现7座城门，探出大道11条，大道之间分布着建筑遗迹。在大城中南部发现一座时代更早一些的小城，平面呈长方形，南北长约1100米，东西宽740米。南墙、西墙和东墙南段与大城相重合，大城城墙是在小城城墙的基础上扩建而成。小城内又有宫城，面积约4.5万平方米，四周有夯土围墙，南面正中有宽阔的门道。宫城内发现8

座宫殿基址,中部有一座长、宽各数十米的大型宫殿基址,左右各有两座面积与之相近的宫殿基址。东部的 4 号建筑遗址和西部南北排列的建筑遗址,可能是宫城中的宗庙与宫殿建筑遗址。宫城东北和西南各有一府库,北侧有池苑遗存和祭祀场。商城内有铸铜作坊遗址。商城遗址出土有石器、骨器、铜器、陶器及原始瓷器。该城址和文献记载的商都西亳地望吻合。

此外,在新郑望京楼和郑州东赵也发现有商代城址。望京楼城址保存完好,面积约 37 万平方米。城墙宽 10—20 米,在东墙偏南部位发现一城门遗址,规模巨大,形制完备,具备后期"瓮城"的雏形。城址中南部发现大型夯土建筑基址一处,为大型回廊式建筑。城址出土有青铜钺、原始瓷尊和玉器等文物,可能是商代一个军事重镇。东赵遗址的中城发现商代早期大型"回"字形夯土建筑基址,应为回廊式建筑,中间为庭院,北部为主殿,门道在南,面积超过 3000 平方米。

郑州商城与偃师商城作为商代前期的都邑,于宏伟严整间更显王都气派,在我国都城史上具有承上启下的意义。关于郑州商城与偃师商城的性质,有学者认为郑州商城为成汤所居之亳都,偃师商城是商初的陪都、太甲的"桐宫",或商灭夏后所建立的一座军事重镇,也有学者认为偃师商城始建年代早于郑州商城,是夏商文化分界的界标。偃师商城就是商汤在"尸乡"所建之都"西亳",而郑州商城是仲丁时期的隞都。

中原社会发展到商代早期,它所代表的华夏文明已经十分强大。"二里岗文化从这个时期起形成了一个囊括了先前三个文化的很大的文化圈,后来中原青铜文化系统的基本特质在这时都已具备"[1],并给予周邻的文化以巨大的影响。商代早期青铜礼器已经越过长江,四川的三星堆文化、湖北的荆南寺文化的青铜器,湖南黄材、江西吴城文化和大洋洲青铜器,以及辽宁喀左的青铜器和内蒙古鄂尔多斯青铜器等,都属于在商文化影响下发展起来并具有自身特色的青铜文化。

2. 商代中期城址

小双桥遗址位于郑州石佛镇小双桥村南,面积约 144 万平方米,为商代中期的大型遗址,发掘出一些夯土建筑基址和多座包括大量牛头(角)的祭祀坑,

---

[1] 袁行霈等主编:《中华文明史》第一卷,北京大学出版社 2006 年版,第 178 页。

出土有二里岗期大型青铜兽面纹"凹"字形建筑构件、磨制方孔石铲、陶鬲、大口尊、盆等文物。它具有都邑性质，可能是隞都或者商王室祭祀遗址。

洹北商城遗址位于安阳小屯殷墟遗址东北部外缘，城址平面近长方形，面积约4.7平方公里。其修建和使用年代早于商王武丁时期（大司空村一期），而晚于郑州商代遗址白家庄期。城内有丰富的文化堆积，清理出大型宫殿基址、房基、水井、灰坑、墓葬等。宫殿区探明30多处大型夯土建筑基址。1号基址平面呈"回"字形，包括门塾、主殿、配殿和廊庑等，总面积近1.6万平方米，是现今已知夏商时期规模最大的建筑基址。关于洹北商城与小屯殷墟的关系，一般认为前者是盘庚迁殷之殷都所在，后者是武丁以后至纣时的殷都，也有人认为洹北商城是河亶甲所迁的相都。

3. 商后期的殷墟文化

殷墟位于安阳西北郊的小屯村及其北面的洹水两岸，总面积约24平方千米。考古工作者对殷墟进行过多次发掘，清理出许多大型建筑基址、灰坑、作坊遗址、墓葬、祭祀坑、车马坑等遗迹，出土大批陶器、青铜器、玉器以及其他珍贵遗物。

洹河南岸的小屯村东北是殷都的宫殿宗庙区，已发掘出数十座宫殿夯土基址。小屯村南的苗圃北地是铸铜作坊遗址，发现有翻制青铜器的陶模和陶范，熔铜炉和坩埚，浇注铜器的流道，作为燃料的木炭。该作坊与薛家庄和小屯村东北地的两处铸铜遗址均以生产礼器为主，而在孝民屯西发现的铸铜作坊遗址则主要生产工具和武器。在洹河北岸的大司空村和小屯村西北的北辛庄有两处制骨作坊，苗圃北地以西地段有陶窑遗址。小屯村以西、孝民屯以东地段是平民居住区，发现有半地穴式和地面上建筑的房子，还有水井、储藏物品的窖穴等生活设施。小屯村周围和大司空村南地分布着重要的墓葬区，侯家庄西北岗、武官村北地是殷商的王陵区。

殷墟出土有种类繁多的青铜礼器，仅妇好墓就出土20多种210件青铜器。出土玉器种类齐全，包括礼器、仪仗、工具、文化用品、生活用品和象生类等。殷墟发现的15万片甲骨，其占卜文字涉及商代政治、经济、文化、意识形态，是研究商代社会史的珍贵资料，将中国有文字可考的历史提前了数百年。此外，殷墟还出土5000多件石器、24000多件骨器以及大量陶器。如此丰富的殷墟遗存向人们展示了商代后期以商族人为主体的民众所创造的灿烂文化。

三、河南境内的西周文化遗存

河南境内西周时期的都城遗址有洛阳成周城遗址、三门峡上阳虢国都城遗址等；墓葬有洛阳瀍河两岸的西周贵族、平民和殷遗民墓地，三门峡上村岭虢国墓地，平顶山应国墓地，浚县辛村卫国墓地等。洛阳西周铸铜作坊遗址和祭祀遗存，出土大量青铜器、陶瓷器、玉器。

1. 成周洛邑与诸侯国都城遗址

洛邑又称成周，是西周王朝的两京之一。位于洛阳瀍河两岸的西周时期遗址面积近6平方公里，内涵丰富，既有大型手工业作坊，又有周贵族、平民及殷遗民的墓地、居址及祭祀遗存，应是西周洛邑所在。此外，在洛阳汉魏故城也发现西周遗存，在洛阳东花坛以东发现大片西周夯土基址。西周铸铜遗址位于洛阳老城以北、北窑村西、瀍河两岸，面积约14万平方米，出土大量具有典型西周前期特征的各种陶范残块和熔铜炉壁，应是西周前期周王室设立的一处重要的铸铜作坊遗址。在中州中路北、瀍河东岸的河南省林校实训楼基地发现了31座西周灰坑，其中分布密集的兽骨坑、人骨坑和出土的卜甲表明，这一区域存在有占卜和人祭、牲祭之类的宗教祭祀活动，属于西周洛邑祭祀遗址。

虢国都城上阳城遗址位于三门峡市崖底乡李家窑村西南，面积60万平方米以上。宫城位于城内西南部，宫城外有壕沟，内有大型夯土建筑及直径近1米的柱础，一条陶水管道横贯宫城中部。城内有烧陶、制骨、铸铜作坊和粮库，出土大量陶器、石器、骨器、蚌器和铜铲、铜刀、玉戈、石璧等遗物。

娘娘寨城址位于荥阳市豫龙镇寨杨村西北，面积约10万平方米，发现有房基、灰坑、灰沟、墓葬等遗存，出土有青铜礼器和玉器，时代属于西周晚期至东周，可能与东虢有关。

2. 河南地区的西周墓葬

洛阳西周时期的墓葬集中分布在瀍河两岸的塔湾、马坡、庞家沟、北窑及老城东关一带，已发掘墓葬800余座，可分为周人墓和殷遗民墓两类。北窑墓地位于洛阳市上窑村西邙山南麓，共发掘出墓葬348座，马坑7座，出土大量铜兵器、车器和原始瓷器。庞家沟墓地面积约2500平方米，已发掘墓葬370多座，出土随葬品数万件,包括珍贵的青铜器、原始瓷器、兵器、车马器等。洛阳还发现多座西周车马坑。殷遗民墓集中分布在洛阳老城东郊一带。有的墓葬在长方形墓穴的一端带有曲尺形墓道,绝大多数设有腰坑,随葬有青铜和铅质的礼器以及仿铜陶礼器,一些青铜器上带有商人的族徽符号。

虢国贵族墓地位于三门峡市湖滨区上村岭,已发掘墓葬243座,车马坑7座,马坑2座,出土青铜器、玉器、金银器、车马器等随葬品近4万件。规模较大的墓葬为长方形竖穴土坑,有四阶和棺椁,附葬车马坑。墓葬既有国君墓、国君夫人墓、太子墓,也有大夫墓和士一级墓葬。国君墓出土大量珍贵文物,如金腰带饰、缀玉面罩、成组玉佩饰以及毛织衣物、皮马甲、皮盾、玉遣册等。

平顶山应国墓地坐落在平顶山市西郊的㵽阳岭上,已发掘墓葬300余座,出土各类文物上万件。其中的周人贵族墓葬,结构为长方形竖穴土坑,有一条墓道和四阶,棺椁铺撒朱砂。一座西周早期大型墓葬平面呈"甲"字形,出土随葬品60余件。一座西周中期墓葬具为单棺单椁,随葬器物130余件(组)。青铜礼器多有铭文,且制作精美。一座西周晚期墓葬具亦为单棺单椁,随葬品计1052件套,下层随葬铜礼器为五鼎六簋组合。另一座墓墓室平面呈正方形,单椁单棺,出土随葬品400余件,铜器约占90%以上,青铜礼器为五鼎六簋组合,乐器有甬钟、编铃和石磬。应国墓地对研究西周贵族丧葬制度及应国历史有重要意义。

卫国墓地位于浚县鹿楼乡辛村的淇水之滨,墓葬分布密集而排列有序。已发掘墓葬82座,车马坑2座,马坑12座。墓葬形制皆长方形竖穴土坑墓,葬式多为仰身直肢。大型墓平面结构均有墓道,南侧的墓道较长,为斜坡式,北侧的墓道较短,为台阶式,均有棺椁。

3.河南地区出土的西周文物

河南地区出土的西周青铜器,以洛邑所在地洛阳为大宗,平顶山应国墓地、三门峡虢国墓地、浚县卫国墓地多有出土,鹿邑太清宫西周墓出土的"长子口"青铜器数量较多。

西周时期中原地区的玉器手工业有较大的发展,各地发现的玉器比前朝有较大的增加。三门峡虢国贵族墓地陪葬玉器之精美,数量之多,令人叹为观止。虢季墓出土玉器967件(颗),包括礼器、佩饰、殓玉、棺饰、用具、饰件等,种类齐全,其中的缀玉面罩、大型玉组佩饰等,开后世葬玉制度的先河。虢仲墓内出土玉器724件(组),品种全,工艺精,玉质好,有许多栩栩如生的动物形象。虢季夫人墓出土玉器806件,绿松石、煤精、料器122件。除礼器、兵器外,大部分为动物形雕饰。洛阳北窑西周墓出土玉器约三四百件。平顶山应国墓地的西周早中期墓葬也出土不少玉器,包括礼玉、佩玉、殓玉、工具等,组玉佩十分精美。出土玉器对研究西周的葬玉品种、形制和礼制以及玉雕工艺、装饰和服装史有重要价值。

河南境内出土的西周陶瓷器较多,特别是原始瓷器比商代增多。洛阳北窑西周墓地出土的原始瓷器碎片能成形复原的224件,器型有豆、罍、尊、瓿、簋、瓮、罐、匜、碟等十种,为认识北方西周原始瓷器提供了重要标本。

此外,浚县辛村墓葬的木椁顶上有数片麻布,说明中原地区已经种植麻且织麻布。浚县辛村、洛阳庞家沟、三门峡上村岭虢国墓地出土有漆器,器型有漆豆、漆俎、椭圆形漆盘、漆杯等,在装饰手法上采用螺钿和蚌泡镶嵌技法。

第三节 辉煌的青铜文明

在夏代中晚期的二里头文化时期,中原地区已经进入了青铜器时代。在中国古代文明由多元向一统转化的进程中,黄河中下游地区形成了中原青铜文化系统。工匠的发明创造推动了青铜冶铸工艺的进步,从而带动了整个手工业的发展和变革,对当时的政治、经济、社会、精神文化都产生了强烈的影响。

一、中原青铜文化区的形成和发展

大约距今4000年前,中国各地开始涌现出数量众多的铜矿开采冶铸遗址,分别形成不同的青铜产业格局。中原地区最先产生铜、锡二元物料分离,冶炼与铸造分离,创造了以块范法铸造的冶铸传统,实现了青铜产业与礼制的完美结合,进而奠定了夏商王朝的物质基础。

夏代至商代初期中原地区的青铜文化尚处于形成之中。规模宏大的二里头遗址已经拥有当时最先进的青铜冶铸技术,使用着包括鼎在内的青铜礼器。"二里头出土的青铜器,是我国夏商考古发现中年代最早的青铜器,对研究我国青铜文化的发展非常重要。这些铜器虽然具有早期铜器的特点,但铸造技术已相当成熟,而且亦有较高的工艺水平。"①

到了商代,曾与中原地区同为中国铜器工业中心的甘青地区,青铜冶铸业出现停滞现象,中原青铜文化区无论在地域上、政治军事力量上,还是在技术和艺术上,都成为中国青铜时代各个文化区的真正中心。"中原青铜文化系统的完全形成是在商代前期,具体地说是在二里岗文化的下层期与上层期之间(约公元前1450年前后)。以中原为中心的商文化在这时急剧向周围扩张,彻底改变了史前时期以来黄河中下游地区的文化格局。"②

商代前期的青铜器文化,以郑州出土的二里岗期青铜器为代表,它是继承二里头文化发展起来的。考古工作者在郑州商城内外发现两个铸铜作坊遗址,10余座随葬铜器的墓葬和3个铜器窖藏坑,出土青铜器种类有礼器、兵器、工具和装饰品。其中礼器约200件,兵器和工具数量不多,装饰品最少,以礼器的铸造技术和工艺最高。

二里岗文化时期中原青铜冶铸工艺得到高度发展,青铜器种类急剧增多,造型比先前更为复杂,出现大型青铜容器,如高达1米的铜鼎。青铜器装饰也一改先前素面为主或单线条简单纹样的风格,以放大的头部或面部的正视的动物纹样(兽面纹,或称饕餮纹)作为主体纹样,以其他动物纹样和几何纹样作为附属或衬托纹样,已成为青铜器及其他工艺品装饰的基本形式。而且青铜器不再是个别大都邑才能制造,在广大二里岗文化分布区都有青铜容器出土。

经过长时间的不断摸索,从商代后期到西周前期,中国青铜器发展到第一个高峰期。中心区域的铜器作坊基本上都采用以高锡、高铅的三元铜合金为主、锡青铜其次、铅青铜再其次(不超过10%)的材料比例,红铜仅偶然在特殊场合使用。

殷墟青铜器主要出土于大中型墓葬,数量多达四五千件,且种类齐全,有礼

---

① 陈旭:《夏商考古》,文物出版社2001年版,第57—58页。
② 袁行霈等主编:《中华文明史》第一卷,北京大学出版社2006年版,第177页。

器、乐器、兵器、工具、生活用具、装饰艺术品和车马器等。礼器有20多种，工具有10多种，兵器近10种，车马器、装饰品和生活用具各有多种，形式多样。与郑州二里岗青铜器相比，殷墟青铜器的种类有所增加，形制更为复杂，花纹装饰更加精美，有的铸有铭文。铸造方法分为浑铸法和分铸法。青铜器的合金成分因器物的用途不同而各异。殷墟青铜器出土数量和种类之多，铸造工艺之精，表明商代晚期是商代青铜文化的鼎盛时期，已达到很高的水平。

从考古发现看，河南境内出土西周青铜器的数量仅次于关中地区。由于洛邑是西周的两京之一，洛阳以西属于西周王朝的畿辅地区，因而中原地区的青铜文化也很发达。在洛阳北窑一带发现的西周贵族墓地和青铜器铸造遗址，出土大量的青铜礼器、兵器、生产工具、车马器和杂器，表明西周时期中原地区的青铜铸造在数量、品种上有了更大的发展，而且制作十分精美，饕餮纹方鼎、方座簋和母鼓方罍三件重器造型古朴庄重，花纹繁缛精细，为西周青铜制品中的精品，代表了当时青铜铸造工艺的水平。虽然普遍采用浑铸法，但器物上的浮雕兽头采用分铸法铸造，已能熟练使用规范统一的范型和焊接修补技术。能够根据器物本身用途采用最适合的合金成分比例，大大提高了青铜产品的质量。此外，在鹿邑太清宫遗址出土数十件"长子口"青铜器，平顶山应国墓地、三门峡虢国墓地都出土了许多西周青铜器，反映出西周时期中原青铜文化的兴盛。

商代前期的青铜器上已出现一些族徽，后期的青铜器上出现较短的铭文。西周青铜器的铭文开始变长。洛阳瀍河两岸出土的令器组、士上器组以及保卣、保尊等，令彝、令簋皆有长篇铭文。洛阳北窑庞家沟西周贵族墓地出土大批青铜器，其中有铭器59件。铭文涉及周代贵族名号，有"太保""毛伯""丰伯""康伯""白懋父""蔡叔"等，为西周史研究提供了丰富的资料。[①] 平顶山应国墓地多次发现青铜器。95号墓出土青铜器铭文记述应国与申国、邓国以及姚姓宗族通婚情况，242号墓出土的柞伯簋铭文内容涉及周代射礼、宗法制度等问题，也为西周柞国史的研究提供了重要线索。三门峡上村岭虢国贵族墓地出土的青铜器相当丰富，包括礼器、乐器、兵器、车马器等。贵族墓随葬品中礼器多以鼎、簋、鬲组合，乐器有成套的编钟，其上的铜器铭文是研究周代封建、虢国变迁及诸侯国之间的婚姻关系等问题的重要史料。

---

① 蔡运章：《洛阳北窑西周墓青铜器铭文简论》，《文物》1996年第7期。

由于青铜器的原料相对珍贵、质地坚固耐久、制造技术难度较大,使它成为一种颇为贵重的物品,一种具有某种象征意义和等级意义的特殊物种。在中原,大量的青铜被用作铸造礼器、乐器和兵器,以体现"国之大事,在祀与戎"的思想。在商代人心目中,青铜礼器和兵器是政治权力的象征。有学者指出,殷墟甲骨文和金文中的"王"字的字形就像是大斧钺,以斧钺作为军事统帅权即王权的象征。铜礼器以鼎为核心,鼎的形制和数量具有标志身份和等级的作用,以至于最高等级的铜鼎类型成为国家政权的象征。在祭仪中所使用的青铜容器的数目和种类按照人们在贵族政治中的地位而有所分别。这种将青铜器尤其是青铜礼器与贵族权力、地位联系起来的观念,在当时不仅被普遍认同,而且形成了一种制度。因此,中原青铜艺术是带有浓厚政治色彩的、集中反映统治阶级等级观念和权力观念的一门艺术。

中原先进的青铜铸造工艺本身就是尚未发明青铜冶铸技术或青铜工艺较落后的周边地区人们所歆羡仿效的对象,再加上夏、商、周王朝的强大政治、军事和文化对周边地区强大的影响力,中原青铜冶铸技术、青铜器种类和造型、富有特色的青铜器纹样等,都随着中央王朝疆域和影响范围的扩大而传播到遥远的地方,例如长江上游的广汉三星堆、长江中游的江西大洋洲青铜器,都明显受到商代中原青铜文化的影响,从而在广大地区形成"中原系青铜器"这样一种有着鲜明技术和艺术特色的铜器风格,成为中国青铜艺术的核心与主流。

二、规模宏大的青铜工业

中原地区有铜、锡、铅矿分布,古文献记载河南省境内有 7 个县有铜矿。邻近的山西省有 12 个县有铜矿,主要分布在晋南中条山区。考古工作者在"中条山矿区及周边发现了 8 处早期冶炼遗址,4 处早期采矿遗址,除闻喜县刘家庄遗址可能早到龙山晚期,其余皆属二里头至二里岗时期"[①]。绛县西吴壁就是一处夏商时期面积较大、具有专门从事炼铜并制作小型铜工具完整生产活动的中心

[①] 李延祥:《中原与北方地区早期青铜产业格局的初步探索》,《中国文物报》2014 年 2 月 28 日第 5 版。

聚落。中原地区最重要的铸铜遗址,如二里头遗址、郑州商城遗址等,主要依赖于中条山的铜矿。"统观中原地区从二里头以来的诸铸铜遗址的分布以及中条山地区的铜开矿、冶炼遗址,可以推断中原地区很早就达到了采、冶、铸工序的分离,形成了铜和锡等合金元素各自单独的物料供应链,生产的主要产品是在王权严格控制下采用复杂的陶范铸造成型的礼器。"①在商王朝直接统治区域附近,除晋南的中条山铜矿区外,金属资源相对匮乏,铜、锡等原料部分来自江南。

  青铜器的制造技术和工艺要比陶瓷、玉石、漆木器复杂,祭祀用大型青铜器的制作,需要专门化的工人队伍和熟练的匠师以及协调和组织不同工序的管理人员,非个人、家庭所能完成。中原地区先进发达的青铜产业格局与夏商王朝的国家机器的强大相互促进,是中原地区从青铜时代开始成为东亚稳固的文明中心的重要经济技术因素。

  夏代中原地区已经进入铜器时代。关于夏代青铜器的铸造,周大夫王孙满说:"昔夏之方有德也,远方图物,贡金九牧,铸鼎象物。"②"昔者夏后开使蜚廉析金于山川,而陶铸之于昆吾",所铸之鼎"三(四)足而方",用之"祭于昆吾之墟"。③《越绝书》说:夏人"以铜为兵"。可见,夏人已掌握铸铜技术,用以铸造铜礼器、兵器、工具及装饰品。从偃师二里头遗址发掘的铸铜作坊遗址和出土的青铜器看,夏代后期中原地区的青铜铸造业已有相当规模。在二里头遗址第四区发现的铸铜作坊遗址面积达1万平方米以上,延续时间较长,出土有各种各样的坩埚、炉壁、陶范。其中有些陶范用来铸造器形奇特的大型铜器。这些遗迹和遗物表明,二里头遗址出土的青铜器是本地铸造的。

  在商代,青铜工业是商殷王室和贵族垄断的一种官府手工业,也是最为重要、最为发达的手工业。商代的统治者不仅关注青铜器生产,而且控制着大部分青铜器原料和青铜器。

  商代前期中原地区的青铜器工业,以郑州商城的铸铜遗址为代表。在郑州商城南关外和紫荆山北发现铸铜作坊两处。南关外铸铜作坊遗址发现铸铜场地以及熔铜炉残片、炼铜坩埚和陶范残片、炼渣、炭屑、矿石、红烧土等铸铜遗

---

① 李延祥:《中原与北方地区早期青铜产业格局的初步探索》,《中国文物报》2014年2月28日第5版。
② 杜预:《春秋左传集解》宣公三年,上海人民出版社1977年版,第546页。
③ 孙诒让:《墨子间诂》卷十一《耕柱》,中华书局2001年版,第422—425页。

物,生产青铜礼器鬲、斝、爵,工具镢,兵器镞等。紫荆山铸铜作坊遗址位于郑州商城北垣外,发现铸铜操作场地、坩埚残片、各种陶范和红烧土等,主要生产兵器有刀、镞、钺等。这两处铸铜遗址有铸铜工房、烘范窑、熔铜炉残片,又出土了大量泥范残片,所铸铜器以工具、兵器为主。从商代早期的陶范特征和铜器本身的铸迹看来,当时已能铸造出较为精致的兵器和容器。

到了商代晚期,冶铜业的分布地域更为广大。在安阳殷墟遗址范围内至少有洹北商城、小屯东北地、苗圃北地、孝民屯、大司空村、任家庄南地等多处铸铜作坊,它们与新发现的辛店遗址的铸铜遗存共同构建了商代中期至西周早期"大邑商"较为完整的铸铜工业体系。除小屯东北地和大司空村的两处存在时间较短外,其余几处作坊遗址在殷墟中晚期都存在,说明至少有四个大型作坊在同时生产,铜器铸造的规模达到极致。苗圃北地遗址面积达1万平方米以上,包含的铸铜遗物有熔炉5座,残块5000多块,坩埚残片90多块,以及浇注铜器的流道,作为燃料的木炭,陶范和陶模2万多块。外范以礼器范为主,其中有长达120厘米的方形陶范。还出土有直径83厘米的坩埚和直径100厘米的炼炉。铸铜遗址总面积达100万平方米,其中商代晚期铸铜相关遗存约50万平方米。它具有多个独立、完整的铸铜作坊区;出土有鼎、簋、卣、尊、罍、瓿等各类青铜容器以及镈、镞等兵器范,发现草拌泥熔炉、夹砂坩埚、磨石、铜针、铜刻刀、鼓风管、骨铲、骨锥等冶铸遗物。这种规模巨大的铸铜作坊具有冶铸大型青铜器的能力。商代晚期出现了一种俗称"将军盔"的陶容器,主要用于浇注熔化的青铜液体。一个将军盔一次可熔铜12.5公斤。铸造司母戊那样的大鼎至少需要70个将军盔同时进行工作,也需要众多的工匠通力协作。小屯村东北地铸铜遗址也以生产礼器为主,而在孝民屯西发现的铸铜作坊则主要生产工具和武器,表明当时的铜器生产,各作坊之间已经有所分工。

西周时期由于礼乐制度的需要,青铜器制造业比商代更为兴旺发达,不但数量更多,而且在青铜铸造业的许多方面达到更高的水平。西周时期中原地区的青铜铸造业有新的发展,洛邑和丰镐畿辅同为西周青铜工业的中心。洛邑因西周贵族聚居而对青铜器有更多需求,也因有冶铸技术的殷遗民迁来,遂形成新的王家青铜铸造基地。考古工作者在洛阳北窑发现一处西周官营铸铜作坊遗址,面积约14万平方米,发掘3000余平方米,发现房基、烧窑、灰坑等遗存,出土大量陶范和熔铜炉残壁残块。熔铜炉经复原测量推知,内径为1米左右,最大达 1.7 米,比安阳殷墟的熔铜炉更大。一块炉下壁有三个外凸的鼓风口,可知已用鼓风助燃以提高炉温,熔铜速度加快。作坊铸造多款礼器、兵器、车马器。遗址大概始于西周初年而毁于穆王、恭王以后,应是西周前期周王室在成周地区设立的一处重要的官营铸铜作坊,反映了西周时期中原青铜铸造的水平。西周中期以后,出现了一模翻制数范的方法,可以大量生产。零件不再浑铸,改为焊接在器身上,提高了生产效率。

三、青铜工业带动下的其他手工业

三代文明的集中表现是青铜器。由于青铜的难得、珍贵,贵族多用来制造礼器,农业生产很少使用青铜工具,但手工业生产使用青铜工具较多。青铜工具比石器有很大的优越性,它的使用提高了生产力。在青铜铸造业的带动下,中原地区的陶瓷、玉器、骨角器、漆木器制造业发展迅速。

夏代后期,中原地区出现了凿、锥、刀、匕、鱼钩等小型青铜工具,对于手工业生产的发展起到一定的促进作用,于是中原地区的制陶、玉器骨器加工、木器、造车、建筑业等都有所发展。商代工商业者以职为氏,职业世袭,生产技术得以传承进步。西周初年俘获大批殷手工业者,被周成王赐予鲁、卫等国。鲁公得到"殷民六族,条氏、徐氏、萧氏、索氏、长勺氏、尾勺氏",康叔得到"殷民七族,陶氏、施氏、繁氏、锜氏、樊氏、饥氏、终葵氏"。[①] 其中索氏是绳工,长勺氏、尾勺氏是酒器工,陶氏是陶工,繁氏是马缨工,锜氏是锉刀工和釜工,樊氏是篱笆工,终葵氏是锥工。可见至迟在商代晚期,手工业者的分工已很细密,生产的专业化有利于手工业的发展。

1. 陶器及原始瓷器制作

在夏代中晚期的偃师二里头遗址发现有制陶作坊遗址,陶窑为直壁圆筒形,直径约 1 米,窑下部有火膛和火门,火膛中间有长方形窑柱,窑箅厚 5 厘米,箅孔圆形,孔径 5 厘米,结构比较合理。陶器成型基本是轮制,兼有模制和手制。陶器仍以砂质和泥质灰陶为多,也有黑陶、棕灰陶和红陶,器类有鼎、罐、

---

① 杜预:《春秋左传集解》定公四年,上海人民出版社 1977 年版,第 1620 页。

盉、瓿、豆、簋、钵、瓮、盆、缸等。

位于郑州铭功路西侧的一处早商制陶遗址面积约1400平方米,发现陶窑14座,结构与二里头陶窑大体相同,周围有生产工具陶拍、陶垫、印模,还有陶坯和烧坏的陶器,出土陶器有盆、甗、簋、瓮等。偃师商城发现有15座陶窑。安阳殷墟苗圃北地以西地段分布有陶窑遗址。晚商的陶瓷工业沿袭早商又有所创新,出现两类新产品:一是刻纹白陶,二是明器。白陶用高岭土做胎,烧制火候较高,质地坚硬,色彩鲜明,造型和纹饰都模仿当时的青铜礼器。白陶种类增多,且有较大的器形。

西周陶瓷烧造技术比商代进步。洛阳的西周遗址和墓葬中出土大量陶器及其碎片,鬲、罐、盆、簋、鼎、甗、盂、豆、碗、杯等日用器皿应有尽有。洛阳东关5座平民墓出土44件陶器,基本器型组合为鬲、簋、豆、罐,表明陶器制造更为普遍。陶器以轮制为主,器形规整,火候较高,质地坚硬,显示出较高烧制水平。各诸侯国陶器烧造技术也很高。

陶器工艺的进步促使瓷器的发展。郑州商城发现的早商原始瓷器有尊、豆、罍、罐、壶、瓿、瓮等,以高岭土做胎,器表有一层青绿色薄釉,烧制火候在1000℃以上。安阳殷墟发现的商代晚期原始瓷器有豆、壶、罐、瓿等,釉面均匀光亮,数量有所增加,质量较好。高档的原始瓷在王室控制的陶窑作坊中烧制。

商代中原地区的瓷器还不算多,在洛阳发掘的90多座西周墓中出土的原始瓷多达400余件,但大多已成为碎片,可以基本成型复原的有224件,器型有豆、罍、尊、瓿、簋、瓮、罐、匜、碟等。在浚县辛村卫国墓地出土的原始瓷,种类和器型都与洛阳北窑西周墓出土的原始瓷器接近。西周中原地区的原始瓷器用高岭土(白色黏土)做胎,胎质细腻,烧成温度达1100℃—1200℃以上,叩之音质清越,吸水性极弱,器表施灰绿色薄釉,呈玻璃质,晶莹透亮,已接近现代瓷器的标准。但器底部无釉且施釉部分厚薄有差异,说明制瓷工艺仍处于初级阶段。

2. 制玉及骨角器产业

偃师二里头遗址出土有钺、戈、戚、刀、柄形器等夏代玉器,大多为礼器。商代前期玉器在偃师商城和郑州商城遗址及其附近地区也有出土,品种主要有戈、戚、钺、柄形器、璧、琮等,以大型的仪仗器玉戈和玉钺为主。但数量不多,种类较少,整体造型和作风呈现出由夏到商晚期的过渡性特征。

晚商时期是继新石器时代之后中国玉器发展史上的第二个高峰期,中原玉器的制造工艺获得空前发展,琢玉技术和艺术造型都达到很高的水平。玉料来自河南南阳独山、陕西蓝田乃至新疆和田,硬度较高,加工难度较大,加工技术有很大进步。安阳殷墟宫殿区附近有一处玉器作坊遗址,在玉工的房址内发现有 600 多块玉石料、260 多块琢玉的砺石,还有铜刀等工具,许多加工的废品,其中大多是玉璋的碎片和小型雕刻品。[①] 制造玉器一般要经过选料、开料、造型设计和施工、钻孔、施纹、抛光等多道工序。这一时期玉器制造工艺已经相当成熟,玉器的质量有显著提高。安阳殷墟出土的玉器数量大、种类齐全,大致可分为礼器、仪仗、工具、装饰艺术品及杂器等。仅 1949 年以来殷墟就出土玉器 1200 件以上,可分为礼器、仪仗、工具、生活用具、装饰品和杂器等六类。还有大量以人和动物为本摩作的精美玉器。殷墟出土的大部分玉器应是当地制造,切割整齐,琢磨光滑,造型多样,线条流畅,动物姿态生动活泼,表现出强烈的艺术效果,堪称殷商玉器中的精品,代表着商代后期玉器的总体水平和成就。

玉器在西周正式成为祭礼和显示社会等级差别的礼器,为政治活动和婚聘不可或缺之物,玉饰品的佩戴也开始流行。这种需求成为玉作手工业发展的新动力,于是玉作手工业有较快发展,各地西周墓中往往有较多的玉器出土。如洛阳北窑西周贵族墓出土大批各种不同类型的玉器,以虎、牛、夔、羊、鱼、鸟、蝉、蚕等各种动物最为精美,刀法纯熟,线条柔和,造型生动,反映了西周中原地区玉雕工艺的技巧。王室贵族仍是玉的主体拥有者。三门峡虢国墓地的 2001 号墓和 2009 号墓共出土了 800 余件玉器。平顶山市北滍村一西周墓出土玉器 82 件,有圭、璧、刀、匕等。新郑唐户 12 座西周墓出土玉器 269 件,表明玉作产量很大。

偃师二里头遗址有夏代后期的制骨和制造绿松石饰品的手工业作坊。商代早期也有专门制作骨器的手工业作坊。郑州商城北面的一处骨器作坊遗址有一个骨料坑,出土 1000 多件骨器或半成品、骨料、废料,还有磨制骨器的砺石。骨料有牛骨、猪骨和鹿角以及人的肢骨和肋骨。骨器的成品或半成品大多是镞和笄。商代后期,骨器生产规模扩大。安阳殷墟花园庄南地的骨料坑中有兽骨数十万块,以牛骨为最多。殷墟发现制骨作坊遗址两处,一处在洹河北岸的大司空村,另一处在小屯村西北的北辛庄。北辛庄制骨作坊发现用于生产骨

---

① 中国科学院考古研究所安阳发掘队:《1975 年安阳殷墟的新发现》,《考古》1976 年第 4 期。

器的半地穴式房子和存放骨料用的土坑,出土与骨器制作有关的成品、半成品和废料5000多件,制作的材料主要是牛、猪骨,也有马、羊、狗骨和鹿角。制作工艺主要是用锯、刀、磨石对骨料进行裁、锉、削、切、钻、磨等加工,产品有笄、针、环等。骨器作坊也加工象牙,殷墟所见象牙制品有尊、簋、盂、杯、笄、梳等。

3. 纺织业

夏鼐说远在三千多年前,殷周人民便已有了养蚕业,并且有了华美的暗花绸和多彩的刺绣。① 商代蚕桑丝织成为一种非常重要的产业。武丁卜辞说:"戊子卜,乎省于蚕。九"(续补7402),意即武丁时呼人省察蚕事,占卜至少有九次之多,可见统治者对养蚕的重视。殷商墓葬中出土有玉蚕,甲骨文中有蚕、桑、丝、帛等字。纺织原料除蚕丝外,还有麻、毛等。纺织程序有绩麻、缫丝、纺、织、染色等。安阳后冈发现成束的丝线、丝绳和麻绳。纺织品遗痕主要见于覆盖于车和棺椁上的帷帐及青铜器的包裹,质量分粗细麻布和丝织品。安阳殷墟大司空村出土的带丝织残痕铜片上残留有平纹绢痕迹,是目前发现最早的丝织痕迹。殷墟妇好墓中出土的50多件铜礼器表面也黏附有丝麻织品残片痕迹。这些丝织品遗痕至少有5个品种,即平纹绢、经朱砂染色的平纹绢、经重平组织的缣类织物、回形纹绮和罗类织物。其中的大孔罗是目前所知年代最早的绞经机织罗标本。② 商代的丝织品最常见的织法有三种:一是普通平纹织,经线与纬线基本相等,每厘米大概30—50根;二是畦纹的平纹织,经线比纬线多一倍,由经线显出花纹;三是文绮织,地纹是平纹组织,花纹则是三上一下的斜纹组织,由经线显花。不仅能够织造各种平纹,而且能够织出菱形暗花纹的文绮,表明商代已有较高的纺织技术,已有提花装置的织机。

西周时期中原的麻、丝纺织业进一步发展,成为农家的一种副业。卫国有大片桑田,桑叶用来养蚕以抽丝。在西周墓的棺椁和铜器外表发现有一些丝织物的痕迹。浚县辛村1号墓的椁顶上发现了麻布碎片。三门峡虢国墓地2009号墓出土有麻布短裤。三门峡虢国墓地2001号墓出土的西周晚期玉茎铜芯铁剑外有丝绢包裹的痕迹。外棺壁板外表髹红漆,棺上覆有一层丝织物,盖板背面髹黑漆。内棺外表髹黑漆,上面铺有一层红色丝织物,可以看到平纹、斜纹、

---

① 夏鼐:《我国古代蚕、桑、丝、绸的历史》,《考古》1972年第2期。
② 中国社会科学院考古研究所:《殷墟妇好墓》,文物出版社1980年版,第18页。

提花等纹样,且已有染色。这些工艺都反映出西周丝织业有了一定水平。

4. 漆木器制造业

偃师二里头遗址发现有夏代晚期的漆器痕迹。商代中原地区的漆木器已较发达。贵族墓地棺材和车马坑的车多用漆,日常用具中也常有漆器。安阳殷墟陵墓中发现的雕花木椁板痕,上面雕刻有与铜器花纹相似的成组饕餮纹、夔龙纹等,反映了当时雕木工艺的发达程度。罗山出土有碗、盘、盆等多件漆器的残片,朱红地,黑漆花,绘有饕餮纹、夔纹、雷纹、蕉叶纹等纹饰,有的花纹上还嵌有绿松石,贴着钻花金箔。可见商代已有薄板胎漆器。安阳殷墟 1001 号王墓的圆形漆盘内放置 7 个漆豆,还有髹漆的"抬盘"。此外,还发现漆绘雕花木器,上面嵌有蚌壳、玉石等,表明商代匠人在晒漆、兑色、髹漆、镶嵌等方面的技巧已达到相当高的水准。

西周时期的木器主要是棺椁等物,三门峡虢国墓地 2001 号墓出土木器除棺椁外,还有弓、镳、碗、柱状销、龙纹木雕、彩绘残木器以及木构件等,彩绘残木器一面髹黑漆为地,并绘二道红色纹样和一道白色纹样。平顶山应国墓地的一座西周中期墓出土一件已经腐朽的漆木碗,其上有红漆痕迹。这类木容器在墓葬中应不少,因不易保存而难以发现。

5. 造车业

车是人们出行的主要交通工具。造车工艺技术复杂,需要木工、金工、髹漆工、皮革工等多个工种相互配合。夏代中原地区已经开始造车。《世本·作篇》载:"奚仲作车。"奚仲被禹举为"车正",封于挚(今河南平舆)。商代制造车、舟的手工业已初具规模。在偃师商城遗址发现车辙痕迹,在郑州商城发现用于浇注车轴青铜轴头的陶范。甲骨文和金文形象地表示商代的车由辕、轭、衡、舆和装有条辐的双轮等部件构成。殷墟共发现车马坑 41 座。用四匹马拉的车主要用来作战或狩猎,在商代晚期已经出现。

在洛阳、浚县、三门峡上村岭发现西周车乘的遗物。洛阳东郊发现的西周车有 22 辐至 24 辐。上村岭虢国墓地的五座被盗墓中出土 4 件(2 套)木车轮,有的车可以复原。

四、数量众多、种类齐全的青铜器

偃师二里头遗址出土夏代中晚期的青铜器可分为礼器、兵器、工具和铜饰件四类。礼器有鼎、斝、爵,兵器有戚、戈、镞,工具有锛、刀、凿、锥、鱼钩,装饰品有铜铃、铜牌饰等,明显具有早期青铜器的风格和特征。

随着青铜器生产规模的扩大和生产技术的提高,商代的青铜器产品逐渐增多,贵族使用青铜器已相当普遍,手工业者也大量使用青铜工具。中原地区青铜器数量众多,且大多是具有实用功能的容器。

在商代前期都城郑州商城遗址发现了一些二里岗时期的铜器墓和青铜器窖藏坑,出土大批青铜器。在郑州张寨南街和南顺城街及向阳食品厂发现3座青铜器窖藏坑,出土青铜器28件,有大方鼎、大圆鼎、扁足鼎、牛首尊、羊首罍、提梁卣、斝、鬲、簋、瓿、爵、盂、盘等容器,钺、戈等兵器,其数量和种类之多前所未有,其中的8件大方鼎、大圆鼎风格古朴端庄,当属王室重器。张寨南街一号鼎通高100厘米,口径长62.5厘米,宽60.8厘米,重86.4公斤,形体之大为当时罕见。

以安阳殷墟为代表的商代后期青铜器,出土数量巨大,种类齐全,有礼器、乐器、兵器、工具、生活用具、装饰艺术品和车马器等几类。礼器有20余种,工具有10余种,兵器有近10种,车马器、装饰品和生活用具各有多种,形式多样。据不完全统计,安阳殷墟已出土青铜器四五千件,主要出土于大中型墓葬。其中铜容器已近1000件,还有数量更多的兵器、工具等。

偏早阶段的青铜器可以妇好墓和武官村大墓出土的青铜器为代表。妇好墓出土铜器577件,总重量达1625公斤,可分为容器、乐器、工具、生活用具、武器、马器、艺术品和杂器等18大类47个小类。[①] 其中礼器210件,三联甗、甑、方缶、偶方彝、方彝、方罍、方壶、透雕瓿、圈足觥、四足觥、鸮尊,以及成编的铙、铜镜、卷云纹铲、箕形器、多钩形器、斗等,均为前所未有。后(原作"司")母辛大方鼎、偶方彝、三联甗、鸮尊以及铜镜等风格独特,制作精美。武官村挖出的

---

① 中国社会科学院考古研究所:《殷墟妇好墓》,文物出版社1980年版,第15—114页。

后(原作"司")母戊大方鼎是世界上最大的铜器,高133厘米,长110厘米,宽78厘米,重875公斤,造型浑厚,结构复杂,气势恢宏,纹饰华丽。周身以雷纹为地,上面又饰以蟠龙纹和饕餮纹。偏晚阶段的青铜器以大司空村、高楼庄的商代墓葬和后冈圆形祭祀坑出土的青铜器为代表。这些铜器的器形有一些新变化,铭文字数较多。

与郑州二里岗青铜器相比,殷墟青铜器的种类和形制有所增加,形式也较复杂,花纹装饰更为精美繁缛。殷墟青铜器出土数量和种类之多,铸造工艺之精,表明商代晚期青铜文化已达到很高的水平,是商代青铜文化的鼎盛时期。

中原地区的西周青铜器,以洛邑所在的洛阳地区为大宗,洛阳西周贵族墓地及青铜器铸造遗址出土大量的青铜礼器、兵器、生产工具、车马器和杂器,表明西周青铜铸造在数量、品种上有了更多的发展,而且制作十分精美。洛阳北窑一带出土的饕餮纹方鼎、方座簋和母鼓方罍三件重器造型古朴庄重,花纹繁缛精细,代表着当时青铜铸造工艺的水平。洛阳瀍河两岸一直有重要的西周铜器出土,以令器组、士上器组以及保卣、保尊等最为著名。相传1929年在洛阳邙山马坡出土西周青铜器,包括作册令组与臣辰组。其中令彝、令簋皆有长篇铭文。洛阳北窑村庞家沟西周贵族墓葬出土大批青铜器,其中有铭器59件,铭文涉及周代贵族名号颇丰,为西周史研究提供了丰富的资料。1931年在浚县出土26件西周早期青铜器,以康侯簋、沬司徒疑器组最为著名,大半流散至美国。1932—1933年间河南古迹研究会先后在浚县辛村发掘墓葬82座,出土青铜礼器16件。

西周中期以后,青铜器的数量越来越多。平顶山应国墓地的西周早中期墓出土铜器众多,主要是礼器组合,还有铜车马器、兵器、工具、兽面具、人面具等。95号墓出土青铜器铭文记录了应国与申国、邓国以及姚姓宗族通婚情况。242号墓出土的柞伯簋铭文内容涉及周代射礼、宗法制度等问题,也为柞国史的研究提供了重要线索。三门峡上村岭虢国贵族墓地出土青铜器总数多达5000余件,包括礼器、乐器、兵器、车马器、工具和棺饰等。仅2001号墓即出土青铜器2487件,总重455.15公斤。虢国墓地出土礼器180件,多以鼎、簋、鬲组合,乐器有成套的编钟,出土铭文为研究周代封建、虢国变迁及诸侯国之间的婚姻关系等问题的重要史料。此外,鹿邑太清宫遗址出土的"长子口"青铜器,数量较多,影响较大。

五、先进的青铜冶铸技术与工艺

夏代中晚期的都城偃师二里头遗址的铸铜作坊,多采用双合范或多合范方法铸造,青铜器均由铜、锡两种金属合成,也有个别高铅量的铜、锡、铅三元合金,器体小而轻薄,器表多素面,少数饰简单的花纹。其中铜饰件的铸造采用了镶嵌工艺,以增加美感。

商代前期中原地区不仅建立起相当规模的青铜冶铸业,而且青铜铸造技艺水平有很大提高。

青铜是纯铜和锡、铅的合金。纯铜质地较软,不适宜制造器具,掺入锡、铅等金属后,不但便于铸造,而且铸成的器物坚硬锋利。但是工具、武器、器皿等不同器物对金属质地的硬度和韧度的要求各不相同,要造出适合各种用途的器物,必须添加不同比例的锡、铅等有色金属融成合金。郑州二里岗期青铜器中出现较多的铜、锡、铅三元合金,这是冶金的一大进步。当时的工匠们已经熟练掌握金属矿石的选择和多种配方,能够根据产品不同功能的需要,通过配方铸造出高铅量的三元合金或铜、铅二元合金,但是配料比例尚不很稳定。

商代后期的工匠已经能够准确地掌握青铜的含锡铅比例。通过对商代后期青铜器的科学测试,基本上都与《周礼·考工记》所说的"钟鼎之济""六分其金而锡居其一"的合金比例吻合。据测定,殷墟出土的后母戊大方鼎含铜84.77%、锡11.64%、铅2.79%,而铜弋含锡20%,铜刀含锡15%,镞含锡17%。妇好墓出土的青铜器经测定可分为铜锡型和铜锡铅型两类,而殷墟西区平民墓出土的青铜器有纯铜、铜锡、铜铅、铜锡铅四种合金类型,它表明"商代后期的工匠在掌握铜、锡、铅的冶炼技术,认识其物理性能的基础上,根据铸造不同器物的需要,配制成相应比例的铜锡、铜铅二元合金以及铜锡铅三元合金"[①]。

青铜器铸造技术有浑铸法和分铸法两种,商代前期中原地区的青铜铸造已经采用分铸技术,实现了块范法铸造。郑州向阳食品厂出土的提梁卣用四块卣

[①] 杨升南、马季凡:《商代经济与科技》,宋镇豪主编:《商代史》卷六,中国社会科学出版社2010年版,第310—312页。

体内范及四块半圆形外范合铸成带半圆形环耳的卣体。铸提梁时,在卣体二环耳内各加一块小范。提梁浇铸后,去掉小范,形成间隙,使提梁通过环耳和卣身相连,而又能活动。这种分铸技术的运用表明已向铸件复杂化迈进。这一时期的青铜铸造还贯穿着"等壁厚"的铸件设计原则,器壁一般较薄,口沿加厚。二里岗时期的工艺水平比二里头时期有显著提高,出现了不少新器形。这些发明为商后期青铜铸造艺术的空前发展和兴盛奠定了物质和技术基础。

商代后期中原地区青铜器的制造工艺和技术得到空前的发展,步入青铜时代的鼎盛期。在安阳殷墟苗圃北地的铸铜遗址中,发现可能是从熔铜炉向铸型排放铜液的地槽遗迹,推测当时已发明铸造大型铜器的地槽式浇注技术。从这些铸铜遗迹分析,当时王室铸铜作坊的各道工序如制模、翻范、烘范、制芯、合范、熔铜、浇注、修整等,都显得熟练自如、一丝不苟。大型器物多采用分模技术以提高翻范速度,花纹主要在模上刻画堆塑而成。泥范以经过仔细筛选并羼和有细砂(以增加透气性)的泥土为原料,根据器物形态的不同采用不同的翻范和分范方式。商代后期分铸法进一步发展,殷墟出土的后母戊大方鼎就是采取分铸法和多合范法铸成的。其耳、身、足分别铸成部件后,再合铸成一个整体,总共用外范20块,在铸造工艺上显示出高超的技术水平和严密的组织性。大型重器和造型复杂的铜器型范颇为复杂,铸一件器物有时需用数十块型范,有的型范可能还是采用由多块分范拼嵌成数块外范的组合范,特别复杂器物的向外扭曲的附件还采用活块范。正是巧妙地运用这些方法,才出现像牛鹿方鼎、尊、方彝、三联甗、觥、三羊罍这样繁复精美的铜器。

商代的青铜器的铜锡比例合适,铸造质量较高,这是商代青铜文化辉煌的技术物质基础。

西周铜器的铸造同商代一样,采用浑铸法。其工序是先制出模范或母范(器物的模型),再用泥土敷在模型上做出外范,并将之分割成数块;同时还要用泥土做一个内范,再套合外范和内范,中间的空隙为型腔,相当于欲铸器物的厚度;从浇口注铜液,待冷却后,打碎外范,取出青铜器,并换出内范,最后修整加工。

洛阳瀍河西岸北窑村西周青铜器铸造遗址出土大量范块,有鼎、爵、簋、尊、卣、觚范,还有一些车马器范和兵器范。陶范可分为母范、内范、外范三种,成分配比科学。外范还分为内、外两层,内层是浇注面和分型面,陶质细腻坚硬;外层质地松软,罕有较大颗粒砂子。每块外范均有榫眼(多为楔形)、榫卯和长方形子母口。比较复杂的器物,用合范浇注。在整个过程中,陶模的阴干和熔烧至关重要。当时多用一模一范。大型的鼎范是由六片范合成一完整的铸型,每片都包括口、腹、足三部位,再黏合底范,即为整范。器耳部位留有凹槽,可知器耳是另铸,再镶嵌在范上,然后再浇注为一体。器形复杂的爵,可以多到十片范合成。这些范铸的方法称作分铸法或者分片合范法。器物上的浮雕兽头采用分铸法铸造,已能熟练使用规范统一的范型与焊接修补技术,能够根据器物本身用途,采用最适合的合金成分比例,大大提高了青铜产品的质量。洛阳出土西周青铜器中的饕餮纹方鼎、方座簋和母鼓方罍三件重器造型古朴庄重,花纹繁缛精细,为西周青铜器中的佳品,代表着当时青铜铸造工艺的水平。

洛阳北窑发现数以千计的西周熔铜炉残块,这些熔铜炉系用泥条盘筑法制造而成,直径在0.5米到1.6米不等,炉壁中掺合石英砂等耐火材料,可以承受1200℃—1250℃的高温。熔炉的残块表明当时熔铜采用内加热的竖式筒形炉,炉温可达1200℃—1250℃。有些炉壁的下缘发现有鼓风口。这一发现将中国用于冶炼的鼓风设备的历史至少提早到西周时期。

西周后期,铸铜技术更加进步。三门峡上村岭虢国墓地出土青铜器皆为泥范铸造,浑铸、分铸法并行。其铸型较多采用泥和铜垫片支撑内芯和外范,并控制铸件壁厚度。浇冒口的位置多在足端或圈足上,采用倒铸式,便于合范操作,有利于铜液流动成型,提高铸件质量。器物壁薄且均匀,一般为1至3毫米,表明在铸型设计、合金配比和浇注方式等方面具有丰富经验,四角处有加强筋。以分铸铸接技术的多种方式提高铸接强度。其凤尾纹方壶为三爪式卯榫焊接,已是一种改进,而重环纹圆壶以榫卯销式铸接,操作简单,结合牢固,外形完美,提高了铸接强度,是一重大改进。

总之,西周中原地区的铸铜技术与商代相比,在五个方面显示出其先进性:一是双层范土的设计。所出的内外范皆由双层范坯制成,紧贴铸件的那层范土较薄,砂粒细小均匀,结构紧密,表面细腻光滑,这样既有助于铸液的流动,同时也保证铸件表面的光洁度;而离铸件稍远的那层范土砂粒较大,结构松散,这样可以增加陶范的透气性,从而提高铸器的质量和成品率。二是泥芯撑工艺的应用。在合范浇注时,为固定内范,更好地控制铸器的壁厚,普遍应用泥芯撑工艺。三是器物附件先铸法的普遍推广。把预先铸成的器物附件(如鼎耳等)镶嵌在即将浇注的陶范内一次浇注成器。四是熔炉鼓风口的发明和应用。熔炉鼓风口设于大型熔炉的四周,共有4个,口径为13—15厘米,表明西周时期已经有了鼓风设备橐,可以大大提高炉温,有利于产品质量的提高。五是耐火材料的广泛应用。炉壁内测的岩相鉴定表明当时已经认识并广泛应用耐火材料,炉温达1200℃—1250℃。此外西周铜器铸造中已经使用包金银工艺。在河南浚县辛村卫国墓地42号墓出土了西周时期包金兽头和包铜矛柄的金叶。

总的说来,中国青铜工艺始终是中原地区居于中心和领先地位,许多新的技术和艺术风格都是先在中原地区出现,然后才流传到周边地区。中原青铜器无论在器物种类和器体造型上,还是在器表装饰和花纹上,都往往开新风尚的先河。

六、高度发达的青铜艺术

从青铜器被广泛使用后,中原王朝的统治阶级都将大量青铜用于铸造祭祀神灵的礼器和作战的武器。青铜器的状况不仅集中代表着当时技术发展的最高水平,也反映了当时艺术思潮和风格演变状况。

中原青铜艺术至迟在夏代晚期就已经初露端倪,二里头文化晚期已经产生极具中原特色的青铜礼器造型,如铜爵、铜斝等。以镶嵌绿松石铜牌饰为代表的二里头文化兽面纹开创了商、周青铜器兽面纹的先河。

商代前期中原系青铜器的特质已完全形成。这一时期青铜礼器基本形成比较完备的系列,包括饮食器、酒器和水器等,形制多仿陶器,器体较轻薄,花纹较简单,母题有饕餮纹、云雷纹和夔纹等。郑州商城遗址出土的礼器,如鼎、尊、罍、卣、鬲、瓿、爵、斝等,器表多有花纹装饰,其中尊、罍、卣通体饰细密的花纹。尊的肩部饰有三个突出的牛首,罍的肩部饰有三个立体的羊首。典型纹饰有饕餮纹(兽面纹)、夔纹、云雷纹以及连珠纹、涡纹、龙纹、虎纹等,但结构简单,多为单层,线条稍显粗笨。

商代后期青铜礼器除继承前期的各种器型外,又出现豆、觯、觥、壶、盂及鸟兽尊、方彝等。一般铜器均器体厚重,造型精巧,花纹繁缛。除饕餮纹、夔纹外,又盛行鸟纹、蝉纹。虎食人卣造型奇特,寓意深奥,花纹复杂又配置得体,是艺术价值极高的珍品。在中原地区,铜器造型和纹饰构图以能沟通人神的几种动物为主体,表现形式一般采用抽象、夸张的手法,将现实中的动物神秘化和程式化。青铜装饰也出现了"饕餮""夔龙""凤鸟""螭虺""窃曲""肥遗"等种种带有神话色彩的名称。商代后期青铜器的纹饰丰富多彩,繁缛富丽。这些造型和纹饰出现后即长期被模仿和沿用,经久不衰。

总之,商代青铜器纹饰艺术的结构特点是图案带有主有次,图案元素有虚有实,刻模手法有浮雕和平刻,通体式构图采用纹带对称连续性布局,纹饰显得繁缛精美。

西周早期青铜器纹饰绝大多数是商晚期的式样,但凤尾纹逐渐增多。洛阳北窑出土的饕餮纹方鼎、方座簋和母鼓方罍三件重器造型古朴庄重,花纹繁缛精细,代表着当时青铜铸造工艺的水平。西周中期从穆王时开始,铜器的形制和纹饰出现了许多新的式样,原有的传统式样也顽强地保留着。纹饰变化主要表现在三个方面:一是删繁就简,陆续淘汰了不少西周早期的纹饰;二是保存下来的纹饰发生剧烈的变形,如兽面纹、兽体变形纹;三是产生了一些新纹饰,如波曲纹。西周晚期青铜礼器形制没有突出变化,纹饰绝大部分是波曲纹、变形兽纹和鳞纹。在三门峡上村岭虢国墓地,青铜器件上发现了交缠的龙纹。

在中国三大青铜艺术系统中,北方青铜艺术和南方(云贵高原和岭南地区)青铜艺术都是"一种跨境青铜艺术",只有"中原青铜艺术是在中原本地诞生并成长起来的,受外来艺术的影响较小,传统最为稳固"。"中国青铜时代的几种青铜艺术传统,只有中原青铜艺术为中国本土所独有,其他地区的青铜艺术或为中原青铜艺术的变体,或为数国青铜文化所共享,不能作为中国青铜艺术风格的代表,只宜作为其中的构成因素之一"。[①] 中原青铜艺术是最具特色且对周边青铜艺术最具影响力的艺术体系,中原青铜艺术风格的转变往往很快带动周围其他地区艺术风格随之转变。中原青铜艺术的艺术类型和特征在相当大的程度上反映了中国艺术的基本状况。

---

① 袁行霈等主编:《中华文明史》第一卷,北京大学出版社2006年版,第196、197页。

第四节 原始宗教信仰的发展

夏商时期中原地区已经进入王国阶段,但是人们还继承着一些原始社会的宗教迷信传统。人们相信"万物有灵",自然万物都变成各种各样的超自然力量的神,为人们所依赖、敬畏和崇拜。而对鬼神的崇拜重在对祖先的崇拜。先民出于共同从事生产劳动和共同生活的需要,赋予祖先以神性,借助于祭祖强化血缘关系,团结族人。夏代已有宗庙和社坛存在,二者既是王室祭祀祖先和土地神的场所,也是国家政权的象征。宗教崇拜首先表现在对祖先神和自然神的祭祀上,宗庙和社坛就是祭祀祖先神和土地神的场所。商代也是如此。"殷墟甲骨卜辞和商代金文表明,即使到了武丁时期,商人宗教所崇拜的对象仍然是诸多自然神和各世祖先神。其中对自然神的信仰随着时间的推移而逐渐减弱,但对祖先神的崇拜却是贯穿于整个商王朝的。"[1]西周时期中原人们仍然崇拜自然神和祖先神,实行一套祭祀祖神的礼仪,并将它纳入伦理之中。

伴随着人间统一帝王的出现,夏商时期出现了天上的统一至上神"帝",这是脱离原始社会自然神信仰后的早期宗教信仰。上帝崇拜的出现是原始自发宗教与早期人为宗教的分水岭,也是社会形态变革和人间关系在宗教领域的反映。及至西周,对这种至上神多称作"天",并形成天命论。

一、自然神崇拜

社祭是土地崇拜的产物,起源很早。随着早期国家的诞生,夏代的社变成

---

[1] 常玉芝:《商代宗教祭祀》,宋镇豪主编:《商代史》卷八,中国社会科学出版社2010年版,第25页。

国家与权力的象征。《淮南子》说:"禹劳天下死为社。"①禹治理洪水获得成功,去世后被当作社神祭祀。关于社主,《论语》记载宰我之言:"夏后氏以松,殷人以柏,周人以栗。"②松树可能是夏人制造社主的木材,夏社成为早期国家与政权的象征。商汤革夏命,要迁夏社,不成,就对夏社进行祭祀,"以表明自己对夏原有土地的继承和占有,表明自己继夏之后已成为中原新主人"③。"稷"(农神)的出现较晚。农业生产是人们的衣食之源,人们自然要崇拜农神。《史记》说:"自禹兴而修社祀,后稷稼穑,故有稷祠,郊社所从来尚矣。"④可见夏代在国都设稷祠祭祀农神,后世遂以社、稷作为国家政权的象征。自然神除土地、农神外,还有山川神祇。《古本竹书纪年》记载:"后荒即位,元年,以玄珪宾于河。"⑤即将黑色玉珪沉于河中以祭河神。

商代中原人继承了夏代的自然神崇拜,对土地神的崇拜表现为社祭。如卜辞:贞又寮亳土(《佚》928)。这里的"土"就是社,"亳土"即亳社。在郑州商城北城墙东端内侧的高地上发现一处商代早期的祭祀遗址,在约 100 余平方米的范围内,发掘出排列有序埋在地下的石头 6 块(发掘者称为埋石),其中较大的一块埋在中间,四周又放五块;以埋石为中心,围绕着中心石的北侧、东侧和南侧有排列有序的烧土坑 2 个,殉狗坑 8 个,殉狗 100 余只,还有无任何殉葬器物和有很少殉葬器物的且仅能容下人身的单人坑 14 座,有的殉狗坑内还埋有人骨架,有的死者的双手和双脚是被捆绑着埋入的。⑥ 学界认为该祭祀遗址是商代的社祀遗址。商代中原的自然神崇拜更为广泛。殷人的生产以农业为主,需要风调雨顺,他们认为日月风云雨雪等天象和气象方面的自然神,直接影响着作为衣食之源的农业以及人们的生活,因而敬畏和崇拜这些自然神,并进行祭祀以祈求保佑。自然神除日月和风雨雷电等天神外,还有四方、土地、山川等地祇。它们受上帝的驱使,操纵着各方的风神、云神、雨神,从而左右着农业的丰

---

① 陈广忠译:《淮南子》第十三卷《氾论训》,中华书局 2014 年版,第 410 页。
② 康有为:《论语注》第三《八佾》,中华书局 1984 年版,第 41 页。
③ 魏建震:《先秦社祀研究》,人民出版社 2008 年版,第 84 页。
④ 司马迁:《史记》第四册,卷二十八《封禅书》,中华书局 1959 年版,第 1357 页。
⑤ 张洁、戴和冰点校:《古本竹书纪年》之《夏纪》,与《帝王世纪》《世本》《逸周书》合刊本,齐鲁书社 2010 年版,第 4 页。
⑥ 河南省文物考古研究所:《郑州商城——1953～1985 年考古发掘报告》上册,文物出版社 2001 年版,第 493—505 页。

歉,因此在五谷成熟时祭祀四方神,以祈福报功。

二、祖先神崇拜

祖先崇拜源于原始社会对氏族神(氏族人的祖先)的崇拜。进入父系氏族社会以后,演变为对男性祖先的崇拜。祖先神特定的社会属性和人们与崇拜者之间的血缘关系是祖先崇拜确立的基础。人们相信祖先神对本族或本家族集团成员具有降福和庇佑子孙后代的神秘力量,于是长期进行供奉祭祀。祖先崇拜的作用,主要是借纪念祖先的功绩以加强共同的血缘观念,明确人际之间的辈分关系,巩固以血缘为基础的社会生活集团的内部团结。但进入阶级社会以后,祖先崇拜的祭祀权被统治阶级所垄断,成为维护等级制权威的工具。

王室祭祖不晚于夏代。史称:"夏后氏禘黄帝而祖颛顼,郊鲧而宗禹。"[1]夏王室祭祀的祖先是黄帝、颛顼、鲧、禹,他们当供奉于宗庙。偃师二里头遗址的二号宫殿建筑在东西长约32米、南北宽12米的台基上,是一座面阔三大间、带有回廊的殿堂建筑。其南面有门和庑廊,其余三面有夯土墙。其后居中是一座大墓,与正殿、中庭、门塾自北而南呈中轴线摆开,具有后世陵寝制的雏形。学者认为二号宫殿就是最早的寝庙建筑或者宗庙。

商人敬祖祀祖更甚于夏人。"殷人尊神,率民以事神,先鬼而后礼。"[2]商人对祖先神非常尊崇,对各类祖先神进行频繁而隆重的祭祀。

商人对一些远古先祖(先公),如夔、王亥、土、季、王恒、岳、河、兕等,称作"高祖"或"高",而对先王的崇拜祭祀首先是直系先王。商人共祭祀29位先公先王。他们特别崇拜在商族历史上做出重大贡献的先公先王,对于上甲、大乙、祖乙等给予频繁、隆重的祭祀,而对其他先公先王或者旁系先王只是一般祭祀。"商人禘舜而祖契,郊冥而宗汤。""上甲微,能帅契者也,商人报焉。"[3]大乙汤是高祖、烈祖、武王,太甲是太宗,祖乙是中宗,甲骨文称作"三示",合并起来祭祀。

---

[1] 韦昭注:《国语》卷四《鲁语上》,上海古籍出版社1988年版,第166页。
[2] 杨天宇:《礼记译注》第三十二《表记》,上海古籍出版社1997年版,第938页。
[3] 韦昭注:《国语》卷四《鲁语上》,上海古籍出版社1988年版,第166页。

商人认为,大乙、太甲、祖乙等先王死后都能升天配天,因而可称为"帝"或"王帝"。他们同"天帝"一样,能降祸福,授佑作孽于殷王。"商人这种重直系、轻旁系,以及立嫡立长的制度,反映出商代已经有了区分嫡庶、亲疏的宗法制度的雏形了。而商人对祖先按世系先后进行祭祀的制度,又开辟了中华民族祭祖、尊祖、敬祖制度的先河。"①

除了自然神崇拜和祖先崇拜,夏商时期还有原始社会图腾崇拜的遗留。图腾崇拜是自然崇拜和祖先崇拜相结合的一种最古老的宗教崇拜形式。商族以鸟为图腾。《诗经》有"天命玄鸟,降而生商"之说。② 甲骨卜辞祭祀高祖王亥,"亥"字多作鸟形。商族以玄鸟为图腾,对鸟怀有敬畏之情,直至武丁时期仍然对鸟进行祭祀。

三、天神上帝崇拜

随着人间统一王权的出现,人们心目中也产生了凌驾于众神之上的天神"帝"(或"上帝")。《楚辞》云:"帝降夷羿,革孽夏民。"③《尚书》说:"夏氏有罪,予畏上帝,不敢不正。"④可见上帝观念在夏代已经产生。

商代中原人们有很强的天神崇拜心理。卜辞、金文和文献中的"帝"或"上帝"就是商人心目中的天神,诸神中的"至上神"。《诗经》说:"古帝命武汤,正域彼四方。"⑤《尚书》说:"肆上帝将复我高祖之德,乱(治)越我家。"⑥在殷人心目中,天神上帝是统领所有自然神的主神,决定着人间的生产、生活以及安危祸福。上帝有自己的朝廷,有使臣供其指挥,执行其命令。上帝是管理下国和自然的主宰,具有超自然的色彩。上帝神性被商统治者巧妙地利用,成为商王朝统治者的直接保护者。

---

① 常玉芝:《商代宗教祭祀》,宋镇豪主编:《商代史》卷八,中国社会科学出版社2010年版,第345页。
② 朱熹:《诗集传》卷二十《商颂·玄鸟》,上海古籍出版社1980年版,第244页。
③ 朱熹:《楚辞集注》卷三《离骚天问》,上海古籍出版社1979年版,第60页。
④ 蔡沉撰,王丰先点校:《书集传》卷三《商书·汤誓》,中华书局2017年版,第73页。
⑤ 朱熹:《诗集传》卷二十《商颂·玄鸟》,上海古籍出版社1980年版,第244页。
⑥ 蔡沉撰,王丰先点校:《书集传》卷三《商书·盘庚下》,中华书局2017年版,第97页。

天神上帝是人们脱离原始社会崇拜自然神的窠臼而创造的人性神灵,上帝崇拜的出现是原始自发宗教向早期人为宗教过渡的分水岭,也是社会形态变革和人间关系在宗教领域里的反映。夏商时代对天神"上帝"的崇拜是中国文明史上最早形成的一种宗教观念,它对三代社会生活有着重大的影响。

　　西周时期中原地区继承商代的上帝信仰,但西周开始将"天"作为天神用字,而且"天"字远比"帝"字为多。在周人心目中"天"高远莫测,日月所运,风雨所施,都系之于天,容易被赋予神力,但是"帝"则更加人格化。

　　周人认为人间的统治权是天神的赐予,这就是"天命论"。周王接受天（帝）之命,享有统治天下人民、疆土的权力,可称"天之子",其先祖后稷可上配天。周王及其臣民应敬畏天威,以得到福佑,创业垂统,保持政权的长治久安。与此同时,周人又产生"天命靡常"的观念,即天命不会永远保留于一个族姓。之所以如此,是因为"天监在下",只有"德""明德"者才能长期保持天命。西周后期社会发生严重危机,人们认为是天降大丧,开始怨詈天帝、抨击时政,认为"天不可信"。《诗经》云:"下民之孽,匪降自天。噂沓背憎,职竞由人。"[①]现实社会的矛盾斗争和人民的痛苦并非上帝给予,而是人自身造成的,天命论开始发生动摇。

第五节　巫史文化与人文思想

　　夏、商、西周三代学在官府,从事文化事务的主要是巫、史,这一时期中原地区的文化堪称巫史文化。伴随着商、周鼎革,中原思想领域在沿袭前代的基础上也发生一些改变,神权思想弱化,人文观念出现。这些主要反映在《尚书》中的《洪范》、"周诰"和《易经》中。西周初期周公姬旦的思想影响巨大,西周中后期又有祭公谋父论德与兵威。此外,又有《吕刑》的德、刑思想与史伯的和、同之辨,这些思想对后世有深远影响。

---

① 朱熹:《诗集传》卷十一《小雅·十月之交》,上海古籍出版社1980年版,第133页。

一、《洪范》的神权政治思想

《洪范》是周武王克商后访问箕子的谈话记录。箕子原本殷商贵族,武王克商后向他咨询政治与天道,箕子的谈话由周史臣记录下来,就是《洪范》。"《洪范》原稿由商代传至周,经过了加工,到春秋前期已基本写定成为今日所见的本子。"①《洪范》的内容是箕子陈述的建国方略,即前代统治经验的总结。它反映的是商代后期的统治思想,但在流传过程中受到周代文字的影响,写入朴素的"五行"和重视经济的材料。《洪范》宣扬神权政治,强调绝对王权,认为君主要遵循"天人感应"之道,注意自身的"五事",以引起"休征"而避免"咎征";要依靠"卜、筮"向上请示神意,而向下统治臣民的手段是"正直""刚克"和"柔克"。

1. 五行思想

《洪范》最早记载了五行思想:"一曰水,二曰火,三曰木,四曰金,五曰土。水曰润下,火曰炎上,木曰曲直,金曰从革,土爰稼穑。润下作咸,炎上作苦,曲直作酸,从革作辛,稼穑作甘。"②这段话深刻地指出水、火、木、金、土五种基本物质的自然属性和运动规律。五行属性后来经过不断发展,在中国古代科技、政治、宗教、伦理等领域产生了深远的影响。

2. 天人感应思想

《洪范》宣扬源于上帝意志的神权政治论,强调按照上帝的教训建立一个至高无上的统治标准——"皇极",以保障"天子作民父母,以为天下王"③。君主也要谨守皇极,不可违背上帝所安排的常理,所有臣民都要绝对遵循皇极。

君主遇到疑难问题需要做出决策时,一要靠个人的认真思考,二要询问卿士大夫,三要询问庶民,四要进行龟卜,五要进行蓍筮,然后综合考虑这五种结果来判断吉凶。如果卜筮和君主、大臣、庶民的意见相左,就不应有所举动,否则会得到不吉利的后果。总之,决策不能全靠人的分析谋划,还要进行卜筮来

---

① 顾颉刚、刘起釪:《尚书校释译论》,中华书局 2005 年版,第 1218 页。
② 蔡沉撰,王丰先点校:《书集传》卷四《周书·洪范》,中华书局 2017 年版,第 125 页。
③ 蔡沉撰,王丰先点校:《书集传》卷四《周书·洪范》,中华书局 2017 年版,第 128 页。

判断吉凶,然后决定能否行动。

《洪范》的作者认为,雨、晴、热、寒和风等自然现象都是君主行为的征象,可分为"休征"和"咎征"两种。君王表现肃敬,雨水就会恰到好处地降下;君主政治休明,太阳就会按时普照大地;君主处理问题明智,太阳就会准时温暖;君主深谋善断,天气就会适时转寒;君主明识通达,和风就会定时而至。这些都是好的行为征象。反之,君主若行为不当,就会出现各种不好的征象。君主通过这些征象就能知道自己行为的当否。总之,自然现象是君主行为当否的征象,君主遇事要通过占卜向上帝请示。这属于天人合一的神权迷信思想。

3. 王权政治思想

《洪范》将君主必须具备的素质称作"五事",即态度、言语、观察、听闻、思考。态度要恭敬,言语要顺情合理,观察事物要明晰,听闻要聪颖,思考要睿智。

君主有三种施行统治的心术,就是"三德":一是正直,二是刚克,三是柔克。它表现为三种统治的方式:一是正直,二是强硬,三是温和。对于不同的人应采用不同的方式:平正康宁的人以正直的方式对待,倔强不亲附的人以强硬的方式对待,和顺可亲的人用温和的方式对待。对于下层群众以强硬的方式统治;对于显要的贵族以温和的方式拉拢。只有君主才有赏赐人们幸福、给予人们惩罚和享受锦衣玉食生活的特权,臣下不能拥有,否则官吏会走上邪路,庶民会犯上作乱。

君主要建立至高无上的统治准则——"皇极"。庶民不得朋比为奸,只应遵循君主所建的最高准则。君主要特别关注庶民中的优秀分子,对于行为不合于准则但没有犯罪的人则要容忍。对于有才能、有作为的官吏要给予优厚的俸禄,使他们为国家效力,推行善政。君主本人要坚持正义,不能有偏私。作为君主统治准则的至言,大众只能顺从它,奉行它,以亲附天子,承受天子的光华。

君主治理国家必须做好八个方面的重要政务,就是食、货、祀、司空、司徒、司寇、宾、师,包括农业生产、手工业生产和商业贸易、宗教祭祀、居民内务、教育文化、司法、礼宾外交、军队事务等。这些政务对于国计民生都是不可或缺的,统治者应该高度重视。

4. 对人的属性的认知

《洪范》反映了商末周初人们对人自身的认识。例如将人的貌、言、视、听、思称作"五事",认为人有不同的相貌和态度,又有不同的言语、观察、听闻、思考的功能,说明时人对人体器官口、目、耳、脑的功能已有明确的认识。

《洪范》的作者对人的社会属性也有较深的认知,认为人生有五件幸福的事:一是长寿,二是富有,三是健康安宁,四是修饰美德做好人,五是终其天年。人生又有六种极坏的事:一是不得善终,二是疾病,三是忧患,四是贫穷,五是凶恶,六是衰弱。

总之,《洪范》的思想是唯心主义的神学世界观和源于上帝意志的神权政治论,强调按照神意建立最高的政治准则——"皇极",以及运用刑、赏的统治术等等,可以视为我国最早的政治法则。

二、《易经》的哲学思想

《易经》又称《周易》,是一部包罗万象的百科全书,其中含有政治、哲学、历史、天文、人伦以及占卜、预测等方面的知识,被视为中华思想和民族精神的源头。它是中国思维方式的活水,开启了中华学术的一个范式。从这个意义上讲,它是中华思想和民族精神的源头。

《易经》的成书与演变主要在中原地区。据说《易经》的出现经过几代"圣人"之手。最早由伏羲创立八卦,夏代演为《连山》,殷商演为《归藏》,商周之际演为《周易》。

相传八卦为伏羲所画。文献记载:伏羲氏"仰则观象于天,俯则观法于地,观鸟兽之文与地之宜,近取诸身,远取诸物,于是始作八卦,以通神明之德,以类万物之情"[①]。伏羲又称太昊伏羲氏,曾都陈(今周口淮阳区),此地有太昊陵。八卦最初当产生于中原地区。八卦是古代占卜用的八种基本图像,有阳爻"—"、阴爻"- -"两个符号,按照天、地、人三重关系排列组合而成。其卦名是乾、坤、震、巽、坎、离、艮、兑。阳爻"—"和阴爻"- -"两个基本符号代表着世界事物阴阳对立的两个方面。由阳爻"—"和阴爻"- -"组成的各个卦象,反映了宇宙间事物的对立统一的现象。八卦中的阴阳两爻互易,表示事物的相互转化。总之,八卦中包含着丰富的朴素辩证法思想。

---

① 周振甫译注:《周易译注》之《系辞下传》,中华书局1991年版,第257页。

《周易》则为周文王姬昌所作。《系辞传》作者推测:"《易》之兴也,其当殷之末世,周之盛德邪?当文王与纣之事邪?"①西汉史家司马迁明确说:"文王拘而演《周易》。"②周文王积德累善,被殷商王朝封为西伯。崇侯虎谮西伯于殷纣,"帝纣乃囚西伯于羑里"。"其囚羑里,盖益《易》之八卦为六十四卦。"③羑里在今河南汤阴县北。据此可知,《周易》这部书起源于殷周之际的中原地区,由周文王发其端,西周前期巫史积累大量筮辞,经过筛选、整理、编排,形成流传至今的《易经》文本。

《易经》是一部占卦的书,由卦象、卦辞和爻辞组成。卦辞是对卦象的解说,爻辞是对爻象的解说。这些解释大部分从当时的生活经验和生产知识中得来,有一定的合理成分。其中的哲学思想,大体可以概括为三个方面:

1. 观物取象的观念

《易经》选取人们生活经常接触的天、地、雷、火、风、泽、水、山八种自然物,作为说明世界万物的根源。天、地是总根源,如同父母,产生雷、火、风、泽、水、山六个子女,这是一种朴素的万物生成的唯物主义观念。《易经》首先将乾、坤、震、离、巽、兑、坎、艮和自然物天、地、雷、火、风、泽、水、山一一对应,作为八个基本卦,又将乾、坤、震、离、巽、兑、坎、艮八个基本卦两个一组进行排列组合,从而产生六十四卦和三百八十四爻,这是《易经》的基本框架。

《易经》中包含着中国古代的阴阳观念,认为自然界和人一样,由两性(阴阳)产生的。它从复杂的自然现象和社会现象中抽象出阴(--)和阳(—)两个基本范畴。阳代表积极、进取、刚强、阳性等特性和具有这些特性的事物,阴代表消极、退守、柔弱、阴性这些特性和具有这些特性的事物。世界就是在两种对抗性的物质势力(阴阳)运动推移之下滋生着、发展着。《易经》探索了事物发展的内在原因,其观物取象的观念是对事物的变化、发展过程长期经验积累、抽象概括的结果。《易经》将千变万化、复杂纷纭的事物抽象概括为阴阳一对基本原则,并认为任何事物都不能不受阴阳总规律的制约,这一观念对后世的哲学、科学的发展有深远的影响。

---

① 周振甫译注:《周易译注》之《系辞下传》,中华书局1991年版,第273页。
② 司马迁:《报任少卿书》,萧统编,李善注:《文选》卷四十一《书》,中华书局1977年版,第580页。
③ 司马迁:《史记》卷四《周本纪》,中华书局1959年版,第119页。

2. 万物交感的观念

万物在阴、阳两势力的推动、矛盾中产生变化,变化的过程是通过交感。这可能是由男女交感产生子女这一普遍现象概括出来的原则。

《易经》中的所谓"吉"卦,一般是上下两卦具有交感的性质;所谓"凶"卦,一般是上下两卦不具有交感性质。如泰卦的象是地在上天在下,天气属阳,地气属阴,阳气上升、阴气下降就象征着天和地的交感变化。与此相反,否卦的象是天在上地在下,自然界本来就是天在上地在下,这种情况不会引起上下易位交感的变化。不交感,没有变动,事物就没有发展前途,所以否卦就没有泰卦吉利。又如既济卦的象是水在上火在下,水性润下,火性炎上,必然引起动荡,所以既济卦表示事情的顺利,有前途。与之相反,未济卦的象是火在上水在下,就不会引起上下的相交,所以未济卦意味着事情的不成功。总之,否卦和泰卦、既济卦和未济卦一吉一凶,各是一个对立面。吉和凶的根据是变和不变,交感和不交感。这一原理贯穿着整个的《易经》。根据这一原理,事物发展变化时就有前途,是吉利的;事物停滞、不变化,就没有前途,是凶险的。"《易经》对于吉凶的解释,却包含了当时人们对世界一般事物最原始的哲学见解。《易经》善于从交感的观点观察万物的动静变化,并认为凡有动象有交感之象的卦是吉的,有前途的,因为它符合了事物发展的原则。"①

《易经》透过宗教迷信的形式反映出极其朴素的辩证观点。这种朴素的辩证观点是古人从丰富的生产和社会实践中提炼出来的原理。

3. 事物发展变化的观念

发展变化的观念是贯穿于《易经》中的一个基本思想。《易经》对每卦的每一爻都作出一般原则性的说明。《易经》作者认为世界上没有事物不在变化,变化着的事物有其发展阶段。刚开始时,事物变化的迹象还不显著,继续发展下去,变化趋于深刻、剧烈,发展到最后,超过其最适宜发展的阶段,就会带来相反的结果。例如乾卦,用龙的出现、变化说明一切事物有进就有退,有得就有失,有顺利就有不顺利。事物发展到一定的阶段,就会招致相反的结果,过渡到它的对立面,这是事物变化、发展的共同规律。如泰卦九三爻辞说:"无平不陂,无

---

① 任继愈主编:《中国哲学史》第一册,人民出版社 1979 年版,第 18 页。

往不复"①,即阐述了物极必反的原则,包含着辩证的观点。

《易经》指出事物发展到一定程度,不得不过渡到它的对立面,这是一种朴素的辩证法思想。但是这种思想存在着缺陷,是脱离具体条件来讲变化。

三、周公的天命论与敬德保民思想

周武王去世后,其弟周公旦摄政。武庚、管叔、蔡叔等在殷商故地发动叛乱,周公亲自领兵东征。东方平定后,遂营建洛邑作为东都,称成周。后来周公还政成王,以太师之职留在东都洛邑,治理四方。在此期间周公发表一系列文诰,见载于《尚书·周书》。"周诰"所反映的周公的思想是西周占主导地位的思想,现分为几个方面予以阐述。

1. 对天命论的阐释与补充

《尚书》中《多方》《多士》等篇记载周公旦说服"殷顽民"的言论,《大诰》《召诰》《洛诰》《康诰》《酒诰》《梓材》诸篇则是他对康叔、成王等的教育和警告。周公依据天命论说明为何商朝所受的天命改降于周朝,教育周贵族从殷商灭亡中吸取教训,以保持周朝所受的天命。

周公对殷代就存在的天命论有所继承。他说:"尔亦不知天命不易?""天命不僭,卜陈惟若兹。"②就是说,天命是不可改变的,也是不可不信的。这表明周公对商代的天命论的承袭。周公对被俘虏或投降的殷贵族说:"非我小国敢弋殷命。惟天不畀。""惟帝不畀,惟我下民秉为,惟天明畏。"③就是说,不是我周邦敢于取革你们殷朝的王命,而是因为你们"天所不与",下民所执所为就是天降明畏。周取代殷是上天的意志,而不是周人的愿望。周公又对康叔封说:"天乃大命文王,殪戎殷,诞受厥命。"④周文王是受上天的命令剪灭商朝,并统治殷邦殷民。

周公对天命论进行新的阐释和补充,提出两个重要的观点:一是天命靡常,

---

① 周振甫译注:《周易译注》之《上经·泰卦十一》,中华书局1991年版,第47页。
② 蔡沉撰,王丰先点校:《书集传》卷四《周书·大诰》,中华书局2017年版,第141、142页。
③ 蔡沉撰,王丰先点校:《书集传》卷五《周书·多士》,中华书局2017年版,第170页。
④ 蔡沉撰,王丰先点校:《书集传》卷四《周书·康诰》,中华书局2017年版,第145页。

一是天仅授命于有德者。周公对康叔封说:"惟命不于常,汝念哉!"①就是说,天命不是永恒的,而是时常改变的。上天先授命于夏,又授命于殷,就是所谓"革命"。周公对殷多士说:"乃命尔先祖成汤革夏,俊民甸四方。""殷革夏命。"②总之,殷革夏命,周革殷命,即天命不常的表现。周公以为夏王禹、启有德,获得上天的受命,夏桀失德,而商汤有德,上天又授命于商汤,殷纣失德,上天又授命于周文王。他对康叔封说:"惟乃丕显考文王,克明德慎罚……帝休,天乃大命文王,殪戎殷,诞受厥命。"③他对四方之士说:"惟我周王灵承于旅,克堪用德,惟典神天。天惟式教我用休,简畀殷命,尹尔多方。"④总之,周公旦认为天仅受命于有德者,统治者只有自己有德,才能与天命相配合。这是对殷商天命论的重要修正,强调人为的力量,限制天命的作用,在当时有一定的进步性。周公又对四方之士说:"天惟时求民主。"⑤就是说,天是为民求主的,"保享于民"者才能"享天之命"。上天授命最终是为了人民。召公也说:"天亦哀于四方民,其眷命用懋!"⑥意思是上天怜惜四方的穷民,其眷命是要将统治权交给敬谨勤勉之人。

2. 敬德保民思想

周公旦告诫周贵族,要保持统治地位,专靠天命不行,必须"有德"。统治者必须"敬德"是从"天与有德者"引申出来的结论。维持统治权并非易事,弄不好就会被推翻,所以必须要"敬"。"敬"即"警",本意是要人时常努力,不可有丝毫松懈。周公再三告诫成王要敬德。他对召公奭说:"其汝克敬德,明我俊民。"⑦望你能敬德以明勉我优秀的人民,襄助成王以承扬祖德。召公又对成王说:"宅新邑,肆惟王其疾敬德?王其德之用,祈天永命。"⑧意思是说,新都规划定了,我王赶快注意德行才是!只要我王能时时省察,就能祈求上天得永久的天命,将统治权长期延续下去。因为"敬德"是为着"配天",因而有时也称"敬

---

① 蔡沉撰,王丰先点校:《书集传》卷四《周书·康诰》,中华书局2017年版,第150页。
② 蔡沉撰,王丰先点校:《书集传》卷五《周书·多士》,中华书局2017年版,第170、172页。
③ 蔡沉撰,王丰先点校:《书集传》卷四《周书·康诰》,中华书局2017年版,第145页。
④ 蔡沉撰,王丰先点校:《书集传》卷五《周书·多方》,中华书局2017年版,第189—190页。
⑤ 蔡沉撰,王丰先点校:《书集传》卷五《周书·多方》,中华书局2017年版,第187页。
⑥ 蔡沉撰,王丰先点校:《书集传》卷五《周书·召诰》,中华书局2017年版,第160页。
⑦ 蔡沉撰,王丰先点校:《书集传》卷五《周书·君奭》,中华书局2017年版,第183页。
⑧ 蔡沉撰,王丰先点校:《书集传》卷五《周书·召诰》,中华书局2017年版,第162页。

天"。周公所说的"德"有"得"之意,也指"御民之德",就是怀柔民众的治术。其中含有道德的因素,但尚未变为纯粹的道德观念,尚未发展到个人的德行、修养,其天命论尚未发展到完全以道德为转移的境地。

所谓"保民",就是要讲究统治的方法:首先,君主不能贪图安逸。在《无逸》中周公称颂文王亲自管理平治道路和农业生产,不敢游玩、打猎以取乐,要求成王效法文王不求安逸。在《康诰》中周公要康叔封谨慎警惕,天命不可靠而民情可知,百姓的服从很难保持。不要贪图享乐安逸,要尽力使百姓安定。其次,君主要体恤小民的疾苦。周公称颂殷王太宗和祖甲"爰知小人之依,能保惠于庶民,不敢侮鳏寡",要求成王"先知稼穑之艰难","知小人之依"。① "依"即"隐",就是疾苦。统治者要知道人民的痛苦,并给予一些恩惠,要遍求殷先哲王之道以保有和治理人民。再次,周公强调"小人难保",保民"若保赤子,惟民其康乂"②。要像抚养婴儿一样关怀人民,人民就会因安乐而治理得很好。最后,不滥用民力。《召诰》中说:不要因小民可用,就过度地使用他们。

周公还提醒统治者注意民心向背。他说:"古人有言曰:'人无于水监,当于民监。'"③统治者要看自己的形象,不要到盛水的鉴里去照,应该向人民的心里去照。周公关于"德"的说教,后来成为儒家主张"德治"的依据。

3. 明德慎罚思想

周公总结商周贤王的统治经验,将它概括为"明德慎罚"。在《多方》中,周公称颂商王成汤以至于帝乙,"罔不明德慎罚"④,亦可使人民勉于从善。周公又对康叔封说:"惟乃丕显考文王,克明德慎罚。不敢侮鳏寡,庸庸、祗祗、威威、显民,用肇造我区夏越我一二邦,以修。"⑤他给康叔讲了一套德、刑并用的统治民众的方法。统治者的"明德",对内而言可以保民,维护自己的统治,对外可以服诸侯。《梓材》中说:先王勤劳地发挥他们伟大的德行来收服人心,于是无数方国来贡献祭品,他们的人民又来勤力劳作,许多兄弟之国的君主也为伟大的德行所感召,无数邦国自动地归附,所以无论做什么事情都能成功。

---

① 蔡沉撰,王丰先点校:《书集传》卷五《周书·无逸》,中华书局2017年版,第175、173—174页。
② 蔡沉撰,王丰先点校:《书集传》卷四《周书·康诰》,中华书局2017年版,第146、147页。
③ 蔡沉撰,王丰先点校:《书集传》卷四《周书·酒诰》,中华书局2017年版,第154页。
④ 蔡沉撰,王丰先点校:《书集传》卷五《周书·多方》,中华书局2017年版,第188页。
⑤ 蔡沉撰,王丰先点校:《书集传》卷四《周书·康诰》,中华书局2017年版,第145页。

但是仅靠明德还不够,又要用刑罚。《康诰》说:凡是破坏社会秩序、杀人越货之类应当惩罚,不孝不友的人应该惩罚。如果不加以惩罚,上天给予我们的道德原则就会受到破坏。但是刑罚要适中,不可过于严苛。总之,刑罚不可少,又要"敬明乃罚"和"慎罚",治民才能产生功效。

4. 孝友等伦理道德

宗族是西周的社会细胞,宗法制是西周的根本制度。为维护宗族组织和宗法制度,周公强调宗族成员要遵守孝友等伦理道德。

周公在《酒诰》中说:殷人"肇牵车牛,远服贾,用孝养厥父母"[1],倡导儿子对父母的赡养行孝。在《康诰》中谈到子不敬其父、父不爱其子、弟不恭其兄、兄不友于弟等情况,认为最大的罪恶莫过于不孝不友。父子兄弟之间有违孝友伦理者,应依照刑罚惩处。孝友是维护家族和谐安定的基本伦理道德,周公将它作为一种做人准则予以提倡,对后世有深远影响。

四、祭公谋父论德与兵威

祭国位于河南郑州市东北,其封君是周公旦的后裔。周穆王时有祭公谋父,在朝中担任卿士。穆王将征犬戎,祭公谋父谏之,其言载于《国语》和《史记》。

关于德与威的关系,祭公谋父阐述君应明德而不耀武的道理:"先王耀德不观兵。夫兵戢而时动,动则威,观则玩,玩则无震。"[2]就是说,干戈不可轻动。君主在处理邦国、诸侯关系时,不应随意动用军队,炫耀武力,而应该"耀德",即展示自己的德行,以德服人,不以武力服人。

君主对人民的统治要恩威并用。"先王之于民也,懋正其德而厚其性,阜其财求而利其用,明利害之乡,以文修之,使务利而避害,怀德而畏威,故能保世以滋大。"[3]就是说,对臣民一是要勉励其美德善行,淳厚其性情;二是要利其器用、

---

[1] 蔡沉撰,王丰先点校:《书集传》卷四《周书·酒诰》,中华书局2017年版,第152页。
[2] 韦昭注:《国语》卷一《周语上》,上海古籍出版社1988年版,第1页。
[3] 韦昭注:《国语》卷一《周语上》,上海古籍出版社1988年版,第1页。

丰其财求,实行礼法教化,使百姓趋利避害,怀德畏威,统治才能长久,基业方更广大。君主既要有权威,也要行德政德教为民谋利。

祭公谋父说:我先王"不敢怠业,时序其德……至于武王,昭前之光明而加之以慈和,事神保民,莫弗欣喜。商王帝辛,大恶于民。庶民不忍,欣戴武王,以致戎与商牧。是先王非务武也,勤恤民隐而除其害也。"①他以古喻今,说明周王发扬先王恪勤、敦笃、忠信、慈和等美德,以事神保民。要体恤民隐,为民除害,而不应穷兵黩武。

祭公谋父阐述了西周地方"甸、侯、宾、要、荒"五服对周王分别承担的"日祭、月祀、时享、岁贡、终王"的义务。如果他们有所缺失,朝廷就要"刑不祭,伐不祀,征不享,让不贡,告不王"。"布令陈辞而又不至,则增修于德而无勤民于远,是以近无不听,远无不服。"②就是说,如果朝廷的这些举措仍然无效,君主则应该进一步修德,而不是劳民伤财,动用武力征伐。总之,祭公谋父继承发展了周公旦的德治思想,反对动辄出兵征伐。

五、《吕刑》的刑法思想

西周时期吕国的封地在今河南南阳,其国君在境内自称"王"。周穆王之世,吕王作刑,称《吕刑》或《甫刑》,见载于《尚书》。《吕刑》针对先代与蚩尤及其后裔苗族的"酷刑虐民",阐述宽以待民的"祥刑"的原则,"提出了有名的'五刑',成了中国古代最完整的自成体系的刑法纲领,又提出了实行'赎刑'"③。它继《康诰》提出刑法总原则"明德慎罚"之后,又提出刑法的具体内容与实施原则,反映了西周时期中原地区的政治思想。

《吕刑》仍以"天命论"为出发点,说天神上帝怜爱小民,惩处残害无辜的苗民首领,又派臣神为下民降福,制定宽宏的刑法,教民平治水土,从事稼穑。治理人民用刑法要适中,教导人民行德向善。现在天帝要治民,命令为人君者在

---

① 韦昭注:《国语》卷一《周语上》,上海古籍出版社1988年版,第3页。
② 韦昭注:《国语》卷一《周语上》,上海古籍出版社1988年版,第4页。
③ 顾颉刚、刘起釪:《尚书校释译论》,中华书局2005年版,第1989—1990页。

下代天治民，人君应当承天意以治民。吕王对臣下说："尔尚敬逆天命，以奉我一人。"要求臣下敬迎天命，协助自己推行五刑之政。"一人有庆，兆民赖之，其宁惟永。"[1]君主一人有可庆的善政，亿万人民都赖以得福，天下就可长久安宁。

《吕刑》对苗民首领制定虐刑滥杀无辜进行批评，说苗民之君不行善道，创立五虐之刑法，施行截鼻、割耳、椓破阴部、黥刻面部等酷刑，对不幸被诬陷入刑网的人，不问有无罪状，一律加以刑戮，导致滥杀无辜。当今执政者担负着为天牧民的重任，应该取法伯夷倡导的善刑之道，而以苗民首领实行虐刑为鉴戒。

《吕刑》主张统治者要施行德治，用刑中正。敬行美德的君主在上，努力建立事功的群臣在下，治德的光辉灼然照射到四方，四方臣民无不勤于德行。这样，普天之下就能用刑尽得中正，循治民之道以治民，彝伦秩序就非同寻常了。对于掌管刑狱的人必须严格挑选，只有善良的人方可担任断狱的职事。善良的人断狱，刑罚才能轻重不差。断狱者要善察犯者供词的情伪，以求案情之实，要以哀怜矜惜之心来处理刑狱之事，以求中正。

《吕刑》说："虽畏毋畏，虽休勿休，惟敬五刑，以成三德。"在处理五刑之政时，要不为威曲，不为势夺。只应敬于五刑之用，以成刚、柔、正直之德。刑当轻用柔德，当重用刚德，不轻不重用正直之德。掌治刑狱的官员，不应以向民立威为目的，而应以为民造福为终极目标。

总之，《吕刑》强调制刑之本在立德，要有德于民只能靠善于施行刑法，因此统治者要特别敬慎刑狱之事。

六、史伯的和同之辨

郑桓公在西周朝廷担任司徒，惧周室多故殃及自身，向史伯讨教退路，史伯说了一番话，见载于《国语·郑语》，反映了史伯的哲学思想。

史伯说："夫和实生物，同则不继。以他平他谓之和，故能丰长而物归之；若以同裨同，尽乃弃矣。"[2]就是说，阴阳和而万物生。阴阳相生，异物相和，同一则

---

[1] 蔡沉撰，王丰先点校：《书集传》卷六《周书·吕刑》，中华书局2017年版，第222页。
[2] 韦昭注：《国语》卷十六《郑语》，上海古籍出版社1988年版，第515页。

难以为继。土气和而万物生之,国家和而民附之。史伯认为"和"是一物(或多物)平另一物,有"调和""谐和"的意思。两物或者多物的交合才能产生新物,同物相加除数量增大外,则没有意义:"声一无听,物一无文,味一无果,物一无讲。"①"果"就是美,"讲"就是论校。意思是说,五声杂,然后可听;五色杂,然后成文;五味合,然后可食;有多种见解,才可以讨论比较。

史伯近取诸身,远取诸物,论述"和"的道理。就人自身而言:"和五味以调口,刚四肢以卫体,和六律以聪耳,正七体以役心,平八索以成人,建九纪以立纯德,合十数以训百体。"②人的身体并不单一,而是由四肢和多种不同功能的器官构成,缺一不可。就自然界万物而言,单一,同一,不能生万物。"故先王以土与金木水火杂,以成百物。"③就是说,金、木、水、火、土五种物质相杂而生成万物。就社会而言,"故王者居九畡之田,收经入以食兆民,周训而能用之,和乐如一。夫如是,和之至也。于是乎先王聘后于异姓,求财于有方,则臣取谏工而讲以多物,务和同也"④。就是说,王者拥有九州广阔的土地,以其收入养育万民,又以忠信教导之,其民和乐如一家。这就是最大的"和"。因此先王聘王后于异姓,求财于多方的特产,选取臣属谏官讨论比较不同意见,就是为了和同。

史伯的和同之辨对后世影响较大。春秋时期齐相晏子将"和"比作羹汤,需要宰夫和齐,认为君臣关系应是"和"而不是"同",主张统治者要兼听,反对独断。后世儒家强调君子应"和而不同"。

第六节　从刻画符号到文字的成熟

文字是人类进入文明时代的重要标志之一。汉字是以方块字形兼有表音表意功能为特征的文字体系。中原地区发现有二里头文化的刻画符号,夏代应

---

① 韦昭注:《国语》卷十六《郑语》,上海古籍出版社 1988 年版,第 516 页。
② 韦昭注:《国语》卷十六《郑语》,上海古籍出版社 1988 年版,第 515—516 页。
③ 韦昭注:《国语》卷十六《郑语》,上海古籍出版社 1988 年版,第 515 页。
④ 韦昭注:《国语》卷十六《郑语》,上海古籍出版社 1988 年版,第 516 页。

该是文字形成的重要时期。商代出现于中原地区的甲骨文和金文已属于较为成熟的文字系统,堪称最早的汉字。

一、夏代与商代前期的刻画符号

考古工作者在偃师二里头晚期遗址中发现 24 种陶器符号,大多刻在大口尊和卷沿盆的内口缘上。这些符号皆独自成形,看上去有文字感觉。有些符号在商代文字系统中被固定用于记数字,有些符号结体与商代甲骨文字相近。

在郑州二里岗和南关外等遗址发现商代前中期的刻画符号 100 多例,大多刻在大口尊的口缘内侧,可能是陶工或器物所有者的专门标记,其中极个别符号具有表意性。目前可以确认的商代前期的文字材料是 1953 年在二里岗遗址发掘出土的一片牛肋骨,上面刻有"又屮土羊乙贞从受十月"等 10 个字,还发现一片带有凿痕的龟甲,上面刻有一个"屮"字。郑州小双桥商代遗址出土朱书陶片 19 件计 10 余字,其中有些字形与殷墟文字相同。

二、商代后期的甲骨文字

甲骨文字的出现来自占卜传承。远古最主要的占卜术是甲骨占卜,就是将动物骨骼、龟甲的局部加以烧灼,使之产生裂纹,从而占卜吉凶祸福。商代占卜主要用牛肩胛骨和龟腹甲,要做细致的修整加工,钻孔后在孔内烧灼。商代晚期贵族盛行在甲骨上刻下所卜之事和应验情况,称为甲骨卜辞。一篇完整的卜辞常由以下四部分组成:1. 叙辞:通常包括两个内容:占卜的时间(□□卜)和占卜者(□□贞);2. 命辞:即要向祖先占问的事;3. 占辞:通常是一个简短的记号,但有时(王占时)也在命辞之后有个简短的记录;4. 验辞:占卜之后记录应验的事实。后两部分常省略。甲骨占卜是中国已知最早文字的载体。

甲骨文是契刻或写在龟甲和兽骨上的文字,主要发现于商代后期的都城安阳殷墟。在 20 世纪 30 年代共发掘获得 2.7 万片。其中在小屯村北的 127 坑出土刻辞甲骨 1.7 万片,完整的龟甲 300 多片,属于武丁时代卜辞,被人们称作殷王朝的档案库。20世纪50年代以来在殷墟发掘中又发现甲骨文6000多片，主要出土于小屯南地和花园庄东地。小屯南地甲骨5000多片，其中大版刻辞甲骨有100多版。这批卜骨绝大多数是康丁、武乙、文丁时代的刻辞，内容丰富，包括祭祀、田猎、农业、天象、征伐、旬夕、王事等。出土时多有可靠的地层关系，对甲骨文的断代和殷墟文化的分期具有科学价值。花园庄东地第三坑出土甲骨1583片，其中刻辞甲骨579片。以大版卜甲为主，其中完整的卜甲755版，有刻辞的300版，卜辞的内容主要涉及祭祀、田猎、天气、疾病等，卜辞的问疑者是"子"，字体大多细小、工整、秀丽，据推断可能是武丁时代的遗物。

100多年来，安阳殷墟共发现甲骨约15万片，经过科学发掘的甲骨文有4万片左右，已出版的甲骨著录有七八十种。近年出版的《甲骨文合集》不仅汇集了数万片甲骨资料，而且吸收了前人的研究成果，是一部集大成的甲骨著录。甲骨文的研究在国内外拥有大批学者，取得的研究成果极为丰硕。

殷墟甲骨契刻的文字约有5000多个单字，其中已释读出来的单字有1500多个。甲骨文是目前已知中国最早的一种成熟的成系统的文字，也是世界四大古文字之一。

三、商代与西周的金文

青铜时代文化进步的一个重要方面，就是出现大量有铭文的青铜器。青铜器铭文可分为两大类，即符号和记事文字。商代前期出现图形符号，商代后期将图形符号用于祖先的记号，代表着古代文字的古老阶段。

商代前期青铜器个别有族氏名，即族徽，是器主家族的标志，如河南郑州白家庄出土的"黾"形族徽和传世的"亘"铭铜鬲。白家庄二里岗期二号墓出土铜罍颈部的三个龟形图案，被学者断定是目前所见最早的铜器铭文。

商代后期青铜器铭文大量出现，多为族徽或其他图形文字。族徽较常见，有繁、简两式，简式的仅有一字，如"友""举""戈"等，繁体的有2至3个族徽，表示氏族之间的从属关系。此外含有作器者的族名、官名、私名等，例如"妇好"等。这时的金文笔道较为刚劲，一般不作波磔体。1961年河南温县出土的商后期铜器有铭，妇好墓出土的460余件青铜器中193件刻有铭文。这些铭文字体与甲骨文相近,内容有极高的学术价值。

商代后期的青铜器还有多字铭文,有二三十字不等,最多不超过50字,可以称作记事文字。其大部分是记载该器物的历史环境,内容有祭祀、赏赐、征伐、飨宴与狩猎、职官等。例如作册般甗有铭文20字,记载商王征伐人方,缚杀其首领,赏赐作册般贝。宰甫卣铭文记载王在豆录狩猎和宴飨饮酒,王赐宰甫贝5朋,宰甫感念作器。安阳后冈圆形殉葬坑出土的戍嗣子鼎铭文,记丙午日王赏戍嗣子贝20朋,戍嗣子为感王恩而作鼎。

商代后期出现的较长祭祀铭文,已经形成完整的格式化。例如四祀邲其卣,铭文有42字。大意是:四月乙巳至乙酉日,纣王在召庙祭祀文武帝乙,祭典持续三天,至第五天,纣王赐给邲其贝。时在纣王四年四月。这段铭文明确记载祭祀典礼的时间、地点、受命者、祭祀内容和赏赐的情况。

商代金文已经成为一种相当进步的文字,字体典雅古朴,内容涉及许多方面,可与文献和甲骨文相互比照印证,对于研究商代家族史、祭祀制度、社会生活和意识形态价值很大。甲骨文和金文中形声字的出现是造字方法的一大进步,它冲破和超越了象形字和会意字的局限性,使汉字的创造更加方便、丰富。

此外,在安阳殷墟等地出土的其他器物上亦有刻文和墨朱书文字。例如在40件玉石器上刻有文字;在近20件石璋礼器上有墨书文字等。朱书文字常见于卜骨背面,还见有朱书未刻或书后刻半的卜辞。殷墟西北岗1003号墓出土的一件白大理石石簋的断耳铭文上面有铭文两行共12字。小屯北地18号墓出土的一件玉戈上有朱书7字。这些证明在商代文字已广泛使用。

西周时期的铜器铭文更长。洛阳瀍河两岸一直有重要的西周铜器出土,如著名的令器组、士上器组以及保卣、保尊等皆发现于此。1929年在洛阳邙山马坡出土了一批西周青铜器,其数量在50至100件之间,主要包括两组器物,即作册令组与臣辰组。其中令彝、令簋皆有长篇铭文,记录明公用牲于"康宫"及南征荆楚等重要内容,其他如士上卣、士上盉亦为长铭(50字),内容重要。这批器物受到学界的广泛关注,引发旷日持久的关于"康宫"问题和西周青铜器断代标准的争论。20世纪40年代出土于洛阳的保卣、保尊诸器,其年代为成王时,铭文提到"王令保及殷东国五侯、诞贶六品",说明封建之举至迟在成王时便已展开。洛阳北窑村庞家沟西周贵族墓葬出土有铭器59件,计铭文50种,涉及周代贵族名号颇丰,有"太保""毛伯""丰伯""康伯""白懋父""蔡叔"等,为西周史研究提供了丰富的资料。①

平顶山应国墓地95号墓出土青铜器据铭文内容可分为三组，即公作器组7件，侯氏作器组4件，应伯作器组5件。柞伯簋铭文有74字，记录周王令南宫率王多士、小臣在成周举行一次大射礼，射中者有奖的事情，内容涉及周代射礼、宗法制度等问题，也为西周柞国史的研究提供了重要线索。

三门峡上村岭虢国贵族墓地出土60余件有铭文铜器，涉及虢国国君、太子、国君夫人、贵族、贵妇，是研究周代封建、虢国变迁以及诸侯国之间的婚姻关系等问题的重要史料。虢季墓出土铜列鼎一套7件、簋9件、鬲8件，均有铭文。南阳西北郊收集的一件铜簋盖腹内刻有铭文："中禹父大宰南申厥辞作其皇祖考夷王监白尊簋，用享用孝，用赐眉寿，屯(纯)右(佑)康和，万年无疆，子子孙孙永保用享。"另一件簋有铭文："南申白大宰中禹父厥辞乍其皇祖考夷王监白尊簋，用享用孝，用赐眉寿，屯(纯)右(佑)康和，万年无疆，子子孙孙永保用享。"铭文确切证明了西周晚期的申国就在南阳。

河南地区出土的商、西周时期的铜器铭文，不仅具有重要的史料价值，也有一定的文字学和书法艺术价值。

第七节　文学艺术的起源与发展

夏、商、周三代是中原地区书面文学作品起源的时期。这一时期的文学作品主要是散文和诗歌，散文以《尚书》篇章为代表，诗歌则以《诗经》中的《周颂》和《大雅》《小雅》为代表。与诗歌密切相关的乐舞艺术也有明显发展。

---

① 蔡运章：《洛阳北窑西周墓青铜器铭文简论》，《文物》1996年第7期。

一、散文的出现

在殷墟甲骨文中,已经出现记事文字,虽比较简短,多则近百字,却表明商代的文字表达已经相当成熟。商周时的铜器铭文(金文)则是更成熟的文字。商代末期已经出现数十字的铭文,西周时期铭文已经出现数百字的长篇巨制,并且行文已经格式化,这是文体成熟的标志。"中国古代很早就发明了文字,并用文字记录时间和言辞,记事、记言之初,就重视文辞的表达和修饰,因此这个时期不仅是中国文字的萌发期,也是中国古代散文文体形成的萌发时期。"[1]由于最早从事文字工作的主要是服务于王朝的巫史,而夏、商王朝建都中原,西周王朝也以洛邑为陪都,因而中国散文的萌生主要是在中原地区。

《尚书》是传世的上古文献,尽管其文字经过后人润饰,但基本的事件和问题的格式都大体保留原貌。《尚书》包括典、谟、训、诰、誓、命、歌、贡、征、范诸文体,文章分类已较细密,应该是中国最早的散文。

《尚书》中的《商书》以《盘庚》三篇为代表,其中记述盘庚对臣民的讲话,陈辞恳切而带有恐吓口吻,显示了文章语言较强的表现力。全文内容丰富,表达的意思逐层推进,具有较高的文字组织技巧,并使用很多生动的比喻,例如"予若观火""若网在纲,有条而不紊""若火之燎于原,不可向迩""人惟求旧,器非求旧,惟新"等,有的至今尚作为成语使用,仍然有着鲜活的生命力。《盘庚》三篇在中国散文发展史上具有一定的地位。

《尚书》中的《周书》大多是西周文献,其中不少篇章,例如《牧誓》《召诰》《洛诰》《康诰》《酒诰》《多士》等都在中原地区写成。这些篇章记录当时的文告和讲演,文辞朴实,真诚感人。周代的金文和《尚书》诰誓,都以文饰取胜,但在语言风格上,继承了《盘庚》篇的特点,因此韩愈在《进学解》中说:"周诰殷盘,佶屈聱牙。"这些篇章都是用当时的口语写成,只是由于时代的久远,不为后人所了解,因而显得古涩难懂。

《尚书》中的殷周篇章是中原地区最早的散文,开中国古代散文的先河。

---

[1] 袁行霈等主编:《中华文明史》第一卷,北京大学出版社 2006 年版,第 415 页。

二、歌谣的出现与《诗经》中的诗歌

1. 夏商时期的歌谣

据文献记载,夏代中原已有歌谣。夏初启有《九辨》《九歌》,歌颂大禹之丰功伟绩。太康时有《五子之歌》。西汉史家司马迁写道:"帝太康失国,昆弟五人,须于洛汭,作《五子之歌》。"①洛汭在今巩义洛水入黄河处。《尚书·夏书》中有《五子之歌》一篇。篇首言太康逸豫尸位,盘游无度,黎民离贰,后羿有穷氏乘机夺取夏政权。太康昆弟五人奉其母至洛汭,怨其不返,故作歌五首,述大禹之戒。但有学者以为它是后世伪作,不足凭信。孔甲时有《破斧之歌》。夏末,又有《夏人歌》二首,歌词反映夏桀时众叛亲离,大臣弃暗投明,前往商都亳邑的喜悦心情。

商周鼎革之际,又有伯夷的《采薇歌》和箕子的《麦秀歌》。孤竹国君的二子伯夷、叔齐因不愿接受国君之位而远逃中原。后来周武王姬发出兵伐纣,二人以为不义,扣马谏阻,武王不听。二人隐居首阳山,不食周粟,采薇充饥。临终作《采薇歌》,歌词谴责周武王"以暴易暴",表现了对上古盛世的向往和对现实社会的无奈之情。商朝重臣箕子对商王纣犯颜极谏被拒,为避祸而佯狂隐居。及周武王灭商,封箕子于朝鲜。后箕子朝周过殷商旧都,见原来的宗庙社稷所在地长满麦苗,心生悲伤,遂作《麦秀歌》,对商纣的荒淫无道进行批判,表达对古国的思念,殷遗民闻之流涕。

2.《诗经》所载西周诗歌

至西周时期,中原地区出现不少诗歌篇章,收入《诗经》。《诗经》原称为《诗》或《诗三百篇》,是先秦时期的一部诗歌总集,曾经过孔子的删订。汉代尊儒家著作为经典,《诗》遂称《诗经》。传世本 305 篇,分"风""雅""颂"三大类,其中所收的诗歌大部分产生于中原地区。"从《诗经》的现存面貌看,其写作的时代大致可以确定:'周颂'全部和'大雅'的大部分是西周初年的作品,'大雅'

---

① 司马迁:《史记》第一册,卷二《夏本纪》,中华书局 1959 年版,第 85 页。

的小部分和'小雅'的大部分是西周末年的作品。"①

《大武》是西周初期创作的歌颂武王克商的大型乐舞,包括奏乐、唱颂歌和舞蹈。所唱颂歌的歌词收入《诗经》之《周颂》中。关于《大武》乐章的造作经过,楚庄王曾说:"武王克商,作《颂》曰:'载戢干戈,载櫜弓矢,我求懿德,肆于时夏,允王保之。'又作《武》,其卒章曰:'耆定尔功。'其三曰:'铺时绎思,我徂维求定。'其六曰:'绥万邦,屡丰年。'夫武,禁暴、戢兵、保大、定功、安民、和众、丰财者也。"②这段话不仅说明了《大武》乐章造作的缘起,而且指明了它的篇名及内容特点,是人们研究《大武》乐章的重要资料。

《吕氏春秋》载:"武王即位,以六师伐殷,六师未至,以锐兵克之牧野。归,乃荐俘馘于京太室,乃命周公为作《大武》。"③由此可见,《大武》歌词是周公所作。祭公谋父谏周穆王征犬戎,说:"是故周文公之《颂》曰:'载戢干戈,载櫜弓矢。我求懿德,肆于时夏,允王保之。'"④"文公"是周公旦的谥号。可见西周时人曾明确说《时迈》是周公所作。《大武》是一个完整的乐章,既然其中的《时迈》是周公所作,其他篇章无疑也应为周公所作。

关于《大武》歌词,王国维、高亨、孙作云、杨向奎、王玉哲等均有所研究,对于诸章的排序则众说纷纭。现依据王玉哲之说,《大武》的顺序是:序《武》,第一章《我将》,第二章《时迈》,第三章《赉》,第四章《般》,第五章《酌》,第六章《桓》。⑤

总之,载于《诗经·周颂》中的几篇《大武》歌词,内容是歌颂武王东下中原克商革命的历史功绩,为周公所作,属于西周初期中原地区的诗歌篇章。

周初的中原诗歌除见于《周颂》外,还见于《大雅》。《大雅·大明》第七、八章写的是武王伐纣的史事,其中对牧野之战的描写颇为精彩:"牧野洋洋,檀车煌煌,驷骤彭彭。维师尚父,时维鹰扬。凉彼武王,肆伐大商,会朝清明。"正义之师作战场面历历在目。

西周后期的中原诗歌,大多与周宣王有关。《大雅》中的《崧高》《常武》两

---

① 袁行霈等主编:《中华文明史》第一卷,北京大学出版社2006年版,第419页。
② 杜预:《春秋左传集解》宣公十二年,上海人民出版社1977年版,第590页。
③ 陈奇猷:《吕氏春秋校释》卷五《古乐》,学林出版社1984年版,第286页。
④ 韦昭注:《国语》卷一《周语上》,上海古籍出版社1988年版,第1页。
⑤ 王玉哲:《中华远古史》,上海人民出版社2003年版,第500—501页。

篇均作于周宣王时。《嵩高》是尹吉甫所作,写周宣王封申伯于谢邑(今南阳)建立申国的情形,并歌颂申伯的功德。诗云:"嵩高维岳,骏极于天。维岳降神,生甫及申。维申及甫,维周之翰。四国于蕃,四方于宣。""申伯之德,柔惠且直。揉此万邦,闻于四国。"《常武》是一篇歌颂周宣王征伐徐方淮夷的诗歌。诗篇中写道:"王谓尹氏,'命程伯休父,左右陈行,戒我师旅。率彼淮浦,省此徐土。'不留不处,三事就绪。"程伯休父是程国的君主,程国在今洛阳东汉魏故城附近。周宣王下令给尹吉甫,命令程伯休父领兵出征,讨伐淮夷,在战争中建树功勋,被任命为大司马。《大雅·抑》共十二章,是西周末期卫武公为自我警诫而作。

《小雅·常棣》写兄弟友爱,家庭和睦的气氛。富辰说"召穆公思周德之不类,故纠合宗族于成周而作诗曰:'常棣之华,鄂不韡韡,凡今之人,莫如兄弟。'其第四章曰'兄弟阋于墙,外御其侮'。"[①]《小雅》中的《瞻彼洛矣》《裳裳者华》《桑扈》等是周宣王大会诸侯于洛邑、振发王威的诗作。《瞻彼洛矣》写周宣王率领六师来到洛水边,军威雄壮,祈求周王长寿,家国平安。

收入《诗经》中的西周中原诗歌,是中原地区最早的诗歌作品,在中国诗歌发展史上具有重要地位。

三、乐舞的发展

在诸门艺术中,音乐与舞蹈是一种激情动态的艺术,具有强烈的感染力,也最普及、最有社会性。在中国古代,音乐与舞蹈这两种艺术紧密结合在一起,且具有族属色彩,故有很强的传承性,遂成为传统文化的重要组成部分。

据文献记载,夏代已有乐歌。屈原《离骚》云:"启《九辩》与《九歌》兮,夏康娱以自纵。"汉王逸注:"《九辩》、《九歌》,禹乐也。言禹平治水土,以有天下,启能承先志,故九州之物皆可辩数,九功之德皆有次序而可歌也。"[②]《天问》也说:"启棘宾商(帝),《九辩》、《九歌》。"[③]《九歌》相传为禹时乐歌。当时文学和音

[①] 杜预:《春秋左传集解》僖公二十四年,上海人民出版社1977年版,第345页。
[②] 朱熹:《楚辞集注》卷一《离骚经》,上海古籍出版社1979年版,第12页。
[③] 朱熹:《楚辞集注》卷三《离骚天问》,上海古籍出版社1979年版,第59页。

乐、舞蹈尚没有完全分开,作为文学作品的诗歌可以配乐配舞。除了禹、启时的乐歌,孔甲时又有"破斧之歌"。《吕氏春秋》载:"夏后氏孔甲田于东阳萯山,天大风晦盲,孔甲迷惑,入于民室,主人方乳……后乃取其子以归,曰:'以为余子,谁敢殃之。'子长成人,幕动坼橑,斧斫斩其足,遂为守门者。孔甲曰:'呜呼!有疾,命矣夫!'乃作为《破斧》之歌,实始为东音。"①可见夏人常作乐歌。

《史记》记载:"四海之内咸戴帝舜之功。于是禹乃兴《九招》之乐,致异物,凤皇来翔。"②《古本竹书纪年》记载:"夏后开舞九招也。"③夏后开就是夏王启。夏代歌舞以《九歌》和《九招》最为著名。《九招》即《九韶》,是夏王室的乐舞。传说《九歌》《九韶》音乐动听,舞姿优美,直至春秋战国时仍流行,孔子曾赞扬韶乐尽善尽美。《古本竹书纪年》记载:"后发即位,元年,诸夷宾于王门,诸夷入舞。"④这记录了中原地区的东夷舞蹈表演。

夏代的音乐已经失传,一些尘封于地下的乐器被考古工作者发掘出土。偃师二里头遗址出土有陶埙、陶铃、铜铃、石磬等。陶埙是吹奏器,可发出简单而优美的声音。石磬多用大理石制成,穿孔悬于木架上,以五、七、九、十一、十三等奇数组合,用木锤敲击,声音清脆悦耳。竹、木、皮制的乐器因易朽坏而难以发现。

商代乐舞见于甲骨文和文献记载的很多,著名的有《大护》《晨露》《九招》《六列》《桑林之舞》《羽舞》《九律舞》《北里之舞》等。甲骨文中所见乐器名称达18种之多。考古发现的商代乐器实物很多,不同的乐器往往成组伴出,如殷墟妇好墓中曾出土编磬、编铙、铜铃、陶埙一套共31件,表明商代中原地区已有复杂的合奏音乐。

周武王、成王都曾在因袭前代之乐舞的同时又自作乐舞。墨子说:"武王胜殷杀纣,环天下自立以为王,事成功立,无大后患,因先王之乐,又自作乐,命曰《象》;周成王因先王之乐,又自作乐,命曰《驺虞》。"⑤其中所作新乐,可能出于

---

① 陈奇猷校释:《吕氏春秋校释》卷六《音初》,学林出版社1984年版,第334页。
② 司马迁:《史记》第一册,卷一《五帝本纪》,中华书局1959年版,第43页。
③ 张洁、戴和冰点校:《古本竹书纪年》之《夏纪》,与《帝王世纪》《世本》《逸周书》合刊本,齐鲁书社2010年版,第3页。
④ 张洁、戴和冰点校:《古本竹书纪年》之《夏纪》,与《帝王世纪》《世本》《逸周书》合刊本,齐鲁书社2010年版,第5页。
⑤ 孙诒让撰:《墨子间诂》卷一《三辩》,中华书局2001年版,第40—41页。

周公之手。武王伐纣克商后,返回都城,荐俘馘于京太室,乃命周公为作《大武》,是包含六个乐章的武舞,集中颂扬周武王的丰功伟绩。此外,前代乐舞《云门》《咸池》《大韶》《大夏》和《大濩》也在洛邑和各诸侯国表演。

第八节　科学技术的发展与学校教育的起源

夏、商、西周三代中原地区社会经济的发展要求人们进一步认识自然界和人类自身,促进了人们对科学知识的需求。在长期的生产和生活实践中,人们逐渐积累自然科学知识,其中最主要的是天文学知识,其次是医疗保健知识,农作物种植和金属冶铸技术也有明显进步。中原地区是三代都城所在,中国最早的贵族学校教育在这里产生,并逐渐完善。

一、医药知识的积累

人类在认识自然的同时,也在加深对人自身的认识。在艰苦的生活环境中,人们会产生各种疾病。在预防和治疗疾病的实践中,人们逐渐积累医药方面的知识。从商代的甲骨文中可知,当时中原先民已掌握不少医药知识。

殷人的医学知识在卜辞中有所反映。例如:贞其有疾(《甲骨文合集》13784);贞妇好有疾隹有害(《甲骨文合集》13714正)。殷人称"病"为"疾"。卜辞记载许多疾病的名目,如"耳鸣""害耳""丧明""目疾""疾自(鼻)""口疾""疾齿""心疾""疾趾""骨凡有疾"等,涵盖人身主要部位的疾患,此外还有卜辞占卜妇女生子女的日期及临产顺利与否。殷人对不同病患已有分医科认识。胡厚宣指出:"殷高宗武丁一朝,五十九年之间殷人之病,凡有头、眼、耳、目、牙、舌、喉、鼻、腹、足、趾、尿、产、妇、小儿、传染十六种,具备今日之内、外、脑、眼、耳、鼻、喉、牙、泌尿、产妇、小儿、传染诸科。"①对病患的认识,为治疗奠定了基础。

殷人患病,首先求巫拜神,祈求消灾祛病,但也开始用药物治病。卜辞中有殷人治病的记录。例如:"王疾齿,惟易?"(《甲骨文合集》10349)"易"即医治之意,说王牙齿有病,是否要治疗?"□□卜,宾贞,疾,王秉枣?"(《殷墟书契续编》6.23.10)"宾",既是占卜者,又是巫医,他卜问王是否要服用"枣",枣是一种中药。1973 年在河北藁城县台西村商代遗址中发现植物种子三十余枚,其中的"桃仁"和"郁李仁"经专家鉴定都是"用作治病的药物"。② 这些"桃仁"和"郁李仁"的发现可能就是中国药学的萌芽。

在商代遗址和墓葬中出土了一些无鼻孔的细长针,以骨或铜制成,应是与缝纫无关的中医用具,还有窄长类石刀两面刃的"砭石"。在河北藁城台西村的 14 号商代墓葬中,发现一件石镰装在一件长方形漆盒内,可能是一件古老的医疗用具"砭镰"。③ 这些与医药有关的遗物,是 3000 多年前中原医药发展水平的物证。

甲骨卜辞中的 ⿱𠂉矢、⿰疒火、⿰爿又 三字,前者像针刺人的腹部,中者像对病榻上的患者燃艾灸疗,后者像对床上的患者按摩。胡厚宣说:《左传》成公十年记秦国医缓治病用攻、达、药三种方法,而"殷人于疾病之治疗,不但攻、达、药物三者俱备,而且以按摩治病之方法,亦早已有之。由此可见殷人医学进步程度之一斑"。④

二、天文、气象知识与历法的出现

天象、物候的变化同人类生产生活关系密切,日照长短、月亮圆缺、风雨雷电、旱涝霜冻等对农业生产都有很大影响,因而引起古人的高度关注。夏、商、周三代天文、祭祀、卜筮等事有专门人员管理,有可能把以前分散的、零星的天文知识进行整理,并以此为基础进行较系统的天文观测和计算,进而制定历法。

---

① 胡厚宣:《殷人疾病考》,《甲骨文商史论丛》初集,1944 年。
② 耿鉴庭、刘亮:《藁城商代遗址中出土的桃仁和郁李仁》,《文物》1974 年第 8 期。
③ 河北省文物管理处台西考古队:《河北藁城台西村商代遗址发掘简报》,《文物》1979 年第 6 期。
④ 胡厚宣:《论殷人治疗疾病之方法》,《中原文物》1984 年第 4 期。

天文学是研究日月星辰变化规律的科学。历法产生于社会实践和物质生产的需要,特别是农业生产的需要。人们为更好地从事农业生产,必须了解天体运行的规律,掌握寒暑的变化。夏王朝以农业立国,自然注意天文学知识的学习积累和天象的观测。《左传》昭公十七年引"《夏书》曰:辰不集于房,瞽奏鼓,啬夫驰,庶人走",这是夏代发生日食时百姓惊慌奔走的状况。这些零星的天文记录,从侧面反映出夏代天文学知识的水平。夏代制定的历法文献称作《夏历》,是中国最古老的历法之一。"夏正建寅",即以冬至后第三个月为岁首。此时大地回春,万物复苏,作为一年之始更便于农事。夏历将一年分为十二个月,记载每个月的星象、动物、植物变化状况,可以利用星象和物候变化指导农业生产。夏历与自然界诸多方面变化的结合比较紧密,所以《左传》昭公十七年说"夏数得天"。就便于农业生产而言,《夏历》优于《殷历》与《周历》。但由于时代久远,《夏历》早已逸失不存。一些学者认为《大戴礼记》中的《夏小正》,即是《夏历》的一部分。《论语·卫灵公》记载,孔子强调为政要"行夏之时"。"夏之时"就是孔子到杞国考察"夏道"时得到的《夏时》(《礼记·礼运》),西汉司马迁称之为《夏小正》。直至东周,《夏历》仍然与《殷历》《周历》同时流行。

安阳殷墟出土的商代后期甲骨卜辞有不少天文、历象的记载。那时的天文历算和占星卜筮联系在一起,因而还带有一些迷信色彩。

商代人们已经注意到日食和月食的出现。卜辞有:"贞,日㞢食。"(《甲骨文合集》11480)"癸酉贞,日夕又(有)食,隹若。癸酉贞,日夕又(有)食,非若。"(《殷契佚存》374)此处的"夕"字,有人释为"月"。此外,卜辞中常有"日有戠"的记录。郭沫若以为"戠与食,音同,盖言日蚀之事耶?"[①]关于月食的记录较多,有的还记有月份。"卜辞中的'星'字有两种用法,一是因星见天晴,而引申为'晴'意;一是指天上的星辰。"[②]甲骨卜辞中还有大岁、鸟星、大火星、大辰星和新星的观测记录,其中关于新星的记录是世界上最早的新星记录。殷人对行星也有一定认识,殷墟卜辞中的"岁"就是木星。甲骨卜辞中还有大量关于气象

---

① 郭沫若:《殷契粹编》第55片《考释》,科学出版社1965年版,第368页。
② 杨升南、马季凡:《商代经济与科技》,宋镇豪主编:《商代史》卷六,中国社会科学出版社2010年版,第782页。

的记载,如下雨、不下雨、云、雷、虹、雾、霁、霾,以及阴晴的变化等。

人们对天体运行、月亮圆缺和寒暑交替等现象观察既久,逐渐形成日、月和年等时间观念,并发现阴阳历的一年中有12个或13个朔望月。殷商的"年"又称"岁""祀"。武丁卜辞:"辛丑卜,于一月辛酉酒黍登?十二月。"(《甲骨文合集》21221)"帝其及今十三月令雷。帝其于生一月令雷。"(《殷墟文字乙编》3282)"生一月"就是当时在本年十三月卜明年的一月。由此可见,商代的历法已具备平年、闰年,有12个月和13个月的区别。闰月最初置于年终称十三月,后来改为年中置闰,平年12个月,闰年13个月,大月30日,小月29日,一年的日数在360日至370日之间。一年中大小月相错,也有频大月的。商代已经用大小月和连大月来调整朔望年,用置闰(年终置十三月)来调整朔望月和回归年的长度,这是阴阳历的最大特点。总之,殷商时期行用以太阴纪月、太阳纪年的阴阳合历。由于历史条件的限制,商代历法仍比较粗疏,计口算法不很精确,还没有四季之分,但是殷历要比夏历进步。

商代在夏代天干纪日的基础上发展为干支纪日,即将十天干和十二地支依次相配合,组成甲子、乙丑、丙寅、丁卯等六十个干支,从甲子到癸亥,周而复始,用以纪日。每一个干支包括一昼一夜,或者一个完整的昼完整的夜。干支日与周祭祭祀相辅相成,构成商代晚期一种新的纪日制度。殷墟曾出土一块刻着完整六十甲子的牛肩胛骨,很可能是当时的日历表。卜辞中也有单用天干或偶单用地支纪日的情况,[①]说明当时干支纪日尚不十分规范。从甲骨文看来,殷人已将一天分为十几个或二十几个时段,每个时段都有专名,如日、夕、旦、明、大采、大食、朝、中日、小食、小采、小食、昏、莫(暮)等,便于安排一天的生产和生活。

周人是以农耕为主的民族,非常重视天文历法和气象。《洪范》称:"日月之行,则有冬有夏。"商周之际人们认识到每年天气由寒冷到暑热再到寒冷的周而复始的变化与日月的运行密切相关。西周初期,周公姬旦非常重视对天象的观测。他以为嵩山为天下之中,在其南麓(今登封告成镇)建造测影台,装置圭表以观测日影,圭表的表高为8尺。当时人已能利用夏至之日正午太阳光投影最短(约1尺5寸)、冬至日影最长的原理测定出太阳年的长度(约365.2422日),并以上年冬至到下年冬至为一岁。

---

① 常玉芝:《殷商历法研究》,吉林文史出版社1998年版,第90、95页。

西周时中原地区人们也重视对月亮运行的观测,将月亮从朔到晦定为一月,又将一月之内的月相的隐现圆缺变化分为初吉、既生霸、既望、既死霸四部分,即将每月分成四个时段,每段七八日,并用来记时。金文中常有"初吉""既生霸""既望""既死霸"的月相计时法。《尚书》载:"惟三月哉生魄,周公初基,作新大邑于东国洛,四方民大和会。"①"哉"即"才","魄"指始见新月的月色。这种月相计时,对于研究天文、历法有重要意义。西周中原地区纪月用一、二、三、四等数字,纪日则多用干支。《尚书》载:"时甲子昧爽,王朝至于商郊牧野,乃誓。"②表示甲子那天早上,周武王在牧野誓师。

《尚书》说:"五纪:一曰岁,二曰月,三曰日,四曰星辰,五曰历数。"③"纪",是指天象数据及几种不同的计时单位。就是说,当时人们依节气纪岁,依月相纪月,依圭影纪日,依二十八宿纪日月之会,依五行星的运行数据纪历数。例如《国语》记载:"昔武王伐殷,岁在鹑火,月在天驷,日在析木之津,辰在斗柄,星在天鼋。"④历数就是日月星辰经历运转的各种数据。

总之,西周时的历法以"朔""朏"为月首,岁首多为建子、建丑。一般采用年终置闰。金文中常有"惟王某年某月某日"的计时法。这些反映了当时中原地区天文历法的进步。

此外,中原先民也掌握了一些物理学与数学知识。早在商周之际,人们对大自然的认识已有所加深。他们将自然界的物质分为五类,并对其物理属性有了初步的认识。《洪范》说:"五行:一曰水,二曰火,三曰木,四曰金,五曰土。水曰润下,火曰炎上,木曰曲直,金曰从革,土爰稼穑。"⑤就是说:水的特性为向下湿润,火的特性为向上燃烧,木的特性是可曲可直,金的特性是可以变革,土地可以种植和收获庄稼。《尚书》中的"五行说"虽然与后世的"阴阳五行说"无关,但它反映了商代后期到西周时期人们对自然物质属性的认识。在数学方面,"九数",即方田、粟米、差分、少广、商功、均输、方程、盈不足、旁要,是西周贵族子弟必学的数学课程。西周末史伯与郑桓公的谈话中说:"出千品,具万方,

---

① 蔡沉撰,王丰先点校:《书集传》卷四《周书·康诰》,中华书局2017年版,第144页。
② 蔡沉撰,王丰先点校:《书集传》卷四《周书·牧誓》,中华书局2017年版,第117页。
③ 蔡沉撰,王丰先点校:《书集传》卷四《周书·洪范》,中华书局2017年版,第126页。
④ 韦昭注:《国语》卷三《周语下》,上海古籍出版社1988年版,第138页。
⑤ 蔡沉撰,王丰先点校:《书集传》卷四《周书·洪范》,中华书局2017年版,第125页。

计亿事,材兆物,收经物,行姟极。"①对于十进位数字,已经有千、万、亿、兆、经、姟等表示方法。在地理学方面,人们已经开始绘制和使用地图。《尚书·洛诰》说"伻来以图及献卜",此处的"图"是一幅为选择城址而绘制的地图,记载周公依据专用地图营建洛邑的史实。

三、生产技术的进步

商周时期,特别是西周,中原地区的农业生产和金属冶铸技术有明显进步。

1. 农业生产技术

《洪范》说:"庶征:曰雨、曰旸、曰燠、曰寒、曰风、曰时,五者来备,各以其叙,庶草蕃庑。"②就是说,雨、晴、暖、寒、风这五项具备,各按其规律有序发生,就能使草木繁盛,作物丰收。若其中某一项过多或缺少,都不利。可见中原地区人们已经认识到农业生产对自然环境的依赖,气候温和、风调雨顺是农业丰收的根本条件。《洪范》又说:"星有好风,星有好雨。""月之从星,则以风雨。"③虽然这种结论并不科学,却表明人们已懂得观察天象来预测天气的阴晴风雨。

西周农业生产技术在商代的基础上有所改革和进步。商代农业生产实行一耕一休的"二圃制"。西周时期则将土地一分为三,分别称作"菑"(初开垦的荒田,初耕一年之田)、"新"(第二年可以种植庄稼的熟田)、"畬"(垦殖的第三年经过一年种植可以继续耕种的田地),实行一分休耕,一分连耕,一分为休耕后复耕为新田,这种三分耕地轮流耕种称为"三圃制"。它既扩大种植面积,增加粮食产量,又能恢复地力。

西周农业生产还推行耦耕制,深翻土壤,注重改进工具,加强田间管理,进行除草和把杂草泡田水中作为有机肥,诸多因素促使生产有较大发展。人们已取用河水和雨水灌溉农田。20 世纪 60 年代,在河南信阳孙砦遗址清理了一处西周时期的大型养鱼坑池遗址,表明当时人已掌握人工养鱼技术。

---

① 韦昭注:《国语》卷十六《郑语》,上海古籍出版社 1988 年版,第 516 页。
② 蔡沉撰,王丰先点校:《书集传》卷四《周书·洪范》,中华书局 2017 年版,第 130 页。
③ 蔡沉撰,王丰先点校:《书集传》卷四《周书·洪范》,中华书局 2017 年版,第 131 页。

2. 铸造技术的进步

夏、商、西周三代的青铜冶铸技术，本章第三节已有论述，此处不赘。在此简要阐述人工冶铁技术及玻璃制造技术。

早在商末周初，中原地区已经出现用陨铁制造的兵器。1931年在河南浚县出土的铁刃铜钺和铁援铜戈，系西周初的兵器，现藏美国华盛顿弗利尔博物馆，铁刃经电子探针测定，由含镍较高的陨铁制成。三门峡虢国墓地出土的西周末（前9至前8世纪）的铜内铁援戈、铜銎铁锛和铜柄铁削，是目前已知最早的人工冶铁制品，经鉴定是块炼铁和块炼渗碳钢。1990年三门峡虢国墓地出土的一把玉茎铜芯柄铁剑，人称"中华第一剑"，是我国迄今发现的最早的人工冶铁实物之一。它表明至迟在西周时期，中原先民已经掌握人工冶铁技术。

此外，最迟在3100年前的西周时期，中原先民开始掌握玻璃制造技术。在河南洛阳庄淳沟等地的西周早期墓葬中，均发现大量的玻璃管、玻璃珠等，属于一种铅钡玻璃，其发明与青铜冶炼有关。

3. 建筑技术与造车技术

偃师二里头遗址一、二号宫殿基址和周围的辅助建筑，构成占地约8万平方米的有机组合的宏大宫室建筑群体。这类布局严谨、主次分明、工程浩大而宏伟壮观的宫室建筑群体，反映了夏代后期中原地区建筑技术的最高水平。

商代中后期的宫室多为高台建筑，屋顶做成四面坡，下垂为四角，房顶两重檐，外表很像两层楼，气势巍峨。郑州小双桥遗址出土两件青铜建筑饰件，上有华丽的花纹，可能是宫廷正门两侧枕木前端的装饰。殷墟甲十一基址用铜础立柱架梁，西北岗王陵区1001号大墓出土有白色大理石立体雕像的柱旁装饰构件，表明殷商时期建筑技术和工艺的高超，开后世中国传统宫殿建筑的先河。

安阳殷墟车马坑，发现商代晚期的车数十辆。车的结构包括轮毂、轴、辕、衡、轭、厢舆等构件，制造工艺和装配结构代表着当时工业技术的最高水平。

四、贵族学校教育的起源与发展

中原地区是夏、商、周三代都城所在，中国最早的学校教育就在这里出现。夏、商、周三代，中原地区的官学教育逐渐完备。夏代的学校称庠、序和校。商代都城有"右学""左学"和"瞽宗",瞽宗是进行乐教的场所。西周时期中原地区已经有贵胄学校,以教育贵族子弟。

西周初期,在成周(今洛阳)建有"国学"和"乡学",国学中又有大学和小学之分,人们称之为"成周学制",它是中国古代学制的雏形。"成周学制,中为王宫之学","次为大学"。① 成周学制有四学、五学之说,东有东序,南有成均,西有瞽宗,北有上庠,这就是四学,再加上中央的辟雍,即五学。三代的学校教育具有学术官守、学在官府、官师合一的特点,总体上是政教合一。

西周学在官府,中原地区教育贵族子弟的学校已较完备,有小学和大学。"及太子少长,知妃色,则入于小学。小者,所学之宫也。""古者年八岁而出就外舍,学小艺焉,履小节焉;束发而就大学,学大艺焉,履大节焉。"②可见西周贵族子弟8岁入小学,15岁入大学。西周小学、大学也见于金文,例如大盂鼎铭:"女妹辰又大服,余佳即朕小学。"意思是说康王以盂年届童蒙知识未开,令其入小学深造。《礼记》说:"天子命之教,然后为学。小学在公宫南之左,大学在郊。天子曰辟雍(雍),诸侯曰頖(泮)宫。"③如此说不误,西周的东都洛邑宫室附近有小学,郊外又有辟雍(大学);中原各诸侯国的都邑也有小学和泮宫(大学)。

西周的大学建在郊外,有水池环绕,中间高地上建有厅堂,称明堂。它不仅是贵族子弟学习之处,也是贵族集会、行礼、练武的场所。大学的教学内容则为礼、乐、射、御、书、数"六艺",以礼乐和射为主。西周的小学主要学习书写、计算、音乐、舞蹈等。

第九节 礼仪制度与生活习俗

"礼"是中国古代维护社会秩序的规范。人类进入阶级社会以后,逐渐建立

---

① 段玉裁:《与顾千里论学制备忘之记》,《经韵楼集》卷十二,上海古籍出版社2008年版,第305—307页。
② 王聘珍:《大戴礼记解诂》卷三《保傅》,中华书局1983年版,第51、60页。
③ 杨天宇:《礼记译注》第五《王制》,上海古籍出版社1997年版,第203页。

起森严的等级制度。为维系这种制度,便制定出许多的礼仪,使贵族与庶民相区别。统治者通过各种礼仪贯彻其政治意图,维护社会秩序。

中国早期文化的发展道路,是先由巫觋活动转变为祈祷奉献,祈祷奉献的规范——"礼"由此产生。"礼仪"起源于祭祀活动,后来由祭祀鬼神扩展到人们社会生活的许多方面。文献记载有夏礼、殷礼和周礼。三代礼的小部分是由氏族社会沿袭下来的礼俗演变而来,大部分是为维护统治者的特权和统治秩序的需要而重新制定。

中原是中华礼仪文明形成的核心地区。史前黄河下游地区的棺椁制度、大型高台基宫庙建筑与酒器,黄河下游与长江中下游地区的兽面纹、大型有刃玉礼器,黄河下游地区与黄河中游晋南地区以酒器、食器等容器为主体构成的礼器群,黄河中游晋南地区的金石之乐,来源于黄河中游地区的鼎文化与鬲文化,长江下游与辽西地区的葬玉文化等,多种礼仪文化因素都被中原文化所吸收,形成了中华古代文明独有的礼仪制度,创造了影响深远的礼乐文明。中原地区的礼仪萌芽于新石器时代末期,肇始于夏代,经过商代的发展,至西周时期已很完备。

人类最基本的生活是衣食住行,随着时代的演进,形成生活习俗。夏商周三代中原地区的衣食住行也有因袭和改变。

一、夏商礼仪的形成与发展

中原地区的礼仪形成于夏代,在商代有所发展。关于夏、商两代的礼仪,先秦文献有所涉及,考古发现和甲骨文、金文资料提供了更多的信息。夏商时代中原地区的鬼神祭祀礼仪逐渐完善,并扩展到社会生活层面,特别是婚姻和丧葬之中。

1. 祭祀礼仪

夏、商两代都邑中的祭祀区、大型礼仪建筑以及礼仪用器,是礼制形成与发展的重要标志。

宫殿和祭祀遗址是王室进行礼仪活动的主要场所。夏代中晚期的都城偃师二里头遗址的中部是宫殿区,一号、二号宫殿遗址可能是宗庙建筑。在郑州商城、偃师商城、郑州小双桥、安阳殷墟都发现商代的宫殿区与祭祀遗址。郑州商城宫殿区有20多座夯土建筑基址。其北部祭祀遗址的祭堂，平面呈正方形，四壁用夯土筑成，堂门面向西南。后墙根的中部设长方形祭台，台上有火烧和祭品的痕迹。祭堂左右两侧有南北两行排列的"狗坑"，坑内殉狗4—24只。有的坑内还有完整的人骨架或成堆的人肢骨等。它可能是商王祭祖的宗庙遗址。郑州小双桥遗址是商王室的祭祀遗址，发现的夯土高台基可能是祭坛。还有一大型祭祀场所，分布着59个祭祀坑。安阳殷墟小屯村东北的建筑基址是商王朝的大型宫殿和宗庙基址。在乙七、乙八建筑基址周围有成行密集排列的殉葬坑，殉有大量的马、羊、狗及人。在乙组建筑基址以南发现有大型建筑基址。其中1号房址南边至少有6处门道，门道两侧有排列规则的祭祀坑，坑内多数埋人骨架3具。从房"内无隔墙、无居住痕迹、门外有祭祀坑等现象分析，这座基址大概是用于祭祀的宗庙性建筑"[①]。

中原地区出土大量夏商礼器，包括容器、兵器等，多由青铜、玉石和陶制成。容器有鼎、簋、爵，祭祀时用于盛放酒食。礼仪兵器有斧、钺、刀、戈等，是身份和权力的象征。青铜礼器由容器（食器、酒器、水器等）与乐器、仪仗兵器组成，广泛用于祭祀、宴乐、丧葬等礼仪活动，并以不同数量、器类组合标志各级贵族的等级与地位，显现中原王朝以礼制立国的特质。

二里头文化的青铜容器是迄今所发现的中国最早的成组青铜礼器。礼兵器对于二里头文化有着特殊的意义，玉钺、玉戈、玉刀等玉质礼兵器在许多贵族墓葬都有发现。陶礼器在中低级贵族墓葬中是主要的随葬礼器。从商代早期开始，继承二里头文化的青铜礼器组合也日臻成熟。在郑州商城等地出土的早商青铜礼器约有200件，殷墟出土晚商青铜礼器有20多种，其体量、制造工艺、艺术水准等各方面都迈上了新的台阶。青铜礼器是礼制的主要载体，被统治者赋予了沟通人神、象征权力与地位的特殊内涵，陈放于宗庙之中的鼎、簋等青铜重器更是有着君权神授、权力永固的象征意义。青铜礼器与政治权力紧密结合，是中国青铜文明在世界文明史上独一无二的特点。

夏代中原先民出于对自然神、祖先神和上帝的崇拜而进行各种祭祀以求神

[①] 中国社会科学院考古研究所安阳工作队：《河南安阳殷墟大型建筑基址的发掘》，《考古》2001年第5期。

灵佑护。祭祖已经成为王室和国家的重要典礼,夏王室在王宫附近建立祖庙,祭祀祖先,也举行社祭。

商代中原地区的祭祀主要表现在对祖先的庙祭以及对天地诸神的社祭上。商人对祖先的祭祀有一定的礼仪制度。商王祭祀祖先是在"宗"或"必"中进行,"宗"和"必"就是祖庙。商代祭祀种类繁多,祭祀因不同的时间、对象、方式而有不同的祭祀名称,甲骨文中祭名约有 200 个。祭祖就祭祀对象而言有单祭、合祭、特祭和周祭等形式。单祭是对某位先公、先王或先妣单独进行祭祀,合祭是同时对多位先公先王进行祭祀,特祭是对近祖妣进行的多种特殊祭祀,周祭是指商王室对自上甲以来的先公先王和自示壬之配妣庚以来的先妣轮番和周而复始地进行的一种祭祀,一个周期大约一年。周祭以祭(用大牢肉供)、㝢(黍稷食供)、翌(舞羽伎祀)、彡(鼓乐之祀)、叀(合祀之仪)等五种祭仪为主,是商王室一种非常隆重的祭祀制度。商代末期受祭的祖先集中于直系、近亲,大致上及高祖而止,可以看作后世"五亲庙"的滥觞。殷祭甲骨文中称"衣",是大合祭祖先之礼。

商代也祭祀天地诸神,特别重视祭土地神的社祭。殷墟卜辞中的"土"就是"社"字,文献记载"殷社以石"。在郑州商城内城东北隅发现的祭祀遗址,场地中部有埋在地下的石头 6 块,中心一块最高,四周放置 5 块。这些石头应为社石。周围发现 8 个祭祀坑,分三行排列。坑内埋狗骨架,有的在狗骨架下还有人骨架,应是祭祀时的牺牲,祭完之后埋在社石的周围。[①] 殷墟卜辞中关于祭土(社)的内容颇为丰富,安阳殷墟的丙组基址可能是社稷祭祀遗址。[②] 社祭是商代一项经常性的礼仪活动。

2. 婚姻习俗与礼仪

夏代父权制的宗亲组织形式得到进一步加强,父系个体家庭是社会的细胞,个体婚姻是维持家庭世代传承的关键。当时的婚姻以一夫一妻制为主,与一夫多妻制并存。太康失国后,有虞氏以二女妻少康。夏桀除妻妹喜外,还有琬和琰二妾。夏王多妻,而一般庶民则是一夫一妻。

[①] 中国社会科学院考古研究所:《中国考古学·夏商卷》,中国社会科学出版社 2003 年版,第 352 页。
[②] 石璋如:《小屯·殷墟建筑遗存》,台北"中央研究院"历史语言研究所,1959 年。

殷商平民婚姻尚无一定之规。贵族女子只能有一个丈夫,男子则实行一夫多妻,以保证家族永续。商王多妻(妾)在于"重国广嗣"。从甲骨卜辞等资料看,祖丁之配有妣甲、妣己、妣庚、妣癸,武丁之配有妣辛、妣癸、妣戊。

殷商贵族娶妻嫁女要进行占卜,决定是否可行。卜辞有不少"取女"或"取某女"之词。"取"即"娶",是商王与其他邦国的联姻。《易》言"帝乙归妹,以祉元吉"①。"归妹"即"嫁女",就是帝乙将女儿嫁出。殷商王朝与异族方国间的政治联姻,卜辞中屡见不鲜。

殷商贵族婚姻的各项程序在卜辞中均有反映。后世的婚礼程序,如议婚、订婚、请期、亲迎等,在商代已现端倪。议婚和订婚由男女双方家族基于各自的功利目的进行,以使者为媒妁,男女本人无选择对象的自由。请期是谘定婚姻吉日之礼,大多选在二月丁日。亲迎是迎亲结婚之礼。商代婚姻,嫁女有媵,娶女有迎。"媵"最初是女子出嫁时,其家族以人陪送于男方家族,多用私臣或家族成员。如夏商之际有莘氏嫁女成汤,而以伊尹为媵臣。男方娶女则要亲迎。迎有等级规格之异,一般由"婿亲迎",王室娶女则以使者往迎。婚后又有长辈见新妇之礼,称作"见女"。总之,"商代贵族婚姻受崇神思想支配,求吉之卜贯穿终始,婚嫁形式渐趋礼仪化"②。

3. 丧葬习俗与礼仪

夏人有将死者以棺木装殓土葬的习俗,因社会地位高低尊卑而修筑大小不同的墓冢。夏代的葬俗,在古籍中有所涉及。如《礼记》记载:"夏后氏堲周。""夏后氏尚黑,大事敛用昏。"又载孔子说:"夏后氏殡于东阶之上,则犹在阼也。""绸练,设旐,夏也"。仲宪对曾子说:"夏后氏用明器。"③就是说,夏人用砖围棺。因为崇尚黑色,丧事入殓选在黄昏时。将死者用棺木装殓后停放于正厅房外东阶之上,在枢车上插用素锦缠旗杆的旐旗。人们认为人死灵魂尚存,故在墓中葬入死者生前所使用的器物以供他在阴间继续使用,即随葬品。若非实用之物而保留其样式,则称明器。

偃师二里头遗址二号宫殿北面偏东处有一座大型长方形竖穴土坑墓,墓壁

---

① 周振甫译注:《周易译注》之《上经·泰卦十一》,中华书局1991年版,第47页。
② 宋镇豪:《夏商社会生活史》,中国社会科学出版社1994年版,第170页。
③ 杨天宇:《礼记译注》第三《檀弓上》,上海古籍出版社1997年版,第78、79、99、101、117页。

边有生土二层台,残存的随葬品有涂朱陶龙头、蚌饰片以及大量朱砂、漆皮和一具装在漆木匣内的狗骨骸。另有几座较大的墓,均有朱砂铺底,有朱红色漆棺残皮和墓底腰坑,随葬品稍有不同。大中型墓一般为贵族墓。小型墓是平民墓,一般没有棺木和铜器,只有一些陶器和玉器、海贝装饰物。随葬陶器有炊器、饮食器和容器等。这种葬品葬俗显示死者的贵贱与贫富差别。

商代的丧葬之礼在考古材料中有充分的反映。殷墟卜辞中有许多关于丧葬的内容。人死后置于"井"形葬具之中,称作"井椁"。在安阳殷墟、罗山天湖等大中型商代贵族墓中,已发现较多"井棺"实例。①

商墓可分为王陵、大型墓、中型墓、小型墓四个类别。大中型墓的墓主是贵族,小型墓的墓主为平民。在郑州商城遗址发现不少中小型竖穴土坑墓。中型墓随葬有陶器、铜器、兵器、乐器、玉器、海贝和装饰品等。小型墓葬式一般为仰身直肢,有随葬品者多为鬲、鼎、盆、豆等陶器。在安阳殷墟周围地区发掘清理的3000座小墓也是长方竖穴土坑墓,坑底有腰坑并殉一犬,墓内大多有棺木或编织物作葬具,随葬品以陶器为主,数量不等。考古发掘的安阳殷墟等地的商代贵族墓葬,棺椁之制完备。王室大墓有棺有椁,椁室内堆满各种精美随葬品,成套成组的青铜礼器,殉人安排在二层台或墓道中,墓外有车马坑和成排的祭祀坑。贵族随葬铜礼器组合以觚和爵为核心,随葬觚爵套数多少与墓葬大小代表着墓主身份的高低,体现着商代的礼仪等级制度。

在安阳殷墟西北岗王陵区发现送葬行列所用仪仗的痕迹和祭墓现象,说明商王或高级贵族死后要举行送葬之礼和祭墓之礼。王陵区东部发现数万平方米的祭祀场所,祭祀坑数量众多,分布密集,排列规律。已发掘的191座祭祀坑可以分成22组,同一组坑应是同一次祭祀活动。祭祀坑以人祭坑为主,也有少数兽祭坑和器物祭坑。一组坑通常埋数十人至上百人,最多时达数百人。这些人有的是被杀死后埋葬,有的则是被捆绑活埋。这些坑是为某个王墓举行安葬仪式或为某王举行祭祀活动形成的。王陵也是商王室贵族举行祭祖之礼的重要场所。

---

① 中国社会科学院考古研究所:《中国考古学·夏商卷》,中国社会科学出版社2003年版,第333页。

二、周公制礼与西周礼仪制度的完备

据文献记载,周礼是由周公制作的。鲁国季文子说:"先君周公制周礼曰:'则以观德,德以处事,事以度功,功以食民。'"①《尚书大传》说周公制礼作乐是其营建成周之后的摄政六年。孔子说:"周因于殷礼,所损益,可知也。"②周公在总结夏、商两朝礼乐制度的基础上,从西周的实际情况出发,对殷礼斟酌取舍,从而制定了一套适合周王朝需要的礼制,包括宗周王、重聘享、严祭祀、赴告策书、论宗姓氏族、尊礼重信、宴会赋诗等,是比较完备的贵族等级礼仪制度。

周成王曾在成周(今洛阳)举行庆功典礼和殷礼。成周大邑中有丘兆、社坛、太庙、明堂之类的建筑,以满足举行各种祭礼和政治上重要典礼的需要。周公摄政七年十二月,成王与百官来到洛邑,举行归政于成王的典礼。这一典礼称"殷礼",即内外群臣大会合朝见君王之礼。又"祀于新邑",在洛邑举行祭礼。

西周贵族士人重视礼节,"夫礼始于冠,本于昏,重于丧、祭,尊于朝、聘,和以射、乡:此礼之大体也"③。朝觐之礼旨在明君臣之义,聘问之礼旨在使诸侯相尊敬,丧祭之礼旨在明臣子之恩,乡饮酒之礼旨在明长幼之序,婚姻之礼旨在明男女之别,人们之间的揖让周旋则称作"仪"。

1. 祭祀礼仪

祭祀是西周统治者最重要的事务之一,也形成一套固定的礼节。西周的祭祀之礼包括郊祭(天)、社祭(地)、祇祭(先王)、蒸祭(百神)以及殷祭等。

武王克商后,在殷故都举行革殷受命大典,举行隆重的立国仪式。《礼记》载:"牧之野,武王之大事也。既事而退,柴于上帝,祈于社,设奠于牧室。"④周武王在商都和商郊牧野举行一系列的典礼,包括柴祭、社祭和庙祭。

---

① 杜预:《春秋左传集解》文公十八年,上海人民出版社1977年版,第522页。
② 康有为注:《论语注》卷二《为政》,中华书局1984年版,第27页。
③ 杨天宇:《礼记译注》第四十四《昏义》,上海古籍出版社1997年版,第1055页。
④ 杨天宇:《礼记译注》第十六《大传》,上海古籍出版社1997年版,第578页。

柴祭是告天之礼。《逸周书》载："武王乃翼矢圭、矢宪,告天宗上帝。"[1]燃柴使烟火冲上云天,敬陈礼器美玉、宪令玉版,向苍天和上帝祈求福佑。中岳嵩山是西周祭天的一个重要处所。周武王选定在伊洛平原营建东都,"就是为了'依天室'和'毋远天室'。所说'天室'就是'大室',就是指嵩山。嵩山正当洛邑东南五十公里。武王祭祀上帝的天室,当即修建于嵩山附近"[2]。祭天典礼大多在都城郊外举行,故称"郊祭"。周公开始营建洛邑时曾举行郊祭。《尚书》载："若翼日乙卯,周公朝至于洛,则达观新邑营。越三日丁巳,用牲于郊,牛二。"[3]《逸周书》说："乃设丘兆于南郊,以祀上帝,配以后稷,日月星辰,先王皆与食。"[4]可见郊天之礼是在南郊的圜丘举行,祭祀用牲是二头牛,还要配享周的先祖后稷和日月星辰等。郊祭要烧柴起火焰,故又称柴祭。

社祭是祭土地之礼。武王克商后,曾在殷商故都进行社祭。周武王在叔振铎、周公、毕公等的夹护下进入社坛,"毛叔郑奉明水(鉴),卫康叔布兹(籍席名),召公奭赞采(币),师尚夫牵牲。尹佚筴祝曰⋯⋯武王又再拜稽首,乃出"[5]。周公营建东都之前,也曾在洛邑举行社祭。《尚书》说:周公"越翼日戊午,乃社于新邑,牛一、羊一、豕一"[6]。社祭用牲牛、猪各一头,羊一只。《逸周书·作雒解》说:"封人社壝,诸侯受命于周,乃建大社于国中。其壝东青土、南赤土、西白土、北骊土,中央叠以黄土。"[7]大社就是朝廷所建之社,位于都城之内。社坛的四方和中央的短墙有着不同的颜色。

庙祭和献捷是祭祖之礼。武王灭商后,在牧野临时建造"牧室",即宗庙,举行五天的告捷礼,仪式盛大而庄严。第一天"荐俘殷王鼎"。陈列俘虏是战胜的标志,取殷王朝的鼎是获得王权的象征。然后又"格于庙",到宗庙去敬告天下。

---

[1] 袁宏点校:《逸周书》卷四《世俘解》,与《帝王世纪》《世本》《古本竹书纪年》合刊本,齐鲁书社2010年版,第40页。
[2] 杨宽:《西周史》,上海人民出版社2003年版,第831页。
[3] 蔡沉撰,王丰先点校:《书集传》卷五《周书·召诰》,中华书局2017年版,第159页。
[4] 袁宏点校:《逸周书》卷五《作雒解》,与《帝王世纪》《世本》《古本竹书纪年》合刊本,齐鲁书社2010年版,第49页。
[5] 司马迁:《史记》第一册,卷四《周本纪》,中华书局1959年版,第125—126页。
[6] 蔡沉撰,王丰先点校:《书集传》卷五《周书·召诰》,中华书局2017年版,第159页。
[7] 袁宏点校:《逸周书》卷五《作雒解》,与《帝王世纪》《世本》《古本竹书纪年》合刊本,齐鲁书社2010年版,第49页。

第二天"王服衮衣,矢琰,格庙",再次盛装,供奉美玉,敬告祖先。第三天"荐殷俘王士百人",再度以陈列俘虏象征战胜对方,"籥人(乐师)造,王矢琰,秉黄钺,执戈",奏乐告神,再奉献美玉,王亲自披挂,手执武器,举行大祭。第四天到牧野,"王佩赤白旂。籥人奏《武》。王入,进《万》,献《明明》三终"①,以象征着战胜和武力的乐舞举行具有巫术制胜意味的仪式。

禘祭是太庙(王家祖庙)的大祭,主要祭祀先王。军队出征、凯旋献俘等都要告庙,举行典礼。禘祭也要"用牲"或"用牡"。

此外,还有殷祭和蒸祭。殷祭是群臣毕会而举行的大献礼。蒸祭是一种祭祀百神的礼仪,多在冬季举行。据《尚书·洛诰》记载,成王七年十二月戊辰,成王在新建成的洛邑行冬季蒸祭之礼,又别杀赤色牛二头,特祭文王、武王于文王之庙,命作册逸读祝册之文。又杀牲禋祀文王、武王,成王进入清庙中央之室太室,以郁鬯(用郁金香和黑黍酿成的香酒)行灌地之祭。

2.冠(笄)婚礼

西周贵族男子二十岁要结发加冠,女子十五岁要结发加笄,表示已经成人,可以结婚,并取得贵族应有的特权,称作冠(笄)礼。它是贵族青年"成人"的仪式,在宗庙中举行。

行冠礼前,要通过卜筮选定日期和来宾。冠礼由加冠者父亲主持,嫡长子加冠必须在阼阶上进行,表示成人后可以接替主人。冠礼的仪式首先由来宾加冠三次:初加缁布冠,再加皮弁,三加爵弁。然后来宾敬酒,冠者再去见母亲。随后由来宾替他取"字"。"字"的全称有三:一是长幼行辈的称呼,如伯、仲、叔、季之类,二是与名相联系的某一个字,末一个用"甫"("父"的假借字)。再去见兄弟姑姊。更换玄冠玄端,手执"贽"(礼物)去见国君、乡大夫、乡先生。最后主人向来宾敬酒,赠送礼品,送宾客,礼成。女子笄礼与冠礼略有异同。

婚礼的仪节,据《仪礼·士婚礼》记载,首先是纳采(也称"行聘",男方具送求婚礼物,士用雁)和问名(询问女子名谓及出生年月日期),确定婚姻,然后是纳吉(男方到宗庙占卜,获得吉兆,备礼派人告知女方)、纳征(男方择日具书,遣人送聘礼与女方)、请期(肯定婚姻的赠礼和确定结婚的日期)和亲迎(迎接新

---

① 袁宏点校:《逸周书》卷四《世俘解》,与《帝王世纪》《世本》《古本竹书纪年》合刊本,齐鲁书社2010年版,第40页。

娘),统称"六礼"。婚礼均在黄昏举行,由新郎到妇家亲迎。婚礼次日,新妇见舅姑(公婆),在祢庙举行"庙见",敬告祖宗。

3. 丧葬礼仪

西周的丧葬礼制体现着贵族之间的宗法关系和等级制度。为维护贵族的血缘宗法关系,死后实行聚族而葬的族墓制度。西周的丧葬制度、棺椁制度和用鼎制度最能体现墓主的身份等级。棺椁制度是:天子三椁四棺,诸侯二椁三棺,大夫一椁二棺,士一椁一棺,[①]但不十分严格。三门峡上村岭虢公墓多用一棺二椁,一般贵族也有使用一棺二椁者。西周前期存在相对应的两套用鼎制度:周王室是天子九鼎、诸侯或卿七鼎、大夫五鼎、士三鼎,并有与之配套的其他礼器;对应五等爵制度是公与侯七鼎、伯五鼎、子与男三鼎或一鼎。西周后期这套制度开始破坏。

《仪礼》大体体现两周之际丧葬制度和礼仪,详尽而繁缛。综合其《士丧礼》等内容可知,从人死到葬后的礼仪程序可以分为四个阶段:一、初终:即人死的第一日,有复(招魂)、置铭(铭旌)、沐浴、饭含(用玉置口中)、包括握(缠手)、幎(用缁盖面部)、袭(着装)、设重(亡灵所倚,木制)等。二、殓:第二日,设奠床笫、小殓(迁尸于堂)、奠(祭亡者);第三日,陈棺、大殓(奉尸入棺)、奠、成服杖(确定为死者服丧的等次)。三、送葬:死后三个月内,朝夕哭、朔月奠、筮宅(坟地)、卜葬日、启殡、朝祖(庙)、窆(下棺)、葬。四、葬后:反(返)哭、迎尸(代为受祭者)、三虞(三次安魂之祭)、卒(停)哭、小祥(丧至十三月之祭)、大祥(丧至二十五月之祭)、禫(除丧服的祭礼),丧事告毕,即吉(着常服)如初。丧服统称"衰绖",依照生人与死者血缘关系的亲疏远近,分为斩衰、齐衰、大功、小功、缌麻五等,服丧时间依次减少。

4. 大蒐礼

周武王克商后曾在殷郊举行大规模的狩猎,即"大蒐礼"。成王分封康叔于卫时,"取于相土之东都,以会王之东蒐"[②]。"东蒐",就是周王到东土举行"大蒐礼"。可见相土之东都(今濮阳一带)是周王东蒐的地区。

---

① 赵化成:《周代棺椁多重制度研究》,《国学研究》第五卷,北京大学出版社1998年版,第27—74页。
② 杜预:《春秋左传集解》定公四年,上海人民出版社1977年版,第1620页。

大蒐礼起初按季节举行,每季的礼有不同的名称:春称"蒐",夏称"苗",秋称"狝",冬称"狩",均为在农事间隙讲武,进行军事训练。蒐礼可分前、后两部分,前半部是教练和检阅之礼,后半部是借用田猎演习之礼。教练之礼大体是建筑教场,树立表木;建旗集合,排列阵势;阵前誓师;教练进退和作战。田猎演习大体是建筑围猎场所,建置军舍和军门;依次出军门,分列左右,排列成阵;猎场周围设置驱逆之车;阵前立"表"祭祀,并誓师;进军狩猎;凯旋、献禽、庆赏和处罚。

5. 射礼

射礼起源于借田猎来进行的军事训练。贵族举行的射礼有四种,即"乡射""大射""燕射"和"宾射"。乡射是乡大夫和士在乡学行饮酒礼之后举行,大射则是周天子或诸侯会集臣下在大学举行。二者着重行礼,通过行礼的方式进行"射"的练习和比赛。"燕射"是大夫以上贵族在行燕礼(宴会之礼)后举行,"宾射"为招待贵宾而举行。二者为举行宴会和招待贵宾而举行,着重在叙欢乐。

乡射礼主要在乡学的"榭"(一种用于讲武的建于土台上的厅堂式建筑)中进行,具有军事教练性质。主要程序是三番射:第一番射由乡学中弟子参加,相配成三耦(六人分为三组,每组有上射一人、下射一人),先由司射"诱射",再由三耦依次发射,射中仅扬旌唱获,而不计胜负,具有练习性质。第二番射除原来由弟子组成的三耦外,还有主人、宾和众宾参加,着重于比赛,要统计射中次数以分别胜负,负者受罚饮酒。第三番射亦具比赛性质,但射箭时要用音乐节奏,射者须按音乐的节奏行动和发射。乡射礼既是乡学教育弟子的一种军事训练课程,又是乡中成员进行集体军事训练的一种社会活动。

大射礼是高级的射礼,礼节和乡射礼基本相同,有三番射的步骤和内容。其主人是国君,礼仪规格高,对国君特别尊敬和优待。奏的乐不同,"请"和"告"的礼节也不同。平顶山应国墓地242号墓出土的柞伯簋铭文记述周王令南宫率王多士、小臣在成周举行一次大射礼及射中有奖的情况。

西周的射礼除进行军事训练外,还具有选拔人才的目的,射箭比赛的优胜者被称为"贤",标志着他们有勇力和武艺,可以从众人中脱颖而出,予以重用。

6. 乡饮酒礼和飨礼

乡饮酒礼是在乡学中举行酒会的礼节,多在射礼和养老礼前举行。其礼节分以下几个部分:其一是谋宾、戒宾、速宾、迎宾之礼:商定宾客名次,分为宾、介

(陪客)、众宾三等。布置酒席席次,陈列酒尊和洗(水盆)。主人亲自催邀宾客,主人与相(傧相)在庠门外迎接,将宾客迎入庠中堂上。其二是献宾之礼:先由主人取酒爵到宾席前进献,叫作"献";次由宾取酒爵到主人席前还敬,叫作"酢";再由主人把酒注入觯,先自饮,劝宾随着饮,叫作"酬"。"献""酢""酬"合称"一献"之礼。然后是主、介之间的"献""酢"。最后是主人向众宾献酒,众宾随着饮酒。其三是作乐:一是升歌,二是笙奏,三是间歌,四是合乐,升歌和笙奏相合。其四是旅宾:主人为挽留宾客,使"相"(傧相)担任"司正",奉主人之命"安宾"。随即由宾"酬"主人,主人"酬"介,介酬众宾。再由众宾按长幼依次相"酬",称为"旅酬",即尊者酬于卑者。其五是无算爵和无算乐:由主人之吏举觯向宾敬酒,司正请宾客升座。宾主脱履坐下,进牲肉,于是连续不断地举爵饮酒,醉而后已。同时乐工不断地陪奏和歌唱,尽欢而止。其六是送宾:宾出时奏《陔夏》,主人送于门外。

飨礼是周王、诸侯、卿大夫间举行的招待贵宾的隆重礼节,是一种高级饮酒礼。国君举行的饮酒礼多在泮宫举行,兼具酒会和议会的性质。君主通过这种礼仪表示对贵者、老者的尊重,同时商定国家大事。飨礼的礼节与乡饮酒礼基本相同,但献酒仪式隆重,陈设食物阔绰,品种繁多。戒宾、迎宾,宾主双方都设有"相"和掌管席次的"执政";献宾视宾客的尊卑分等,招待国君的飨礼用"九献",献宾用的是"醴",即酒酿,一种用蘖(麦芽)酿造的甜白酒。献酒之前,还要用"裸",又称"灌",就是用郁鬯(一种配合香料煮成的香酒)来灌,让宾客嗅到香气。对宾客举行"酬"的礼节时,要酬以礼品,称"酬币"。作乐:行礼时伴奏的乐歌更隆重而繁复。迎送宾客时都有"金奏"之乐,没有笙奏和合乐,而有"管"和"舞"。礼乐完毕后举行宴会和习射。

7. 册命典礼

西周王朝凡继承王位、分封诸侯、任命官职、赏赐或告诫臣下,都要在太庙举行庄严肃穆的册命礼,由"内史"执掌,傧者赞礼。册命的仪节如下:王就位于庭北面南,受命者由傧者引入中庭,站在左边,傧者站右边,北向而立。然后王授册命文书于史官,史官在王右侧面南宣读册书,直呼受命者之名,叙述册命原由,告诫受命者恪尽职守。其次,授民、授土、授职。分封诸侯,对受封者必须赐以明确划定疆界的土地,这块土地上的居民一起被赐。例如卫康叔的分封,就由聃季授土,陶叔授民,还要赐予受封者一定的礼物。对不同的官职颁赐不同的舆服器用。史授册于受命者,受封者稽首拜谢,称颂天子万年,授策以出。《诗经·大雅·嵩高》描述了宣王封申伯于谢邑(今南阳)的程序和礼仪。

8. 贽见与朝觐礼

西周贵族彼此初次相见,或有要事相见,来宾都要手执一定的见面礼物,称作"贽"或"挚"。这种以"贽"相见的礼仪叫作贽见礼。"贽"的品级及授受仪式,不仅用以表示来宾的身份及宾主之间的关系,也用以确立亲族或君臣关系,因而成为建立和维护贵族组织关系的一种重要手段。

宾客执"贽"进见时,须按照自己的身份和目的手执不同品级的"贽",如玉帛、禽币、干果干肉等。授受仪式在堂上进行。"贽"一般是宾主亲相授受。若晚辈初见长辈,臣下初见君主,则将"贽"放在地上,称作"奠贽"。如果尊长推辞,然后再行授受之礼。仪式举行后,主人将"贽"还给宾客。如晚辈初见长辈,臣下初见君上,尊者可以受"贽"不还,以表示对晚辈或臣下的接受。

与之相关的还有朝觐和聘问,这是一种高级的贽见礼。朝觐之礼旨在明君臣之义,聘问之礼旨在使诸侯互相尊敬。诸侯觐见天子,以圭或帛为贽。授受仪式较为繁复,有"执玉""辞玉""授玉""还玉"等仪节。

9. 籍田礼

籍田礼是初春举行的劝农礼仪。令簋铭文称:"王大耤农于其田。"周宣王即位,不籍千亩,虢文公谏诤,详细追述籍礼仪式:立春前九日,太史报告时令,有司准备籍礼。立春前五日,春风微动,周王住入斋宫,君臣斋戒三日。立春那天,先举行祭礼,然后在稷、膳夫及农正的赞襄和太史的引导下,周王在"千亩"行籍礼,"王耕一坺,班三之,庶民终于千亩",[①]象征周王与公卿都亲自参与耕作。籍礼之日也举行飨礼。

周礼的内容体现着亲亲和尊尊的精神。亲亲就是亲其所亲,反映血缘关系,尊尊就是尊其所尊,反映政治关系。在亲亲和尊尊中贯穿着严格的等级制原则。周代的礼仪制度在中国古代延续数千年,影响深远。

---

① 韦昭注:《国语》卷一《周语上》,上海古籍出版社1988年版,第18页。

三、生活习俗

人们的生活习俗主要包括衣、食、住、行等几个方面。

1. 饮食

饮食主要是指食物饮品及烹调方法。夏代中原地区以粟、黍、高粱及稻米为主食,用陶器煮蒸熟食,辅以果蔬。用于蒸食物的陶甑形制变大,底部有五六个孔。出土有觚、爵、斝等酒器,表明有较多粮食用来酿酒,贵族阶层对酒的重视或嗜好。喝粥、食干饭和饮酒是夏人日常生活的组成部分。《墨子》载:夏启"将将鸣,苋磬以力,湛浊于酒,渝食于野,万舞翼翼,章闻于天"[1],说明夏代上层显贵已有"以乐侑食"的习惯。

殷商时期中原地区已有粟(小黄米)、黍(大黄米)、稻、高粱、麦几种粮食,而以粟、黍为主,还有牛、羊、猪、犬、马等家畜,鸡、鹅、鸭等家禽,以及狩猎的野生动物和捕捞的鱼虾作为肉食来源。饮食器具贵族使用青铜器,平民使用陶器。常用炊器有鬲、罐、鼎、甑,食器有簋、豆、钵、碗,盛载储容器有盆、瓮、深腹罐、缸,水酒器有壶、大口尊等。进食使用箸(筷子)和刀、叉等工具。在安阳西北岗1005号墓出土3双青铜箸,长26厘米,上端稍粗扁而有花纹,下端稍细而扁圆,还有骨匕、玉匕、铜匕等食具。

中原地区人们以粮食为主,又以蔬果肉食相佐。当时人们在选择食料和食品刀工技术方面已有一些知识,掌握一套烹饪方法。成汤的重臣伊尹就是一位烹饪高手。他曾"负鼎俎,以滋味说汤"[2]。伊尹的烹饪理论概括而言,是要除去食料原有的腥臊膻臭,使它美味可口:一是用水、火、木三材烹之,注意掌握火候;二是要把握调味品投放次序和数量,做到五味调和。商代的调味品有盐、梅、酒和花椒、糖(饴),已能把握调料投放数量和时机而形成复合味。

殷人一日两餐,分为大食和小食。上午一餐称大食,下午一餐称小食。殷人有饮酒的习俗,多饮粟酿制的白酒,还有用稻米酿造的醴酒,用黍酿造的鬯

---

[1] 孙诒让撰:《墨子间诂》卷八《非乐上》,中华书局2001年版,第262—263页。
[2] 司马迁:《史记》第一册,卷三《殷本纪》,中华书局1959年版,第94页。

酒,用水果酿造的果酒。商代后期贵族酗酒成风,妇好墓中出土了一套精美的青铜酒器,包括盛酒器、温酒器、酌酒器和饮酒器。殷墟西区墓地的近500座平民墓葬中出土有陶觚、陶爵两种酒器,成为平民喜爱饮酒的证据。

2. 服饰

夏代中原地区的衣料主要是麻、布、帛。在偃师二里头遗址4号坑出土的一件镶有绿松石的圆铜器上,至少蒙着六层四种粗细不同的布,粗者为麻布,细者为丝织物。夏代人们已有一定的衣着习惯,《盐铁论》说:"及虞、夏之后,盖表布内丝,骨笄象珥,封君夫人加锦尚褧而已。"①褧是用麻布做的单罩衣。夏人用布和丝做衣服,外面用布缝制,里面填充丝绵以保暖,服色尚青。服饰存在着贫富、贵贱的分化。贵族身着华丽的锦绣服装,带有用骨或玉制造的饰物。二里头遗址5区1号墓残存石串珠项链87件。4号墓的人骨架胸部有一件兽面铜牌,出土绿松石管、片残存200余件,以及一些陶珠项链和贝壳串饰。禹时有所谓"士阶三等,衣裳细布",是说下层人士中亦分三等,穿着衣料也有差别,以服饰反映人地位的尊卑至迟在夏代已开始。

商代中原地区人们用麻布、丝帛、皮革制作衣冠。郑州商城和安阳殷墟墓中出土铜器每有麻布和丝织品包裹留下的痕迹,还有麻线、麻绳、丝绳和成束的丝。安阳侯家庄1004号墓墓道中曾发现一件上绘有四色图案的皮甲。衣料的质地与做工的考究与否,衣饰纹样的繁简,是商代等级制服饰的基本内容。从商代雕像人体服装看,殷人至少有10种服装样式,即交领右衽短衣,交领右衽素长衣,交领右衽素小袍,交领长袖有华饰大衣,直领对襟有华饰短衣,高后领敞襟短衣,圆领长袖花短衣,圆领窄长袖花大衣,圆领细长袖连裤衣,赤身露体或仅于腹前束以窄蔽膝。② 总之,中上层贵族间流行窄长袖花短衣,中下层则穿窄长素袖长衣,奴隶罪徒的衣式则简而无华。

夏商时代自由民和贵族头戴冠,足穿履(鞋)。夏代人们一般用骨簪束发于头顶,而不披头散发。殷人的冠饰有玄冠(章甫)、缁布冠、皮弁、爵弁(吁)、冠卷、颊形冠等。玄冠似以玄色帛布制之,其上或缀玉饰,殷人称"章甫",即男人丈夫之冠。缁布冠的形状与玄冠差别不大,冠边四周垂饰物。皮弁以鹿皮制

---

① 桓宽编,马非百注释:《盐铁论简注》第二十九《散不足》,中华书局1984年版,第240页。
② 宋镇豪:《夏商社会生活史》,中国社会科学出版社1994年版,第387页。

成,形似覆杯。爵弁,形制如冕,色如雀头,赤面微黑,殷人称"吁"。冠卷即妇人所戴圆箍上卷的装饰性冠。颊形冠即扁平圆箍帽。玄冠、缁布冠、爵弁均为殷商贵族所戴,颊形冠贵族、自由民均可戴,而冠卷为贵妇装饰。

足下有履(鞋),材质有麻、皮革、丝帛。草制曰扉,麻制曰屦,皮制曰履。皮草丝帛之履为贵族所穿,粗履、扉、屦为平民所穿。

殷人的发式、衣冠缀戴有各种玉饰。贵族几乎周身上下都有饰品,头上束发的笄(簪)很讲究,考古发现有装饰纹饰的骨笄、玉笄。项下有珠管项链。衣服坠饰动物玉饰。臂腕亦有玉饰。平民装饰品则罕少,多为石、骨笄和绿松石片饰。

3. 居住

夏代的住宅建筑泛称"室",统治者的朝堂和住宅称"宫室"。如《世本》说:"禹作宫室。"①夏代上层贵族的居所集居住、祭祀、行政功能为一体,出现多连间单元、多隔室空间分割、多社会功能的大型建筑组合群体,建筑向着华贵、奢侈、舒适和宏大壮观的方向发展。《管子》说:"夏人之王……民乃知城郭门闾室屋之筑,而天下化之。"②夏代的中晚期都邑二里头遗址的房屋建筑遗迹可分为三等:最低一等是小型半地穴式或地面式长方形居室,中间一等是中型地面式或土台式长方形居室,最高一等是大型宫室建筑。遗址中部发现 30 多处大小不同的夯土建筑基址。一、二号宫殿基址和周围的辅助建筑,构成占地约 8 万平方米的宏大宫室建筑群体,布局严谨,主次分明,工程浩大而宏伟壮观,无疑是上层贵族日常生活和施政的场所。

殷商的中原住居,有穴居与宫室两种。平民和奴隶仍住在地穴里。殷墟发掘的窖穴,大小不一,方圆不定,有脚窝供人上下,有台阶供人出入。穴是人的住处,窖是藏物的仓库。未加修饰的穴壁粗糙,修饰则用泥涂或拍打使其平匀光滑。

贵族住的是宫室。"殷人重屋,堂修七寻,堂崇三尺,四阿,重屋。"③宫室建在高台基之上,屋顶做成四面坡,下垂为四角,施两重檐,外观像两层楼,气势巍

---

① 周渭卿点校:《世本》之《作篇》,与《帝王世纪》《逸周书》《古本竹书纪年》合刊本,齐鲁书社 2010 年版,第 70 页。
② 黎翔凤撰,梁运华整理:《管子校注》卷二十四《轻重戊》,中华书局 2004 年版,第 1507 页。
③ 杨天宇:《周礼译注》第六《冬官考工记》,上海古籍出版社 2004 年版,第 667 页。

峨。居室内部装饰华美,"宫墙文画,雕琢刻镂,锦绣被堂,金玉珍玮"①。商代以席为坐卧用品,床榻等卧具逐渐推广开来。从居室的防潮、室内装饰和床席的发明,可见人们居住条件改善之一斑。

4. 出行

夏代人们的出行主要是徒步。《史记》载:大禹治水时"陆行载车,水行载舟,泥行蹈橇,山行即桥……通九道"②。夏代中原地区已有道路和代步工具车和舟。《左传》载:"薛之皇祖奚仲,居薛以为夏车正"③,负责车的制造和管理。《世本》又说商族先公"相土作乘马""胲作服牛"④。"胲"即王亥。可见商族人已经用牛驾车,或者骑马。在二里头遗址发现车辙的痕迹。贵族出行以车代步,车也用于运输物品和战争。

商代徒步仍是最主要的出行方式,常以棒类手杖辅助,远行时携带行囊。贵族则乘车、骑马乃至服象。安阳殷墟的车马坑发现整车50多辆,属于晚商遗物。这些车以马为引辔动力,用于统治者的出行游乐、狩猎或对外战争,也有运送物资的牛车以及人力推拉的小车。在民间,独木舟是主要的水行交通工具。在陆路与水路相交处或架设桥梁,水浅处可持杖而涉。若干要道与河道交凑处设津渡,用皮囊作为渡河工具。长途水道则乘舟而行。

5. 占卜

占卜是以一定手段和方法,观察神秘现象兆示,以解决举事的凶、吉及行、止诸疑问。夏代中原各部族均相信有神灵的存在,举事前先占卜以避凶化吉,成为生活的一部分。夏代占卜常用牛、羊、猪肩胛骨。在二里头遗址出土多种卜骨。占卜前要加工凿薄整治,并视占卜之事的属性仔细选定若干点位,然后烧灼使之裂纹,再审视兆示的纹样,以判定吉凶。

殷人尚鬼神,在做任何事之前都要占卜决定是否可行,大至战争祭祀、王室王位继承和封赏、农牧生产,小至婚丧、患病、出行、娱乐,无不占卜记录。商代前期,占卜主要用羊、牛、猪、鹿等胛骨,后期则龟甲、兽骨并用,但以用牛肩胛骨

---

① 刘向:《说苑》卷二十《反质》,《百子全书》(一),浙江人民出版社1984年版,第1页。
② 司马迁:《史记》第四册,卷二十九《河渠书》引,中华书局1959年版,第1405页。
③ 杜预:《春秋左传集解》定公元年,上海人民出版社1977年版,第1605页。
④ 周渭卿点校:《世本》之《作篇》,与《帝王世纪》《逸周书》《古本竹书纪年》合刊本,齐鲁书社2010年版,第67、66页。

较多,龟甲以腹甲为主。殷墟甲骨上有修整和凿钻的迹象,证明殷人占卜技巧的复杂化和成熟。

殷人占卜有四大步骤:首先是选择甲骨。若占卜牵涉事体较大,释读文字较长,则选用牛肩胛骨,而较小的事体,可用羊胛或龟甲。其次是对所选用甲骨进行整治,使它变平变薄,然后钻出圆坑,称作"钻",再在圆坑旁边凿成梭的凹槽,称作"凿"。董作宾说:"凿之,所以使正面(龟腹甲外面)易于直裂也。钻之,所以使正面易于横裂也。钻凿之后,灼于钻处,即使正面见纵横坼文,所谓卜兆者也。"[1]整治甲骨是为得到清晰的兆示,以判明吉凶。再次是正式占卜。由专事占卜的贞人或当事人在凿坑或骨薄处用火烧灼,直到产生坼文(细裂纹)为止。最后是判读占卜结果,即对占卜甲骨上的坼文进行释读,以确定吉凶行止。到了晚商,占卜者必须把占卜事由和占卜结果契刻在占卜的甲骨上,即甲骨卜辞。

西周仍然延续着占卜的习俗,遇到大事必须占卜。例如周公营建洛邑,就通过占卜来选址。

---

[1] 董作宾:《商代龟卜之推测》,《安阳发掘报告》,1929年。

第三章 春秋战国时期的百家争鸣与元典文化

从周平王元年(前770)迁都洛邑(今洛阳),东周王朝建立,至秦王嬴政二十六年(前221)秦灭亡关东六国实现中国统一,史称春秋战国时期。

春秋战国时期中原地区气候温暖湿润,河流纵横,湖沼广布,生态环境良好,为农业生产和渔猎创造了条件。中原地区逐渐迈入铁器时代,农业生产开始使用铁器和牛耕,进入传统农业时代,冶铁、铸铜、制陶、纺织等手工业发展迅速。春秋时期的周、郑、卫、宋国,战国时期的韩、魏两国,商业都很发达。社会经济快速发展为文化的繁荣奠定了基础。

春秋战国时期是一个政治、经济大变革的时期。春秋时期郑国执政子产率先实行政治经济改革。战国初魏国以李悝为相变法图强,后来韩国也以申不害为相实行政治改革。旧的土地制度、宗法制度和礼乐制度开始崩溃瓦解,新的制度逐渐建立,推动了中原地区经济的发展,社会的进步,为文化的发展创造了条件。

春秋时期夏、商、周三族逐渐融合为一,统称华夏族。华夏族与进入中原的夷、蛮、戎、狄频繁交往,互相影响。春秋末期至战国,居住在中原或靠近中原的各族逐渐地融合于华夏族。中原文化以华夏文化为主体,呈现着与四方边远文化交流、融合的态势。

平王东迁后洛邑成为周礼乐制度的渊薮,周的同姓国郑国也从关中迁来。周王室和郑国的东迁扩大了周文化对中原地区的影响。宋国是殷商后裔建立的国家,居殷商故地的卫国是周的同姓国,两国从文化传统上是商、周文化并存。陈、杞、许诸国是所谓"古圣王之后",多少保留着各自的文化传统。春秋中期以后,立国于河东与周室同姓的晋国成为中原华夏诸国的霸主,晋文化对中原地区影响较大。长江中游的楚国向北扩张,将中原地区南部纳入楚文化圈。

春秋战国时期是中国和世界文化的轴心时代。春秋时宗周礼乐制度处于崩坏过程中,战国时期儒、道、墨、法、名、阴阳诸家相互争辩,形成"百家争鸣"的学术繁荣局面。楚国苦县(今鹿邑东)人李耳在洛阳担任史职,著有《老子》一书。宋国蒙(今商丘东北)人庄周及其后学著有《庄子》。鲁(今鲁山,一说山东滕州)人墨翟是墨家的代表人物,长期在宋国做官,与其后学著有《墨子》。法家的代表人物申不害、商鞅、韩非,纵横家苏秦,杂家吕不韦,兵家尉缭,都是中原人士。中国古代的一批文化元典在这一时期成书。《诗经》中的十五《国风》,半数属于中原地区的诗歌。《老子》《庄子》《韩非子》代表着战国时期散文的最高成就。郑、卫之音特色独具。魏国人石申所著《天文》,记载了天空的星象,墨子及其弟子对数学、物理进行了开创性研究,代表着当时自然科学达到的最高成就。这一时期中原文化发展迅速,出现了第一个高峰。

第一节 春秋战国时期的河外与河内地区

春秋战国时期黄河以北为河内,黄河以南为河外,或专以今河南省黄河以北地区为河内。因此,河外、河内即狭义的中原地区。这一时期黄河下游河道相对安流,仅发生过一次改道。中原地区生态环境良好,经济快速发展。周王室迁都洛邑(今洛阳)和郑国东迁新郑,周文化对中原的影响加强。韩、魏、赵三晋的迁入与楚国的北进也对中原文化施加了重要影响。春秋时期郑国的子产改革和战国时期魏、韩两国的变法改变了中原的政治、经济制度,华夏与四裔族的杂居促进了不同民族的文化融合。

一、黄河的安流与良好的生态环境

1. 黄河的安流、改道与水利

历史地理学家史念海先生以为,商、周和秦代是黄河的第一个长期相对安流期。① 在战国中期以前,黄河下游至少存在着《山经》和《禹贡》记载的两条河道。战国中期黄河下游的齐、赵、魏诸国"壅防百川,各以自利"②,在黄河下游河道两旁修筑堤防,防御洪水,并利用被河水淤漫的滩地,广开田亩,于是黄河漫流区不断缩小。《山经》《禹贡》所记河道断绝,黄河方大体固定流行一条河道。随着黄河下游河床的淤高,受到河堤约束的河水开始不安分起来。周定王五年(前602)发生在黎阳(今浚县)的决口改道,是黄河的第一次大改道,它结束了禹河河线的历史。黄河"主流由北流改向偏东北流,经今濮阳、大名、冠县、临清、平原、沧州等地于黄骅入海"③。黄河的这次改道发生在浚县,东北流经濮阳一带,仅对中原地区东北一隅有所影响。

春秋时期洛阳的周王城位于黄河支流洛水的北边。如遇天降大雨,洛水暴涨,就会危及周王城的安全。周灵王二十二年(前550)"谷、洛斗,将毁王宫"④,于是修筑堤堰,以避水害。

战国时期,各国开始兴修水利工程,进行灌溉和航运。漳水是黄河的一条支流,常暴涨暴落,泛滥成灾。魏文侯二十五年(前421)西门豹为邺令,"即发民凿十二渠,引河水灌民田,田皆溉"⑤。这是一项大型水利工程,开渠分水既能减少漳河水患,又使邺地(今河北临漳、河南安阳一带)10万亩土地得到灌溉,改良了土壤,土地肥力增加,粮食产量提高,成为河内最富饶的地区。魏襄王时史起为邺令,继续开渠引漳水灌溉,使盐碱地变成良田。这是中国古代用淤灌改造盐碱地的开端。

周显王七年(前362),魏惠王将都城迁到黄河下游的大梁(今开封西北)。次年,为了解决新都水源匮乏、交通不便的问题,先开挖渠道从黄河、荥泽引水至圃田泽,再开渠引圃田泽水东南流至陈(今周口淮阳区),然后分两支,南入颍水,东入沙(蔡)水,以通淮河。所开渠称作"鸿沟"(或"大沟"),是中国古代最早沟通黄河和淮河的人工运河,对黄河下游的航运事业起到了推动作用。

---

① 史念海:《黄土高原历史地理研究》,黄河水利出版社2001年版,第825—826页。
② 班固:《汉书》第六册,卷二十九《沟洫志》,中华书局1962年版,第1692页。
③ 黄河水利委员会:《黄河志》卷二《流域综述》,河南人民出版社2017年版,第18页。
④ 韦昭注:《国语》卷三《周语下》,上海古籍出版社1988年版,第101、113页。
⑤ 司马迁:《史记》第十册,卷一百二十六《滑稽列传》,中华书局1959年版,第3213页。

2. 良好的自然生态

春秋时期,中原地区生态环境向适宜人类生存的方向转化,气候比较温暖湿润,降水量较为丰富,在黄河下游冲积平原上形成众多的分流,构成黄淮海平原的河网系统。在黄河冲积扇的前沿洼地和河间洼地,分布着许多天然湖沼,而且湖沼面积较大。第一湖沼带在黄河古冲积扇顶部,即今修武、郑州、许昌一线,有著名的圃田泽、荥泽、萑苻泽、大陆泽等,其中以圃田泽面积最大。这些湖沼长期受河流泛滥所带来的泥沙充填,通常较为平浅,洲滩分布,水草丰茂,麋鹿之类动物大量生长繁殖。河流纵横,湖沼广布,为农田灌溉和渔猎创造了条件。

春秋时期,中原地区生态环境之良好在《诗经》中有所反映。如"关关雎鸠,在河之洲"①,说河中的沙洲上有水鸟鸣唱。"瞻彼洛矣,维水泱泱"②,说洛河河道宽广,河水清澈。"瞻彼淇奥,绿竹猗猗","瞻彼淇奥,绿竹青青",③说淇水两岸竹林青翠茂盛。"彼泽之陂,有蒲与荷。""彼泽之陂,有蒲与蕑。""彼泽之陂,有蒲菡萏",④说宛丘(今周口淮阳区)的池塘边长满野生的蒲草、兰草和荷花。到了战国晚期,中原地区气候又向干冷方向发展。

二、周、郑东迁与周文化影响的加强

周幽王十一年(前771)申侯联合缯国(今南阳一带)和犬戎攻灭西周,杀幽王于骊山之下,申、鲁、许等诸侯国拥立太子宜臼为王,是为周平王。次年周平王迁都洛邑(今洛阳),此后的周王朝史称东周。东迁后周王名义上仍然是诸侯国的共主,但王畿仅有河南西部方圆六百里的土地。后来土地日削,如同一个小国。西周时诸侯要定期朝觐周王并贡献财物的制度已经破坏,周王室财政拮据,靠向诸侯国伸手讨要过日子。周显王二年(前367)周室内乱,分为东周和西周,实力更加弱小。

---

① 朱熹:《诗集传》卷一《周南·关雎》,上海古籍出版社1980年版,第1页。
② 朱熹:《诗集传》卷十三《小雅·瞻彼洛矣》,上海古籍出版社1980年版,第158页。
③ 朱熹:《诗集传》卷三《卫风·淇奥》,上海古籍出版社1980年版,第34、35页。
④ 朱熹:《诗集传》卷七《陈风·泽陂》,上海古籍出版社1980年版,第84页。

周宣王封弟季友于棫林(今陕西华县东),是为郑桓公。周幽王时,郑桓公见西周将亡,将财产、家族迁往虢、郐之间(今荥阳、新密一带)。西周灭亡,郑武公迁都新郑。春秋初期郑国国势最强。郑庄公与周桓王发生矛盾,曾在繻葛(今长葛东北)把周军打得大败,又讨伐宋、卫等国,声威大振。但是到了郑厉公以后,郑国逐渐衰弱下去。

周王室和郑国的东迁,扩大了周文化对中原地区的影响,周郑文化成为中原地区的核心文化,东周京畿成为周礼乐制度的渊薮。

春秋时期中原较大的诸侯国是宋国和卫国。宋国是殷商后裔建立的国家。春秋前中期,宋国政治动荡,国力削弱。宋襄公八年(前643),诸侯霸主齐桓公在弥留之际将公子昭托付给宋襄公,让他帮助公子昭登上齐国君位。宋襄公想借此机会取得霸主的地位,遂联合卫、曹等国出兵伐齐,送公子昭回国即位。但是宋襄公的图霸受到楚成王的挑战。周襄王十三年(前639)春,宋襄公与齐孝公、楚成王约定当年秋在盂地(今睢县)再会诸侯,宋公子目夷劝宋襄公带军队以防不测,宋襄公不听。结果在盂地聚会时,楚军将宋襄公拘禁,并出兵攻宋。因公子目夷率兵众坚守都城,楚王见无利可图,将宋襄公放回。次年夏,宋襄公领兵伐郑,楚国派兵救郑。两国军队在泓水(今柘城北)相遇。公子目夷建议趁楚军渡河或布阵时发起攻击,又被宋襄公拒绝。两军交锋,宋军大败,宋襄公受伤而死,其霸业昙花一现。后来宋国与晋国结盟,常受楚国征伐,国势日益衰落。卫国是周室的同姓国,居于殷商故地。春秋时期遭狄人侵伐,内乱频仍,都城多迁,国力衰弱,亡于战国。

宋、卫两国都保留较多的殷商文化。陈、杞、许等国属于夏以前的古圣王之后,保留了各自的文化传统。

春秋中后期,晋、楚两国争霸长达百余年,处于四战之地的中原诸国成为大国争夺的对象,受到战争的破坏也最惨重。

三、三晋的迁入与楚国的北进

春秋战国时期,晋国从河东地区南下,楚国从江汉平原北上,争夺中原霸主地位,晋、楚文化都对中原文化施加了较大影响。战国时期韩、赵、魏三家分晋,先后迁都中原,其文化成为中原文化主流。晋国是周王室的同姓国,其文化与以周、郑为代表的中原文化区别不大。楚文化虽然由中原华夏文化和南方蛮族文化融合而成,却独具特色,对中原南部文化影响很大。

春秋时期,立国于河东(今山西南部)的晋国逐渐强大。周襄王时周室发生王子带之乱,襄王出奔,晋文公出兵诛杀王子带,周襄王得以复位。周襄王二十年(前632)晋文公与诸侯盟于践土(今原阳东南),周襄王封晋文公为霸主,又将周王室在河内(今焦作一带)的部分土地赐给晋文公,后来晋国的势力发展到朝歌(今淇县)一带。晋国打着"尊王攘夷"的旗帜,成为中原华夏诸国的首领。晋定公三十六年(前476),韩、赵、魏三家分晋,魏国主要占有今山西西南部、河南北部以及陕西东部一带,韩国占有今山西省东南部及河南省中部一带。韩、赵、魏三国长期联合向外扩张。韩、魏两国取得不少郑、宋土地。楚悼王十一年(前391)三晋大败楚师于大梁(今开封西北),大梁归魏。魏武侯二十五年(前371)魏国又攻取楚国的鲁阳(今鲁山),得到黄河以南大片土地。

三晋逐渐强大起来之后,又互相争夺地盘。魏惠王八年(前362),魏国战败韩、赵联军,秦国乘机攻魏,大败魏军。魏国都城安邑(今山西夏县西北)处于韩、赵、秦三国包围之中,只有上党(今山西长治)一线连通河内。为了国家安全,魏惠王于次年迁都大梁,从此魏国又称梁国。魏国与韩国和赵国交换了一些土地,使国土连成一片,国力达到鼎盛,曾一度称霸中原。韩国国都原在平阳(今山西临汾西北),韩武子九年(前416)南迁宜阳(今宜阳韩城镇),韩景侯时又迁都到阳翟(今禹州)。韩哀侯二年(前375)韩国灭掉郑国,迁都新郑。赵国都城原在晋阳(今山西太原),赵献侯元年(前423)迁都中牟(今鹤壁西),三十八年后又迁都邯郸。三晋迁都中原地区,当地的周、郑、宋、卫诸国逐渐衰弱乃至灭亡,晋文化的影响进一步扩大。

楚国是春秋五霸和战国七雄之一。楚人先祖由中原地区迁出,西周初立国于丹阳(今淅川,一说湖北秭归),春秋初期迁至江汉平原,成为中国南方的大国。楚国融合中原华夏文化与长江中游的荆蛮文化,形成了独具特色的荆楚文化。

春秋中期楚国向北扩张,与晋国争夺中原霸权。周定王元年(前606),楚庄王领兵北上,观兵周郊,问鼎中原。楚国在发展扩张过程中,吞灭中原地区南部的申、吕、邓、应、弦、黄、蒋、番、道、柏、房、江、东不羹、西不羹、顿、蔡、陈等国,将这一地域纳入楚文化圈。战国后期,楚国衰弱,将都城东迁陈(今周口淮阳区)。荆楚文化的北渐对中原文化产生了很大影响。

四、郑国的子产改革与魏国李悝、韩国申不害的变法

春秋战国时期是社会大变革的时期,田宅自由买卖取代"田里不鬻(土地不得随意转让和买卖)";个体手工业独立开业,百工居肆取代"工商食官";郡县制逐渐取代世袭的采邑制。中原地区的改革主要是春秋时期的郑国子产改革和战国时期的魏国李悝和韩国的申不害变法。

春秋中后期的郑国"国小而逼,族大宠多",政局动荡不安。郑简公二十三年(前543),子产出任执政。子产名侨,人称公孙侨、公孙成子,是郑国贵族子国的儿子。子产进行了一系列的政治经济改革:一是"作封洫"。"封"是沟边的道路,也就是田界;"洫"是田间纵横的水沟。"作封洫",就是让私有土地的农户划定田界,承认私田的合法性,按亩收税。二是"作丘赋",就是以一定数量的土地为计算单位,向土地私有者征收军赋。三是"铸刑书",就是把法律条文铸在鼎上,公布于众,以限制贵族任意杀戮的不法行为。郑国所铸的刑书,是我国首次公布的成文法,比古罗马的"十二铜表法"早一个世纪。子产的改革使郑国经济发展,政治稳定。

魏国早在魏文侯时期,已经建成中央集权制的封建国家。魏文侯先后任用魏成子、翟璜、李悝为相,励精图治,变法图强。李悝推行"尽地力之教"以发展农业生产,实行"平籴法"以巩固小农经济,制定《法经》以法治国,于是魏国成为战国初期最强的国家。魏惠王迁都大梁后,又继续进行改革,兴修水利,开凿鸿沟;按照一定标准选拔武卒,免除其全家赋役,以提高军队的战斗力。

韩国为改变积弱不振、被动挨打的局面,决定变法图强。韩昭侯八年(前355)以申不害为相,实行改革,强化君主权力,使君主操生杀之权,课群臣之能,因能授官,论功行赏。申不害在韩国"修术行道,国内以治,诸侯不来侵伐"[1],初步改变了韩国积弱不振的局面。

---

[1] 司马迁:《史记》第六册,卷四十五《韩世家》,中华书局1959年版,第1869页。

政治经济改革不仅推动了中原地区经济的发展、社会的进步,旧的土地制度、宗法制度、礼乐制度崩溃瓦解,新的制度建立,为文化的迅速发展创造了条件。

五、快速发展的社会经济

春秋时期中原地区开始进入铁器时代,周、郑、卫、宋诸国土地肥沃,交通便利,物产丰富,农业、手工业和商业发展迅速。

春秋时期中原农业生产开始使用铁器和牛耕,灌溉工具有很大的进步,"桔槔"这种先进的提水工具最先出现于郑国,然后传到卫国,逐渐在中原地区普及开来。周王畿内农业生产已经是一年两熟制。郑国工商业发达,手工业以青铜冶铸最为突出。郑桓公和商人订立盟约,商人不得背叛国家,国家也不干涉商人的经营。郑国商人的足迹遍布大河上下,长江南北。郑国都城新郑交通发达,有逵市、羊市等商品交易场所。卫国迁都楚丘(今滑县东北)之后,卫文公制定了"务财、训农、通商、惠工"政策,农业、手工业和商业得到恢复和发展,20多年后国用充足,人口增加十倍,工商业者在卫国占有举足轻重的地位。著名的商业都市定陶即属于卫国。东周的洛邑(今洛阳)居天下之中,"东贾齐、鲁,南贾梁、楚"。[①] 周人"巧伪趋利,贵财贱义,高富下贫,喜为商贾"[②],工商业者的力量相当强大。

战国初期,魏文侯以李悝为相,推行经济改革,发展农业生产,农作物产量提高,财政收入增加。魏惠王迁都大梁(今开封西北)后,开凿鸿沟运河,引黄河水与淮河连通,既可灌溉农田,又能进行水上运输,对工商业发展十分有利。又开放山泽之利,出现了一批工商业主,例如经营冶铁业的孔氏和富商虞氏。首都大梁和顿丘(今浚县西)、温、轵(今济源南)、阳翟(今禹州)、定陶、濮阳等都是商业发达的城市。韩国境内矿藏丰富,冶铁手工业最为发达。都城新郑以及阳城(今登封告成)、冥山(今信阳东南)、棠溪(今舞阳西南)、合脾、龙渊(二地

[①] 司马迁:《史记》第十册,卷一百二十九《货殖列传》,中华书局1959年版,第3265页。
[②] 班固:《汉书》第六册,卷二十八《地理志下》,中华书局1962年版,第1651页。

均在西平县西),邓师(今孟州东南)等地都是著名的冶铁手工业中心。今西平、舞阳、新郑和登封等地发现战国时期的冶铁遗址。新郑发现的韩国冶铁遗址,面积达4万平方米,是一个集冶炼、制范和铸器于一体的冶铁基地。冶铁业的发展带动了其他手工业、商业的发展和城市的繁荣。新郑的东城是手工业和商业区,有铁器、铜器、玉器、骨器、陶器和造币手工业作坊和市场,车马往来,熙熙攘攘,其他城市如荥阳、阳翟、宜阳商业都十分发达。

文化需要经济发展来带动。春秋战国时期中原经济的快速发展为文化繁荣奠定了基础。

六、华夏族与四裔的杂居与文化融合

及至东周,夏、商、周三族已逐渐融合为一,统称为华夏族。春秋时期,中原地区的华夏族和夷、蛮、戎、狄等族长期频繁交往,互相影响,逐渐走向融合。

周平王东迁洛邑后,"周遂陵迟,戎逼诸夏,自陇山以东,及乎伊、洛,往往有戎"。① "诸戎饮食衣服,不与华同,贽币不通,言语不达"②,保留着较多的民族特性。就中原而言,伊水、洛水之间有扬拒、泉皋之戎,汝水流域以西有蛮氏之戎。陆浑之戎也由瓜州(今甘肃敦煌)迁入伊水流域。近年在伊川徐阳发现了陆浑戎的大型墓地。卢氏和陕西商洛一带又有阴戎。北戎侵犯过郑国,扬拒、泉皋、伊洛之戎曾联兵攻破洛邑王城。长狄曾侵扰宋、卫诸国。春秋中期,北方的狄族军队灭邢、卫,兵临温县,南方的荆楚北伐陈、蔡,呈现出"南夷与北狄交,中国不绝若线"的形势。③ 周襄王立狄女为后,又将她废黜。王子带领狄兵攻周,周襄王出逃,晋文公出兵干预,周襄王得以返回。此后,晋灭陆浑戎,楚执蛮氏而南迁,戎蛮衰落。到春秋末期,居住在中原或靠近中原的各族逐渐地融合于华夏族。及至战国,韩、魏两国又灭掉伊洛之戎,戎人大多西逃,留下者则融入华夏族,但是韩国边地尚有"百蛮"存在。

---

① 范晔:《后汉书》卷八十七《西羌传》,中华书局1965年版,第2872页。
② 杜预:《春秋左传集解》鲁襄公十四年,上海人民出版社1977年版,第902页。
③ 公羊寿传,何休解诂,徐彦疏:《公羊传》鲁僖公四年,《十三经注疏》本,中华书局1980年影印,第2249页。

总之,春秋战国时期,中原地区的文化并非单一的华夏文化,也存在着夷、蛮、戎、狄等族的文化。中原文化以华夏文化为主体,呈现着与四裔文化交往、融合的态势。经过文化整合和民族同化,诸多部族在中原地区逐渐交融于一体,成为一个更大的华夏族,为以后汉族的形成奠定了基础。

第二节 百家争鸣中的思想学术

春秋战国时期是社会剧烈变革的时代,在思想学术领域,盛行于夏、商、周三代的宗教神学观念发生动摇,人文学术沛然兴盛。一些智者深刻思索各种社会、人文乃至自然法则问题,提出许多思想哲学命题、范畴,出现道家、法家、墨家和儒家等不同思想学术流派,形成"百家争鸣"局面,奠定了中国古代观念文化的基础。中原地区是道、法、墨家学说的策源地,儒学率先在这里传播,是百家争鸣的中心区之一。

一、老子、庄子与道家学说

老子是一位传颂千古的伟大思想家,他创立可与儒家学说匹敌抗衡的道家学说,开中国古代哲学思想的先河,对中国古代思想文化发展和民族性格的形成做出了重要贡献,对后世产生了重大影响。

老子,姓李名耳,春秋末年楚国苦县(今鹿邑太清宫)人,曾在洛阳东周朝廷中担任守藏室之史,管理王室图书档案。据说老子在洛阳时,孔子曾专程前往拜访,并向他问礼。孔子对老子评价很高,称他如同"能乘风云而上天"的龙。老子可能在周王室发生王子朝之乱时辞官西行,路过函谷关时,应关尹喜所请而著书五千言,名《老子》(又称《道德经》)。然后离开函谷关,不知所终。

《老子》成书可能不迟于战国初期,在战国中期已经被人们广为传抄。《韩非子》中有《解老》《喻老》,是解读《老子》最早的作品。除了传世的诸多《老子》版本,近年出土了《老子》的四种古抄本,即郭店战国竹简本,汉帛书甲本和乙本,汉竹简本,这些为研究老子思想提供了更为丰富的资料。老子的哲学思想主要反映在《老子》一书中。

老子第一个提出"道"的概念,并把它作为哲学的最高范畴。"道"是老子哲学思想的核心,具有本体论和宇宙论的意义。关于道,《老子》有简明的概括:"有物混成,先天地生。寂漠!独立不改,周行不殆,可以为天下母。吾不知其名,字之曰道。"[1]就是说,"道"是客观存在的、运动不停的物质实体。老子认为道是万物之母,万物都是道派生出来的。《老子》说:"道生一,一生二,二生三,三生万物。"[2]老子认为"道"具有"有""无"两种性质,常用"有""无"来说明自然界的存在,又以为世间万事万物都是"有"与"无"的统一,从而得出了"天下万物生于有,有生于无"[3]的结论。老子认为"道"要效法自然。

老子的哲学思想中具有朴素的辩证法因素,具体表现在两个方面:其一,认为世间万事万物都在不断变化,决不会守成不变。道"周行而不殆",从"道"产生的天地万物也是变化着的。事物都是变动不居的。《老子》说:"合抱之木,生于毫末;九层之台,起于累土;千里之行,始于足下。"[4]一切事物都应该是一个循序渐进的过程,一个从量变到质变的过程。这符合客观事物发展规律。其二,认为世界的事物无不包含着相互矛盾对立的两个方面。《老子》说:"有无相生,难易相成,长短相形,高下相倾,音声相和,前后相随。"[5]有无、难易、长短、高下、前后等是矛盾的两个对立面,它们互相依存,相反相成,缺一不可。《老子》说:"曲则全,枉则正;洼则盈,敝则新;少则得,多则或。"[6]物极必反,两个对立面在一定条件下相互转化。

在人生哲学方面,老子主张克欲虚静,返璞归真。《老子》说:"罪莫大于可欲,祸莫大于不知足,咎莫大于欲得。"[7]要通过修德,克服外在的诱惑和内心的欲望。要少私寡欲,去甚、去奢、去泰。要与世无争。《老子》说:"夫惟不争,故

---

[1] 朱谦之:《老子校释》二十五章,中华书局1984年版,第100—101页。
[2] 朱谦之:《老子校释》四十二章,中华书局1984年版,第174页。
[3] 朱谦之:《老子校释》四十章,中华书局1984年版,第165页。
[4] 朱谦之:《老子校释》六十四章,中华书局1984年版,第259—260页。
[5] 朱谦之:《老子校释》二章,中华书局1984年版,第9—10页。
[6] 朱谦之:《老子校释》二十二章,中华书局1984年版,第91—92页。
[7] 朱谦之:《老子校释》四十六章,中华书局1984年版,第186页。

天下莫能与之争。"①

老子的社会政治思想可概括为"无为自化,清静自正"八个字。《老子》说:"故圣人云:'我无为,人自化;我好静,人自正;我无事,人自富;我无欲,人自朴。'"②老子认为由于居高位者施行权谋、智巧,滥用权力,遂使天下不得安宁。他主张统治者清静无为,一切顺其自然。老子反对智性,主张使民无知无欲,主张小国寡民,反对战争,向往和谐的社会。

老子的哲学在当时很有影响,庄子、申不害、韩非等都受到老子学说的熏陶。

庄子(约前369—前286),名周,战国中期宋国蒙地(今商丘东北)人,出身没落贵族家庭,曾任"漆园吏",生活清苦,但学识渊博。"其学无所不窥,然其要本归于老子之言。"③他著书十余万言,旨在阐明老子之术。传世《庄子》一书是庄子及其后学所著,大体可反映庄子的哲学思想和学术成就。

庄子的自然哲学主要是由构成万物的"气"、万物生成和存在形式的"化"以及宇宙根源的"道"三个范畴构成。

在庄子的自然观中,"气"是弥漫宇宙的普遍存在。它本质是"虚无",却能显现于具体事物的存在状态中,其基本性质只有阴和阳两种。阴、阳这两种对立的"气"相互作用,天地原始的状态就会发生变动,就能产生万物。正是"气"的运动不息所表现的万物生成、发展、灭亡的过程,构成了宇宙的全貌。

在先秦诸子中,庄子具有最为明晰的时空观念和运动变化观念。其时空观念就是宇宙,运动变化观念就是"化"。庄子认为,变化是宇宙中存在的一个最普遍的现象,也是万物存在的一个共同特点。宇宙或万物间的变化具有多种多样的形态。万物变化的历程皆是循环,变化的动因存在于自身之内。

庄子也以"道"作为天地万物的本原。《庄子》说:"夫道,覆载万物者也,洋洋乎大哉!"④他把老子关于"道"的论说作进一步的阐述,认为"道"是无形的,是世界万物之母。强调"道"先于一切,至高无上。庄子认为"道"不能言、不能视、不能听,"无为"就是"道"。由此可见,"虚无"和"无为"是庄子哲学的核心。

---

① 朱谦之:《老子校释》二十二章,中华书局1984年版,第93页。
② 朱谦之:《老子校释》五十七章,中华书局1984年版,第232页。
③ 司马迁:《史记》第七册,卷六十三《老子韩非列传》,中华书局1959年版,第2143页。
④ 郭庆藩辑:《庄子集释》之《外篇·天地》,中华书局1961年版,第406页。

庄子将老子关于世界事物矛盾对立和统一的观点转化为无本质差异的相对论。《庄子》说:"物无非彼,物无非是。自彼则不见,自知则知之。故曰彼出于是,是亦因彼。彼是方生之说也。""天下莫大于秋豪之末,而太山为小;莫寿于殇子,而彭祖为夭。"①他把一切事物都看作是相对的,无论大小、是非、寿夭、善恶、贵贱都无本质差别。抹杀客观事物的本质差别,否定认识事物的客观标准,就陷入了世界事物不可知论。对事物的本质认不清,必然导致认识论上的悲观绝望。《庄子》说:"吾生也有涯,而知也无涯。以有涯随无涯,殆已;已而为知者,殆而已矣。"②此说不可取。知识虽然无尽头,通过学习、观察和实践,总会认识一些事物,发现其内在规律。

庄子的社会批判思想,可以分解为无君论、无为论和返朴论。庄子痛恨当时的统治者,对君主表示轻蔑和否定。但是庄子学派并没有完全否定君主的存在,而是给君主提出一个根本性的行为规范,这就是"无为"。《庄子》说:"人卒虽众,其主君也。君原于德而成于天,故曰,玄古之君天下,无为也,天德而已矣。"③庄子认为天地万物的本性都是"无为"的,人应该顺应自然而没有作为。庄子在对战国时代社会进行批判的基础上,主张人们应该停止用"仁义"、智巧等对本性的凿削雕琢,返归朴素的自然。《庄子》说:"绝圣弃知,大盗乃止;摘玉毁珠,小盗不起;焚符破玺,而民朴鄙;掊斗折衡,而民不争。"④要改变人类的不幸状况,必须返回自然,复归朴素。庄子反对社会进步,否定文化知识,痛恨仁义礼乐,也是不可取的。其社会理想是"至德之世"和"建德之国",但这种理想社会是不可能实现的。

庄子鄙视金钱、利禄、权贵,发誓"终身不仕",具有一种追求自由的思想倾向。不过,他追求的是没有限制和没有"所待"的绝对自由,这种自由在人世间是不存在的。

庄子是战国时期道家的代表人物。虽然庄子的思想作为一种理论形态、思想体系,在秦汉以后已经停止发展,但是其思想观念和语言,仍生机盎然地生长在魏晋、唐宋以降人们的生活与思想之中。

---

① 郭庆藩辑:《庄子集释》之《内篇·齐物论》,中华书局1961年版,第66、79页。
② 郭庆藩辑:《庄子集释》之《内篇·养生主》,中华书局1961年版,第115页。
③ 郭庆藩辑:《庄子集释》之《外篇·天地》,中华书局1961年版,第403页。
④ 郭庆藩辑:《庄子集释》之《外篇·胠箧》,中华书局1961年版,第353页。

中原地区的道家,除了老子、庄子,还有列子,即列御寇(前450?—前375?),郑国圃田(今郑州东)人。传世有《列子》一书,其思想丰富而复杂。《汤问》《力命》等篇讲到天地之大及人力之有限,反映了那个时期关于宇宙的认识及对于人与自然的关系的认识,"杞人忧天""儿童辩日""愚公移山"等寓言深含哲理。另有些篇章对社会现实中某些人和事有深刻的讽刺,在一定程度上揭露了社会上的不公平与丑恶。唐天宝元年(742),唐玄宗诏令《列子》一书为《冲虚真经》,成为道家的经典之一。

二、墨子与墨家学说

墨学是墨子创立的学术流派。墨子名翟,生卒年不详,鲁(今鲁山,一说山东滕州)人,出身卑贱,长期在宋国做官,可能到过鲁、齐、卫、魏、越、楚等国。司马迁说:"盖墨翟,宋之大夫,善守御,为节用。"[1]战国时期宋国是一个处于"四战之地"的小国,长期受战火蹂躏,墨子为拯救宋国,曾亲自到楚国和齐国,阻止他们攻打宋国。墨子一生反对战争,主张和平。他勤奋好学,摩顶放踵,积极救世,精神感人,有徒众一二百人。墨子及墨家后学著有《墨子》一书。

墨子学说所受地域文化之影响,主要是宋文化和鲁文化。墨子的祖先可能是宋人,又曾仕宋,因而或谓其学说乃与宋俗有关或出于宋文化。俞正燮提出,墨学是"宋君臣之学"。宋亡国之余,宋襄公言仁义或失中。其后华元、向戌皆以止兵为务。"有是君则有是臣"。墨子为宋大夫,故持说有与其君相同之义。他还认为墨以殷后,多感激不法周而法古,故为墨。[2] 顾颉刚、杨向奎指出墨子是宋公子目夷之后。[3] 冯友兰证之以墨家的兼爱、非攻、节用、明鬼、尊神的主张与宋人思想或宋俗同,而认为墨学出于宋学。[4]

---

[1] 司马迁:《史记》第七册,卷七十四《孟子荀卿列传》,中华书局1975年版,第2350页。
[2] 俞正燮:《癸巳类稿》卷十四《墨学论》,商务印书馆1957年版,第537页。
[3] 顾颉刚:《古史辨》(七下编),上海古籍出版社1982年版,第68页。杨向奎:《墨经数理研究》,山东大学出版社2000年版,第1—2页。
[4] 冯友兰:《中国哲学史》(上卷)第五章《墨子》第一节《论墨学为宋学》,神州国光社1931年刊,第103页。

墨子提出"三表",即三种立言的标准、法度,也就是传统、知觉经验和国家人民之利,墨子思想即以此为出发点而展开。

墨子提出了一系列进步的社会政治理论和政治主张,主要表现在"墨学十论",这些主张可分为以下几个方面。

1. 尚贤、尚同

尚贤、尚同是墨子社会政治理论的重要组成部分和核心内容。尚贤是针对当时贵族世袭与等级制度而言,其目的是选拔贤良之士参与管理国家和治理社会。墨子说:"夫尚贤者,政之本也。""是故国有贤良之士众,则国家之治厚,贤良之士寡,则国家之治薄。故大人之务,将在于众贤而已。"[1]所谓"众贤",就是要多选拔贤能之士,授予官爵。选人要坚持唯贤能是举,不辨其贫富、贵贱、远近、亲疏。墨子又提出尚同的主张,认为尚同也是为政之本、治国之要。他所谓尚同,就是"一同天下之义",统一人们的思想认识。具体而言,就是下级同于上级,使天下之人与最高统治者同心同德,而不在下面比周为奸。

2. 兼相爱、交相利与非攻

墨子认为,社会的不和谐,源于人们之间的不相爱。他说:"凡天下祸篡怨恨,其所以起者,以不相爱生也",应"以兼相爱、交相利之法易之"。[2] 兼相爱、交相利,就是爱无差等,爱且利之。兼爱互利可以使国家治理,社会和谐。"若使天下兼相爱,国与国不相攻,家与家不相乱,盗贼无有,君臣父子皆能孝慈,若此则天下治。"[3]兼爱是墨子政治主张的核心,和儒家主张的"爱有差等"不同,是对儒家仁爱学说的挑战和突破。

墨子从"兼相爱、交相利"的原则出发,主张"非攻"。当时的攻伐兼并战争"贼虐万民,百姓离散","竭天下百姓之财用不可胜数也",[4]给人民生活带来难以承受的苦难,因此墨子提出"非攻"主张,反对并试图制止战争,但墨子并不反对正义的防御性的战争。

3. 天志与明鬼

墨子认为世界上有"上帝"存在,"上帝"有明确的意志,就是"天志"。而

---

[1] 孙诒让:《墨子间诂》卷二《尚贤上》,中华书局2001年版,第49、44页。
[2] 孙诒让:《墨子间诂》卷四《兼爱中》,中华书局2001年版,第102—103页。
[3] 孙诒让:《墨子间诂》卷四《兼爱上》,中华书局2001年版,第101页。
[4] 孙诒让:《墨子间诂》卷五《非攻下》,中华书局2001年版,第143页。

"天志"的内容就是"兼爱","欲义而恶不义"。除了"上帝",还有鬼神。鬼神也以"上帝"的意志为意志。墨子以"天志"作为一种标准,批评当时统治者的政治举措,并批判别家的学说。但墨子反对儒家关于"天命"和"命"的观点,墨子思想中有法治倾向,这种倾向以一种无形的、抽象的形式被表述为他的天志思想。

4. 节葬、节用与非乐

墨子珍惜人民群众的劳动成果,认为偷窃和抢夺别人劳动成果的"亏人自利"行为就是不仁不义。要满足人们的衣食需求,必须开源节流:一是努力发展生产,增加社会财富;二是节约用度,避免铺张浪费。由此出发,墨子主张节葬、节用、非乐。战国时期实行厚葬久丧,是一种极大的浪费,劳民伤财。墨子反对这种制度,主张死者不分贫富贵贱,一律"棺三寸""衣三领";服丧者不分亲疏,一律于葬后即正常生产,"哭往哭来,反(返)从事乎衣食之财"。[1] 节葬是节用的一个重要方面。墨子又认为,当时的乐舞只是供少数贵族享受的奢侈行为,必然会加重人民的负担。墨子的"非乐",只是反对在奢靡礼仪中的音乐铺排活动,并不是反对音乐活动本身。

墨子的上述主张都反映了平民的政治要求。墨子以功利主义的价值观为尺度,批评儒家倡导的礼乐制度。

如果说墨子所代表的前期墨学思想的重点是重建政治和社会新秩序的话,那么后期的《墨辨》则反映了墨家的认识论和逻辑思想。墨家将人的认识能力分为"体见"和"尽见",认识主体与对象相接而产生认识活动,又把知识的来源分为"闻知""说知"和"亲知";在讨论辩论的概念、标准和技巧中表现出逻辑思想。

墨学在战国时期是一种显学,有天下"不归儒,则归墨"的说法。墨子去世后,墨家分为三个派别,即相里氏之墨、相夫氏之墨和邓陵氏之墨。宋国人宋钘是齐威王、宣王时著名的稷下先生,其学说主旨与墨家学说一脉相承,为稷下墨家学派的代表人物。

---

[1] 孙诒让:《墨子间诂》卷六《节葬下》,中华书局2001年版,第189页。

三、商鞅、韩非与法家学说

中原地区多法家人士，申不害、商鞅、韩非、李斯都是战国时期法家的代表人物。李悝、申不害、商鞅等不仅提出和弘扬法家学说，而且将其学说付诸实践，实行变法，韩非则是法家学说的集大成者。

李悝，魏国人，相传是子夏的弟子。魏文侯时任相，实行变法。他"撰次诸国法"，编成了一部《法经》，内容分为《盗法》《贼法》《囚法》《捕法》《杂》《具法》，原文已失传。这是我国第一部比较系统的法典。

申不害（约前385—前337），人称申子，郑国京邑（今荥阳京襄城村）人。韩昭侯时任相，内修政教，外应诸侯，国治兵强，政绩卓著。其著作不多，传世仅《申子》二篇，或另有《中书》六篇。申不害主要提倡重"术"（即权术），认为君主要做到"操生杀之权，课群臣之能"，必须重"术"，"君操其本，臣操其末；君治其要，臣行其详"。[1]

商鞅（约前390—前338），原姓公孙，卫国人，少好刑名之学，曾为魏相公叔痤的家臣。秦孝公时入秦，先后两次主持变法，奖励耕战，使秦国走向富强。他被封于商地（今陕西丹凤西），人称商君。后来反对改革的保守派得势，他被杀。商鞅的重要政见经后人整理，称《商君书》，流传后世。商鞅的思想主要是革新变法、倡导耕战、重本抑末、重刑少赏及军事等方面，核心是社会变革和富国强兵理论。

在秦孝公发动的关于改革的辩论中，商鞅驳斥保守派人士甘龙、杜挚的"法古无过，循礼无邪"的论调，说："法者所以爱民也。礼者所以便事也。是以圣人苟可以强国，不法其故；苟可以利民，不循其礼。""礼法以时而定。制令各顺其宜。兵甲器备，各便其用。臣故曰：治世不一道，便国不必法古。"[2]商鞅认为礼法是随着时代的需要而改变的，时代不同，情况发生变化，礼制法规也要改变，反映了他反对守旧、主张创新的思想观念。

---

[1] 《申子·大体》，魏征等：《群书治要》引，四部丛刊本子部第12册，上海涵芬楼影印，第25页。
[2] 高亨：《商君书注译》第一《更法》，中华书局1974年版，第5、13页。

商鞅富国强兵理论的核心是倡导耕战。他主张用一切办法提高百姓的积极性,增加生产。他说:"凡人主之所以劝民者,官爵也。国之所以兴者,农战也。"①国家的兴盛在于农战。国家的富裕取决于生产粮食的多寡,百姓倾心务农,能吃苦耐劳,打仗也会勇敢。国家要尊重农民,抑制工、商、文士。

商鞅对战国以前的历史发表了系统的看法,将原始社会分为昊英之世、神农之世和黄帝之世,描述了从共同劳动、共同享受劳动成果的原始社会,到阶级对立的出现,再到等级制度和国家秩序的建立的状况。他又把周代社会分为上、中、下三世:"上世亲亲而爱私,中世上贤而说(悦)仁,下世贵贵而尊官。"②其历史哲学比较符合历史实际,也成为其变法的理论依据。

韩非(约前280—前233),出身于韩国贵族,曾拜荀子为师,著有《韩非子》一书。他在总结商鞅、申不害和慎到三人的思想基础上,提出较完整的法治理论,是战国时期法家学说之集大成者。

韩非把老子的"道"作了质的改造。《韩非子》说:"道者,万物之所然也,万理之所稽也。"③显然,这个道不再是玄妙的、不可捉摸的东西,而是形成万物、左右万物的内在总规律。在这里所提出的"理"则是指万物的具体的特殊规律。这样,"道"的宇宙观就有了质的飞跃。

在认识论方面,韩非主张用"参验"办法以检验认识是否正确。对于人们言论的是非得失,必须在事后经过"参"(即多方比较研究),经过"验"(即实际检验),才能认识。在人性论方面,韩非认为人性恶,主张"去智能"。

法、术、势是韩非专制理论的三块基石,韩非主张法、术、势三者结合。他说:"君无术则弊于上,臣无法则乱于下。"④又说:"抱法处势则治,背法去势则乱。"⑤"法"即成文法令,是人们行为的唯一标准,具有统一性、公平性和强制性;"术"即君主控制臣属的手段,其作用一是尊君,一是驾驭群臣;"势"即权力,君主必须保有不失。韩非强调"立法术,设度数",实行法治的目的在于"利民萌,便众庶"。而推行法治关键在于"法不阿贵",强调在法律面前大臣、权贵、

---

① 高亨:《商君书注译》第三《农战》,中华书局1974年版,第56页。
② 高亨:《商君书注译》第七《开塞》,中华书局1974年版,第183页。
③ 王先慎:《韩非子集解》卷六《解老》,中华书局1998年版,第146页。
④ 王先慎:《韩非子集解》卷十七《定法》,中华书局1998年版,第397页。
⑤ 王先慎:《韩非子集解》卷十七《难势》,中华书局1998年版,第392页。

众庶、匹夫之间没有高低、贵贱之分,包含在法律面前人人平等的思想成分。

韩非具有现实主义的政治观。针对当时的社会情况,他反对儒家倡导的"仁义"学说,主张以"刑"和"赏"为手段,实行法治。他说:"明主之所导制其臣者,二柄而已矣。二柄者,刑、德也。何谓刑德?曰:杀戮之谓刑,庆赏之谓德。"① 对于"刑"与"赏",韩非更偏重于"刑",主张"重刑"以止奸。

韩非具有"变"和进化的历史观。他说:"世异则事异","事异则备变"。"是以圣人不期修古,不法常可,论世之事,因为之备"。② 明确提出要废先王之教,而"以法为教",反对复古,反对因循守旧。这些正是新兴地主阶级改革和变法的客观需要。

以韩非为代表的法家思想为秦朝所采用,对于后世有深远影响。

四、名家、纵横家、兵家与杂家

除道家、墨家、法家外,中原地区也出现了名家、纵横家、兵家和杂家,他们的学说与主张,丰富了中原文化的内容。

1. 名辨家惠施与"历物十意"

邓析(前545—前501),春秋末期郑国人,曾任郑国大夫,和著名政治家子产大体同时,但政见不同,曾悬书批评朝政。后来他弃官从教,聚徒讲授法律与诉讼。邓析注重名实关系的研究,"操两可之说,设无穷之辞"③,是名辨之学的创始者。

惠施(约前370—前310),战国中期宋国(今商丘一带)人,任魏国宰相十余年。他曾帮助魏惠王制定法律,变法图强,又出面组织合纵联盟,促成徐州"齐魏相王",开六国称王之局。他是一位政治家、外交家,也是一位自然哲学家、逻辑学家。"惠施多方,其书五车,其道舛驳,其言也不中。"④ 他学问广博,以善辩为名,曾"遍为万物说",并讲"物之意",即事物的本质与规律。

---

① 王先慎:《韩非子集解》卷二《二柄》,中华书局1998年版,第39页。
② 王先慎:《韩非子集解》卷十九《五蠹》,中华书局1998年版,第442、445页。
③ 景中译注:《列子》第六《力命》,中华书局2007年版,第189页。
④ 郭庆藩辑:《庄子集释》第三十三《天下》,中华书局1961年版,第1102页。

惠施常与庄子、公孙龙辩论问题,其"历物之意"列举十事,就是:

> 至大无外,谓之大一;至小无内,谓之小一。无厚,不可积也,其大千里。天与地卑,山与泽平。日方中方睨,物方生方死。大同而与小同异,此之谓小同异;万物毕同毕异,此之谓大同异。南方无穷而有穷,今日适越而昔来。连环可解也。我知天之中央,燕之北越之南是也。泛爱万物,天地一体也。①

其大意是说,大的东西可以同时是小,小的东西可以同时是大。一个事物的兴盛,同时也就是它的衰败。一个活生生的东西同时也在死亡。每个东西同一切别的东西都有分别,同时一切别的东西都同它有联系。要泛爱万物,整个天地都是互相联系着的,如同一人的身体一样。这就是惠施对客观世界的认识,冯友兰将其说归纳为"合同异"。

2. 纵横家鬼谷子与张仪、苏秦

中原地区是纵横家的起源地和主要活动舞台。周(今洛阳)和卫国交通四达,商业繁荣,为纵横家的产生提供了沃土。

鬼谷子,战国中期人,隐于颍川阳城(今登封告成镇)鬼谷,因以自号,为纵横家之鼻祖。今汝阳、淇县等地也有与鬼谷子相关的遗迹。据说纵横家的代表人物张仪和苏秦,兵家的孙膑和庞涓,都是鬼谷子的学生。传世有《鬼谷子》一书,前人多辨其伪。研究者认为,书前面的《捭阖》等六篇当为鬼谷子所著,后面的篇章是其后学的著作。它是"先秦纵横家的理论著作,也是对春秋以来行人游说、谏说的经验技巧和此类文章写作经验与技巧的总结"②。

张仪(？—前310),魏国贵族后代,自幼学纵横之术,与苏秦俱师从鬼谷子,后西入秦为客卿,推行连横战略,使关东诸国与关中的秦国联合,旨在对关东六国进行分化,以便各个击破。张仪两次出任秦相,曾游说楚、韩、齐、赵、燕五国连横事秦,大扬秦国国威,为秦国最终统一六国奠定了基础。因功封武信君,食五邑。著作有《张子》十篇,已佚。

苏秦(？—前284),东周洛阳乘轩里人,随鬼谷子学习纵横捭阖之术多年,出外游说不遇,返家苦读《阴符经》,有心得。再出游,得燕王信任,开始其合纵

---

① 郭庆藩辑:《庄子集释》第三十三《天下》,中华书局1961年版,第1102页。
② 赵逵夫:《鬼谷子集校集注序言》,《鬼谷子集校集注》,中华书局2008年版,第1页。

事业,联合关东六国共同对抗秦国。周赧王二十七年(前288)十月,秦昭王在宜阳自立为"西帝",派魏冉前往齐国,向齐王致送"东帝"称号,邀约五国订立共同伐赵的盟约。苏秦自燕至齐,劝齐王取消帝号,联合赵国发动五国合纵攻秦。苏秦身兼齐、赵、燕三国之相,封武安君,显赫一时。后来乐毅为燕、赵共相而出兵伐齐,苏秦被齐王判反间罪而车裂于市。苏秦的弟弟苏代、苏厉也游说诸侯,颇有名气。有《苏子》31篇,当为苏秦的作品与后人所记有关他的事迹汇集,似也包括苏厉、苏代的一些游说之辞。

纵横家研究的是军事政治策略,在战国七雄之间游说,纵横捭阖,传世文献《战国策》和出土文献《战国纵横家书》等,记载了纵横家的活动和主张。

3. 兵家吴起、尉缭

中原地区为四战之地,各国要保存自己,战胜敌人,必须强兵,钻研战略战术。在长期的战争实践中涌现了许多著名军事家,他们总结当时的军事和战争思想,写成兵法。春秋末期宛县(今南阳)人范蠡,就是一位著名军事家、政治家,辅佐越王勾践灭吴,提出一套军事理论。战国时魏国公子魏无忌也是一位军事家。"当是时,公子威振天下,诸侯之客进兵法,公子皆名之,故世俗称《魏公子兵法》。"①法家商鞅被称作"世俗之所谓善用兵者",曾将兵攻魏,用计俘魏将公子卬而大破魏军,有实战经验。现存《商君书》中有《战法》和《兵守》两篇,论述作战攻守之策略。

吴起(前440—前381),战国早期卫国左氏(今山东曹县西北)人,早年曾学兵法入魏,任魏文侯的将领和西河太守。后又到楚国,被任命为"宛(今南阳)守",防御边境。吴起善于用兵,常带兵作战,屡建奇功。他注意总结战争经验,著有兵书,大多已亡佚。今本《吴子》六篇,为当年《吴起兵法》的残存,反映了吴起的军事思想。②

吴起强调内修文德,外治武备,重视人在战争中的作用。他认为,建立一支能够克敌制胜的军队,首先要赏罚严明,应对士卒进行教育和训练,要选任良将。将帅对于军队和国家具有决定性的作用。他还提出"将之所慎者五"和"兵有四机"等理论,要求将领理智果断,把握战机。在战争中如何才能克敌制胜,

---

① 司马迁:《史记》第七册,卷七十七《魏公子列传》,中华书局1959年版,第2384页。
② 李硕之、王式金:《吴子浅说》,解放军出版社1986年版,第7—12页。

吴起认为首先要分析敌情,然后采取因敌变化的果断措施。吴起强调用兵必须审敌虚实而趁其危,见可而进,知难而退。吴起又历述"击强之道""水战""谷战之法""攻敌围城之道",这些特殊场合的战斗方法,充分显示了吴起超人的谋略。

尉缭,战国中后期魏国大梁(今开封)人。早年曾与魏惠王论述用兵之道。秦王政十年(前237)西入秦。秦王以他为国尉,用其计策。传世《尉缭子》22篇是经汉代人整理的文本,山东临沂银雀山汉墓中出土《尉缭子》竹简残卷。该书前12篇当作于魏国,后10篇当作于秦国。

《尉缭子》一书具有进步的战争观。尉缭将战争分为"挟义而战"和"争私结怨"两大类,支持诛暴乱的义战,而反对泄私怨的不义战争。《尉缭子》阐述了一套周密的用兵方法,指出用兵要静待时机,集中兵力突击其一点,方能取胜。在出击之前,必须缜密地了解敌情,做好充分准备。在用兵过程中,还应当制造假象以迷惑敌人,并运用奇正多变的战术。

对于军队的治理,尉缭提出了系统的主张:首先,军队应该破除等级界限,有一套严明的赏罚制度,对将士起到震慑和调动积极性的作用。其次,军队必须采取有分有合的方法严格训练。再次,军队必须选择英明的将帅,将帅必须具有非凡的才能和理智,才能率领军队,无往而不胜。最后,军队必须精练,精练的军队可以少胜多。

4. 杂家吕不韦与《吕氏春秋》

吕不韦(约前290—前235),濮阳人,后到韩国经商,成为阳翟(今禹州)大贾,家累千金。他在邯郸见到在赵国为人质的秦公子楚,以为"奇货可居",遂西入秦以重金说华阳夫人以公子楚为太子。后来太子楚即王位,以吕不韦为丞相,封文信侯,食河南洛阳十万户。秦王嬴政即位,尊吕不韦为相国,称仲父。

吕不韦任秦相时,召集门人宾客各著所闻,成"十二纪""八览""六论",凡二十余万言,称《吕氏春秋》,秦王嬴政八年(前239)成书。该书综合儒、墨、道、法、阴阳、农、兵、纵横诸家理论,故称吕不韦为杂家。该书调和诸家,大抵以儒家为主,而参以道家、墨家。其中"序意"冠以"文信侯曰",反映吕不韦的见解。《吕氏春秋》的成书标志着百家争鸣的终结。

五、儒学在中原地区的传播

孔丘,字仲尼,春秋后期鲁国(今山东曲阜)人,宋国贵族的后裔,祖籍栗(今夏邑)。其曾祖父孔防叔在宋国政治斗争中失败,逃到鲁国。孔子说:"周监于二代,郁郁乎文哉!吾从周。"①他曾到周(今洛阳)向老子问礼,在周代礼乐的基础上,创立了儒家学派。

孔子周游列国 14 年,长期在卫、宋、陈、蔡诸国传播儒学,中原不少士人向他学习。孔门弟子属卫国籍的有 11 人,数量仅次于鲁国。

卜商(前 507—?),字子夏,卫国温县(今属河南)人,孔子的高足。孔子死后,在"西河"教授儒学,魏文侯等都向他学习,儒学得以在中原地区传播。子夏是章句之学的开创者。东汉经学家徐防说:"《诗》《书》《礼》《乐》,定自孔子;发明章句,始于子夏。"②唐人司马贞也说:"子夏文学著于四科,序《诗》,传《易》。又孔子以《春秋》属商。又传《礼》,著在《礼志》。"③子夏从教学的需要出发,为孔子所定的经书分出章节,判明句读,对其意义作出解释,在经学发展史上具有重要地位,在开办私学、传播儒家经学上做出卓越贡献。

端木赐,字子贡,卫国黎(今浚县)人,以辩才著称,曾相卫国,是一位著名儒商。

颛孙师(前 503—?),字子张,陈国阳城(今商水西北)人。孔子死后,子张回家乡教授儒学,是"子张之儒"的创始人,子张之儒成为战国儒家八派之一。

孔子的孙子孔伋,字子思,"尝困于宋",作《中庸》,与孟子同为思孟学派的代表人物。孟子也曾多次到宋国活动,并在大梁(今开封南)游说魏惠王,其学说得以在中原地区传播。

---

① 康有为注,楼宇烈整理:《论语注》卷三《八佾》,中华书局 1984 年版,第 38 页。
② 范晔:《后汉书》卷四十四《徐防传》,中华书局 1965 年版,第 1500 页。
③ 司马迁:《史记》第七册,卷六十七《仲尼弟子列传》司马贞"索隐",中华书局 1959 年版,第 2203 页。

第三节　史地学著作的出现

春秋战国时期,中原地区出现了一批历史和地理学著作,主要有属于王室档案汇编的《尚书》和《逸周书》,编年体通史《竹书纪年》以及《左传》,以记言为主的国别史《国语》,以及早期区域地理著作《山经》和《禹贡》等。这些著作都有重要的史料价值和学术价值,是研究史前、先秦学术不可或缺的书籍。

一、《尚书》与《逸周书》

周代史官的职掌主要是记历数、卜筮、算数、作册命、制禄命官书等。大约在东周晚期,朝廷已有史正、太史等一类的专职史官,一方面负责注记,收集和保存史料,另一方面负责史书撰述。春秋时代记载历史大事的史官和史学著作正式出现,标志着史学正式形成。

至迟在春秋战国时期,中原地区已出现了一些史籍。例如杂辑而成的《尚书》是我国最早的王室文诰汇编,分为《虞书》《夏书》《商书》和《周书》,古文《尚书》存58篇,今文《尚书》存28篇。刘起釪以为《尚书》中有三篇"是东周战国时代根据一些往古材料加工编造的虞、夏史事记载"[①],可见《尚书》应成书于战国时期。此外还有《逸周书》,原名《周书》,共有71篇,分为10卷,汉人刘向以为是孔子删削《尚书·周书》之余,然缺佚较多,且颇有后人羼入者,但仍是研究周代历史文化的一部有价值的文献资料。《尚书》和《逸周书》较多记述中原地区的史事。

---

① 刘起釪:《尚书研究要论》,齐鲁书社2007年版,第1页。

二、《竹书纪年》

《竹书纪年》是迄今所知中国最早的编年体通史,因书写于竹简之上、内容为编年史而得名,西晋武帝太康二年(281)发现于汲郡(治今卫辉)的魏国贵族墓葬中。关于该墓的墓主,前人以为是魏襄王。今人考证推断,《竹书纪年》当出于卫辉山彪镇一带,墓主应为卿大夫级贵族,可能是魏国太史。简书经当时著名学者荀勖、和峤、束皙等人整理分释,是魏国的一部编年史,凡十三篇。今有学者认为其结构包括"纪年""纪令应"和"杂事"三部分。它上起夏代,继以殷商、西周,春秋时晋国,战国时魏国,止于魏襄王时。此书记载了三代各王世数和总年数,所记历史事实与传统说法特别是儒家关于三代的许多重大史实完全不同,因而有弥足珍贵的史料价值。在国家重大科研课题"夏商周断代工程"中,该书成为重要的文献依据之一。惜此书宋代已亡逸,今仅存辑本。

明代以来,《竹书纪年》辑本又有古本(晋唐时期的十多卷本)与今本(明代出现的二卷本)之别。今本当为宋元时人重编,虽然从类书和古注中辑录了一些古本原文,但羼杂很多他书原文,极不可信,被学界视为伪书。清人朱右曾辑古《纪年》佚文编为《汲冢纪年存真》,王国维再辑为《古本竹书纪年辑校》,今人又整理、编次、研究,形成多种新版本,为后出专精之作,可供使用。

三、《左传》与《国语》

《左传》和《国语》二书很可能出于中原地区。有学者指出:"《左传》一书的作者虽然难以肯定,但是可以肯定《左传》与三晋尤其是魏国关系最为密切。"①《汲冢书》出自魏襄王墓,其中有《师春》1卷,与《左传》中卜筮内容同,不管是《师春》抄《左传》,还是《左传》抄《师春》,说明《左传》的编写与流传与魏国关系极为密切。② 同样,《国语》凡21卷,《晋语》就有9卷,《周语》有3卷,其编写、流传也与中原密切相关。

《左传》又称《左氏传》,属于编年体史书。它上起于鲁隐公元年(前722),下迄鲁哀公二十七年(前468),记载春秋时期255年的历史。《左传》中所记晋事最多,鲁事、楚事次之,郑事、齐事又次之,卫、宋、周、吴、秦、越、陈各国事更次之。《左传》所记史事与《春秋》不尽相同,有的《春秋》有而《左传》没有,有的《春秋》没有而《左传》却有,且《左传》记事要比《春秋》详细得多,史料价值也要大些。

《国语》是我国最早的一部国别史,分别记述了周、鲁、齐、晋、郑、楚、吴、越等八国的历史。它上起西周时期周穆王讨伐西戎,下迄三晋灭智伯,记述了周代500多年的历史。《国语》是各国史官的原始记录,后经史官加工整理而成。全书共21卷,其中《晋语》有9卷之多,《周语》有3卷,其余则仅有2卷或1卷。周、郑和晋国东南部都属于中原地区。《国语》以记言为主,其笔墨主要集中在记述人物语言上,通过语言反映人的思想认识。因此,它是研究周代思想文化史的重要史料。

中原地区还有一些史书见于记载,但已经亡佚。如志类,有《周志》《郑志》,应为周王室和郑国的史书;编年类,有《周春秋》《宋春秋》,应为周王室和宋国的史书;书类,有《周书》《郑书》,应为周王室和郑国的史书。

---

① 见郑师渠主编:《中国文化通史·先秦卷》,中共中央党校出版社2000年版,第386页。其理由有四点:1.《春秋》经以鲁国史事记述最多,但《左传》所记史事却以晋国最多,而鲁国反而次于晋国。2.鲁国用周正,《春秋》经也用周正。而《左传》用夏正,晋为夏墟,为《左传》提供大量资料的国家也应是晋国。3.《国语》与《左传》互为表里,两者关系密切。《左传》以晋史最多,《国语》也是以《晋语》为最多。《国语》全书共21卷,而《晋语》就占了9卷。可见两书的史料主要来自晋国。4.《汲冢书》有《师春》一卷,"全录《左传》卜筮事,无一字之异"。
② 徐中舒:《左传选》后序,中华书局1963年版,第361页。

四、《山经》与《禹贡》

我国早期的区域地理专著有《山经》和《禹贡》。《山经》是《山海经》中写作时间最早、地理价值最大的部分。《山经》的作者以今河南省西部作为"中山经"的主要部分,自此以南为"南山经",以北为"北山经",以西为"西山经",以东为"东山经"。这五个部分就是五个地区。每个地区之内,以山岭为纲,分列次第,按照一定的方向和道里依次描述各个山的地形、水文、气候、天然动植物以及矿产资源等。"《山经》不仅是一部古代地理著作,而且是一部百科全书式的著作,是'我国最早的类书'。"[①]

《禹贡》由"九州""导山""导水"和"五服"四部分组成。"九州"主要依据河流、山脉、海洋等自然分界线来划分,反映了人们自然区划思想的萌芽。各州就山川、湖泽、土壤、植被、田赋、特产和运输路线等特点进行了区域对比,是早期区域地理的杰出著作。"导山"部分,专列山岳 20 余座,并归纳几条自西向东的脉络。"导水"部分专写河流,共 9 条水系。"五服"的划分反映了大一统的思想。《禹贡》托名大禹治水土,划分九州、五服,制定贡赋,可能成书于战国时期。

第四节 文学艺术的兴起

春秋战国时期的文学以诗歌和散文为主要形式,在中原地区都有突出的成就。《诗经》大约结集于公元前 600 年前后,是中国最早的诗歌总集。收入《诗经》的篇章绝大部分属于西周晚期和春秋时代的作品。《诗经》中的诗歌大半产生于中原地区,其中的《国风》大多属于春秋时期的民歌。先秦诸子中的老子、庄子、墨子、列子、韩非子不仅是中原地区的著名思想家,也以散文名世,他们的

[①] 白寿彝主编:《中国通史》第 3 卷《上古时代》下册,上海人民出版社 1994 年版,第 1424 页。

著作被称作诸子散文流传至今。

一、《诗经》中的中原民歌

《诗经》是先秦时期的一部诗歌总集,传世之本为 305 篇,分"风""雅""颂"三大类,所收的诗歌大部分产生于中原地区。其中的《国风》指周王畿与各诸侯国所辖地域的乐曲和民歌,分属十五国,即周南、召南、邶风、鄘风、卫风、王风、郑风、齐风、魏风、唐风、秦风、陈风、桧风、曹风、豳风,凡 160 篇,其中的诗歌全部或部分属于中原地区的有 9 种,即周南、召南、邶、鄘、卫、王、郑、陈、桧,占国风总数的百分之六十。以篇数而论,九国的诗歌共计 105 首,约占国风总数的百分之七十。

《周南》和《召南》在《诗经》中被称为"二南"。根据清人方玉润《诗经原始》和马瑞辰《毛诗传笺通释》的说法,周南在今洛阳以南至湖北一带。根据王夫之《诗经稗疏》,召南即今河南西部至豫、陕交界一带。《周南》中的《关雎》《卷耳》《桃夭》《芣苢》等篇表现了中原的风物与生活,《汝坟》明显是出自今汝河流域。《召南》中的《何彼秾矣》写到周平王的孙女下嫁齐侯之子,是出自洛阳的诗歌。

《郑风》基本上都是出自郑国的诗歌。郑国的疆土在今河南中部,国都在新郑。郑风 21 篇,在十五国风中数量最多,在河南民歌中也最具代表性。其中数量最多的是"男女相与咏歌"之作,以《将仲子》最有代表性。该诗中的女主角真诚地表现她对于情侣真挚的爱,告诫情侣"无逾我里""无逾我墙""无逾我园",理由是人言可畏,说明她是守礼而矜持的。还有《有女同车》《狡童》《风雨》《褰裳》《野有蔓草》等,都是诗经中描写男女正当爱情生活的名篇。《溱洧》篇,描写三月上巳节郑国仕女游春踏青的风俗,反映的是典型的中原生活。

邶、鄘、卫三国约略相当于今河南省黄河以北地。邶在朝歌北(今汤阴邶城镇),鄘在朝歌南(今新乡鄘城),都属于卫国,所以论诗者习惯上将三国风之诗统称为《卫风》。《卫风》10 篇中有些是描写爱情的作品,其中《氓》具有代表性。该诗写一位被遗弃的女子自诉其恋爱、结婚、相守到分别和被抛弃的经历,其遭遇令人同情,是《诗经》中的名篇之一。《邶风·静女》《鄘风·柏舟》《鄘风·桑中》《卫风·木瓜》等,都是古代爱情诗中的名篇。

《王风》是洛阳一带之诗,如《黍离》一首表现故国之思,所抒发的"黍离之悲"对后世表达故国情怀的作品影响深远。

《陈风》是陈国民歌,其诗也多和宛丘(今周口淮阳区)有关。《宛丘》《东门之枌》《衡门》《东门之池》《东门之杨》等篇表现了宛丘的民风民俗与地理形势等。《桧风》是桧地民歌。桧又作"郐"或"侩",是周初的封国,在今新密市东南。其中的《隰有苌楚》表现了桧国离乱之世的愁苦之音,《匪风》则是戍守桧国的周王朝士兵的一首思乡曲。

其他的雅、颂类诗歌也有一些产生于中原地区。如《小雅》中的《大东》一篇揭露周王室剥削东方诸侯,所谓的"东人"当是指今河南东部及山东一带的居民。《商颂》原12篇,《诗经》中保存5篇。它并非商代诗歌,而是周代宋国的作品。宋国在中原地区东部,都城在睢阳(今商丘睢阳区)。《玄鸟》是祭祀武丁的歌辞,《那》是祭祀成汤的歌辞。《商颂》记载了先商和商代的神话与史实,颇有史料价值。

二、诸子散文

中国古代散文的产生始于文学纪事。出土于商代殷墟中的甲骨卜辞中有些记事的片段,商代有些青铜器上的铭文也具有记事的性质,这可以说是散文的雏形。经过西周的发展,到了春秋战国时期,散文已经进入成熟阶段。河南地区的散文名家,主要有老子、庄子、列子、墨子和韩非子,他们的散文作品统称"诸子散文",其中有的可能出自他们的后学之手。

老子所著《老子》又称《道德经》,是先秦道家的经典文献,而从文学的角度来看,又是先秦时期重要的散文著作。《老子》之文义理深邃精警,内涵丰富。其中多用比喻说明道理,具有鲜明的形象性。《老子》书中还多用大量的排比、对偶句式来表达意思,文学色彩浓厚。如"合抱之木,生于毫末;九层之台,起于累土;千里之行,始于足下"[1]等语,文势奔放,流利畅达,显现出语言的形式之

---

[1] 朱谦之:《老子校释》六十四章,中华书局1984年版,第259—260页。

美。书中有些段落是优美的韵文,有些段落单句和骈句、长句和短句交互运用,参差错落,富于变化和节奏,显现出语言的错综之美和音韵之美。

《庄子》一书是庄周及其后学的作品,其文学性主要表现在借助生动的寓言故事隐喻式地说明道家的思想与哲理。司马迁评论说:"其著书十余万言,大抵率寓言也。"①《庄子》是先秦诸子著作中文学性最强的,其中《逍遥游》《胠箧》《秋水》《养生主》《马蹄》等,都是代表性的名篇。庄子思想深刻,书中通过浪漫的想象和生动的故事来表现,文风如行云流水,夸张而生动。如《逍遥游》写鹏鸟翱翔九天,《秋水》写江河汹涌浩渺,皆瑰丽雄壮,富于感人魅力。《庄子》常常借助寓言说理论道,如《庖丁解牛》《轮扁斫轮》《佝偻承蜩》《井底之蛙》《运斤成风》等,都是古代寓言的名篇,并大都成为人们耳熟能详的成语。有些寓言故事幽默风趣,尖锐而辛辣,如《秋水》篇中以鸱鸮得腐鼠的故事嘲弄惠施,反映了《庄子》其文的讽刺精神。庄子在中国文学史上占有重要地位,后世许多著名的文学家如嵇康、陶渊明、李白、苏轼等明显受到庄子的思想与文风的影响。

《墨子》一书从文学的角度来看也是先秦诸子散文的重要著作之一。《墨子》各篇基本上都是论说文,逻辑性强,论辩特征明显,但多数很有文采,如《尚贤》《尚同》《兼爱》《非攻》《节用》《非乐》等篇,都具有较高的文学价值。《墨子》的文学性主要表现在善于使用比喻或寓言故事,有些寓言故事已经成为人们日常生活中的惯常用语,如"文王好恶衣""楚王好细腰""越王好勇士"等,都很有代表性。刘向《说苑·反质》篇中记述墨子事迹,有"先质而后文"之语,这反映了墨子的文学思想,墨子的文章本身不重视词语华丽而重在以理服人,正是体现了这样的认识。

《列子》一书在说理时多用寓言故事,也有很强的文学性。所写故事含义深刻,形象鲜明。如《汤问篇》中的《愚公移山》《夸父逐日》《大禹治水》《两小儿辩日》《伯牙鼓琴》《纪昌学射》等,《说符篇》中的《齐人乞食》《人有亡斧者》《齐人攫金》等,都是古代寓言的名篇。《列子》中的一些文章,颇似魏晋时期的志怪小说。如《汤问篇》中写扁鹊为鲁公扈、赵齐婴二人换心的故事,情节完整,叙事曲折,具有小说特征。清代蒲松龄《聊斋志异》中《陆判》一篇写陆判为朱尔旦换心,当是受到《列子》中此故事的影响。

---

① 司马迁:《史记》第七册,卷六十三《老子韩非列传》,中华书局 1959 年版,第 2143 页。

韩非所著《韩非子》也是先秦时期重要的散文著作。其中一类是政论文,如《说难》《孤愤》《五蠹》《亡征》等,是韩非的代表作,以说理和论辩见长。这类文章结构严密,说理透彻,笔锋犀利,气势遒劲,充分表现出先秦散文的论辩特点。另一类是用历史故事或寓言故事进行说理的杂文,其文学性更强一些,主要集中在《说林上》《说林下》《内储说》《外储说》等篇章中。所列举的故事或寓言,或采自历史故事与民间传说,或根据需要自己虚构编撰而成。故事叙事简练,幽默风趣,说理明晰,如《外储说右上》篇中《宋人有沽酒者》一则,以狗恶酒酸的故事比喻国有恶臣而报效之士远离,道理甚深而生动明白。其他如自相矛盾、滥竽充数、守株待兔都成为脍炙人口的成语。

李斯(?—前208),战国后期楚国上蔡(今属河南)人,秦国著名政治家。当时秦国宗室劝秦王驱除客卿,李斯也在被逐之列,于是他上书劝谏秦王嬴政,即《谏逐客书》。该书从秦国成就霸业的角度陈说利害得失,写道:"大物不产于秦,可宝者多;士不产于秦,愿忠者众。今逐客以资敌国,损民以益雠,内自虚而外树怨诸侯,求国无危,不可得也。"①可谓情理兼具,有战国纵横家文章的特色,受到后世推重。刘勰说:"范雎之言事,李斯之止逐客,并顺情入机,动言中务,虽批逆鳞,而功成计合,此上书之善说也。"②鲁迅也说:"秦之文章,李斯一人而已。"③

三、郑卫之音

"郑卫之音"是指春秋时期郑国与卫国的民间俗乐,它和正统的雅乐音调完全不同,非常悦耳动听。《礼记》载:"魏文侯问于子夏曰:'吾端冕而听古乐,则唯恐卧。听郑卫之音,则不知倦。'"④儒家学者将《诗经》中的《郑风》和《卫风》称为"郑卫之音"。由于郑、卫二地的民歌多含爱情内容,《论语·卫灵公》篇有"郑声淫"一语,后遂以"郑卫之音"代指那些轻浮、低靡的乐歌。当时在吟唱这

---

① 萧统编,李善注:《文选》卷三十九《上书》,中华书局1977年版,第545页。
② 刘勰著,周振甫注:《文心雕龙注释》第十八《论说》,人民文学出版社1981年版,第202页。
③ 鲁迅:《汉文学史纲要》,《鲁迅全集》第九卷,人民文学出版社1981年版,第382页。
④ 杨天宇:《礼记译注》第十九《乐记》,上海古籍出版社1997年版,第656页。

些民歌时,常伴有音乐和舞蹈。史称:"卫地有桑间濮上之阻,男女亦亟聚会,声色生焉,故俗称郑卫之音。"① 它又被一些保守人士称作"亡国之音"。但是,"郑卫之音"能使人愉悦,因而广泛流行,是先秦中原音乐繁荣的重要表现。

四、书法与绘画

春秋战国时期中原地区留存的用毛笔书写的书法作品,有今河南温县出土的晋国盟书,信阳长台关和新蔡葛陵楚墓出土的竹简。温县西张计村的晋国盟誓遗址出土书写盟辞的石片一万多片,内容是诸侯与大夫、诸侯与国人之间的约束文书,文字用毛笔墨书。新蔡葛陵楚墓竹简由多人书写而成,字体或秀丽或奔放,字距或密集或稀疏,显示出不同的书写风格。

河南也发现许多铸在铜器上的金文作品。例如蔡侯尊、蔡侯盘铭文字体修长,笔画刚劲,纵横成行,工整隽秀,应是书法高手所为。战国时期除了广泛应用的草篆,许多重要铜器铭文都用工整的篆书,讲究美观。例如战国初期韩国制作的"骉羌编钟",铭文记载周安王二十二年(前380)三晋伐齐入长城的事,所有铭文都先划好方格,方格内写着工整的篆书,很是精美,属于书法起源时期的作品。

据《淮南子》和《孔子家语》记载,洛阳东周的明堂中绘有形象生动的人物作品,有贤君尧舜、暴君桀纣以及周公辅成王召见诸侯的画像等。战国时期最突出的纹饰是车马狩猎、水陆攻战、宴乐等描写现实生活的图像。汲县(今卫辉)山彪镇战国墓葬中出土的水陆攻战图铜鉴,共有红色金属嵌成的图像40组,图像中共有292人,表现出格斗、射杀、划船、击鼓、犒赏、送别等种种战时状态;辉县固围村战国墓葬中出土的燕乐射猎纹铜鉴,图像绘有37人、38只鸟兽、66件器物,以一座大建筑为中心,左右配列乐舞者各一组,击编钟、编磬,另外有送饮食的,有射猎的,有划船的,有洗马的,还有厨房,有林园。这些都是不可多见的绘画作品。

民国时期出土于新郑郑公大墓的莲鹤方壶,是春秋初年郑国人制造的一件

---

① 班固:《汉书》第六册,卷二十八《地理志下》,中华书局1962年版,第1665页。

青铜艺术品。它以取材于自然界的莲花形壶盖中站立着展翅欲飞、引颈长鸣的白鹤为主题,以崭新的风格,突破了旧时青铜器庄重呆板的传统,从浓厚的神秘色彩中解放出来。

第五节 科学技术的进步与私学教育的出现

春秋战国时期中原地区自然科学的发展首先表现在天文和历法方面,在生产技术中冶铁技术达到了很高的水平。当时学校教育的主要特点是官学的衰落,私学的兴起。

一、天文历法的进步与冶铁技术的提高

春秋时期郑国的裨灶、宋国的子韦等经常观测天象,是著名的天文学家。战国中期魏国人石申(或称石申夫)是著名的天文学家、占星家,著有《天文》8卷,后人称《石氏星经》,内容包括五星运动、交食及恒星,记载恒星121颗。齐国人(原为鲁人)甘德亦观测恒星,著有《天文星占》8卷。唐代《开元占经》中的"天占"和"星图"部分多引用石申、甘德之文,并标有121颗恒星的位置,这是世界上最早的恒星表。石申在观测中已使用了与现代赤道坐标体系大体一致的坐标方法,此法欧洲直到16世纪才广泛使用。

观察天象,了解日月星辰的运行规律,是制定历法的基础。春秋战国时期周王室及中原诸国已经有了较为先进的历法。战国时期的历法,一年有三百六十五又四分之一日,为了调整年与月日的差距,已采用十九年有七个闰月的置闰补差法。此时已出现"月令",可知人们已测知一年的节气,根据一年四季又分立春、春分、立夏、夏至、立秋、秋分、立冬、冬至等,朝廷"授时于民",指导农业生产。历法的进步,对农业生产的发展和社会生活有重要影响。

战国时期中原地区的冶铁技术,在前代青铜冶铸技术的基础上,达到了很

高的水平。韩国用铁铸造的剑、戟和矛等兵器锋利无比,居列国之冠。今河南西平、舞阳、新郑和登封等地发现了战国时期的冶铁遗址。从考古发掘资料看,当时的冶铁技术可概括为下列几项:此时已有专门的熔铁炉和圆形脱炭炉,从西平越庄的炼炉炉壁内腔看,当时已懂得用羼炭粉的墨色耐火材料。已发现鼓风管和鼓风管支柱,说明鼓风机械的进步。铁器铸造虽仍然采用泥模范,但创造了一种高效率的翻范技术,并且使铸范互制的技术进一步发展,提高了铸造工效。不仅铸造了农具、兵器、工具等铁器,还铸造了可锻造的条材、板材等铁材料,证明锻造技术已有一定水平。熔炼出我国乃至世界最早的球墨可锻铸铁。① 这些较先进的冶铁技术,促进了中原地区冶铁业的发展。

二、乡校与私学的出现

据文献记载,早在夏、商、西周三代,王朝都城中就存在着教育贵胄的官学,史称"学在官府"。到了春秋战国时期,伴随着王权的衰微和礼崩乐坏,士阶层的形成和崛起,官学衰落,学术下移,私学在中原地区逐渐兴起。

春秋时期的郑国,不仅存在着官学性质的乡校,而且出现了私人学校。子产曾经禁止毁弃乡校。大夫邓析曾作"竹刑",并创办私学。邓析晚年在郑国的东里讲学,传授法律知识。壶丘子林也曾授徒讲学。史称:邓析"与民之有狱者约:大狱一衣,小狱襦袴。民之献衣襦袴而学讼者,不可胜数"。"子产相郑,往见壶丘子林,与其弟子坐必以年"。②

著名教育家孔子在54岁那年,率弟子周游列国,来到卫、宋、陈、蔡等国,长达14年,其间他一直授徒讲学,弦歌不辍。孔子逝世后,其弟子到各地传授儒学,其中最著名的是卜商。卜商,字子夏,温县人,长于儒学。"子夏居西河,教弟子三百人"③,"如田子方、段干木、吴起、禽滑厘之属,皆受业于子夏之伦,为

---

① 李京华:《中原古代冶金技术研究》,中州古籍出版社1994年版,第6页。
② 陈奇猷校释:《吕氏春秋校释》卷十六《离谓》、卷十五《下贤》,学林出版社1984年版,第1178、879页。
③ 范晔:《后汉书》卷四十四《徐防传》注,中华书局1965年版,第1501页。

王者师"①。西河在今安阳一带。鲁(今鲁山,一说山东滕州)人墨子也广收学徒,传授墨学。

第六节　河南南部的楚文化

春秋中期以后,立国于江汉平原的楚国迅速崛起,遂向北扩张,灭亡南阳盆地和淮河上游地区许多小国,将这一地区纳入楚文化圈,一直持续到战国时期。近数十年来考古工作者在河南南部发掘了许多楚文化遗存,反映了独具特色的楚文化在河南南部地区的影响。

一、楚文化的北渐

楚国是春秋五霸和战国七雄之一,立国800年,创造了灿烂的古代文化,影响深远。

西周时期淮河上游和唐白河流域分布着一些华夏和东夷后裔建立的小国,春秋早期它们大多还处于独立的地位。淮河流域或再偏北一些的大小列国的都邑,例如鄢陵、上蔡、新蔡、析邑、番国、黄国、胡国、召陵、房国、道国、顿国、南顿等故城,形制还保留着中原文化的传统模式,其墓葬基本上还是基于西周的文化传统,较少受楚文化的影响。

春秋中期楚国向北方发展扩张,观兵周郊,问鼎中原,并与晋国争夺中原霸主地位,中原南部的诸多小国或成为楚的属国,或被楚灭亡,逐渐接受楚文化的因素和影响,中原南部地区被纳入楚文化圈。从春秋晚期到战国早中期,楚国已牢牢控制了中原南部地区,此地的楚文化发展到前所未有的高峰。

及至战国后期,楚国政治、经济出现衰退。楚国为秦国逼迫,将都城迁于陈

---

① 司马迁:《史记》第十册,卷一百二十一《儒林列传》,中华书局1959年版,第3116页。

(今周口淮阳区)。淮阳马鞍冢楚顷襄王墓居然用陶礼器和泥马随葬,反映了楚国国势已日落西山。南阳盆地和淮河上游地区的楚文化自身特征有所减弱,铜器大为减少,木漆器绝迹,礼器由陶代铜,玉器增加,中原文化的影响逐渐增强。

二、河南南部的楚文化遗存

20世纪以来,河南省南部地区发现并发掘了众多的楚国文化遗存,包括长城遗迹和众多城址、墓葬,出土大量珍贵文物,为研究中原楚文化提供了丰富的实物资料。

位于信阳市长台关乡苏楼村西的城阳城址,曾做过楚国的临时国都,俗称楚王城。其内城西部有一片高大的夯土台基,可能是当时的重要建筑基址。城址出土有铜镞、铜剑、铜盘、铜匜和蚁鼻钱,楚"郢"金币等。周口淮阳区陈楚故城是战国末期楚国的国都,城址呈方形,夯筑城垣周长4500多米,出土有板瓦、筒瓦、陶鬲、豆及蚁鼻钱。

在今河南地区南部发现众多的楚国墓葬。例如春秋时期的淅川下寺楚墓群、淅川毛坪楚墓群、固始白狮子地楚墓、战国时期的信阳长台关楚墓、正阳苏庄楚墓、新蔡葛陵楚墓、淮阳平粮台楚墓、马鞍冢楚墓等,出土大量珍贵文物,充分反映了楚文化的特色。

下寺楚墓群位于淅川仓房镇东沟村南,墓葬形制为长方竖穴土坑,随葬品配置等级分明,一些青铜器具有南方楚器的风格。2号墓是楚国令尹子庚(楚庄王之子午)的墓葬,随葬的列鼎器形高大,环钮平盖,立耳外撇,侈口方唇,束腰、短腹、平底、粗矮兽面蹄足,纹饰繁缛,周身饰有花瓣纹,浮雕夔龙和兽形扉棱,并有铭文84字。铜禁为长方体,禁面的四边和禁的四个侧面饰多层透雕云纹,器身四周攀附12个虎形怪兽,器下有10个昂首前行的虎形足,采用失蜡法等先进铸造工艺,精美绝伦。甬钟一套26件,满饰半浮雕云纹和窃曲文,并铸有铭文,最大的一件高120.4厘米,重152.8公斤。徐家岭9号楚墓出土一批青铜礼器、兵器和车马器。其中一对作为鼓架用的近似夔的铜神兽,头部为六龙探首,虎身龟足。背上有座,座上又有一奔驰欲搏状怪兽,龙首双角,口内衔一蛇形龙。神兽通身镶嵌绿松石,图案有凤尾纹、龙纹、涡纹等,堪称一绝。

信阳长台关楚墓群中有多座战国时期的大型木椁墓,出土 1000 多件具有楚文化风格的珍贵文物。1 号墓出土有成套编钟、彩绘锦瑟、大鼓和小鼓等乐器,大批彩绘棺板、案、床、木俎、耳杯、豆、盒及镇墓兽等木漆器,鼎、壶、盘、匜、敦、盉等青铜器,璧、璜、佩、管、带钩等玉器,百余根竹简和制作竹简的工具以及书写竹简的毛笔。2 号墓出土有木质编钟、编磬、瑟、鼓等乐器,一批精美的木漆器、彩绘木俑和一些铜器、车马饰等。7 号墓出土鼎、扁壶、圆盆、盘、匜、耳杯、镜等青铜器,案、豆、木鼓、瑟、编钟、编磬、方壶、杯、勺、镇墓兽等木漆器,还有木坐榻、木车、木兵器、木雕彩绘俑和竹简、玉器等大批珍贵文物。编钟、编磬、鼓、瑟等成套乐器亦属罕见,用此编钟演奏的《东方红》乐曲曾在我国 1970 年发射的第一颗人造卫星上播放。各种木雕彩绘漆器色彩鲜艳,图案想象力丰富,显示了具有独特风格的楚文化的高度艺术水平。

从春秋晚期到战国早中期,中原地区南部的竖穴土坑墓的前面已增加了斜坡墓道,墓内椁室用木板构筑,随葬漆木器品种和数量空前,纹饰繁缛,富有浪漫色彩,加上各种乐器和竹简的出土,显示了楚文化的领先地位。

楚文化巧夺天工的工艺,主要有青铜冶铸、丝织和髹漆。楚人崇尚巫术,对鬼神的奉祀虔诚,淫祀之风甚盛,民俗独特,其文学艺术具有浪漫主义特点。独具特色的楚文化不仅对春秋战国时期的中原文化产生了很大影响,而且成为中国秦汉文化的一个有机组成部分。

第七节　民风礼俗

春秋战国时期中原地区的礼仪制度发生了一些变革,形成了新的礼仪风俗。自平王东迁,周王室所在的洛邑成为东周礼乐制度的渊薮。到了春秋后期,出现了礼崩乐坏的局面。战国时由于中央集权制政体的建立和巩固统治的需要,即位礼、朝礼、祭礼和丧礼受到执政者的重视,得以存留下来。春秋战国时期中原地区的国家较多,由于地理环境和历史的原因,民风民俗有较多的差异。

一、中原各地的民风

春秋战国时期中原地区华夏部族有着共同的礼仪和习俗,但各国的社会风气也有明显的地域特征,民俗差异通过各自的行为系统表现出来。周王曾"使太师陈诗以观民风",就是要通过各地的诗歌体察民间风情。《诗经》中的《王风》《郑风》《桧风》《邶风》《鄘风》《卫风》《陈风》《周南》等都属于中原地区的诗歌,表现出不同地域的风土人情。鲁襄公二十九年(前544)吴公子季札出聘鲁国,请观周乐,乐工先后为他歌诸"国风"。季札听后即知属于何地民歌,并发表评论,说明春秋时期各地民歌所反映的民风不同。《史记·货殖列传》与《汉书·地理志》则从自然条件和历史传统等方面出发,论述了中原各地的不同风俗以及与其他地区的差异。

春秋战国时期的中原地区可以分为河洛、颍淇、淮济、淮汉四个小区域。

河洛地区即黄河中游干流与其支流洛水交汇的地域,即春秋时期的周王畿及晋国地,战国时期的东、西二周和韩国西部地域。这里为历代王都所在,地狭人众,民风节俭习事。东周都城洛阳交通四达,其民"巧伪趋利,贵财贱义,高富下贫,喜为商贾,不好仕宦"[①]。

颍淇地区系指颍水、汝水上游与淇水、洹水流域,即春秋时期的郑、卫地,战国时期的韩国东部、魏国北部地域。河内是殷商故地,民"俗刚强,多豪杰侵夺,薄恩礼,好生分"[②]。郑卫地风俗是"微重而矜节"。郑地"男女亦亟聚会,故其俗淫",卫地"男女亦亟聚会,声色生焉,故俗称郑卫之音"。但是进入战国,民人慕子路、夏育之风,"故其俗刚武,上气力"[③]。颍川本夏禹之国,尚忠鄙朴,春秋时期尚有敦厚恭谨之风。战国为韩都,受法家申、韩影响,又形成了贪吝好争讼分异的习俗。

淮济地区系指古黄河东南济水与淮河之间的睢水、沙颍水、汝水下游地区,

---

① 班固:《汉书》第六册,卷二十八《地理志下》,中华书局1962年版,第1651页。
② 班固:《汉书》第六册,卷二十八《地理志下》,中华书局1962年版,第1647页。
③ 班固:《汉书》第六册,卷二十八《地理志下》,中华书局1962年版,第1652、1665页。

即春秋时的宋、陈、蔡诸国,战国时的魏国南部与楚国东部地域。春秋时梁宋地有先王尧舜和商汤遗风,"重厚多君子,好稼穑,虽无山川之饶,能恶衣食,致其蓄藏"①。魏国徙都大梁(今开封),其民"君子深思,小人俭陋","皆思奢俭之中,念死生之虑。"②陈国(今周口淮阳区)"妇人尊贵,好祭祀,用史巫,故其俗巫鬼"③。陈国巫风盛行。

淮汉地区指淮河上游与南阳盆地,春秋时有申、吕、江、黄等国,战国时为韩国与楚国地域。南阳为夏人居地,犹有先王之遗风,其民喜经商,好杂事,尚气任侠。其地一度成为楚国的势力范围,也染有楚人的风俗。

二、中原地区的士风

1. 尊贤养士与游学入仕之风

春秋战国时期,中原地区形成了一种尊贤养士和游学入仕之风。士阶层迅速扩大,地位明显提高。

各国君主为富国强兵,多选拔贤士以治理国家,尊贤养士之风盛行。以魏国为例,魏文侯任用李悝为相,发展生产,健全法制;以西门豹为邺县令,改革弊政,兴修水利;以吴起为西河守,整顿军纪,提高战斗力。于是魏国在战国初期强盛一时。许多有权势的贵族也纷纷养士。如信陵君魏无忌,"为人仁而下士,士无贤不肖皆谦而礼交之","士以此方数千里争往归之,致食客三千人"。④

春秋晚期至战国的政局为士人施展才干、博取功名利禄提供了广阔的舞台。晋国中牟(今鹤壁西)士中章、胥己二人学识渊博、品行端正,被县令举为中大夫,于是"中牟之民弃田圃而随文学者邑之半"⑤,反映了当时游学入仕的风尚。许多青年背井离乡游学,以获取知识,增长才干。子贡、子张、子夏追随孔子学习儒学,张仪、苏秦等师从鬼谷子研习纵横捭阖之术,李斯、韩非师从荀子,

---

① 司马迁:《史记》第十册,卷一百二十九《货殖列传》,中华书局1975年版,第3266页。
② 班固:《汉书》第六册,卷二十八《地理志下》,中华书局1962年版,第1649页。
③ 班固:《汉书》第六册,卷二十八《地理志下》,中华书局1962年版,第1653页。
④ 司马迁:《史记》第七册,卷七十七《魏公子列传》,中华书局1975年版,第2377页。
⑤ 王先慎:《韩非子集解》卷十一《外储说左上》,中华书局1998年版,第263页。

成为后期法家的代表人物。士子游学之风盛行,形成人才济济的局面。

2. **贵族的风雅精神与君子气韵**

春秋时期王纲解纽,诸侯自强,贵族文士得以充分施展自己的才干和抱负。他们举手投足讲究礼仪,气度从容,赋诗言志,显示了这一个时代特有的风雅精神和君子气韵。

春秋时代《诗经》已经全面走进贵族的社会生活,贵族多谙熟"诗三百"的篇章,以诗言志,以乐赋情,是通行于周代士人间的风雅之举。吟诗赋诗涉及宗教祭祀、外交往来、礼仪道德、生活教育等广泛领域。郑简公二十年(前546),晋国重臣赵武出使郑国,郑国国君设宴招待,七位大臣作陪。赵武说:"七子从君,以宠武也。请皆赋以卒君贶,武亦以观七子之志。"①于是七位大夫先后赋《虫草》《鹑之贲贲》《黍苗》《隰桑》《野有蔓草》《蟋蟀》《桑扈》诸篇。赋诗者以诗言志,听者深解其意,微言相感于杯觥交错之间,含蓄地进行思想交流,颇为优雅。

三、衣食住行

1. **饮食**

春秋战国时期中原地区的主食已多元化,有"五谷"或"六谷"之说。五谷是黍、稷、麦、稻、菽,加上麻就是六谷。黍即黄米,稷即小米;菽是豆类总称。麻籽可食。烹饪后的熟食有粥、糁食、糗和饼等。肉类有牛、羊、豕(猪)、犬(狗)、雁、鱼"六牲",烹饪方法有炙、脍、醢等。蔬菜品种繁多,用动物油脂煎、炒、烹、炸,用盐、豆豉、梅、醯(醋)等调味。瓜果有桃、李、杏、枣、梨、木瓜等。饮料有水、酒、浆等。人们一般一日两餐,早餐称朝食或饔;晚餐称餔食或飧,也有三餐者。

炊器有鼎、镬、鬲、甗等,甗和鬲配套使用称作"甒"。食器主要有簋、豆、俎、匕等。盛酒器有尊、壶、卣、彝、罍、斝等,饮酒器有爵、觯、觚、觥等。春秋前期青铜礼器以鼎、簋为核心,形成不同等级的用鼎制度,鼎、簋的配属和其他铜器组

---

① 杜预:《春秋左传集解》襄公二十七年,上海人民出版社1999年版,第1079页。

合都有定数,春秋晚期到战国用鼎制度已破坏。青铜礼器中以鼎为中心的青铜食器大增,并出现了簋、敦、豆、笾等新器。

周天子和贵族们的生活非常讲究和奢侈。他们列鼎而食,按鼎、簋的大小顺序,盛放不同的肉食和黍稷、菜蔬,进食时往往有人在旁边奏乐歌舞。"钟鸣鼎食"是周代贵族的饮食礼制,广大平民的饮食则非常俭朴。

2. 服饰

春秋战国时期服饰的质料仍是丝、麻、葛、纻、皮革等,布与丝的品种、花色更加丰富。用多色丝线织出彩色花纹的"锦",穿起来流光溢彩,锦衣、锦裳、锦衾、锦带均为贵族人士享用。

服饰包括衣服、冠、履和装饰品。周代为适应等级制度的需要,形成了一套完整的冠服制度。冠服成为区别地位尊卑的重要标志之一。

人们头上戴的冠、冕、弁、巾、帻等统称"元服",由布、丝、帛和皮革制成。不同的元服反映着人们不同的身份和社会地位。冠是贵族所戴的一种用于束发和兼有装饰功能的物品,有冕、弁两种。冕是周天子、诸侯参加祭祀典礼时戴的最贵重的首服。顶部盖以裱以细布的长方形木板称作"延",延的前、后分别垂悬玉珠数串称作"旒",以旒的多少表示等级差别。弁次于冕,分为皮弁和爵弁。其接缝处缀有许多五彩玉石称作"纂",以纂的多少体现等级身份。冠、冕、弁均为贵族所享用。将士作战时所戴的冠称作"胄",用多片铁甲或用青铜浇注而成。顶部竖有一根装饰羽毛的铜管,前面装饰有各种兽面。平民庶人以巾缠头,称为巾和帻,多用麻、葛布制成。发型有辫和髻。妇女发髻有椎髻和双髻,上面有笄和装饰。

脚上穿的鞋称作"履",有屦、屐、扉、鞻等名称及贵贱之别。贵族之履用麻、丝或皮制成。平民庶人着草、麻粗制的扉和屦。袜子用熟牛皮制成。

春秋战国时期华夏部族的服装经历了一个从芾到衣、裳和深衣的发展过程。

春秋时期华夏族的服装是上衣下裳,合称衣裳。上衣的形制主要有衣领、衣襟(衽)、袖子(袂、袪)、衣带等。最常见的是交领右衽。平民平时所穿上衣,分为齐腰和齐膝两种。短上衣俗称"襦",用毛、麻制成的称"褐",贴身内衣称"衷"或"亵",罩衣称作"裼"。御寒之服有裘和袍。裘是毛朝外的皮衣,"袍"是内充絮的长上衣。带是束衣之物,用丝或革制成,丝带称"绅"。下裳的形制与后世的裙相似,但分为前、后两片联缀,上端有折肩,另装一条腰带,颜色上玄下黄。还有绔,是套在小腿胫上用于保暖的"裤套"。在衣襟处缝几根小带用以系结,俗称"衿"。

春秋战国之际开始流行的深衣是与裳相连的服装,多用麻布制成,镶彩色边沿。其长度既不及于地面,也不露出肌肤。它有一幅向后交掩的曲裾,便于举步而又不致内裤外露。中原地区的深衣衣袖窄长,上衣紧贴身体,下面的衣裾宽大。

西周的冕服有大裘冕、衮冕、𪗙冕、毳冕、希冕、玄冕等,是不同祭祀礼仪时的穿着。春秋时期唯玄冕保留下来,朝会之服多为黑色布帛制作,称"玄端"。冠用黑色缯绢制成,称"委貌"。朝服由端和委貌组成,称"委端"。

东周的贵族服饰不仅有等级差异,还有不同场合穿着的规范。周王在不同的场合穿着不同的服饰,臣属等级不同衣服亦有规定。衣服又分为吉服、凶服两类。衣服的等级差别包括质料、纹饰和款式等方面,纹饰主要有山、火、日、月、龙、花、虫等。贵族身上的佩饰有玉、珠、刀、帨等,多系于革带再连于绅带,是一种身份标志。贵族士人多佩戴玉器,男子佩刀剑,女子多佩戴帨巾,未成年人有佩戴香袋的习俗。

3. 居住

春秋时期房屋建筑往往以石块为基础,用版筑法夯土为墙,在夯土台基上竖立台梁式木架结构,屋顶盖瓦。宫殿建筑已经使用斗拱结构。住所统称作宫室,宫指整座住房,室指其中的一间。王公宫室普遍垒土为高台,上修殿宇,建造台榭,雄伟壮观,装饰华丽。洛阳东周王城遗址南城墙外西南部有一个特大院落,其中有大型的成组夯土建筑基址,墙基、散水、排给水设施、池园、暗渠等遗迹,遗址内出土大量建筑构件,应是战国中晚期的大型宫室建筑。

贵族宫室壮观华丽,布局结构大致包括屏、大门、庭、堂、室。宫室大门正前方屏,称"萧墙"。大门一般为三开间,当中正门称"应门",左右门房各一,称"塾"。门内院子称"庭"。贵族住宅设有一道二门,称作"闱"或"寝门"。大门与二门之间的院子称"外庭",二门内的院子称作"内庭"。庭中植树,周围有廊,廊中建有房室的称"庑"。庭东西两侧的配房称作"序"。堂坐北朝南建在高台上,南面无墙,只有两根柱,称东楹和西楹,通过东阶和西阶与庭相通。堂是主人活动、行礼、会客的场所。室位于堂后,有门相通。室中央有灶。平民的住房极简陋,多呈圆形半地穴式,墙壁表面和居住面抹上一层黄泥。每间设火灶,有斜坡状门道通往屋外。国人居于闾里,野人住在棘围,以荆棘为门,窗户很小。

居室内陈设有床、席、案、几等家具,又有帷幕。夜晚用烛或灯照明。人们席地而坐,分为跪坐、长跪("跽")和箕踞。坐席讲究尊卑位次。若尊者来,卑者"避席"、伏地以示谦卑。

4. 交通与车马

春秋战国时期中原地区已修筑很多道路构成网络,形成径、畛、涂、道、路"五途"。道路有主次之分,路面宽窄以轨(两轮之间的宽度)为度。道路以王都为中心,通向各诸侯国和四方的各大聚邑。道路宽阔平直,两旁种植树木。人们已经运用内河进行水上航运,并出现了人工运河。战国中期魏国开凿的鸿沟运河,用舟船进行运输。道路的管理更加完善,旅途馆舍设置增多。驿传采用节级递送的方式,使人马不疲劳而速度加快。

当时车已成为普通的交通工具,种类繁多,用途广泛。平时用车有栈车、辎车、安车、温车、传车和辇,战时用车有轻车、轈车、戎路、巢车、楼车等。车以牛马为动力。贵族的马车常用四匹马,称作"驷",三匹马驾车称作"骖",也有用二匹马或六匹马的情况。洛阳东周王城发现的"天子驾六"车马坑,证明周王用六匹马驾车。马具由铜饰、玉石和皮革组成。河南地区发掘许多车马坑。自赵武灵王提倡"胡服骑射",中原地区逐渐弃战车而重骑兵,马车更多用于日常生活,骑马乘车成为贵族时尚。等级差别表现在车的彩饰和马的装饰上。庶人所乘的只是一般载物车。除车之外,还有一种供人乘坐的肩舆,它是后世轿的前身。河南固始侯固堆吴国勾吴夫人墓出土三乘漆木质肩舆,分屋顶形、伞顶形两种。

四、冠婚丧葬

1. 冠笄

春秋战国时期,中原青年男女进入成年要举行一种礼仪,男子一般在二十岁时行"冠礼"以励其心,女子十五岁许嫁则行"笄礼",若未嫁,到二十岁时再行加笄。男子行冠礼之后可享受成人的权利,也必须尽成人的义务。冠礼是人生最重要的礼仪之一,故在宗庙中进行。事前要卜筮以确定行礼的日期和为子弟加冠的宾客。加冠礼在阼阶上进行,在客位上向冠者行醮礼,加冠三次:始加缁布之冠,其次是皮弁,最后是爵弁。加冠后宾客为冠者取字,这是成人的标志。冠礼后,冠者拜见兄弟、赞礼者、姑母、姐姐等。然后换上常服,携礼物前往拜见地方长官和社会名流。贵族子弟冠礼由于身份不同也有所差别。女子的笄礼是将头发绾成一个髻,用缁包住,再插上笄固定发髻。负责加笄的是女宾。礼节大体与男子的冠礼相同。

2. 婚礼

春秋战国时期中原平民婚姻的主体形态是一夫一妻制,达官贵人往往多妻妾。伴随着一夫一妻制的逐步确立和发展,各种婚姻形式相继出现,婚姻习俗内容更加丰富和完善。除了常见的聘娶婚,还有收继婚、招养婚、掠夺婚等。收继婚主要是兄亡嫂嫁弟,姊亡妹续嫁姐夫,嫡子继承父妾,弟亡弟媳转嫁给兄,伯叔母转嫁给侄儿等。这种婚姻是一种财产继承转移的变异形式,它维护了原有的亲族关系,在春秋时期尚比较普遍。招养婚又称"招赘婿",是女子不离父家、招男子入女家为婿的婚姻方式,在战国时期的贫民家庭较为流行。掠夺婚又称"劫夺婚",是以强行劫夺的方式达到成婚目的的一种婚姻方式,是古老习俗的延续。春秋战国时人已知男子16岁、女子14岁前后生理已基本成熟,但是何时成婚,又有社会礼法方面的因素。墨家、法家都主张男子二十岁、女子十五岁结婚,但是儒家主张男三十而娶,女二十而嫁。青年男女不能私定终身,婚事一般由父母做主,由媒人牵线促成。

婚礼被看作诸礼之本,嫁娶礼仪逐渐规范。春秋时期婚礼已有纳彩、问名、纳吉、纳征、请期和亲迎六个部分。纳彩是向女方提亲。问名是问女方姓名及出生年月日,由媒人递送对方的出生年月的文书,即后世的所谓"庚帖",使双方判别对方婚否或者是否合适。纳吉是男方送给女方礼物表示定亲。纳征是送给女方聘礼,主要是丝绸布帛和金属货币:"凡嫁子娶妻,入币纯帛,无过五两。"①请期是男方与女方商定结婚日期。亲迎是男子带车到女方家中迎娶新娘。女方出嫁时,也要"贿迁",即要带着财物作为嫁妆到男家。《诗经·卫风·

---

① 杨天宇:《周礼译注》第二《地官司徒》二六《媒氏》,上海古籍出版社 2004 年版,第 205 页。

氓》中就描述了卫国民间婚礼的议婚、请期、纳采和亲迎的过程,最后新郎派彩车来迎,新娘带着嫁妆随归。

当时也存在"离婚"的现象,称作"出",即丈夫将妻子遣送回娘家。丈夫休妻有七种理由,即不顾父母、无子、淫、妒、恶疾、多言、窃盗,称作"七出"。这是男女不平等的表现。当然,也有妻子主动与丈夫离婚的情况。

3. 丧葬

丧葬之礼属于凶礼。中原地区从西周开始逐渐形成了一套严格的丧仪制度。春秋战国时期丧葬制度更为系统化。丧葬的礼俗比较烦琐,主要由招魂、殓、殡、葬、服丧等几个部分组成。

招魂是希望死者魂魄回归躯体,故称"复"。人临终居于正寝,弥留之际家属以轻薄的丝纩放在临终者的口鼻上,查验是否还有呼吸,称作"属纩"。如已断气,诸子及亲属皆哭。招魂者手持死者的黑色礼服礼帽,上屋顶面向北方,长声高呼死者的名字,反复三次。

殓是尸体入棺前的仪式,程序复杂,主要分为帧殓、小殓和大殓三个部分。先将死者遗体安放在正寝南窗下的床上,用角柶将死者的口撑开以便饭含,称作"楔齿"。用燕几固定死者双足以便着履,称作"缀足"。然后用殓衾覆盖尸体,叫作"帧殓"。平民在死亡后的次日,诸侯五日,天子七日,穿入棺的寿衣,称"小殓"。同时进行祭奠,近亲抚尸搏胸顿足号啕大哭以示哀痛。用热水为死者沐浴梳头,剪指甲趾甲。将珠、玉、米、贝等物放在死者口中称作"饭含"。身份不同所含物品亦不同。为死者穿新衣称"袭",再用衾覆盖尸体称"设冒"。然后用瑱塞耳,用瞑目遮面,再戴冠穿履。用衾被裹尸,绞布收束、捆绑,然后移至堂中。参加小殓的亲友向死者致禭、致奠。再过一日,举行入棺仪式,称"大殓"。抬棺木入堂,在棺内铺席置衾,主人奉尸入棺,盖棺,主人痛哭。然后举行大规模的祭奠,宾客向死者行礼,主人拜谢送客,主人夫妇再次痛哭。

在殓的同时,派人向死者的上司和亲朋报丧,称"命赴"。亲友前来吊丧,慰问死者家属,称"唁"。吊唁者赠给死者衣被,称"致禭"。按死者生前的身份制成旗幡,上书死者品级姓名,称"铭旌",以竹竿挑于堂前西阶上。用木刻成神主置于中庭,象征死者亡灵,称"设重"。晚上在庭中和堂上燃烛称"设燎"。

殡即停柩待葬。已盛殓尸体之棺称"柩",停柩待葬称"殡"。殡期长短依死者地位高低而有别,"天子七日而殡,七月而葬;诸侯五日而殡,五月而葬;大夫、士、庶人三日而殡,三月而葬"①。大殓礼毕,称"既殡"。死者家属按血缘远近穿不同的丧服,称"成服"。从成服到下葬前,每天早晚要在柩前哭奠。客人吊唁致奠,主人则答拜迎送。

在墓地先挖好墓穴,并铺垫石灰、木炭。殡期满后,按规定的时间出殡下葬。请人占卦选择墓地和下葬日期,称筮宅卜日。葬礼有出殡、迁柩、发引、加见等仪节,死者生前亲友、有关人士都要来参加葬礼。出殡即送葬。下葬前一天,将灵柩迁至祖庙停放,并进行祭奠。下葬之日,柩车启行,前往墓地,称"发引"。灵车到达墓地后又行祭奠。铺席于穴底,将柩平稳地放入穴中,随葬品放置左右。棺木和藏品用棺衣覆盖,称作"加见"。见上铺席,加上抗木,然后填土筑坟。

葬毕,主人用灵车奉亡人神主回到殡所,升堂而哭,称作"反哭"。行虞祭以表达对死者的哀思。为死者正式设置桑木神主,上书死者官爵名讳。然后进行最后一次哭奠,称"卒哭"。卒哭次日,奉死者神主于祖庙,依照昭穆顺序排列,与祖先一同合祭,称作"祔"。祭毕,奉神主归家,丧礼结束。

丧礼结束后,其亲人还要为死者守灵服丧,以示孝敬。孔子曰:"子生三年,然后免于父母之怀。夫三年之丧,天下之通丧也。"②

五、岁时节庆

古代中国以农业立国,民众又信奉多神,传统节庆多与农时和祭祀相关。春秋战国时期人们已将一年分为春、夏、秋、冬四季,立春、立夏、立秋、立冬是四季的开端。每季三个月依次以孟、仲、季称之。由农时和祭祀而形成与人们生产、生活密切相关的一套岁时节庆。

元日指农历正月初一,又称元春、正旦、新正。它来源于原始社会的腊祭。腊祭的次日是一个新祭祀周期(年)的开始,人们在门上悬挂吉祥物,喝春酒,庆丰收。

---

① 杨天宇:《礼记译注》第五《王制》,上海古籍出版社1997年版,第207页。
② 康有为注,楼宇烈整理:《论语注》第十七《阳货》,中华书局1984年版,第269页。

立春是进入春季的第一天。是日周天子率领公卿大夫到都城东郊迎春,祭祀东方青帝,拉开了一年农业生产的序幕。

上巳又称元巳、上除、除巳,是青年男女互相约会的节日。春回大地,燕子归来。人们祭祀神媒,企望得到美满婚姻。"中春之月,令会男女。于是时也,奔者不禁。"①男女在山林、水边相会,自由好合。上巳那天,郑国人到溱、洧岸畔采兰草,招魂续魄,祓除不祥。《诗经》描述郑国上巳青年男女相会的欢乐场景:"溱与洧,方涣涣兮。士与女,方秉蕳兮……洧之外,洵讦且乐。维士与女,伊其相谑,赠之以勺药。"②

寒食源于古代禁火习俗。冬春空气干燥,为避免火灾,禁止生火,提倡冷食。中原地区的寒食与晋国人介子推有关。晋公子重耳流亡国外时,介子推为随从,曾经割股肉让重耳充饥。后重耳回国即位,即晋文公。他奖赏有功之臣却漏掉了介子推。介子推与母亲隐居绵山。晋文公为逼他出来而放火烧山,介子推和母亲被烧死。晋文公为悼念介子推,下令每年介子推忌日,全国严禁生火做饭。

端午是五月初五,又称端五、重五、端阳。端午节的起源说法有二:一说源于夏至,一说源于纪念屈原。楚国大夫屈原忠君爱国,明于治乱。楚怀王受秦人欺骗,屈原苦谏不听,结果兵挫地削,客死于秦。屈原被流放,报国无门,自投汨罗江而死。南方赛龙舟、吃粽子以纪念屈原,这一习俗很快传至中原地区。

九月初九是重阳节。古人以"九"为阳数,九月初九这天月日都逢九,故称"重九""重阳"。九月菊花盛开,战国时人已有"食菊"之俗,后来逐渐形成登高望远、饮菊花酒等习俗。

社日是祭祀土地神的节日。古代中国以农业立国,常祭祀土地神以祈求丰收。"社"就是土地神坛,国有社,地方也有社。社神是共工之子后土。社祭往往在春季举行,人们献上丰盛的祭品,虔诚地行跪拜之礼。后来社祭逐渐变成固定在立春后的第五个戊日,称社日。

祭灶最初是一种宗教习俗,后来演变为一种节日习俗。灶神是上天派往人间的监护神,相传是炎帝和火神祝融。祭灶原在夏季,后来固定在腊月二十三

---

① 杨天宇:《周礼译注》第二《地官司徒》二六《媒氏》,上海古籍出版社 2004 年版,第 205 页。
② 朱熹:《诗集传》卷四《郑风·溱洧》,上海古籍出版社 1980 年版,第 56 页。

四日。

腊祭是岁终祭众神的大祭。每年农事完毕,于十二月举行腊祭,以报答神恩。《说文》:"腊,冬至后三戌腊祭百神。"因所祭有先啬、司啬、农、邮表畷、猫虎、坊、水庸、昆虫等八神,故称腊八。腊祭是一个祭祀年的结束。

六、朝聘、会盟与飨宴

朝聘与会盟是维护天子与诸侯、诸侯之间正常关系的一种礼仪制度。聘旨在修其职业;朝旨在正班爵之义,率长幼之序;会旨在训上下之则,制财用之节;盟旨在昭信义,以明于神。"明王之制,使诸侯岁聘以志业,间朝以讲礼,再朝而会以示威,再会而盟以显昭明。"晋文公、襄公为霸主时,为减轻诸侯的负担,"令诸侯三岁而聘,五岁而朝,有事而会,不协而盟"[①]。

1. 朝聘

朝聘包括诸侯朝见天子,天子聘问诸侯,诸侯相互聘问。诸侯亲往曰朝,派使者前往曰聘。"诸侯之于天子也,比年一小聘,三年一大聘,五年一朝。"[②]朝聘之礼旨在辨明天子与诸侯的等级,加强彼此之间的联系,以利天子对诸侯的控制。诸侯定期要朝见天子。朝见时携带玉帛、兽皮、羽毛等地方特产为贡品,称"朝贡"。诸侯不按时朝见就是大不敬,要受到讨伐。如"宋公不王。郑伯为王左卿士,以王命讨之,伐宋"[③]。春秋时期周王地位下降,诸侯仅偶尔行朝聘之礼,于是有周天子向诸侯"征聘"的情况。同时周天子也派卿大夫聘诸侯。当时的朝聘之礼,主要是小国诸侯朝大国诸侯,或诸侯之间相互聘问。聘以卿、大夫为使,朝则诸侯亲自前往。诸侯相见、臣见君也称朝。战国时期弱小的诸侯觐见强大的诸侯也称朝。

诸侯朝见天子称"觐"。诸侯觐见天子,先在郊外的馆舍中暂住。周王派使者带着王的冠服、玉璧前往慰问诸侯旅途劳顿,并以此二物象征周王亲自前往

[①] 杜预:《春秋左传集解》昭公十三年、昭公三年,上海人民出版社 1977 年版,第 1380、1216 页。
[②] 杨天宇:《礼记译注》第五《王制》,上海古籍出版社 1997 年版,第 200 页。
[③] 杜预:《春秋左传集解》隐公九年,上海人民出版社 1977 年版,第 49 页。

迎接。诸侯到馆舍外迎接使者并施拜礼,使者宣王命并授予诸侯玉璧。诸侯还璧,送束帛乘马于使者,以示对王使的尊重。诸侯随使者入王都,周王派人为诸侯安置馆舍。诸侯仍以束帛乘马送周王所派之人。周王再派人告知诸侯朝见的日期和礼仪。朝见之日,诸侯身着礼服,乘墨车,手持玉圭前往王宫,与周王同姓者从东阶入,向西站立;异姓者从西阶入,向东站立。周王背靠屏风而坐。诸侯从正门进入朝堂,立于右侧,执圭行拜礼,呈玉圭于周王,周王受圭,诸侯再行拜礼,然后告辞而出。

聘问包括诸侯聘周王、周王聘诸侯以及诸侯国互聘等。受聘国派使者反聘来聘之国,称报聘。聘礼包括郊劳、聘飨、飨宾、私觌、馆宾、赠贿等程序。受聘国君主先派官员在郊外迎接慰劳并安顿款待来聘使者。正式行聘礼之日,君主亲自迎宾于太庙,听取使者传达来意。使者献上圭币等礼品,君主拜受,并拜谢使者国君的盛情。然后设宴招待使者,回赠礼品,互相献酒、赋诗言志。使者以私人身份面见君主和卿并赠币。使者回国前,国君亲临宾馆送行,派大臣将珪璋送还使者,回赠与聘币相当的礼品。如天子派重臣来聘,则用飨礼以示尊重。

2. 会盟

会盟是周天子与诸侯之间、诸侯与诸侯之间进行的聚会和盟誓活动。"诸侯未及期相见曰遇,相见于郤地曰会。诸侯使大夫问于诸侯曰聘。约信曰誓,莅牲曰盟。"①春秋时期的会盟,有天子和霸主召集诸侯国共同讨伐敌对国的会盟,也有天子和诸侯之间或各诸侯之间互相协调关系的会盟,还有国内卿大夫之间对付政敌或协调关系的会盟。当时中原地区的会盟极为频繁,在周王城、翟泉、践土、戚、召陵、宋、陈等地都举行过聚会或盟誓。战国时期则有所减少。

春秋时期会同成为大国"挟天子以令诸侯"的政治工具。例如晋文公主导的"践土之盟"确立了晋文公的霸主地位。周天子被迫与诸侯"分庭抗礼"。会同的地点可以在京师,也可以在诸侯国。常在国门之外建宫室筑坛,邀请天子和诸侯参加。各国会同常带军队,大国常借此炫耀武力。天子诸侯亲自参加的称"大会同",派卿大夫参加的称"小会同"。会同之日,周王登坛背依屏风而立,诸侯立于本国旗下。周王面南向诸侯行三揖之礼。然后诸侯升坛,向天子行献玉帛之礼。会同时天子、诸侯还要分别祭祀宗庙、社稷和日月山川诸神祇。

---

① 杨天宇:《礼记译注》卷一《曲礼下》,上海古籍出版社1997年版,第58页。

典礼结束后,天子飨宴诸侯,并行赏赐。

盟誓是在会同时举行的一种仪式。会盟的礼仪大体设"方明"(代表上下四方神明的器物)、凿坎、执牛耳、歃盟、载等。首先,设象征四方之神的木刻神位于北面堂上,作为会盟祭告之用。在司盟指挥下,在地上挖一方形或椭圆形坑,在坑北壁挖坎,以埋放玉璧。由戎右(车右)协助司盟杀六牲,割下牲牛的左耳,放入朱盘,由盟主手执,并取牛耳血存玉敦内。众人登坛,戎右端盛牛血的玉敦,盟主面向西站立,司盟和同盟者面向北站立,面向"方明"。司盟宣读盟书,祭告神明。然后戎右呈上敦血,先由盟主歃血(用血涂口),接着同盟依据尊卑顺序一一歃盟,表示信守盟约。盟辞称作载书。诅祝事先将盟辞书写在竹简或玉石上,一式数份。然后将其中的一份放置在牲牛上,称作"载"。接着将负载盟书的牲牛埋入坑内,会盟者各取一份带回。另抄正副盟书数本,正本藏于盟府,副本分授六官,以备检查。

3.飨宴

飨宴是宴请客人的一种礼仪。春秋战国时期飨宴极为频繁。飨宴有相礼者,并备乐和飨品。因伴有奏金(击钟),故称宴乐,还有赋诗及射。飨宴之礼包括飨礼和宴礼。飨礼规模宏大,在太庙中举行,设酒、太牢(俎上放半个生牲)以飨宾客。主人和宾客互相敬酒。主人以酒敬宾客称作"献",宾客回敬主人称作"酢",主人劝宾客饮酒称作"酬"。献酒爵数有一定之规,即九献、五献、三献,少则一献,"九献"是最隆重的礼仪。宴礼又称"燕礼",在寝宫中举行,主宾可开怀畅饮。"王享有体荐,宴有折俎。公当享,卿当宴,王室之礼也。"①体荐,即半解其体而荐之;折俎(又称"殽"),即体解节折,升之于俎。飨宴的目的在训共俭、示慈惠。

天子飨诸侯,或诸侯互飨,称作"大飨"。国君与臣属之间的宴饮,称作"宴礼"。飨宴之后,还要举行射礼。国君召集大夫和士互相比射称"大射"。射鹄(箭靶)设在堂下,比射者一对对揖让升堂,在堂上比射,然后揖让下堂,输者饮酒。还有一种投壶礼,宾主用箭投掷壶中,中壶多者为胜。

飨宴和射投之礼也在民间举行,称作"乡饮酒礼"和"乡射礼"。但场面小,陈设俭朴,礼节简化。乡射礼和大射礼大体相同。

---

① 杜预:《春秋左传集解》宣公十六年,上海人民出版社1977年版,第624页。

养老礼是宴饮国中老而贤者的一种礼仪,体现着重孝尊老的社会风气。不同年龄的老者享有不同的饮食待遇,所养方式也有所不同。酒、肉是养老礼中必备的饮食,乐曲也伴随其始终。常有天子、诸侯或大臣参与,以示敬老尊贤。

七、祭祀与占卜

1. 祭祀

祭祀神鬼的礼仪,后世称作吉礼。一般来说,天子祭天地和天下之名山大川,诸侯祭社稷及名山大川之在其地者。此外,天子、诸侯祭因国之在其地而无主后者。大夫则祭五祀,即金、木、水、火、土五正神。一年四季的祭祀活动与时令关系密切:启蛰而郊(祀天南郊),龙见而雩(祭天祈雨),始杀而尝(嘉谷熟,荐尝于宗庙),闭蛰而烝(万物皆成,烝祭于宗庙)。

祭天之礼有郊和雩。郊祭,迎长日之至也。之前要卜,兆于南郊,扫地以祭,器用陶匏。郊祭,大报本反始也。祀其祖以配天。雩祭常在仲夏举行,设坛祈泽。其他时间遇到天旱亦行雩祭以求雨,大雩则用盛乐。

禜是为消除自然灾害或瘟疫而对日月星辰和山川之神举行的一种祭礼。风雨不时、自然灾异发生,祭祀日月星辰和山川之神以禳除灾害。日食发生,天子伐(击)鼓以救日。各国国境内的大山称作"望",诸侯对山河举行望祭。军队路过也要祭祀当地的山川。祭品以玉石器为主,有时也杀牲祭祀,形式有埋、投掷、悬挂、燔燎等。鲁昭公十七年,晋国伐陆浑戎,先派人至周(今洛阳),请求祭洛水和三涂山(在今嵩县)。晋军渡黄河时沉玉于黄河,过洛水时又杀牲祭洛水之神。

春秋时周王、诸侯的祭祀称"社稷五祀",社是祭土地神,稷是祭五谷神,五祀是祭金、木、水、火、土五正神。社祭用肉,有的还用人祭。天子、诸侯、卿大夫以至百姓都有权祭社。天子之社称"太社",诸侯之社称"国社",宋国之社称"亳社"。大夫至庶人百家共立一社。庶人二十五家为一里,所立社称"里社"。此外还有灶、奥(室西南隅)、祖(道祭)、墉(墙)诸神。天子、诸侯、大夫、嫡士分别有七祀、五祀、三祀、二祀,庶士庶人只有一祀,即户或灶。

天子诸侯宗庙之祭称为内祭。祭分四时。周代春祭称祠,夏祭称礿,秋祭称尝,冬祭称烝。每五年或三年对宗庙的大祭和合祭统称"殷祭"。祭祀的规格和祭者的身份等级有严格规定。周天子用的祭品称作"会",即牛、羊、猪三者并用,相当于三个"太牢",诸侯用"太牢",卿用"特牲"(牛一头),大夫用"少牢"(羊、猪并用),士用猪,庶民用鱼。由于祭祀礼仪繁复,祭仪通常由相(又称傧相)司仪和赞礼。祭祀时有乐歌相伴。春秋时代的宗庙祭祀仍沿袭西周的礼仪,但是违反、僭越的情况时有发生。

周代对祖先的崇拜,主要表现为本族祖先建宗庙,设神位神主祭拜之。但是,宗庙之建有一定的制度。祖先崇拜和祭祀的对象是本族的始祖和对本族或社会有突出贡献的非凡人物。周人开始把祖先与天神的意志和人间的道德结合起来,塑造了受天命又有高尚道德的祖先神。而周人对祖先的祭祀,又同王权和宗法制度结合在一起,王、诸侯、大夫、士祭祀祖先的权利不同,表现出严格的等级色彩。不同等级的人祭祀祖先的形式有所不同。周王掌握祖先祭祀大权,同时命令臣下和诸侯也祭祀祖先。春秋时期这种情况在延续中逐渐破坏。

2. 占卜

春秋时期巫术中的卜筮仍占据重要地位。卜是以兽骨龟甲占卜,筮是用蓍草占卦。各国战争、祭祀、立储、立夫人、嫁女、出使、生病、生子女等,多占卜问筮,其中最多的是预卜战争的胜负和祭祀的吉凶。中原地区犹以陈国巫术盛行。

观日月、占星相也是春秋时期巫术的重要方面。郑定公六年(前524)冬,火星旁边出现彗星,郑国的裨灶向执政子产预言,宋、卫、陈、郑四国将同时发生火灾。次年夏,火星在黄昏出现,四国相继发生火灾。郑国祝史在都城北筑祭坛,祭祷火神、水神,又在四城祈祝。宋、卫两国也举行了类似的活动。诅咒和祝愿也是当时的巫术活动。

第四章 秦汉时期的文化建构与拓展

从秦王嬴政二十六年(前221)秦朝建立到汉献帝延康元年(220)东汉灭亡,凡440年,是中国历史上的秦汉时期。这一时期国家统一,集权中央,社会比较安定,有利于经济和文化的发展。中原地区是秦、西汉王朝的中心区之一。东汉王朝定都洛阳,中原地区成为畿辅地区,政治地位更加重要。

秦汉时期是中原文化的重新建构与拓展期。春秋战国时期的华夏族与进入中原的四夷融合为更大的华夏族。由于汉王朝的强盛,华夏族群被称作汉族。随着汉族形成,汉族文化也逐渐建构起来。

秦汉王朝确立了统一的中央集权的封建制度,在思想文化上实行专制,倡导一元独尊。秦朝崇尚法家学说,倡导"以法为教","以吏为师",[1]禁止其他诸子之学的传播。汉武帝则"卓然罢黜百家,表章《六经》"[2],定儒学为一尊。开辟察举孝廉秀才和进行经学考试的入仕途径,诱导士人攻读经书。东汉光武帝"爱好经术,未及下车,而先访儒雅,采求阙文,补缀漏逸"[3],广开学校,修明礼乐。洛阳成为全国儒学研究和教育的中心。汉代儒家经学高度发展,从而奠定了它在思想学术中的主导地位。

张骞、班超先后出使西域,开辟丝绸之路,扩大了中原地区与西域的经济文化交流。汉王朝对域外文化采取开放的政策,不仅西域、匈奴等地草原文化传入中原,异域天竺(今印度)的佛教文化也在东汉时期传入,并逐渐立足。东汉后期产生于中国本土的原始道教也在中原传播,在洛阳朝廷中出现老子祠祀。汉灵帝时太平道在中原各地广泛传播,建立组织,道教也逐渐形成。

总之,东汉时期的中原地区儒学兴盛,佛教传入,道教形成,呈现出儒、释、

---

[1] 王先慎:《韩非子集解》卷十九《五蠹》,中华书局1998年版,第452页。
[2] 班固:《汉书》第一册,卷六《武帝纪》,中华书局1962年版,第212页。
[3] 范晔:《后汉书》卷七十九上《儒林列传》,中华书局1965年版,第2545页。

道三教并存的端倪。儒学独尊地位的确立与儒、释、道竞争、互补的文化格局奠基,中国封建社会的文化传统建构起来。

汉代文学、史学从经学中分离出来,贾谊、晁错的散文皆为西汉鸿文,张衡、蔡邕的赋作则是辞赋的名篇,《汉书》《东观汉记》等史学著作在洛阳写成,逐渐形成经学、史学、文学并行的文化格局。中国古代的学术门类建构起来,文化的领域得到拓展。

此外,在天文学和医学方面,张衡在洛阳观测天象,阐述了天地日月生成和运动的理论;南阳人张仲景撰写《伤寒杂病论》,为后世中国医学发展开辟了道路。西汉中原地方官员韩延寿与黄霸等用儒学教化民众,东汉朝廷大力倡导儒学思想指导下的道德行为,中原地区逐渐形成忠直礼让、勤本务农的社会风气。

第一节 秦汉时期的河南与河内地区

秦汉时期称河东、河内、河南三地为"三河"。司马迁说:"夫三河在天下之中,若鼎足,王者所更居也,建国各数百千岁。"[①]本书所谓中原地区,仅包括河南、河内二地,而不包括河东。秦汉时期由于黄土高原大规模的经济开发,导致植被破坏,黄河水中泥沙增多,导致下游河床淤积抬高,黄河水患频繁,中原地区的自然生态出现恶化的趋势。秦汉时期实现了国家的统一,建立了中央集权制度,社会政治安定,有利于社会经济的发展。中原是秦、西汉王朝的腹里地区,又是东汉王朝的畿辅地区,社会经济发展快速,有利于文化的发展。

一、黄河水患的频繁与生态环境的恶化

秦、西汉时期黄河的主河道大体是经今河南荥阳北、延津西、滑县东、浚县

---

① 司马迁:《史记》第十册,卷一百二十九《货殖列传》,中华书局1959年版,第3262—3263页。

南、濮阳西南、内黄东南、清丰西、南乐西北,进入山东、河北,在黄骅县境入渤海。这条河道在黄河史上称作"北流"。

秦朝曾修筑黄河下游堤防,所筑今新乡至濮阳段堤防称作金堤。西汉时期黄河下游水患严重,在 200 年间黄河决口 7 次,漫溢 4 次,改道 2 次。最早的一次决口发生在汉文帝十二年(前 168)十二月,河决酸枣(今延津),东溃金堤,东郡征发士卒堵塞了决口。汉武帝元光三年(前 132),河决东郡瓠子(今濮阳西南),东南注巨野,通于淮泗,下游 16 郡受灾,梁、楚之地尤甚。汉武帝派郭仁、邓昌征发士卒数万人堵塞决口,武帝亲临瓠子督促河工,终于大功告成。汉武帝作《瓠子歌》,又令在此修建宣房宫。汉成帝建始四年(前 29),黄河又在东郡金堤决口,淹没 4 郡 32 县土地 15 万顷,冲毁房屋 4 万栋。朝廷派河堤使者王延寿率领民工堵塞决口。新莽始建国三年(11),河决魏郡,泛清河以东数郡,流经平原、济南二郡,至千乘(今山东高青东南)入海。决口没有及时堵塞,造成黄河改道,与汴水混流。近年在内黄梁庄镇三杨庄发现这一时期的黄河水患遗址,清理出因洪水泛滥而被深埋于地下的农田和庭院建筑,为人们研究西汉黄河水患提供了实证资料。

进入东汉以后,河患更加严重。汉明帝永平十三年(70),派王景、王吴对黄河和汴渠进行大规模的综合治理,修筑荥阳至千乘河口的堤防,疏浚淤塞的河道,设置水闸,使黄河、汴水分流。这次治河效果明显,意义重大,造成了数百年的黄河安流局面。

秦、西汉时期是黄河中下游地区的第一个人口高峰期。西汉末元始二年黄淮海平原"人口达 3294 万,占西汉全国人口总数的 57.1%,人口密度也居全国之冠"①。人口的猛增,导致土地的大量垦殖,林木被大量砍伐,中原地区的生态环境受到一定程度的破坏。除熊耳山、嵩山、王屋山、太行山尚有大片森林外,黄河下游平原地区的林木资源已经枯竭。森林、草原植被被毁,导致气候失调,水旱灾害发生。

黄河下游的土壤肥沃,但局部地区分布着盐碱土,人们采取灌溉冲洗、放淤排水和种稻等措施进行改良利用。

秦、西汉时期中原气候温和,有亚热带植物生长,河内淇园的竹林仍很茂

---

① 邹逸麟:《黄淮海平原历史地理》,安徽教育出版社 1993 年版,第 226 页。

盛。东汉时期气候出现寒冷趋势,与现代气候大体相当。

二、社会经济的快速发展

秦、西汉时期中原地区是全国粮食和丝麻的主要产区,农业生产普遍使用铁器和牛耕,并掀起兴修水利工程的高潮。东汉明帝时王景对黄河、汴水进行了大规模的治理,南阳太守杜诗"修治陂池,广拓土田,郡内比室殷足"[1]。垦田数量增加,生产技术提高。粮食品种和数量增多,田庄经济发展迅速。中原地区的冶铁、纺织等手工业在全国也处于领先地位。河内(治今武陟西)、陈留(治今开封祥符区陈留镇)两郡的丝织业相当发达。西汉丝织品生产首称齐鲁地区,"第二个盛产丝织品的地区是陈留、河南、河内三郡"[2]。杜诗制造水排,用水力鼓风,炉温提高,叠铸技术和脱碳钢技术都逐渐成熟。

交通便利是商业发展的重要条件。秦朝从咸阳到关东的驰道横穿中原地区。地处伊洛平原的洛阳处在关东经济区的西缘,有漕运之便,"经济地位自然上升。因此,西汉以后的水陆交通,多以洛阳为中转站"[3]。西汉时期中原的官商主要经营盐、铁和酒的专卖,私营商业更为发达。南阳人孔仅,洛阳人师史、桑弘羊、薛子仲、张长叔都是著名的富商。洛阳和宛县(今南阳市)是中原地区的商业中心城市。东汉时期洛阳"处乎土中,平夷洞达,万方辐辏"[4],是全国商业和交通的中心,也成为贯穿欧亚大陆的丝绸之路的起点和国际性的大都市。

秦、汉时期中原地区经济的快速发展,与其他区域经济联系的加强,促进了文化的发展。

---

[1] 范晔:《后汉书》卷三十一《杜诗传》,中华书局 1965 年版,第 1094 页。
[2] 孙毓棠:《战国秦汉时代的纺织业》,《孙毓棠学术论文集》,中华书局 1995 年版,第 155 页。
[3] 白寿彝总主编:《中国通史》卷四上册,上海人民出版社 1995 年版,第 672 页。
[4] 班固:《东都赋》,见萧统编,李善注:《文选》卷一,中华书局 1977 年版,第 34 页。

三、河南与河内的郡县设置

秦朝在地方实行郡县制,以维护国家的大一统,并集权于中央。秦朝中原地区凡六郡:在黄河以南伊洛流域至嵩山以北设三川郡,治洛阳;在颍河、汝河上游地区设颍川郡,治阳翟(今禹州);在伏牛山以南、沔水以北的白水、丹水流域设南阳郡,治宛县(今南阳市);在黄河以北,太行山以东、以南设河内郡,治怀县(今武陟西南);在黄河东南、济水以北设东郡,治濮阳县;在济水以南、睢水流域设砀郡,治睢阳(今商丘睢阳区);在淮河以北汝、颍二水下游设陈郡,治陈县(今周口淮阳区)。秦政暴虐,社会矛盾尖锐。秦二世元年(前209)七月,阳城(今商水,一说方城、登封)人陈胜和阳夏(今太康)人吴广率领戍卒揭竿起义,后来响应陈胜起义的刘邦和项羽率义军入关,推翻秦王朝。

刘邦在楚汉战争中战胜项羽,建立西汉王朝。西汉实行郡、国并行的地方制度,并设立负责监察地方的州刺史部。西汉将原秦三川郡西部分出,新置弘农郡,治弘农(今灵宝北),东部称河南郡,治洛阳;将秦陈郡一分为二,置淮阳国,都陈县,汝南郡,治平舆(今汝南);分秦砀郡,置梁国,都睢阳,后又置陈留郡,治陈留(今开封祥符区陈留镇)。中原地区中西部的弘农、河南、河内三郡与关中的三辅地区同属于司隶校尉部,其余郡国分别属于豫州、兖州、荆州刺史部。中原东部的梁国和淮阳国是西汉王朝的东方屏障。

西汉末期绿林起义军转战中原,绿林军将领刘秀削平群雄,建立东汉王朝,定都洛阳。东汉基本因袭西汉在中原的郡国设置,只是改河南郡为河南尹,淮阳国为陈国。中原地区地跨司、豫、兖、荆诸州,河南、弘农、河内三郡为设在洛阳的司隶校尉部直接管辖。东汉后期州的地位提高,逐渐演变为凌驾于郡国之上的一级地方政权。东汉洛阳为"帝城",是全国政治、经济、文化的中心,南阳是"帝乡",多宗室外戚。中原地区在全国的政治地位比秦、西汉时期明显提高,有利于中原经济文化的发展。

第二节　思想的演进与宗教的初传

秦汉时期的统治思想发生了由"以法为教"到"独尊儒术"的演变,对中原地区的思想文化产生了重要影响。中原人士李斯、贾谊、晁错、桑弘羊、张衡的思想均值得称道。汉代河图洛书演绎,谶纬迷信思想兴盛,但科学家张衡的宇宙观则具有合理成分。道教起源,佛教传入,逐渐成为人们宗教信仰的组成部分。

一、李斯的政治思想

李斯(？—前208),楚国上蔡(今属河南)人,曾向荀子学帝王之术,后进入秦国担任客卿。及秦朝建立,先后任廷尉、左丞相,是秦代法家学说的代表人物。他虽然为个人利益害死法家学说集大成者韩非,却将韩非的思想不折不扣地付诸实行,提出尊君、集权、行郡县、禁私学、行督责等一系列政治主张。

李斯主张尊君主建帝制。秦王嬴政灭关东六国,令群臣议帝号,丞相王绾和廷尉李斯等称颂嬴政的巨大功业,建议尊为泰皇,命为制,令为诏,自称曰朕。嬴政改泰皇为"皇帝",从而建立了一套皇帝制度,实行中央集权制。

秦朝建立后,在采用何种地方制度问题上,朝廷出现彻底实行郡县制和重新分封诸侯两种主张。宰相王绾主张立诸子为王以填边远空虚地带,李斯坚决反对。他说,周朝封子弟同姓,建立很多诸侯国。后来诸侯互相攻伐,周王不能制止。"今海内赖陛下神灵一统,皆为郡县,诸子功臣以公赋税重赏赐之,甚足易制。天下无异意,则安宁之术也。"[①]此议得到秦始皇认同,遂分天下为三十六郡,郡下置县,在全国实行郡县制。

[①]　司马迁:《史记》第一册,卷六《秦始皇本纪》,中华书局1959年版,第239页。

李斯又认为,秦朝建立后战国私学延续,存在多种社会思潮。各家私学互相联合,诽谤诋毁法教,妨碍朝廷政令的推行,应予以禁止。为保持法家学说的独尊地位和法治传统,李斯主张禁《诗》、《书》、百家语,限制人们的思想自由,实现思想学术的统一,并主张统一车轨、文字、度量衡,以维护政治的统一。

李斯关于建帝制、行郡县、集权中央以及统一车轨、文字、度量衡等一系列政治主张,有助于维护国家大一统的局面,对中国数千年封建政治制度产生了重大影响。

二、贾谊的哲学与政治思想

贾谊(前200—前168),河南洛阳人,杰出的思想家、政治家。他18岁以能诵诗著书扬名郡中,被郡守吴公召置门下。及吴公入朝廷任廷尉,举荐贾谊为博士。贾谊之才能得到汉文帝的赏识,官位超迁,任太中大夫。因他常议论政事,遭权臣嫉恨非毁,被贬出京师,拜长沙王太傅,再迁梁怀王刘揖太傅。数年后梁怀王坠马死,贾谊以失职自责,抑郁而终,年仅33岁,有《新书》和《贾长沙集》流传后世。

贾谊的《道德说》是一篇重要的哲学著作,提出"德有六理",对道、德、性、神、明、命作了解释,强调"道虽神必载于德",而德又是"形之始"。就是说,"六理"不能离开"形"而独立存在。他把"道"和"德"看作"理"的两个方面,认为"理"不能离开物体。贾谊曾探索宇宙的真相,阐述自己的世界观和人生观。他在《鹏鸟赋》中写道:"且夫天地为炉,造化为工;阴阳为炭,万物为铜,合散消息,安有常则?千变万化,未始有极。"他认为天地如同一个大熔炉,万物变化没有穷尽,也没有固定不变的规律,其中包含着辩证思想。他又写道:"忽然为人,何足控揣;化为异物,又何足患!小智自私,贱彼贵我;达人大观,物亡不可。""德人无累,知命不忧。"[1]这是先秦道家庄子一派的观点,显示出一种欲超脱现实的人生态度。

民本思想是贾谊政治思想的核心和精髓。贾谊视民众为国家、君主、官吏

---

[1] 班固:《汉书》第八册,卷四十八《贾谊传》,中华书局1962年版,第2228页。

的根本。他说:"闻之于政也,民无不为本也。国以为本,君以为本,吏以为本。"①就是说,统治者只能以民为本。制度可以更换,官吏可以更换,国家和民众不能更换。民众是国、君的根本和命脉,建功立业靠民,战争胜利靠民,国家大事只有民众支持才能成功。民众不可欺,不可不畏。统治者必须自觉调节自己的政策,方能实现政治上的长治久安。

从民本思想出发,贾谊主张统治者行仁义。他分析秦王朝灭亡的原因,结论是:"仁义不施,攻守之势异也。"②贾谊虽强调仁义,但其最终目的是尊君。在治国问题上,他主张将儒家的仁义教化和法家的刑法结合起来,恩威并用。

贾谊从维护宗法等级社会的长治久安出发,主张严格礼制,以维护社会秩序。他说:"礼者,所以固国家,定社稷,使君无失其民者也。……故礼者,所以守尊卑之经、强弱之称者也。"③对统治百姓而言,"礼"禁于将然之前,是事前预防;"法"禁于已然之后,是事后惩罚。二者缺一不可。

在政治方面,贾谊主张"众建诸侯而少其力"④,以维护国家政权的稳定;在经济方面,他以农业为本,工商为末,主张重农抑商。

三、晁错的思想

晁错(前200—前154),汉初颖川(治今禹州)人。早年师从张恢习申商刑名之学,又向名儒伏生学《尚书》。后来入仕,任太子家令,号称"智囊"。汉景帝时担任御史大夫,是一位为汉王朝深谋远虑的政治家。他力主削夺同姓诸侯王的封地,遭到诸侯王的反对和敌视。景帝三年(前154),吴楚七国以"诛晁错、清君侧"为名发动叛乱,朝廷为安抚诸侯,斩晁错于长安(今陕西西安)东市。

在政治方面,晁错主张法令要合乎人情。他在《贤良对策》中说:"其为法令也,合于人情而后行之;其动众使民也,本于人事然后为之。……是以天下乐其

---

① 贾谊撰,阎振益、钟夏校注:《新书校注》卷九《大政上》,中华书局2000年版,第338页。
② 贾谊撰,阎振益、钟夏校注:《新书校注》卷一《过秦上》,中华书局2000年版,第3页。
③ 贾谊撰,阎振益、钟夏校注:《新书校注》卷六《礼》,中华书局2000年版,第214页。
④ 贾谊撰,阎振益、钟夏校注:《新书校注》卷一《藩强》,中华书局2000年版,第39—40页。

政,归其德。"①国家要选用方正之士和平正之吏,赏罚要得当,君主要躬亲政务。晁错总结自汉高祖到文帝对诸侯王的政策得失,认为诸侯王谋反只是时间早晚的问题。他说景帝削吴王言:"今削之亦反,不削亦反。削之,其反亟,祸小;不削之,其反迟,祸大。"②吴、楚七国之乱被平定后,有大臣对景帝说,晁错请削诸侯以尊京师,是万世之利。

在经济方面,晁错主张劝农务本、徙民实边和入粟拜爵。他认为君主要维护其统治,必须有牢固的经济基础,让农民安心务农。其《论贵粟疏》说:"欲民务农,在于贵粟;贵粟之道,在于使民以粟为赏罚。今募天下入粟县官,得以拜爵,得以除罪。"这样做是"损有余补不足",顺于民心,"所补者三:一曰主用足,二曰民赋少,三曰劝农功"。③边境粮食足以支付五年之用,可以就近入粟郡县。郡县足够支付一年以上费用,可以不收农民田租。皇上德泽加于万民,百姓会更加勤于农事。汉文帝采纳晁错的建议,令民入粟于边。贵粟政策为西汉反击匈奴的战争提供了物质保障。

四、桑弘羊的经济思想

桑弘羊(约前152—前80),河南洛阳人,出身于商人家庭,13岁进入宫廷,历任大司农、搜粟都尉、御史大夫等职,是盐铁官营和平准均输政策的主要制定者和推行者。汉武帝死,桑弘羊与霍光等人同受遗诏辅佐昭帝,桑弘羊在与霍光的政治权力之争中被处死。

汉昭帝始元六年(前81)在朝廷举行的盐铁会议上,御史大夫桑弘羊等和贤良文学展开激烈的论争,涉及政治、经济、伦理道德、治国方针等许多问题。后来庐江太守丞、汝南(治今上蔡西南)人桓宽依据会议记录,写成《盐铁论》一书,桑弘羊的思想保存在其中。

在盐铁会议上,贤良文学认为国家实行的盐铁官营等政策是"与民争利",

---

① 班固:《汉书》第八册,卷四十九《晁错传》,中华书局1962年版,第2294页。
② 班固:《汉书》第七册,卷三十五《荆燕吴传》,中华书局1962年版,第1906页。
③ 班固:《汉书》第四册,卷二十四《食货志上》,中华书局1962年版,第1133页。

给百姓生产生活带来诸多不便,不仅加重了农民负担,对农业造成巨大冲击,也毒化了原本淳朴的社会风俗。桑弘羊则反复强调,盐铁官营等措施具有异常重要的经济意义和政治意义。他说:"盐铁之利,所以佐百姓之急,足军旅之费,务蓄积以备乏绝,所给甚众,有益于国,无害于人。"①又说:"建铁官以赡农用,开均输以足民财。盐铁、均输,万民所戴仰而取给者。"②这些政策实行的结果,一是增加国家的财政收入,给人民带来了实际利益;二是有利于国家政局的稳定。《刺权》篇说:国家众多的山海资源是"有国之富而霸王之资也。人君统而守之则强,不禁则亡……奸猾交通山海之际,恐生大奸"③。桑弘羊认为,盐铁官营、酒榷、平准均输等经济措施,不但堵塞豪强富商的兼并之路,有利于农业,有益于百姓,可防备战争和自然灾害,而且能瓦解地方割据势力,杜绝百姓由富贵而导致的不轨行为,有利于巩固中央集权,保持政治局势的稳定。总之,这些政策的实行已经成为抗击匈奴、解决边患的重要经济来源,巩固了国家的经济基础和统一局面。从历史发展看,汉武帝时代的盐铁官营开历代禁榷制度之先河。

古人以农为本,以商为末,重本抑末是中国古代社会的传统观点。盐铁会议上贤良文学强调农业是国富民安的基础,手工业与商业的过度发展,奢侈品的大量生产和销售,容易导致社会的欺诈和淫佚之风。桑弘羊反驳贤良文学"节用尚本,分土井田"的主张,说"富国何必用本农,足民何必井田也?"④他认为富国并非仅农业一条途径,而且能够富国裕家的不是农业,而是商业。桑弘羊又说:"工不出则农用乏,商不出则宝货绝。农用乏则谷不殖,宝货绝则财用匮。"⑤丰富的土特产需要交易,人民的生活必需品要待工而成、待商而通,没有工商业,农产品找不到销路,农业也发展不起来。工业、商业和农业各有其功用,为社会生活所必需,缺一不可。桑弘羊还说:"故物丰者民衍,宅近市者家富。富在术数,不在劳身;利在势居,不在力耕也。"⑥"术数"即生产、经营方面的技术理念,"势居"指商品生产与买卖的地理和社会环境。

---

① 桓宽编,马非百注释:《盐铁论简注》第七《非鞅》,中华书局1984年版,第51页。
② 桓宽编,马非百注释:《盐铁论简注》第一《本议》,中华书局1984年版,第7页。
③ 桓宽编,马非百注释:《盐铁论简注》第九《刺权》,中华书局1984年版,第67页。
④ 桓宽编,马非百注释:《盐铁论简注》第二《力耕》,中华书局1984年版,第18页。
⑤ 桓宽编,马非百注释:《盐铁论简注》第一《本议》,中华书局1984年版,第5—6页。
⑥ 桓宽编,马非百注释:《盐铁论简注》第三《通有》,中华书局1984年版,第20页。

桑弘羊是从国家的角度理天下之财,关注的是全国范围内的农业发展状况、都市分布与工商业发展。他强调"古之立国家者,开本末之途,通有无之用"①,主张工商业与农业并重,互相促进。总之,桑弘羊的一切主张都是从朝廷的利益出发,统一地方财政,控制社会财富。桑弘羊的商业思想、经济思想有不少闪光之处,至今仍有一定的现实意义。

盐铁会议上双方论争的主旨,是"上仁义"还是"务权利"的问题。贤良文学主张抑末利而开仁义,以敦厚风俗。桑弘羊则持注重实利的义利观,他从人性论的角度阐述了人们追求商业利润的客观性和必然性。他认为尚利乃人之天性。家累万金的商人不辞劳苦追求商业利润与士人追求利禄一样,均出于自然的生存本能。无论是商人、将士、士人,芸芸众生,奔波辛劳,殚精竭虑,归根结底不过是为"利禄"两字,"务权利"无可厚非。

盐铁会议争论的实质是国家究竟以儒家还是以法家作为政治指导思想,核心是德治与法治之争。贤良文学认为行仁政方可真正统一天下,他们以亡秦为例,强调德治。桑弘羊则强调严刑峻法的必要性。桑弘羊说:"礼让不足禁邪,而刑法可以止暴。明君据法,故能长制群下而久守其国也。"②人治离不开法治。桑弘羊对于法家人士给予了充分的肯定和颂扬。

五、河图洛书的演绎与谶纬学说

"河出图,洛出书"的传说出现于先秦时期,汉代的儒家学者对河图洛书有较多的演绎。孔安国为《洪范》作传说:"天与禹,洛出书。神龟负文而出,列于背有数至于九。禹遂因而第之,以成九类,常道所以次叙。"③他最早把"洪范九畴"和洛书联系在一起。孔安国为《易·系辞》作传,以为"河图则八卦是也,洛书则九畴是也"④,进一步坐实这一传说。

---

① 桓宽编,马非百注释:《盐铁论简注》第一《本议》,中华书局1984年版,第5页。
② 桓宽编,马非百注释:《盐铁论简注》第五十八《诏圣》,中华书局1984年版,第413—414页。
③ 孔颖达疏:《尚书正义》卷十二《洪范》,《十三经注疏》(上册),中华书局1980年版,第187页。
④ 王弼注,孔颖达疏:《周易正义》卷七《系辞上》,《十三经注疏》(上册),中华书局1980年影印,第82页。

汉代谶纬之学的兴盛,为河图洛书传说增添了许多内容。谶纬是谶书和纬书的合称。关于河图洛书的纬书,汉代文献记述的有58种,当代学者考证为45种[1],以《河图录运法》《洛书录运法》《河图龙文》《河图秘征》《河图绛象》《洛书说禾》《孔子河洛谶》等较为典型。关于《五经》的谶纬书中也有一些河图洛书的内容。这些纬书将河图洛书的传说故事作为最能体现谶纬学说的理论支持和重要实证,并根据想象描绘河出图洛出书的具体情节,关于究竟是哪位帝王得到河图洛书以及河图洛书的内容与形式也演绎出各种不同的说法。

谶纬之书对于河图洛书的传说影响很大,以至于汉代历史学家和学者都引用其中的内容。司马迁《史记·秦始皇本纪》中提到卢生曾奏"录图书"一事,就举了谶纬的例子。班固《汉书》中多次述及河图洛书。郑玄的《周易郑氏注》在"河出图,洛出书"一段之后的注中引录《春秋纬》说:"河以通乾出天苞,洛以流坤吐地符。河龙图发,洛龟书感,河图有九篇,洛书有六篇。"[2]郑玄还为谶纬书籍作注释,阐发有关重要观点。如他为《尚书中候》作注,肯定关于河图洛书的种种互相重复或彼此牵强的传说。《周易乾凿度》说"故太一取其数以行九宫,四正四维,皆合于十五",成为后人探讨洛书数字排列规则的重要依据。郑玄为《周易乾凿度》作注,对河图洛书及相关的九宫问题作了重要发挥。

两汉之际,荒诞迷信的谶纬为统治者所利用,逐渐成为一种社会思潮。学者郑兴、桓谭、尹敏等开始对这些谶纬神秘主义进行批判,指出谶纬语言鄙俗,荒诞不经,非圣人所作,表示不愿读谶为谶。但由于光武帝、汉明帝、汉章帝诸帝的提倡,社会上迷信谶纬成风。东汉中后期,学术界对谶纬有了更深的认识,张衡对谶纬进行了更全面、更严厉的批判。

六、张衡的宇宙观

张衡(78—139),字平子,东汉后期南阳西鄂(今南阳市石桥镇)人,中国古

---

[1] 张岱年等:《国学今论》,辽宁教育出版社1991年版,第108页。
[2] 王弼注,孔颖达疏:《周易正义》卷七《系辞上》,《十三经注疏》(上册),中华书局1980年影印,第82页。

代著名科学家、文学家。他认真考察谶纬的历史,说:圣人明审律历以定吉凶,"其所因者,非一术也。立言于前,有征于后,故智者贵焉,谓之谶书。谶书始出,盖知之者寡……成、哀之后,乃始闻之"①。他认为圣人在观察天文地理、人事变化时,借用传统的巫觋语言,对事物的变化作出预言,这是谶的初源。圣人虽然借用谶语的形式,但他们的话都是可以应验的,并不神秘,和后来盛行的谶纬迷信不同。西汉正统的经学中没有谶纬,谶纬是汉成帝、哀帝以后衰世的产物。

张衡还对谶纬所记内容进行认真的比较分析,指摘谶纬所记不合经典,同一件事不同的谶纬所记各不相同,记述前代故事却常常提到后代才有的事物,违悖事理,并明确指出谶纬的记载出于虚伪之徒编造,其结论不可靠。张衡还运用天文、历法知识,分析谶纬产生的认识论根源。他认为历法、物候等学问研究起来很困难,人们不肯下力,而宁愿去相信胡编乱造的谶纬。如同画画,画真实的动物很难,而画谁也没有见过的鬼怪却比较容易。谶纬欺世罔俗,以昧势位,应予禁绝。

张衡在《灵宪》中提出了宇宙形成论,认为它可分为三个阶段:第一阶段叫"溟涬",这是无的阶段,是道的根本;道的根本建立后,就从"无"产生出"有"来,"太素"才开始萌芽。萌芽没有形成的时候,气联结在一起,混沌不清。这种状态又经过很长时间,叫作"庞鸿"。这是道的主干,是宇宙形成的第二个阶段。到了第三个阶段,"元气"有了分化,刚和柔的性质不同,清和浊的地位不同。地在里面定下,天在外面形成。天圆而动,地平而静。动主施行,静配变化。双方的精集聚配合,生育出万物。这就叫作"太元",是道的果实。天上形成各种形象,地上形成各种形体,共同构成复杂的世界。

张衡在浑天说的基础上提出了"宇宙"这一概念。地居中心不动,天在外面旋转。"过此而往者,未之或知也。未之或知者,宇宙之谓也。宇之表无极,宙之端无穷。"②在天地这个范围之外没有人能够知道的,就是宇宙。空间是无边无际的,时间是无始无终的。

---

① 范晔:《后汉书》卷五十九《张衡传》,中华书局 1965 年版,第 1911—1912 页。
② 严可均辑:《全后汉文》卷五十五《张衡四》,《全上古三代秦汉六朝文》,商务印书馆 1999 年版,第 565 页。

张衡认为,天地是由元气分化出来的。他所说的"道"就是气。他所说的"道之根""道之干""道之实",实际上就是气发展的三个阶段。气是无始的。他还认为,人生是元气的聚合,人死之后复归于元气,与自然成为一体。

七、永平求法与佛教的初传

东汉皇帝从光武帝刘秀开始,大力提倡谶纬,导致谶纬迷信思想泛滥,为宗教的发展提供了沃土。东汉时,佛教传入中原地区,早期道教也开始形成。

汉明帝永平八年(65),光武帝之子楚王刘英曾招聚沙门(和尚)祭祀求福。汉明帝派遣蔡愔、秦景等12人到大月氏国(今阿富汗地域)求取佛教经典,并在洛阳等地画佛像悬挂。蔡愔等人获得佛祖释迦牟尼图像和一些佛经,邀请在大月氏传教的两名高僧摄摩腾和竺法兰一起回到京师洛阳。次年,汉明帝敕令在洛阳雍门外修建我国第一座佛寺"白马寺"。摄摩腾和竺法兰两位高僧在白马寺内译出《四十二章经》和《十二地断结经》。考古工作者在孟津发现了汉和帝永元五年(93)的"老子浮图铜镜",佛像是以神仙为原型的"仙佛模式"。"后桓帝好神,数祀浮屠、老子,百姓稍有奉者,后遂转盛。"[①]桓帝时又有安息人安世高(名清),翻译了《安般守意经》等39部佛经。灵帝时月氏人支娄迦谶到洛阳,译出《般若道行经品》等14部。佛经的翻译促进了佛教在中国的传播。佛教教义中宣扬人的生死轮回说、因果报应说、"行善""修道"说、慈悲为本说,对生活在艰难困苦中的劳动人民,以及遭受种种冤屈磨难的人们有很大的迷惑性。东汉以降佛教发展迅速,信奉佛教者逐渐增多。

佛教传入中原,即开始了它中国化的进程。东汉时期的"浮屠"和老子并祀,佛教、道教结合,可以视为佛教中国化的最初形态。

---

① 范晔:《后汉书》卷八十八《西域传》,中华书局1965年版,第2922页。

八、黄老祠祀与道教的起源

　　道教的形成是社会上层思想信仰与民间信仰互动的结果。秦、西汉皇帝多崇信神仙,图谋长生久视,重视宗教性的祭祀诸神活动。东汉祭祀对象又有增加。西汉初期统治者崇尚黄老之学。东汉初年楚王英"晚节更喜黄老,学为浮屠斋戒祭祀"。顺帝时,"琅邪宫崇诣阙,上其师干吉于曲阳泉水上所得神书百七十卷","号《太平清领书》。其言以阴阳五行为家,而多巫觋杂语。有司奏崇所上妖妄不经,乃收藏之"。[1] 最早的道教经典《太平清领书》被朝廷收藏。桓帝信奉黄老道。延熹八年(165)正月,派遣中常侍左悺到苦县(今鹿邑)祀老子,十一月又派中常侍管霸到苦县祀老子。次年七月,桓帝又祀黄老于洛阳濯龙宫。皇帝亲自倡导黄老祠祀,必然助长这种宗教信仰的蔓延。祠祀黄老在东汉后期已成风气,可以看作道教形成的具体表现。汉灵帝时,太平道作为一种土著宗教,在司、豫、兖、荆等地广为传播,信徒甚众。其首领张角信奉黄老道,因此道以《太平清领书》(又称《太平经》)为主要经典,因而称"太平道"。张角分太平道徒众为三十六方,在洛阳及中原其他地区分布。太平道徒众发动黄巾起义,南阳、颍川、汝南、东郡的黄巾军十分活跃,表明太平道在中原地区广泛传播。由此可见,中原地区是道教形成的重要地区之一。

第三节　经学、史学与文字学的发展

　　西汉时期中原地区经学有长足的发展。东汉时期儒学炽盛,都城洛阳成为全国经学研究和传播的中心。汉代中原地区史学兴起,文字学也取得了显著成就,传统的学术门类基本形成。

---

[1]　范晔:《后汉书》卷三十《襄楷传》,中华书局1965年版,第1084页。

一、西汉中原经学

关于汉代的学术文化大势,有学者指出:西汉时期"韩魏周秦一带,法家刑名之学占有较重要的地位,同时也接受来自东方的儒学与黄老学","在梁宋地区,经学有长足的发展"。东汉时期各地"经学获得显著发展,特别是从齐鲁经梁(国)沛(郡)汝(南)颍(川)至三辅这一狭长地带,经学尤为炽盛"[1]。西汉时期中原地区的经学已有长足发展。到了东汉,洛阳成为全国经学研究和传播的中心,中原地区经学在全国居于领先地位。

西汉前期汉武帝接受董仲舒的建议,罢黜百家,独尊儒术,使中国古代学术发展道路发生重大变化。汉代不仅在都城设立太学,置"五经博士"教授"五经",还在郡县建立学校,设置经师,广泛传授儒学。经学成为察举考试的重要内容,明经成为做官的重要条件。这些极大地促进了经学的发展。

西汉经学在中原地区广为传播,研习教授者甚众,出现了以《礼》学名家的戴德、戴圣及大戴、小戴《礼》学,以《易》学名家的京房及京氏《易》学。其他如周王孙、丁宽之《易》学,陈翁生、假仓之《尚书》学,许晏之《诗》学,食子公、王吉之《韩诗》学,贾护之《左氏春秋》学,在全国都有较大影响。

戴德,字延君,梁国(今商丘)人,与侄子戴圣同在后苍门下学礼,宣帝时同时任博士。戴德搜集古代各种有关礼仪的议论,精选其中符合儒家学说者,编成《大戴礼记》85篇,是今文礼学"大戴学"的开创者。戴圣,字次君,醉心于搜集研究古代有关礼仪的言论,编成《小戴礼记》49篇,即流行至今的《礼记》。这两部著作对后世影响很大,成为研究和了解西汉以前各种礼仪的必读书。汉代名儒桥仁,字季卿,与两戴同乡,曾与杨荣师从小戴学《礼》,著《礼记章句》49篇,发展了小戴礼学。

汉初,洛阳人周王孙与梁国人丁宽向杜陵(今陕西长安西北)人田何学《易》。周王孙研究古义,著《周氏传》。丁宽读《易》精敏,学成后东归洛阳,又从周王孙学,作《易说》三万言,授同郡人田王孙。田王孙再授施雠、孟喜与梁丘

---

[1] 卢云:《汉晋文化地理》,陕西人民教育出版社1991年版,第484、485、490页。

贺,于是《易》有施孟梁丘之学。著名经学家京房,东郡顿丘(今清丰)人,曾拜焦延寿为师学《易》经。他不囿于成说,以"通变"的观点解释《易》经,成为今文《易》经的"京氏学"创始人,其著作《京氏易传》和《周易京氏章句》流传后世。

河内轵县(今济源轵城镇)人张禹,官至丞相,封安昌侯,通《论语》,曾为太子讲授,著有《论语章句》。"诸儒为之语曰:'欲为《论》,念张文。'由是学者多从张氏,余家浸微。"①

西汉《大戴礼》《小戴礼》和《丁氏易》都立于学官,设置博士教授弟子。此外,《诗》学、《尚书》学和《春秋》学在河南地区也有不少士人传授,贾谊、翟方进、贾护在《左氏春秋》的传授方面有很大贡献。

二、东汉洛阳经学中心地位的确立

东汉王朝建都洛阳,光武帝刘秀"爱好经术,未及下车,而先访儒雅,采求阙文,补缀漏逸"②。在皇帝的倡导下,经学兴盛,学者趋附。洛阳成为全国经学教育的中心。设在洛阳城南开阳门外的太学,是东汉时全国讲授经学的最高学府。为了统一经义,论定谶纬,章帝建初元年(76)邀集全国著名学者在洛阳宫白虎观召开儒学会议,由魏应承旨意发问,淳于恭代表诸儒作答,最后由章帝亲自裁决。会议集中讨论了40多个问题,贯通《五经》大义,涉及社会、礼仪、风俗、制度、伦理道德等多方面,在汉代经学史上具有重要意义。讨论结果由班固纂辑成《白虎通德论》,又称《白虎通义》。熹平年间由著名学者蔡邕等对《尚书》《诗经》《周易》《春秋》《公羊传》《仪礼》六经文字进行"正定",刻石立于洛阳太学门前,称《熹平石经》。它是当时官方公布的经学标准文本,全国各地读经者纷纷抄录。《熹平石经》对经学的传播无疑有很大的作用。

中原地区的经学极为兴盛。著名经学家有许慎、服虔、应劭、郑众、周防、荀爽、朱穆等,亦有不少著作问世,对后代经学的发展有一定影响。

服虔,字子慎,河南荥阳人,官至九江太守。他学问深奥,曾以《左传》发难,

---

① 班固:《汉书》第十册,卷八十一《张禹传》,中华书局1962年版,第3352页。
② 范晔:《后汉书》卷七十九上《儒林列传上》,中华书局1965年版,第2545页。

驳倒今文经学家何休。所著《春秋左氏传解》被视为范本，曾一度盛行北方地区。还有《春秋隐义》《汉书音训》和《通俗文》等，多亡佚。

郑众(？—83)，字仲师，河南开封人，曾任大司农，故世称"郑司农"。其父郑兴官拜太中大夫，通晓经学，尤精于《左传》。郑众受父教诲，通晓《左氏春秋》《易经》《诗经》，著作有《春秋删》《春秋牒例章句》《国语章句》《周易注》《周礼注》和《毛诗注》等，俱佚不存。清人有辑佚本。郑兴、郑众父子在经学上名噪一时。

许慎，字叔重，汝南召陵(今漯河召陵区召陵镇)人，博学经籍，为名儒马融推重，时人称"五经无双许叔重"。他因《五经》传说臧否不同，撰《五经异义》，流传于世。

荀爽，字慈明，颍川颍阴(今许昌)人，官至司空。党锢事件发生后，隐匿十余年，专事著述，时称硕儒。著作有《礼传》《易传》《诗传》《尚书正经》《春秋条例》《汉语》《公羊问》和《辩谶》等百余篇，多不存，清人有辑佚本。

应劭，字仲远，汝南南顿(今项城南顿镇)人，官拜泰山太守。他自幼受父应奉熏陶，通晓经史。献帝迁都许昌后，应劭缀集所闻，撰成《汉官礼仪故事》，并参与制定宫廷礼仪制度和典礼仪式。著作有《律本章句》《尚书旧事》《决事比例》《春秋断狱》等136篇。传于后世的《汉官仪》和《风俗通》，是研究汉代及其以前社会状况颇有价值的参考书。

三、史学的兴起

汉代，特别是东汉，中原地区的史学有了新的发展。

褚少孙，颍川(治今禹州)人，通经术，汉元帝、成帝时任博士，人称"褚先生"。司马迁的《史记》是中国第一部纪传体通史，后来散佚十篇。褚少孙"好览观太史公列传"，见此书有若干篇残缺，遂为之补写。他多方收集资料，写成《武帝纪》《外戚世家》《三王世家》《滑稽列传》《日者列传》《龟策列传》等篇，使残缺不全的《史记》较为完整，对于研究古代社会有一定价值。

东汉洛阳朝廷中设有史官：一是兰台令史，为少府卿属官，掌奏及印工文书，由掌图籍而兼撰史传；二是太史令丞。

传世的第一部纪传体断代史《汉书》在洛阳写成。扶风安陵(今陕西咸阳东)人班彪,曾续《史记》,作《后传》六十五篇。其子班固,字孟坚,曾在洛阳太学读书。汉明帝喜其才,召诣校书部,除兰台令史,后升迁为郎,点校秘书。明帝令班固继承父志,撰写《汉书》。班固病逝时,八表和《天文志》尚缺,其妹班昭和马续最后完成。全书原包括十二纪、八表、十志、七十列传,凡一百篇,后人析为一百二十卷,主要记载西汉王朝的兴亡史。其十志集中记载西汉的典章制度,是研究西汉政治、经济、军事、文化状况的珍贵资料,书中的《匈奴传》《西域传》等记载少数民族和邻国的状况,是研究西汉历史最有价值的著作。

《东观汉记》是一部关于东汉历史的鸿篇巨制,也属于纪传体史书。该书为朝廷史官所修,因修撰地点在洛阳南宫东观,故名《东观汉记》。始撰于汉明帝时,后经几次续修,参与其事的史家有班固、刘珍、黄景、边韶、蔡邕、杨彪等。记事起于光武帝,终于灵帝,分为纪、表、志、传、载纪几个部分。《隋书·经籍志》著录143卷,已散佚,清人有两种辑本。该书在早期流传阶段为世人所重,人们将它和《史记》《汉书》合称为"三史",为晚出的东汉诸史所取资。

荀悦(148—209),字仲豫,颍川颍阴(今许昌)人,建安年间在许县(今许昌东)汉朝廷中任黄门侍郎、秘书监。汉献帝以班固的《汉书》文繁难省,诏令荀悦依《左氏传》体例改写。荀悦以"达道义、彰法式、通古今、著功勋、表贤能"为宗旨,撰成《汉纪》30篇。该书"辞约事详","论辩多美",号称佳史,为正统断代编年史之鼻祖,后世多依其体例续作。《汉纪》在思想内容和写作方法上有不少创新:首先,它采用"通比其事,例系年月"的方法,按年、月、日顺序,记述重要史事和重要人物,同时又将同类而年月无考的事与人记述于旁,大大丰富了史书的内容;其次,其取材虽本于《汉书》,又参考其他史料,以补《汉书》之缺,增添不少新内容,非以前其他史书可比;最后,荀悦认为治史的目的是为君主提供借鉴,他撰《汉纪》就是把汉史写成后世统治者的鉴戒史。这种史学思想对后世封建史学的发展有深远的影响。

此外,汉代又有《水经》一书,是以水系为纲的地理著作。据说是东汉初洛阳人桑钦(字君长)所撰,记载我国水道137条。北魏时郦道元为之作注,称《水经注》,流行于世。汉代的地图称作舆地图。在东汉洛阳的朝廷秘府藏有舆地及括地杂图,代表了当时地图绘制的最高成就。

四、李斯统一文字与许慎著《说文解字》

战国时期各国言语异声,文字异形,给人们的书写和阅读带来极大不便。秦朝建立后,李斯主张实行"书同文","罢其不与秦文合者"。李斯作《仓颉篇》"皆取史籀大篆,或颇省改,所谓小篆者也"①。李斯推行的小篆又称秦篆,后来又有简单易写的隶书流行于社会下层。

汉代虽有统一文字,但又有隶、行、草诸书体杂行,使文字本身复杂化,若不专门研究,不仅无从认识字体的原始构成及其含义,更无法洞释隶、篆、行、草诸体衍变之轨迹,于是文字学应运而生。

许慎,字叔重,汝南召陵(今漯河召陵区召陵镇)人,东汉著名古文经学家。他为了解决经学研究中遇到的文字问题,总结古文经学的训诂成就,撰成《说文解字》一书。这是一部全面而系统地研究文字的巨著,在古文经学训诂和注释方面作出了巨大的贡献。原书凡15卷,收9353个单字,重1163字,对每个字均从形、音、义三方面解说,包罗西周至战国时期的篆、籀、古文体。他根据每个字的形体构造,分别列入540部,再依其所发明的汉字构造六种规则(六书),即象形、指事、会意、形声、转注、假借,加以解释或说明,使读者不仅可溯知造字之本原,又可分辨隶、行、草诸书体嬗变之踪迹。后来徐铉分为30卷,段玉裁又为之作注,流行至今。

《说文解字》是自西周至东汉时期古文字研究的集大成著作,是我国第一部系统的古文字学专著,它首创部首文字编排法和六书释例,奠定了我国汉字字典的体例基础。后世从事古文字研究者,均以《说文解字》为基础。

东汉经学家、河南荥阳人服虔,著有《通俗文》,收录《说文解字》不存而流行于汉代的通俗字词。该书文义允惬,在文字学史上也占有一席之地。

---

① 许慎撰,段玉裁注:《说文解字注》十五卷上《叙》,上海古籍出版社1981年版,第758页。

第四节　诗赋和散文

秦汉时期的中原文学有许多名家和名作,整体呈现出比较繁荣的局面。秦朝立国时间短暂,中原文学乏善可陈。汉代文学的代表性体裁是赋,中原的辞赋作家在西汉初有贾谊,东汉时有张衡、蔡邕,他们的赋作在文学史上占有重要地位。贾谊、晁错的散文也很有名。诗歌在汉代有较大的发展,特别是五言诗基本定型,并涌现出大量的名篇佳作,《古诗十九首》堪称代表性作品,其中不少产生于中原地区。

一、贾谊的赋、散文与晁错的散文

洛阳人贾谊,世称"贾生",著名思想家、文学家。他有赋 7 篇,流传下来的只有《惜誓》《吊屈原赋》《鵩鸟赋》《旱云赋》4 篇。赋这种文体在先秦时期已经出现,汉代进一步发展为大赋。《吊屈原赋》是贾谊被贬为长沙王太傅时,赴任途中路经湘水而作,该赋在悼念屈原时有自悼之意,借以表现遭受挫折的愤懑之情。《鵩鸟赋》所写鵩鸟即猫头鹰,赋中假借与鵩鸟问答,表达对于生死祸福的理解,写法同先秦赋作相比也有变化。贾谊的辞赋形象鲜明,辞采华丽,开汉代骚体赋之先河,在两汉辞赋发展史上具有举足轻重的地位。班固《汉书·艺文志》将贾谊列为辞赋第一大家。

贾谊的散文主要是政论文,以《过秦论》《陈政事疏》和《论积贮疏》最为脍炙人口。《过秦论》描写秦朝的灭亡,文笔生动流畅,指出秦亡的原因是"仁义不施,攻守之势异也"[1],理喻切中肯綮。其政论文多用历史典故,语言形象而夸张,比喻贴切而生动,最具文采,代表了汉初散文的最高成就。

---

[1] 萧统编,李善注:《文选》卷五十一《过秦论》,中华书局 1977 年版,第 709 页。

颍川(治今禹州)人晁错是西汉名臣,官至御史大夫。他在文学上的成就是散文,代表作品有《论贵粟疏》《言兵事疏》《守边劝农疏》与《贤良对策》等。这些政论语言简练,辞意明畅,逻辑严密,论述深刻。鲁迅曾说,贾谊、晁错的散文"疏直激切,尽所欲言","皆为西汉鸿文,沾溉后人,其泽甚远"。①

二、张衡的诗赋

南阳西鄂(今南阳市石桥镇)人张衡,字平子,不仅在天文、历算等方面贡献卓著,在文学方面也有突出的成就。其著作后人编为《张河间集》,包括诗、文、赋等40余篇,其中以辞赋和诗歌成就最高。在辞赋创作上,张衡有赋15篇,既有《二京赋》《南都赋》之类的大赋,也有《归田赋》这样的抒情小赋。张衡的抒情小赋对于东汉后期抒情小赋的发展产生了非常重要的影响。

《归田赋》是张衡晚年的作品,旨在表达归隐田园的意愿,抒发对于黑暗现实的不满情绪。本篇全脱汉代大赋的虚夸堆砌之风,篇幅短小而精练,笔调简洁而流畅,抒情细腻,格调清新,别具一格,标志着汉赋发展的一个重要转折。在辞赋史上,《归田赋》是反映田园隐居乐趣的第一篇作品,因而被称为抒情小赋的先声。

张衡的诗作有《四愁诗》《怨篇》《思玄诗》和《同声歌》等。《同声歌》是一篇完整的五言诗,一唱三叹,技巧熟练。《四愁诗》为七言,是感时伤身之作,表现了诗人对国事的关心和忧虑,对后代七言诗的形成有一定影响。

三、蔡邕的诗赋与散文

蔡邕(132—192),字伯喈,陈留郡圉县(今杞县圉镇)人,东汉著名的书法家、音乐家和文学家。汉灵帝时历任司徒府吏、郎中、议郎等职,因获罪被流放,

---

① 鲁迅:《汉文学史纲要》第七篇《贾谊与晁错》,《鲁迅全集》第9卷,人民出版社1981年版,第391页。

遇赦后不敢回乡,流亡江湖十余年。汉献帝时受董卓重用,官至中郎将,世称"蔡中郎"。董卓被诛后受牵连下狱被杀,其著作后人辑为《蔡中郎集》。

蔡邕是东汉后期的辞赋家,存赋18篇,内容涉及历史、政治、社会、人事、自然风物等方面。其中以咏物赋数量最多,有《汉津赋》《蝉赋》《笔赋》《琴赋》《团扇赋》《弹棋赋》等篇。这些咏物小赋文辞雅丽,描写细腻,对魏晋南北朝咏物小赋有较大影响。蔡邕另一些表现男女之情的辞赋,如《青衣赋》、《协和婚赋》、《检逸赋》(又作《定情赋》),人物形象逼真,抒情洒脱奔放。他的抒情类赋作以《述行赋》为代表。此赋写自我行路之所思,对腐败现实有所揭露。

蔡邕的文章主要有两大类,一类是政论性散文,一类是碑铭之文。前者如蔡邕任议郎时所作《上封事陈政要七事》《对诏问灾异八事》,被流放朔方时所作《戍边上章》等。蔡邕的碑铭之文成就最高,《郭有道碑》是其代表作。蔡邕自谓:"吾为碑铭多矣,皆有惭德,唯郭有道无愧色耳。"[①]

蔡邕的诗今存者以《饮马长城窟行》最知名,后代多有仿作。又有《翠鸟》诗,以鸟自比,表达个人遭罗网之害而有幸脱难的心情。这两首诗对于五言诗的发展有一定的影响。

四、汉武帝的《瓠子歌》与《古诗十九首》

汉武帝元光年间,黄河在东郡瓠子(今濮阳县境内)决口,20多年没有堵塞,下游地区受灾严重。元封元年(前110),汉武帝令汲仁、邓昌发士卒数万人堵塞决河。汉武帝从万里沙(今山东莱州东北)西归,亲临瓠子工地,沉白马玉璧于河中以祭河神,令群臣从官自将军以下皆负薪填决河,作《瓠子歌》两首。[②]

第一首歌以"瓠子决兮将奈何"发端,写洪水灾害之严重:"吾山平兮钜野溢,鱼弗郁兮柏冬日。延道弛兮离常流,蛟龙骋兮方远游。""啮桑浮兮淮、泗满,久不反兮水维缓。"并抒发自己的感情:"为我谓河伯兮何不仁,泛滥不止兮愁吾人!"祈求神佑水回旧道,群害消除,霖雨滂沛。

---

① 范晔:《后汉书》卷六十八《郭太传》,中华书局1965年版,第2227页。
② 司马迁:《史记》第四册,卷二十九《河渠书》,中华书局1959年版,第1413页。

第二首写道:"河汤汤兮激潺湲,北渡污兮浚流难。搴长茭兮沈美玉,河伯许兮薪不属。薪不属兮卫人罪,烧萧条兮噫乎何以御水!隤林竹兮楗石菑,宣房塞兮万福来。"先描写黄河洪水的迅猛,次写先沉美玉以祭河神,然后采用长竿树立石间,填上柴草以堵塞决口,由于柴草不足而功不成。最后改用淇园之竹以为楗,以土填塞,终于堵塞决口,迎来万福。《瓠子歌》是皇帝所作的治河诗,是中国历史上罕见的作品。

《古诗十九首》特指东汉时期无名氏所作的 19 首诗歌,具体地名可考者只有三首,均在东汉的都城洛阳。《青青陵上柏》中有"驱车策驽马,游戏宛与洛,洛中何郁郁,冠盖自相索"等句,通过看到洛阳的一些现象,抒发对现实的不满、对现状的不平之情。《驱车上东门》中有"驱车上东门,遥望郭北墓"等句,上东门是洛阳城东门,郭北墓即邙山上的坟墓,写作者看到这些景物而抒发的人生感叹;《凛凛岁云暮》写思妇对滞留洛阳的游子的深情思念。诗中反映了洛阳一带的风物及社会风情,也表达了生活在这里的士人的思想情绪。其他各篇的作者姓名及其籍贯已难详考,但其诗中多写中原风物,因此可大致判断其作者大都是中原的文士,其身份则难以详考。

《古诗十九首》的第一首题为《行行重行行》,是一首思妇之诗,抒情缠绵,风格独特。第二首题为《青青河畔草》,也是一首思妇诗,一首具有民歌风味的优美抒情诗。第七首题为《明月皎夜光》,写一位失意文士表达悲秋情怀,具有一定社会意义。第十首题为《迢迢牵牛星》,写天上牛郎星和织女星隔银河相望,象征人间夫妇的离别之情,这是历史上较早反映牛郎织女传说的诗歌作品。

《古诗十九首》的特点是长于抒情,或直接抒发下层文人的牢骚与不平,或表达思妇的哀怨之苦与愁闷心绪,或对于现实中某些事件表达个人的感受与慨叹。其形式是全用五言,是古代文人创作的五言诗成熟的标志,代表着汉代文人诗的最高成就。刘勰说:"观其结体散文,直而不野,婉转附物,怊怅切情,实五言之冠冕也。"①

---

① 刘勰著,周振甫注:《文心雕龙注释》第六《明诗》,人民文学出版社 1981 年版,第 49 页。

第五节　书画与乐舞艺术的发展

秦汉时期是中国艺术史上的辉煌时代,其成就最大的艺术形式是书法、石刻和壁画。产生于中原的艺术成就,主要有秦朝李斯的篆书,东汉末蔡邕的书法与书法理论,汉代的石刻壁画和音乐舞蹈等,在中国艺术史上占有重要地位。

一、李斯的篆书

楚国上蔡(今属河南)人李斯任秦朝廷尉、丞相时,曾陪同秦始皇巡幸全国各地,所到之处立碑刻石,为秦始皇歌功颂德。如泰山刻石、峄山刻石、琅琊台刻石、芝罘刻石、碣石门刻石、会稽刻石等,据说都是李斯所写,是当时标准的小篆样板字体。这些刻石如今仅有少量残留。李斯所书写的小篆,字体用笔严谨,流畅美观,笔画劲健,体势飞动,为后世历代书法家所推崇。

二、蔡邕的书法与书论

陈留郡圉县(今杞县圉镇)人蔡邕除了卓越的文学成就,也擅长大篆、小篆和隶书,是著名的书法家。他创造飞白书体,即字画之间夹有丝丝白痕,给人以飞动的感觉。蔡邕传世的碑帖很多,《熹平石经》《真定宜父碑》《范巨卿碑》等堪称其代表。他的书法传给女儿蔡琰,蔡琰传给钟繇,钟繇再传给卫夫人(铄),对后世影响很大。

《熹平石经》是我国最早的石经。汉灵帝熹平四年(175),时任议郎的蔡邕与五官中郎将堂谿典、光禄大夫杨赐、太史令单飏等人奏求正定六经文字,汉灵帝准许。蔡邕亲自书写经书文字,让工匠刻于石碑上,立在洛阳太学门外,成为儒生校正经书的标准。《熹平石经》字体皆为隶书（八分书），如今仅存残石和拓片，仍是不可多得的艺术珍品。

蔡邕在书法理论方面也有卓越建树。他所著《大篆赞》《小篆赞》《九势》《笔论》等，对于书法技法、书法鉴赏都有精辟见解。《九势》是我国古代书法理论的名篇，其突出的贡献有三：一是在古代书法史上首先提出"藏头护尾"的藏锋理论，二是首次提出"令笔心常在点画中行"的中锋学说，三是最早提出了一些用笔方法和结字方法。尤其是其结字的理论，突出地强调笔画配合的和谐之美，真正体现了书法的艺术性，也有很强的实用性。《笔论》主要论述书法家在创作时所具有的精神状态对书法作品的艺术质量的影响。这些理论为后世的书法理论奠定了初步基础。

三、汉墓壁画与画像砖石

田野考古发掘的汉代墓葬中发现许多精美的壁画，又出土难以计数的画像砖和画像石，这些文物充分反映了汉代绘画与雕刻的艺术成就。

中原是秦汉时期墓葬壁画分布最多的地区，而以洛阳最为密集。汉墓中的壁画以永城芒山镇柿园西汉梁王墓壁画年代最早，新密打虎亭和后士郭村汉墓壁画最为著名。洛阳八里台（窑）、老城西北、浅井头、卜千秋夫妇升仙等西汉墓的壁画，洛阳车站新莽时期的古墓壁画，偃师杏园村东汉墓壁画都很珍贵。打虎亭两座汉墓的壁画绘刻的内容有祥瑞动物、四灵图像、各方神仙以及歌舞场景等，尤其是2号墓的彩色壁画，绘的是车骑出行图和百戏图，百戏人物多达70多个，是研究汉代百戏表演的珍贵图像资料。后士郭村4座汉代土冢中的人像、斗鸡图、出行图、收租图等，是了解汉代社会生活的重要文物资料。永城芒山镇柿园村西汉早期梁王墓的墓室前厅顶部有一幅画，主体是一条飞腾状的苍龙，四周列有祥云、青龙等图案。壁画构思奇诡，线条流畅，显示出西汉早期壁画的最高成就。此壁画比敦煌壁画早数百年，具有重大的文物价值和文化价值。

河南画像砖的发现以南阳地区最多，洛阳和郑州两地次之。洛阳地区发现的画像砖多数是浅浮雕，内容有铺首、武士、青龙、白虎等图像，也有表现墓主人迎客、狩猎、骑马、乘车等生活图景,还有神话传说及五行谶纬的内容。郑州地区发现的画像砖多绘几何图案,画面多是用阴文模具印制的阳线图形。

汉墓中的画像石以南阳、商丘、洛阳一带出土为多,南阳画像石艺术性最高,也最具有代表性。20世纪在南阳地区陆续发掘许多汉代墓葬,发现各种画像石刻。画像石最早出现在西汉中晚期,而以东汉时期最多。图像内容非常丰富,反映的社会生活面相当广泛。其主要表现手法是浅浮雕,或者是在石块平面上用阴刻线条表现艺术画像,以写意为主,用笔粗放,造型夸张,风格朴拙,达到了较高的艺术境界。唐河针织厂汉墓中的画像石,刻绘图像多达74幅,内容有墓主人的生活图、历史故事图、歌舞百戏图和天象图。南阳发现的画像石,绘刻的有戴面具、执兵器作交战状的舞蹈形象,唐河发现的画像石,有女子跳舞、奏乐及表演百戏的人物形象,都是研究汉代音乐、舞蹈、杂技艺术发展史的重要文物资料。南阳县(今南阳宛城区)新店镇英庄村发掘的一座古墓中有一块阳乌画像石,刻画阳乌背负日轮展翅飞翔,周围繁星点点,云雾缭绕,反映出古人的天文学知识及相关传说,文物价值极高。

四、东汉的乐舞

汉代的音乐和舞蹈都已经达到很高的水平,中原士人通音乐者较多。汉武帝喜欢作诗歌,寻协律之人时,丞相魏相奏言,知音善鼓琴者有赵定、龚德。龚德为梁国(今商丘一带)人,神爵元年(前61)以善鼓琴为侍郎,著《雅琴龙氏》99篇。东汉末年的蔡邕精通音乐,有《琴赋》阐发其理。

汉代的中原各地,有不同的乐舞风格。中原南部的旧楚之地,楚歌楚舞的影响长期存在。汉画中绰约多姿的细腰女子,擂建鼓而舞的男子,明显是继承楚文化。颍川(治今禹州)人灌夫在长安酒席上从起舞发展到骂坐[1],可见当时即兴起舞相当普遍。

东汉都城洛阳的宫廷乐舞与民间乐舞反映了中原乐舞的盛况。朝廷设有太乐署和乐府,负责宫廷中的歌舞表演和采集民间乐舞。宫廷中演奏的雅乐分

---

[1] 司马迁:《史记》第九册,卷一百七《魏其武安侯列传》,中华书局1959年版,第2848页。

为四品,一是太平乐,二是周代雅乐,三是黄门鼓吹,四是皇家后宫宴乐。宫中演奏的有代表性大型音乐是"相和大曲",达官显贵之家也有雅乐演奏。宫廷的舞蹈有武德舞、文始舞、五行舞、巴渝舞等名目。张衡的《东京赋》中有宫廷歌舞表演情景的描写。傩舞是从先秦时期流传下来的驱除疫鬼的舞蹈,张衡的《东京赋》也描写腊月洛阳举行大傩舞蹈的场景。

南阳是"帝乡",也受到宫廷音乐的影响。永平十年(67)四月,明帝南巡到达南阳,在刘氏旧宅举行祭祀,又"召校官弟子作雅乐,奏《鹿鸣》,帝自御埙篪和之,以娱嘉宾"①。

南阳等地发掘出土的画像砖石与壁画中所绘东汉时期的乐器种类繁多。从演奏方式来看有打击乐器、弦乐乐器、吹奏乐器,从乐器的材质来看则包括土、瓠、革、丝、竹、石、金、木八类乐器。画像描绘的既有宫廷歌舞也有民间歌舞,舞蹈场面活跃,舞蹈动作婀娜多姿。东汉舞蹈的名目有长袖舞、巾舞、盘鼓舞、建鼓舞、鞞舞、铎舞、剑舞等。傅毅的《舞赋》生动地描写了宫廷夜宴中表演盘鼓舞的盛况。洛阳烧沟墓出土的盘鼓舞俑,直观地表现了盘鼓舞的姿态动作和使用的道具。汉章帝刘炟曾作《鞞鼓曲》5篇,曹植也作《鞞鼓歌》,反映了鞞舞表演的精彩场面。

东汉洛阳宫廷中有百戏杂乐。史称:延平元年(106)"十二月甲子,清河王薨","乙酉,罢鱼龙曼延百戏"。② 清河王刘庆是汉安帝的生父,所以宫廷中暂且罢去平时上演的百戏。《西京赋》中关于角抵百戏的描写,摹形绘声,异彩纷呈,细腻而逼真地揭示出当时百戏演出的真实面貌及空前盛况,对于"大傩"的描写,具体到巫觋们手持之物,童子们头上所戴、身上所穿、手中所携,形象历历在目,跃然纸上。而写他们驱鬼时的神勇,更是绘声绘色,淋漓尽致,充分表现了这一文化活动的热烈场面。

东汉后期的桓、灵二帝喜欢音乐,京师洛阳四方之乐荟萃。桓帝"好音乐,善琴笙"③。灵帝爱鼓琴吹箫,喜胡箜篌、胡笛、胡乐、胡舞,洛阳贵戚皆仿灵帝之为,胡乐胡风盛行于洛阳,并波及中原。河南出土东汉胡舞画像所见,胡舞者多

---

① 范晔:《后汉书》卷二《显宗孝明帝记》,中华书局1965年版,第113页。
② 范晔:《后汉书》卷五《孝安帝纪》,中华书局1965年版,第205页。
③ 范晔:《后汉书》卷七《孝桓帝纪》,中华书局1965年版,第320页。

为深目高鼻的西域男子,服装以束衣紧绔为特征。

东汉京师洛阳不仅有来自巴蜀等地的乐舞,还有西域乃至更远的西方杂技。永宁元年(120),掸国(今缅甸境内)国王遣使到洛阳诣阙朝贺,"献乐及幻人,能变化吐火,自支解,易牛马头。又善跳丸,数乃至千。自言我海西人。海西即大秦也。掸国西南通大秦。明年元会,安帝作乐于庭"①。当时自称"海西人"的幻人即来自大秦国(罗马帝国东部)。

中原学者蔡邕在吴郡(治今江苏苏州)避难后返回洛阳,将吴郡乐器带回中原。他在吴地见一人用桐木烧饭,闻火裂之声,知为良木,索来制琴,音色极美,因尾部木材已烧焦,时人称作"焦尾琴",傅玄《琴赋序》称它为"名器"。蔡邕经过会稽柯亭(今浙江绍兴西南),见其屋顶以竹为椽,其中一根可以为笛,取而制笛,果然音色不凡。②伏滔《长笛赋》序曰:"柯亭之观,以竹为椽,邕取为笛,奇声独绝。"来自各地的种种新奇的音乐形式丰富了中原人民的文化生活。

第六节　科学技术的进步

秦汉时期,中原地区的自然科学取得显著成就,以天文学、医学最为突出。在各项生产技术方面,以冶铁技术水平最高,并发明造纸技术。科学技术作为一种生产力,促进了中原地区社会经济的发展。

一、天文学

秦汉时期出现了浑天仪和日晷仪等天文观测仪器,导致天文观测的进步,

---

① 范晔:《后汉书》卷八十六《南蛮西南夷列传》,中华书局1965年版,第2851页。
② 范晔:《后汉书》卷六十下《蔡邕传》李贤注引张骘《文士传》:"邕告吴人曰:'吾昔尝经会稽高迁亭,见屋椽竹东间第十六可以为笛。'取用,果有异声。"中华书局1965年版,第2004页。

丰富的天象记录载于史籍,为创立较科学的历法奠定了基础。洛阳一座西汉墓的主室顶脊绘有12幅天象图,依次为太阳、小熊星座和御夫星座、猎户星(参星)、小马星、三角星(天大将军)、天兔星座(军市)、太阴和宝瓶星(玄枵)、河鼓星(牵牛)、天鹅星(天津)、天秤星(寿星)、大熊星(大北斗)、白羊星(降娄)。它是已经发现的中国最早的一幅星象图,为中国天文史研究提供了重要资料。

东汉时洛阳城南有一座灵台,就是当时的国家天文台,专为观察天文现象而建。南阳西鄂(今南阳市石桥镇)人张衡"善机巧,尤致思于天文、阴阳、历算",曾在洛阳担任太史令,"遂乃研核阴阳,妙尽璇机之正,作浑天仪,著《灵宪》《算罔论》,言甚详明"。[1] 张衡发明了浑天仪、候风仪、地动仪三种观测仪器。

浑天仪是用铜铸成的天体仪器,在球面上刻有黄道、赤道、南极、北极和二十八宿等诸多星座,可借助漏壶滴水的水力使之缓慢且有规律地转动,每天回转一周,与地球自转一样。人们在室内观察浑天仪的浑象(球面所刻的星宿运行景象),同野外观察星空的景象相吻合。张衡所著《浑天仪图注》说明了浑天仪的制造机理和使用方法。蔡邕说:"言天体者有三家:一曰《周髀》,二曰《宣夜》,三曰《浑天》……唯《浑天》者近得其情,今史官所用候台铜仪,则其法也。"[2]张衡研究天体的著作《灵宪》解释天地起源与天体演化的一些问题,记载众多星座和彗星的数量,讲述各种天体现象,正确说明日食、月食的成因。张衡主张《浑天说》,认为天与地都是圆的,天在外,地在内,犹如蛋壳包裹蛋黄一样。天地都乘气而立,载水而浮。当时普遍流行所谓天圆地方的"盖天说",张衡通过天体观测和研究,提出新说,具有重大意义。

地动仪是我国乃至世界上第一台测定地震的仪器。它以精铜制成,圆径约八尺,合盖隆起,形似酒樽。器中有都柱,连动八方机关。器外有八龙表示八方,龙首朝下,口含铜丸,下面与龙首对应有八蟾蜍,张口待接龙口铜丸。遇有地震,器一方龙口吐出铜丸,而对应蟾蜍口衔之,其时金声激扬,监守仪器者闻声前往观看。由于只有地震震源方向金龙吐丸,其余七龙口不动,一望便知何

---

[1] 范晔:《后汉书》卷五十九《张衡传》,中华书局1965年版,第1897—1898页。
[2] 司马彪:《续汉书》志第十《天文上》注引蔡邕《表志》,见范晔:《后汉书》,中华书局1965年版,第3217页。

方地震。有一次地动仪龙吐铜丸,人们没有地震感觉。数日后陇西驿使来报当地发生地震。陇西离洛阳千里之遥,地动仪能测得如此准确,证明它是先进的地震探测仪。

在历法方面,西汉初张苍曾"绪正律历"。张苍(？—前152),三川郡阳武(今原阳)人,官至御史大夫。他博览群书,善于算计,曾对先秦数学书《九章算术》进行增订和删补。"苍等因旧文之遗残,各称删补,故校其目则与古或异,而所论者多近语也。"①增加了不少新内容,为该书的广为流传奠定了基础。在律历方面造诣尤深,曾"著书十八篇,言阴阳律历事"②,汉人言律历者皆本于张苍。张苍提倡采用《颛顼历》,并对《颛顼历》进行重新整理。

东汉梁国蒙县(今商丘东北)人宗绀善星历,永元十二年(100)正月十二日上书,言本月十六日当有月食,至期果如所言。东汉末年,刘洪总结当时天文观测成果,发现月球每天运行的速度不尽相同,这个因素直接影响日食、月食推算的准确性。他在编制《乾象历》之后,又编制一张月亮运行速度表。后世的历法在其基础上得以不断改进和提高。

二、医学

据说中国用草药治病,肇始于距今约8000年前的炎帝神农氏时代。先秦时期已经出现扁鹊等著名医学家,但是到了东汉方建立起一套疾病诊断和治疗的中医医学体系。在这个方面,张仲景做出了重大贡献。

张仲景,名机,南阳郡涅阳(今邓州穰东镇)人,曾任长沙太守。少年时师从名医张伯祖,对医道有精深的研究。他在总结前人经验和广泛收集验方的基础上,融入自己的行医实践,写成中医名著《伤寒杂病论》16卷。西晋时王叔和将它改编为《伤寒论》和《金匮玉函要略方论》,流传后世。张仲景的卓越贡献是对伤寒和杂症的诊断和治疗。他发明了辨证诊断法,即把病患先分为阴症或阳症,然后再一一辨明病症的表里、虚实、寒热,奠定了中医学"八纲"的基础。张

---

① 刘徽著,李淳风注释:《九章算术·原序》,丛书集成初编本,中华书局1985年版,第1页。
② 班固:《汉书》第七册,卷四十二《张苍传》,中华书局1962年版,第2100页。

仲景根据所辨明的病症性质,分别采用发汗、吐排、泻下和中药疗法进行治疗,治伤寒病的麻黄汤和桂圆汤等汤药疗效显著。他辨证施治,对症下药,多能药到病除,被尊为"医圣"。后人评论说:"仲景药为万世法,号群方之祖,治杂病若神。后为医者,宗内经法,学仲景心,可以为师矣……仲景诸方,万世医门之规矩准绳也。"①

三、冶铁技术

战国秦汉时期,中原地区已经进入铁器时代。汉代中原地区的冶铁技术已很先进。迄今河南境内已发现有 18 处汉代官营冶铁作坊遗址,而且规模较大。郑州古荥镇冶铁遗址的 1 号高炉有效容积达 50 立方米左右,日产量可达 0.5 吨至 1 吨,是当时世界上最大的高炉。不仅炉的容积和鼓风量增大,而且掌握铁矿石粉碎的均匀粒度,并使用石灰石作熔剂。冶铁的鼓风机械除以人力为动力的"人排"和使用畜力的"马排"外,又发明了以水为动力的"水排",能给冶炉长时间提供较多的氧气,以加快冶炼速度,提高产量。当时已能将铸铁进行柔化处理,使生铁变成可锻铸铁或展性铸铁。柔化处理时有石墨析出的成为韧性铸铁;以碳气化为主,基本不出石墨的,就成为表层具有钢的金属组织,而内部仍为生铁的不彻底的铸铁脱碳钢。② 此外,还掌握了将铸铁脱碳成钢和将生铁炒炼成钢的技术。因为当时熔炉温度尚难以达 1500℃,只能采用将白口铁在氧化条件下退火使外层脱碳,如此反复多次,由表及里,即得不完全的铸铁脱碳钢。把生铁炒炼成钢,是将生铁在空气中加热至半熔融状态,使碳含量降低,再出炉锻打使组织致密,即成为钢材。

铸铁"叠铸"工艺已经成熟,并普遍使用。所谓叠铸,就是把许多范片或范块层层叠合,用统一的直浇口,一次浇出多个铸件。东汉时使用的范有泥范和金属范两种,而以泥范为多。在温县烘范窑便出土以车马器为主的各种叠铸范

---

① 张仲景述,王叔和集:《新编金匮要略方论·序》,《丛书集成初编》第 1377 册,上海商务印书馆 1935—1937 年版,第 3 页。

② 李京华:《中原古代冶金技术研究》,中州古籍出版社 1994 年版,第 69 页。

500多套,有16类36种规格,包括轴承、方承、六角承、车销、圆环、带扣、衔、钩等多种。范的设计与制作较为科学,如泥范的范腔隔层很薄,金属范均以斗合线为基准,扣合严密,铸件精度高。为了使铁液浇注时均匀和流畅,使用泥范已懂得预热。中原地区这些冶金技术工艺,代表着汉代全国最高的冶金工艺水平,在当时的世界上也处于遥遥领先的地位。

四、造纸术的发明

先秦时期人们写字多用简牍和缣帛,汉代开始出现纸。纸张的发明当在西汉时期,而关于造纸术的明确记载则始于东汉。蔡伦,字敬仲,桂阳(今湖南郴州)人,在洛阳宫廷中为宦官,兼任尚方令,监作宫廷器械。他首先尝试用树皮、麻头、破布、鱼网制成纸浆,用来造纸,取得成功,奏于朝廷,这种纸人称"蔡侯纸"。于是这种以植物纤维造纸的方法迅速推广开来,纸的产量不断增加。至东晋末年,纸张已基本替代了简帛。

造纸术是中国古代的四大发明之一,也是中华民族对世界文明的伟大贡献。

第七节 学校教育的逐渐完备

汉代中原地区的地方官学逐渐系统化,东汉都城洛阳不仅建立了中央官学——太学,而且出现了专科学校——鸿都门学,私学教育也很兴盛。中原地区发达的学校教育培养了众多的人才,选拔人才的察举考试也逐渐制度化。

一、西汉的学校教育

西汉统治者比较重视地方的学校教育。汉武帝曾诏令天下郡国皆立学校官,汉元帝时规定郡国置《五经》百石卒史,汉平帝时地方官学已经系统化。"郡国曰学,县、道、邑、侯国曰校。校、学置经师一人。乡曰庠,聚曰序。序庠置《孝经》师一人。"①

中原地处汉朝腹地,学校教育比较发达。郡国设专职校官,称"郡文学",多为学者名流担任,负责郡中教化,同时又兼任教官。例如南燕(今延津东北)人韩延寿,昭帝时以诗书名世,少为郡文学。魏郡(治今河北临漳邺镇)人盖宽饶,以明经为郡文学。各县有学校,设置经师。郡县学校均招收生徒,教授经书。除上述官学系统外,还有不少私学,大体可分为二类,其中"精庐"或"精舍"以讲经为主,"书馆"则教识字习字。

二、东汉的地方官学

东汉时期中原地区的学校教育最为发达,已形成比较完备的学校教育系统。都城洛阳是全国文化教育的中心,设有全国最高学府——太学,各郡国的官学、私学也极其兴盛。官办学校系统,从洛阳宫廷的幼儿班,乡聚的庠序,郡县的学校,到洛阳太学,大体上相当于现代的幼儿园、小学、中学和大学几个阶段。私学系统,有初级的"书室"(或"书馆"),也有中高级的"精庐"(或"精舍")。

东汉时期,中原地区的县、道、邑、侯国一般都办有官学,称为"校",乡、里的学校则称为"庠"或"序"。此外,还有以教授本家族子弟的家塾和私人开办教育邻近人家子弟的书馆,是进行启蒙教育的学校,教学生识字、写字,简单的数字计算,初读经书章句。塾师教学生识字习字用的教材称"篇章",西汉已流行

---

① 班固:《汉书》第一册,卷十二《平帝纪》,中华书局1962年版,第355页。

的《仓颉》《凡将》《急就》《元尚》诸篇,东汉新出的《埤仓》《广仓》《飞龙》《皇羲》《劝学》《圣皇》《女史幼学》等,都以韵语编成,便于记诵。校内考试通过背诵和书写,考查学生的识记和书写能力。

学童完成小学学业后,可继续深造,学习《尔雅》《孝经》《论语》。17岁以后,可参加郡国举行的学童考试。考试内容一是背诵课文9000字以上,二是用多种字体的书写。郡国初试合格,至洛阳参加由太常的属官太师主持的学童复试,合格者即具有为吏的资格。

东汉中原地区各郡国都设有官学,由"祭酒"主持,博士和文学史执教,学生称郡学生或诸生。郡国官学或私家"精舍"中的学生往往先学习《尔雅》《孝经》和《论语》,然后再进行专经研习,从《五经》中选一经,专心攻读。用的教材主要是章句,学习内容是某一经的"一家之言",学习方式以自学为主,注重"质疑问难"。

三、东汉洛阳的太学与鸿都门学

早在东汉初建武五年(29),汉光武帝刘秀即诏令兴建太学,在洛阳起建太学博士舍、内外讲堂,诸生横巷。汉顺帝永建元年(126)重修并扩建太学,令"征海内名儒为博士,使公卿子弟为诸生"[1],又以试明经下第者补太学弟子,太学生人数大增。到汉质帝时,太学生多达3万人。东汉洛阳太学堪称中国和世界上较为古老、规模最大的一所大学。

太学生一是由太常直接选送,二是由郡国及县道邑荐送。条件是:年龄18岁以上,仪态端正,爱好儒学,德行善美。诸生还可以通过保任或参加考试而进入太学学习。

太学开设的科目是《诗经》《尚书》《礼记》《周易》和《春秋》。由于儒生对经书的解说不同,每一经都形成了几家之说,总共14家,在太学设博士讲授,称"十四博士之学"。东汉前期以知识专一为贵,一般要求太学生精通一经,深究一师法乃至一家法,后期则鼓励学生一人兼通几经。教学采取经师讲授为主、

---

[1] 杜佑:《通典》卷十三《选举一》,中华书局1988年版,第317页。

学生互教为辅的方式。所谓学生互教,即经师的高足传授一般弟子。学生必须深入钻研经说以弄懂经书的义理,学习中提倡质疑辩难。

太学考试的内容是各自研习的经学章句。考试的方式有二:一是诵读经书;二是射策。所谓射策,就是一种抽签考试。博士先将经书中的疑难问题写在简策上,然后将简策放在案上,让学生随意抽取,然后解答上面的问题。射策考试,侧重考查学生对经义的理解和阐发。

东汉时期皇帝与太子都要攻读经书,选名儒入宫侍讲,史称帝学。此外,还有两类宫邸学,一是为贵族子弟开设,一是为宫人开设。这些宫邸学也要举行经学考试。汉明帝永平九年(66),在洛阳开办"四姓小侯学",延聘名师执教,樊、郭、阴、马四家外戚子弟为诸生,学习以《孝经》为主,兼及《论语》《尚书》诸经,属于贵胄学校。邓太后临朝听政时,诏令中官近臣在东观学习经传,然后传授宫人,于是宫人左右习诵,朝夕济济。这是专为宫女开办的学校。宫邸学的开办,旨在使贵族子弟和宫人学会识字写字,粗读经书,知晓封建伦理道德。

东汉洛阳的鸿都门学,是中国乃至世界上第一所文学艺术专科学校。它创立于汉灵帝光和元年(178),学生曾达千人。鸿都门学以尺牍、小说、辞赋、字画为主要学习内容。尺牍是一种应用文体,包括章、奏、表、书等;小说指方俗与间里小事。学生由州郡和三公荐举,条件是能为尺牍辞赋和工书鸟篆,考试合格方可入学。

四、私学教育

东汉中原地区的私学教育比较发达,专经教学之风相当兴盛。许多名儒大师,设立精庐或精舍,教授学生成百上千,著录的门徒甚至上万。如乐安临济(今山东高青县高城镇)人牟长,少学欧阳《尚书》,后任河内(治今武陟县西)太守,在此传授《尚书》学,诸生从学者常有千余人,著录前后万人。又如陈留(治今开封祥符区陈留镇)人李充、平舆人廖扶,都教授生徒数百人。张楷隐居弘农山(今灵宝南)、刘焉隐居阳城山(今登封东北)聚徒讲学。由于私学的学生人数较多,常采取学生互教的方式,由高年级学生教低年级学生,或由程度好者教程度差者。

五、察举考试的制度化

汉代实行察举、征辟之制选拔人才。征辟即征召和辟除,是朝廷或三公以下官员召举布衣之士授予官职的制度。察举是由丞相、列侯、刺史、守相等推举经过考核授以官职的制度。察举科目有孝廉(孝子、廉吏)、茂才、明经、贤良以及童子科等。

孝廉是最重要的察举科目,察举孝廉的目的是敦厉风俗。西汉时察举孝廉尚不进行考试,但是士子为取得一官半职,不惜弄虚作假,行贿请托,州牧郡守察举不能秉公,出现诸多流弊。东汉顺帝阳嘉元年(132),尚书令南阳人左雄建议改革察举制度,被举者限40岁以上,并进行考试:儒者试家法,文吏课笺奏。汉顺帝诏令实行。郡国所举孝廉要到都城洛阳参加两场考试,初试在公府,复试在端门。儒生考试经家法,文吏则考试笺奏等应用文。明经科考试儒家经典,以射策的方式进行,分上下两个等第。贤良和茂才则实行对策,即由主考提出问题,应试者回答。从此察举考试开始制度化。

察举考试作为一种重要的选拔人才制度始于东汉,魏晋南北朝时期延续不辍,直至隋唐方为科举考试制度所取代。

第八节 民风民俗

秦汉时期实现了国家的统一,各地的民风民俗出现趋同之势。中原地区作为秦汉王朝腹地,社会经济发达,交通便利,丝绸之路开通,汉人与北方、西北游牧民族的交往增多;儒家学说定于一尊,改变了人民的社会生活方式和习俗。但是,民风与风俗的改变往往与王朝鼎革不同步。在秦朝与西汉时期,中原地区受先秦各国传统文化习俗的影响,仍然表现出不同的民风民俗,各地文化特征仍比较明显。到了东汉,在儒学教化和敦厉风俗的文化政策的影响下,各地风俗呈现出趋同之势。

一、中原各地风尚的异同

1. 颍川、河内等地的强梁、任侠风气

秦、西汉时期,中原地区的颍川(郡治今禹州)、河内(郡治今武陟西)二郡豪强势重、民风强梁。颍川郡原属韩国,有尚法的传统,其民"好争讼分异"。民风剽悍、刚疾。豪强势力盘根错节,相与为婚姻,吏"俗多朋党"。"颍川多豪强,难治"。[①] 汉宣帝时赵广汉为颍川太守,诛灭原、褚首恶,对豪强采取分化瓦解、各个击破的策略,强宗大族因互相猜忌而结怨。汉哀帝时以"能治剧"著称的何并任颍川太守,先诛首恶以震慑人心。河内"俗刚强,多豪杰侵夺,薄恩礼,好生分"[②],民风以强梁刚武著称。豪强依仗强大的宗族势力,在地方上呼风唤雨,为所欲为。汉武帝时出现的一批酷吏,以诛灭豪强立威。河内都尉义纵曾"族灭其豪穰氏之属";太守王温舒捕杀豪强大姓,株连千余家,杀人之多,"至流血十余里"。[③]

秦汉时代的游侠承战国余烈,仗义勇为,"专趋人之急,甚己之私",形成了一定的社会势力。他们藐视官府、为所欲为,体现了一种桀骜不驯的刚武之气。

颍川、河内等地盛行任侠之风。颍川人灌夫"不喜文学,好任侠,已然诺。诸所与交通,无非豪杰大猾"[④]。"阳翟轻侠赵季、李款多畜宾客,以气力渔食闾里,至奸人妇女,持吏长短,纵横郡中。"[⑤]河内轵县(今济源轵城镇)人郭解是西汉前期的名侠。其父以任侠被诛死,郭解"少时阴贼,慨不快意,身所杀甚众。以躯借交报仇"[⑥]。野王(今沁阳)"好气任侠"之风尤盛。洛阳人剧孟"以侠显",吴楚七国之乱时,太尉周勃在河南(郡治今洛阳)得之,喜曰:"吴、楚举大

---

① 班固:《汉书》第十册,卷七十六《韩延寿传》,中华书局1962年版,第3210页。
② 班固:《汉书》第六册,卷二十八《地理志下》,中华书局1962年版,第1647页。
③ 司马迁:《史记》第十册,卷一百二十二《酷吏列传》,中华书局1959年版,第3145、3148页。
④ 司马迁:《史记》第九册,卷一百〇七《灌夫传》,中华书局1959年版,第2847页。
⑤ 班固:《汉书》第十册,卷七十七《何并传》,中华书局1962年版,第3268页。
⑥ 司马迁:《史记》第十册,卷一百二十四《游侠列传》,中华书局1959年版,第3185页。

事而不求剧孟,吾知其无能为已。"①在天下骚动之时,官军得一名侠如得一敌国。东郡(治今濮阳县)民俗刚武,尚气力。汉兴,二千石官员多以杀戮为威。及韩延寿为东郡太守,乃推行"崇礼让,尊谏争"的怀柔政策。

2. 洛阳、南阳等地的重商习俗

西汉洛阳和宛县(今南阳)是闻名天下的重要商业都市,人们经商之风甚盛。桑弘羊曾言:"宛、周、齐、鲁,商遍天下。"②

洛阳号称"天下之中",四通八达。洛阳商人"东贾齐鲁,南贾梁楚",足迹遍及大半个中国,富者"或累万金"。人们以经商致富为荣,而不以仕宦为念。洛阳人桑弘羊为商人之子,工于运筹,"以心计","言利事析秋毫"。③ 他不仅善于理个人之财,更把经商的谋略用于为朝廷敛财,并取得成功,这与他的商人出身以及洛阳经商之风的盛行密切相关。

南阳商业也很发达,史称宛城"业多贾"④。南阳府县吏家子弟好游敖,不以田作为事,即与南阳的经商之风有关。陈县(今周口淮阳区)地处于鸿沟与颍水的汇合处,南北交通比较便利,经商之风较盛。史称:"陈在楚、夏之交,通鱼盐之货,其民多贾。"⑤

3. 原楚地民风"剽轻","好巫术淫祀"之风

河南地区的南阳、汝南、陈郡等地,春秋战国时期受楚文化的影响较深,民风剽疾果猛。及至秦汉,淮北沛、陈、汝南、南郡为西楚,"其俗剽轻,易发怒,地薄,寡于积聚"⑥。东汉后期汝南人应劭也说:"汝南,楚之界也,其俗急疾有气决。"⑦

楚地民俗的另一特点是巫风炽盛,秦汉时期中原南部的旧楚之地仍有其余韵流风。先秦时期陈国原本"妇人尊贵,好祭祀,用史巫,故其俗巫鬼"⑧。战国晚期属楚,秦时为陈郡,西汉为淮阳国。秦末陈胜、吴广以鱼腹藏书,篝火狐鸣

---

① 班固:《汉书》第十一册,卷九十二《游侠传》,中华书局1962年版,第3700页。
② 桓宽编,马非百注释:《盐铁论简注》第二《力耕》,中华书局1984年版,第18页。
③ 班固:《汉书》第四册,卷二十四《食货志》,中华书局1962年版,第1164页。
④ 司马迁:《史记》第十册,卷一百二十九《货殖列传》,中华书局1975年版,第3269页。
⑤ 司马迁:《史记》第十册,卷一百二十九《货殖列传》,中华书局1975年版,第3267页。
⑥ 司马迁:《史记》第十册,卷一百二十九《货殖列传》,中华书局1975年版,第3267页。
⑦ 应劭撰,王利器校注:《风俗通义校注》卷四《过誉》,中华书局1981年版,第174页。
⑧ 班固:《汉书》第六册,卷二十八《地理志下》,中华书局1962年版,第1653页。

的方法发动戍卒起义,应与此地风俗有关。

秦汉时期的南阳郡,春秋战国时期先后为楚、韩、秦地盘,而属楚时间最长,受楚文化影响甚大。"秦既灭韩,徙天下不轨之民于南阳,故其俗夸奢,上气力,好商贾渔猎,藏匿难制御也。"①移民给南阳风俗带来一些变化。

4. 梁国的习文之风

西汉时期梁国(都今商丘睢阳区)临近儒学中心鲁国,士人颇重儒学。戴德、戴圣以礼学名家。汉文帝立其少子为梁王,是为梁怀王,以贾谊为太傅,贾谊的儒学文赋应在梁地有影响。后梁孝王大力招揽文人学士,都城睢阳士人云集。梁国人韩安国曾经学韩子、杂家学说,事梁孝王为中大夫。汉武帝初年为御史大夫,"于梁举壶遂、臧固,至它,皆天下名士,士亦以此称慕之"②。当时梁国号称多士。司马相如、枚乘等一批文人学士都曾在梁地吟诗作赋,司马相如的《子虚赋》即作于梁国。

二、儒学传播与民风变迁

汉代礼乐文化尚处于相对平实朴素阶段,它在整合社会、凝聚民心、提高民众文化素质方面起到巨大的作用。东汉时期是儒家学说空前普及的时期,河南作为全国文化中心,儒学教化效果明显,儒家的价值趋向、道德观念逐渐渗透于民间。

自汉武帝实行"罢黜百家,独尊儒术"的文化政策之后,官僚队伍逐渐儒学化。地方官吏大都为儒生出身,他们大力推行教化,敦厉风俗。例如西汉后期韩延寿任颍川太守,实行礼乐教化,教以礼让,与长者议定嫁娶、丧祭仪品,略依古礼,百姓遵用其教,缓和了豪强大姓间的紧张关系,收到了较好的治理效果。接替韩延寿的太守黄霸"为条教,置父老师帅伍长,班行之于民间,劝以为善防奸之意"③,倡导仁义之举,禁止桀骜不驯之行,颍川社会风气有所好转。

---

① 班固:《汉书》第六册,卷二十八《地理志下》,中华书局1962年版,第1654页。
② 班固:《汉书》第八册,卷五十二《韩安国传》,中华书局1962年版,第2405页。
③ 班固:《汉书》第十一册,卷八十九《循吏传·黄霸》,中华书局1962年版,第3629页。

东汉朝廷尊崇儒学，敦厉风俗，循吏推行礼乐教化，使河南地区的社会风尚发生明显变化。光武帝刘秀说："吾理天下，亦欲以柔道行之"①，即实行以儒家学说为主的统治术。东汉前期皇帝注重发展学校教育，大力倡导攻读儒家经典，儒家经学发展至汉代的高峰，洛阳成为全国儒学教育和研究的中心。河南作为畿辅地区，儒学教育高度发展，推进了儒学社会化的进程。南阳新野人邓禹以儒术教养子孙，子孙通晓经义，"皆可以为后世法"。邓禹的孙女邓太后自幼读史书、《诗经》《论语》等，夜晚诵读经典，被家人称为"诸生"。

东汉朝廷倡导儒家思想指导下的道德行为，以敦厉风俗。首先是察举和征辟以"经明行修"为标准，选拔德行良好、熟读经书的士人出来做官，引导士人为子孝，任官廉，为人方正。一些儒生以经明行修相标榜，影响乡里舆论。陈寔、荀淑、李膺、荀爽、贾彪、韩融等士人为颍川人敬重，汝南人陈蕃、范滂、黄宪等在郡中均被视为高士。日渐壮大的中原士人以道义相尚、名节自重。在汝南郡，有所谓"月旦评"，定期品评士人的道德行为。这不仅对士人是一种道德约束，亦给当地民风以积极的影响。中原的士风改变，对民风起到一种引导的作用，给社会风气以积极的影响。

东汉地方官吏更注重道德教化。弘农华阴（今属陕西）人刘宽任南阳太守，对士人"执经对讲"，劝以孝悌。官吏巡行属县也注重以礼义教化民众。汝南太守何敞在郡中设置礼官，每年立春日派遣儒生和官吏案行各县，彰显孝悌有义行的人。颍川陈纪最孝，豫州刺史奏请朝廷，"图象百城，以厉风俗"。政治教化对于中原地区的民风改变起到重要作用。

东汉的南阳郡作为"帝乡"，宗室、外戚很多，但他们也注重读经，有较高的文化修养，逐渐成为文化世家。地方官吏大张旗鼓的教化活动，士人潜移默化的影响，使民风逐渐由粗犷尚武向崇尚节义的方向转变。东汉中后期官僚士大夫反对外戚、宦官的斗争，党人领袖大多出自中原。他们不畏权贵、不顾生死的高风亮节，给民众以激励和影响。

---

① 范晔：《后汉书》卷一《光武帝纪下》，中华书局1965年版，第68—69页。

三、衣食住行

1. 食品饮料

秦汉时期人们的主要食粮为黍、粟、麦、菽(豆)、稻等。在中原地区,粟的主导地位逐渐被麦取代,冬麦成为首要的农作物,粟退居次要地位。粮食增多,加工方式随之改进。麦子加工成面粉具有韧性、色泽和口感,于是面食成为主食的基本构成,制法有蒸、烤、煮三种。当时各种面食统称为"饼",有蒸饼、汤饼和炉饼等。此外又有用麦、粟、黍、稻制作的干饭,称作"糒"或"糗",还有粥,多为平民所食。人们将豆加工成豆芽、豆豉和豆腐。河南新密打虎亭1号汉墓中发现有描绘豆腐作坊的画像石,画面完整地表现出制作豆腐的主要工艺流程。此外,人们还会制豆酱和醋,榨制豆油、菜籽油和麻籽油。

肉食则有羊、猪、狗、鸡肉等。人们已在池塘中养鱼而食。南阳人樊宏,"池鱼牧畜,有求必给"①。蔬菜以葵、藿、薤、葱、韭最为常见,称作"五菜"。此外,还有芥、芹、芋、菘(白菜)、萝卜、葫芦、菠菜、蔓菁等。菜肴品种增加,炒、烹饪技法日益完善。瓜果有甜瓜、西瓜、梨、桃、杏、柿等。张骞开辟丝绸之路以后,西域的蔬菜果品西瓜、葡萄、石榴、胡蒜、紫葱、胡麻、胡桃(核桃)、胡瓜(黄瓜)、茴香、胡豆(蚕豆)等陆续在中原地区引种,供人们食用。

饮料主要是酒,洛阳烧沟西汉墓出土大量盛酒的陶瓮。此外,人们常饮浆。

汉代中原地区烹饪使用的是既节约燃料又便于制造的砖灶。洛阳烧沟西14号汉墓出土的陶明器灶具,形制和近代农村的柴灶基本相同,后面有弯曲的烟囱。灶面的灶眼上置釜和镬,釜上置甑用来蒸食物。食具为陶制或木漆制,器皿有碗、杯、壶、盘等多种。用餐的筋或箸(筷子)用竹、木制成,用匕喝汤,食肉则用俎刀。秦汉时人们一日三餐渐多。

2. 衣服佩饰

汉代是一个注重等级的社会,贵族、官僚和平民的衣着区别明显。冠服是封建国家规定的礼服,天子、后妃、太子、百官有所不同。

---

① 范晔:《后汉书》卷三十二《樊宏传》,中华书局1965年版,第1119页。

头上所戴的称元服,有冠、冕、弁、帻、巾等。汉代的冠前高后低,有委貌冠、通天冠、进贤冠、高山冠、武冠、却敌冠等多种。冕为特殊形制的冠,属王公贵族的礼服。东汉明帝永平二年(59),诏有司采古礼书制冕,对皇帝、王公、诸侯、卿大夫的冕作出明确规定。弁为皮制,形若覆杯。帻将头全部盖住。巾是裹头的布。汉灵帝好胡服,外戚也随意改变服饰制度。谈士多以葛巾、深衣作为装束。

衣服上为衣,下为裳,以颜色、质料和形制体现尊卑。先秦时的深衣至汉代演变为袍,用丝绵制成,为士民的便服,属于外衣。单层的长袍称"衣",是一般地主和贵族的常服,东汉时成为武职官员的制服。襜褕为妇女常服,更为宽博,用厚料制作。外短衣有襦、袭。内衣则有裹、抱腹(兜肚)、心衣、裲裆、汗衣等名目。下体之衣有裈,过膝的称袴或绔(开裆裤)。汉末,服装一改旧风,"男子之衣,好为长躬而下甚短,女子好为长裙而上甚短"①。衣裳皆用带子系扎,需用带钩。

足所穿有履(单底)、屦等,用葛、麻、皮、丝制成,木制者称屐,皮制为鞜。舄和屐均为复底鞋。袜称袜,以皮或布制成,穿时须系带。

汉化成年男子的发式是束发为髻,儿童则为总发或总角。妇女发式繁多,盛行高髻,式样有双鬟髻、三角髻、三鬟髻、四起大髻等。新密打虎亭汉墓壁画中有不少这类发式。发上的饰物有步摇、簪、珥、珰、摘、华胜等,面部装饰有傅粉、深脂、贴钿、点唇、画眉等项。佩物有玉、刀、囊、觽等。桓帝元嘉年间,"京都(洛阳)妇女作愁眉、啼妆、坠马髻、折要(腰)步、龋齿笑……始自大将军梁冀家所为,京都歙然,诸夏皆放(仿)效"②。

汉代河南地区与西北、北方胡族交往频繁,东汉的都城洛阳逐渐兴起了一股胡风。东汉末,汉灵帝"好胡服、胡帐、胡床、胡坐、胡饭、胡空侯(箜篌)、胡笛、胡舞,京都贵戚皆竞为之"③。由此可见当时的风尚。

3. 住所家具

家庭的居住形态与家庭结构、人口、经济能力密切相关。汉代主要的家庭形态是"小家族家庭",一般是五口或数口共同居住在一所住宅中。中原地区五

---

① 司马彪:《续汉书》志第十三《五行志一》,范晔:《后汉书》,中华书局 1965 年版,第 3273 页。
② 司马彪:《续汉书》志第十三《五行志一》,范晔:《后汉书》,中华书局 1965 年版,第 3270—3271 页。
③ 司马彪:《续汉书》志第十三《五行志一》,范晔:《后汉书》,中华书局 1965 年版,第 3272 页。

口之家通常的居住模式是"一堂两内",三合院、四合院成为基本的建筑布局。这种庭院式民居,有空间较大的庭院,是家庭的活动中心。庭院之北是主屋,高大宽敞,为长辈居住;东西为厢房,为子孙或佣人居住,体现出长幼有序、尊卑有别的原则。汉代中原民居外形朴素,生活方便,居住舒适。达官显贵、富豪大贾的住宅分为庭院式和楼阁式两种。无论深宅大院还是高楼连阁,均是在"一堂两内"基础上的重复与组合。贫民的住房则瓮牖绳枢,木构斧成,还有结草为庐及穴居者。

秦汉时期中原民居大多是在地面上营建的土木结构,以木为骨架,以墙为围护,墙壁为干打垒或用砖砌,以瓦为覆盖,屋顶为悬山式或平房,窗户狭长,有围墙构成院落,院内有厕所和畜栏。这种房屋成为中国传统居室模式,砖瓦成为基本的建筑材料。在洛阳西郊发现一处西汉早期居住建筑遗址,平面为正方形,每面长 13.30 米,四周围以 1.15 米厚的土墙。南墙的西端,西墙的北端,各有一门。屋中偏南有一具六角形的石柱础,紧贴西墙有一个宽 2.5 米、长 6 米的大土炕。[①] 河南内黄三杨庄遗址近年来发掘清理出西汉晚期的 4 处庭院遗址,均为二进院布局,南门外为小范围的活动场地,且各有水井;庭院之间互不相连,四周由农田相隔;所有房屋顶部均使用筒板瓦,主房屋顶更是全部用筒板扣合。

中原地区出土的汉代民居、宅第等建筑明器中,有几座单体平房模型,面阔一间或三间,还有彩绘陶房。更多的是楼院(以楼为主体,楼前用墙围成庭院的形式)、四合院(有一进四合院、三进四合院等)。实际生活中,民居应以平房居多,而院落也很常见。从出土的陶屋模型及汉墓壁画、画像石、画像砖所表示的院落形象来看,一般都在院落正门上建两坡悬山顶门檐或门屋,有悬山式的门顶,屋脊盖筒瓦和板瓦。

庭院式府邸有多种格式,以四合院、三合院最为常见。从河南出土的画像石和陶明器看来,这类建筑有高大可通车马的正门,供主人宾客出入,又有为下人出入的小门。正门的前堂为家人团聚和待客处所。后有房,有门户相通,为家庭成员住所。有的还有后堂。院内设有车房、马厩、厨房、库房及奴仆住室。东汉以后,楼阁式府邸增多。各地出土的汉代陶楼层数高低不同,可登高眺望。

---

① 刘叙杰主编:《中国古代建筑史》第一卷,中国建筑工业出版社 2003 年版,第 490 页。

庭院式和楼阁式建筑逐渐合一。楼阁为主人住处和库房,平房供下人居住和牲畜栖息。郑州南关汉墓空心砖画所示大宅,前院绕有围墙,右侧建有双阙,面对大道。第二道门侧在左边,门上有重檐庑殿顶,门内是一楼房,雕梁画栋,甚为精细。①

东汉统治者为满足自己的奢欲,在都城洛阳修建南北宫,大量采用斗拱抬梁式的多层木结构,并以砖石为基础和墙体,柱形、柱础日趋多样化。北宫的德阳殿,规模宏大,可容纳万人。殿前的朱雀阙,高耸入云。

床原为卧具,后兼为坐器,又有榻、枰、床之别。富贵人家则坐榻。室内陈设有案,上置文房四宝。照明则用灯烛。装置物品的有簏、筐、笥等,室内杂饰有帷、帐、屏风以及门帘。百姓多席地而坐。

4. 交通出行

秦汉时期中原交通线四通八达。全国驰道的东西干线沿黄河南岸从河南地区穿过。从洛阳入函谷关可达关中长安,沿丝绸之路可通西域各地。东循济水可抵定陶、临淄。洛阳往北,经邺城、邯郸可通涿、蓟,自陈留(今开封祥符区陈留镇)沿鸿沟、颍水入淮,再向南沿淝水、巢湖直达长江。内河航运则有舟船。

秦汉时的车辆可分为马车、牛车、羊车和鹿车(手推车)多种。皇帝王公的坐乘称"安车",立乘称"立车",装饰华丽。西汉中后期,双辕马车逐渐普及。车的名目有斧车、轺车、施车、轩车、辒车、辎车等。容车为妇女乘坐。贵族有一套车舆制度。舆轿是靠人力肩负为乘车代步的工具,汉代多用竹制,较为轻便。

在水陆要冲设有关津,设卡以行督察。中原地区有函谷关、虎牢关、武关等多个关卡,出入凭传(通行证)。又有孟津、小平津等许多津渡。在主要交通线路,设有邮传,备有传舍驿马,用以接待官员,此外也有私人开设的旅馆。

四、婚姻丧葬

1. 嫁娶

秦汉时期中原地区的婚嫁礼仪,在先秦礼仪的基础上予以重新整改。汉初

---

① 河南省文化局文物工作队:《郑州南关159号汉墓的发掘》,《文物》1960年第8、9期。

规定,女子十五至三十岁不嫁要受罚。子女婚姻的决定权掌握在父母手中,如父亲谢世,由长兄决定。汉代人认为,有五种女子不可娶:一是丧妇之长女,二是世有恶疾,三是世有刑人,四是乱家女,五是逆家子。[1] 富贵人家男子除正妻外,多有妾媵,事实上是一夫多妻。

汉代从皇帝到庶人的婚礼,皆由《仪礼·士昏礼》的规定变通而成。其程序一是相亲,包括纳采、问名;二是定亲,包括纳吉、聘礼;三是成亲,包括请期、亲迎等。媒人受男方父母委托,到女子家中求婚,谓之"纳采"。纳采用雁,还有璧、羊、酒等,象征婚姻和谐美满。纳采后便问女子姓名生辰,男方占卜联姻是否吉利,称"纳吉"。然后行纳聘礼。皇帝纳聘用黄金,官吏用钱,以及车马、奴婢、布帛等。选定吉日迎娶新娘,与女方协商,称"请期"。新郎亲往迎接新娘,称"亲迎",多用车马。迎至后,行同牢礼,饮合卺酒,新妇见公婆。亲朋前往贺喜,举行婚宴。婚后三日,新婚妇女拜谒祖庙,婚礼告终。上述礼仪,平民多简化。

2. 丧葬礼仪

汉代在儒家思想指导下,"事死如事生,事亡如事存"成为社会各阶层基本认同的伦理原则。东汉名儒开封(今开封祥符区古城村)人郑兴说:"兴闻事亲之道:生事之以礼,死葬之以礼,祭之以礼,奉以周旋,弗敢失坠。"[2] 帝王贵族要在地下营构第宅化墓室供死者安居,随葬"诸养生之具"(实用品或明器),包括用陶瓷、竹木制的车、舟、仓、房楼、俑及家畜家禽,在地上营建陵寝或祠堂,便是"事死如事生"的具体表现。

丧指哀悼死者的仪式,葬则是处理死者遗体的方式。丧葬之礼以葬礼为中心,可分三阶段:一是葬前的丧礼,包括招魂、哭丧停尸;二是葬礼,包括祭奠、送葬、埋葬;三是葬后服丧。

人初死,要沐浴饭含,即将珠、玉、贝、米等物放入口中。装殓用衣被。帝王有用金缕玉衣者。人死后宣布死讯,亲属闻讯要赴丧或吊唁。汉代还盛行为丧家赙赠的习俗,即赠送钱财赞助丧葬费用,分为官赙和私赙两种。

秦汉时期中原汉人多实行土葬,墓地一般要选高敞之地。与先秦的竖穴墓

---

[1] 范晔:《后汉书》卷四十八《应奉传》注引《韩诗外传》,中华书局1965年版,第1609页。
[2] 范晔:《后汉书》卷三十六《郑兴传》,中华书局1965年版,第1219页。

不同,汉代流行横向墓,墓室建筑呈现出立体化、第宅化的特点。墓葬体现出一定的等级性。墓室有石室、砖室、椁室和土室之别。帝王多用石室,规模宏大,官宦富豪多为砖室,并装饰大量画像石和壁画。壁画或呈现天地日月之象,或显示墓主生前生活、荣耀和地位,多取材于人间生活、神话传说,也有想象成分。椁室是棺外的木室,椁内放棺及殉葬品。土室为中下层人家所为,先竖挖墓道,再横挖墓室。墓上封土成坟丘,栽树为标志。帝王显贵的陵墓上有寝、墓阙、碑、神道、雕像等。上层社会普遍实行夫妻合葬,葬姿以仰身直肢葬最为流行。

秦汉时期中原地区盛行厚葬,不仅帝王显贵如此,地方豪族与富商大贾也依其财力而厚葬。永城北芒山的西汉梁孝王墓地,凿山为室,随葬珍宝无数。洛阳人"剧孟虽博徒,然母死,客送丧车千余乘"[1]。东汉王符说:"今京师贵戚,郡县豪家,生不极养,死乃崇丧。或至刻金镂玉,檽梓梗楠,良田造茔,黄壤致藏,多埋珍宝偶人车马,造起大冢,广种松柏,庐舍祠堂,崇侈上僭。"[2]这种风气劳民伤财,是一种陋习。

高大的帝王陵寝昭示着皇族的延续,民间的家族墓地和祠堂是追思先祖、弘扬孝道、增强家族凝聚力的场所。汉代帝王有上陵之礼,民间墓祭的形式从东汉开始盛行。父母死后,其子女要行丧服三年。凡行丧,居官则离职,授官则不就。未葬时居服舍,既葬则庐墓,禁酒肉,禁娱乐。已婚者禁夫妻同居,未婚者不得聘娶。三年之丧的本质是一种报恩行为,它体现着亲情的难以割舍和统治者对孝道的倡导。

五、祭祀与娱乐

秦汉时期中原地区的民间仍然存留着宗教迷信观念,人们仍祭祀多神,并用巫术祈雨驱病。人们在节日或闲暇时也开展各种娱乐活动。

1. 祭祀

汉代礼制规定,不同等级的人在祭祀上有不同的权利和义务:"天子祭天

---

[1] 班固:《汉书》第八册,卷四十九《爰盎传》,中华书局1962年版,第2275页。
[2] 王符著,汪继培笺:《潜夫论笺校正》卷三《浮侈》,中华书局1985年版,第137页。

地,祭四方,祭山川,祭五祀,岁遍。诸侯方祀,祭山川,祭五祀,岁遍。大夫祭五祀,岁遍。士祭其先。"①就是说,天子、诸侯、大夫、士均有祭祀,大夫以上祭五祀,士只祭其祖先。或曰:"王为群姓立七祀","诸侯为国立五祀","大夫立三祀,曰族厉,曰门,曰行。適士立二祀,曰门、曰行。庶士、庶人立一祀:或立户,或立灶"。②"五祀"即司命、中霤、门、行、厉,如果再加上户、灶就是"七祀"。五祀关系着"人之所处出入,所饮食,故为神而祭之"③,目的是报答诸神恩德。五祀要顺应阴阳变化,春祭户,夏祭灶,秋祭门,冬祭井,六月祭中霤,用牲也有所不同,但现实生活中并非如此刻板。《四民月令》载,十二月腊日前一天有"五祀"。祭灶也有在腊日者。汉宣帝时南阳新野人阴子方,"腊日晨炊而灶神形见",遂以黄羊祀之,此后阴家暴富,"故后常以腊日祀灶,而荐黄羊焉"。④

天地、四方、山川、社稷是国家政权的象征,由皇帝亲自祭祀。东汉洛阳有祭祀社稷的场所。社祭是每家都必须参加的活动。富者祀名岳山川,"椎牛击鼓,戏倡舞像",中者"南居当路,水上云台,屠羊杀狗,吹瑟鼓笙"⑤,贫者只有鸡、猪等寻常之物奉祭,"叩盆拊瓴,相和而歌,自以为乐矣"⑥。参加社祭的人家出祭费而领回祭肉,以蒙福泽。汉代社祭分为春、秋两次。春社在农历二月举行。

秦汉时期巫祝活跃于中原民间,"街巷有巫,闾里有祝"⑦。妇人多"起学巫祝,鼓舞事神"⑧。祈雨和止雨活动都离不开巫祝。出土于洛阳河南县遗址西垣探方中的东汉遗物有陶釜、解注瓶,瓶的腹部周壁有朱书符箓一道,符文后有"解注瓶,百解去(长?)如律令"九字,这是汉代以符驱病习俗的实物遗存。《东京赋》描写东汉洛阳宫廷中"大傩"的场面,巫觋、童子驱鬼时的穿着与神勇,异常生动。民众家庭中每年有各种驱鬼祭神的常礼。如岁末的驱鬼礼寄托家人对来年吉祥的企盼。《论衡》说:"岁终事毕,驱逐疫鬼,因以送陈、迎新、内(纳)

---

① 杨天宇:《礼记译注》第二《曲礼下》,上海古籍出版社 1997 年版,第 64 页。
② 杨天宇:《礼记译注》第二十三《祭法》,上海古籍出版社 1997 年版,第 794 页。
③ 陈立撰:《白虎通疏证》卷二《五祀》,中华书局 1994 年版,第 77 页。
④ 范晔:《后汉书》卷三十二《阴识传》,中华书局 1965 年版,第 1133 页。
⑤ 桓宽编,马非百注释:《盐铁论简注》第二十九《散不足》,中华书局 1984 年版,第 231 页。
⑥ 陈广忠译:《淮南子》卷七《精神训》,中华书局 2014 年版,第 178 页。
⑦ 桓宽编,马非百注释:《盐铁论简注》第二十九《散不足》,中华书局 1984 年版,第 233 页。
⑧ 王符著,汪继培笺:《潜夫论笺校正》卷三《浮侈》,中华书局 1985 年版,第 125 页。

吉也。"[①]

2. 娱乐

秦汉时期人们在节日闲暇时,为愉悦身心,也开展一些丰富多彩的消遣活动,主要有投壶、弹棋、樗蒲、蹴鞠等。

投壶以一尊酒壶作为箭靶,壶内填满豆子。另有投矢8支,用柘木或荆条削成,头尖腹大而尾细长。室内投壶矢长2尺,庭内投壶矢长2.8尺,厅堂则矢长3.6尺。投壶的距离一般是矢长的2.5倍。聚众饮宴时主人捧投矢献给宾客,宾客则推辞而后接受。连投4支不中,则罚酒。最后以中壶次数最多者为胜。

弹棋西汉末由宫廷流传到民间。棋盘用磨光的石头制作,一般为方形,中间隆起,四周低平,两边各有一圆洞,上撒滑石粉。棋子以硬木或象牙制作,共12枚。游戏时双方站在棋盘两边,各自摆好6枚棋子。用手弹棋,使棋子穿过中间隆起部分射入对方圆洞。弹棋时要根据对方所摆棋局,采用拨、捶、撒等技巧打开对方棋子,为进入对方圆洞扫清障碍。将6枚棋子先弹入对方洞中者为胜。

樗蒲西汉时已出现,器具有枰、杯、木、马、矢五种。枰即棋盘,上有关、坑、堑等行棋障碍。杯是投掷木的容器。木又称五木,木制,供投掷用。马、矢均为棋子。矢代表步兵,可以围杀或阻止马前进。竞赛各方以投掷五木所得采来决定马的进退。五木全黑为卢,得采十六;二白三黑得采十四,二黑三白得采十,全白得采八,这四种情况称贵采。此外还有杂采:开为十二,塞为十一,塔为五,秃为四,撅为三,枭为二。得贵采可以连投掷,连续走马过关。这种游戏较复杂,决出胜负时间较长。

古代踢球称蹴鞠,鞠用皮革制成。东汉时期较为普及。南阳等地出土有以蹴鞠为内容的画像石。

---

① 王充:《论衡》第二十五卷《解除》,上海人民出版社1974年版,第386页。

第五章 魏晋南北朝时期多元文化的融合与发展

从东汉建安二十五年(220)曹丕废黜汉献帝建立曹魏政权,至北周大定元年(581)杨坚废周静帝建立隋朝,是中国历史上的魏晋南北朝时期。

曹魏政权建都洛阳,中原地区为畿辅地区。曹魏后期,河内温县(今河南焦作)士族司马懿父子相继执政。咸熙二年(265),司马炎逼魏元帝禅让,建立晋朝,仍都洛阳,史称西晋。永嘉年间,匈奴人建立的汉国军队攻入洛阳,西晋灭亡。中国北方进入"五胡十六国"时期,中原地区先后为后赵、前燕、前秦、后燕、后秦等政权统治。后来鲜卑拓跋部建立的魏国统一中国北方,史称北魏,中原地区基本上在其辖境之内。太和十七年(493),魏孝文帝迁都洛阳。后孝武帝元脩为权臣高欢所逼,西奔关中依靠宇文泰。永熙三年(534),高欢立元善见为帝,是为孝静帝,建立东魏政权,迁都邺城(今河北临漳邺镇)。武定八年(550)五月,高洋逼孝静帝禅位,建立齐朝,史称北齐。中原大部分地区为东魏、北齐管辖。

魏晋南北朝时期社会动荡不安,经济停滞不前,不利于文化的发展。但封建统治削弱,社会多变故,人们思想比较自由,为文学的兴盛、宗教的传播提供了条件。由于洛阳是曹魏、西晋和北魏后期的都城,为当时北方或者全国的政治、经济、文化的中心,又有利于中原文化的发展。

魏晋南北朝时期是中原文化的融合期。北方少数民族入主中原,胡人与汉人杂居,带来草原游牧民族文化,与当地汉族的封建文化互相碰撞、交流融合。大量汉族士人百姓外迁,将中原文化带到江南。魏孝文帝在洛阳推行汉族封建礼仪制度,改变鲜卑旧俗,加快了南下胡人与汉人融合的进程。魏晋时期洛阳一带是玄学思潮的发源地,北魏后期的洛阳又成为中国北方的佛教中心。外来的佛教与本土的道教、儒学互相竞争、吸收、融合,文学、史学、艺术都呈现出兴盛的局面。

第一节 魏晋南北朝时期的司豫地区

魏晋南北朝时期沿袭东汉之旧,在中原地区设置司、豫诸州,辖河南尹与若干郡。这一时期黄河下游河道相对稳定,自然环境有所修复。但政权更迭频繁,战争动乱接踵,社会动荡不已,人民大规模地流动迁徙。社会经济处于破坏、恢复、再破坏、再恢复的循环往复之中,难以发展到更高的水平,与汉唐相比处于衰退状态,畜牧业比重增加,商品经济比重下降,明显具有自给自足的自然经济特点。北胡、南蛮进入中原腹地,与汉人杂居共处,民族矛盾从激化走向缓和,各民族由仇杀走向融合。社会阶级结构复杂化,劳动者种类繁多,依附性增强,地主阶级中世家大族崛起,推行门阀政治,对文化产生了重大影响。

一、黄河的安流与生态环境的修复

魏晋南北朝时期黄河河道相对稳定。黄河干流自潼关至洛阳段穿越峡谷,经巩县(今巩义)北、成皋(今荥阳汜水)北、荥阳北、武德(今武陟西南)东、卷县扈亭(今原阳西)、酸枣(今延津西南)、燕县(今封丘北)、滑台(今滑县)东、黎阳(今浚县东北)南、凉城(今滑县东北)、濮阳(今濮阳县),然后在鄄城北进入今山东境内,至千乘(今山东高清县东)北分为两支:一支东南流经历马常坑(今山东利津东南)注入济水;一支东北流经甲下邑(今山东利津南)北,又东北流入海。

东汉王景治河以后,在新河道上全面筑堤,北岸分流断绝,南岸保留鸿沟水系以发挥分流和通航作用。曹魏时在汝、颍、渠(浪荡渠)、濉、涡诸水之间开凿濉阳渠、贾侯渠、讨虏渠、广漕渠、淮阳渠、百尺渠等人工渠道,水运交通有所发展。曹魏几次向东南用兵,舟师都由渠、涡、颍水入淮。洛阳有陆路通往关中,也利用黄河干流进行水上运输。

魏晋南北朝时期，黄河下游平原地区的植被处于一个停滞的反复时期。当时中原地区处于国家分裂和战乱的要冲。董卓之乱后，中原数百里无人烟，不少农田荒芜，变成次生的草地和灌木丛，次生植被恢复较快。魏明帝时中原地区中部因人口耗散，土地荒芜，辟为禁地，林木获得发展，野生动物又在此栖息。西晋末年的永嘉之乱和十六国的长期战乱，使中原地区人口一再锐减，大片农田荒芜，转变成为次生的草地和灌木丛。不少农田在这个时期曾成为牧地[1]。北方胡族陆续进入中原，胡人多以游牧为业，中原一些地方耕地缩减，牧场相应扩展。土地利用情况的这一改变，使植被有所恢复。

黄淮海平原的天然湖沼南北朝时期大部分依然存在，星罗棋布，不少是大范围的湖沼。"公元六世纪作品《水经注》记载黄河下游有一百三十多个大小湖泊。这些湖泊在调节黄河及其分流的流量、农田灌溉、水运交通以及湿润当地气候等方面，都有一定的作用。"[2]

魏晋南北朝时期黄河下游平原地区有一定面积的盐碱土分布，对农业生产有不利影响。在这三个半世纪，黄河中下游地区气候寒冷，降水呈减少趋势。魏晋时大体上是先涝后旱，南北朝时期则以旱为主，气候上的这些变化对当时中原地区的生态产生了一些影响。

二、动荡不已、战乱频仍的政局

魏晋南北朝时期中原地区政权更迭频繁，兵燹连年，政局动荡不已。曹操统一中国北方，建立曹魏政权，国祚仅40余年，便被司马氏的西晋政权所取代。西晋政权延续半个世纪，又被匈奴人建立的汉国灭亡。十六国时期中原先后有汉（前赵）、后赵、冉魏、前燕、前秦、后燕、后秦等胡人政权，更迭频繁。鲜卑拓跋部建立的北魏政权统一中国北方，百余年后分裂为东魏和西魏，中原大部分地区由东魏统治，10余年后东魏被北齐取代。北齐国祚20余年，被北周灭亡。在

---

[1] 邹逸麟主编：《黄淮海平原历史地理》，安徽教育出版社1993年版，第55页。
[2] 邹逸麟：《黄河下游河道变迁及其影响概述》，《黄河史论丛》，复旦大学出版社1986年版，第238页。

魏晋南北朝时期的 370 年间,全部或部分统治中原地区的有十六七个政权,平均每个政权不过 20 多年,其中最短的仅有二三年。

东汉中平六年(189),军阀董卓进入洛阳,"纵放兵士,突其庐舍,淫略妇女,剽虏资物"[①]。董卓强迫汉献帝西迁长安,将洛阳宫殿、宗庙、官府和民居全部烧毁,洛阳周围 200 里的房屋荡然无存。初平三年(192)董卓部将李傕、郭汜领兵数万东下,"因掠陈留、颍川诸县,杀略男女,所过无复遗类"[②]。董卓之乱给中原地区人民带来深重的灾难。

西晋初年大封同姓子弟为王,并让诸王拥兵专镇一方。太熙元年(290)晋惠帝皇后贾南风勾结楚王玮发动政变,杀死辅政的外戚杨骏,成为西晋政局动乱的导火线。战争先后发生在汝南王亮、楚王玮、赵王伦、齐王囧、成都王颖、河间王颙、长沙王乂、东海王越等八王之间,史称"八王之乱"。它是西晋宗室诸王为争夺权力而自相残杀的战乱,不仅严重削弱了西晋王朝的国力,也给中原地区带来严重的破坏,给人民群众带来很大的灾难。

永嘉五年(311)六月,汉将呼延晏、王弥联兵攻入洛阳,纵兵大掠,刘曜杀西晋太子司马诠及官吏百姓 3 万余人,将宫庙官府焚烧殆尽。羯人石勒率军对中原地区进行扫荡。少数民族军队初入中原,不断烧杀虏掠。刘渊的汉军在延津击败晋将王谌时,将 3 万多人投入黄河淹死。"永嘉之乱"给中原地区的人民带来更大的苦难。

北魏武泰元年(528),孝明帝与其母胡太后争权,密令并州契胡首领尔朱荣带兵进入洛阳。尔朱荣恐王公大臣不服,四月十三日以祭天为名,引迎驾百官至黄河南岸行宫附近,"纵兵乱害",死 1300 多人。洛阳及周围地区的人民纷纷出逃,人口十不存一,史称"河阴之变"。

十六国时期中原地区首先是前赵、后赵的角逐,接着是东晋与前秦、前燕的争夺,兵燹连年。南北朝时期北魏与南朝宋、齐长期在中原进行角逐。泰常七年(422)北魏派兵经略河南,先后攻克滑台(今滑县东)、虎牢关、洛阳金墉城,取得三州之地。元嘉七年(430)刘宋十万大军北上,与北魏争夺中原。魏孝文帝迁都洛阳后,亲率大军三次大规模伐齐,夺取淮汉地区。东魏和西魏在洛阳

---

① 范晔:《后汉书》卷七十二《董卓传》,中华书局 1965 年版,第 2325 页。
② 范晔:《后汉书》卷七十二《董卓传》,中华书局 1965 年版,第 2332 页。

和长社(今长葛)等地战争不断。北齐、北周建立后,中原地区又成为双方鏖战的主战场。诸政权中原逐鹿,动辄出动数万乃至十余万士兵,甚至不惜倾其军力国力一决胜负,战争惨烈,破坏严重。

三、残破停滞的自然经济

魏晋南北朝时期中原地区的社会经济处于破坏、恢复、再破坏、再恢复的循环往复之中。

汉魏之际,中原地区生产停顿,粮食缺乏,百姓多饿死,军队或因饥饿而无敌自破。曹操及其谋臣认识到,不发展生产解决军粮问题,则无法自立,遑论削平群雄,夺取天下。建安元年(196)曹操迁都许县(今许昌东),颁发《置屯田令》,募民屯田许下,州郡例置田官,普遍兴办屯田。曹魏前期屯田以许昌、洛阳为中心,后期移至淮河中游南北。屯田推动了荒地的开垦与水利的兴修。"穿渠三百余里,溉田二万顷,淮南、淮北皆相连接。自寿春到京师,农官兵田,鸡犬之声,阡陌相属。"①农业生产得以迅速恢复,为曹操扫灭群雄、统一北方奠定了基础,也为西晋灭亡东吴、统一全国创造了条件。

为确保国有土地不被世族地主侵夺,防止小农脱离国家版籍沦为私属,西晋太康元年(280)发布占田、课田和募客的法令,把平民百姓占有土地的数量和缴纳租调的义务联系在一起。官吏占田、荫客数量限额按官品的高低有所不同。但是世族地主的私有土地数量并未受到限制,田庄经济迅速发展。

魏晋时期,中原地区百姓多采用"区种法",靠精耕细作提高产量。农作物品种增多,水稻种植面积增加,果蔬桑麻大量种植。农业生产恢复到两汉的水平,官府手工业较为发达。南阳人韩暨将改进的水排推广到官营冶铁作坊中,冶铸金属用水力鼓风。在洛阳做官的马钧对织绫机进行改进,生产效率提高。襄邑(今睢县)、河内(郡治今沁阳)等丝织中心仍然保持它们的精湛技术和传统地位。金银玉器加工、陶瓷烧制业都有恢复。曹操开凿白沟运河,司马懿开凿河淮运渠,中原连接南北的水路通畅。随着农业、手工业的恢复发展和交通

---

① 房玄龄等:《晋书》卷二十六《食货志》,中华书局1974年版,第785页。

状况的改善,商业逐渐复苏。曹魏首都洛阳人口渐增,成为当时中国北方的商业中心。西晋实现南北统一,中原与全国各地的经济联系加强。都城洛阳有三个市场,商品贸易繁荣,重新成为全国的商业中心。

西晋末的永嘉之乱,使中原地区的农业生产降至低谷。十六国时期战乱频仍,小农经济难以存在,其经济形态主要是坞壁经济。

北朝中原地区的农业、手工业和商业都在十六国的基础上有所恢复和发展。北魏统一北方以后,中原出现相对安定的政治局面。北魏及东魏、北齐政权推行均田制和新的租赋制度,劝课农桑,为经济的恢复和发展创造了条件。魏孝文帝迁都洛阳后,中原地区的农业、手工业和商业发展迅速。北魏农业规模和经济总量低于汉代,但粮食单产和人均产值已超过汉代。冶铁和陶瓷手工业恢复并发展,丝织业继续保持着传统地位和精湛技术。北魏后期的洛阳户口殷盛,市场繁荣,外商云集,是国际性的商业大城市。

但各地的经济发展并不平衡,也有波动。北魏时期,黄河南北经济均有所发展,迁都洛阳之后河洛地区发展更快。但东魏、北齐时期黄河以南地区成为边裔和战场,经济受到严重破坏。而黄河以北的魏郡、林虑、顿丘、汲郡、黎阳、东郡、濮阳等地处于东魏、北齐的"皇畿"之内,经济得到优先发展。

魏晋南北朝时期中原社会经济有三个特点:一是长期处于破坏、恢复、再破坏、再恢复的循环往复之中,因而难以有高水平的发展。与其前后的汉、唐相比,整体上处于衰退之中。二是畜牧业比重增加。早在西晋时司州魏郡、广平、阳平三郡已有"猪羊马牧,布其境内"。"汲郡之吴泽,良田数千顷,泞水停洿,人不垦植。"[1]北方胡族进入中原后,中原出现耕地荒废和牧场化,人口稠密的传统农业区变成牧场。北魏孝文帝时,"复以河阳为牧场,恒置戎马十万匹"[2]。三是商品经济在整个社会经济中的比重下降。频繁的战争使名都大邑夷为平地,人口的大量死亡与移徙给整个社会经济带来的严重破坏,加上因政治与军事需要而兴起的坞壁等军事组织形式的出现和自给自足性地主田庄的普遍化,特别是官府对手工业者严格的人身控制,使他们失去从事商品生产的可能性与积极性,阻碍商品经济的恢复和发展。

---

[1] 房玄龄等:《晋书》卷五十一《束晳传》,中华书局1974年版,第1431页。
[2] 魏收:《魏书》卷一百一十《食货志》,中华书局1974年版,第2857页。

四、民族的流徙、冲突与融合

魏晋南北朝时期是中国历史上民族大迁徙、大融合的时期。以匈奴、鲜卑、羯、氐、羌为代表的北方胡族陆续进入中原。中原地区的汉人则南迁江淮，或流入西北、东北地区。胡人入主中原改变了汉晋时期中原地区的政治格局，民族的大流徙、诸胡族的生产生活方式及各项政策等，都对中原社会产生了重大影响。生活在中原南部山区的蛮族也在对诸政权的叛服中与汉族融合。

在曹魏西晋时期的近百年间，北方的匈奴、丁零，西北的氐、羌，东北的鲜卑、乌桓和高句丽等民族陆续从塞外迁入内地。因胡人内迁而引起的动乱和自然灾害引起的饥荒，导致惠帝元康年间（291—299）中原汉人的大流徙。中原地区规模最大的移民始于"永嘉之乱"。永嘉五年（311），"洛京倾覆，中州士女避乱江左者十六七"①。大批北民渡江南下避乱，移民浪潮此起彼伏，持续了170多年，南渡人口合计不下90万。中原汉人除了流向江南，还流向西北和东北地区，依附凉州张轨和辽东慕容廆。十六国时期进入中原地区的胡人有数百万口。魏孝文帝迁都洛阳，北方民族"八氏、十姓、三十六族、九十二姓，并居河南洛阳"②。这种大出大入改变了汉代的汉族居内、胡族居外的格局，使中原地区形成胡族和汉族人杂居的局面。

汉族官僚地主对内徙少数民族群众实行压迫和剥削，将他们变成佃客，或掠卖为奴隶，充当士兵。西晋士人江统说："因其衰弊，迁之畿服，士庶玩习，侮其轻弱，使其怨恨之气毒于骨髓。"③内迁少数民族对西晋统治者满怀仇恨和敌视，民族矛盾逐渐激化。

十六国前期是中原地区民族矛盾爆发的时期，其表现是胡、汉民族之间的大规模的战争和残酷的屠杀。西晋永嘉年间，匈奴人刘渊建立的汉国先后出兵攻陷洛阳和长安，对西晋官僚宗室和汉族人民进行残酷的屠杀。刘曜领兵攻陷

---

① 房玄龄等：《晋书》卷六十五《王导传》，中华书局1974年版，第1746页。
② 章学诚著，叶瑛校注：《文史通义校注》卷六《外篇一》，中华书局1985年版，第620页。
③ 房玄龄等：《晋书》卷五十六《江统传》，中华书局1974年版，第1532页。

洛阳后,"害诸王公及百官已下三万余人,于洛水北筑为京观"①。石虎"降城陷垒,不复断别善恶,坑斩士女,少有遗类"②。胡羯统治者对汉人的残酷屠杀和压迫激起汉人的仇恨和报复。魏郡内黄(今属河南)汉人冉闵夺取后赵政权建立冉魏,又对匈奴和羯人实行血腥屠杀。胡、汉民族之间残酷的战争和仇杀导致两败俱伤。

在十六国前期的民族仇杀之后,少数民族统治者为求社会稳定,采取缓和民族矛盾、促进民族融合的政策:一是吸收汉族士人参与政权。石勒转战黄河以北地区时,将当地的"衣冠人物,集为君子营",并以汉族士人张宾为大执法,总管朝政。二是改胡汉分治为分土定居。匈奴建立的汉国实行胡汉分治的政策,置左右司隶统治汉族人民,又在大单于下设单于左右辅,各主六夷十万落,万落置一都尉。北魏初期拓跋珪实行"离散诸部,分土定居,不听迁徙,其君长大人皆同编户"③的政策,解散少数民族的部落组织,以地域划分居民。

十六国时期诸胡族在中原建立的政权崩溃后,各族人民留在中原和汉族杂居,久而久之,经济生活、文化语言和风俗习惯的区别逐渐减小。鲜卑拓跋部在进入中原之前尚处于早期家长奴隶制阶段,以游牧为主。拓跋珪在进取中原过程中,采取一系列措施,促进鲜卑的封建化和向农业定居过渡。北魏统一北方后,进入中原的胡族部落进一步解体,而汉族中的封建依附人口一部分也游离出来,加上北方民族融合基础的扩大,为魏孝文帝的改革铺平了道路。孝文帝实行三长制和均田制,不分民族成分而分土定居,统一成为国家编户,加快了北方少数民族汉化和封建化的进程。迁都洛阳后又进行一系列的制度改革:(1)禁止使用鲜卑语和其他北方少数民族语言,推广汉语。(2)禁止穿鲜卑服。令大臣议定衣冠服制,妇女服装也仿照南朝汉人。(3)改北方鲜卑等族的复姓为汉人单姓。他首先将自己的姓氏"拓跋"改为"元",然后将其他复姓均改为单姓。规定鲜卑贵族八姓和汉士族四姓地位相同,并要求鲜卑贵族和汉士族联姻。(4)规定迁到洛阳的代郡(治今山西大同)人一律以洛阳为籍贯,不得还葬北方。于是南迁的代郡人都成为洛阳人。孝文改制使迁入中原地区的北方少

---

① 房玄龄等:《晋书》卷一百二《刘聪载记》,中华书局 1974 年版,第 2659 页。
② 房玄龄等:《晋书》卷一百六《石季龙载记》,中华书局 1974 年版,第 2761 页。
③ 魏收:《魏书》卷八十三上《外戚列传·贺讷》,中华书局 1974 年版,第 1812 页。

数民族迅速汉化,加速了民族的同化和融合。

在中原南部的江淮、江汉地区,除汉族之外,还有蛮族民众生活。他们多住在山谷,从事农业生产和牲畜饲养,在语言、服饰、生活习俗上与汉人有别。"自刘、石乱后,诸蛮无所忌惮,故其族类,渐得北迁,陆浑(今嵩县)以南,满于山谷,宛、洛萧条,略为丘墟矣。"[1]蛮族人民依违于诸政权之间,对当时的社会历史施加了影响。至南北朝后期,蛮族的社会内部及相互关系发生了很大变化,生产力发展水平与汉族相近,部落已逐渐解体,归州郡管辖,变为封建国家的编户齐民,绝大部分蛮人已从奴隶制进入封建社会。

人群是文化的载体。随着中原汉人的流徙,中原文化也传播到江南、西北、东北地区。许多少数民族统治者仰慕或熟悉汉族封建文化。他们进入中原地区以后,其制度的落后性显现出来。于是在参与其政权的汉族士人的帮助下,逐渐采用汉族的封建制度,实行"变夷从夏"的政策,使北方各族逐渐汉化。北方胡族和南方蛮族进入中原,带来了北方游牧民族和南方蛮族的文化,为中原文化输入了新鲜血液,出现了多元文化融合的局面。

五、士族的政治影响与文化贡献

中原士族成批出现始于汉末,魏晋时期形成士族阶层。士族多世代高官,又有较强的经济力量和家学传统,在晋代门阀政治中发挥着重要作用。

汉末建安年间,汝南袁氏因袁绍、袁术的败亡而衰微,弘农杨氏在杨修被曹操杀死后也一蹶不振。在曹氏统治集团中,有一个以汝颍地区士大夫为首的世族地主集团,以荀彧、钟繇、陈群等为代表,是以门第和儒学相结合的政治集团。魏初陈群倡立九品中正制,旨在鉴别、选拔人才。但它评论士人只注重门第,很快变成维护士家大族利益的工具。

曹魏西晋中原士族开始贵盛,许多郡县出现名门望族,即"郡望"。河南士族以颍川、汝南、南阳、陈郡较为集中,荥阳、河内、陈留、济阳、顺阳、河南诸郡也有士族涌现,主要是颍川荀氏、陈氏、钟氏、庾氏,陈郡谢氏、何氏、阮氏、殷氏,南

---

[1] 魏收:《魏书》卷一百一《蛮传》,中华书局1974年版,第2246页。

阳刘氏、乐氏、宗氏、汝南周氏、应氏、济阳江氏、蔡氏、荥阳郑氏、顺阳范氏、河内司马氏、陈留阮氏、河南褚氏等。这些士家大族不仅对当时的政治施加重要影响，在文化方面也有突出贡献。

在三国西晋时期，中原士族影响力较大的是颍川陈氏、钟氏、荀氏、庾氏，其家族都有人在朝廷担任高官要职，河内司马氏不仅是曹魏权臣，又成为西晋皇族。

在南迁的中原士族中影响最大的是陈郡谢氏和颍川庾氏。东晋前期颍川庾氏在朝廷中居举足轻重的地位。庾亮官至中书令，朝中政事皆取决于他。后出为豫州刺史、平西将军，镇芜湖，又任江、荆、豫三州刺史、征西将军。其弟庾翼任都督江、荆、司、雍、梁、益六州军事和荆州刺史，镇武昌。庾冰，历任中书监、扬州刺史，都督扬、豫、兖三州军事，后入朝辅政。东晋中期陈郡谢氏显赫一时。谢尚官至尚书仆射、镇西将军，镇寿阳(今安徽寿县)。谢奕累迁都督豫、司、冀、并四州军事，安西将军，豫州刺史。谢安在桓温死后以尚书仆射居朝辅政。太元八年(383)前秦君主苻坚率80万大军进攻东晋，谢安为征讨大都督指挥部将御敌，在淝水决战中取得胜利，因功进授太保，都督扬、荆等15州军事，权位名声倾于天下。

北魏孝文帝迁都洛阳后，重新定氏族，形成新的门阀士族。汉人崔、卢、李、郑和鲜卑八姓成为其代表。北朝中原士族以荥阳郑氏影响最大。

随着门阀制度的形成和巩固，士家大族有着更为优越的条件从事文化事业。门阀士族有家学传统，能专心学业以收功效，在玄学、文学、史学、书法、音乐方面做出了突出的贡献。陈留尉氏、阮氏中，阮瑀以诗文见称，阮籍是玄学家和诗人，阮咸有文学、音乐才华，阮瞻、阮修是玄学家。汝南应氏中应劭、应璩亦以文学著称。济阳考城江氏以文传家，江统领国子博士，后裔出现文学家江淹、江总。南北朝南阳新野庾氏有诗人庾肩吾、庾信。顺阳范氏有史学家范晔、思想家范缜、儒学家范宁、文学家范云。范晔(398—445)，字蔚宗，博涉经史，善为文章。被贬宣城太守后，广集学徒，穷览旧籍，删烦补略，改订众家后汉史书为一家之作，简而且周，疏而不漏，体例、史实考核及论赞文字多有独到之处。范晔所著《后汉书》为"前四史"之一，流传至今。

颍川钟氏中钟繇的书法，钟会的玄谈，钟嵘著《诗品》，都很著名。南朝宋时，陈郡谢氏有著名田园诗人谢灵运、谢惠连、谢朓等擅名文坛。荥阳郑氏郑羲、郑道昭父子在书法绘画方面颇有建树。中原士族对于中原和东晋南朝文化都有突出的贡献。

第二节 玄学思想的出现与宗教的传播

魏晋南北朝时期中原地区是各种学术思想形成、发展、碰撞、融汇的重要地区。魏晋时期玄学在这里形成,佛教学说在这里传播和弘扬,道教的改革也与此地有关。都城洛阳是北方乃至全国的思想学术中心。

一、玄学思想的勃兴

汉魏之际儒学衰颓,道家、法家学说有所抬头。"魏晋之际,天下多故,名士少有全者"[1],不少士人远离社会政治,消极避世,转而研究老、庄之学,为玄学的兴起创造了条件。

魏晋时人称《老子》《庄子》和《易经》为"三玄",士人通过研究这三部书探讨宇宙的本原、人生的目的等抽象的哲学理论。因其内容玄远,因而被称为玄学。魏晋时期洛阳一带是清谈玄学形成和兴盛的地区。

首倡玄风的是何晏和王弼。何晏(190—240),字平叔,南阳宛(今南阳市)人,曹操养子,姿容佳美,有才学行为不检,为魏文帝曹丕厌恶,得不到重用。曹爽执政时,迁侍中、尚书,终被司马懿所杀。何晏好老庄之言,著有《论语集解》《道德论》《无名论》等。王弼(226—249),字辅嗣,山阳(今山东巨野南)人。父王业在魏朝廷任尚书郎,王弼在洛阳出生,少时博览群书,通《老子》,著有《道德经注》《周易注》《论语释疑》《老子指略》《周易略例》等。

何晏、王弼祖述老庄,将"无"作为哲学的最高范畴,提出"以无为本、以有为

---

[1] 房玄龄等:《晋书》卷四十九《阮籍传》,中华书局1974年版,第1360页。

末"的本体论,强调:"天地万物皆以无为本。无也者,开物成务,无往不存者也。阴阳恃以化生,万物恃以成形,贤者恃以成德,不肖恃以免身。故无之为用,无爵而贵矣。"①他们从"贵无"思想出发,主张为政顺应自然。何晏说:"有之为有,恃无以生。事而为事,由无以成。"②王弼《老子注》第六十三章认为统治者"以无为为居,以不言为教,以恬淡为味",然后方能达到"治之极也"。③ 只要崇尚自然,笃守无为,则万物自化。在玄学思想界,与何晏、王弼的"贵无"论对立的,是以裴颜为代表的"崇有"论。裴颜(267—300),字逸民,河东闻喜(今属山西)人,在洛阳朝廷中任散骑常侍、国子祭酒。他反对"贵无贱有"之说,认为"无"不能生"有","有"为"自生"。世界上一切事物和现象都是"有"而不是"无","道"是万有的总合。

在认识论方面,王弼提出"言不尽意""得意忘象"的学说。他说:"夫象者,出意者也;言者,名象者也。尽意莫若象,尽象莫若言。"又说:"得意在忘象,得象在忘言。故立象以尽意,而象可忘也。"④就是说,象是达意的工具,言是明象的工具。达意要通过象,明象要通过言。忘掉"象"是得"意"的条件,忘掉"言"是得"象"的条件。他指明了认识的对象和认识的媒介、工具的区别,但是将认识对象与认识的媒介、工具对立起来,是不妥当的。

魏晋时期的士人将社会政治问题提高到哲学世界观领域,出现了名教与自然关系的争论。"名教"是封建社会的政治制度和伦理道德等封建文化的总称,"自然"即玄学所讲的总规律(道),包括自然观和人生观。王弼认为"名教本于自然",通过政治理论论证名教不能不以无为本,名教也是它的"本体"的产物,是符合"道"的。圣王的作用就在于使名教反映自然,按"道"的原则办事。这种论点是在为封建制度的合理性寻找理论根据。

在魏晋鼎革之际,又有"竹林七贤"在中原地区著书清谈,倡扬玄风。竹林即河内郡修武县(今属河南)一带地方,七贤为阮籍、阮咸、嵇康、山涛、向秀、刘伶和王戎,其代表人物是阮籍和嵇康。

---

① 房玄龄等:《晋书》卷四十三《王衍传》,中华书局 1974 年版,第 1236 页。
② 张湛:《列子注》第一《天瑞》引何晏《道论》,《文渊阁四库全书》第 1055 册,第 579 页。
③ 王弼注,楼宇烈校释:《老子道德经注校释》下篇第六十三章,中华书局 2008 年版,第 164 页。
④ 王弼:《周易略例·明象》,见《学津讨原》第一集第十二册,上海涵芬楼 1922 年影印本,第 17—18 页。

阮籍(201—263),字嗣宗,陈留尉氏(今属河南)人,著名思想家、文学家。曾任步兵校尉,故称阮步兵。他早年有济世志,因对现实不满,纵酒谈玄,尤好《老》《庄》,著有《通易论》《通老论》《达庄论》《乐论》和《大人先生传》等,收入《阮籍集》。

阮籍持"天地万物自然一体"的自然观。他说:"天地生于自然,万物生于天地。自然者无外,故天地名焉。天地者有内,故万物生焉。"①认为天地自然存在,万物自然发生,自然界之外不存在精神性的主宰。万物出于自然,"道"取法于自然。人的形体和精神都是自然界的产物,身体是自然界的"精气",精神是自然界某种运动的功用。

阮籍既主张"自然",排斥"名教",又把二者调和起来。他认为"圣人明于天人之理,达于自然之分,通于治化之体,审于大慎之训"②。他幻想一种没有斗争、没有君臣名教、不受道德约束的"自然"社会。阮籍仇视礼法之士,崇尚自然,却又认为礼法不能废除。他说:"尊卑有分,上下有等,谓之礼;人安其生,情意无哀,谓之乐。""礼乐正而天下平。"③他在"名教"和"自然"的关系上持自相矛盾和折中态度。

嵇康(224—263),字叔夜,谯国铚县(今安徽宿州西南)人,著名思想家、文学家。曾在山阳(今焦作市东)居住20年,仕魏任中散大夫,世称嵇中散。他常"非汤武而薄周孔",毁弃礼法,抨击时政,为司马氏所不容,被杀于洛阳东市。他推崇老庄学说,以清高超俗自居。著有《养生论》《声无哀乐论》等,收入《嵇康集》。

嵇康认为宇宙为一浩浩元气,元气衍而为阴阳五行。万物都是禀受元气而生,由天地间阴、阳二气的作用孕育而成。他说:"天地合德,万物贵生,寒暑代往,五行以成。"④在形神关系方面,认为二者是互相依赖的。他说:"形恃神以立,神须形以存。"⑤但是精神是第一位的,形体是第二位的。他把客观的声音与主观的感情严格区分开来,却忽视了二者的联系,认为主观感情完全是内心自

---

① 李志均等点校:《阮籍集》卷上《达庄论》,上海古籍出版社1978年版,第32页。
② 李志均等点校:《阮籍集》卷上《通老论》,上海古籍出版社1978年版,第29页。
③ 李志均等点校:《阮籍集》卷上《乐论》,上海古籍出版社1978年版,第42页。
④ 夏明钊译注:《嵇康集译注》第九《声无哀乐论》,黑龙江人民出版社1987年版,第85页。
⑤ 夏明钊译注:《嵇康集译注》第七《养生论》,黑龙江人民出版社1987年版,第46页。

发,不因客观的刺激而有所缺失。他把音乐简单地看作声音,认为"声无哀乐"。嵇康将人看作抽象的、生理学上的人,忽视了人的社会属性,认为人性的善恶和才能是由赋受的气质决定的。

在社会政治思想方面,嵇康认为名教与自然是对立的,提出了"越名教而任自然"的思想主张。他说:"夫气静神虚者,心不存乎矜尚;体亮心达者,情不系于所欲。矜尚不存乎心,故能越名教而任自然;情不系于所欲,故能审贵贱而通物情。"①认为人们应该超出名教的束缚,摆脱物质享受等欲望,不为追求富贵而胡作非为。嵇康倡导"无为而治"。他说:"崇简易之教,御无为之治,君静于上,臣顺于下,玄化潜通,天人交泰。"②认为统治者"无为",天下则太平无事。

竹林七贤中的向秀(约227—272),字子期,河内怀县(今武陟西南)人,官至黄门侍郎、散骑常侍,魏晋之际思想家、文学家。他曾为《庄子》作注,称《庄子隐解》,"发明奇趣,振起玄风,读之者超然心悟,莫自足一时也"③。他认为万物自生自化,所以各任其性,即是"逍遥"。但是"君臣上下"亦皆出于"天理自然",不能因要求"逍遥"而违反"名教"。主张自然与名教合一。

郭象(?—312),字子玄,河南(今洛阳)人,官至黄门侍郎、太傅主簿,西晋哲学家,有才善辩,喜好《老》《庄》。向秀的《庄子注》对《秋水》《至乐》二篇注释未竟,郭象述而广之,别为一书。向秀注本早佚,现存《庄子注》可视为向、郭二人之共同著作。

郭象认为"无"不能生"有",物各自生,否定何晏、王弼关于"无"能化生万物的观点。他说:"无既无矣,则不能生有,有之未生,又不能为生,然则生生者谁哉?块然而自生耳。"④认为世界万物包括人,都是自然而然地各自生成的。事物的产生,既不依靠任何规律(道),也不由自己决定。他说:"凡得之者,外不资于道,内不由于己,掘然自得而独化也。"⑤万物毫无原因地独自生存着,变化着,这就是"独化"。

---

① 夏明钊译注:《嵇康集译注》第十《释私论》,黑龙江人民出版社1987年版,第120页。
② 夏明钊译注:《嵇康集译注》第七《声无哀乐论》,黑龙江人民出版社1987年版,第109页。
③ 房玄龄等:《晋书》卷四十九《向秀传》,中华书局1974年版,第1374页。
④ 郭象:《庄子注》卷一《齐物论》,《文渊阁四库全书》第1056册,台湾商务印书馆1986年版,第10页。
⑤ 郭象:《庄子注》卷三《大宗师》,《文渊阁四库全书》第1056册,台湾商务印书馆1986年版,第39页。

在社会观点方面,郭象认为"性"是"自然而然",即天然,天生如此。他说:"天性所受,各有本分,不可逃亦不可加。"①"物各有分,故知者守知以待终,愚者抱愚以至死,莫有能中易其性者也。"②性是不可改变的,人们应各安其性,各当其分。郭象将人一生的遭逢称作"遇",又从"遇"引出"命"的概念。"命"是冥然所遇,不可奈何,主张顺性安命。

关于名教与自然的关系,郭象认为事物的"独化与玄冥"就是"自然",反对学习圣人,主张礼仪随时因革。他说:"夫神人即今所谓圣人也。夫圣人,虽在庙堂之上,然其心无异于山林之中。"③他把神仙和圣人调和起来,把"名教"与"自然"的矛盾调和起来,认为按照名教的原则生活,才最符合自然。

颍川长社(今长葛)人钟会(225—264),字士季,是司马昭主要谋士,官至司徒,长于名家之学,著有《道论》20篇。时人谈论才性关系,有同、异、离、合四种观点。钟会著《四本论》,概括阐述各种观点,流传于世。

总之,魏晋时期中原地区的思想学术十分活跃,就"贵无"与"崇有"、"名教"与"自然"、"形神"关系、"才性"关系等展开热烈的争论,在宇宙本体论、认识论、人性论、社会政治理论方面的认识上都比前代更为深入。

二、佛教的传播与兴盛

曹魏西晋时期都城洛阳是中国北方的佛教传播中心。佛教高僧与玄学名士交往,佛理与玄言相通,成为佛教中国化的主要表现形式。北朝洛阳、嵩山及邺城等地佛教极为兴盛。

汉魏之际,一些西域僧人来到洛阳,翻译佛经,传播佛法。魏嘉平二年(250),中天竺(今印度)人昙诃迦罗在洛阳白马寺译出《僧祇戒心经》,集众僧

---

① 郭象:《庄子注》卷二《养生主》,《文渊阁四库全书》第1056册,台湾商务印书馆1986年版,第21页。
② 郭象:《庄子注》卷一《齐物论》,《文渊阁四库全书》第1056册,台湾商务印书馆1986年版,第11页。
③ 郭象:《庄子注》卷一《逍遥游》,《文渊阁四库全书》第1056册,台湾商务印书馆1986年版,第7页。

受戒,创立受戒度僧制度。嘉平四年(252),康居(今哈萨克斯坦)人康僧铠也在白马寺译经。正元元年(254),安息(今伊朗)僧人昙无谛在白马寺译出《昙无德羯磨经》。中原士人如南阳韩林、颍川(郡治今许昌建安区张潘故城)人皮业等向西域僧人学习,已粗通佛法。

颍川人朱士行是文献记载中最早剃度为僧的汉族人。他曾在洛阳宣讲《小品》,往往不通。常叹此经乃大乘之要,而译理不尽,于是誓志捐身,远求《大品》。"以魏甘露五年(260),发迹雍州,西度流沙。既至于阗(今新疆和田),果写得正品梵书,胡本九十章,六十万余言。"[1]晋太康二年(281)派弟子于阗人弗如檀(汉译"法饶")等将经书送回洛阳。朱士行的出家和西行,表明佛学东渐后,已逐渐为汉族士人领悟,并在中原地区立足。

西晋时期,洛阳的佛寺已发展到42所。仓垣(今开封东北)也是佛教重镇。朱士行弟子弗如檀携正品梵书佛经辗转到达仓垣水南寺,元康元年(291)与竺叔兰等译出《放光经》。太安二年(303),竺法寂亦到达仓垣水北寺,译写经文。

中原地区出现一批当地的名僧,如支遁,字道林,原姓关,陈留人,一说林虑(今林州)人,曾在洛阳白马寺与人谈论庄子,能以佛理入玄言;帛法祖,本姓万,河内(郡治今沁阳)人;支孝龙,淮阳(今周口淮阳区)人。当时洛阳译经讲道之风不辍。晋武帝及惠帝时竺法护等僧人一直在洛阳翻译佛经。西晋洛阳的高僧大德多与名士交游,讲佛与谈玄逐渐形成相得益彰之势。

西晋末至十六国时期的动乱为佛教的广泛传播提供了沃土。永嘉四年(310)龟兹(今新疆库车)高僧佛图澄来到洛阳,后至葛陂(今新蔡北)诣石勒军门,大受礼敬,遂同石勒北上。由于后赵二主笃信佛教,邺县(今河北临漳邺镇)佛教渐盛。佛教须菩提等数十位名僧自天竺、康居(今哈萨克斯坦)至邺受学,相台(即邺县)遂成为北方佛教重镇。

佛图澄的高足释道安,常山扶柳(今河北冀州)人,般若学派"本无宗"的创建者。后赵、冉魏之际河北丧乱,率徒至王屋山避难。后南渡黄河,留居陆浑(今嵩县),山栖木食修学。兴宁三年(365)再迁新野,后带部分徒众南下襄阳,著书讲学,制订僧规。道安弟子慧远少时游学许昌、洛阳,后随道安南下襄阳,协助译经,又到庐山弘扬佛法。道安与慧远成为佛教般若学大师。当时大乘中

---

[1] 释僧祐:《出三藏记集》,中华书局1995年版,第515页。

观宗的思想,在中土佛教界居于支配地位。

前秦灭亡后,佛图澄的另一弟子荥阳人法和与罽宾(今克什米尔)沙门僧伽提婆召集门徒,游学洛阳。僧伽提婆等渐晓汉语,乃知前译佛经之失误。于是法和与僧伽提婆重译《阿毗昙经》及《广说》。此后,诸经律渐皆译正。后秦姚兴时,法和、林虑(今林州)人道融、豫州(治今洛阳)人慧平、河内(治今沁阳)人僧业到达长安从龟兹高僧鸠摩罗什受学,鸠摩罗什之学在中原地区产生影响。

北魏迁都后,洛阳再次成为北方佛教的中心。皇帝皇后、百官贵族竞相奉佛。孝文帝在洛阳建报德寺,宣武帝建瑶光、景明和永明寺,胡太后建造的永宁寺殿宇及佛塔,"金盘炫日,光照云表;宝铎含风,响出天外",可谓"殚土木之工,穷造形之巧"。① 著名的龙门石窟也在此时凿建。神龟元年,洛阳的寺舍已达500所,夺民居三分之一。经河阴之变,诸元歼尽,王侯第宅,多题为寺。正光年间,洛阳佛寺激增至1367所。中岳嵩山也建成嵩岳寺、少林寺、闲居寺等一批寺院,成为佛教圣地。

北魏后期,菩提流支等一批高僧在洛阳永宁寺译经。永平元年(508)在太极紫庭翻译《十地经论》,宣武帝曾亲自笔受。禅学、华严学也在洛阳、嵩山等地流行。

神龟元年十一月,胡太后派遣洛阳崇立寺比丘惠生与敦煌人宋云从洛阳出发,经于阗,越葱岭,入天竺,至乌苌国采诸经论。正光三年(522)返回洛阳,取得大乘经典170部。

武牢(今荥阳汜水镇)人慧可,俗姓姬,初名神光,少时博览群书,通达"三玄",出家居洛阳龙门永穆寺,精研大乘、小乘教义。年届不惑到嵩山少林寺师从南天竺僧人菩提达摩学法,继承了达摩的禅学思想。他认为求佛重在坐禅而不在悟言,要以"忘言忘念,无得正观"为宗,将豁然自觉、舍妄归真和身佛无别作为义理。

北魏分裂为东、西魏后,洛阳的僧徒大多迁到邺城。天平初年(534),慧可到邺传法。天保三年(552),授法于弟子僧璨,再传于道信、弘忍,分为北宗(神秀)、南宗(慧能)。慧光在洛阳,依佛陀禅师受《三归》,后也至邺城,开创地论学派相州南派。朝歌(今淇县)人法上,出家后隐居林虑山,曾至洛阳讲《法华

---

① 杨衒之撰,范祥雍校注:《洛阳伽蓝记校注》卷一《城内》,上海古籍出版社1978年版,第5、2页。

经》,年届不惑,游化怀、魏,后入邺城。邺城有佛教寺院4000所,僧尼8万人,成为北方佛教的又一中心。

南北朝时期,中国佛教开始分为北统和南统。以洛阳、邺城及长安(今陕西西安)为中心的北统重视宗教行为,强调修心与养性,与儒家的心性之学较为接近,而与以建康(今江苏南京)为中心的佛教南统偏重义理,不脱三玄之轨范,僧徒与士大夫结合继承魏晋遗风,有着明显不同。

三、道教的传播与改革

巴蜀地区的五斗米道首领张鲁投降曹操后,徒众被北迁邺城,五斗米道在中原地区传播开来,在出现分化的同时,也得到发展。魏晋时期部分道教徒直接参与封建统治集团内部的政治斗争,例如西晋末八王之乱时,五斗米道徒孙秀成为赵王司马伦的谋士,为他出谋划策。

北魏初期,五斗米道继续在中原流传。上谷昌平(今属北京市)人寇谦之少时修习"五斗米"道术,后随道士成公兴入华山,不久转栖嵩山石室。神瑞二年(415),编成《云中音诵新科之诫》20卷,号称《并进》,并托言太上老君授予"天师之法"。泰常八年(423),又造出《天中三真太文录》60余卷,号称《录图真经》。他以这两部新经为依据清理整顿道教,除去三张(张修、张衡、张鲁)之法,专以礼度为首,加以服食闭练。从此道教与封建礼教结合,变成为封建统治者服务的新道教。

始光初年(424),寇谦之离开嵩山,到北魏都城平城(今山西大同)献书。太武帝派谒者祭祀嵩岳,迎接尚在嵩山的寇谦之弟子。嵩山道士40多人到达平城,朝廷为起天师道场,供给衣食。道徒遂行拜祠之礼,开展传道活动。京兆(今陕西西安)人韦文秀隐于嵩山修道,被征至平城,又被派与尚书崔赜到王屋山合丹。

及北魏迁都洛阳,亦在城外设立道坊,行拜祠之礼。北齐文宣帝高洋时,金陵(今江苏南京)道士陆修静投奔邺城,劝文宣帝废除佛教。天保六年(555)八月,文宣帝召集佛、道两教代表人物在殿前论难,道教不胜。文宣帝下令废除道教,道士皆剃发为沙门,于是齐境无道士。

第三节 学术的兴盛

魏晋时期玄学在洛阳一带兴起,但儒家经学仍在中原延续,洛阳是中国北方乃至全国经学的研究和教育中心。史学呈现出繁荣局面,私家修史蔚成风气,史学著作增多。在舆地学方面,地图绘制理论化,出现颇有影响的地理著作。目录学兴起,文字学也有新发展。

一、儒家经学的延续

魏晋时期的洛阳仍然是全国经学的研究和教育中心,聚集着一批著名经学家,进行着郑学与王学之间的斗争。

汉末北海高密(今属山东)人郑玄曾在洛阳太学学习经术,兼通今古文经,成为当时的鸿儒。他曾注《周易》《尚书》《毛诗》《三礼》《论语》《孝经》《尚书大传》,网罗众家之说,删裁繁诬,刊改漏失。汉魏之际,郑氏之学立于学官,成为太学教学的内容和考试的依据。稍后,又有东海郡郯县(今山东郯城北)人王肃在曹魏朝廷中任秘书监,兼崇文殿祭酒,迁太常。他善贾逵、马融之学,而不好郑学,又采会同异,为《尚书》《诗》《论语》《三礼》《左氏》作解说,并撰定其父王朗所作《易传》,皆列于学官,和门徒众多的郑学相颉颃。

魏世称为儒宗的还有董遇、苏林等。董遇,字季直,弘农(治今灵宝东北)人,曾为汉献帝侍讲,官至大司农。撰有《周易章句》《老子训注》,尤精《左氏传》,为之作《朱墨别异》,为治经开一新途。苏林,字孝友,陈留人,学问博洽,通古今字指,诸书传文间危疑,他常予以解释。景初年间,魏明帝以为苏林和秦静等年老,恐无能传业者,诏令选拔30名高才解经义的郎吏,随高堂隆、苏林、秦静学习四经三礼。

曹魏后期以迄西晋,中原地区儒学衰颓,但并未断绝。如弘农人董景道,字文博,明《春秋》三传、《京氏易》、《马氏尚书》、《韩诗》,皆精究大义。他专尊郑学,撰《佛通论》非驳诸儒。荥阳郡开封(今开封祥符区古城)人郑冲(？—274),字文和,魏时官至太保,博究儒术及百家言,曾为高贵乡公曹髦讲授《尚书》,与孙邕、曹羲、荀顗、何晏等共集《论语》诸家训诂之善者,名曰《论语集解》,流传后世。

北朝儒学与政治的关系尤为密切。北魏经学之盛,始于孝文之世,延及宣武时。孝文帝倡导儒学,加快了鲜卑等少数民族封建化的进程。北朝前期经学有兼容并蓄之风,中期则以郑学为主,后期出现南学北渐。河内温县(今属河南)人常爽,置馆平城(今山西大同)温水之右,教授门徒700余人,有《六经略注》行于世,号称儒林先生。其子常文通及孙常景,亦善儒学。洛阳人元善,通儒学,尤明《左氏传》。陈郡(治今周口淮阳区)人袁跃,潜研儒学,有文集行世。

十六国北朝时期中原地区的儒学家仍然固守古文经学的藩篱,以章句训诂为学问,拒斥《老》《庄》之玄虚,和南朝儒学与《老》《庄》结合、阐发经义不拘家法章句,形成鲜明对比。史称"大抵南人约简,得其英华,北学深芜,穷其枝叶"[①]。中原士人的儒学崇尚渊综广博,而南朝士人则崇尚清通简要。

二、史学的繁荣

魏晋南北朝时期是中原地区史学的繁荣期。曹魏、西晋和北魏诸朝均设有兼职或专职的史官,从事官修史书的著述,私家修史蔚然成风,史学著作的数量空前,类别增多。

曹魏明帝太和年间,朝廷设有史职,隶属于中书省。晋惠帝元康二年(292),设著作郎与著作佐郎,隶秘书省。北魏废帝普泰年间别置修史局,职掌撰述,又置起居令史,隶集书省。

魏晋南北朝的官修史书,首先是诸帝起居注,在曹魏时期开始修纂,西晋时较为详备。北魏后期的《后魏起居注》在洛阳撰成。同时还有许多私家撰写的体例不一的断代史书。

---

① 魏征等:《隋书》卷七十五《儒林传》,中华书局1973年版,第1706页。

司马彪(？—306)，字绍统，河内温县(今属河南)人，西晋宗室，泰始年间任秘书丞。他依据谯周所删削的《后汉史》，补安帝、顺帝以下事，著成《续汉书》纪、志、传共80篇，从光武帝起，止于献帝。此书是《东观汉记》之外第一部东汉史书，惜已不存。其《八志》是关于东汉一代典章制度的重要资料，后人将它与范晔《后汉书》合刊，得以流传至今。司马彪还著有《九州春秋》，记汉魏之际群雄并起事，已亡佚，有辑本。

陈寿(233—297)，字承祚，巴西安汉(今四川南充北)人，蜀亡后迁居洛阳，仕晋任著作佐郎、著作郎、治书侍御史，善叙事，有良史之才。太康元年(280)西晋灭吴，陈寿开始整理三国史事，著《魏书》《蜀书》《吴书》凡65卷，合称《三国志》。该书辞多劝诫，明乎得失，有益风化，朝廷责成河南尹、洛阳令派人到陈寿家中抄写，藏于官府。该书是继《史记》《汉书》之后写成的第三部纪传体史学名著，不足之处一是缺《志》，典系难明；二是叙事过于简略。南朝时裴松之为之作注，补阙漏，备异闻，矫正谬误，论辨得失，亦有史学价值。

王沈(？—266)，字处道，太原晋阳(今山西太原西南)人，魏正元年间(254—256)，迁散骑常侍、侍中，典著作，与颍川颍阴(今许昌)人荀颢、陈留尉氏(今属河南)人阮籍共撰《魏书》凡44卷，是一部官修纪传体史书。

皇甫谧(215—282)，字士安，安定朝那(今宁夏固原东南)人，出继叔父，徙居新安(今渑池)。他不务仕宦，博览书籍，著有《帝王世纪》10卷，述上古至曹魏史事，涉及疆域四至、垦田数量、户口多寡，于周秦汉魏史实颇有可采之处。

西晋末南迁的中原士人中也出现一些史家，写出一批颇有价值的著作。

陈郡陈县(今周口淮阳区)人王铨，曾私录晋事及功臣行状，以著晋史，未就而卒。其子王隐对西晋旧事多所谙究，大兴初年(318)被东晋朝廷召为著作郎，令与郭璞共撰晋史。因遭受豪族虞预排挤，前往武昌依靠庾亮，撰成《晋书》93卷，述西晋史事。纪传体例完备，改书、志为记，是第一部晋史。但文笔欠佳，已佚。汝阴郡新蔡(今属河南)人干宝(约284—351)，字令升，博览书记，东晋初以才气召为著作郎，领国史，著《晋纪》20卷，记述自宣帝至于愍帝凡53年史事。该书简略，直而能婉，堪称名史。

袁宏(327—376)，字彦伯，陈郡阳夏(今太康)人。他仿荀悦《汉纪》而写成《后汉纪》30卷，起王莽末年，迄刘备称帝，记述东汉200余年史事，是一部编年体史书。其史料翔实，搜罗丰富，详略有体，在魏晋所撰诸家后汉史书中独流传至今。袁宏的堂弟袁山松(？—401)博学有文采,著《后汉书》100卷。该书诸志较为齐全,已佚。北朝史家崔鸿(478—525),字彦鸾,东清河郡鄃县(今山东淄博东南)人,少好读书,博览经史。景明三年(502),奉命撰起居注,参修国史。在洛阳史馆考核众家十六国史,辨其同异,除繁补缺,错综纲纪,易其国书曰录,主纪曰传,撰成《十六国春秋》102卷。全书以晋为主,区分时事,各系本录,又有表、赞、序列,体裁完备,超出以前有关十六国史事的著述。该书为唐修《晋书·载记》所取资,北宋中叶开始散佚,现有节录本《十六国春秋纂录》16卷行世,是研究"五胡十六国"历史的重要资料。此外,东魏杨衒之撰写的《洛阳伽蓝记》是一部佛教史专著。该书以记述魏都南迁40年间洛阳佛教寺塔的兴废为主,含著名佛寺40余所,附见寺院40余所,也反映了当时的政治状况、人物、风俗、地理及掌故传闻,对研究北魏佛教、洛阳盛衰与北魏王朝兴亡,均有较高价值。

西晋太康初年(280),汲郡(治今卫辉)一座古墓被盗墓人不准盗掘,出竹简数十车,皆漆书蝌蚪文字。晋武帝命令秘书校缀次第,以当时通行文字抄写,荀勖、束皙、和峤、卫瓘、杜预等人参与其事。整理后计有古书16种,现存的尚有《穆天子传》及《竹书纪年》。《穆天子传》记述周穆王巡游途中与西方民族的往来及当地的物产,保存了古代中西交通史料。《竹书纪年》是战国时魏国的一部编年史,记夏代至战国魏安厘王时史事,其内容和传世文献有差异,史料价值较高。宋代亡佚,今存辑本。

三、舆地学的兴起

西晋国家重新实现统一,为地理学的发展创造了条件。在中原地区出现了以《禹贡地域图》和《水经注》为代表的一批地理地图学著作。

裴秀(224—271),字季彦,河东闻喜(今属山西)人,在洛阳朝廷中任廷尉、尚书、司空等职,负责管理国家的户籍、土地、田亩、赋税和地图,又多次随军出征,地理知识丰富。他鉴于秘府所藏汉代舆地及括志杂图不设分率,不考准望,名山大川亦不备载,遂于泰始三年(267)组织人力,以《禹贡》为依据,对古代九州的范围及西晋十六州的山岳、河道、城邑、水陆交通进行普查和核实,花费三年绘制出《禹贡地域图》18幅。图中有古今地名对照,疑缺者则予注明。这是见于记载的我国最早的一部历史地图集。裴秀还提出"制图六体":"一曰分率,所以辨广轮之度也。二曰准望,所以正彼此之体也。三曰道里,所以定所由之数也。四曰高下,五曰方邪,六曰迂直,此三者各因地而制宜,所以校夷险之异也。"①"分率"就是比例尺,"准望"就是方位,"道里"就是距离。"高下""方邪""迂直"是关于地势起伏、倾斜和山川走向。这一制图理论对后世影响很大,为唐代贾耽绘地图所宗。西晋时的地理著作,还有《晋太康三年地记》,以州、郡、县为纲目,下述山水、要地、沿革、统属,与正史《地理志》体例大体相同,流行于南北朝时。

郦道元(? —527),字善长,范阳涿鹿(今河北涿州)人,曾在洛阳任尚书主客郎、治书御史、河南尹及鲁阳郡守等职。他以前人所著《水经》过于简略,遂为之作注,撰成《水经注》40卷,记载水道252条。叙述水流的发源和流向,兼及流经地区的山岳、丘陵、陂泽的地望,重要的关塞隘障、郡县乡亭聚地址、故墟及有关的历史遗迹,还有人物、神话、歌谣、谚语、方言等记载,是研究历史、地理、水利、沿革的重要资料。此外,还有陆恭之的《后魏风土记》。陆恭之,字季顺,代郡人,魏明帝时在洛阳朝廷任侍御史、著作佐郎等职。该书详述北魏境内的郡县、城池、山川、地理沿革、民俗风情、历史事件,是一部重要的历史地理著作,惜已佚。

关于一地的著作,有西晋吴郡华亭(今上海松江)人陆机所撰《洛阳记》,记载洛阳的城池、台阁、宫殿、街市、关隘、寺观等,对研究魏晋洛阳城有较高价值,已散佚,有辑本。又有北魏卢元明的《嵩高山记》,记述中岳嵩山及周围地区的佛寺道观、建筑、草木、禽兽、名人游踪、怪异神灵等,已亡佚。关于地方人物传记,有曹魏陈留人苏林的《陈留耆旧传》、晋汝南安成(今汝南东南)人周斐的《汝南先贤传》等。

---

① 房玄龄等:《晋书》卷三十五《裴秀传》,中华书局1974年版,第1040页。

四、目录学与文字学

魏晋时期洛阳朝廷的藏书管理已较为完备。郑默(213—280),字思元,荥阳开封(今属开封祥符区古城村)人,魏末任秘书郎,主管朝廷藏书。他经过多年努力,将秘书、中、外三阁的图书进行整理,编成目录书《中经簿》。但该书久佚,难知其详。颍川郡颍阴(今许昌)人荀勖(?—289),字公曾,西晋初年领秘书监,与中书令张华等依刘向《别录》,整理书籍,编成《中经新簿》。该书所载图书共计1885部20935卷,分为甲、乙、丙、丁四部:甲部是六艺及小学诸书,乙部有古诸子百家、近世子家、兵家、术数,丙部有史记、旧事、皇览、杂事,丁部为诗赋、图赞、汲冢书。《中经新簿》是对古代图书比较系统的记录,开创目录学著作存录亡书的先例,为后世考辨图书真伪提供了便利,在中国图书编撰学上占有重要地位。

魏晋南北朝时期中原的文字学家,曹魏时有邯郸淳,字子叔,颍川(治今河南许昌东)人,官至博士、给事中,博学有才华,善《仓》《雅》、虫篆、许氏字指。张揖,字稚让,清河(今属河北)人,太和年间在洛阳任博士之职,著《广雅》(又名《博雅》)。此书分为上、中、下三卷,篇目次序依据《尔雅》,博采汉人笺注与《三苍》《说文》《方言》等书,增广《尔雅》所未备,是研究古代词汇和训诂的重要资料。晋朝人吕忱,字伯雍,著《字林》,部目依《说文解字》,系为补《说文解字》漏略而作,收12824字。此书在唐以前与《说文》并重,大约在宋、元之间亡佚,清人有辑本。其弟吕静,为音韵学家,仿李登《声类》,编《韵集》5卷,未传于世。

第四节　文学的自觉与创作的繁荣

魏晋南北朝时期在中国文学史上被称为文学走向自觉的时期。这一时期的中原文学成就显著,名家名作甚多。在诗歌和辞赋方面,建安年间的"三曹"

"七子",曹魏中后期的正始、竹林名士,西晋的中朝名士都有佳篇传世。与之同时,散文创作也取得突出成就。在文论方面,曹丕的《典论·论文》和陆机的《文赋》在中国文学批评史上有较大影响。

一、高潮迭起的诗赋创作

1."三曹""建安七子"与建安诗歌

"三曹"指曹操、曹丕、曹植父子三人,"建安七子"是孔融、陈琳、王粲、徐幹、阮瑀、应场、刘桢等七位名士,建安年间他们长期在中原地区活动,在戎马倥偬之中从事文学创作,促成建安文学的繁盛,许县(今许昌东张潘故城)和邺城(今河北临漳邺镇)则为建安文学的重镇。

曹操、曹丕、曹植写有不少诗文,在诗歌方面也各有成就。

曹操(155—220),字孟德,沛国谯县(今安徽亳州)人,官至汉相,封魏王,著名军事家、政治家、文学家。他喜爱作诗,"登高必赋,及造新诗,被之管弦,皆成乐章"[1]。流传下来的20多首诗都是乐府诗,情调慷慨悲凉。其中《薤露行》《蒿里行》等写于中原地区,反映了战争给民众带来的苦难。《蒿里行》云:"关东有义士,兴兵讨群凶。初期会盟津,乃心在咸阳。军合力不齐,踌躇而雁行。势利使人争,嗣还自相戕。淮南弟称号,刻玺于北方。铠甲生虮虱,百姓以死亡。白骨露于野,千里无鸡鸣。生民百遗一,念之断人肠。"[2]该诗悯时悼乱,悲情流宕,反映了战争给民众带来的苦难,表现了诗人强烈的人本观念和深厚的同情心。

曹丕(187—226),字子桓,即魏文帝,爱好诗文。所作诗流传下来的有40多首,其诗少数写行役之苦,多数写恋情和别情。《孟津》诗作于孟津。《燕歌行》二首是其代表作,写女子在秋夜思念远方的丈夫,感情缠绵委婉,语言清新秀丽,在建安诗歌中别具一格,是现存最早的完整的文人七言诗。

曹植(192—232),字子建,曾被封为陈(今周口淮阳区)王,死后谥"思",故

---

[1] 陈寿:《三国志》卷一《武帝纪》注引王沈:《魏书》,中华书局1959年版,第54页。
[2] 曹操:《曹操集》之《诗集·蒿里行》,中华书局1959年版,第4页。

称陈思王。他诗文辞赋皆佳,是建安年间文学成就最高的作家。其诗传世有80多首,代表作有《名都篇》《白马篇》《赠白马王彪》等,都是感情奔放、清新激越的乐章。他早年在洛阳写的《送应氏二首》,反映董卓之乱和军阀混战给中原地区带来的破坏,表现了作者对人民所受苦难的同情。曹植不仅以诗文著称,辞赋也很出色。《洛神赋》是他黄初三年(222)到京师洛阳朝觐归途中渡洛水时,想起洛神的传说而作。此赋熔铸神话题材,通过梦幻境界,描写了一个人神恋爱的悲剧。赋中以惊人之笔描写洛神的容貌、姿态和装束之美,历来脍炙人口:"其形也,翩若惊鸿,婉若游龙。容曜秋菊,华茂春松。仿佛兮若轻云之蔽月,飘摇兮若流风之回雪。远而望之,皎若太阳升朝霞;迫而察之,灼若芙蕖出渌波……"[①]

"建安七子"中,孔融曾在许县(今许昌东张潘故城)汉朝廷中做官,阮瑀、应玚二人为中原籍人士,而以王粲成就最大。

孔融(153—208),字文举,鲁国(今山东曲阜)人,官至太中大夫。其《杂诗》二首,或感慨身世,或悼念亡子,慷慨激昂,凄楚动人,堪称上乘之作。《临终诗》是其绝命之笔,痛叙自己忠而见逐,情辞悲切。

王粲(177—217),字仲宣,山阳高平(今山东邹城)人,父祖汉末在洛阳担任高官。王粲少有才名,深得蔡邕赏识。董卓之乱时南投荆州牧刘表,郁郁不得志,著有《七哀诗》。建安十三年(208)北归,为曹操军谋祭酒。他北归中原后,诗作多表现对功名的追求和对曹操的赞颂,其《从军诗》五首堪称代表。

阮瑀(167—212),字元瑜,陈留尉氏(今属河南)人。早年师从蔡邕,后任曹操军谋祭酒,迁丞相仓曹掾,其著作有《阮元瑜集》。阮瑀的诗歌现存12首,代表作是《驾出北郭门行》,有汉代乐府民歌《孤儿行》的特点。还有诗作《七哀诗》《怨诗》,受《古诗十九首》影响,反映当时的社会生活,具有现实意义。《隐士》诗咏赞前代高贤,《杂诗》写隆冬时节置酒为朋友送别的情景,《苦雨》写诗人对冬日连绵阴雨的感受,《失题诗》表达的是惜时之情,各有特色。

应玚(175?—217),字德琏,汝南南顿(今项城西南)人。初为曹操丞相掾属,转平原侯(曹植)庶子、五官中郎将(曹丕)文学侍从。有诗文集5卷,已散佚,明人张溥将应玚与其弟应璩诗文辑为《应德琏休琏集》。应玚诗歌的代表作

[①] 赵幼文校注:《曹植集校注》卷二《洛神赋》,人民文学出版社1984年版,第283页。

是《公宴诗》,描写曹丕与邺下文士饮宴盛况。其他诗作如《侍五官中郎将建章台集诗》表达对曹丕知遇之恩的感谢,《别诗》写羁旅行役之苦,《斗鸡诗》以战阵写斗鸡,皆别开生面,各有特色。

蔡琰,字文姬,陈留圉县(今杞县圉镇)人,蔡邕之女,得父教而有文才,并通晓音律与书法。军阀混战时被掳掠,后归南匈奴左贤王,居匈奴12年,生有二子。建安十一年(206),曹操用重金将她赎回,嫁与董祀。蔡琰的诗歌传世者有3首,即五言和骚体《悲愤诗》各1首及琴曲歌辞《胡笳十八拍》1首。五言《悲愤诗》是一首"感伤乱离,追怀悲愤"的自传性作品,长达108句,实为文人叙事诗中前所未有的杰作,足以流传不朽。

2. 正始诗赋

曹魏正始年间(240—249),政治现实极其严酷,"名士少有全者"。其文学风格与"建安风骨"迥然不同,称"正始之音"。这一时期的文人主要是"正始名士"和"竹林七贤"。在正始名士中,玄学家、南阳宛县(今南阳市)人何晏亦能诗赋,有《言志诗》和《景福殿赋》传世。汝南南顿(今项城西南)人应璩,字休琏,有《百一诗》,古朴典雅,苍凉深邃,有劝世之意,得讽刺之旨,为后人赞赏。

"竹林七贤"中以阮籍的文学成就最大。陈留尉氏(今属河南)人阮籍,字嗣宗,曾在洛阳任步兵校尉,世称"阮步兵"。其80多首《咏怀诗》是阮籍的生活道路、人生志向与处世心态的艺术写照。如其五:"嘉树下成蹊,东园桃与李。秋风吹飞藿,零落从此始。繁华有憔悴,堂上生荆杞。驱马舍之去,去上西山趾。一身不自保,何况恋妻子?凝霜被野草,岁暮亦云已。"①此诗写桃李树由繁华而零落,暗示朝政变故,使正直的士人处境危殆。其"秋风""凝霜"皆含象征意义,暗指在政坛横行的司马氏势力,反映了士人内心的苦闷、沉重和伴随的恐惧感。《咏怀诗》或揭露社会的黑暗和政治的腐朽,或表达在现实中孤独苦闷的心情,风格委婉含蓄,隐晦曲折,多用象征与暗示手法,寓意深邃。以阮籍《咏怀》为代表的五言诗标志着古代五言诗的成熟,在中国诗歌发展史上占有重要地位。

河内怀县(今武陟西)人向秀亦为玄学家,其《思旧赋》作于途经友人嵇康故居时,是一篇睹物思人、触景生情之作。赋云:"将命适于远京兮,遂旋反而北

---

① 李志钧等校点:《阮籍集》卷下,上海古籍出版社1978年版,第85页。

徂。济黄河以泛舟兮,经山阳之旧居。瞻旷野之萧条兮,息余驾乎城隅。践二子之遗迹兮,历穷巷之空庐。叹《黍离》之愍周兮,悲《麦秀》于殷墟。惟古昔以怀今兮,心徘徊以踌躇。栋宇存而弗毁兮,形神逝其焉如。昔李斯之受罪兮,叹黄犬而长吟。悼嵇生之永辞兮,顾日影而弹琴。托运遇于领会兮,寄余命于寸阴。听鸣笛之慷慨兮,妙声绝而复寻。停驾言其将迈兮,遂援翰而写心。"[1]此赋满怀悲愤之情,悼念亡友嵇康和吕安。先述写作之由,续写物是人非之感,《黍离》《麦秀》之词和李斯之遇,皆属托古喻今;由闻邻人吹笛,联想到嵇康临终顾影弹琴,更寄托着作者的一片哀思。用词隐晦,委婉含蓄,是凭吊之赋中的佳作。

3. 西晋前中期诗歌

西晋前中期,全国各地文人学士云集洛阳,掀起继建安文学之后的又一个高潮。权臣贾谧开阁延宾,在其周围形成一个文人学士集团,号称"二十四友",石崇、欧阳建、潘岳、陆机、陆云均在其中。石崇在洛阳城外有金谷别墅,"二十四友"常在此游观、聚会、赋诗,称"金谷雅集"。

潘岳(247—300),字安仁,荥阳中牟(今属河南)人,美貌丰姿,官至黄门侍郎,世称潘黄门。他名列贾谧"二十四友"之首,与石崇等谄事权贵贾谧。潘岳在西晋文坛上与陆机齐名,钟嵘《诗品》中有"陆才如海,潘才如江"之说。其诗作现存50余首,以三首《悼亡》诗最著名。这一组诗是悼念亡妻之作,抒情细致,对后世影响很大。《关中诗》揭露战乱带给民众的苦难。潘岳的赋辞藻艳丽,今存20余篇,代表作有《秋兴赋》《闲居赋》《怀旧赋》《西征赋》等。《秋兴赋》由伤秋而动归隐之念,对官场险恶表示厌恶。《闲居赋》表达对田园生活的向往之情。《怀旧赋》是为悼念岳父及妻弟而作,表现对亲人的哀思。《西征赋》记述赴任长安(今陕西西安)县令途中的经历与感慨,内容丰富,规模宏大,但用典较多,不够晓畅。

成公绥(231—273),字子安,东郡白马(今滑县旧城东)人,曾任太常博士等职。他有赋20余篇,《天地赋》和《乌赋》深得好评。《天地赋》可视为魏晋时人对天文地理知识的形象化表述,内涵丰富,很有气势。《乌赋》写乌有反哺之德,寓意深刻。《啸赋》辞采佳丽,富有音乐性。成公绥之赋,思想内容上为儒、

---

[1] 萧统编,李善注:《文选》卷十六《哀伤》,中华书局1977年版,第229—230页。

道两家之糅合,形式上规摹汉赋,艺术上有所创新。其《行诗》是一首优秀的早期山水诗。

这一时期左思和"二陆""三张"来洛阳做官,在中原地区留下许多佳作。

左思(约250—约305),字太冲,齐国临淄(今属山东)人。晋武帝时其妹左芬被召入宫,举家徙居洛阳。左思曾官秘书郎。其《咏史诗》八首继承建安诗风,言之有物。他构思十年著成《三都赋》,包括《蜀都赋》《吴都赋》《魏都赋》,分别写三国蜀、吴、魏都城的盛况。其文铺张夸饰,气势磅礴,有汉代大赋特色,在艺术上文辞华美,才气横溢,是六朝赋的佳作。一时豪富之士争相传写,洛阳为之纸贵。

陆机(261—303),字士衡;陆云(262—303),字士龙,吴郡华亭(今上海松江)人。吴国灭亡后,兄弟二人来到洛阳,在西晋朝廷任职。陆机写有《又赴洛道中作二首》《赴洛二首》《门有车马客行》等诗,《怀土赋》《思归赋》等赋,抒述客居游宦情绪与故土之思。陆云的诗以四言为多,五言诗颇有特色。《为顾彦先赠妇往返四首》《答兄平原诗》《答张士然诗》,均情感亲切,清新淡雅。陆云亦颇能作赋,《岁暮赋》为其力作,感情真挚,有辞采,以"清省"著称。

安平观津(今河北武邑东)人张载字孟阳,张协字景阳,张亢字季阳,兄弟三人皆有才名,并称"三张",都曾在洛阳朝廷任职。张载有《七哀诗》二首,其一写经董卓之乱洛阳东汉皇陵被掘毁的情景,表现了感伤凄怆的心情。其《蒙汜池赋》着力写洛阳这一池沼之美,显示了较强的文字表述能力。张协的《五言杂诗》十首,写他身处乱局沉重复杂的心境和忧患意识,最为人称赞。

4. 北朝民歌

北朝时期,中原地区有不少文人的诗作值得称道。

常景(？—550),字永昌,河内温县(今属河南)人,官至中军将军。其诗《司马相如赞》云:"长卿有艳才,直致不群性。郁若春烟举,皎如秋月映。游梁虽好仁,仕汉常称病。清贞非我事,穷达委天命。"[1]此诗借古人之名,言自己的才能不为当道所赏识,语句讲究对仗和平仄,尽管声调格律尚不符合严格的律体,却表明律诗正在逐步形成。他还有四言诗《洛桥铭》,由洛河写到洛阳的地理形胜、历史沿革,最后对北魏王朝予以赞美。

---

[1] 丁福保编:《全汉三国晋南北朝诗》(下册)《全北魏诗》,中华书局1959年版,第1477页。

袁翻(476—528),字景翔,陈郡项县(今沈丘)人,累官至都官尚书,加抚军将军,建义元年(528)初遇害于河阴。袁翻善为文,所著文章百余篇。他善于以辞赋抒情,以《思归赋》最为著名:"俯镜兮白水,水流兮漫漫。异色兮纵横,奇光兮烂烂。下对兮碧沙,上睹兮青岸。岸上兮氤氲,驳霞兮绛氛。风摇枝而为弄,日照水以成文。行复行兮川之畔,望复望兮望夫君。"①此赋摘文铺采,多少近于南朝鲍照、江淹的风格,是学习南人的成果。

郑道昭(?—516),荥阳开封人,累官至秘书监。其诗《登云峰山观海岛》《天柱山铭》较为著名。

从南朝北来中原的士人也有一些优秀诗作。温子升(495—547),字鹏举,祖父由江南迁居济阴冤句(今山东菏泽西南)。温子升仕魏,官至散骑常侍、中军大将军。其骈文成就很高,亦善于写诗。《从驾幸金墉城》诗写洛阳金墉城的美景和行宫的幽静,宛然齐梁体格。颜之推的《从周入齐夜度砥柱》云:"侠客重艰辛,夜出小平津。马色迷关吏,鸡鸣起戍人。露鲜华剑彩,月照宝刀新。问我将何去,北海就孙膑。"②此诗较近南朝诗体,风格则质朴刚健,其气格已属近体诗。

北朝文学价值较高的是一些民歌。例如《河中之水歌》云:"河中之水向东流,洛阳女儿名莫愁。"③从内容看是一首民歌。还有些民歌为鲜卑人所作,如《折杨柳歌》:"遥望孟津河,杨柳舞婆娑。我是虏家儿,不解汉儿歌。"④孟津河是靠近洛阳孟津的一段黄河,这首歌反映了北方少数民族受汉民族文化影响而学习汉族民歌的情形。北朝民歌成就最高的应首推《木兰辞》。它大约作于北魏迁都洛阳以后,东、西魏分裂以前,写的是少女木兰代父从军的故事,塑造了一个女英雄的形象。句式反复回旋,笔法夸张敷陈,历来脍炙人口,影响深远。

---

① 魏收:《魏书》卷六十九《袁翻传》,中华书局 1974 年版,第 1540 页。
② 丁福保编:《全汉三国晋南北朝诗》(下册)《全北齐诗》,中华书局 1959 年版,第 1524 页。
③ 丁福保编:《全汉三国晋南北朝诗》(下册)《全梁诗》卷一《武帝》,中华书局 1959 年版,第 857 页。
④ 丁福保编:《全汉三国晋南北朝诗》(下册)《全梁诗》卷十四《横吹曲辞》,中华书局 1959 年版,第 857 页。

二、散文创作的繁盛

魏晋南北朝时期,中原地区的散文创作也有显著成就。

建安年间(196—220),"三曹"和"建安七子"都有不少散文佳作。曹操被称为"改造文章的祖师",其文章富于创造性。其散文多为应用文,分为表、疏、教、令、书。《让县自明本志令》堪称代表。曹操的散文体式自由,绝少骈文痕迹,自然朴实,清峻通脱,表现了建安散文的新风貌。

魏文帝曹丕亦擅长散文,代表作有《与吴质书》《答繁钦书》及《典论》等。《与吴质书》忆昔日南皮之游,伤生离死别之情,写于孟津。曹丕的散文表现了建安散文通脱自然的倾向,又具有清丽的特色。他有《典论》20篇,兼论古代经典文事,魏明帝时曾刻石立于洛阳太学前。后来大部分篇章散佚不全,今仅《自叙》和《论文》两篇较为完整。《自叙》总说自身武艺,展现了高超的叙事才能。曹植也写有不少散文,《上疏陈审举之义》和《与司马仲达书》最有代表性。

"建安七子"中孔融(153—208)文章气势充溢,文笔隽永流畅。其骈文《荐祢衡书》《论盛孝章书》备述二人长处,辞采飞扬,尤为人所传诵。散文《汝颍优劣论》,多举事实,应用排比,畅快淋漓,气势豪健,洵为杰作。王粲留下散文颇多,以论说文最著,有《七释》八首、《难钟荀太评论》、《儒吏论》、《安身论》、《务本论》、《爵论》等。他过洛阳东首阳山时曾写《吊夷齐文》,称颂伯夷叔齐的果志清风。阮瑀的散文深得后人推重,其《为曹公作书与孙权》和《文质论》颇具特色。《为曹公作书与孙权》,情理并重,典实皆长,多用对偶、排比句法,气势恢宏,铺张扬厉,纵横驰骋,表现出散文向骈文发展的倾向。

魏正始年间(240—249),阮籍著文颇多,以说理文最为著名。《大人先生传》对当时的社会状况进行深刻的揭露和尖锐的批判,全文使气骋辞,奇偶相生,韵散间杂,风格独特。嵇康的散文也很有名。其《与山巨源绝交书》,断然拒绝好友山涛劝他做官的意向,表明他坚决不与司马氏同流合污的政治态度,文笔峭直峻刻。

西晋前期文学以绮丽繁缛相尚,张华、成公绥等开一代风气之先。

张华(232—300),字茂先,范阳方城(今河北涿州)人,识见广博,才学出众,官至司空。他辞藻温丽,诗、赋、文皆能,又有小说《博物志》。其文章以奏议、铭诔书序为多。其《女史箴》为乃讽刺贾后、贾谧肆意干政而作,章表书记著称一时。

潘岳善为哀诔之文,其《马汧督诔》《夏侯常侍诔》以巧于序悲著称。潘尼的《安身论》指出"寡欲"是安身立命的根本。其作或托物喻理,或排比议论,文章变化腾挪,摇曳多姿。

北朝中后期,范阳涿县(今河北涿州)人郦道元的《水经注》中对巫峡、孟门、砥柱、函谷等山水景物的描写,简练精粹,绚丽多彩,峭拔隽永。其写砥柱:"河水翼岸夹山,巍峰峻举,群山叠秀,重岭干霄……自砥柱以下,五户以上,其间百二十里,河中竦石杰出,势连襄陆,盖亦禹凿以通河,疑此阏流也。其山虽辟,尚梗湍流,激石云洄,澴波怒溢,合有十九滩,水流迅急,势同三峡,破害舟船,自古所患"。①

北平(今河北遵化)人杨衒之的《洛阳伽蓝记》一书条理清晰,文体接近骈俪,语言简明清丽。写洛阳城兴废,前后对比鲜明,有深沉的历史感,词文隽永;对佛寺的记述,由远而近,由大到小,由主及次,清晰具体,富有层次感。如对洛阳西游园的描写:"千秋门内道北有西游园,园中有凌云台,即是魏文帝所筑者。台上有八角井,高祖于井北造凉风观,登之远望,目极洛川;台下有碧海曲池;台东有宣慈观,去地十丈。观东有灵芝钓台,累木为之,出于海中,去地二十丈。风生户牖,云起梁栋,丹楹刻桷,图写列仙。刻石为鲸鱼,背负钓台,既如从地踊出,又似空中飞下。"②景象迭出,自然生动,着墨不多而能绘声绘色,曲尽其妙,足以代表北朝散文的特色。

三、文学评论的兴起

随着魏晋南北朝时期文学的自觉与兴盛,一些文人学士开始从理论上对文学进行探讨,中原地区出现了一些颇有影响的文学评论著作。

---

① 郦道元著,陈桥驿校证:《水经注校证》卷四《河水》,中华书局2007年版,第117页。
② 杨衒之撰,范祥雍校注:《洛阳伽蓝记校注》卷一《城内》,上海古籍出版社1978年版,第46页。

曹丕的《典论·论文》是我国文论史上第一篇较为完整且自成体系的文章学专论,文中对文人相轻、文与气的关系、文章的功能等问题发表了自己的见解。他客观地指出建安七子在各体文章创作中的长处和短处,认为作家之所以互有短长,一是由于文体各有短长,二是由于作家的才性不齐。他将文学作品分为奏议、书论、铭诔、诗赋四科,指出它们各自的特点,对其差异进行了理论上的总结,认为"文以气为主。气之清浊有体,不可力强而致","气"是作家的才性在文章中的反映。他将文章视为"经国之大业,不朽之盛事"[①],鼓励作家积极创作。

"建安七子"中,阮瑀和应玚均著有《文质论》,论文与质的关系。阮瑀之《文质论》雅有劲思,言"文虚质实,远疏近密"[②],表现出重质轻文、崇尚敦朴的思想倾向。应玚之《文质论》则说"言辨国典,辞定皇居,然后知质者之不足,文者之有余"[③],主张文质并重,但更强调文的作用。

西晋太康年间,吴郡华亭(今上海松江)人陆机在洛阳著《文赋》,论述十种文体的风格特征,探讨立意与修辞的关系,并率先将创作过程、方式、方法、技巧等提上文学批评的内容,建立了新的文论模式,在中国古代文论史上有较大影响。

挚虞(248—311),字仲洽,京兆长安(今陕西西安)人,才学博通,累官至太常卿。他在洛阳任秘书监时,曾对前人文章进行整理,细致划分文体,编撰《文章流别集》30卷,是当时规模较大的一部文学总集,并各为之论,成《文章流别论》二卷,又有《文章志》四卷。

第五节 艺术的发展

魏晋南北朝时期,中国古代艺术有辉煌的成就,而且随着佛教的传入,这一

[①] 严可均辑:《全三国文》卷八《文帝五》,中华书局1958年版,第82—83页。
[②] 俞绍初辑校:《建安七子集》卷五《阮瑀集》,中华书局2005年版,第169页。
[③] 俞绍初辑校:《建安七子集》卷六《应玚集》,中华书局2005年版,第185页。

时期的艺术在内容与形式上都明显受到佛教文化的影响。中原地区的艺术成就,较突出地表现在书法、碑刻、音乐、舞蹈及石窟艺术等方面。

一、书法家钟繇、郑道昭与魏碑体

书法艺术方面,钟繇和郑道昭是中原地区的著名书法家,在书法史上影响巨大。

钟繇(151—230),字元常,颍川长社(今河南长葛)人,汉末举孝廉,官至尚书仆射。曹魏时进位太傅,世称钟太傅。他早年与胡昭师从刘德升学习草书,世称"胡肥钟瘦",后潜心学习蔡邕的隶书,得其精髓,并在隶书的基础上开拓创新,形成楷书。钟繇工正书、隶书、草书、行书、八分书,尤其擅长于正书和隶书。其最大贡献是促成汉字由隶书向楷书的转变,并使楷书的横、竖、撇、捺、钩等笔画的笔法初步定型,流行后世。

钟繇书法的代表作有《丙舍帖》《上尊号奏》,以及被称为"五表"的《力命表》《贺捷表》《荐季直表》《调元表》《宣示表》。惜其真迹已不传,今能见到的都是后人的摹本。据说钟繇的书法是通过蔡琰得蔡邕真传,后来他又传给卫夫人(铄),再传王羲之,由此可以看出钟繇在书法史上的重要地位,至今钟繇仍然被认为是楷书祖师。

魏碑体书法构字紧密厚重,又峻宕有妍态,是北朝书法的冠冕。龙门石窟有题记与碑刻3600余件,其中《龙门二十品》是古代书法艺术珍品。还有嵩岳道士寇谦之书写的《嵩高灵庙碑》、崔浩书写的《吊比干文》、洛阳人穆子容书写的《太公吕望碑》等较为著名。毕沅《中州金石记》称《太公吕望碑》"书法方正,笔力透露,为颜真卿蓝本",可见魏碑体书法对唐代楷书的影响。

郑道昭(455? —516),字僖伯,荥阳郡开封人,北魏西兖州刺史、平南将军郑羲次子。清代后期在山东平度县的天柱山发现"郑文公碑",即郑道昭所书郑羲的碑文。后来又在山东掖县云峰山、太基山以及益都县的玲珑山等地发现郑道昭书写的其他碑文,通称《云峰山四十二种》。人称郑道昭的书法集魏碑体之大成,又将他和东晋王羲之相提并论,尊为"北圣"。

二、音乐舞蹈的新发展

魏晋时期中原地区的音乐舞蹈在汉代的基础上有新的发展。十六国及北朝时期，北方和西域各少数民族迁居中原以及佛教的传入，使中原地区的传统文化和异族文化交流、融合，音乐舞蹈也增添新鲜内容，呈现出新的特点。

魏晋时期洛阳宫廷中的郊庙音乐仍为雅乐。曹魏朝廷设太乐令、丞，西晋宫中又设置清商署，负责宫廷音乐演奏和搜集整理古代乐曲。魏晋之际中原地区涌现了一些擅长音乐的文士，阮瑀及其子侄阮籍、阮咸都善弹琴并能作曲。阮咸尤为妙解音律，后世流传的《三峡流水》琴曲就是他的作品。当代流行的乐器大阮、中阮等均以阮咸的姓氏命名。

北魏时期，中原传统乐舞和周边地区乐舞融合的情况更为突出。魏太武帝平定河西地区，得《西凉乐》和《龟兹乐》。北魏灭北燕后，又得《高丽乐》和《百济乐》。魏孝文帝和宣武帝平定江淮，得到流传于南方的汉魏中原旧曲《明君》《圣主》《鼙舞曲》《巾舞曲》《白鸠》《拂舞曲》等，以及江南的《西曲》《吴歌》。后来北魏又得西域的《疏勒乐》，都将它融入洛阳旧乐，统称之为清商曲。

魏晋至北朝时期的舞蹈名目很多。曹魏宫廷舞有《武颂》《太韶》《大武》等。魏明帝时有歌颂魏武帝功绩的《武始》舞、歌颂魏文帝功绩的《咸熙》舞，还有新制的《章斌》舞。魏晋时的舞蹈还有杯柈舞、公莫舞、白纻舞、鼓舞等。北齐时的乐舞以《兰陵王入阵曲》最为著名。兰陵王高长恭勇武而貌美，在洛阳与北周作战时戴上相貌凶恶的假面，国人模仿其战斗情形做此舞蹈，表演时戴面具，又称"大面"或"代面"。

三、石窟造像艺术

北魏孝文帝迁都洛阳后，洛阳、嵩山一带成为中国北方的佛教圣地，建造寺塔与开凿石窟、雕塑佛像蔚然成风。北朝留存下来的石窟造像遗址，除特别著名的洛阳龙门石窟、巩义希玄寺石窟外，还有义马鸿庆寺石窟、偃师水泉石窟、安阳的龙泉寺石窟和云门寺石窟,这些石窟造像显示着北朝高超的艺术成就。

龙门石窟位于今洛阳市南约 13 公里处的伊阙,其西为龙门山,东为香山,伊河从中流过。石窟分布在临河的山崖上,南北长达 1 公里,现存窟龛 2345 个,题记碑刻 2800 余品,是中国三大石窟艺术宝库之一,2000 年入选世界文化遗产名录。它始开凿于北魏太和十九年(495)。北朝开凿的石窟有古阳洞、宾阳洞、火烧洞、老龙洞、莲花洞、药方洞等 23 个洞窟,以古阳洞、宾阳洞和莲花洞最为著名,号称"北魏三大窟"。古阳洞是北海王元详等为孝文帝做功德的石窟,也是龙门造像第一窟,穹隆顶,平面呈马蹄形,本尊释迦牟尼,高肉髻,面长圆,略含微笑,着双领下垂式袈裟,结跏趺坐于方台之上,二菩萨立侍两旁,堪称一座规模宏大、琳琅满目的艺术殿堂。宾阳洞开凿于景明元年(500),是宣武帝为孝文帝"追福"的石窟。正壁主佛为释迦牟尼,左右二弟子、二菩萨,南北二壁各立一佛二菩萨,皆头戴宝冠,身披璎珞珠宝。大像周身崖壁饰以华丽的背光和头光,间以影雕千佛。窟顶中部为莲花藻井,环以凌空翱翔、弹琴奏乐的极乐天。前壁南北两侧的皇帝礼佛图、皇后礼佛图形象逼真,雕工高超,是一件珍贵的艺术品,后被盗凿,分别藏美国纽约大都会博物馆和堪萨斯州纳尔逊博物馆。整个洞窟雕作完整,富丽堂皇,是北魏时期造像艺术的代表作。龙门石窟北魏造像题材内容简明集中,突出主佛,秀骨清像,风格日趋中国化、世俗化,对后世石窟艺术影响很大。

巩县石窟位于今巩义市南河渡乡寺湾村,始开凿于北魏景明年间(500—503),后代重修,佛像的雕造以北魏为主,续刻者以北齐和唐代的居多。北魏熙平二年(517)在石窟前建希玄寺。共有 5 个洞窟,3 尊摩崖大佛,1 个千佛龛,255 个造像龛,共雕佛像 7743 尊,造像题记及其他碑刻 186 件。第一、三、四窟门内侧刻有"帝后礼佛图"浮雕,共 18 幅,以第一室的 6 幅最精美,是北魏石刻艺术的精品,被公认为现存古代石刻艺术的杰作。此外,还有伎乐图、飞天图、力士雕像,以及藻井莲花图案等,都是非常珍贵的艺术品。

鸿庆寺石窟位于今义马市东石佛村。石窟开凿在白鹿山东端的岩壁上,共有 6 窟,现存 4 窟,其一、二、三窟凿刻于北魏时。第一窟中的浮雕内容是佛本行故事,表现释迦太子出游的情况,具有高度的历史文化价值和科学价值。水泉石窟位于今洛阳市伊东区寇店乡水泉村旁边的山崖上,凿刻于北魏孝明帝熙平二年至北魏末永熙初(517—532)。窟内有二大佛并立,甬道和两边石壁及窟口一侧共有佛龛141个。南壁有一组浮雕,表现龙树菩萨本行故事,非常珍贵。

灵泉寺石窟位于今安阳老城西南的宝山灵泉寺,始开凿于东魏武定四年(546),后经北齐、隋、唐、北宋相继凿造。寺旁山谷东西两侧的石崖上石窟、石塔、佛龛、造像及僧人的墓塔等不可胜数,被称为"万佛沟",其中较大的大留圣窟武定四年(546)由道凭法师开始凿造,中有佛像三尊,体态高大庄严,雕刻隽美。云门寺石窟又称小南海石窟,位于今安阳老城西南装货口村东,现存石窟3座,皆开凿于北齐天保年间(550—559)。东窟雕菩萨3尊,佛像23尊。中窟雕刻有佛像、菩萨等图像,西窟雕塑释迦牟尼佛和菩萨8尊,还有莲花、金翅鸟、滚龙等图形。这些雕像刻工精湛,形象优美,体现了北齐的时代特征。

第六节　科学技术的成就

魏晋南北朝时期,在曹魏、西晋和北魏的都城洛阳,聚集了一批优秀科技人才,中原地区的科学技术在全国最为发达,在天文历法、医学、农业技术、冶铸与机械制造方面成就尤为卓著。

一、天文学与律历

魏晋时期洛阳朝廷中设有太史令,负责观测天象,制定历法。

西晋太史令陈卓在总结甘德、石申、巫咸三家所著星图的基础上,重新考订,绘制成当时最为精密的星图。这是一幅圆形盖天式星图,共有1464颗星,长期为后人所沿用。在今洛阳孟津朝阳村西南的北魏江阳王元乂墓室顶部,有一幅保存完好的天象图。图中银河横贯南北,波纹呈现淡蓝色,清晰细致,绘有星辰300余颗,星点大小相差不多,亮相之间有边线。这是新中国成立后考古发现中时代较早、幅度较大、星数较多的一幅天象图,它反映了北魏天象观测的成果,是研究古代天文学的珍贵资料。

曹魏初期,首先采用太史令高堂隆和太史丞韩翊编定的《黄初历》。魏明帝太和年间(227—232),又将杨伟制作的《景初历》颁行于世。杨伟自称其历"法数则约要,施用则近密,治之则省功,学之则易知。……究极精微,尽术数之极者,皆未如臣如此之妙也"[①]。杨伟已知黄道的交点每年有变动,交食的发生不一定非在交点不可。月朔、月望在交点附近,也可以发生日食。于是定出交会迟速的差,如同现在所说的"食限"。他又提出推算交食亏始方位角和食分多少的方法,实现了对此前历法的超越。此历使用了250年。西晋初年将《景初历》改名为《泰始历》,不久杜预先后编订《二元乾度历》和《春秋长历》,刘子骏和李修等人又相继编订《三正历》和《乾度历》,历法的研究使历书的准确性更高。

北魏宣武帝时颁行《景明历》,当时还有张洪、龙祥、李业兴等三家历。其后祖莹等人又对历法进行研究,参合卢道虔、卫洪显、胡荣、道融、樊仲尊、张僧豫六家新历共成一历,名叫《神龟壬子元历》,简称《神龟历》,旋更名《正光历》,均颁行于孝明帝时。

西晋时颍川郡颍阴(今许昌)人荀勖(？—289),字公曾,在律学方面成就显著。他制成发音准确的"新律笛"12枚,以调律吕,正雅乐。又用田野出土的周代玉尺"校正所治钟鼓金石丝竹",使之更为精确。他又计算出相当准确的管口校正数,并发现确定各笛长度和笛上各个按孔的距离的规律,指出管口校正数,相当于笛管上一个音律的长度与另一个较高四律的音律长度的差数,亦即律管上某一律孔的长度与其气柱长度的差数。这是中国古代音律的新成就,也是对世界音乐声学的重大贡献。

二、医学的新成就

西晋时在洛阳担任太医的王熙(210—280),字叔和,将东汉末南阳涅阳(今邓州穰东镇)人张仲景的《伤寒杂病论》加以整理,分为《伤寒论》10卷、《金匮要略》6卷。前者主要讲急性传染病,后者述内、外及妇科杂病的诊治和方药,使之得以流传于世。此外,他还编撰出中国第一部系统全面的脉学专著《脉经》,

---

① 沈约:《宋书》卷十二《律历志中》,中华书局1974年版,第233页。

共 10 卷 98 篇。脉诊包括切脉、把脉和候脉,是中医诊断学的重要组成部分。他改进了切脉方法,总结出 24 种脉象,并注意到脉象、症候和治疗的结合,对于临床实践很适用。这部书后来陆续传到朝鲜、日本和中亚以至欧洲,为世界医学做出了贡献。

安定朝那(今甘肃平凉)人皇甫谧(215—282),字士安,隐居于新安(今河南渑池),躬自稼穑,带经而农,在药学方面积累了不少知识。在他以前,针灸学"各承家技",对于针灸的部位、配方和疗效的认识互有异同。皇甫谧根据自己犯风痹症的状况和治疗的经验,对前人的研究成果反复论证,撰写《针灸甲乙经》12 卷,从医学的整体观念出发,在"辨证论治"思想的指导下阐述针灸的部位和疗效,将生理解剖、脏腑、经络、腧穴、病机、诊断、治疗等相关内容系统化和规范化,创造性地总结出一套针灸操作手法和各种注意事项,是中国古代针灸的集成和总结,具有很高的实用价值。

北魏迁都洛阳后,阳平(今河北大名)人李修(？—500)领太医令。他医术高明,擅长针灸,其子李天授亦承父业。徐謇及其兄徐文伯亦善医药,开具药方,多有效验,常为孝文帝及冯昭仪治病。阳平人王显奉宣帝诏令撰药方 35 卷,颁布天下。河南(今河南洛阳)人阴贞,亦以医术著称。东魏北齐时河内(今河南沁阳)人张子信、马嗣明也以医术闻名。

洛阳龙门石窟中有北齐武平六年(575)六月刻凿的"药方洞",洞壁刻着 140 个验之有效的药方。其中药物治疗 117 方,针灸法 23 方,涉及内、外、妇、小儿、五官、针灸等科,所用药物 120 种,制剂方法有丸、散、膏、汤,用法有内服、外洗、熏、敷等。它是现已发现的最早的药方石刻,反映了北朝医学达到的水平,对于研究中国医药史具有重要价值。

三、农业生产技术的进步

魏晋南北朝时期中原地区的农业生产技术比汉代有新的提高。北魏时益都(今山东青州)人贾思勰考察黄河中下游地区许多地方,撰写《齐民要术》一书,总结 6 世纪以前黄河中下游地区农业和畜牧业的生产经验,反映了司、豫、兖、冀地区农业生产技术所达到的实际水平,是一部比较完整的农业科技著作。

由此书可知,当时黄河中下游地区的农民在生产实践中,已经注意到天时、地利和人力的统一,认识到天气有春、夏、秋、冬四时的变化,土壤有肥、瘠、寒、温的区别,只有顺天时、量地利、尽人力,方能有好的收成。在农作物种植方面,当时农民已经懂得选种、播种、耕耘、除草、轮种、套种、保墒、施肥、曝根、防冻及栽植、嫁接等技术,注意耕作时土壤燥湿和耙耢的保墒作用,作物的轮栽和休耕,施肥要用熟粪及绿肥,种子要纯净,播种看雨墒,疏密得宜等。在家禽饲养方面,也懂得选种、阉割、杂交等项技术。

北魏后期,中原地区农业生产技术有明显进步。农具种类繁多,按用途可分为整地、耕种、中耕、灌溉、收获、运输等。在耕作器具方面,出现了"耙"和"耢",在播种前将土地平整,粉碎土壤结块。播种工具在汉代三脚耧的基础上,又出现了两脚耧、一脚耧和窃瓠。在耕作技术方面,注意精耕细作和防旱保墒,懂得耕作深浅应随季节调整,注意中耕锄草、轮作,重视绿肥和牛踏粪,掌握了育种、播种时间以及良种选择、培育、保存、处理技术。在蔬菜、果树栽种技术方面也有新的提高,掌握了果树的嫁接、移植和果实的保存加工。

四、冶金、制瓷技术的提高

魏晋南北朝时期,中原地区的金属冶铸技术又有新的突破。汉魏之际,曹操曾令有司制造"百辟刀",魏文帝曹丕也曾造"百辟宝剑""百辟宝刀"和"百辟匕首"。这些兵器均以精钢制成,极其坚硬、锋利。魏晋之际,锻制铁器技术已经普及。"竹林七贤"中的嵇康曾在家中槐树下锻铁,向秀为之执排鼓风。西晋十六国时期出现了"百炼钢"。这种钢经过高温处理,使碳渗入铁的表面,增加熟铁的含炭成分。烧至一定火候,拿出锤打。这样烧了打、打了烧,反复多次,就成了"百炼钢"。西晋后期,刘缅造的百炼钢刀,能将捆成一束的13根稻芒一挥而两断。北齐相州牵口(今河南浚县北)制造的钢刀锋利无比。

中国北方的白瓷首先出现于漳河南北。北朝是白瓷起源期,出现了白釉绿彩装饰工艺。烧制白瓷要求胎体洁白,必须将原料中的铁成分控制在1%以下。当时的工匠已经认识到釉层厚薄对金属元素呈色反应的作用,白瓷的釉层薄而均匀,用氧化焰烧成白瓷。

五、马钧的创造发明

曹魏时扶风(今陕西兴平东南)人马钧,字德衡,在洛阳朝廷中任给事中。他"巧思绝世",创造发明颇多。有人向魏明帝进献一组制作佳美的木偶,但不能做动作,马钧奉命进行改造。他以水力冲击木轮为动力,上装一小戏台,台上的木偶与水轮相连接。水轮受水力而旋转,木偶由机关的带动而表演各种动作,这就是"水傀儡"或"水转百戏"。马钧在洛阳的住宅附近有一块高坡地,可以作园圃,但缺水灌溉。他制造了一架用于灌溉的水车,像一串带链的汲筒,"灌水自覆,更入更出",能连续不断地将水提上来,这种水车被称为"龙骨水车"或"翻车"。汉代已经有50综50蹑或60综60蹑的织绫机。马钧认为这种织机"丧功费日,乃皆易以十二蹑"①,操作更为简便,功效明显提高。马钧还研制出一架转轮式连续抛石机。它有一个能够绕轴转动的大木轮,轮缘周围依次挂着几十个石块,木轮旋转速度逐渐加大,使石块连续飞抛出去,以攻击敌军营垒。他还奉命制成"指南车",于是"天下服其巧"。

第七节 官学教育的延续与私学的兴盛

魏晋南北朝时期中原社会长期动荡不安,不利于学校教育的发展。魏晋时中原地区的地方官学和洛阳的中央官学教育仍在延续,但效果不佳,十六国时期则难以为继,北朝又有所恢复。这一时期私学教育较为兴盛。在人才选拔方面察举考试制度得以延续,曹魏推行的九品中正制,逐渐成为维护士族的政治特权的工具。

---

① 陈寿:《三国志》卷二十九《方伎传》裴注引傅玄《赠扶风马钧序》,中华书局1959年版,第807页。

一、洛阳的中央官学教育

东汉末年"董卓之乱"以后,洛阳太学的教学中断近 30 年。曹魏黄初年间(220—226)重新开办,仅有博士 10 余人,弟子数百人。以后学生人数不断增加,到曹魏末年已达 7000 人。

西晋初对太学进行整顿,保留学生 3000 多人,多为六品官以下的贵族子弟。晋武帝和太子多次到辟雍、太学视察行礼。为了体现士族子弟与庶族子弟的等级差别,咸宁四年(278),西晋王朝又在洛阳创办国子学,设国子祭酒、博士、助教等,以教授生徒,五品官以上的贵族子弟方可进入国子学学习。

曹魏初年重建太学,置博士 10 余人传授《五经》。后来《穀梁春秋》和王朗的《易传》也立于学官,供学生研习。正始年间(240—248)重刻《五经》以及曹丕的《典论》于石,由颍川(治今河南许昌东)人邯郸淳书丹,每一字均用古文、篆、隶三种字体书写,立于太学讲堂前。这一批石经,史称"正始石经"或"三体石经",是曹魏朝廷颁布的经书标准教材。

西晋初,太学有博士 19 人,先儒典训,贾、马、郑、服、孔、王、何、颜、伊之徒章句传注众家之学,都立于学官,供学生研习。后来汉儒郑玄所注群经多不被采用,王肃注的《尚书》《诗》《论语》《三礼》《左传》及其父王朗的《易传》,皆立于学官。除经学外,又立书学博士,置弟子教习,以钟繇、胡毋敬为法,这是当时的书法专科。

魏黄初五年(224)重建太学时制定"五经课试法",内容大体是:学生进入太学的前两年相当于预科生或试读生,经首次考试能诵一经,方取得正式的学生资格;考试不合格,则要被革除学籍。以后每两年考试一次,直至能通《五经》为止,不能通者可随下一批学生再考试。经过考试能通《五经》,表明已完成太学的学业,可以授予一定的官职。经学考试的内容仍然是经文及其字旨、墨法、点注与经义,考试方式仍然是背诵和射策。这是一项熔招生考试、校内考试、毕业考试、入仕考试于一炉的太学考试制度。

北魏迁都洛阳后,孝文帝、宣武帝屡次下诏营建太学、国子学和四门小学。延昌二年(513)诸学校建成,开始招收学生,进行讲授。正光三年(522),国子学生员36人，由三品以上及五品清官之子充选，太学生人数较多。太学和国子学的生员主攻儒家经典，教材主要是郑玄等人所注的《诗》《书》《礼》《易》《春秋》及《论语》《孝经》等。此外，早在天兴四年(401)，北魏朝廷召集博士儒生编纂4万多字的《众文经》，作为学生学习的教材和考试的依据。河内温县(今属河南)人常景(？—550)，孝文帝时曾任律博士，说明洛阳太学还设有律学。太学和国子学以考试经学章句为主，律学则以记诵律令和析断案例为考试内容。考试由博士主持，采取讽诵和射策的方式进行，根据题目的难易分为甲、乙两等，成绩优秀者，可授予官职。洛阳的四门小学仍以讽诵字书和书写各种字体为考试内容，又开设书学课，讲授《仓颉》《尔雅》《字林》等，练习各种字体。

二、中原的地方官学教育

早在建安八年(203)，曹操就下令："郡国各修文学，县满五百户置校官，选其乡之俊造而教学之。"①及曹魏王朝建立，中原属于畿辅地区，教育发达。诸州与郡国都设有官学。如获嘉人杨俊任南阳太守时曾"置办学校"，令狐邵为弘农(治今河南灵宝东北)太守，"设文学"，由是弘农郡学业转盛。西晋前期，社会相对安定，河南地区的地方官学得到较快发展。

北魏中原诸州郡都设有地方官学。献文帝时发布兴办郡学的诏令。天安初年(466)，"诏立乡学，郡置博士二人，助教二人，学生六十人"。后又规定："大郡立博士二人，助教四人，学生一百人；次郡立博士二人，助教二人，学生八十人；中郡立博士一人，助教二人，学生六十人；下郡立博士一人，助教一人，学生四十人。"②中原地区逐渐形成州、郡、县、乡的各级地方官学体系。郦道元试守鲁阳郡(治今河南鲁山)，"表立黉序，崇劝学教"③；高祐镇滑台(今河南滑县东南)，"以郡国虽有太学，县党宜有黉序，乃县立讲学，党立小学"。④ 州郡官学的考试，一般由州刺史或郡太守亲临学校，策试诸生，以分别优劣。

---

① 陈寿：《三国志》卷一《武帝纪》，中华书局1959年版，第24页。
② 李延寿：《北史》卷八十一《儒林传上》，中华书局1974年版，第2704页。
③ 李延寿：《北史》卷二十七《郦道元传》，中华书局1974年版，第995页。
④ 魏收：《魏书》卷五十七《高祐传》，中华书局1974年版，第1261页。

三、私学与启蒙教育

魏晋时期,中原地区的私学教育也较发达。如陈留外黄(今河南民权西北)人范粲,博涉强记,学皆可师,远近请益者甚众。私学中还包括专门教授本家族子弟的家塾。如长社(今河南长葛)人钟会,"年四岁授《孝经》,七岁诵《论语》,八岁诵《诗》,十岁诵《尚书》,十一诵《易》,十二诵《春秋左氏传》《国语》,十三诵《周礼》《礼记》,十四诵《成侯易记》,十五使入太学问四方奇文异训"[1],循序渐进。钟会出身士族,自幼受良好的教育,非一般人所能比。

魏晋时期中原地区的儿童启蒙教育,首先是学习识字、书写,记诵六十花甲子的顺序及进行简单的计算。汉代的《急就篇》和三国时著名书法家钟繇编写的《千字文》等,是当时较为流行的识字和习字教材。识字写字有一定基础后,读《孝经》《论语》等较浅显的经书。初等学校的考试也根据学什么考什么的原则,让学生背诵所学过的篇章,如《急就篇》《千字文》等,并书写各种字体。对已粗读经书者,则考试经书的句读、字指、墨法、注释等。

四、九品中正制与察举考试

魏晋南北朝时期选拔人才实行九品中正制,又称九品官人法。它是汉末延康元年(220)由吏部尚书、颍川许县(今许昌东张潘故城)人陈群提议设立的。所谓九品中正,就是在州郡设置中正一职,由在朝廷中担任官职的本地贤达有识见者兼任。中正负责区别本地人物,"第其高下",分为九等,"以定其选",供吏部选拔任用。九品中正制之设立,本意是论人才优劣,衡量标准是德行和才能。但是到西晋初,又加上一项标准,就是"资",即士人的资历和功劳。"资"也包括父祖的资历和功劳,称"世资"或"门资",实行"计资定品"。而且掌握九品定评的中正多由士族充当,于是九品中正制成为维护门阀士族利益的

---

[1] 陈寿:《三国志》卷二十八《钟会传》注,中华书局1959年版,第785页。

工具。

魏晋南北朝时期察举考试仍进行。魏文帝黄初二年(221)正月,诏"郡国口满十万者,岁察孝廉一人;其有秀异,无拘户口"。次年正月又诏令:"郡国所选,勿拘老幼;儒通经术,吏达文法,到皆试用"。[①] 西晋时察举秀才,则要进行策试,五道试题皆通,方能入选。曹魏西晋的察举考试在都城洛阳进行。北朝中原地区也举行察举考试。北魏迁都洛阳后,各地所举孝廉、秀才集中于洛阳,统一进行考试。宣武帝时,"州举茂异,郡贡孝廉,对扬王廷,每年逾众"[②]。及至隋代,实行数百年的察举考试被科举考试所取代。

第八节　风俗习尚

魏晋时期中原士人形成了崇尚清谈和旷达奔放的风气。北方胡族进入中原,使中原地区的社会生活发生很大变化,在衣食住行、婚丧礼俗、节庆、娱乐等方面汉俗和胡风并存,具有民族差异和融合趋同的特点。

一、士风的改变

魏晋时期,中原地区士族崛起。士人行为与东汉士大夫不同,形成新的士风。鉴于东汉后期的党锢事件与魏晋之际"天下多故,名士少有全者"的社会现实,士人为避刀斧之灾,保全身家性命,"发言玄远,口不臧否人物",逐渐形成崇尚玄虚曲迂的清谈之风,致力于学术研讨,互相质疑辩难。如曹魏时何晏为吏部尚书,地位名望很高,谈客盈座,"王弼未弱冠往见之。晏闻弼名,因条向者胜

[①] 陈寿:《三国志》卷二《文帝纪》,中华书局1959年版,第77、79页。
[②] 魏收:《魏书》卷八十四《儒林传》,中华书局1974年版,第1842页。

理……弼便作难,一座人便以为屈。于是弼自为客主数番,皆一座所不及。"[1]清谈创造了一种良好的学术氛围,有利于思想学术的发展。士人清谈时,常手执麈尾,平添了飘逸潇洒之气。

魏晋中原玄学大倡,士人在调整纲常名教与人性自由二者关系的学术争鸣和社会实践中,逐渐形成一种旷达奔放的行为风尚,如以何晏、王弼为代表的正始名士主张名教与人性的和谐统一,讲究仪容和服药;阮籍、嵇康等竹林名士提出"越名教而任自然",用纵酒和放浪形骸表现其愤世嫉俗的心理。何晏率先服用寒食散(又称五石散),希望能长寿和美容,士林争相仿效,形成风气。"竹林七贤"嗜好饮酒,一醉方休,或自娱自乐,或逃避现实。阮籍常"嗜酒荒放,露头散发,裸袒箕踞",刘伶在房中裸体而卧,以反抗名教对人的束缚,并发泄对时局的不满。魏晋士人的这种旷达奔放的风尚,被后世称作"魏晋风度"。

二、衣食住行

1. 衣冠服饰

洛阳是曹魏、西晋及北魏时期的都城,生活着数量众多的帝王显贵,他们的衣冠服饰和平民有明显区别。

冠冕为帝王及地位较高的官员所专用。冕与衮服相配套。帝王多戴通天冠、远游冠,文职官员则戴进贤冠、高山冠。北魏宁懋石室中一官员戴笼冠,是魏孝文帝改革服饰时参考武冠而制成。

平民百姓则戴帽。鲜卑帽又称突骑帽,由北方少数民族带入中原地区。又有长帽和大头垂裙帽,出土文物称"风帽",形制为圆顶,前檐位于额部,在脑后及两侧垂至肩部。孝文帝改革后这种帽为汉族服装所取代,北朝后期再度流行。汉末至魏晋中原的文人雅士在非正式场合多戴巾。

魏晋南北朝的服装体现着严格的等级差别。帝王着衮服,阎立本所绘《古帝王图》中晋武帝所穿,就是实例。群臣穿五时朝服,衣料由朝廷供给。北魏孝文帝时制作的朝服,在袴褶服的基础上加以改进而成。孝明帝时再次改革服

---

[1] 刘义庆撰:《世说新语》上卷下《文学》,上海古籍出版社1982年版,第116页。

制,服装趋向博大。此外,还有披风(斗篷)。魏明帝曹叡曾穿缥纽半袖。

戎装中的铠甲,有两当铠、明光铠等,以两当铠为多。裤褶,源于北方游牧民族,样式本来是左衽、小袖,裤腿较瘦。邓州画像砖中牵马者所着服饰,就接近于裤褶的本来样式。裤褶流行于中原后发生变化,出现右衽,裤腿肥大,类似裙裤或喇叭裤。洛阳出土的北魏贵族墓俑,裤褶样式既有左衽,又有右衽,袖子以宽大为多,也有窄小的。

皇后、公主参与社会活动,如祭祀、亲蚕仪式,要穿单衣或蚕衣。三国魏时蚕衣多用文绣,西晋惠帝时改为纯青色。皇后的首饰有十二钿、步摇、大手髻、戴绶佩等,公主以下首饰递减。此外又有簪、蔽髻、绶带等。

当时妇女的一般服装主要是襦、袄、两当、抱腹、帔、裙及裤褶等。汉末建安年间,女子喜长裙而上甚短,西晋初则上俭下丰,着衣者皆压腰盖裙。女子的日常服装是上身着襦衫,下面穿长裙。襦衫一般右衽,北朝时亦有左衽。洛阳出土的北魏元乂墓中的V形女侍俑和舞俑皆着左衽衫,但衣袖宽大,体现胡汉合璧的特点。小袖袄是鲜卑等北方游牧民族妇女的原有服装,在孝文帝改制前颇为流行,改制后仍有穿者。裙是妇女的主要服饰之一,裤褶在西晋北朝时也较流行。

妇女的发式,西晋惠帝时流行撷子。史称,"元康中,妇人结发者,既成,以缯急束其环,名曰撷子髻。始自中宫,天下化之"[1]。年轻女性常将头发束成双环,如顾恺之所绘《洛神赋图》,北魏宁懋石室中有许多年轻女性梳与双环相近的双丫髻。魏晋时的女子面部多施用白粉、红粉,贴黄色花纸。男子也有施粉者,如何晏就"粉白不离手"。

脚上穿的有履、屐、靴、袜等。履的男女形制不同,男的为方头,女的为圆头。而晋惠帝元康年间,女的亦改为方头。靴由北方少数民族传入中原,在孝文帝改制前盛行,后有所收敛,北朝后期再度流行。

2. 饮食习惯

魏晋南北朝时期中原地区的饮食习俗,既包含汉族百姓的传统,又有北方少数民族的习俗加入,显得更为丰富多样。西晋潘岳的《闲居赋》说:"灌园粥

---

[1] 沈约:《宋书》卷三十《五行志一》,中华书局1974年版,第888页。

蔬,以供朝夕之膳;牧羊酤酪,以俟伏腊之费。"①包括官员在内,平时只能素食,逢年过节方能食肉。

当时人们日常食用的粮食有谷、黍、粱、大豆、小豆、大麦、小麦、稻等。中原地区以旱作物为主,但在洛阳附近、黄淮地区及黄河以北的河内、邺城等地,都有面积较大的水稻产区,而且品种优良。魏文帝曹丕曾说,洛阳城南的新城稻"上风炊之,五里闻香",晋人袁准亦称赞"河内青稻,新城白粳"。饭是当时的主要食物,以粟为主,兼用麦,或蒸或煮。此外,还有粥,以小米、麦或豆煮成。饼也是主要食品。还有胡饼(即烧饼),汉末在洛阳推广开来。冬季则食煮饼。当时人已掌握发酵技术。何晏曾指定要吃裂为十字的蒸饼,类似于开花馒头。此外,还有乳饼,而细环饼、糕饼,则属于油炸食品。

副食主要有蔬菜和肉食两大类。魏晋时期中原百姓食用的蔬菜有茄子、葵菜、韭菜、蔓菁(芜菁)、芹菜、堇、芦菔(萝卜)、芋头、菜瓜、胡瓜(黄瓜)、冬瓜、瓠、蘑菇、芥菜、芸苔(菜苔)、胡荽(香菜)、苋菜等。《齐民要术》中专门有《素食》一节,记载加工瓠、茄子、紫菜、薤白、食用菌等各种蔬菜的方法,人们已懂得腌制蔬菜,供冬春季食用。

肉食有猪、牛、羊、马、驴等家畜,鸡、鸭、鹅等家禽,又有兔、鹿、獐、野猪、雁、雀、鹌鹑等野味。北方少数民族喜食羊肉,加工方法有炙、炮、煎、缹、烩、蒸、煮、烧、炖等。炙是明火烧烤,即将整个动物以火烧烤,再割块分食。这是从北方、西北方少数民族地区传入中原的习俗,因而又称"貊炙"。还有胡炮肉,亦是如此。人们又将肉制成脯、腊,防止日久臭腐。

人们亦食鱼虾,史称"伊洛鲂鲤,天下最美;洛口黄鱼,天下不如"②。但是"洛鲤伊鲂,贵于牛羊"③,只有显贵富商及北来南方人食用。

中原地区的水果有枣、桃、樱桃、葡萄、李、梅子、杏、梨、栗、榛、柰、林擒(沙果)、柿子、安石榴、木瓜、茱萸等。北魏时期洛阳白马寺的甜石榴、报德寺的"含消梨"、华林园的仙人枣和仙人桃等都很著名。当时人已将果品制成蜜饯、果脯和果粉。

---

① 萧统编,李善注:《文选》卷十六《赋》,中华书局 1977 年版,第 225 页。
② 李昉等编:《太平御览》卷九百三十六《鲤鱼》引《河洛记》,中华书局 1960 年版。
③ 杨衒之著,范祥雍校注:《洛阳伽蓝记校注》卷三《城南》,上海古籍出版社 1978 年版,第 161 页。

当时的饮料主要是酒,魏晋名士都以饮酒相尚,如刘伶、阮咸等均嗜酒。西晋洛阳等地酒肆、酒店随处可见,北魏洛阳有退酤、治觞二里,多以酿酒卖酒为业。葡萄酒、茶和酪浆在魏晋时已进入中原,成为上层人士的饮品。

3. 官第民宅

魏晋与北魏时期皇帝居住的洛阳宫苑,在前面已经述及。这里主要介绍高官显贵的府第和平民的住宅情况。

西晋时期奢侈之风渐盛,洛阳的宗室权贵竞相建筑府第和庄园。王恺的府第和石崇、潘岳的庄园,豪华富丽,应有尽有。北魏后期帝族王侯、外戚公主"争修园宅,互相夸竞。崇门丰室,洞户连房,飞馆生风,重楼起雾,高台芳榭,家家而筑,花林曲池,园园而有。莫不桃李夏绿,竹柏冬青"[1]。魏宣武帝修建华林园,"为山于天渊池西,采掘北邙及南山佳石。徙竹汝颍,罗莳其间;经构楼馆,列于上下。树草栽木,颇有野致"[2]。

北魏洛阳商人的住宅,亦可与达官显贵媲美。史称洛阳十里"多诸工商货殖之民,千金比屋,层楼对出,重门启扇,阁道交通,迭相临望"[3]。

西晋司徒山涛有"旧第屋十间,子孙不相容"[4],朝廷诏令增建。官员住宅往往有十数间至数十间。而洛阳里坊中的平民,每户住宅占地不过100平方米,只有几间平房。

大族多聚族而居。如北齐时濮阳侯氏"一宗近将万室,烟火连接,比屋而居"[5]。住宅形式,多为一进、二进、三进或多进的大宅院,围有院墙。正房多为一明二暗,两侧有厢房。另有厨房、厕溷。住宅建筑材料有砖瓦,有土、木、石。

城乡居民住房屋者占绝大多数,但也有人住窟室者。如西晋隐士孙登,汲郡(治今河南卫辉)人,"无家属,于郡北山为土窟居之"[6]。北魏元弼,弃官"入嵩山,以穴为室"[7]。北方少数民族住毡帐的习俗,此时也传入中原。

居室内的器物有床、榻、几、案、屏风、步幛等。床以木制,也有以石、玉制

---

[1] 杨衒之著,范祥雍校注:《洛阳伽蓝记校注》卷四《城西》,上海古籍出版社1978年版,第206页。
[2] 魏收:《魏书》卷九十三《恩倖传》,中华书局1974年版,第2001页。
[3] 杨衒之著,范祥雍校注:《洛阳伽蓝记校注》卷四《城西》,上海古籍出版社1978年版,第205页。
[4] 房玄龄等:《晋书》卷四十三《山涛传》,中华书局1974年版,第1228页。
[5] 杜佑:《通典》卷三《食货三》引宋孝王《关东风俗传》,中华书局1988年版,第62页。
[6] 房玄龄等:《晋书》卷九十四《隐逸传》,中华书局1974年版,第2426页。
[7] 魏收:《魏书》卷十九上《济阴王传》,中华书局1974年版,第447页。

者,供坐卧。床上夏季铺席,冬季铺毯或褥,其上有承尘、帷帐。胡床是一种轻便坐具,形如马扎,东汉时由西域传入中原,魏晋时流行开来。榻专供坐,有独榻和连榻。还有遮目的屏风、步幛及帘。

4. 车舆出行

魏晋时期皇帝离开宫馆出行,有一套车舆卤簿制度。西晋皇帝出行,乘金根车,驾6匹骏马,属车81乘。皇太子和王公大臣所乘车辆的等级和数量都有严格规定。北魏孝文帝制作"五辂",辂车并驾5马。北魏后期规定皇太子乘金辂、驾4马,三公、宗室诸王乘高车、驾3马,其余依次递减。高级官员乘轺车。

魏晋时出行广泛使用牛车,牛取代马成为公私车辆的动力。公卿大臣乘牛车之风始于东汉末,西晋极为兴盛。石崇和王恺曾进行比赛,牛车先入洛阳城门者为胜。十六国北朝时牛车成为官员出行的主要交通工具。犊车从汉代的下层人士乘坐变为魏晋的上层士人乘坐,车上增加许多华美的装饰,名称有云母车、七香车等。此外,还有用于军事的高速车辆——追锋车,用于弋猎的槛车以及装载帝王贵臣尸体的辒辌车等。除牛车外,还有羊车、驴车、骡车。西晋武帝曾在宫中乘羊车。舆是一种没有车轮、以人力挑或抬的运输工具,有板舆、步舆等。辇则是用人力牵挽的车辆。

除乘车外,人们也骑马。马镫已经出现,安阳孝民屯十六国早期墓中出土有单马镫。

水路则乘舟船。三国魏时杜畿曾在孟津(今孟州东南)试验御用楼船,当地设有造船工场。洛阳一带的航运网东汉时已形成,城下漕渠"东通河、济,南引江、淮,方贡委输,所由而至"[①]。魏晋时洛阳城东有大仓,仓下运船,常有千计。西晋杜预奏表说:"长史刘绘循治洛阳以东运渠,通赤马舟。"[②]后赵石虎时曾造万斛舟,运送洛阳的铜驼到襄国(今河北邢台)。

[①] 郦道元著,陈桥驿校证:《水经注校证》卷十六《谷水注》,中华书局2007年版,第396页。
[②] 虞世南:《北堂书钞》卷一百三十七《舟部上》,《文渊阁四库全书》第889册,台湾商务印书馆1986年版,第696页。

三、婚嫁丧葬

魏晋南北朝时期中原地区的婚嫁和丧葬习俗,也有其时代特点。一是早婚。由于战争频繁,瘟疫流行,导致人口锐减,生产力严重缺乏,加上家族传宗接代、数世同堂的观念,形成了早婚早育的风气。西晋时束皙曾说:"男十六可娶,女十四可嫁。"①可见当时的婚龄较早。二是婚姻注重门第。魏晋时期的中原大族,都十分注重婚姻的门第,不与庶姓通婚,以保持自己华贵的门品和政治特权。三是财婚,即借婚嫁敛财。史称"近世嫁娶,遂有卖女纳财,买妇输绢,比量父祖,计较锱铢,责多还少,市井无异"②。这是一种买卖婚姻。四是冥婚。如魏明帝爱女淑卒,"取甄后从孙黄与之合葬,追封黄为列侯,为之置后,袭爵"③。冥婚实际上是对生者心理的一种安慰。此外,三国时袁准曾反对中表(表兄妹)之婚,但当时的近亲结婚亦不罕见。又有幼童婚及指腹为婚。由于时代局限,婚姻中存在诸多陋习。

魏晋时期的丧葬礼仪,基本依古礼而行。当时中原的丧葬,在曹操、曹丕父子倡导下形成俭薄之风。魏文帝曹丕作《终制》:"寿陵因山为体,无为封树,无立寝殿,造园邑,通神道。……为棺椁足以朽骨,衣衾足以朽肉而已。""无施苇炭,无藏金银铜铁,一以瓦器,合古涂车、刍灵之义。棺但漆际会三过,饭含无以珠玉,无施珠襦玉匣,诸愚俗所为也。"④在皇帝的提倡下,曹魏王公大臣多行薄葬。司马朗死,"布衣疏巾,敛以时服"。西晋帝室之陵墓,多从司马懿"不坟不树"的终制。但西晋朝廷多厚赐臣下之葬,故西晋达官显贵厚葬者亦有之。

由于魏晋南北朝人口大流移,人们的乡土观念颇重。侨置郡县以安置南迁之民,就是满足其怀念本土的情感和恢复旧井的希望。客死异乡者,家属多将其遗体归葬故乡。但是北魏孝文帝迁都洛阳后,出于与反对迁都的保守派斗争的需要,规定代郡(今山西大同)人迁至洛阳者,一律为洛阳人,死后不得归葬

---

① 徐坚等:《初学记》卷十四《婚姻第七》注引,中华书局1962年版,第353页。
② 颜之推撰,王利器集解:《颜氏家训集解》卷一《治家》,上海古籍出版社1980年版,第64页。
③ 司马光:《资治通鉴》卷七十二《魏纪四》,中华书局1956年版,第2275页。
④ 陈寿:《三国志》卷二《文帝纪》,中华书局1959年版,第81页。

代北。

当时葬俗的另一特点是夫妻合葬,后妃夫人要袝葬帝王。西晋司空郑袤妻曹氏要求郑袤前妻孙氏与其合葬,被传为美谈。孝文帝迁都洛阳后,规定代迁户夫妇合葬的原则:一是妇随夫葬;二是若欲合葬洛阳,亦可夫随妇葬;三是宁可两地葬,也不准男人归葬代北。

人死后,梳头沐浴,口填饭含,缠尸,佩玉,装敛并设灵堂祭奠。遇丧事,亲友要前往吊唁。丧主哭,客行礼。达官显贵有丧事,会葬者人数众多。父母死后,儿子要行丧礼。如河内山涛年逾耳顺,丧母,仍"居丧过礼,负土成坟,手植松柏"[1]。

四、岁时节令

元日为四时之首,也是国家的盛典。民间习俗,庭前燃放爆竹,进椒柏或屠苏酒、胶牙饧,造五辛盘,造桃板著户。朝廷则举行盛大的朝会。正月十五日亦为节庆,魏晋时已演变为灯节。自魏氏旧俗,以正月十五日夜为打竹簇之戏,有能中者,即时赏帛。晦日则到水边,操桨泛舟,临水宴乐,漂洗衣裙。

三月三日为上巳日。曹魏时将上巳日固定在三月三日,人们多到河水边,以祓除灾气。西晋时,会稽(今浙江绍兴)人夏统到洛阳,见上巳日洛阳城内"王公以下,莫不方轨连轸,并南浮桥边禊,男则朱服耀路,女则锦绮灿烂"[2]。

七月七日,有晒书、晒衣物的习俗。据记载,司马懿曾在这天晒书。陈留阮氏也在这天晒衣物。道北诸阮晒锦绣衣物,阮咸家贫,无衣可晒,便用竹竿挂一条大布围裙晒在院中。这天又是传说中牛郎、织女鹊桥相会之日,少女多乞巧。伏日也有酒食之会。

九月九日,朝廷举行重九宴会。当时菊花盛开,人们多采菊相赠。魏文帝曾采菊赠钟繇。

---

[1] 房玄龄等:《晋书》卷四十三《山涛传》,中华书局1974年版,第1225页。
[2] 李昉等编:《太平御览》卷三十《时序部·三月三日》引《夏仲御别传》,中华书局1960年版,第143页。

除夕为一年的最后一天,北朝时朝廷要举行大傩仪式。

此外,每年农历二月、八月要祠祀社稷先农,春祈秋报求得年谷丰登。祭祀社神多封土筑坛,坛上种社树。魏明帝时立帝社。晋武帝太康九年(288)诏令"社实一神,其并社之祀"。北魏立太社、太稷、帝社于洛阳宗庙之右,形制为方坛、四陛。逢社日群众多在社下集会。

第六章 隋唐时期的文化繁荣

从开皇元年(581)隋文帝杨坚建立隋朝,到唐哀帝李柷天祐四年(907)唐朝灭亡,是中国历史上的隋唐时期。隋、唐两朝均建都关中的长安(今陕西西安),而以关东的洛阳为东都。隋朝和唐朝前期国家统一,经济发展,国势昌盛,文化开放,中原经济文化高度发展。安史之乱以后,唐朝国力中衰,藩镇割据称雄,中原的社会经济呈现衰颓之势。

隋唐时期庶族地主逐渐崛起,代表其观念和利益、靠政能文才进身的士大夫在历史舞台上渐居主导地位。学校教育系统化,科举考试制度建立,为人才的培养、选拔创造了条件,新的文化队伍得以形成和壮大。政治和文化环境相对宽松,允许多种思想、学说、信仰并存,为思想文化的发展创造了良好的氛围,有利于文化的发展。

隋唐时期是中原文化的繁荣期。丝绸之路再度开通,中原地区与西域、东北亚的经济文化交流加强。玄奘到印度学习佛教,欧洲的祆教、景教传入中原。中亚、西亚的音乐、舞蹈、杂技相继传入,成为隋唐王朝乐舞的组成部分。朝鲜半岛和日本诸国仰慕中国的先进文化,派遣大批留学生、留学僧来到洛阳、长安,中原地区的佛教和儒学在东北亚传布。东都洛阳设有国子监诸学。隋炀帝初创科举考试制度,武则天率先在洛阳实行殿试和武举以选拔人才,为文化的兴盛奠定了基础。佛教逐渐中国化并与儒教、道教思想相融合。韩愈倡导新儒学,有"道济天下之溺"的盛名。唐代中原文学家集中涌现,诗歌、散文创作成就辉煌。杜甫被称为"诗圣",其诗作有"史诗"之誉。韩愈提倡"文以载道"、言贵独创,致力于散文写作,名列"唐宋八大家"之首。著名书法家褚遂良、颜真卿在中原留下了不少墨宝手迹。吴道子所绘佛道人物端庄秀丽,衣褶飘逸,被尊为"画圣"。苏轼说:"君子之于学,百工之于技,自三代历汉至唐而备矣。故诗至于子美,文至于韩退之,书至于颜鲁公,画至于吴道子,而古今之变,天下之能事毕矣。"①由此可见隋唐时期中原文化的繁荣。

第一节 隋唐时期的河南与河北道

隋代定都大兴城(今陕西西安),隋炀帝又营建洛阳作为东京,在中原地区设置18郡。唐代在黄河以北地区设河北道,黄河以南地区设河南道,以洛阳为东都,设河南府。其间一度将河洛地区从河南道分出,另设都畿道。中原道西部(含都畿道)与河北道南部,属于狭义的中原地区。隋唐时期河南作为都畿地区,经济恢复较快,有利于文化的发展。隋代至唐朝前期政治安定,经济高度发展,安史之乱以后藩镇割据称雄,经济衰退,文化也受到一些影响。

一、黄河河患的增加与生态环境的恶化

隋唐时期黄河下游河道的走向与魏晋南北朝时期相比没有太大改变。但是这条河道始于东汉的王景治河,至隋唐时期已行水日久,河患逐渐增加。在唐代的290年中黄河有21年发生决溢,平均13年多一次。黄河中游地区的河水漫溢多发生在河阳(今孟州)、怀州(今沁阳)一带,下游的决溢多发生在卫、郑、滑、汴、濮诸州,而以滑州(治今滑县)最多,在局部地区也有黄河改道的情况。

隋唐时期黄河下游地区大水频繁,灾情比较严重。唐代自贞观七年(633)到咸通十四年(873)的241年间,沿黄河诸州共有29年发生大水。其中仅唐玄宗开元年间(713—741)的29年中有7年发生大水。这些水灾的发生大多与黄河决口和漫溢有关。黄河支流发生的水患也不亚于干流。从贞观十一年(637)到咸通六年(865)的229年间,伊洛河流域有20年发生水灾。

---

① 苏轼:《书吴道子画后》,《苏东坡全集》卷九十八,北京燕山出版社1998年版,第5588页。

隋炀帝开凿大运河的目的是便利水上交通,客观上造成黄河水分流,可减少下游的水患,也是对黄河的变相治理。唐代河患的记载有所增加,但见于史书的治河活动却屈指可数。中原地区仅有元和八年(813)的黎阳(今浚县)界疏浚古黄河河道和咸通四年(863)滑州的徙流固堤。

中原地区的自然生态环境经过魏晋南北朝时期的修复,隋朝至唐朝中期尚好,唐朝后期则又趋于恶化。

隋炀帝时中原地区出现了一次人口高峰。由于平原地区耕地不足,开始大规模地毁山林辟田地,使天然植被遭到破坏。但隋唐之际的战争又导致人口减少。唐代前期中原地区人口密度不大,还存在不少荒地,于是朝廷在这一地区移民垦荒。

唐中期以前,中原地区河流交叉,湖泊众多。据《水经注》记载,南北朝时期黄淮平原的大小湖沼总数达 160 个左右,今郑州、商丘、徐州一线以南湖沼星罗棋布。其中的天然湖沼,如巨野泽、菏泽、雷夏泽、孟诸泽、圃田泽、孟泽、逢泽、牧泽、大芥泽、白羊泽、乌巢泽等,至唐代后期依然存在。莆田泽(今郑州东)方圆近 20 公里,孟诸泽(今商丘、虞城北)方圆 20 多公里。高陂、潼陂、葛陂、鸬鹚陂、百门陂等人工陂塘等,到唐代后期也依然存在。汴河水质清澈,两岸风光宜人。黄河、淇水间竹树密布。崤山、熊耳山苍松翠柏茂密,伊洛河水清见底,两岸竹树交映。但由于洛阳等城市建设和薪炭的需要,一些山区的森林被采伐。

唐代黄河下游平原不少地区有盐碱土分布。安史之乱后,盐碱土显著扩大。位于今河南省北部和河北省南部地区的相、魏、磁、洺四州,盐碱土的面积发展较快。

从南北朝后期到唐朝中叶,黄淮海平原气候略偏暖。唐天宝年间以后,黄淮海平原转入新的寒冷阶段。就降水而言,隋代以涝为主,38 年间有 5 年发生大雨,唐代雨水也偏多。

二、由安定到战乱的政局

隋朝地方设立郡、县两级行政机构,中原地区设置 18 郡,河南(治今洛阳)、弘农(治今灵宝)、荥阳(治今郑州)、梁郡(治今商丘睢阳区)、淮阳(治今周口淮阳区)、襄城(治今汝州)、颍川(治今许昌)、汝南(治今上蔡)、淮安(治今泌阳)、淅阳(治今淅川西南丹江水库内)、南阳(治今邓州)、淯阳(治今南召东南)、东郡(治今滑县城关镇)等13郡位于黄河以南,魏郡(治今安阳)、汲郡(治今浚县卫贤乡)、河内(治今沁阳)3郡位于黄河以北,弋阳(治今光山)、义阳(治今信阳)2郡位于淮河以南,凡150余县。仁寿四年(604),隋炀帝征调民工营建东都洛阳,作为其统治中心。

隋炀帝死后,洛阳被王世充盘踞,建国号郑。唐秦王李世民率军围攻洛阳,王世充降,中原归唐。唐显庆二年(657)以洛阳为东都。天授元年(690)武则天称帝,建大周,以洛阳为神都,后废周复唐。唐代的地方行政机构为州、县两级。唐太宗为加强地方的监察,根据山河自然形势划分全国为十道,许(治今许昌)、汴(治今开封)、宋(治今商丘)、滑(治今滑县城关镇)、陈(治今周口淮阳区)、豫(后改称蔡州,治今汝南)、洛(治今洛阳)、汝(治今汝州)、陕(治今三门峡)、虢(治今灵宝)等州属于河南道,驻汴州(今开封)。怀(治今沁阳)、相(治今安阳)、卫(治今卫辉)三州属于河北道,邓(治今邓州)、唐(治今泌阳)二州属于山南东道,光(治今潢川)、申(治今信阳)二州属于淮南道。玄宗开元二十一年(733),全国增加为十五道,将洛、汝、陕、虢四州从河南道中分出,怀州从河北道中分出,增设都畿道,驻洛阳,乾元元年(758)废。

天宝十四载(755)安史之乱爆发,中原成为主要战场,也是受害最严重的地区。唐后期方镇和节度使发展成为割据势力。驻相州(今安阳)的昭义镇、驻汴州(今开封)的宣武镇和驻蔡州(今上蔡)的淮西镇是河南的三大藩镇,而以淮西镇最为跋扈。唐末黄巢起义军先后三次进入中原,其将领朱温降唐,被封为宣武节度使,以汴州为基地,成为实力最强的方镇。

洛阳是隋唐两京之一,隋炀帝、唐高宗和武则天时期,洛阳实际上成为全国的政治中心。河南作为都畿地区,有较好的社会政治环境,为文化的发展提供了有利条件。

三、由繁荣到衰退的经济

隋炀帝大业年间(605—617),黄河中下游地区出现了第二个人口高峰,人口密度很大。大业五年(609)黄淮海平原地区民户数为517.2万户,占当时全国民户总数的49.3%。隋末的战乱使这一地区人口明显减少。唐王朝建立后经济开始恢复,人口平稳增长。至天宝元年(742),黄淮海平原民户数为336.3万户,占当时全国民户总数的37.5%。黄淮海平原地区的民户数约相当于大业年间的2/3。① 此后黄河中下游地区发生安史之乱,人口又大量减少。

隋朝和唐朝前期,中原地区是全国最富庶的地区。

隋、唐两朝都曾实行均田,小农多少得到一些土地。唐前期推行租庸调法,赋税徭役有所减轻。唐代在东都洛阳周围,西起虢州、陕州,东到汴州,兴修了一些水利工程,引黄河及其支流灌溉农田。黄河以北的丹沁灌区经过多次整修,灌溉效益良好。相州(治今安阳)开渠引水灌田以冲洗盐碱,改良土壤。农田水利的兴修和劳动人民的精耕细作,使黄河南北成为东都洛阳粮食消费及关中粮食补给的主要来源地区之一。唐玄宗的诏书说:"大河南北,人口殷繁,衣食之原,租赋尤广。"②中原生产的丝织品在数量和质量上都超过南方。官府手工业作坊中少府所属丝织作坊分工之细,织染技术之精,为江淮地区所不及。河南、河北二道的丝织品生产位居全国第一。③宋州(治今商丘睢阳区)出产的绢被列为全国第一等。陶瓷生产也有较高的水平。洛阳一带的制陶工匠已经掌握了陶器施釉技术,能烧制为人艳称的唐三彩。

隋唐时期中原地区水陆交通便利。隋炀帝组织民众,开凿了一条沟通南北的大运河,在中原地区主要是通济渠和永济渠。通济渠先从洛阳西苑引谷水和洛水进入黄河,又"引河通淮",疏浚、整修板渚(今荥阳牛口峪)至浚仪(今开封)之间的汴渠故道,在浚仪以东新开渠直趋东南,于盱眙入淮,与邗沟、江南河连通。永济渠引沁水,"南达于河,北通涿郡(今北京)"④。大运河以洛阳为中心,北抵涿郡,南达余杭(今浙江杭州),全长约2400千米,是南北交通的大动脉。唐代不断对运河进行整修维护,以利漕运。

---

① 邹逸麟主编:《黄淮海平原历史地理》,安徽教育出版社1993年版,第233—235页。
② 唐玄宗:《谕河南河北租米折留本州诏》,《全唐文》卷三十一,中华书局1983年影印,第346页。
③ 张泽咸《唐五代赋役史草》称:"隋及唐初盛产蚕丝者三区:一是河南河北道,二是巴蜀,三是吴越,及唐代淮南、江南二道东端之地。三区之中,以前二区为重要。"但是,"巴蜀丝织品的质量总的趋势比河南、河北道所产为差"。中华书局1986年版,第35页。
④ 魏征等:《隋书》卷三《炀帝纪上》,中华书局1973年版,第70页。

黄河干流是连接关中和关东地区的重要水上运输线。但是洛阳至潼关段多险阻,三门峡和八里胡同峡行船困难。开皇十年(590)隋文帝"诏凿砥柱",对三门峡河段进行治理。显庆元年(656),唐高宗发卒6000人"开砥柱三门,凿山架险"①,修栈道拉船。开元二十九年(741),陕郡太守李齐物在砥柱北凿石为"月河",称"开元新河",使航船避开三门峡险段。

隋唐时期中原地区商业繁荣。洛阳是当时重要的商贸城市,城中有三市:其中大同市东临通济渠,停泊的舟船常数以万计。丰都市有120行、3000多个店铺。汴州(治今开封)水陆所凑,舟车所会,商旅如云,人庶浩繁,也是一个重要的商业都会。

隋唐前期中原经济迅速恢复和发展,是全国经济最发达的地区。唐长孺说:"毫无疑问,农业和丝纺织业这两大项,南北朝以至唐代前期北方都居于领先地位,因而尽管南方经六朝的显著发展,但经济中心仍在北方。"②强大的经济基础为这一时期的文化建设提供了物质基础和保证。

第二节　哲学与新儒学思想

隋唐时期中原的思想家有姚崇、李筌、韩愈、刘禹锡等。姚崇持无神论。李筌融合道家和兵家学说,形成自己的哲学和军事思想。韩愈倡导新儒家的道统学说,成为中唐时期反佛的代表。刘禹锡具有进步的自然观。

一、姚崇的无神论和李筌的哲学思想

姚崇(650—721),原名元崇,陕州硖石(今三门峡陕州区硖石乡)人,历任

---

① 王溥:《唐会要》卷八十七,上海古籍出版社1991年版,第1891页。
② 唐长孺:《魏晋南北朝隋唐史三论》,武汉大学出版社1993年版,第366页。

武则天、睿宗、玄宗三朝宰辅,是对唐代政局有影响的政治家和思想家。其《遗令》说:"死者无知,自同粪土。何须厚葬,使伤素业。若也有知,神不在枢。"认为人死后,精神不再存在,反对厚葬。他反对佛教,指出"夫释迦之本法,为苍生之大弊",曾上书请求隐括僧徒,使伪滥者还俗。他认为佛教宣扬的因果报应说完全是无稽之谈:"生前易知,尚觉无应。身后难究,谁见有征。""修福之报,何其蔑如。"他用大量事实证明,皇帝佞佛,无益于国,个人奉佛,难以长命富贵,大可不必写经造像为死者祈福:"且死者是常,古来不免。所造经像,何所施为?"[1]姚崇反对神学天命论。玄宗时他破除山东、河南等地禳祭蝗虫的迷信习俗,批判灾变迷信观点。

李筌,约为唐玄宗时人,里籍无考,曾隐于登封少室山,号称"少室布衣",著有《阴符经疏》和兵书《太白阴经神机制敌》,反映了他的哲学思想。

关于宇宙的起源,李筌说:"天者,阴阳之总名也。阳之精气轻清,上浮为天;阴之精气重浊,下沉为地,相连而不相离。""天地则阴阳之二气,气中有子,名曰五行。五行者天地阴阳之用也,万物从而生焉。万物则五行之子也。"[2]就是说,天地为阴阳二气所构成,五行(金、木、水、火、土)是二气的产物,万物又由五行产生。五行之气是客观存在的物质,其运行不以人的意志为转移。人们了解并掌握其规律,即可免于灾害。

关于自然变化与社会治乱的关系,李筌说:"天地悬日月以照善恶,垂列宿以示吉凶,皆道德自然之理矣。""为君有道,政理均和,主信臣忠,百姓戴上,虽有水旱,不能为灾也。"[3]他认为天地、万物与人之间是矛盾又统一的关系,顺应自然之理就吉利。在天时、地利、人谋三者关系中,更注重人谋。他发展了仲长统的"人事为本,天道为末"的思想,认为迷信阴阳、占卜,依靠天命鬼神,只能导致败亡。他说:"智主法人而伯(霸),乘天之时,因地之利,用人之力,乃可富强。"[4]"地诚任,不患无财;人诚用,不畏强御。"[5]就是说,贫富不是天生不变的,而是取决于主观努力。李筌不把人的贫富归于天命,不把国家的强弱委之于命

---

[1] 刘昫等:《旧唐书》卷九十六《姚崇传》,中华书局1975年版,第3027、3028页。
[2] 李筌:《阴符经疏》卷上,钱锡祚辑:《守山阁丛书》第18函,第1页。
[3] 李筌:《阴符经疏》卷下,钱锡祚辑:《守山阁丛书》第18函,第7页。
[4] 李筌:《太白阴经》卷一《人谋上·术有探必》,《丛书集成初编》第943册,第20页。
[5] 李筌:《太白阴经》卷一《人谋上·国有富强》,《丛书集成初编》第943册,第11页。

定,力图从人类本身和社会内部寻求、说明社会的原因,他的社会历史观具有进步性。

李筌认为战争的胜负取决于双方力量的对比,强大者胜。虽然地形对战争很重要,但必须充分发挥人的主动作用。他说:"兵因地而强,地因兵而固。"[1]"地之险易因人而险,因人而易。"[2]地理险阻不是战争胜负的决定因素。他又强调形势是由人造成的,战和不战"制在于人"。要善于利用一切有利形势,掌握主动权。"制人之术,避人之长,攻人之短;见己之所长,避己之所短。"[3]化敌人的优点为弱点,变自己的弱点为优点。李筌的军事辩证法思想,继承和发展了《孙子兵法》的辩证法和朴素唯物论思想,强调人的主观能动作用,具有一般认识论和方法论的哲学意义。

二、刘禹锡的自然观

刘禹锡(772—842),字梦得,洛阳人,生于江南,唐代著名的思想家和诗人。贞元九年(793)进士,历官太子校书、监察御史等,因参与永贞革新被贬外放,任地方官多年,晚年转汝州刺史、太子宾客、分司东都,加检校礼部尚书,故人称刘宾客,有《刘梦得文集》。

刘禹锡继承先秦以来的思想传统,补充柳宗元《天说》的思想,对有神论展开批判。其《天论上》说:"天,有形之大者也;人,动物之尤者也。"[4]他批判了佛教和玄学家把"空"或"无"当作世界本体的观点。《天论中》说:"若所谓无形者,非空乎?空者,形之希微者也。为体也不妨乎物,而为用也恒资乎有,必依于物而后形焉……乌有天地之内有无形者邪?"[5]刘禹锡认为:"空"不是超越物质形体之外的独立存在,而是物质形体的一种表现形态,宇宙万物是一个生长发展的自然过程。《天论下》说:"天之有三光悬寓,万象之神明者也,然而其本

---

[1] 李筌:《太白阴经》卷二《人谋下·地势》,《丛书集成初编》第943册,第39页。
[2] 李筌:《太白阴经》卷一《人谋上·地无险阻》,《丛书集成初编》第943册,第5页。
[3] 李筌:《太白阴经》卷一《人谋上·术有探必》,《丛书集成初编》第943册,第4—5页。
[4] 瞿蜕园笺证:《刘禹锡集笺证》卷五《论上》,上海古籍出版社1989年版,第139页。
[5] 瞿蜕园笺证:《刘禹锡集笺证》卷五《论上》,上海古籍出版社1989年版,第143—144页。

在乎山川五行。浊为清母,重为轻始。两位既仪,还相为庸。嘘为雨露,噫为雷风。乘气而生,群分汇从。植类曰生,动类曰虫。"①以地的物质性来论证天的物质性,这是刘禹锡对天地形成的朴素的论述。万事万物"乘气而生",山川、雨露雷风、植物动物,直至人类,都是气在阴阳交互运动中产生的。由此而产生的事物,各有特性,从而产生无穷无尽的事物。这体现了刘禹锡的朴素辩证法观点。

关于客观世界的发展变化,刘禹锡提出"理""数""势"三个重要的哲学范畴。他认为"理"是贯串于事物发展过程的规律,"数"是事物存在及其规律的必然性,"势"是事物发展的客观趋势。三者都是本身固有的不以人的意志为转移的客观原则。万事万物都受"理""数""势"的支配。当然刘禹锡的"理""数""势"的观念,仍带有宿命论倾向,包含有人类无法掌握的命运的因素。

刘禹锡继承荀子的自然观,提出"天人交相胜"说,即自然界和人类社会各有自己的特殊规律,它们之间既相互区别又相互作用。这是刘禹锡在无神论的发展上的突出贡献。其《天论上》说:"天之能,人固不能也;人之能,天亦有所不能也。"因此他说:"天与人交相胜耳。"他认为人和天的区别在于:"天之道在生植,其用在强弱;人之道在法制,其用在是非。"②就是说:生物界只有强弱竞争,没有是非可言;人类社会,却有礼法制度所规定的"是非"作为行动准则。自然现象和社会现象各有自己的独特法则。天的职能是"生万物",人类的社会职能是"治万物",对万物加以利用改造。春耕夏耘,秋收冬藏,斩木穿山,冶炼金属,建立礼法和社会制度,制定赏罚标准,禁止强暴,崇尚功业。这是对荀子的"制天命而用之"的思想及礼、法等社会政治思想的继承和丰富。"人能胜乎天者,法也。""福兮可以善取,祸兮可以恶召,奚预乎天邪?"③法大行,则人能胜天,法大弛,则人不能胜天。他的"人诚务胜乎天"的思想,是对荀子"人定胜天"思想的继承,"能执人理,与天交胜"的观念是他对自然和社会现象深刻观察思索的结晶。

刘禹锡又为天命或天神信仰的流传、宗教的产生寻找认识根源。《天论上》说:"生乎治者人道明,咸知其所自,故德与怨不归乎天。生乎乱者人道昧,不可

---

① 瞿蜕园笺证:《刘禹锡集笺证》卷五《论上》,上海古籍出版社 1989 年版,第 145 页。
② 瞿蜕园笺证:《刘禹锡集笺证》卷五《论上》,上海古籍出版社 1989 年版,第 139 页。
③ 瞿蜕园笺证:《刘禹锡集笺证》卷五《论上》,上海古籍出版社 1989 年版,第 139 页。

知,故由人者举归乎天。"①"人道明",有公是公非,赏罚得当,不会产生有神论;"人道昧",是非赏罚无定,吉凶祸福不可知,方产生有神论。总之,当规律未被认识时会产生有神论,当人们认识规律后就会对有神论产生怀疑。

三、韩愈的新儒学思想

韩愈(768—824),字退之,河阳(今孟州西)人,郡望昌黎,故称韩昌黎。早年曾任四门学士、监察御史,元和年间任中书舍人、太子右庶子。从宰相裴度平淮西之乱,因功升刑部侍郎。以论佛骨被贬外放,征为国子祭酒,迁兵部侍郎、吏部侍郎、京兆尹。他是唐代著名的思想家、古文运动的领导者。苏轼称韩愈"文起八代之衰,道济天下之溺"②,对于韩愈的历史地位给予高度评价。其著作保存在《韩昌黎集》中。

韩愈是新儒学的倡导者。他为确定儒说的正统地位,创造了圣人相传的道统。其《原道》说:"斯吾所谓道也,非向所谓老与佛之道也。尧以是传之舜,舜以是传之禹,禹以是传之汤,汤以是传之文、武、周公,文、武、周公传之孔子,孔子传之孟轲,轲之死,不得其传焉。"又对道的意义作出规定:"博爱之谓仁,行而宜之之谓义,由是而之焉之谓道,足乎己,无待于外之谓德。""凡吾所谓道德云者,合仁与义言之也,天下之公言也。"③他认为先王学说的中心是仁、义、道、德。他从道统立场出发,把当政者为缓和社会矛盾所采取的恩赐理念称作"仁",符合这种道德标准的行为叫作"义",能够推行仁义者称为"圣人"。韩愈引证《大学》的治国平天下的封建社会关系与道德修养原则同佛教的出世学说相对抗,《原道》篇引:"《传》曰:'古之欲明明德于天下者,先治其国;欲治其国者,先齐其家;欲齐其家者,先修其身;欲修其身者,先正其心;欲正其心者,先诚其意。'"④儒家讲正心诚意是为齐家治国,佛教虽同样"欲治其心",却"外国家天下,灭其天常"。他阐明了儒、佛的区别与佛教的局限。

---

① 瞿蜕园笺证:《刘禹锡集笺证》卷五《论上》,上海古籍出版社 1989 年版,第 140 页。
② 苏轼:《韩文公庙碑》,《经进东坡文事略》卷五十五,中华书局香港分局 1979 年版,第 878 页。
③ 魏仲举集注:《五百家注韩昌黎集》卷十一《杂文》,中华书局 2019 年版,第 676、673 页。
④ 魏仲举集注:《五百家注韩昌黎集》卷十一《杂文》,中华书局 2019 年版,第 675 页。

韩愈把经学研究重点引向心性问题。在人性论问题上,韩愈继承和发展了董仲舒的性三品说。其《原性》篇说:"性之品有上中下三。上焉者,善焉而已矣;中焉者,可导而上下也;下焉者,恶焉而已矣。"①性的生命是五德,即仁、义、礼、智、信,人人都具有,但又存在差异,可分为上、中、下三等。上品的人性以一德为主,但也通于其他四德;中品人性对于某一道德有所不足或有所违背,其余四德也有不足或不合;下品的人性一德既反,对其余四德不合。韩愈对性情也作了界定。《原性》篇说:"性也者,与生俱生也;情也者,接于物而生也。性之品有三,而其所以为性者五;情之品有三,而其所以为情者七。"②认为人情也有三品:上品情的发动符合道德原则;中品情的发动有过与不及,但又合乎道德准则的要求;下品情的发动违背道德标准。通过教育,上品之性可以"就学而愈明",下品之性能"畏威而寡罪"。韩愈的性三品说,鞭辟入里地阐明善恶根源于性,而表现为善恶实由于情。一方面承认人性有差别,另一方面强调"上者可学而下者可制"和按照封建道德标准改造中品人性的可能性,重申用道德控制人性的必要性。韩愈反对佛教宣扬所谓灭情以见性的出世观点,认为在伦常关系中才能使情"动而处其中",因情以见性。

韩愈的排佛论见于《谏佛骨表》,其要点是佛乃夷狄之法,不合中国先王之教;佛教入中国后,乱亡相继,运祚不常;天子奉佛,百姓竞效,伤风败俗。因此主张将佛骨投之水火。韩愈之所以反对佛、老,主要是因为他们破坏了封建的君臣、父子和夫妇等伦常关系。他在民族文化、学术传统、理论体系等方面对佛教进行批判。但是韩愈不是以无神论反对佛教,因而他反佛教的现实意义大于思想学术意义。

韩愈在反对佛教学说的同时,正面提出代替佛教的新儒学理论,对北宋理学家有很大影响。

---

① 魏仲举集注:《五百家注韩昌黎集》卷十一《杂文》,中华书局2019年版,第682页。
② 魏仲举集注:《五百家注韩昌黎集》卷十一《杂文》,中华书局2019年版,第682页。

第三节　佛教、道教的兴盛与三夷教的传入

隋唐时期佛教在中原传播已久,形成了许多宗派,已经实现中国化,在唐高宗、武周时期最为兴盛。道教在李唐统治者的尊崇和倡导下,也处于鼎盛状态。隋唐时期是一个经济文化开放的时代,西方的摩尼教、祆教和景教陆续传入中原。

一、佛教的兴衰与佛教宗派的形成

继南北朝佛教迅速发展之后,隋唐时期中原佛教趋于极盛。在建寺、度僧尼、凿窟造像、佛事活动方面均呈现盛况,佛经翻译和佛学著述讲论蔚成风气,名僧众多,佛教宗派形成。这一时期印度佛教被中国文化所同化,已成为中国佛教。

隋文帝改变了北周武帝的灭佛政策,中原佛教有所恢复。唐秦王李世民平定王世充时得到少林寺僧兵的支持,于是屡对该寺进行褒扬、封赐。他即帝位后,下诏在战地立寺。玄奘从印度归来,唐太宗李世民在洛阳召见,大力支持玄奘的译经事业,亲自为新译佛经写《大唐三藏圣教序》,高宗李治也写有《述圣序》。及武则天专权,僧人怀义、法朗著《大云经疏》为她改朝换代提供根据,武则天下令各州建大云寺,颁《大云经》,度僧千人;又扩建洛阳白马寺,造夹纻大佛像,在宫城内修建天堂,开凿龙门石窟奉先寺。中原地区佛教达到极盛。早在北齐文宣帝天保六年(555),始在浚仪(今开封)创建建国寺,后毁于兵燹。唐朝前期,僧人慧云重建建国寺,并铸造弥勒佛像。适逢相王李旦称帝,是为睿宗,遂赐名相国寺。其内有排云阁、普满塔,吴道子的壁画和杨惠之的雕塑,可谓塔庙崇丽。唐代后期武宗灭佛,下令上都、东都两街各留二寺,每寺留僧30人,余皆还俗,各节度、州所在地留一寺,保留僧尼5至20人不等。中原地区不

少寺庙被拆毁、佛像钟磬被销毁铸钱,僧尼还俗。

隋朝在东都上林苑立译经馆,由彦琮主持。武周证圣元年(695),于阗(今新疆和田)人实叉难陀(652—710)携《华严经》至洛阳内廷大遍空寺,于圣历二年(699)完成《华严经》八十卷的新译。南天竺(今印度)人菩提流志(?—727)于长寿二年(693)来洛阳,在佛授记寺译《宝雨经》。从神龙二年(706)开始编译《大宝积经》,这是一本泛论佛教法门的书。武则天时洛阳人房融入朝为官,通晓佛经,精于梵语,与天竺名僧般剌、密谛共同译出《首楞严经》。开元四年(716)中天竺沙门善无畏来华,十年后在洛阳奉先寺译出《大日经》。

隋唐中原地区佛教的宗派主要有禅宗、法相宗、律宗和密宗,高僧主要有玄奘、神会、神秀、怀素、智周等。

玄奘(600？—664),俗姓陈名祎,洛州缑氏(今偃师缑氏镇)人,唐代杰出的高僧、佛教学者。贞观三年(629)西行,历尽艰险,到达天竺那兰陀寺(今印度比哈尔邦巴腊贡),向高僧戒贤学习佛法,曾在曲女城无遮大会上讲论。贞观十九年(645)携佛经梵本657部和佛像、法器回到长安,从事佛经翻译19年,共译经论75部,1335卷。他与鸠摩罗什、真谛并称为中国佛教三大翻译家。

玄奘是法相宗(又名唯识宗)的创始人,他所编译的《成唯识论》和弟子窥基所著的《成唯识论记述》,是这一派的代表性经典。唯识宗的理论核心是八识三自性说。他们把"识"作为世界的本原,认为世界万物都是由"识"变现出来的。"识"有八种,即眼、耳、鼻、舌、身、意、末那、阿赖耶。前六识类似我们所说的感觉、知觉和思维,具有辨别作用。末那识能够思考和度量,起维持前六识和第八识的联系作用。阿赖耶是八识中最根本的一种,具有主宰一切的作用。它是前七识的共同依据,叫作"根本依"。所谓三自性,一是依他起性,即一切依因缘而生;二是遍计度执著我,法为实有;三是圆成实性,即排除虚妄、分别,体认唯识无境,这就是圆满成就的中道实相。唯识宗坚持"一切唯识",否认客观世界的独立存在,把事物说成是主观意识所产生的幻象,用宗教的烦琐哲学,论证人们成佛升天必须忍受现实的苦难,放弃对不合理的现实的斗争。

智周是继窥基、慧沼之后的法相宗三世祖,称"濮阳大师",著有《成唯识论演秘》《因明入正理论前记、后记》等。他在濮阳报城寺传授法相宗教义,对因明学也有补充。新罗僧人智凤、智鸾、智雄,日本僧人玄昉都曾师从他学法。

禅宗的出现是印度佛教中国化的标志。禅宗产生于嵩山少林寺,奉达摩为始祖。道信(580—651),本姓司马,河内沁阳(今属河南)人,后移居蕲州广济(今湖北武穴梅川镇),是禅宗四祖,著名高僧。他在少林寺拜师求佛,得其传法。唐太宗四次诏请他入宫,赐号"大医禅师"。道信于湖北黄梅破头山弘法34年,传法于弘忍。道信的佛学思想主要是:一、主张"心净即佛土""心即佛"。认为只要坚持念佛,就能使躁动的心灵安定下来,去除攀缘之心,最终达到一种与佛同体的平等不二的心理境界,这就叫正法,也叫净土,即佛教追求的最高境界。二、强调坐禅摄心,即独居一处,端身正坐,放身纵体,腹气出尽,清虚恬静。于静处直观身心,摈弃一切感觉妄想。三、发心自悟。道信认为"学者有四种人",一种是靠行为求解脱,但不能用智慧使自己得到证明的"下下人";一种是有行为有智慧,也不能证明自己的"中下人";再一种是没有行为只有智慧,不能自证的"中上人";最后是有行为有智慧有自证能力的"上上人"。真正有慧根之人不需要烦琐的步骤,就能得到"定慧一体"的自悟。这种玄妙的修行路径暗示了一种更直接更超绝的解脱之道。在修行方式上,道信不主张四处游化,倡导定居寺院,潜心苦修。他传法甚严,世称"东山法门"。

神秀(?—706),俗姓陈,汴州尉氏(今属河南)人,禅宗北宗创立者。他少览经史,博学多闻。隋末出家投师于禅宗五祖弘忍门下,学成后广传禅法,从学者众多。神秀颇受武则天、中宗和睿宗的礼遇,赐号"大通禅师"。久视元年(700)武则天请他入京,成为"两京法主,三帝门师"。神秀在北方传"渐悟"禅学,故称"北宗",其掌门弟子为普寂、义福等。

神会(684—758),俗姓高,襄阳人,慧能弟子。慧能死后常住南阳,传慧能禅法。在开元十八(730)、十九、二十年滑台(今滑县东南)举行的无遮大会上,树南宗宗旨,攻击神秀"传承是傍,法门是渐",立慧能为六祖,始判南北宗。后来神会入居东都荷泽寺,使新禅法大播于两京。

唐初,法砺居相州(治今安阳),著《四分律疏》20卷,称"相部律宗"。

法藏(643—712),康居(今乌兹别克斯坦)人,祖父侨居长安(今陕西西安)。法藏依智俨出家具戒,习《华严经》,后传扬师说。曾为武后授具足戒,赐号贤首。又参与译《八十华严》。圣历二年(699)新译成,受诏在洛阳佛授记寺宣讲,深得武后赏识。他在智俨的基础上进一步系统梳理华严学理,从此立宗。法藏的判教论以小乘教、大乘始教、终教、顿教、圆教等"五教"为中心,又有"十宗"等说作为补充。法藏根据他特有的缘起法建立法界论。华严宗在武周时备受崇重,盛极一时。

二、道教的兴盛与著名道士

隋炀帝对道教采取扶持、利用的政策。"炀帝迁都洛阳,复于城内及畿甸造观二十四所,度道士一千一百人。"①隋炀帝为求长生,令嵩山道士潘诞为他合炼金丹,为潘诞建嵩阳观,筑华屋数百间,给童男女各120人充给使。茅山宗领袖王远知到中原布道,隋炀帝在洛阳为他设"玉清玄坛"。赵州赞皇(今属河北)人潘师正,隋大业年间度为道士,王远知收潘师正为徒,传播茅山宗道教,为茅山宗十一代宗师。潘师正初居茅山,后移居嵩山逍遥谷50余年,为茅山宗在北方的发展做出了贡献。唐高宗在洛阳召见他,在嵩山为他修崇唐观、精思观。其弟子刘道合,陈州(治今周口淮阳区)人,曾为高宗炼丹,得高宗尊礼,在嵩山为他建太乙观。活跃于中原地区的道教宗派主要是茅山派。嵩山、王屋山是茅山宗的传道基地,遂成为道教名山。

唐代皇帝以老子为先祖,尊崇道教,中原道教更为兴盛。贞观十一年(637)七月唐太宗诏令"修老君庙于亳州","给二十户享祀焉"。② 老子庙在亳州谷阳县(今河南鹿邑太清宫)。唐高宗尊奉老子为太上玄元皇帝,并立祠庙祭祀。乾封元年(666)二月己未,唐高宗泰山封禅返京途中,亲自到亳州谷阳县老君庙祠祀老子,为庙置令、丞,改谷阳县为真源县。唐玄宗于开元二十九年(741)正月,制令"两京、诸州各置玄元皇帝庙并崇玄学,置生徒,令习《老子》《庄子》《列子》《文子》,每年准明经例考试"③。洛阳积善坊的玄元庙建筑富丽堂皇,雄伟庄严。

中原地区著名的道教学者和道士有成玄英、司马承祯等。

成玄英(608—669),字子实,陕州(治今三门峡)人,号西华法师。他曾注《老子》,名《道德真经义疏》;又注《庄子》30卷,名《南华真经注疏》,大旨仍承

---

① 杜光庭:《历代崇道记》,《中华道藏》第十一册,华夏出版社2014年版,第1—2页。
② 刘昫等:《旧唐书》卷三《太宗本纪下》,中华书局1975年版,第48页。
③ 刘昫等:《旧唐书》卷九《玄宗本纪下》,中华书局1975年版,第213页。

向秀、郭象《庄子注》旧义而有所发挥,重视训诂,杂有佛教思想。成玄英认为道是万物之本原。他用"重玄"释道,形容道体的玄妙,肯定"道之根本"的存在。

司马承祯(655—735),字子微,法号道隐,河内温县(今属河南)人,为茅山宗十二代宗师。他先在嵩山师从潘师正修道,又遍游名山,终隐于天台山玉霄峰。武则天、睿宗、中宗对他恩礼倍加。玄宗让他"于王屋山自选形胜,置坛室以居焉"。他"在王屋山所居为阳台观",玄宗"亲自题额,遣使送之。赐绢三百匹,以充药饵之用"。[①] 司马承祯善篆、隶书法,奉命用三体书写《老子》《坐忘论》等。玄宗刊定《老子经》正文,赐承祯号"真一先生"。司马承祯不重视炼丹、服食、法术变化的神仙方术,而侧重道教的宗教理论的研究。他以"摈见闻、去知识"为唯一修炼方法,认为修炼主要在修心,修心在于主静。"静"是产生智慧的根源,"动"则导致昏乱。他教人去动守静。《坐忘论》是谈修道方法的著作,分为"诚信""断缘""收心""简事""真观""泰定""得道"七个部分,也就是修道的七个阶次。《收心》讲其具体办法是:"学道之初,要须安坐,收心离境,住无所有,不著一物,自入虚无,心乃合道。"[②]司马承祯认为,要达到应物而不为物累,必须把宗教认识论和本体论紧密结合起来,即所谓"坐忘""收心"。这一理论成为周敦颐《太极图说》的"无欲故静"的"主静"学说的先驱。司马承祯的弟子李含光,开元十七年(729)在王屋山随司马承祯学道,又居嵩阳观20余年,再居阳台观,为唐玄宗敬重,赐号玄静先生,是茅山宗十三代宗师。

中晚唐中原藩镇割据称雄,战乱不已,中原道教处于低潮。

三、祆教、摩尼教和景教的传入

祆教是古波斯(今伊朗)琐罗亚斯德创立的宗教。它以火为圣洁,奉火为善神的象征,故又称火教或拜火教。其神庙称祆祠或大秦寺。祆教于南北朝时传入中国,唐代大为流行,朝廷曾置祆正。祆教在中原的传播以洛阳为中心。"两

[①] 刘昫等:《旧唐书》卷一百九十二《隐逸传》,中华书局1975年版,第5128页。
[②] 司马承祯:《坐忘论》《收心》,《道藏》第22册,文物出版社、上海书店、天津古籍出版社1988年版,第893页。

京及碛西诸州火祆,岁再祀,而禁民祈祭。"①东都洛阳会节坊、立德坊和汴州皆有祆祠。"河南府立德坊有胡祆神庙。每岁商胡祈福,烹猪羊,琵琶鼓笛,酣歌醉舞"②,表演幻术。

摩尼教是波斯人摩尼创立的宗教,它宣扬光明与黑暗对立为善恶的本原。摩尼为明的代表,故摩尼教又称明教、明尊教。此教晋朝传入中国,唐代广泛传播。武则天时,波斯拂多诞持摩尼教《二宗教》(明与暗)来朝。摩尼教多在长安、洛阳及西域商人中流行。唐宪宗时在洛阳建摩尼寺。

景教是基督教的支流,5世纪初由聂斯托良所创。唐贞观年间,波斯(今伊朗)人阿罗本携景教经典入住长安,其信徒多为来华的西域人,流传地区为长安、洛阳。玄宗天宝四载(745)诏令波斯寺改称大秦寺。2006年洛阳出土一件唐代景教经幢,顶端影雕十字架符号及其左右配置的天神形象,中段刻《大秦景教宣元至本经》《大秦景教宣元至本经幢记》等。景教于会昌五年(845)与佛教同时遭到禁绝。

第四节 骄人的学术成果

隋唐统治者尊崇佛教、道教,儒学发展处于中衰状态。怀州河阳(今孟州西)人韩愈极力"攘斥佛老",倡导新儒学,致力于儒学的复兴,有"道济天下之溺"的盛名。在中原地区,徐文远、郑覃的经学值得称道。此外,李延寿、吴兢和刘知几在史学领域取得显著成就。地理学方面,有《区域图志》和《大唐西域记》面世,目录学和音韵学也有新进展。

---

① 欧阳修、宋祁:《新唐书》卷四十六《百官志一》,中华书局1975年版,第1195页。
② 张鷟:《朝野佥载》卷三,《文渊阁四库全书》第1035册,台湾商务印书馆1986年版,第244页。

一、徐文远、郑覃的经学

隋唐统治者采用儒、释、道三教调和的政策,儒学的发展受到一定制约,处于相对中衰期。但也孕育着新的改变,有关性理等命题开始得到重视,以意说经、通经致用的新学风逐渐兴起。唐代中原地区经学在北朝的基础上有所发展。东都洛阳设有国子监诸学,以传授经学为主。徐文远、郑覃等是当时的著名经学家,韩愈及其弟子李翱则将经学推向性理方向。

徐文远(550—623),洛州偃师(今属河南)人,博览五经,尤通《春秋左氏传》。隋开皇年间迁太学博士,大业初任国子学博士。隋末被越王侗署为国子祭酒,后被唐将俘送长安,授国子博士。著作有《左传音》3卷、《义疏》16卷。

武则天、玄宗时期,学术上出现了怀疑、批判的思潮,元行冲是推动者之一。元行冲(653—729),河南(今洛阳)人,博学多通,犹善音韵训诂。开元年间任大理卿、国子祭酒、弘文馆学士,不遵章句之学,力求创新和经世致用,著有《孝经义疏》。开元十四年(726)与范行泰、施敬本根据魏征《类礼》,整编《礼记义疏》50卷,颇有新意。

唐后期有郑覃(?—842),郑州荥泽(今郑州古荥镇)人,大和年间拜工部侍郎,迁尚书右仆射,兼判国子祭酒,同平章事,长于经学,稽古守正。大和四年(830)上奏:"经籍讹谬,博士相沿,难为改正。请召宿儒奥学,校定六籍,准后汉故事,勒石于太学,永代作则,以正其阙。"[①]文宗应允。郑覃遂与周墀、崔球、张次宗、温业等校订九经文字。开成二年(837),以楷书写《易》、《书》、《诗》、"三礼"(《周礼》《仪礼》《礼记》)、"三传"(《左传》《公羊传》《穀梁传》)、《论语》、《孝经》、《尔雅》刻于石,称"开成石经",现存西安碑林。郑覃为经文的统一做出了杰出贡献。

[①] 刘昫等:《旧唐书》卷一百七十三《郑覃传》,中华书局1975年版,第4490页。

二、李延寿、吴兢、刘知几的史学成就

隋唐时期史学得到较大发展,一是官修史书制度的确立,二是新的史学著作出现。洛阳曾设史馆,中原史家李延寿、吴兢等颇多建树,刘知几的《史通》也在洛阳写成。

李延寿,字遐龄,唐初相州(治今安阳)人。太宗、高宗朝兼修国史,曾修《五代史志》《晋书》,撰写《太宗政典》。其突出成就是以一人之力,历时16年,整理宋、齐、梁、陈、魏、北齐、北周、隋八代史事,补官书之缺而删其繁,正分主之失而分其贯,撰成《南史》80卷、《北史》100卷。该书阐明政治得失,褒贬恰当,事详而文省。比南北朝"八书"叙事简净,条理分明,史事翔实可信,受后世推崇。其体例为薛居正《旧五代史》和欧阳修《新五代史》所采用。

吴兢(670—749),字西斋,汴州浚仪(今开封)人,博通经史。武则天时以史才被宰相魏元忠推荐为近侍,中宗时与韦承庆、崔融、刘子玄撰成《武则天实录》。他又私撰《唐书》《唐春秋》,未就,有《齐史》10卷、《唐书备阙记》10卷、《中宗实录》20卷、《睿宗实录》5卷。玄宗时贬为荆州司马,以史稿自随。吴兢号称"良史",所撰史书仅存《贞观政要》10卷,记贞观年间唐太宗与房玄龄、杜如晦、魏征等人的问答及有关谏诤事迹,涉及唐初立国方针、为君之道、任贤纳谏、君臣鉴戒等一系列内容,系统总结了"贞观之治"的历史经验。

刘知几(661—721),字子玄,徐州彭城(今江苏徐州)人,历任著作佐郎、左史、著作郎、秘书少监,撰修国史近30年。中宗复位,百官从洛阳返回长安,刘知几求留东都三年,从事史学撰述。景龙四年(710)撰成《史通》20卷。其内篇阐述史书源流、体例和编撰方法,外篇论述史官沿革和史书得失。刘知几死后,河南府派员到洛阳刘知几家中抄写《史通》,藏于官府。《史通》是刘知几数十年潜心钻研史学的结晶,也是我国最早的一部史学理论著作,对后世史学的发展有很大推动作用。

三、《区宇图志》与《大唐西域记》

隋朝营建东都,洛阳成为国际性的大都会,各民族和各国商人、使者辐辏而来,视野的开阔使地理学与地图学得到长足发展。隋炀帝曾诏令将全国各地地图上缴于尚书,组织人力编绘成《区宇图志》129 卷、《诸州图经集》100 卷。《区宇图志》是我国第一部官修一统志,该书"明九域山川之要,究五方风俗之宜",附山川郭邑图,已佚。缑氏(今偃师缑氏镇)人玄奘赴西域求取佛法,了解西域地理和风土民情,与弟子辩机撰成《大唐西域记》一书,留传后世。卫述的《两京新记》记载长安、洛阳设于里坊的政府机构、文化单位、寺庙建筑及其历史,是一部城市地理著作,颇有价值。

四、目录学与音韵学的发展

隋唐时期,洛阳、汴州(治今开封)的藏书与图书抄写整理和雕版印刷有长足进步,带动了目录学的发展。

隋炀帝即位,将秘阁藏书限写 50 副本,藏于洛阳观文殿,计有 89663 卷。为查阅之便,按藏书的质量分为三品,装上不同颜色的卷轴。另外,隋代又选派学者柳边等对皇家全部 37 万卷藏书进行整理,除其重复庞杂,得正御本 3700 余卷,藏于洛阳,并编成《隋大业正御书目录》9 卷。

唐代洛阳的图书收集、分类、整理颇为可观。玄宗开元年间,文化典籍日臻丰富。长安、洛阳"两都各聚书四部,以甲、乙、丙、丁为次,列经、史、子、集四库。其本有正有副,轴带帙签皆异色以别之"[1]。开元三年(715),左散骑常侍褚无量协助洛阳人元行冲进行图书目录的编辑工作。"玄宗令于东都乾元殿前施架排次,大加搜写,广采天下异本。数年间,四部充备。"[2]褚无量卒,元行冲表请通

---

[1] 欧阳修、宋祁:《新唐书》卷五十七《艺文志一》,中华书局 1975 年版,第 1422—1423 页。
[2] 刘昫等:《旧唐书》卷一百二《褚无量传》,中华书局 1975 年版,第 3167 页。

撰古今书目,名为《群书四录》200卷,序例1卷,共著录图书2655部,48169卷,于开元九年(721)辑成。此后,洛阳人毋煚改旧传之失者300余条,加新书之目者6000余卷,遂成《古今书录》,分为四部45类,著录图书3060部,51852卷,藏于乾元殿。

在音韵学方面,隋魏郡临漳(今属河北)人陆法言著有《切韵》,按平、上、去、入四声分为5卷(平声2卷),收字约12000个,凡193韵,仁寿元年(601)成书。唐天宝年间(745—756)孙愐任陈州(治今周口淮阳区)司马期间著《唐韵》,是对《切韵》加注之作,内容比《切韵》更为丰富,体例与《切韵》基本相同,先解释字义,辨正字形,然后注出反切。字义解释中对有关名物称呼、姓氏原委、土地物产、州县名称以及异闻传说等多所发明。原书已佚,今存残卷。

第五节　诗歌的繁荣与古文运动

唐代是中原文学成就最辉煌的时期,诗歌创作在唐代文学中居于主导地位。唐代中原诗人数量众多,除"诗圣"杜甫外,还有著名诗人白居易、李贺、李商隐等。在初唐、盛唐、中唐、晚唐四个时期,中原诗人的诗作都闪耀着璀璨夺目的光彩。

一、初唐诗人

初唐时期诗人,成就突出的有上官仪、上官婉儿、杜审言、王梵志、刘希夷、沈佺期、宋之问等。

上官仪(608—664),字游韶,陕州(治今三门峡)人。贞观元年(627)进士,官至西台侍郎。上官仪是初唐诗坛的代表人物,其诗歌继承齐梁宫体诗的遗风,多表现侍宴应诏、诗酒唱和等生活场景,《入朝洛堤步月》可称为代表作。上官仪注意研究六朝以来诗歌中对偶与声律的关系,提出"六对""八对"之说,对唐代律诗的形成起了一定的促进作用。其诗作被称为"上官体"。上官仪的孙女上官婉儿（664—710），武则天主政时受命掌文牍，拜为昭容，在中宗朝常参与赐宴赋诗，代中宗、韦后及长宁公主、安乐公主作诗。其诗歌多为应制而作，以抒情《彩书怨》最受人称道。她常品评群臣作品，对提高诗作的品位有重要作用。

杜审言（645？—708？），字必简，祖籍襄阳，其父移居巩县（今巩义）。杜审言咸亨元年（670）擢进士第，曾官洛阳丞，历任膳部员外郎、国子监主簿、修文馆直学士等职，武周时期与李峤、苏味道、崔融并称"文章四友"。他擅长五言诗，格律谨严，浑厚刚健，《和晋陵陆丞早春游望》是传诵千古的名作，被明胡应麟赞为"初唐五言律第一"[1]。他在七言诗创作方面也成就较高，有格律颇为严整的七言律诗，如《春日京中有怀》等。

王梵志，初唐卫州黎阳（今浚县）人，生平事迹不详。其诗作现存约390首，多有关注现实的内容，表现个人独特感受，并含有佛家哲理，语言俚俗浅近，幽默风趣。敦煌写本的《王梵志诗集卷上并序》说其诗"且言时事，不浪虚谈"。胡适把王梵志诗视为初唐白话诗的开山之作。[2]

其他中原诗人也各有成就并显特色。如沈佺期（656—716），字云卿，相州内黄（今属河南）人；宋之问（656—713），字延清，虢州弘农（今灵宝）人。二者是武周时期得宠的侍臣，被并称为"沈宋"，为古诗格律的定型做出了重要贡献。沈佺期的《古意·卢家少妇郁金堂》诗，是迄今所知最早的七律诗。宋之问的《三阳宫侍宴应制得幽字》也是一首工稳的七律诗。刘希夷（651—679），字庭芝，汝州人。上元二年（675）进士，未满30岁而死于非命。其著作编为《刘希夷集》。其诗多为从军及闺情之词，《白头吟》是其代表作，诗中"年年岁岁花相似，岁岁年年人不同"是广为传诵的名句。

唐代有不少歌颂黄河的诗文，其中最有名的是魏征撰写的《砥柱山铭》。贞观十二年（638）二月，唐太宗自洛阳返回长安途中，观黄河中流砥柱，令魏征撰文，"勒铭以纪功德"。其辞曰："仰临砥柱，北望龙门。茫茫禹迹，浩浩长春。"[3]

---

[1] 胡应麟：《诗薮》内编卷四《近体上》，上海古籍出版社1979年版，第66页。
[2] 胡适：《白话文学史》，岳麓书社1986年版，第229页。
[3] 魏征：《砥柱山铭》，董诰等编：《全唐文》卷一四一《魏征》，中华书局1983年版，第1433页。

刘禹锡的词《浪淘沙》也颇有气势:"九曲黄河万里沙,浪淘风簸自天涯。如今直上银河去,同到牵牛织女家。"①

二、杜甫与盛唐诗人

盛唐时期中原诗人,最著名的是"诗圣"杜甫。前期还有王湾、祖咏、张说、李颀、崔颢等,后期还有岑参、元结、贾至、张谓、张继、刘方平、王季友、孟云卿等。

杜甫(712—770),字子美,洛州巩县(今巩义)人,初唐著名诗人杜审言之孙。杜甫曾任检校工部员外郎,故人称"杜工部",被后世尊为"诗圣",其诗作被称为"史诗",是中国文学史上伟人的现实主义诗人。

杜甫开元年间曾游吴、越等地。天宝三载(744)在洛阳与李白、高适相遇,共同东游梁、宋(今开封、商丘)。安史之乱中饱经离乱之苦,至凤翔见到唐肃宗,得官左拾遗。乾元二年(759)辗转到达成都,在浣花溪畔筑草堂暂居。晚年流落夔州、江陵、公安、衡阳等地,在由潭州至岳阳的舟中病逝。其作品后人编为《杜工部集》。

他早年壮游时期的代表作有《望岳》等。寓居长安时期留存诗作有100多首,思想境界高远,艺术上也臻于成熟。如《自京赴奉先县咏怀五百字》写出"朱门酒肉臭,路有冻死骨"的千古名句,《兵车行》《丽人行》等诗也是不朽的名篇。安史之乱期间,杜甫主要在关中、洛阳一带活动,其诗歌流传下来的有200多首,内容也达到其全部作品的现实主义高峰。如《悲陈陶》《悲青坂》写唐朝官军在对抗安禄山叛军时的惨败,《春望》中对于"国破山河在,城春草木深"的感慨,《北征》诗写他从凤翔到鄜州一路上的所见所闻,《羌村三首》写他回到鄜州羌村的悲切感受,都反映了当时动乱的时局,表达了作者忧国忧民的心情。其代表作品是"三吏"(《潼关吏》《石壕吏》《新安吏》)和"三别"(《新婚别》《垂老别》《无家别》),写他从洛阳赶回华州途经新安、陕县(今三门峡)等地的见闻,对在战乱中深受苦难的百姓表示深切的同情。这些作品字字沉痛,饱含血泪,

---

① 瞿蜕园笺证:《刘禹锡集笺证》卷二十七《乐府下》,上海古籍出版社1989年版,第863页。

真实地反映了烽火连天、兵戈遍地的历史状况,被后世称为"诗史"。清人杨伦《杜诗镜铨》评论"三吏""三别"说:"上悯国难,下痛民穷,随意立题,尽脱前人窠臼。""三吏""三别"结构严整,感情强烈,选材典型,立意深远,使用对话,寓问于答,对于人物心理活动的刻画淋漓尽致,是中国诗歌史上的杰作。

后来杜甫在蜀地生活七八年,在荆湘间漂泊两三年,留下诗作 1000 多首。这一时期,杜甫的诗作有对壮丽山河和历史古迹的赞美,有对国家命运和自身年老多病的感叹,著名的篇章有《登高》《闻官军收河南河北》《茅屋为秋风所破歌》《蜀相》《秋兴八首》《又呈吴郎》等。这些作品所表达的忧国忧民情结、伤世感怀心态等,和此前他在中原一带的生活有密切关联,也是他前一时期思想和情感的延续,其诗歌的表现手法更为纯熟。

杜甫在诗歌的艺术性方面也达到了极高的境界。其诗风格多样,或沉郁顿挫,或雄浑奔放,无不精警稳重,辞简意丰。其律诗格律严谨,对仗工稳,标志着唐代格律诗的成熟。语言上雅俗并收,并善于运用俗语和方言,自然而妥帖,对前代的诗作在继承中能够有所创新。

杜甫上承《诗经》、汉乐府及初唐陈子昂等人的现实主义传统,又予以发扬光大,对后来元稹、白居易的新乐府运动有开启与示范的作用。元稹《唐故工部员外郎杜君墓系铭》说:"至于子美,盖所谓上薄风、骚,下该沈、宋,言夺苏、李,气吞曹、刘,掩颜、谢之孤高,杂徐、庾之流丽,尽得古今之体势,而兼人人之所独专矣……诗人以来,未有如子美者。"[①]杜甫的诗歌创作在文学史上占有非常重要的地位,对后世诗歌的发展产生了巨大的影响。

盛唐时期的边塞诗也是一道亮丽的景观,中原诗家有突出的成就。

岑参(715—770),祖籍棘阳(今新野),生于仙州(今叶县)。天宝三载(744)进士及第,官右内率兵曹参军,又赴边陲节度幕府任职。安史之乱后出任嘉州刺史,世称"岑嘉州",有《岑嘉州诗集》。岑参的边塞诗多写西域风光及边疆的军旅生活,格调雄壮,气势豪迈,其中《走马川行奉送封大夫出师西征》《轮台歌奉送封大夫出师西征》和《白雪歌送武判官归京》是古代边塞诗的名篇。

李颀(690—751),原籍东川(今四川三台),徙居颍阳(今登封颍阳镇)。开

---

① 元稹:《唐故工部员外郎杜君墓系铭》,见《元氏长庆集》卷五十六,《文渊阁四库全书》第 1079 册,台湾商务印书馆 1986 年版,第 624 页。

元二十三年(735)进士,曾官新乡县尉。其诗作内容丰富,《古从军行》《古塞下曲》等边塞诗,苍凉悲壮,给人沉郁压抑之感,在唐代边塞诗中独树一帜。

盛唐时期其他中原诗人也在文学史上具有一定的地位。如崔颢(704—754),汴州(治今开封)人。其代表作是《黄鹤楼》,传说李白游黄鹤楼见崔颢的题诗,感慨说"眼前有景道不得,崔颢题诗在上头",深表佩服。宋代严羽《沧浪诗话》评论说"唐人七言律诗当以崔颢《黄鹤楼》为第一"。元结(719—772),字次山,鲁山人,天宝十三载(754)进士。其诗多反映民生疾苦,注重政治教化,代表作有《舂陵行》《贼退示官吏》等。组诗《系乐府十二首》也是反映现实的作品,内容贴近民生,叙事议论结合,对元稹、白居易的新乐府运动影响很大。元结曾编辑《箧中集》,序中阐明自己的文学主张,是重要的诗歌理论之作。

三、元稹、白居易与中唐诗人

中唐时期中原诗人很多,白居易、元稹、刘禹锡、韩愈、李贺等最为著名,此外还有刘长卿、韩翃、武元衡、王建等。

白居易(772—846),字乐天,祖籍下邽(今陕西渭南),出生于新郑,晚年长期居洛阳,自号香山居士,死后葬于龙门香山,人称白香山。白居易是唐代伟大的现实主义诗人,与元稹、刘禹锡齐名,被合称为"元白"或"刘白"。他贞元十六年(800)进士及第,历官秘书省校书郎、翰林学士、左赞善大夫等,元和十年(815)被贬为江州司马,后历任忠州刺史、杭州刺史、苏州刺史。晚年曾官太子少傅。生前自编有《白氏长庆集》及《后集》《续后集》,后人编为《白香山诗集》《白氏文集》等。白居易的诗作近3000首,在唐代诗人中个人作品数量最多,流传很广,对后世的诗歌创作产生深远影响。元稹说:白居易的诗作,"禁省、观寺、邮候、墙壁之上无不书,王公、妾妇、牛童、马走之口无不道……自篇章以来,未有如是流传之广者"[①]。白居易曾自分其诗为讽喻、闲适、感伤、杂律四类,其中有不少诗写作于洛阳。

元稹(779—831),字微之,洛阳人。贞元九年(793)进士。历官秘书省正

---

① 元稹:《白氏长庆集序》,《元稹集》卷五十一《序记》,中华书局1982年版,第555页。

字、左拾遗、监察御史。长庆二年(822)以工部侍郎同平章事,旋罢相,出为同州刺史。文宗时任尚书左丞、武昌军节度使。其著作生前编为《元氏长庆集》。元稹诗承继杜甫现实主义传统,关注民生疾苦和社会弊病,又与白居易一同倡导新乐府,他自作《乐府古题》19首、《和李校书新题乐府》12首,其中如《田家词》《织妇叹》《估客乐》等都是这一类诗的佳作。元、白的新乐府诗清浅流畅,以讽喻见长,时人称之为"元和体",又称"长庆体",中晚唐文士争相仿效,开一代诗风。

洛阳人刘禹锡,字梦得,晚岁回朝任太子宾客、礼部尚书,世称刘宾客、刘尚书,著作编为《刘宾客集》《刘梦得文集》。刘禹锡的有些诗针对现实,揭露时弊,如《聚蚊谣》《飞鸢操》等。怀古诗如《西塞山怀古》《金陵五题》等寓意含蓄,寄情深远。一些歌谣体的小诗如《竹枝词》等,清新隽永,流畅自然。其他的即景抒情、赠答酬和诗作,如《戏赠看花诸君子》《再游玄都观》《酬乐天扬州初逢席上见赠》等,也都精警绝妙。

怀州河阳(今孟州西)人韩愈,字退之,曾任吏部侍郎,世称韩吏部,卒后谥"文",故称韩文公。其文学成就主要在散文方面,也有不少反映现实的诗作,如《归彭城》《丰陵行》《谴疟鬼》等,同情百姓疾苦,揭露权臣恶行相当深刻。其写景诗如《南山诗》《山石》等也独具特色。韩愈常采用写散文的手法写诗,形成以才学为诗、以议论为诗、以散文为诗的特色。

李贺(790—816),字长吉,福昌昌谷(今宜阳三乡镇)人。他因父名"晋肃","晋"与进士之"进"同音,不能参加进士考试,而抑郁不得志,27岁时卒于故里,有《李长吉歌诗》。其诗内容丰富,有些是取材于现实的作品,如《感讽五首》《雁门太守行》等,对民生疾苦、戍边艰辛、宫女悲怨、藩镇暴虐都有所反映。有些诗作是抒写愁闷抑郁、表现愤懑牢骚情绪的,如《开愁歌》《浩歌》《致酒行》等,都是个人心态的流露。李贺的诗构思奇特,格调冷艳,因此被后人称为"诗鬼"。

中唐时期的中原诗人还有不少。如刘长卿(709—785),洛阳人,著作编为《刘随州集》;韩翃,字君平,南阳人,著作编为《韩君平集》;武元衡(758—815),字伯苍,缑氏(今偃师缑氏镇)人,著作编为《武元衡集》;王建(766—830),字仲初,颍川(治今许昌)人,著作编为《王司马集》。他们都是比较著名的诗人,特别是王建最擅长乐府诗,与张籍齐名,世称"张王乐府"。

四、晚唐诗人李商隐

晚唐时期的中原诗人,值得特别言及的是李商隐。李商隐(812—858),字义山,号玉溪生、樊南生,怀州河内(今沁阳)人,后迁居郑州荥阳。他25岁时中进士,入节度使王茂元幕府做书记,并成为其女婿。在"牛李党争"中不得志,大中十二年(858)罢职还居郑州,不久病死。其诗后人编为《李义山集》《玉溪生诗集笺注》等。李商隐和杜牧齐名,被合称为"小李杜";又与温庭筠齐名,被合称为"温李"。李商隐的诗作可分为三类:第一类是感伤诗,第二类是咏史诗,第三类是爱情诗。其《无题》诗可谓代表作,其中"身无彩凤双飞翼,心有灵犀一点通""春蚕到死丝方尽,蜡炬成灰泪始干"等诗句最为脍炙人口。

五、韩愈与唐代散文

唐代中原散文成就突出,可谓名家辈出,佳作绚烂。

初唐武则天时期,陈子昂、元结等已经有意识地进行文体改革。陈子昂(656—695),梓州射洪(今属四川)人,进士及第,诣阙上书,武则天授麟台正字,转右拾遗。他在洛阳写给东方虬的信中说:"文章道弊五百年矣。汉魏风骨,晋宋莫传,然而文献有可征者。"[①]此前臣民奏疏,均为骈体。陈子昂的奏疏,或骈散参用,或纯用散体。其《上蜀川安危事》不讲究属对、辞藻、典故,不纡曲,直言不讳,通俗易懂。元结是盛唐中原地区的重要诗人,散文亦颇具特色。其古文笔力雄健,意气超拔。散文兼长众体,都以散体写成,朴素自然,不重文采。

唐代中期以韩愈为旗手的古文运动在中国古代散文史乃至文学史上有重大影响。韩愈名列"唐宋八大家"之首,其文章成为一代散文之典范。韩愈继承初唐陈子昂以来散文革新理念,在萧颖士、李华、贾至等人力倡文章革新的基础

[①] 陈子昂:《与东方左史虬修竹篇》,彭定求、曹寅编:《全唐诗》卷八十三《陈子昂一》,中华书局1960年版,第895页。

上,结合初、盛唐散文创作的实际情况,明确提出古文革新的主张。他秉遵儒家道统,立足于明道与行道,主张对文体进行改革,强调文以明道,重政教之用;"不平则鸣",抒发真实感情;贵树立创新,反对模仿因循。韩愈率先垂范,各体散文都有典范性的作品。如《师说》《原毁》《原道》等,是论说体散文的代表作;《张中丞传后叙》《柳子厚墓志铭》《南阳樊绍述墓志铭》等,是叙事体散文的代表作;《送孟东野序》《送李愿归盘谷序》等,是叙议结合并融入深厚情感的序体文;《祭鳄鱼文》《祭十二郎文》等,则是经典性的祭文。此外如《进学解》《送穷文》《毛颖传》《伯夷颂》《杂说》等,都是名篇。韩愈的散文成就及文论主张,对北宋的诗文革新运动,对明代的唐宋派、清代的桐城派都有深远的影响。

受韩愈古文运动的影响并在散文写作方面取得较大成就的作家,有杨敬之等。杨敬之,字茂孝,虢州弘农(今灵宝)人。元和二年(807)进士及第,曾官吉州司户、户部郎中、连州及同州刺史、检校工部尚书兼祭酒。其文章功力深厚,格调高迈,受到韩愈、柳宗元、刘禹锡的称赏。所作今仅存《华山赋》一篇,气势雄壮,寓意深幽。

六、元稹等的传奇作品

传奇是唐代兴起的新体文言小说,其基本特点鲁迅概括为"叙述宛转,文辞华艳"①。在唐传奇创作方面,中原作家元稹的《莺莺传》、白行简的《李娃传》和袁郊的《甘泽谣》成就突出。

元稹的文学成就主要在诗文方面,又因传奇作品《莺莺传》而享有盛名。《莺莺传》作于贞元二十年(804),元稹依据自己的亲身经历附会为小说,假托张生与莺莺的恋情,因小说中张生曾作《会真诗》,因而又名《会真记》。《莺莺传》是唐传奇中流传最广、影响最大的一篇。李绅曾据此写长诗《莺莺歌》,金代出现董解元的《西厢记诸宫调》,元代有王实甫的《西厢记》杂剧,后来又有许多《西厢记》的改编本。

---

① 鲁迅:《中国小说史略》第八篇"唐之传奇文(上)",《鲁迅全集》第9卷,人民文学出版社 1981 年版,第 70 页。

白行简(776—826),字知退,白居易之弟。贞元十四年(798)移家洛阳,元和二年(807)登进士第,历官秘书省校书郎、左拾遗等,终任主客郎中,世称"白郎中",著作编为《白郎中集》,已佚。其文学成就主要是传奇小说《李娃传》和《三梦记》。《李娃传》讲述荥阳公之子荥阳生与妓女李娃的爱情故事,对后世的小说戏曲影响很大。南宋时被改编为话本,李娃改名李亚仙,荥阳生更名郑元和;宋元戏文有《李亚仙》;元杂剧有高文秀的《郑元和风雪打瓦罐》、石君宝的《李亚仙花酒曲江池》。

袁郊,字之乾,蔡州朗山(今确山)人,宰相袁滋之子,曾官刑部郎中、翰林学士、虢州刺史,有诗传世。所作小说集《甘泽谣》包括9篇传奇故事。这些故事多采自琐事逸闻,事涉幽渺,情节离奇,具有较强的传奇色彩,语言多骈散结合,有较强的韵律感。其中以《红线传》最著名,所描写的红线形象对后世武侠小说影响很大。明代梁辰鱼据此改编为杂剧《红线女》。《聂隐娘》写女侠报恩故事,也生动感人,清初尤侗杂剧《黑白卫》即据此改编。其他篇也各有特色。

七、刘禹锡、白居易的词作

词是由南北朝乐府发展演变而成的一种文体,它兴起于初唐与盛唐,至晚唐已呈现繁荣之势。中原作家的词作,以刘禹锡、白居易、王建等成就最大。

刘禹锡在诗文之外有词40首传世。《春去也》和《潇湘神》2首是其代表作。《春去也》即《忆江南》调。《潇湘神》的形式好像是诗,但抒情婉转,适合演唱,词的特征甚为明显。他有《竹枝词》多首,是歌谣体的诗,其实也是词。

白居易有30首词传世,其中《花非花》《忆江南》等写景抒情之作是唐五代词中的名篇。《忆江南》组词写景明丽鲜艳,文辞自然清新,音韵流畅谐美,历来脍炙人口。

王建(约767—约831),字仲初,颍川(治今许昌)人,曾任太府寺丞、陕州司马、光州刺史等职,是中唐文人词的重要作者。所作《宫词》百首,是描写唐代宫廷生活的画卷,广为传诵。如《调笑令》,写宫中美人失宠的哀怨。还有小令《宫中三台》等。《江南三台》则描写商人生活。

第六节　多姿多彩的艺术

隋唐时期中原艺术丰富多彩。吴道子的佛教人物画技艺高超,有"画圣"的盛名。卢鸿、荆浩的绘画也取得显著成就。褚遂良、郑虔等人的书法为人们所推崇。龙门石窟、巩县(今巩义)石窟的佛教造像艺术达到了高峰。东都洛阳的宫廷乐舞和中原民间乐舞令人赏心悦目。

一、画圣吴道子与卢鸿的绘画成就

吴道子,名道玄,以字行,许州阳翟(今禹州)人,唐睿宗至玄宗时在世。他出身孤贫,弱冠即以画技著称于世。唐玄宗慕名召入宫廷,授内教博士,为宁王友。吴道子的画师承张僧繇而有所超越,画人物、神鬼、山水、台阁无一不精,尤其善画佛、道人物。他在长安和洛阳作壁画300余堵,尤以《地狱变相图》最为著名。其画作有很强的艺术感染力,唐时已被评为"国朝第一",后人誉为"画圣"。

传说天宝年间唐玄宗忆起蜀中山水之美,诏令吴道子在大同殿画嘉陵江三百里山水,一日而成。他的人物画常以焦墨勾线,薄施淡彩,世人称之为"吴装"。宋人将他与北齐曹仲达的"曹衣出水"相对比,称"吴带当风"。[1] 他曾在洛阳宫中作《五圣图》,观者莫不赞叹。苏轼评论说:"道子画人物……出新意于法度之中,寄妙理于豪放之外,所谓游刃余地,运斤成风,盖古今一人而已。"[2] 吴道子的作品多为宫廷壁画,后宫廷建筑毁坏,画便不存。《宣和画谱》记载北宋

---

[1] 郭若虚:《图画见闻志》卷一《论曹吴体法》,《文渊阁四库全书》第812册,第303页。
[2] 苏轼:《书吴道子画后》,《苏东坡集》卷九十三;见《苏轼文集》,中华书局1986年版,第2210页。

末宫廷所藏吴道子的画作93幅,有《天尊像》《列圣朝元图》《佛会图》等,都已失传,如今存世者只有《送子天王图》摹本。

卢鸿,字颢然,与吴道子大体同时,祖籍幽州范阳(今北京西南),后徙家洛阳,隐居嵩山。卢鸿工书法绘画,善作籀书及八分书,也善于画山水树石。玄宗传旨授谏议大夫,卢鸿极力推辞。玄宗准许他回归山林,由官府出资为他建造草堂。他画隐居处的景物名为《草堂十图》,并题诗,成为其代表作。他又聚徒教习书画,从学者达500人。

二、褚遂良、郑虔的书法艺术

褚遂良(596—658),字登善,祖籍杭州钱塘(今浙江杭州),父褚亮封阳翟(今禹州)县侯,徙家于此。唐太宗时,褚遂良任谏议大夫、黄门侍郎。太宗临终,与长孙无忌同受顾命,高宗时官至尚书仆射,封河南郡公,世称"褚河南"。因谏阻高宗封武昭仪,被贬爱州刺史,忧愤而卒。褚遂良初学欧阳询,又学虞世南、王羲之,书法甚工,得唐太宗赞赏。传世作品有楷书《雁塔圣教序》《同州圣教序》《孟法师碑》《伊阙佛龛之碑》《房玄龄碑》等。《伊阙佛龛之碑》刻于龙门石窟宾阳中洞与南洞间的摩崖巨石上,以晚年作品《雁塔圣教序》最为著名。其行书有《枯树赋》《帝京篇》《千字文》《临王羲之兰亭集序》等。后世对褚遂良的书法评价甚高,将他和欧阳询、虞世南、薛稷并称为初唐书法四大家。

郑虔(692—764),字若齐,郑州荥阳人。盛唐著名书法家和诗人,出身于望族荥阳郑氏,曾任主簿、录事参军、著作郎等,至德二载(757)被贬为台州司户参军,卒于台州(治今浙江临海)。郑虔能诗善画,更精书法。据张怀瓘《书断》记载,郑虔于天宝九载(750)作山水画一幅并自题诗一首,献给唐玄宗,玄宗题其尾曰"郑虔三绝",意思是说郑虔的诗、画和书法都臻于绝妙。

郑虔的楷书和行书俱佳,但传世作品不多。以《郑弱齐闺情诗帖》最为著名。清人叶奕苞《金石录补》卷二收有郑虔的《华岳题名》,150余字,写于开元二十三年(735)。另外,在俄罗斯收藏的中国敦煌遗本中发现有郑虔的一件《书札》,亦为郑虔手书。

颜真卿长期在中原地区生活,留下不少墨宝。他在洛阳写有行草《祭伯父文稿》。洛阳龙门张沟村出土其王琳墓志,偃师首阳山出土其郭虚己墓志,为其早期楷书。今存商丘的《八关斋报德记》、鲁山的《元次山碑》等都是不可多得的珍品。

此外,著名诗人李白书写的《上阳台帖》是怀念居济源阳台观道士司马承祯而作,为李白唯一传世墨迹。杜牧在洛阳写的《张好好诗并序》气格雄健,亦为传世珍品。

三、石窟造像艺术

洛阳龙门石窟始开凿于北魏,唐代达到高峰。唐高宗、武则天长期在洛阳居住,武则天所建的武周又以洛阳为神都。武则天笃信佛教,掀起一股凿窟造像之风。在龙门石窟现存的2100多座窟龛中,雕凿于唐代的窟龛占到三分之二以上,又集中于武则天当政的7世纪下半叶。

唐代龙门石窟最宏伟的是上元二年(675)完工的摩崖像龛奉先寺,可能是唐高宗为太宗追福而开凿,武则天曾捐出脂粉钱两万贯助修。此像龛坐西向东,位于半山腰,以主佛卢舍那雕像为中心,二弟子、二菩萨虔诚侍立左右,南北两壁二神王孔武硕壮,二金刚蹙眉怒目。主尊高17米有余,结跏趺坐于须弥座之上,身披通肩式袈裟,螺形发髻,丰颐秀目,隐含微笑,显得端庄文雅,雍容慈和。像龛整体布局在规整中寓含变化,不同形象个性鲜明突出,有很强的震撼力,达到极高的艺术水平。万佛洞是唐高宗、武则天时期石窟的典型代表,主尊在后室正壁,雕造一佛、二弟子、二菩萨、二天王、二供养人,南、北两壁浮雕小佛像1.5万尊。此外,唐初时完成的宾阳南、北二洞,武周时开凿的惠简洞、极南洞和摩崖三佛龛,也很著名。龙门石窟不仅是我国三大石窟艺术宝库之一,而且被列入世界文化遗产名录。此外,巩县石窟的唐代造像也具有很高的艺术性,千佛龛系唐乾封年间(666—667)凿造,内刻佛像1000尊,相当精美。隋唐时期龙门、巩县的石窟艺术是中原佛教艺术长期演化的结晶。

四、洛阳等地的乐舞

隋唐时期东都洛阳地位重要,隋炀帝、唐太宗、唐高宗、武则天等长期在这里主持政务,接待外国使节,这里的乐舞表演特别活跃。

隋大业年间(605—617)朝廷有"九部乐",即国伎、清商伎、高丽伎、天竺伎、安国伎、龟兹伎、文康伎、康国伎和疏勒伎,唐贞观年间增加高昌伎为"十部乐",常在洛阳表演。其内容和风格既有原来传统的汉乐,也增加许多西域外来音乐,反映了不同民族音乐的融合。

唐代的宫廷乐舞表演有立部伎和坐部伎之分。立部伎创于唐初,著名舞蹈有《秦王破阵乐》和《七德舞》等。其他如上元乐、圣寿乐、安乐、庆善乐、大定乐、光圣乐、太平乐等,都是著名的宫廷乐舞。还有著名的《霓裳羽衣舞》,是唐玄宗在东都洛阳精心创作的宫廷乐舞。

唐代既流行于宫廷也流行于民间的乐舞,一是剑器舞,杜甫诗《观公孙大娘弟子舞剑器行》写的就是剑器舞,表演者为临颍女子。二是胡旋舞,白居易和元稹都有《胡旋女》诗,所表演的就是胡旋舞。三是柘枝舞,是西域传来的由女子身穿胡服表演的健舞,白居易有《柘枝妓》诗,刘禹锡有《观柘枝舞》诗。四是《绿腰》舞,白居易《琵琶行》诗云"先为霓裳后六幺","六幺"即《录要》,舞曲名,后讹为《绿腰》。

唐代的乐舞还发展为歌舞戏,是一种戏曲形式。流行于洛阳及中原地区的歌舞戏有两种:一是踏摇娘,或作踏谣娘,崔令钦《教坊记》中对其表演有详细记述,在中国戏曲史上具有重要意义;二是泼寒胡戏,又称乞寒胡戏、苏幕遮、浑脱等,神龙元年(705)十一月,唐中宗曾御洛城南楼观泼寒胡戏。

第七节　科学技术的进步

隋唐时期，中原地区天文历算学有不少新进展，僧一行在天文观测、张说在历法方面有突出贡献，甄权、孟诜在医学方面成就显著。在生产实践中，铸造、制陶、建筑、印刷技术都有长足进步。

一、天文历算学的新进展

隋唐中原地区的天文、历法和算学都有显著成就。南阳新野人庚季才及其子庚质是隋代有名的星历学家。滑州白马（今滑县城关镇）人傅仁均善于历算，官至太史令。唐初改修隋旧历，编定新历，号《戊寅元历》，武德元年（618）七月颁行，此历首次采用定朔法。

僧一行在天文学方面成就最为卓著。僧一行，俗姓张，名遂，魏州昌乐（今南乐）人。自幼博览经史，精通天文、数学、历象、阴阳五行之术。20岁入嵩山会善寺为僧。开元年间应征入京，主持天文学方面的事务和修订新历法。在天文仪器制造、天象观测和编制《大衍历》方面贡献巨大。

僧一行与梁令瓒合作造成测量天球黄道坐标的黄道游仪，并测出二十八宿距天球北极的度数。在世界上首次发现恒星位置变化，比英国人哈雷发现恒星移动几乎早上千年。开元十三年（725），他又与梁令瓒携手制成水运浑象，即以漏水转动的浑天铜仪，仪器外的两轮上缀有日月，转动周期同日月运行的实际日期相同。铜仪上的两个木人，一个每刻一击鼓，一个每时辰一撞钟，这是世界上较完善的最早的机械天文钟。此外，他又创制了测角度的仪器"覆矩"。

僧一行还组织了一次大规模的天文测量。开元十二年至十三年（724—725），他从中亚的铁勒到中国南端的交州，测量北极高度及冬至、夏至、春分、秋分时太阳在南方的日影高度，否定了前人"南北地隔千里，影长差一寸"的臆断。

太史监南宫说率队在中原地区的四个地点,即滑州白马(今滑县城关镇)、汴州浚仪(今开封)太岳台、许州扶沟(今属河南)、豫州上蔡(今属河南)武津馆进行观测,第一次测出地球子午线的长度。

僧一行花费六七年时间编制《大衍历》,开元十七年(729)颁行,这是当时世界上最先进的历法。洛阳人张说与陈玄景撰写《大衍历议》,从理论上对《大衍历》作了阐述。其"中气议",对以往历法岁时的变化过程及原因作了详细说明,指出从岁时、朔策、润余诸参数的精确度看,《大衍历》都略高一筹;《大衍历》测定朔的方法比其他历法准确。《大衍历》总结以往对岁差与日行迟疾认识的发展过程,有较高的资料价值。

二、医学的进步

隋唐时期中原地区医学也有进步,出现了甄权、甄立言、崔知悌、孟诜、王焘等多位著名医学家。

甄权(541—643),隋许州扶沟(今属河南)人,称疾辞官从医。他在针灸上术道颇深。时鲁州刺史库狄钦身患风痹,双手不能拉弓,诸医治疗无效。甄权针其肩隅一穴,库狄钦马上能够射箭。甄权著有《脉经》《针方》《明堂人行图》各1卷及《针经钞》3卷。

甄权之弟甄立言也医术高超,曾治愈不少疑难病。尼明律患心腹"鼓胀"20年,甄立言为之诊脉,说腹内有虫,令服雄黄驱虫,其病立愈。甄立言总结临床经验,撰写医学著作《本草音义》7卷、《古今录验方》50卷及《本草要术》《本草药性》等。

崔知悌,初唐许州鄢陵(今属河南)人,官至户部尚书。他医术精湛,特别擅长针灸。他任洛州(治今洛阳)司马时,用针灸法治愈200多人。其著作有《产图》《崔氏纂要方》《骨蒸病灸方》,已佚。

孟诜(620—713),汝州梁县(今汝州)人,曾师事医药学家孙思邈,官至同州刺史,后弃官隐居,致力医药研究,撰有《食疗本草》《必效方》《补养方》及《外台秘要》《医心方》《证类本草》等。《食疗本草》是我国现存最早的饮食疗法专著,收集可食植物200种,并分析食性,论述功用,阐释禁忌,鉴别异同,有较高的价值。

王焘(670—755),郿(今陕西眉县)人,历任给事中、邺郡(治今安阳)太守。他数从高医游学,遂穷其术,因以所学著书。天宝十一载(752)在邺郡撰成《外台秘要方》40卷,分为1104门,载药方6000多条。该书辑录历代医家和民间对各种疾病的理论和药方,涉及多科,对伤寒、温病、疟疾等传染病的论述尤为详细,特别重视针灸治疗,引用不少已经散佚的医书,保存其部分内容。

三、手工业生产工艺的创新与技术的提高

隋唐时期中原地区出现了雕版印刷技术,金属冶铸和陶瓷烧造工艺有所创新,生产技术明显提高。

印刷术是我国的四大发明之一。最初是雕版印刷,起于唐初。1966年在韩国庆州佛国寺于公元702年建造的宝塔里,发现中文《无垢净光大陀罗尼经》木刻印本,其中有武则天时期新造的汉字,可知刻印于武则天时期,是现存最早的唐代印刷品。中唐时期,雕版印刷书籍在市场上已属常见。在唐武宗会昌年间(841—846)的毁佛运动中,洛阳的雕版印刷本佛教典籍被焚烧。唐宣宗复兴佛教以后,洛阳敬爱寺律僧惠确有意雇人雕版印刷唐初相州(治今安阳)日光寺律僧法砺为《四分律》所作注疏,但缺少资金。司空图上《为东都敬爱寺讲律僧惠确化募雕刻律疏》,请求皇帝批准僧人募捐雕刻印刷。雕版印刷的工艺程序是:按照预期的规格制作许多规整的整块木板,在薄纸上书写文字、绘制图画,反贴在木板上,用刀雕刻成阳文,然后在雕板上涂上墨迹,将纸张平铺在雕板上,用刷子拂拭,印制出单页,最后粘贴成卷。印刷术的出现,免除了人们的抄写之劳,书籍可以批量印制,有利于典籍的保存与传播,对于文化的普及与传承意义重大。

唐代中原地区的钢铁和有色金属冶铸技术有长足进步。武则天时在洛阳用铜铁铸造"天枢"及九鼎。天枢高35米,径4米,下面是周长约57米、高7米的"冶铁象山为趾"的趾山,有铁制蟠龙、麒麟萦绕,上面是直径10米的承露云盘,四龙直立捧火珠。铸九鼎共用铜280356公斤,最大的是神都鼎,也称豫州鼎,高6米,可容1800石粮食。能铸造如此高大的器物,显示出当时冶铸技术

之高超。洛阳出土唐代铜镜数量众多,类型丰富,反映了铸造工艺的先进。

隋唐时期陶瓷技术不断出新,中原地区陶瓷生产技术也有明显进步。隋代安阳的青瓷、唐代洛阳的唐三彩都极具代表性。安阳窑是隋代北方最大的瓷窑,面积约9万平方米。它烧制的青瓷碗采用叠烧技术,装饰上有刻花、画花、印花多种。隋代张盛墓出土的白瓷,应为此地烧造。烧造白瓷须将胎釉中的铁成分除去,工艺比较复杂。及至唐代,巩义黄冶窑、新密西关窑等瓷窑都烧制白瓷,黄冶窑的白瓷相当精美。在巩义黄冶还发现了烧制唐三彩的窑址。唐三彩是唐代独创的低温釉陶,以白黏土作胎,外施低温釉,釉中以铜、铁、钴、锰等金属作着色剂,用铅作助熔剂,平涂或点垛组合使用,在大约800摄氏度下煅烧而成。铅由于熔点低首先熔化,其他不同颜色的金属氧化物颗粒在熔化的铅中浸润、扩散,呈现出绿、蓝、黄、白、褐等多种色彩交会而成的缕缕丝丝、飘忽不定的图案。其突出特点是胎质坚实洁白,釉色艳丽,装饰繁缛,光彩夺目。此时绞胎瓷和青花瓷都已出现。

第八节　教育的发达与科举制的创立

隋唐时期教育事业蓬勃发展,中原作为畿辅地区,既有中央和地方官学,也有私学,教育走在全国的前列。科举制度在中原地区创立,科举制度的实行对学校教育的发展起到推动作用,也造成人才济济的局面。

一、官学教育的完备与私学

隋文帝、炀帝都很重视学校教育,诏令各地建学兴教,东都洛阳和中原地区诸州县恢复或新建了各级学校。大业三年(607)国子寺脱离太常,设祭酒统领官学,这是中国历史上设立教育行政部门和设置教育长官的开端。隋朝在东都洛阳设有国子学、太学、四门学,又设书学、算学和律学专科学校。国子、太学、四门、书、算五学归国子寺管辖,律学由大理寺管辖。地方设有州郡学校。隋代的学校设置和教育制度为唐代继承发展,并为后世所效法。

唐代官学教育制度日臻完备,中原地区的官学分为中央官学和地方官学。

高宗龙朔二年(662),在长安、洛阳置国子监,增加生员,分于两都教授。天宝十五载(756),长安、洛阳国子监设祭酒司业,有学生2000余人。东都洛阳的中央官学有国子学、太学、四门学、弘文馆、崇文馆、崇玄馆、广文馆、律学、书学、算学、医学、卜筮、兽医学。地方设有州学、县学、医学、玄学等。河南府(今洛阳)有京都学,置经学博士1人,助教2人,学生80人;医学博士1人,助教1人,学生20人。州学亦分经学、医学二科,置博士、助教,经学学生40—60人,医学学生10—15人。在河南、洛阳二京县置经学博士、助教各1人,学生50人。河南府所辖畿县亦置经学博士、助教各1人,学生40人,其他县学经学学生20至40人不等。从中央到地方的各级各类的官学,形成了一个比较完整的教育体系。

经学在官学教育中占主导地位,中央官学与地方官学均以传授经学为主。

国子学为最高学府,设博士5人,掌教三品以上及国公子孙、从二品以上曾孙为生者。五经是国子学必修课程。学生习正业之外,教吉、凶二礼。助教5人,掌佐博士分经教授。直讲4人,掌佐博士、助教以经术讲授。学生能通二经以上,才有资格参加科举考试。高宗龙朔二年(662)东都国子学学生15人,宪宗元和二年(807)为10人。太学亦属于最高学府,设博士6人,助教6人,掌教五品以上及郡县公子孙,从三品曾孙为生者。太学规模大于国子学。

四门学为高等学校,设博士6人,助教6人,直讲4人,掌教七品以上、侯伯子男之子为生及庶人子为俊士生者,学生名额多于国子学和太学。

弘文馆是专门收藏、校雠和研习儒家经典的场所,有学生30人。天宝九载(750)始置广文馆于国子监下,有博士4人,助教2人,专门培养投考进士科的学生。东都广文馆有学生10人。弘文、崇文二馆是《五经》的学术研究基地。

崇玄学是传授道家学术的机构。唐两京与诸州各置崇玄学,学习《道德经》及《庄子》《列子》《文子》等,学生毕业可按明经举送。开元二十五年(737),洛阳崇玄学始设于玄元庙内。天宝元年(742)两京崇玄学置博士、助教,学生百人。后改名崇玄馆。

唐代中原地区各州县设有经科学校,学生是一般庶民子弟。乡里还设有乡学。隋唐时期东都洛阳设立的专科性学校包括法律、书法、算术、医学、天文等。作为对官学教育的补充,中原地区也存在私学,一些学者名流创立儒馆,从事讲学授徒。

唐代著名经学家王恭,滑州白马(今滑县城关镇)人,"少笃学,博涉《六经》。每于乡间教授,弟子自远方至数百人"①。唐代的私学,除了教授经学,也有教授文学者。例如为《昭明文选》作注的李善曾在郑州、汴州(治今开封)之间开办私学,讲授《文选》学。史称:李善曾"居汴、郑间教授,诸生四远至,传其业,号《文选》学"②。洛阳人元稹所写《居易集序》中说:"予于小平市中,见村校诸童竞习诗,招而问之,皆对曰:'先生教我乐天、微之诗。'固亦不知予之为微之也。"③可见,洛阳城郊乡村的启蒙私塾也为学生讲授诗歌。

唐末中原一些好学之士隐居教授,"相与择胜地立精舍"。这种精舍,就是书院的前身。

二、科举考试制度的创立与演进

科举考试作为一种人才选拔制度,由朝廷开设不同的科目,应试者在规定的时间内投牒自进于州郡(或学馆),州郡试其才学的优劣,择其优者贡于朝廷,朝廷复公开考试,按其所试才学之优劣,决定选取和黜落。

科举考试发端于隋朝。隋文帝时废除九品中正制,实行"分科举人"。隋炀帝大业三年(607)四月诏令"文武有职事者,五品已上,宜以令十科举人";大业五年(609)六月又诏诸郡以"学业该通、才艺优洽,膂力骁勇、超绝等伦,在官勤奋、堪理政事,立性正直、不避强御四科举人"④,已经开始开科取士。而大业年间"炀帝始建进士科"⑤,是科举考试制度形成的标志。

科举考试在唐代有新的发展,分为常科和制举。唐朝前期,进士、明经、秀

---

① 刘昫等:《旧唐书》卷七十三《孔颖达传附王恭传》,中华书局1975年版,第2603页。
② 欧阳修、宋祁:《新唐书》卷二百二《文艺列传中》,中华书局1975年版,第5754页。
③ 元稹:《白氏长庆集序》,《元稹集》卷五十一《序记》,中华书局1982年版,第555页。
④ 魏征等:《隋书》卷三《炀帝纪上》,中华书局1973年版,第68、73页。
⑤ 杜佑:《通典》卷十四《选举二》,中华书局1988年版,第343页。

才、明法、明字(明书)、明算已经成为常科。太后武则天当政时分别在洛阳和长安举行科举考试,称作"两都试"。天授元年(690)二月辛酉,武则天"策贡士于洛城殿。贡士殿试自此始"[1]。武则天在洛阳创立名义上由皇帝主持的殿试制度。长安二年(702)"正月,乙酉,初设武举"[2]。武则天又率先开办武举以选拔军事人才和将领。武举由兵部主考,考试项目有射长垛、骑射、步射、马枪、举重、验身材、试语言等七项。科举考试为中小地主子弟入仕开辟了道路,也推动了学术文化特别是文学的兴盛。

学校教育制度的完善和科举制度的实行,使中原地区出现了人才济济的局面。

第九节 风俗习惯

隋唐时期丰厚的物质基础使中原地区的社会生活比已往更加丰富。由于中西交流的频繁,异族的生活方式强烈地影响着时代的风尚。中原的饮食、服饰、娱乐既有时代性,又具有明显的地域特点。

一、衣食住行

1. 服饰

隋唐时期的中原服饰体现了中外交流、南北融会的特色。

隋及唐代前期的男子,不论官吏还是吏民,都崇尚胡服。北宋人沈括指出:"中国衣冠自北齐以来,乃全用胡服。窄袖绯绿、短衣、长靿靴、有蹀躞带,皆胡

---

[1] 司马光:《资治通鉴》卷二百四,天授元年,中华书局1956年版,第6463页。
[2] 司马光:《资治通鉴》卷二百七,则天后长安二年,中华书局1956年版,第6558页。

服也……唐武德、贞观时犹尔,开元之后,虽仍旧俗,而稍博矣。"①

隋唐男子多穿袍衫,这是一种圆领窄袖、身长至足或膝的服装。洛阳遭灾后,张全义"悉召其家老幼,亲慰劳之,赐以酒食茶彩,丈夫遗之布裤,妇人裙衫。时民间尚衣青,妇人皆青绢为之"②。《河东记》载,唐江西观察使韦丹到洛阳中桥见一鳖将死,"时天正寒,韦衫裤无可当,乃以所乘劣马易之"③。《广异记》记载,唐人蔡希闵家住东都。一个夏夜,雷电交加,大雨滂沱,"堕一物于庭,作飒飒声。命火视之,乃妇人也。衣黄裙布衫,言语不通,遂目为天女使"④。男穿布衫,女着绢裙衫,应是中原地区的习俗。

唐代中原男子盛行戴巾,又称"幞头"。王梵志的诗《贫穷田舍汉》描写当时乡民的衣着:"幞头巾子露,衫破肚皮开。体上无裈裤,足下复无鞋。"⑤文献中还不时有"掷巾于地"的记载,可知"巾"是一般下层男子的必备头饰。

男子盛行穿靴,无论武士还是文人都穿靴。靴传入中原后,形制有所变化。女子穿绣花鞋,唐传奇中不乏其例。

唐代女子的头饰发型颇有特色。侠女红线拜别薛嵩时,"梳乌蛮髻,贯金凤钗,衣紫绣短袍,系青丝轻履"⑥。元和末年盛行"悲啼妆",面部不施朱粉,唯一乌膏注唇,眉作"八"字行,"状似悲啼者"。

2. 饮食

隋唐时期中原地区为粟、麦产区,人们的主食结构主要是饼和饭。饼是最普通的食物,最具代表性的是胡饼、蒸饼和汤饼,帝王百官平民百姓皆食之。胡饼是用烤炉烤制的大饼,汉代由西域传入,唐代非常流行。《广异记》载,东平尉李廌"初得官,自东京之任,夜投故城店中。有卖胡饼者"⑦。蒸饼是将面粉发

---

① 沈括著,胡道静校注:《梦溪笔谈校证》卷一,中华书局1962年版,第23页。
② 张齐贤:《洛阳缙绅旧闻记》卷二,朱易安、傅璇琮主编:《全宋笔记》第一编第二册,大象出版社2008年版,第161页。
③ 冯梦龙评纂,庄葳、郭群一校点:《太平广记钞》卷十六,中州书画社1982年版,第427页。
④ 戴孚著,陈尚君辑录,卢宁整理:《广异记·蔡希闵》,金峰主编:《中华野史》唐代卷,泰山出版社2000年版,第870页。
⑤ 王梵志著,项楚校注:《王梵志诗校注》卷五,上海古籍出版社1991年版,第651页。
⑥ 李昉等:《太平广记》卷一百九十五《侠》,中华书局1961年版,第1461页。
⑦ 冯梦龙评纂,庄葳、郭群一校点:《太平广记钞》卷七十七《妖怪六》,中州书画社1982年版,第2040页。

酵后再蒸熟的面食,如馒头、包子等。汤饼是在水中煮的面食,如面条、面片等。饭是将谷物整粒煮熟而做成的食品,主要有粟米饭、黍米饭和稻米饭以及胡麻饭、乌米饭等。中原人还喜食各种肉食、蔬菜和酪。

汤类主要是浆,或称"浆水粥"。同州司马裴沆的堂伯从洛阳往郑州,与一老人同行,至一庄,渴甚,求浆。"老人指一土龛:'此中有少浆,可就取。'裴视龛中,有杏核一扇如笠,满中有浆,浆色正白。乃力举饮之,不复饥渴。浆味如杏酪。"①唐代,中原人也养成饮茶的习惯,"茶圣"陆羽说东、西"两都并荆渝间,以为比屋之饮"②。茶业贸易也很兴盛。

3. 居住

隋唐东都洛阳的宫殿豪华富丽,为帝王所居。乡村百姓住房较简陋,就地选取廉价的材料修建,以木为栋椽,用茅草铺盖房顶,泥土砌成台阶,即所谓"草茨竹椽"或"茅茨土阶"。因房屋建造得狭小,又称"蜗舍"。与这些房屋相配套的设施是"柴门",即用树枝编扎的门,或"荆扉",即用荆条编织的门。唐人刘方平隐居颍阳(今登封颍阳镇)大谷,其家宅"篱边颍阳道,竹外少姨峰"③。这些由草舍、柴扉、篱墙构成的乡村住宅就是贫民的住所。

乡村民居的规模很小,但那些"义门"的宗姓大户宅院却很大。洛阳的达官显贵,不但在城中有豪华的第宅,而且在城外有别业。例如李德裕在龙门南有平泉山庄,极为豪华富丽。

4. 出行

隋唐五代时期,中原地区驿传和水路形成发达畅通的交通网,给民众的出行提供了便利。驿路交通以东都为中心可至四方,"夹路列店肆待客,酒馔丰溢。每店皆有驴赁客乘,倏忽数十里,谓之驿驴"④。水路交通也呈现一派盛况:"天下诸津,舟航所聚,交通巴、汉,前指闽、越,七泽十薮,三江五湖,控引河洛,兼包淮海。"⑤

---

① 段成式著,方南生点校:《酉阳杂俎》卷二《玉格》,中华书局 1981 年版,第 20 页。
② 陆羽著,沈冬梅校注:《茶经校注》卷下,中国农业出版社 2006 年版,第 40 页。
③ 皇甫冉:《寄刘方平大谷田家》,彭定求、宋寅等编:《全唐诗》卷六百五十,中华书局 1960 年版,第 634 页。
④ 杜佑:《通典》卷七《历代盛衰户口》,中华书局 1988 年版,第 152 页。
⑤ 刘昫等:《旧唐书》卷九十四《崔融传》,中华书局 1975 年版,第 2998 页。

人们根据不同的地形和经济条件,选择不同的交通工具。达官贵人多骑马。"荥阳有郑生,善骑射,以勇悍矫捷闻。家于巩洛之郊。尝一日乘醉,手弓腰矢,乘捷马,独驱田野间。"①马成为上层人士远行出游的必备工具。也有人骑驴。如"天宝十四载,李泌三月三日,自洛乘驴归别墅"②。但骑驴者多为贫寒之士。也有骑骡者。"唐汴州刺史王志愔,饮食精细,对宾下脱粟饭。商客有一骡,日行三百里,曾三十千不卖。"③车也是当时的主要交通工具,巩义出土有唐彩绘陶牛车。也有用脚力者。吴少诚贫贱时,至上蔡,"逡巡,有一人是脚力,携包袱过,见猎者,揖而坐"④。

水路交通多用船筏,"东都龙门潭之南,有八节滩、九峭石,船筏过此,例及破伤"⑤。洛阳焦生骑驴出行,见"崖下水深处河道弯曲,有筏数十双,上有人宿止"⑥。

随着中外交流的加强,中亚商队的涌入,骆驼也偶用于中原地区的交通。唐三彩中不乏骑骆驼的陶俑。

二、婚丧习俗

隋唐时期中原地区的婚丧习俗基本沿袭前代,仍以"六礼"成婚,并保持了重视葬礼的传统。

1. 婚姻礼俗

隋唐中原地区的婚姻礼仪,仍基本履行纳采、问名、纳吉、纳征、请期、亲迎六礼。纳采即男方派媒人去女方家提亲。自社会上层到下层,其婚姻皆有此仪式。问名即男方请媒人问女方的名字及出生年月日,女方复书以告。问名与纳采往往在一次议事中完成。纳吉即男方卜得吉兆,备礼通知女方,婚姻乃定。

---

① 张读:《宣室志》卷五,《唐五代笔记小说大观》下册,上海古籍出版社2000年版,第1020页。
② 李昉等编:《太平广记》卷一百五十《李泌》,中华书局1981年版,第1079页。
③ 李昉等编:《太平广记》卷二百四十三《王志愔》,中华书局1981年版,第1810页。
④ 李昉等编:《太平广记》卷一百五十四《吴少诚》,中华书局1981年版,第1107页。
⑤ 白居易:《开龙门八节滩诗二首并序》,《全唐诗》卷四百六十,中华书局1960年版,第5236页。
⑥ 张齐贤:《洛阳缙绅旧闻记》卷五,《文渊阁四库全书》第1036册,台湾商务印书馆1986年版,第170页。

纳征又称"纳币",即男方以礼物送女方,女方接受聘礼,表示确定婚姻关系。社会地位的不同,导致聘礼的差别很大。请期即男方择定婚期,备礼告知女方,征求女方意见。女方如同意,即为婚期。亲迎即夫婿于婚日着盛装至女方家,迎新娘入男方家。除皇帝外,自太子至庶民,皆需亲迎。亲迎之日清晨,男方之父要告庙,即往祖庙向祖宗神位报告婚事。

古代婚礼在黄昏时举行,故称"昏礼"。但到了唐代,则在拂晓时举行。新娘离家前,父母要对她进行一番告诫。新郎将新娘迎回家后,要行"共牢"及"合卺"之礼,即共吃一份牲牢,同饮交杯酒,表示共同生活的开始。

中原传统的婚仪见载于《大唐开元礼》,是官修的礼仪。而在现实中,婚姻礼仪中也融入一些地方性的民族性的婚俗,为传统婚俗增添欢乐的气氛。如新郎以诗"催妆",迎新妇入"青庐",夫妇交拜时新娘"却扇",拦住新郎新娘的车索要食物的"障车",等等,使婚俗更具有社会文化意义。

2. 丧葬礼俗

隋唐厚葬之风盛行,自达官贵人至平民百姓,在丧葬上莫不尽力铺张。由于丧葬的铺张导致清贫之士无力置办。如刘温叟之母"终于玉泉之别墅,既殁无财可营葬事,其正直清苦也"①。

隋唐时期中原人士乡土观念重,客死异乡者,必归葬故乡。诗人杜甫一生坎坷,客死于湖南。其孙杜嗣业迁柩归葬于洛阳偃师西北首阳山,距杜甫之死已数十年之久。② 韩愈死后,也由其弟子门生将其归葬家乡怀州河阳(今孟州西)。因遭战乱饥荒而大量死亡的乡民,多用"乡葬"。大历年间,关中饥疫,尸骸狼藉。"荥阳人郑损率有力者,每乡为一大墓,以葬弃尸,谓之乡葬。"③

由于城市的兴起和商业的繁荣,助人营葬成为职业。在中原地区的城市中,有专门助人营丧的"凶肆",备有丧车和其他器具供租用,还有艺人为丧家鼓吹奏乐,唱挽歌。可见当时助丧行业的兴盛。

---

① 张齐贤:《洛阳缙绅旧闻记》卷五,《文渊阁四库全书》第1036册,台湾商务印书馆1986年版,第169页。
② 刘昫等:《旧唐书》卷一百九十《文苑传下》,中华书局1975年版,第5055页。
③ 李肇:《唐国史补》卷上《郑损为乡葬》,与《因话录》合刊本,上海古籍出版社1979年版,第22页。

三、节日与娱乐

1. 节日

隋唐时期中原地区的节日几乎每月皆有,丰富多彩。元日、上元、寒食、清明、端午、七夕、重阳、腊日和除夕等,为民间所重视。

除夕是旧岁之末,元日为新年之首,最受重视,有祭祖、守岁、行傩礼、燃爆竹、贴春符等习俗。除夕和元日是阖家团圆的节日,白居易《岁日家宴戏示弟侄等兼呈张侍御二十八丈殷判官二十三兄》描写了骨肉团圆的场景。

正月十五为上元节,即元宵节,民间观灯之风甚盛。开元初年,玄宗于东都上阳宫观灯,大陈影灯,设庭燎,自禁中至于殿庭,皆设蜡烛,连属不绝。

唐朝清明节取代寒食节,盛行于世。此时风和日丽,万物复苏,郊游踏青、荡秋千、放风筝、打球、拔河、斗鸡是主要的游艺活动。

五月初五为端午节,人们有以五彩丝、楝叶包粽的习俗,在有水的地方还组织龙舟竞渡活动。

七夕,其主要活动为女子乞巧,民女于庭院中摆蔬菜瓜果,焚香致祭,诚心乞巧。

九月初九为重阳节,登高、佩茱萸、饮菊花酒的习俗代代相传,沿袭不替。

腊日是冬季的重要节日。"腊,岁终祭众神之名"①。随着佛教的东传,十二月初八为佛祖得道日,民间模仿寺院,如法自煮粥,以祭祀众神。

2. 娱乐

隋唐时期中原百姓的文娱活动丰富多彩,主要包括竞技类,如马球、角抵,以智力博胜的棋类,还有各种观赏性质的乐舞、杂技、戏剧表演和适应市民阶层需要的新兴的说唱艺术。

马球在唐代风靡一时。它又称"击鞠",是一种骑在马上持杖击球的运动。许多皇帝热衷于此,各地各界人士纷纷仿效。韩愈曾写诗劝谏徐泗节度使张建封收敛此风:"汴泗交流郡城角,筑场千步平如削。……当今忠臣不可得,公马

---

① 杜预:《春秋左传集解》僖公五年注,上海人民出版社1977年版,第256页。

莫走须杀贼。"①还有骑驴打球。如李林甫未冠时,"在东都,好游猎打球,驰逐鹰狗。每于城下槐檀下骑驴击鞠,略无休日"②。

角抵,又称"相扑"或"角力",是古代的摔跤活动,以两人角力决胜负,比赛紧张激烈。唐代宫廷宴会和节日都有角抵戏助兴。

围棋是曾风行于魏晋南北朝时期士大夫之间的高雅游戏,至隋唐依然不衰,广泛流行于上层人士间。

隋唐的戏剧主要是参军戏,戏中有一定的故事情节,有对白、动作,也有歌舞,剧目有《婆罗》《假妇人》等。歌舞戏有《兰陵王》《踏摇娘》《拨头》等,以歌舞为主,杂以说白。

傀儡戏广泛流行于民间。史载:"歌舞戏,有《大面》、《拨头》、《踏摇粮》、《窟礌子》等戏。玄宗以其非正声,置教坊于禁中以处之。"③城市中也有傀儡戏的演出。

杂技是当时中原人喜闻乐见的娱乐活动,民间杂技艺人走街串巷,在城市和乡村进行表演。洛阳作为东都,杂技也呈现出更加绚丽的风貌。

唐代的说唱艺术包括寺院俗讲和民间说书。寺院僧侣为招揽信徒,在寺院观舍聚众讲演。寺院的俗讲促成民间说书艺术的形成,至晚唐时期说书已成为城市市民消遣的主要方式,中原一些地方的酒楼茶馆、佛事斋会及达官贵人举行的宴会,都是说书艺人表演的场所。

---

① 韩愈:《汴泗交流赠张仆射》,魏仲举集注:《五百家注韩昌黎集》卷二《古诗》,中华书局2019年版,第174—175页。
② 亡名氏:《李林甫外传》,桃源居士编:《唐人小说》第三十七帙,上海文艺出版社1992年影印,第154页。
③ 刘昫等:《旧唐书》卷二十九《音乐志二》,中华书局1975年版,第1073页。

第七章 五代宋金时期文化的鼎盛与衰落

从开平元年(907)后梁建立,到金末帝天兴三年(1234)金朝灭亡,是中国历史上的五代、北宋、金时期。五代即后梁、后唐、后晋、后汉和后周五个朝代,总共53年,北宋168年,金朝统治中原地区118年。

五代政权更迭频繁,战乱不已,不利于经济、文化的发展。北宋王朝社会政治稳定,经济发展,文化鼎盛。著名学者陈寅恪说:"华夏民族之文化,历数千载之演进,造极于赵宋之世。"[①]北宋以东京(今开封)为首都,将军权、财权集中于中央,东京城发展迅速,成为全国政治、经济、文化的中心。西京洛阳保持着文化优势,中原地区文化发展到巅峰状态。金灭北宋,宋室南迁,是中原地区历史的一个重大转折点。金朝统治时期,中原经济文化开始从巅峰跌落下来。

北宋朝廷实行崇儒右文的政策,政治相对开明、宽松,促进了中原文化的繁荣。北宋中原学校教育系统完备,有中央官学(主要是太学)、地方官学和书院,学生人数众多。东、西两京的国子监诸学不断完善。当时全国有"四大书院",中原地区独有其二。完备的科举制度促进文教的兴盛,读书人遽增,教育范围扩大,民智逐渐开化。大批俊彦通过科举考试步入仕途,为宋代文化的繁荣做出了贡献。洛阳人程颢、程颐创建洛学,经朱熹的传扬,称作"程朱理学",成为中国封建社会后期的统治思想和官方哲学。宋词兴起,散文、诗歌均有发展。书法、绘画成就卓著,开封画院涌现出一批著名画家。科学技术高度发展,天文学、医学有长足进步。中国古代四大发明中的指南针、火药和活字印刷出现于此时。李诫撰写的《营造法式》总结了古代的建筑理论和实践经验。东京开封的市民文化兴盛,民间的曲艺、百戏发展到一个新阶段,丰富多彩的"瓦舍伎艺"反映了城市民间文化的繁荣。文化的普及和民众素质的提高,文化向着平民

[①] 陈寅恪:《邓广铭宋史职官考证序》,见《金明馆丛稿二编》,上海古籍出版社1980年版,第245页。

化、世俗化方向发展成为宋代河南文化的重要特色。

第一节 五代宋金时期的中原地区

五代宋金时期,中原地区生态环境持续恶化。北宋王朝加大黄河治理力度,并利用河水淤灌改良土壤,以利农业生产的发展。北宋统治者将政权、军权、财权集中于中央,政局比较稳定。中原作为畿辅地区,经济持续发展,为文化的鼎盛创造了条件。金朝后期为避蒙古兵锋而迁都汴京(今开封),国力如同强弩之末,政权亦是日薄西山。

一、黄河频繁改道与生态环境的恶化

1. 黄河的北流与东流

五代政权更迭频繁,战争连年,甚至以水代兵,导致黄河的水灾日益严重。在55年中有河水决溢记载的多达18年。黄河的频繁决溢直接危及东京开封的安全,后唐、后晋和后周都曾进行治理,堤防管理养护得到加强,并形成一些制度。

五代至北宋初期,黄河下游河道的流向和隋唐大致相同,经由今河南孟州、沁阳、郑州、开封、卫辉、滑县、山东鄄城北、河南濮阳市南,东北流经山东聊城、茌平南,折向北经禹城西,又东北经滨州市南,从渤海湾南部入海。这条河道后人称"京东故道"。由于它行水时间已久,河床淤积严重,河患频繁。仁宗景祐元年(1034)七月,黄河在澶州横陇埽(今濮阳县东)决口,冲出一条新河,由滨州以北入海,称"横陇故道"。庆历八年(1048),黄河又在澶州商胡埽(今濮阳县东)大决,河水西北折,经内黄东,北流经河北大名、南宫、枣强、武邑、献县,至青县南入今南运河,经天津由海河入海。宋人称此河道为"北流"。嘉祐五年(1060),北流大河在河北大名县西南东决,东北流经今山东冠县、夏津,略循今

马颊河至冀鲁交界处入海。时称此河道为"二股河"或者"东流"。

为了消除黄河水害,北宋朝廷曾经试图用人力使黄河改道,但由于多方面的原因,三次改道回河都没有成功。北宋末年的黄河河道虽然出现了东流和北流互变的情况,但基本上以北流为主。在北宋160余年间,黄河决溢达80多次,其中47次发生在今河南境内。

汴河是沟通中原与江南的物资交流大动脉。张洎说:"惟汴水横亘中国,首承大河,漕引江、湖,利尽南海;半天下之财赋,并山泽之百货,悉由此路而进。"[1] 北宋初设置专门机构和专职官吏治理汴水。东京开封城内常有排岸司卒数千人,专门保护堤岸。每年春天征发沿河民夫,疏浚汴口及淤浅河道。自春至冬,常于汴口调均水势,保持载重漕船通航水位,又防止水大冲毁或溢漫河堤。

南宋建炎二年(1128),东京留守杜充为阻止金兵南下,决开黄河大堤,河水自泗入淮,成为黄河长期南泛入淮的开端。

金代统治中原的百余年间,18个年份黄河发生决溢,平均比北宋的次数要少。金大定、明昌年间都发生过大的决溢与改道,给当地人民造成极大的灾难。

2. 生态环境的继续恶化

唐安史之乱以后,黄土丘陵山原地区农业开垦逐步失去控制,乱垦滥伐之风逐渐严重起来。再加上战争破坏,天然植被遭到长期持续不断的破坏。北宋黄河中游地区的植被破坏更加剧烈。"北宋与辽、金、西夏在这里对峙,各方均把屯田种粮作为备战防边的一项紧急措施。"[2] 东京开封所用木材很大一部分是从渭水上游山区运来,也导致那里森林植被的大面积破坏,黄土高原的水土流失加剧,北宋后期黄河水已是"泥沙相半",下游河道淤积严重。

北宋中原地区自然环境呈继续恶化的趋势。仅东京开封每年就需柴薪一二千万公斤,木炭近2000万公斤。据此估算,每年消耗森林近万亩。北宋160多年砍伐林木在160万亩以上。北宋初黄河下游平原的周边山麓地带尚有森林覆盖,太行山中段地区森林茂密。五代北宋时在今林虑(今林州)设两个伐木场,每场600人,伐木用来冶铁烧瓷,结果太行山区"松木大半皆童",森林植被

---

[1] 脱脱等:《宋史》卷九十三《河渠志三》,中华书局1977年版,第2321页。
[2] 朱士光:《历史时期黄土高原自然环境变迁及其对人类活动之影响》,《黄土高原地区环境变迁及其治理》,黄河水利出版社1999年版,第46页。

破坏。

北宋时期黄河下游平原盐碱土分布较广。"大名、澶渊、安阳、临洺、汲郡之地,颇杂斥卤,宜于畜牧。"①土地潟卤瘠薄,不宜农耕。熙宁年间曾在此地和东京开封以东的地区引黄河、汴河水大面积地淤灌,以改良土壤,并改种水稻,取得显著成效。

中原与江淮之间的重要水道汴河以黄河水为水源,因河水多泥沙,河道淤积严重,每年都要征发民工疏浚。由于黄河支流洛河水清,元丰二年(1079)凿渠引洛水通汴,以减轻汴河的淤积。北宋末年汴河淤积更为严重,"自汴流湮淀,京城东水门,下至雍丘(今杞县)、襄邑(今睢县),河底皆高出堤外平地一丈三尺,自汴堤瞰民居,如在深谷"②,形成地上悬河。

从北宋到元代中期中原地区处于气候的温暖期,气温接近或超过现代的温度。由于地表生态的变化,不旱即涝的灾害性气候较为频繁。金代旱涝灾害有80多次。

二、中央集权的强化

开平元年(907),朱温废唐哀帝李柷自称皇帝,建国号梁,史称后梁,都汴州(治今开封),改称开封府,又称东都。龙德三年(923),后梁晋王李存勖在魏州(治今河北大名)称帝,国号唐,史称后唐。李存勖以李嗣源为先锋袭取开封,灭后梁,定都洛阳。清泰三年(936)十一月,河东节度使石敬瑭被契丹首领耶律德光册封为大晋皇帝,史称后晋。在契丹军庇护下进军洛阳,灭后唐。天福二年(937)迁都汴州,称东京。因后晋主石重贵不愿对辽主称臣,开运三年(946)契丹军攻入开封,灭后晋。次年三月,原后晋河东节度使刘知远在太原称帝,国号汉,史称后汉。刘知远率军乘虚进入中原,建都东京开封。汉将郭威领兵抵御来犯辽军,兵至澶州(今濮阳县),将士拥立郭威为帝。广顺元年(951)郭威即帝位,国号周,史称后周,仍以东京开封为都城。郭威死,养子柴荣继位。郭威、

---

① 脱脱等:《宋史》卷八十六《地理志二》,中华书局1977年版,第2131页。
② 沈括著,胡道静校注:《梦溪笔谈校证》卷二十五,中华书局1962年版,第166页。

柴荣相继进行政治经济改革,国力增强,遂西征后蜀,南征南唐,北伐辽国,扩境拓土。显德七年(960),皇位被赵匡胤夺去,后周灭亡,北宋建立。

北宋王朝先后设立四都,以开封为首都,称东京,洛阳为西京,宋城(今商丘睢阳区)为南京,大名(今属河北)为北京。中原是北宋王朝的腹里地区和政治中心。

宋初统治者鉴于唐后期至五代藩镇割据、政局动荡不已的历史教训,采取一系列措施,强化中央集权,包括调整地方政区设置,削减地方官权力,加强对地方的监督,解除武将兵权,选用文官理政等。

宋太宗淳化四年(993),北宋依据山川形势分全国为十道。至道三年(997)改道为路,分全国为15路。宋神宗元丰八年(1085)增加到23路。各路设置四个机构:一是转运使司,长官为转运使,主管一路所属州郡县的财政税收和水陆运转;二是提点刑狱司,长官称提点刑狱公事,主管一路刑狱及举刺官史之事;三是经略安抚司,长官为经略安抚使,掌一路兵民之事,统辖文武;四是提举常平司,长官提举常平,掌管一路地方常平仓、义仓、免役、市易、坊场、河渡、水利之法及赈灾救济等。四司长官皆有监察地方官之责任,故通称他们为监司、监司官。

北宋地方行政机构有州、府、军、监。为防止藩镇割据,太平兴国二年(977)全部取消节度使所辖支郡,一律改为直隶州,由朝廷直接控制。中央差遣京官充任权知军州事,或知州军事,简称"知州",皆由文人充当,三年一换(磨勘)。又设由朝廷直接派遣的"通判"以分其权。通判由文官选任,可直接向朝廷奏事,与知州共同处理州事,并监督知州的行动,号称"监州官"。知州"事无大小,宜与通判或判官、录事同裁处之"①。知州和通判互相牵制,以加强中央对地方的控制。在都城及特要之地设"府",以知府(差遣的知府事)掌握一府之实权。军、监和府、州同级,长官为知军、知监。中央常以二品以上及带中书、枢密院、宣徽使职事,称判某府、军、监。

诸县的长官称县令,"掌总治民政、劝课农桑、平决狱讼"②。但朝廷又差遣京、朝、幕官带原有官衔出任知县事,简称知县,不受州管辖。后罢县令而专设

---

① 李焘:《续资治通鉴长编》卷七,乾德四年十一月,中华书局1979年版,第181—182页。
② 脱脱等:《宋史》卷一百六十七《职官志七》,中华书局1977年版,第3977页。

知县。

中原地区分别属于京畿路、京西北路、京西南路、河北西路、河北东路、永兴军路、淮南西路。在东京开封设开封府,西京洛阳设河南府,南京宋城(今商丘睢阳区)设应天府,北京大名(今属河北)设大名府。此外还有开德府(治今濮阳县)、颍昌府(治今许昌),滑(治今滑县城关镇)、相(治今安阳)、郑(治今郑州)、卫(治今卫辉)、怀(治今沁阳)、孟(治今孟州)、陕(治今三门峡)、虢(治今灵宝)、汝(治今汝州)、蔡(治今汝南)、唐(治今泌阳)、邓(治今邓州)、光(治今潢川)十三州和安利(治今浚县东)、信阳(治今信阳)二军。

北宋实行文官政治,通过科举考试选拔文人学士担任各级官职,有利于文化的发展。东京开封、西京洛阳作为全国的政治、文化中心,全国各地的优秀人才聚集于此,都市文化的发展具有独特的优势,促进了中原地区文化的发展。

靖康元年(1126),金灭北宋,中原大部分地区处于金人统治之下。贞元元年(1153),金海陵王完颜亮营建开封以为南京。金代在中原黄河以南地区设南京路,辖开封、河南(治今洛阳)、归德(治今商丘睢阳区)三府和郑(治今郑州)、睢(治今睢县)、陕(治今三门峡)、嵩(治今嵩县)、汝(治今汝州)、唐(治今唐河)、邓(治今邓州)、许(治今许昌)、陈(治今周口淮阳区)、亳(治今安徽亳州)、蔡(治今汝南)等十州,黄河以北地区设孟(治今孟州)、怀(治今沁阳)二州属于河东南路,相(治今安阳)、卫(治今卫辉)、浚(治今浚县)三州属于河北西路,滑(治今滑县城关镇)、开(治今濮阳县)二州属于大名府路。金宣宗为避蒙古兵锋,于贞祐二年(1214)迁都南京开封。天兴元年(1232),蒙古军进攻南京,金哀宗出逃蔡州。两年后蒙古与南宋联军攻破蔡州,金朝灭亡。

三、发达的社会经济

1. 农业生产的恢复和发展

唐末五代的长期战乱导致中原人口大量流移、死亡,土地荒芜。宋初东京开封周围23州,土地耕垦者不过十之二三。太祖、太宗两朝招集流亡,奖励垦殖,减免田税,兴修水利,引种水稻,促进了农业的发展。

宋初灭亡后蜀、吴越、南唐诸国,其臣民被迁到东京开封、西京洛阳及其周边地区的约十余万众,太祖、太宗两朝约 20 余万北汉移民迁至中原。雍熙三年(986),潘美攻下辽国的寰(治今山西朔州马邑村)、朔(治今山西朔州)、云(治今山西大同)、应(治今山西应县)四州,将其军民近八万口迁至河南府和许、汝等州。大批移民的迁入加快了中原农业生产的恢复和发展。

北宋前期中原西南部有大片荒地。至道二年(996),宋太宗以陈靖为劝农使,按行陈、许、蔡、唐、邓、汝等州,招民户耕垦。到至道三年(997)九月,陈、许、邓、蔡诸州修治水田达 5 万亩。天圣七年(1029),将辽国饥民分送唐、邓、襄、汝等州,给以闲田。嘉祐年间唐、邓诸州采取垦荒百亩以四亩起税政策,将荒地按人口分给移民。北宋中期唐、邓等州经济恢复发展很快。

宋真宗以后,较大规模的农田水利工程陆续兴修。大中祥符八年(1015),京东宋、亳二州之间积涝成灾,毁田数百千顷。郑希甫发民力开渠通于淮河以排渍水,大片低洼水淹的土地成为"上上"田。仁宗天圣二年(1024),在开封及宋、宿、亳、陈、蔡、颍等州大搞排涝工程,使潴积之地变成良田。仁宗朝曾疏导相(治今安阳)、卫(治今卫辉)两州诸水,灌田达数万顷。唐州刺史赵尚宽调发兵卒修复古陂渠,溉田万余顷,又组织民众修支渠数十条,以扩大灌溉面积。继任者高赋修筑陂堰 44 处。效益最大的水利工程是黄河、汴河沿岸大规模的淤田。熙宁二年(1069),朝廷设淤田司,令秘书丞侯叔献和著作佐郎杨汲负责引汴淤田事宜,汴河沿岸的中牟、陈留(今开封祥符区陈留镇)、雍丘(今杞县)、应天府(治今商丘睢阳区)等地都进行淤灌,于是"京东、西咸卤之地,尽成膏腴,为利极大"①。熙宁三年(1070)王安石推行农田水利法,水利建设稳步发展。元丰年间(1078—1085),邓州南阳县(今南阳市)修建马渡港堰(俗称丰和渠),灌溉面积千余顷。相州、孟州都修建较大规模的水利工程,京西转运副使陈知金主持修建济源千仓渠。

中原地区粮食作物原以粟、麦、豆为主,水利的兴修使水稻种植得以推广。汝州、唐州设有专门种植水稻的机构"稻田务"。洛阳一带水源充足,稻田颇多。许州通判张士逊从襄、汉地区招募会种水稻的农户到许州教民种稻。唐州知州赵尚宽大力兴修塘陂水渠,许多旱地改为稻田。宋初何承矩在河北路屯田改用江东"七月熟"早稻品种,获得丰收。此后,在京东、京西等地水稻种植不断推

---

① 李焘:《续资治通鉴长编》卷二百七十七,熙宁九年,中华书局 1979 年版,第 6767 页。

广。咸平年间(998—1003),怀(治今沁阳)、卫(治今卫辉)、磁(治今河北磁县)、相(治今安阳)诸州普遍种植水稻。占城(今越南中南部)稻具有不择地而生、耐旱、省功、生长期短、产量高等优点。大中祥符五年(1012),在东京开封附近试种获得丰收,推广到汝州、鲁山、南阳等地。

信阳军(治今信阳)、光州(治今潢川)产茶。光州3个茶场年产茶六七十万斤。城市周边的蔬菜种植也很普遍。东京四郊菜圃收益可观。东京、西京等地公私园林很多,刺激了花卉林木业的发展。洛阳所种牡丹"为天下第一",陈州牡丹种植面积很大。

宋金之际,中原地区经济受到严重破坏。金兵南下北宋灭亡后,黄河中下游人口再度大规模减少。金世宗时采取迁徙百姓垦荒、免征赋税数年的政策,经济得以恢复。金后期迁都汴京开封,大量北方人口南迁,中原劳动力猛增,垦田面积几乎是北宋时的3倍,农业生产发展超过北宋时期。

2. 手工业的兴盛

宋代中原地区的手工业发达,主要有纺织、采矿冶铸、陶瓷、酿酒等。东京开封官营手工业最为集中,也是良工巧匠荟萃之地。

北宋时期中原的丝织业在全国丝织业中占据首要地位。东京开封有规模宏大、门类齐全的官营纺织印染业。绫锦院的织机达400多张,工匠1000多人。两个官营染院各有工匠数百人。绣院有绣工300多人,还有一批以刺绣为业的"百姓绣户"。洛阳亦有生产高级丝织品的场院。

五代时期中原出现秘色窑瓷和柴窑瓷。秘色窑瓷器是青瓷。柴窑是后周显德初年(954)建立的瓷窑,窑址在郑州。柴窑瓷器以青色为主,还有虾青、豆青等色。釉极薄,光润明洁。瓷胎致密,扣之作金石声,有"青如天、明如镜、薄如纸、声如磬"[1]的盛誉。宋瓷的繁荣,柴、秘二窑实开其端。

北宋时全国瓷器生产有五大名窑,中原有其三,即汝窑、官窑、钧窑。汝瓷中的淡青色为北方青瓷之上品。禹州钧窑瓷器釉具五彩,光耀夺目,红如胭脂,青若葱翠,紫若墨黑,色纯不杂者为上品。开封的官窑发明素烧和多次上釉相结合的新工艺,瓷器胎薄色青,浓淡不一,极为名贵。唐州窑、邓州窑瓷器也很出名。

---

[1] 谷应泰:《博物要览》卷二,中华书局1985年版,第11页。

开封也是酿酒业的中心,官方酿酒机构有法酒库、内酒坊和都曲院。民间正规的造酒作坊有72家。北宋末天下名酒203种,产于中原的有78种,[①]占总数的38%。

采煤业有较大发展。北宋相州(治今安阳)、阳翟(今禹州)、巩县(今巩义)、河阳(今孟州西)都有石炭(即煤)开采。怀州(治今沁阳)九鼎渡是当地的煤炭集散中心。

东京开封也是北宋金属铸造中心,作坊很多。河南府(治今洛阳)、卫州(治今卫辉)、陕州(治今三门峡)等地设有铸钱的钱监。

3. 便利的交通和繁荣的商业

北宋中原地区以东京开封为中心的水运交通四通八达。汴河是东京联通江淮的水上大动脉,每年平均经汴河运到开封的粮食600万石,其他物资不可胜计。东京南面的蔡河(惠民河)至通许镇与从新郑引来的闵水汇合,经陈、颍等地直达寿春(今安徽寿县),接通淮河水运。金水河(天源河)自荥阳引京、索二水至京城,以解决城内生产、生活用水。五丈河(广济河)上接金水河,东经曹(治今山东曹县西北)、济(治今山东巨野)、郓(治今山东东平)诸州,汇合于济水,可通东方漕运。陆路交通干线以开封为中心,向东经曹、济、兖(治今山东兖州)、淄(治今山东淄博淄川区),可达山东半岛,西南经许州(今许昌)、邓州、襄阳通西南各地,向西经洛阳入关中可达河西和剑南,向北经过滑(治今滑县城关镇)、澶(治今濮阳县)、大名以达幽燕。

12世纪初东京开封城市人口已有26万户,约130万口,加上驻军和流动人口,最多可达一百五六十万人,是当时全国人口最多的城市,也是当时世界上最大的城市。随着城市人口急剧增加和工商业迅速发展,典型的坊市分离制度被冲破,工商业者可以临街开店铺。城内有商户2万多家,店铺密集,资金雄厚。神宗时大中型工商业店铺有6400余家,并出现一些大型市场。亚洲各国的进口商品,如香料、犀象制品、珍宝及一些高级手工艺品应有尽有。夜市和固定日期的瓦市兴盛。繁华地带的夜市通宵达旦,相国寺的瓦市,凡商旅交易,皆萃集其中。

随着商品经济的发展,集镇贸易在水陆交通方便、手工业商业较发达地区

---

① 朱弁:《曲洧旧闻》卷七,《丛书集成初编》第2768册,第51页。

出现。汴河沿岸的集市经销粮食、牛马牲畜、蔬菜瓜果及纸张日用百货。宋城南汴河上有东西二桥,是水陆码头会聚之所,形成繁华的河市。

四、中原汉人的南迁与民族融合

宋金鼎革之际,中原板荡,兵燹连年,中原汉人大量外迁,形成一次大规模的移民浪潮。靖康元年(1126)八月,金军分东、西两路向东京开封挺进,沿途官吏多弃城而走,百姓纷纷逃避,士庶携老提幼南下汝、颍、襄、邓者不计其数。十一月底开封陷落,宋徽宗、钦宗被俘,金军强行将工匠、医官、乐工、妓女等约十万人北迁。开封十多万军民循城南行,不少死于乱军,存活者逃到京西南路(今湖北北部)。建炎元年(1127)宋高宗南渡,中原士庶百姓、武装流民随之大量涌入江南,居镇江、建康府(今江苏南京)、临安(今浙江杭州)数量众多。朱熹曾说:"靖康之乱,中原涂炭,衣冠人物,萃于东南。"①

金灭北宋,在中原置屯田军,女真、契丹、奚家等部族徙居中土。金"废刘豫后,虑中州怀二三之意,始置屯田军,非止女真,契丹、奚家亦有之。自本部徙居中土,与百姓杂处,计其户口给以官田,使自播种"②。贞祐三年(1215)又将军户百余万口迁至黄河以南地区。"内迁的女真人,至少要占女真人口总数的一半左右。这些女真人户分布在中原广大区域内,形成与汉人杂错而居的局面。"③女真人与汉人杂处、通婚,改用汉姓,学习儒学,迨至元末已融入汉族。

第二节　象数学与洛学

北宋学术昌盛,学派众多,有濂学、蜀学、荆公新学、洛学和关学等。及至南

---

① 朱熹:《晦庵文集》卷八十三《跋吕仁甫诸公帖》,《文渊阁四库全书》第1143册,第741页。
② 宇文懋昭撰,崔文印校证:《大金国志校证》卷三十六《屯田》,中华书局1986年版,第520页。
③ 罗贤佑:《元代民族史》,四川民族出版社1996年版,第287页。

宋,理学逐渐取得学术上的正统地位。朱熹称周敦颐、邵雍、张载、程颢、程颐为"北宋五子",其中邵雍和二程都是中原学者。北宋中原思想学术以二程洛学和邵雍的象数学最值得称道。

一、河图洛书的象数派和义理派

河图洛书的研究至宋代进入一个新阶段。陈抟是五代末至北宋初真源(今鹿邑)人,邵雍长期定居于洛阳,宋代河图洛书学的象数派根在中原。

宋初陈抟著《龙图》一书,并绘出《先天图》及河图洛书的图式。邵雍继承陈抟的学说,在《皇极经世》卷首附录陈抟的河图洛书图式。其中,白圈表示奇数,为阳;黑点表示偶数,为阴。一至十的排列为河图,一至九的排列为洛书。他们用图象及其所表示的数字研究河图洛书和《易》学,后世称之为象数派或图书派。

陈抟之学传于种放,再经许坚、季处约、范谔昌传至刘牧时,河图洛书图书派的观点发生重要变化。刘牧认为一至九的排列为河图,一至十的排列为洛书。以后附和刘牧的有王湜、朱震、薛季宣、朱元升等。图书派再传到南宋的朱熹,又改变刘牧的观点,恢复了陈抟、邵雍的说法,以一至十的排列为河图,一至九的排列为洛书。以后附和朱熹的有蔡元定、董楷、胡方平、方实孙等。

陈抟学说的传承还有另一个分支,就是经穆修传于周敦颐,再传至程颢、程颐。他们对《易》学的研究偏重于义理,后世称之为义理派。

二、邵雍父子的象数学

邵雍(1011—1077),字尧夫,自号安乐先生,范阳(今河北涿州)人,谥康节,幼年随父迁居共城(今辉县),后定居洛阳安乐窝。著作有《皇极经世》《伊川击壤集》等。

邵雍的哲学是先天象数学,就是运用符号、卦象及数字关系来推算宇宙变化的学说,讲的是宇宙先天模式与演化。它将以象数为主的宇宙论和儒家重视的经典、人事牵合在一起,构成了一种特殊的天人之学。在中国哲学史上,邵雍的学说代表周易象数学的一个发展方向。

《先天图》源于道家方士,从陈抟到种放、穆修、李之才、邵雍,依次相传。所谓《八卦先天图》,就是把《周易》的六十四卦绘制成方图、圆图及《伏羲八卦方位图》《卦气图》。邵雍认为《八卦先天图》所显示的象数系列能够演示宇宙的发生过程,《八卦先天图》体现了邵雍的象数学思想。

邵雍《皇极经世》中的《观物篇》分内、外两篇,直接说明象数。概括而言,就是太极分两仪,两仪分四象,四象分八卦,八卦相错,产生六十四卦。两仪、四象、八卦、六十四卦是"象",一、二、四、八、十六、三十二、六十四是"数"。和象数系统相应,太极分为天地,天地分为四时,四时分为日月星辰、水火木石,再分为寒暑昼夜、风霜雨露等。邵雍认为太极世界存在于天地之前,"心"就是"太极"或者"道"。那么,太极又是什么呢?他解释说:"太极一也,不动;生二,二者神也。""神生数,数生象,象生器。"[①]器就是万物。也就是说,从太极的本体来说,它自身没有变异,但太极的作用则变化莫测,这就叫作"神无方"。邵雍主张天人合一,他创造了一个天人同质化的概念,就是"物"。他说:"以天地观万物,则万物为万物,以道观天地,则天地亦为万物。"[②]又说:"人也者,物之至者也。圣也者,人之至者也。"[③]认为"人"也是"物","圣人"也是"人"。

在历史观上,邵雍持终而复始的循环论。他认为世界会坏灭,坏灭之后又会产生新的世界。他将中国历史分为三皇、五帝、三王、五霸四个阶段,认为三皇尚自然;五帝以德教,故尚让;三王以功尚政(正);五霸率民以力,故尚争。这是一种历史退化论。

邵雍的儿子邵伯温,字子文,历任地方官,著有《河南集》《邵氏闻见录》。邵伯温在哲学上坚持周敦颐、程颐的思想体系,认为哲学的最高范畴是太极,太极是万物之原。先有太极,后有万物。太极的"一"就是天地之心、造化之原。圣人之德合于太极。只有圣人才能以"天地为一体,万物为一身",因此圣人之心也就是天地之心。

[①] 邵雍著,郭彧整理:《邵雍集·观物外篇》下之中,中华书局2010年版,第162页。
[②] 邵雍著,郭彧整理:《邵雍集·观物内篇》第三篇,中华书局2010年版,第9页。
[③] 邵雍著,郭彧整理:《邵雍集·观物内篇》第二篇,中华书局2010年版,第7页。

三、程颢、程颐的洛学

程颢、程颐兄弟合称"二程",长期在洛阳居住、著述和聚徒讲学,形成了自己的学派,人们称之为洛学,其理论形态是理学,又称道学。

程颢(1032—1085),字伯淳,洛阳人,人称明道先生。少时从学于理学先驱者周敦颐。举进士,任鄠、上元主簿,调晋城令,入朝为太子中允、权监察御史里行。因上疏批评王安石的新政,被贬谪到地方做官。神宗死后被召回朝廷任宗正寺丞,未及登程,便因病去世。

程颐(1033—1107),字正叔,人称伊川先生。在东京开封太学读书时,因写《颜子所好何学论》而享誉遐迩。后从事治学授徒二三十年。元祐元年(1086)三月,任崇政殿说书,教宋哲宗读书。因议论时政受到指责,回洛阳任判西京国子监。及哲宗亲政,原来反对王安石变法的士人被称为"奸党",程颐也在其中。绍圣四年(1097)被贬往涪州(今重庆涪陵)编管,撰写《周易传》。徽宗即位,程颐回洛阳复任"权判西京国子监",旋被解职,又下令查禁他的著作,遂悒郁而终。

二程兄弟以继承孔孟道统自居,阐发六经,致力于《易》,又尊崇《孟子》与《礼记》中的《大学》《中庸》,使之与《论语》并列。明清时有人将二程的言论和著作编为《二程全书》,包括《遗书》《外书》《文集》《易传》《经说》《粹言》等,共约80余万言,今人予以整理,更名《二程集》。

在政治思想方面,二程主张"尚德",即通过行仁政、重礼义教化等办法,缓和社会矛盾,以臻长治久安。王安石变法被二程视为"兴利"之举,"尚德"与"兴利"成为二程与王安石政治主张的分歧点。二程认为,君主要行王道,施仁政,必须先"格君心之非",而后择贤才,严法度,推行改革,振兴国家。二程提倡重民保民,程颐说:"为政之道,以顺民心为本,以厚民生为本,以安而不扰为本。"[①]二程认为国家兴衰存亡与人才有很大关系。程颐又说:"天下之治,由得

---

① 程颢、程颐著,王孝鱼点校:《二程集·文集》卷五《代吕公著应诏上神宗皇帝书》,中华书局1981年版,第531页。

贤也;天下不治,由失贤也。世不乏贤,顾求之之道如何尔。"①法律的制定与政令的推行,都得靠人才,如果没有优秀人才,国家是难于臻于至治的。

在哲学思想方面,二程围绕"理""气"这一宋代哲学的中心议题,建立了理一元论的本体论哲学。"理"作为哲学范畴,并非由二程首创,但把"理"或"天理"作为世界万物的最高本原和封建伦理纲常的化身,却是从二程开始。程颐说:"凡眼前无非是物,物物皆有理。如火之所以热,水之所以寒,至于君臣父子间皆是理。"②"理"既存在于自然界,也存在于人类社会,是世界万事万物的普遍规律和准则。二程认为万物只是一个天理。"天人合一""天理合一"是程颐理本论的核心。二程所谓的"理"或"天理",又是"道"。"理"与"气"的关系也就是道与气(器)的关系。程颐对"气"以及"气"与"理"的关系也有论述。程颐说:"有理则有气,有气则有数。行鬼神者,数也。数,气之用也。"③他认为"气"是有形的,"气"之形来自"理",又把"气"分为"真元之气"和"阴阳之气",以"真元之气"为"气"的根源。

二程哲学的最高范畴是"理"。这个"理"是最根本的,是独立于心的客观实在。"理"作为最高的永恒的精神实体,不但是产生宇宙万物的根源,而且也是事物形成的原因、天地万物的主宰。万事万物由它而生,由它而灭。其实,程颐说的"理"也就是天地万物的自然规律。认识事物的规律,才能处理万事万物,这是对的。但程颐所说的"理"或"天理"又指封建统治阶级的伦理纲常,认为"理"或"天理"只有圣人才能掌握,则是不足取的。

二程认为心、性、天只是一理。程颐说:"自理言之谓之天,自禀受言之谓之性,自存诸人言之谓之心。"④在人性论方面,二程提出了"天命之性"和"气质之性"的理论。程颐说:"'生之谓性',止训所禀受也。'天命之谓性',此言性之

---

① 程颢、程颐著,王孝鱼点校:《二程集·文集》卷五《上仁宗皇帝书》,中华书局1981年版,第513页。
② 程颢、程颐著,王孝鱼点校:《二程集·遗书》卷十九《伊川先生语五》,中华书局1981年版,第247页。
③ 程颢、程颐著,王孝鱼点校:《二程集·经说》卷一《易说·系辞》,中华书局1981年版,第1030页。
④ 程颢、程颐著,王孝鱼点校:《二程集·遗书》卷二十二上《伊川先生语八上》,中华书局1981年版,第296—297页。

理也。"①他们认为,天命之性就是天理在人身上的体现,是天赋予人的,所以为善。而气质之性是每个人所禀受的性。人所禀受的气有清浊,人的气质之性才有善恶之分、高下之别。但是人可以通过修养来变化气质。理存在于人心之中。人皆有此心,可以体贴天理,正其心,养其性。

二程的认识论主要是致知格物和主敬。程颐说:"人之学莫大于知本末终始。至知在格物,则所谓本也,始也;治天下国家,则所谓末也,终也。""格犹穷也,物犹理也,犹曰穷其理而已也。穷其理,然后足以致之,不穷则不能致也。格物者适道之始,欲思格物,则固已近道矣。"②简言之,格物就是穷理,穷理即能致知。格物是通向道的开端。这是二程理学认识论的核心,也是对人们认识过程和修养方法的总概括。"格物致知"的目的,就是通过正心、诚意、修身的功夫,达到治国、平天下的目标,同时还要提高认识事物的水平,达到"天人合一"。"格物致知"就是要去掉物欲的蒙蔽而穷致事物之理。

二程肯定主体有认识能力。程颢说:"人心莫不有知,惟蔽于人欲,则亡天德也。"③程颐说:"知者吾之所固有,然不致则不能得之,而致知必有道。"④关于认识的途径和方法,二程提出主敬说:"学者须先识仁。……识得此理,以诚敬存之而已,不须防检,不须穷索。"⑤所谓"以诚敬存之",就是一种内心体贴的功夫,人们通过这种功夫才能达到"仁"的境界。程颐认为,人有两种知识,即"闻见之知"和"德性之知"。前者是通过感官而获得的感性知识,后者是不假闻见的先天固有。二者需要取长补短才能得到真知。二程指出的认识途径是:从正心诚意到格物穷理再到豁然贯通。

在知行关系方面,二程提出"知先行后"的主张。因为没有认识就无法行

---

① 程颢、程颐著,王孝鱼点校:《二程集·遗书》卷二十四《伊川先生语十》,中华书局1981年版,第313页。
② 程颢、程颐著,王孝鱼点校:《二程集·遗书》卷二十五《伊川先生语十一》,中华书局1981年版,第316页。
③ 程颢、程颐著,王孝鱼点校:《二程集·遗书》卷十一《明道先生语一》,中华书局1981年版,第123页。
④ 程颢、程颐著,王孝鱼点校:《二程集·遗书》卷二十五《伊川先生语十一》,中华书局1981年版,第316页。
⑤ 程颢、程颐著,王孝鱼点校:《二程集·遗书》卷二上《二先生语五》,中华书局1981年版,第16—17页。

动。程颐说:"故人力行,先须要知。非特行难,知亦难也。""譬如人欲往京师,必知是出那门,行那路,然后可往。如不知,虽有欲往之心,其将何之?"①二程强调"以知为本",有知必行。他强调有知才有行,有了真知才能有实践,知和行相辅相成,是不可分离的统一体。

二程的哲学体系中包含着朴素的辩证法思想。程颐在《易传》中说:"惟随时变易,乃常道也。"②"消长相因,天之理也。"③世界上的事物总是处于不断的运动变化之中。程颢说:"天地万物之理,无独必有对,皆自然而然,非有安排也。"④他指出了矛盾的普遍性。二程还把矛盾的对立看作事物的产生和运动变化的内在根源。对立的双方相互作用,即"遇"或"交感",推动着事物的产生和运动变化。

二程认为君臣、父子、夫妇间的封建等级关系是永远不能改变的,他们以为:"父子君臣,天下之定理,无所逃于天地之间。"⑤臣听命于君,子听命于父,妻听命于夫,这是定理。二程还提出"存天理,灭人欲"的主张。他们认为,人的欲望应该克制,以保持"天理"。凡是不符合礼的言论、行动都是"人欲",均在清除之列。

总之,二程兄弟作为理学的开创者,奠定了理学理论体系的基础。二程洛学在中国传统文化中占有重要地位。冯友兰说:"在道学以后的发展中,程颢的思想就成为心学,程颐的思想就成为理学。他们兄弟二人,不但创建了道学,也开创了道学中的两大派别,这在哲学史中是罕见的。"⑥张岱年说:"在传统文化里面,儒家学说占主要地位;在儒家学说中,自宋以后,理学占主要地位;在理学

---

① 程颢、程颐著,王孝鱼点校:《二程集·遗书》卷十八《伊川先生语四》,中华书局1981年版,第187页。
② 程颢、程颐著,王孝鱼点校:《二程集·易传》卷三《周易》下经上,中华书局1981年版,第862页。
③ 程颢、程颐著,王孝鱼点校:《二程集·易传》卷二《周易》上经下,中华书局1981年版,第819页。
④ 程颢、程颐著,王孝鱼点校:《二程集·遗书》卷十一《明道先生语一》,中华书局1981年版,第121页。
⑤ 程颢、程颐著,王孝鱼点校:《二程集·遗书》卷五《二先生语五》,中华书局1981年版,第77页。
⑥ 冯友兰:《中国哲学史新编》下册,人民出版社2004年版,第121页。

里,程朱学派主要是洛学占主导地位。"①

二程弟子众多,谢良佐、游酢、吕大临、杨时四人,号称"程门四先生"。中原籍士人有谢良佐、吕希哲、朱光庭、邢恕、尹焞、李吁、刘绚等。

谢良佐(1050—1103),字显道,寿春上蔡(今属河南)人。元丰年间举进士。建中靖国年间殿上答辞不合上意,贬监西京(今洛阳)竹木场,后又以诽谤罪系狱,被废为民,著有《论语说》。在天理论上,谢良佐继承二程"天人合一"的观点,认为天理是仁,是人心,是伦理道德的总概括。天理和人欲是对立的。只有去掉人欲,天理才能长存。要想达到"仁"的境界,就要去私心,灭人欲。谢良佐认为仁的最高境界是人心,人心与天地一体,把人心与天地等同起来。他认为听到、见到但没有亲身体验过的事物,不能算真知。穷理是一个从闻见之知到"全得此心"的过程。在穷理过程中,如果主观与客观之间发生矛盾要靠"悟"的方法解决。所谓悟,即主观想象。

杨时(1053—1135),字中立,南剑州将乐(今属福建)人,人称龟山先生,曾师事程颢于颍昌(今许昌),深得程颢的器重和赞赏。"其归也,颢目送之曰:'吾道南矣。'"②程颢卒后,杨时又于元祐八年(1093)以师礼见程颐于洛阳,于是有"程门立雪"的佳话。宋徽宗朝任迩英殿说书,擢右谏议大夫兼侍讲,钦宗朝兼国子祭酒。宋高宗即位,除工部侍郎兼侍读,致仕后著书讲学。杨时是二程洛学的自觉传播者。他修订《伊川易传》,并为之作序,又把二程的语录改写成《河南程氏粹言》。他一方面著书立说,阐发二程的思想学说,另一方面又利用自己学者兼学官的便利条件,辗转东南,兴教立学。杨时在洛学南传过程中起了最重要的作用。"东南学者推(杨)时为程氏正宗","朱熹、张栻之学得程氏之正,其原委脉络皆出于时"。③ 杨时传罗从彦,罗从彦传李侗,李侗传朱熹。朱熹(1130—1200),字元晦,祖籍徽州婺源(今属江西),但生于闽(今福建),学于闽,学术活动也主要在闽地,因而其学术流派称为闽学。朱熹是理学的集大成者。

北宋末南宋初,二程弟子在不同地区讲学,洛学得以在外地传播,形成了一

---

① 张岱年:《正确评定二程洛学》,《洛学与传统文化》,求实出版社1989年版,第15页。
② 脱脱等:《宋史》卷四百二十八《道学二》,中华书局1977年版,第12738页。
③ 脱脱等:《宋史》卷四百二十八《道学二》,中华书局1977年版,第12743页。

些新的地域学派。除了杨时、游酢、罗从彦在福建传播二程洛学形成闽学派,吕大临、吕大忠、吕大钧在陕西传播二程洛学和张载关学;谯定、谢湜、马涓在四川传播二程洛学,是谓涪陵学派;谢良佐、胡安国、胡宏、张栻在湖北、湖南传播二程洛学,是谓湖湘学派;周行己、许景衡、刘安节、鲍敬亭、袁溉在浙江传播二程洛学,成为崇尚事功的永嘉学派;王苹在江苏传播二程洛学,是谓吴学派。这些学派由于受程颢和程颐思想学说差异的影响,而逐渐形成了程朱理学、陆王心学、事功之学三大学术体系,而其中影响最大的应首推由二程奠基、朱熹集大成的理学。在元、明、清三代,程朱理学成为占统治地位的学术思想,中原成为理学名区,二程成为孔孟在中原地区的化身。

第三节　佛教、道教的发展与犹太教的传入

北宋儒、佛、道三教出现调和或合流的趋势,士大夫多学习佛、道理论,僧、道也研读儒家经典。佛、道之学与儒家理论相结合,以迎合统治者的需要,也赢得较大的发展空间,中原宗教持续发展。

一、佛教的发展

五代后唐的法华禅师(？—961),俗姓阎,原武(今原阳)人,少林寺主。唐武宗灭佛使少林寺庙宇荒废,佛事消寂,法华禅师召募化缘,整修大殿,恢复秩序,死后葬少林寺常住院东。

后周世宗于显德二年(955)诏令整饬寺院,淘汰僧尼,未经颁给寺额的寺院一律停废,禁止私度僧尼,民间佛像全部销毁铸钱。浚县显德五年(958)的《准敕不停废记》碑记述了相关情况,新密超化寺塔地宫中发现一批被破坏致残的北朝至唐代佛像和碑刻。宋初佛教在理论上迎合宋太祖巩固皇权的需要,努力克服为专制皇权厌恶的"无君无父"理念,把皇权抬到与"佛"同等的地位。禅

宗名僧契嵩在《镡津文集》中大讲"皇极""中庸"等儒家义理,认为佛家的"五戒"即儒家的"五常":"不杀"即"仁","不盗"即"义","不邪淫"即"礼","不饮酒"即"智","不妄言"即"信"。

宋太祖登极,诏令佛寺"当废未毁者存之"。乾德年间,僧人行勤等 157 人请求游历西域,宋太祖赐每人钱 3 万以壮行色,开宝年间又派人雕印《大藏经》。不仅在各地大建佛寺,而且命右街僧录赞宁编撰《大宋僧史略》《大宋高僧传》,又恢复译经院,多次亲临译经院视察,诏令将所译佛经刊板摹印,以广流传。宋太宗以为:"浮屠氏之教,有裨政治",亲自撰写《释氏论》,说释教戒律之书"与周、孔、荀、孟迹异道同,大旨劝人之善,禁人之恶。不杀则仁矣,不窃则廉矣,不惑则正矣,不妄则信矣,不醉则庄矣。苟能遵此,君子多而小人少"[①]。雍熙三年(986)又撰写《新译三藏圣教序》。宋真宗也认为道、释有助世教,除东京外,在各地设置度僧戒坛 72 所,致使僧尼数量大增。

官僚士大夫多与名僧交游,不少人成为不出家的佛门弟子。禅宗史《五灯会元》中列举的俗家法嗣或信徒有杨亿、李遵勖、夏竦、苏轼、苏辙、黄庭坚、张商英、胡安国等文人学士。仁宗朝宰相王随、文彦博、富弼、韩琦,参政夏竦、欧阳修,神宗朝宰相富弼、王安石等,都积极参与翻译佛经的润文修定。《大宋祥符法宝总录》集录从太平兴国七年到大中祥符四年(982—1011)的 30 年间所译佛经,为杨亿所修,真宗赐序;道原撰《禅宗传灯录》呈真宗,真宗诏杨亿、王署等刊削裁定,赐名《景德传灯录》;李遵勖撰《天圣传灯录》,仁宗作序冠其首。宋皇帝崇佛,宰辅亲自整理佛经禅录,对弘扬佛教作用甚大。

东京开封是全国的佛教中心。宋徽宗宣和年间,开封府有寺院 691 座,史籍有名可考的东京寺院 100 余座。相国寺是东京开封最著名的佛寺。宋太祖开宝六年(973)重修普满塔,太宗至道二年(996)重建三门,门上建楼,太宗亲自题额"大相国寺"四个大字,悬于山门。宋神宗时,相国寺已有 62 个院落。佛寺的管理机构称"两街"(即左街、右街)。相国寺是左街佛寺之首,开宝寺是右街佛寺之首。一些著名寺院都由官府出资扩建,成为朝廷举办重大佛事及祈雨、赈济等活动的场所。

北宋佛教有禅宗、律宗、净土宗、天台宗、华严宗等宗派,以禅宗流布最广。

[①] 李焘:《续资治通鉴长编》卷二十四,中华书局 1979 年版,第 537 页。

就中原地区而言,律宗则占主导地位。律宗在唐代分为三脉,即南山宗、相部宗、东塔宗,以南山宗最盛。东京开封自后周朝毁寺,宋太祖建隆间复兴,两街只有南山律宗。皇祐元年(1049),内侍李允宁施舍宅院建立禅宗寺院,仁宗赐额"十方净因禅院",禅宗开始在东京立足。神宗元丰二年(1079),卫国公主捐地建法云寺,召淮西禅师法秀主持。元丰六年(1083),令大相国寺六十二院以其二为禅院,其余为律院。朝廷召著名僧人宗本主持慧林院,东林主持智海院。在最高统治者的扶持下,禅宗在中原传布开来,影响越来越大。

二、道教的兴盛

道教与北宋政权的关系比佛教更为紧密。统治者需要道教为其铺张正名,道教也依附皇权以扩大影响。尤其是真宗、徽宗两朝推崇道教,给道教以特殊地位,使之显赫一时。

道教与佛教一样向世俗皇权靠拢。宋太宗任开封府尹时,就与张守真等道士有交往。张守真在太宗继位中起过重要作用。宋太宗继位的前一天,张守真曾在皇宫建隆观设醮降神,说天神降语预言太宗继位。宋太宗崇尚黄、老,收集道书,派徐铉等人整理校雠。

张守真一改隋唐佛、道相互攻击的传统,对佛、儒都进行褒扬,表露出三教调和的思想。宋仁宗时著名道士蓝方将儒家孝、信、诚、谨、睦等修身信条作为道教内修功行的根本,认为只要按此信条做到"内外一体,表里为用",就是"神仙之用心也"。① 儒、佛、道三家教义相互融合,有"混一同归"的趋势。由于道教有更浓重的官方色彩,各宫观使均由朝廷命官担任,东京成为道教的中心,知名的宫观有近70所,许多是官府修建。

北宋时期符箓科教道法特别兴盛,中原道教在宋真宗和徽宗时达到高潮。真宗令宰相王钦若编撰《翊圣保德真君传》三卷,自己亲为作序。真宗假传自己的"圣祖"赵玄朗传授天书,将赵氏始祖塑造成道教神。为崇奉"天书"和"圣祖",真宗规定"天书"第一次降落的日子正月初三为"天庆节",诏令诸路州县

---

① 刘斧:《青琐高议》后集卷十《蓝先生续补》,中华书局1959年版,第177页。

择官地建道观,并以"天庆"为额。后来,真宗又令各州县天庆观在显著位置增建圣祖殿,官员上任离任,都要到圣祖殿拜谒。道教在皇权的荫庇和倡导下迅速发展。真宗死后,道教的影响力衰退。

宋徽宗欲以道教神化自己的统治,在部分佞臣、宦官和道士林灵素的共同策划下,又掀起了一场崇奉道教的热潮。大观元年(1107),徽宗手批道士序位在僧侣上,女冠(女道士)在女尼上,将道教凌驾于佛教之上。政和初年(1111),徽宗规定十一月五日天神降临日为"天应节",令天下洞天福地修建宫观,并诏每州置神霄宫。政和四年(1114),设置道阶二十六等,品级与朝廷命官中大夫至将仕郎相当,将道士纳入国家官僚体制。三年后又令地方官员不得科配、借索、骚扰道徒。宣和元年(1119),诏令佛教僧人称德士,女尼称女德,寺院改名为宫院或观,住持改名为知宫观事。僧录司与州府僧正司并改为德士司,左右街道录院改名为道德院,佛像改着道装。后来由于佛教徒的抗争,徽宗对道教的宠信减弱。宣和七年(1125),金人南侵,徽宗宣布"罢道官",道教失去昔日的辉煌。

宋太宗时,道士陈抟与种放对道教理论有所发展。

陈抟(?—989),字图南,亳州真源(今鹿邑)人,后唐时科举落第,隐居武当山九宫岩,旋移居华山云台观,自号扶摇子,太宗赐号希夷先生。他创造"至人之睡"的内丹修炼法,即通过安卧静养,使元气运于体内,阳神游于碧空,达到修身养性的目的。这一理论奠定了道教内丹学的基础。太宗召他入朝,问他黄白之术,他回答:主上是有道仁圣之君,如今正是君臣协心同德致天下太平的良机,所谓勤行修炼,无出于此。他从"河图洛书"中发明《周易先天图》卦的次序,所著《先天图》《太极图》由种放、穆修传给邵雍和周敦颐、二程,并深受朱熹推崇,为道教的发展做出了贡献。他还著有《指玄篇》81章,言导养及还丹之事,已佚。

种放(956—1015),字明逸,河南洛阳人,出身于世代儒业之家。他在终南山豹林谷隐居30年,潜心研究先秦典籍,好读《易》,著有《退士传》《蒙书》。真宗将他召入朝廷,授左司谏,累迁谏议大夫、工部侍郎。景德初年辞官回终南山。他是陈抟学说的嫡传弟子,从陈抟学内丹"辟谷术",传河图洛书于李溉,再传至刘牧而创《象学》;传《先天图》于穆修,修传于李之才,之才传至邵雍而创《先天学》;传《太极图》于穆修,修传周敦颐而作《太极图说》。一人传三门高深学问,其《易》学修养可想而知。

此外,建昌南城(今属江西)人陈景元(?—1094),神宗时赐号真靖大师。熙宁五年(1072)进所注《道德经》,累迁东京右街副道录,著述颇多。

金兵南下,北宋覆亡,百姓既有国破家亡的隐痛,也受沉重的民族压迫,迫切需要精神慰藉。金统治者以道家忍辱不争的说教麻痹百姓,缓和社会矛盾,于是新道教应运而生。

金熙宗天眷年间(1138—1140),卫州(治今卫辉)人萧抱珍创"太一道",又称"太一教"。所谓"太一",盖取元气混沌、太极剖判、至理纯一之义。"太一"也是秦汉以来所供奉祭祀的最高神。该教用"太一三元法箓"为人祈禳治病,入道人数与日俱增。所谓"三元",是指天、地、水三官,道教认为三官大帝分掌众生命籍。皇统八年(1148),金熙宗将萧抱珍召至宫阙,赐以"太一万寿"观额。太一教是新道教中唯一的符箓派。

萧抱珍逝世后,弟子韩道熙嗣教,按教规袭萧姓,故称萧道熙。大定九年(1169),金世宗下令在观内建立"万寿"额碑,太一教声势大振,门徒增至数万人。其三代师萧志冲本姓王,初住中都(今北京)天长观,因河水犯郡城而移居苏门(今辉县市)。当地百姓皈依者接踵而至,每年传数千人。后来他移住汲县(今卫辉)朝元观。章宗在亳州太清宫(今鹿邑太清宫镇)设普天大醮,萧志冲参与其事,后又到中都太极宫诵经百日。

金大定七年(1167),京兆咸阳(今属陕西)人王重阳(1112—1170),又名王喆,前往山东传教,在宁海(今山东牟平)创立全真道,是具有完整教义教制的新教派。王重阳认为"识心见性"即为全真;儒、释、道三教同源,主张三教合一,以《道德经》《孝经》和《般若经》为主要经典;重清修,不尚符箓,不事黄白术。大定九年(1169),王重阳携弟子丘处机、刘处玄、谭处端、马铨等从山东到达汴京开封。次年,王重阳卒于开封,归葬关中终南山。其弟子在开封建重阳观,后改名延庆观。

王重阳有七个弟子,称"七真",其中三个弟子在中原传教。谭处端在宜阳韩城传教,卒于洛阳朝阳宫,弟子形成全真南无派;刘处玄奉师命西游开封,乞食修炼,士庶从之者甚众;女道士孙不二游于伊、洛间,传道度人,传全真清静派。

三、犹太教的传入

犹太教在北宋时传入东京开封。宋朝皇帝让一批犹太移民"留遗汴梁",东京的犹太人增至 100 多户,共分 17 个家族。他们称自己的宗教为"一赐乐业教"。"一赐乐业"即"以色列"的音转。他们在宰杀牛羊时要剔掉腿筋,故被称为"挑筋教",居住之地被称为"挑筋教胡同"。

东京开封的犹太人有"敬天礼拜"的习俗,每天寅、午、戌时均要做礼拜。礼拜前沐浴更衣。礼拜时面向西方,仪式有鞠躬、静默、鸣赞等。开始不用乐器,由掌教宣读"摩西五经",并朗诵"诗篇"。此外还有"祭"和"斋"。"祭者,尽物尽诚,以敬答其覆载之恩者也。"祭祖的目的是报答祖先亚当、亚伯拉罕等人恩情。春祭用芹藻,秋祭用果实。"斋"七天一次,一般在每周周六举行,"斋之日,不火食"。

五代时摩尼教还在中原民间流传。后梁贞明六年(920),陈州(今周口淮阳区)摩尼教徒立毋乙为天子,遭禁。后唐、后晋时摩尼教复潜兴。东京开封城北有祆庙,庙祝姓史名世爽,自唐代以来,200 余年祭祀不绝。

第四节 类书的编修与史地、音韵目录学的新进展

作为尊儒右文政策的重要表现,北宋朝廷特别重视文献的整理和史籍的修撰。在朝廷设立馆阁,编纂四大类书。史官制度更加完备,司马光等修撰的《资治通鉴》在东京开封和西京洛阳成书,欧阳修等的《新唐书》《新五代史》也是重要的官修史书。地志编撰和地图绘制成就斐然,《太平寰宇记》《元丰九域志》和《淳化天下图》堪称代表。《集韵》《崇文总目》《秘书总目》的成书反映了宋代音韵学、目录学领域的重要建树。

一、馆阁的设立与类书的编修

北宋皇朝十分重视文化重建,组织学者进行文献整理与编纂,以汇集保存历代旧典,体现了集历代文献大成的倾向。在东京开封设有国家藏书和修书的专门机构昭文馆、史馆、集贤院、秘阁,简称"馆阁",又称"四局",各置学士。馆阁的建立对文献整理和史籍修撰有很大作用。

太宗、真宗两朝注重历史经验的总结,组织力量整理文献典籍,校勘讹误衍夺,并编修规模空前的大型类书。被清代四库馆臣称作"宋四大书"中的《太平御览》《太平广记》《文苑英华》编修于太宗朝,《册府元龟》编修于真宗朝。

《太平御览》1000卷。太平兴国二年(977)三月,宋太宗诏令李昉、扈蒙、李穆、汤悦、徐铉等14人编修《太平总类》,即将成书时日进三卷以供御览,遂改称《太平御览》,太平兴国八年(983)底成书。此书杂采经史、传记、小说,包罗万象,自天地事物迄皇帝王霸,分55个部类,下又分细类及附类,共计5400余类,实际引书2579种之多,是一部保存古代佚书最丰富的类书。

《太平广记》500卷,目录10卷,属于小说总集。与《太平御览》同时编撰,亦为李昉等编纂,太平兴国三年(978)八月成书。它引书470多种,分为神仙、女仙、道士、方术等92类,150多个细目,保存自古以来轶闻琐事、僻笈佚文,为小说家之渊海,采摭繁富,名物典故错出,多为以后文学家、考据家所取资。

《文苑英华》1000卷,目录50卷,属于诗文总集。太平兴国七年(982),宋太宗诏令李昉、徐铉、宋白、吴淑、苏易简等20余人编修,雍熙三年(986)成书。该书是《昭明文选》的续编,上起南朝梁,终于五代,收录作家2200人,作品约2万篇,以唐代作品最多,按文体分为赋、诗、歌行、杂文、表、檄、论、制诰、策问等38类,类下设若干子目,对于研究文学和考订史籍有重要价值,为《全唐诗》《全唐文》等所取材。

《册府元龟》1000卷,目录10卷,音义10卷。宋真宗景德二年(1005)九月命王钦若、杨亿、陈彭年等编修历代君臣事迹,自上古迄五代,概括"十七史",兼及经书、子书、实录资料,于大中祥符六年(1013)八月成书,真宗亲自审阅裁定并写序文。全书共分为31部,1116门,内容包括君臣善迹、邦家美政、礼乐沿革、法令宽猛、官师议论、多士名行等。其编写目的是为君臣鉴戒和作为典法,对于诸史的校勘、辑佚颇有价值。

二、史学的繁荣

五代政权更替频繁,社会动荡,学术事业并未完全中断。其史学成就主要是后晋时官修的《旧唐书》。该书原称《唐书》,分本纪、志、列传凡 200 卷。由刘昫等监修,成书于开运二年(945),叙述史实比较详细,保存史料比较丰富。

北宋史官制度更为完备。东京开封朝廷设有起居院、日历所、实录院、国史院、玉牒所和会要所,出现了新史书和新史体,形成古史派、疑古派、考据派等史学流派。官修当代史有起居注、时政记、日历、实录、会要、国史等,又对前代史进行重修,史学呈现繁荣局面。

司马光(1019—1086),字君实,陕州夏县(今属山西)人,出生于光州(今光山)。宝元初年(1038)举进士,历官天章阁待制兼侍讲知谏院。英宗立,进龙图阁直学士。神宗即位,擢为翰林学士。因反对王安石变法,出判西京御史台,居洛阳 15 年。哲宗元祐元年(1086),拜尚书左仆射,兼门下侍郎,旋卒。著有《资治通鉴》及其《考异》、《稽古录》与文集。

司马光在东京开封任龙图阁直学士时,患历代史繁,难以遍览,遂撰《通志》八卷,于治平三年(1066)献上,英宗命置局于崇文院续修,刘恕、刘攽与司马康参与其事,历时五年完成《周纪》《汉纪》和《魏纪》。熙宁四年(1071),司马光判西京御史台,后提举嵩山崇福宫,皆以书局自随。自晋以后十三朝书稿,在洛阳和嵩山完成,前后历时 19 年。

《资治通鉴》凡 294 卷,是一部编年体通史。上起周威烈王二十三年(前 403),下迄五代周世宗显德六年(959),记载 1362 年的历史,旨在"鉴前世之兴衰,考当今之得失"。宋神宗认为它"鉴于往事,有资于治道",定名《资治通鉴》,并为之作序。该书资料丰富,除"正史"之外,采用杂史 300 多种。在史料的剪裁、整理、排比和史实的考订方面颇显功力,记载的重要异同在《考异》中予以考证。《考异》引用的书不少已失传,赖此得以保存部分记载。《资治通鉴》是我国编年史中一部有代表性的著作,对于研究战国至五代的历史有重要参考价值,其编写方法和体裁对后世产生很大影响。

除了《资治通鉴》,北宋重修的前代正史,有欧阳修等人的《新唐书》《新五代史》和薛居正等的《旧五代史》。

《新唐书》于庆历四年(1044)由曾任知制诰、翰林学士的宋祁开始编写,但进展缓慢。虽然志和表分别由范镇、吕夏卿负责编写,但本纪尚缺,全书也无人总其成,宋仁宗遂命欧阳修主持其事。至和元年(1054),欧阳修回朝廷任翰林学士,"接续残零,刊撰纪、志六十卷"①,最终完成此书的撰写。全书包括本纪10卷,志50卷,表15卷,列传150卷,共225卷。与《旧唐书》相比,《新唐书》在编撰体例上有自己的特点:一是对志、表两部分十分重视,增加以往史书所没有的《仪卫志》《选举志》和《兵志》,保存较多的史料;二是仿效《春秋》笔法,进行"忠奸顺逆"的褒贬。

《旧五代史》原称《五代史》,凡150卷,由薛居正监修,修于宋太祖开宝六年至七年(973—974)。该书保存了比较丰富的原始资料。原书已佚,现行本是清乾隆四十年(1775)的辑本。

《新五代史》原名《五代史记》,凡75卷,欧阳修撰。此书在景祐三年(1036)前已着手编写,到皇祐五年(1053)基本完稿。该书在体例上打破王朝的界限,把五朝的本纪、列传综合在一起,依时间的先后顺序进行编排,分类编排列传,又补充了一些《旧五代史》缺载的史实,并注重"褒贬义例",以《春秋》笔法进行褒贬。

此外,中原学者还撰有《唐史记》和《五代春秋》。孙甫(998—1057),字之翰,许州阳翟(今禹州)人,曾任天章阁待制等职。他精于唐史,以为《旧唐书》繁冗难读,用16年时间撰成编年体《唐史记》七十五卷,对善恶昭著、可为鉴戒的人和事,写成《论断》92篇。该书已佚,《论断》部分由其孙子孙察编为《唐史论断》三卷,流传至今。尹洙(1001—1047),字师鲁,河南(今洛阳)人,曾任太子中允、右司谏等职,著有《五代春秋》二卷,记后梁开平元年(907)至后周显德七年(960)史事。该书仿《春秋》体例以示褒贬,笔法严谨,为欧阳修撰《新五代史》帝纪所仿效。

---

① 欧阳修:《辞转礼部侍郎札子》,《欧阳修全集》(下)《表奏书启》四六集卷二《札子状》,中国书店1986年版,第692页。

三、地志编撰与地图绘制

北宋的地理学成就主要表现在地理书籍的编撰和地图的绘制两个方面。宋代以图经形式编撰地理书籍仍很盛行。宋初规定职方郎中、员外郎掌天下图籍,"凡土地所产,风俗所尚,具古今兴废之因,州为之籍,遇闰岁造图以进"[1]。从宋初开始,修地理书出现明显的变化,图经中的文字越来越多,图渐处于附庸地位,地理书逐渐向地志过渡。朝廷数次大规模编绘《开宝诸道图经》等全国图经和诸道图经,官修地理书有《太平寰宇记》《元丰九域志》等。

《太平寰宇记》是一部宋代地理总志,乐史撰。乐史(930—1007),字子正,抚州宜黄(今江西宜春)人,太平兴国年间赐进士及第,擢著作佐郎,为二馆编修。雍熙三年(986)迁著作郎,直史馆。咸平初,迁职方,分司西京,晚年居洛阳。本书依照《元和郡县图志》体例,以当时天下所分十三道为纲,下分州县,记载沿革、户口、山川、地邑、关寨等,增辟风俗、姓氏、人物、土产诸门,体例更为完善。全书200卷,征引书籍100余种。

《元丰九域志》为北宋官修地理总志,王存等人撰。王存(1023—1101),字正仲,润州丹阳(今江苏丹阳)人,庆历年间进士,历任国子监直讲、集贤校理、知太常礼院等。元丰元年(1078)擢国史馆编修官,元丰三年(1080)撰成《元丰九域志》。该书凡十卷,体例因袭唐宋图经,而取消其地图部分,以熙宁、元丰年间四京二十三路为标准,分路记载府、州、军、监、县之户口、乡镇、山泽、道里等。对各地区间四至八到,叙述最详,州县土贡,又备载额数,可资考核。

北宋统治者重视地图绘制。宋真宗时,诏令翰林院遣画工分询诸路,图示山川形势,地理远近,缴纳枢密院。然后用绢100匹,合而画之,藏于秘阁,这就是淳化四年(993)完成的大型地图《淳化天下图》。大中祥符初,命学士王曾修《九域图》3卷。宋仁宗天圣元年(1023),晏殊绘成《十八路州军图》。熙宁九年(1076)又命沈括编制《天下州县图》,即《守令图》,经12年完成。

---

[1] 脱脱等:《宋史》卷一百六十三《职官志三》,中华书局1977年版,第3856页。

四、音韵学、文字学与目录学的成就

北宋音韵学的成就主要表现在《广韵》和《集韵》二书的问世。

景德四年(1007),宋真宗以韵书《切韵》旧本偏旁差讹,传写遗漏,注解未备,乃诏命陈彭年等重修。陈彭年(961—1017),字永年,抚州南城(今属江西)人。曾任翰林学士,同修国史,官至参知政事。大中祥符四年(1011)书成,赐名《大宋重修广韵》,简称《广韵》。全书 5 卷,分为 206 个韵部,收字 26194 个,比隋代陆法言的《切韵》多 14036 个,注文 19 万余字,是一部现存最为完整和流行的古代韵书。

宋仁宗以《广韵》多用唐代韵书旧文,繁略失当,诏命丁度等重修。丁度(990—1053),字公雅,祖籍恩州清河(今属河北),徙居祥符(今开封)。仁宗即位,丁度迁翰林学士,擢工部侍郎、枢密副使,官至参知政事。英宗治平四年(1067)撰成《集韵》10 卷,由司马光奏上。该书分平声 4 卷,上、去、入声各 2 卷,仍 206 韵,收字 53525 个,比《广韵》增一倍多,重视其音、形、义,而注释简略,成为后世修字书、辞书的重要依据。

在文字学方面,洛阳人郭忠恕(?—977),字恕先,仕宋曾任国子监主簿等职,著名文字学家、画家。著有《汗简》三卷,依《说文》分部,录存古文字。所征引古文诸书,今大多不存,故有一定的学术研究价值。又有《佩觿》三卷,其上卷分造字、四声、传写三部分,论述文字形声的真伪和演变,中、下两卷按四声选收字形相似、读音相近或相同的字,而分别说明其意义的不同,所言颇有条理,是辨别文字形体的著作。

《集韵》修成后,因收字量大,无相应字书与之配套,朝廷命王洙等另撰《类编》。王洙(997—1057),字叔原,宋城(今商丘睢阳区)人,曾任侍讲学士等职。从仁宗宝元二年(1039)始修,英宗治平四年(1067)完成,由司马光奏进。该书凡十五卷,每卷分上、中、下,分 544 部,收字 53165 个,以《集韵》所收字为基础,补其缺漏,取其重复,与《集韵》并行于世。

北宋官修目录书有《崇文总目》和《秘书总目》。太平兴国三年(978)朝廷建崇文院时,有图书约 8 万卷,真宗时遭火灾被焚。仁宗时重建崇文院,藏书较混乱。景祐元年(1034)诏令张观、王尧臣、欧阳修等人整理编目,庆历元年(1041)编成目录66卷,收书30669卷,以经、史、子、集四部分为45类,仁宗赐名《崇文总目》。该书大类小类皆有序,所收各书,皆有提要,内容包括图书介绍、残缺情况、篇卷存佚、作者考订等,对于了解宋代以前的书籍有一定价值。元丰年间改崇文院为秘书省。宋徽宗政和七年(1117),孙觌上言新增书数百家,宜增修书目。徽宗诏令孙觌与汪藻等编修《秘书总目》,收书达55923卷。

第五节 散文、诗歌的成就与词的新兴

北宋时期欧阳修、王安石、曾巩、苏洵、苏轼、苏辙等一批著名文学家聚集中原地区,创作出不少脍炙人口的文学作品。继唐代韩愈、柳宗元倡导的古文革新运动之余绪,北宋也出现散文革新运动。宋代诗歌继续兴盛,著名诗人苏舜钦、宋庠、宋祁、石延年、魏野、尹洙、韩琦、傅察、邵雍等在宋代文学史上占有一定地位。词是宋代具有时代标志性的文学体裁,对于声乐的发展和世俗民风都产生较大影响。中原著名词人有宋祁、贺铸、万俟咏等,南唐后主李煜晚年和著名女词人李清照早年在东京开封写下了一些委婉隽永、清新自然的词作。

一、西昆派淫靡文风与诗文革新

五代在中原吟诗作文者多为朝官,沿袭晚唐颓靡遗风,崇尚辞藻华丽,格律工整,内容大多空洞,无关宏旨。杨凝式(873—954),华阴(今属陕西)人,历仕五代,官至太子太保,擅长诗歌笔札。他居洛阳时,寺观墙壁题写殆遍。曾作诗颂扬河南尹张全义之功德,还有论书法诗《题怀素酒狂帖后》。王仁郁(880—956),字德辇,天水(今属甘肃)人,历仕后唐、后晋、后汉三朝,作诗万余首,辑为《西江集》。后汉时在开封知贡举,以"座主"身份与门生饮宴,写有《与诸门生会饮繁台赋》《示诸门生》,抒发自己的得意之情。冯道(882—954),字可道,瀛

洲景城(今河北泊头)人,历仕四朝,任宰相20余年。他曾奉使契丹,觉得不光彩,写《北使还京作》为自己开脱,又写诗谈处世哲学,强调"穷达有命",做人但行好事,无问前程。和凝(898—955),字成绩,汶阳须昌(今山东东平)人,官至宰相,拜太子太傅。擅长短歌艳曲,有集百卷。其《宫词百首》述写宫廷生活,或粉饰太平,如写正旦朝会:"正旦垂旒御八方,蛮夷无不奉梯航。群臣舞蹈承觞处,雷动山呼万寿长。"[①]

宋初浮靡文风继续蔓延,统治者提倡诗赋以粉饰太平,君臣唱和,形成风气,西昆派在中原文坛占据主导地位。西昆派的代表人物杨亿(974—1020),字大年,建州浦城(今属福建)人,少有文名,11岁时太宗召试,授秘书省正字,后曾在许州(治今许昌)和朝廷秘阁读书。献《二京赋》,试于翰林,赐进士第,上《金明池颂》,预宴献诗。宋真宗时,以太常少卿分司西京,官至翰林学士兼史官修撰。杨亿与钱惟演、刘筠等交游唱和,点缀升平,辞藻华丽,声律和谐,对仗工稳。杨亿将这些诗作结为《西昆酬唱集》,后人称其流派为西昆派。

北宋前期,西昆派风靡中原文坛数十年。与之相对立,文学复古思潮也在兴起,柳开、王禹偁、穆修、石介为其先驱。他们旗帜鲜明地捍卫和继承韩愈、柳宗元的古文传统,主张抛弃萎靡不振、华而不实的文风,对北宋中叶的诗文革新运动产生重要影响。

王禹偁(954—1001),字元之,济州巨野(今属山东)人,太平兴国八年(983)进士,在开封朝廷任右拾遗、左司谏等职。他认为文是"传道而明心"的工具,批评"秉笔多艳冶"的颓靡文风,主张为文取法韩愈、柳宗元。王禹偁曾向宋太宗上《端拱箴》,表达对宫廷奢侈生活的愤慨;所写《待漏院记》是官员在待漏院等待皇帝召见的记文,刻画两种不同政治态度的官僚形象,表现作者鲜明的爱憎之情和对国事的关切。

穆修(979—1032),字伯长,祖籍郓州(今山东东平),迁居蔡州(治今汝南)。大中祥符二年(1009)进士,任泰州司理参军、颍州文学参军,世称"穆参军",著作编为《河南穆公集》。穆修继宋初柳开之后倡导恢复唐代韩愈、柳宗元的古文传统,曾刻印韩愈、柳宗元文集数百部在京师出售,所作《唐柳先生集后序》,盛赞韩愈、柳宗元之文,提倡韩、柳文风,集中表现了他的文学主张。穆修

---

① 李调元编,何光清点校:《全五代诗》卷十一《和凝》,巴蜀书社1992年版,第257页。

的古文写作自觉追步韩、柳,名噪一时。

北宋中叶为诗文革新做出重大贡献的是欧阳修与王安石。

欧阳修(1007—1072),字永叔,庐陵(今江西吉安)人,24岁中进士,在西昆派文人、西京留守钱惟演幕府,与尹洙、梅尧臣等交游,诗歌唱和,逐渐成为著名文章家和文坛领袖。欧阳修在政治上赞同范仲淹的改革主张,文学上提倡诗文革新。其诗文革新理论与韩愈一脉相承,认为道是内容,文是形式,强调道对文的决定作用。道与文虽密不可分,但也不能混为一谈。欧阳修说:"文之为言,难工而可喜,易悦而自足。"①认为要工于文,必须使"道履之以身,施之于事,而有见于文章,而发之以信后世",反对"舍近取远,务高言而鲜事实"之文。② 建议皇帝敦谕词臣"兴复古道","以救斯文之薄而厚其风化"。嘉祐二年(1057)欧阳修知贡举,通过科举考试提倡平实朴素的文风,排斥太学体"险怪奇涩之文",使"场屋之习,从是遂变"。③ 欧阳修是宋代古文运动的宗师,与范仲淹等引领北宋中叶的散文革新运动。在他的揄扬提拔下,王安石、曾巩、苏轼、苏辙的诗文,均名重一时。

王安石(1021—1086),字介甫,抚州临川(今江西抚州)人,庆历三年(1043)进士,嘉祐三年(1058)入东京开封任三司度支判官,直集贤院,以母忧离职。宋神宗熙宁元年(1068)四月,入京为翰林学士兼侍讲,翌年擢参知政事(副宰相),大力推行新法。屡次罢相复起用,终为左仆射、观文殿大学士,改封荆国公。他反对西昆派"以其文词染当时",提出"文贵致用"的主张。其《上人书》认为"文者,务为有补于世用而已矣","要之以适用为本"。④ 欧阳修之后,王安石在古文运动中成就最大。

---

① 欧阳修:《答吴充秀才书》,《欧阳修全集》之《居士集》卷四十七,中国书店1986年版,第321页。
② 欧阳修:《与张秀才书》,《欧阳修全集》之《居士外集》卷十六,中国书店1986年版,第481页。
③ 脱脱等:《宋史》卷三百一十九《欧阳修传》,中华书局1977年版,第10378页。
④ 王安石:《上人书》,《王文公文集》卷三《书》,上海人民出版社1974年版,第45页。

二、散文创作

北宋中期,名列"唐宋八大家"的欧阳修、王安石、曾巩、苏洵、苏轼、苏辙都曾在东京开封和西京洛阳等地做官。他们将散文革新运用到自己的创作实践中,写了不少脍炙人口的作品。

范仲淹(998—1052),字希文,苏州吴县(今江苏苏州)人,早年在应天府(治今商丘睢阳区)书院刻苦读书,仁宗庆历年间在朝廷任参知政事,进行政治改革,称"庆历新政"。他主张"文以载道",在开封写有《帝王好尚论》《选贤任能论》《近名论》《推诿臣下论》四篇政论文,在邓州撰写《岳阳楼记》《尹师鲁河南集序》等。《岳阳楼记》通过写洞庭湖的美景抒发内心的忧国之情,其"先天下之忧而忧,后天下之乐而乐"表现了作者虽身处逆境仍不忘国家大事的宽广胸怀和远大抱负,历来为人传诵。

著名史学家司马光在文学方面也有造诣。其政论文以史论为多,早年写有《十哲论》《四豪论》《贾生论》《权机论》《才德论》《史评十八首》等。宋神宗时上《初除中丞上殿札子》,阐发人君有"三德"之说,提出修身治国之要,又就新法著文与王安石论辩。其《资治通鉴》许多地方文学色彩浓厚,如《李愬雪夜入蔡州》即写得颇为精彩。

欧阳修的散文成就很高,在西京洛阳、东京开封及滑州(治今滑县城关镇)等地创作了许多优秀作品,如政论散文《朋党论》《五代史·伶官传论》及《尹师鲁墓志铭》,抒情散文《秋声赋》,记叙文《洛阳牡丹记》《画舫斋记》《王彦章画像记》等。

王安石是一位政治改革家,也是文学家。其散文以政论为主,多针砭时弊,抒发自己的政治理想和主张,立意超绝,语言简朴,颇有说服力。其《上仁宗皇帝言事书》提出法度、人才等问题,说理淋漓尽致;《答司马谏议书》剖析司马光对新法的指摘,言简意赅,措辞委婉而坚决。在东京开封还写有《汴说》等。其记叙文叙议结合,寓意深远。

苏洵(1009—1066),字明允,眉州眉山(今属四川)人。他与长子苏轼、次子苏辙三人俱以文章享盛名,列入"唐宋八大家",而以苏轼成就最为突出。

苏轼(1037—1101),字子瞻,号东坡居士,嘉祐二年(1057)进士,任太常博士,因作诗被诬,贬黄州团练副使,改知汝州。哲宗即位,为起居舍人,累迁翰林学士、守礼部尚书等职,曾出知杭州等地。苏轼的文章各体皆备,为后世传诵者尤多。其策论文《御试制科策》与《上皇帝书》等针砭时弊,直言不讳。史论《留侯论》《贾谊论》颇为中肯,《司马文公碑》颇含深情。《石晋笔志》写于汝州。其各体杂文写得自由随意。

苏辙(1039—1112),字子由,号栾城,嘉祐二年进士,曾任河南留守推官、陈州教授、南京判官等职。元丰八年(1085)入朝,官至吏部侍郎、翰林学士。后落职汝州,晚年居许州(治今许昌),号颍滨遗老。其文论事精确,修辞谨严。《上枢密韩太尉书》堪称其代表作,《古文观止》评论说"绝妙此文"。其《新论》三篇与《历代论》政论、史论最具功力,书信杂文自由随意,《汝州谢雨文记》《汝州龙兴寺修吴画殿记》《汝州杨文公诗石记》亦值得称道。

苏轼生前曾赞赏郏县西北山形酷似其家乡峨眉山,嘱咐苏辙在他死后将他安葬于此,于是苏辙遵嘱将苏轼葬在郏县。政和二年(1112),苏辙卒于许州,子孙也把他葬于此地。元代至正十年(1350),郏县知县杨允又在苏轼、苏辙墓地为苏洵建一座纪念冢,后世统称"三苏坟"。

尹洙(1001—1047),字师鲁,洛阳人,曾任太子中允等职,宋初与柳开、穆修一起提倡古文。其文风简洁刚劲,《息戍》《悯忠》《辩诬》《志古堂记》《论朋党疏》堪称名篇。欧阳修称尹洙的文章"通知古今""简而有法"。

韩琦(1008—1075),字稚圭,相州安阳(今属河南)人,天圣五年(1027)进士,任相仁宗、英宗、神宗三朝,立二帝。韩琦曾与范仲淹一起防御西夏,主持政治改革,即"庆历新政",著作收入《安阳集》。他作为政治家,前后上七十余疏。其政论文,如《论骄卒诬告将校乞严军律》《论时事》《答诏问北房地界》等,多与政治事件密切相关,具有极强的现实性,《论减省冗费》言辞恳切,《论西夏请和》见识深远。论者以为其政论文"辞气典重,敷陈剀切,有垂绅正笏之风"。

三、诗歌的兴盛

宋代中原地区涌现了一批著名诗人,魏野、石延年、宋庠、宋祁、苏舜钦、尹洙、韩琦、张方平、邵雍、程颢等都有不少脍炙人口的诗篇。与此同时,长江流域特别是蜀地和赣吴地区涌现的文学大家,如范仲淹、欧阳修、梅尧臣、苏轼、苏辙、王安石等人长期在中原地区仕宦,为中原地区的诗歌创作做出了重要贡献。

中原籍诗人是中原诗坛的中坚,他们为中原诗歌的繁荣做出了突出贡献。

石延年(994—1041),字曼卿,祖籍幽州(今北京西南),后迁宋城(今商丘睢阳区)。他早年被选授太常寺太祝,历官大理寺丞、太子中允等。其诗收于《石曼卿集》,《古松》诗以松树拟人,希望人才成为国家栋梁,《瀑布》诗写得颇有气势,《寄尹师鲁》为其得意之作。石延年诗风豪壮,有"诗豪"之誉。

宋庠(996—1066),字公序,祖籍安州安陆(今属湖北),迁居雍丘(今杞县),天圣二年(1024)举进士,历任翰林学士,官至同中书门下平章事、集贤殿大学士,诗作有《宋元献集》。代表作有《落花》《展江亭成留题》《赴郑出国门经西苑池上》等。其弟宋祁(998—1061),字子京,亦为天圣二年进士,官至龙图阁直学士、翰林学士承旨,曾奉诏作《上苑牡丹赋》和组诗《应诏内苑牡丹三首》,有《宋景文集》。兄弟二人在文学上同负盛名,诗风受杨亿等西昆派作家的影响较大。

苏舜钦(1008—1048),字子美,祖籍蜀地,曾祖移居东京开封。他出生于东京,景祐元年(1034)进士,是北宋诗文革新运动的重要作家,与欧阳修、梅尧臣齐名。其诗今存223首,收入《苏学士集》。《庆州败》《吴越大旱》等诗篇有强烈的时代气息,写景之作《淮中晚泊犊头》清新恬淡。

著名象数学家邵雍也是一位诗人,其诗作编为《伊川击壤集》20卷,收诗3000余首。其中多为采樵深山、渔钓水滨的隐居诗,如《击壤吟》《安乐窝中女子打乖吟》等,最能体现其意趣和风格。《自作真赞》云:"松桂操行,鹦花文才。江山气度,风月情怀。借尔面貌,假尔形骸。弄丸余暇,闲往闲来。"(原注:丸谓太极)①此诗表现了其自勉和自负情怀。其咏史诗《过宜阳城》《商君吟》等,深得左思风力,富于哲理和政论色彩。邵雍的诗秉承孔子"温柔敦厚"的诗教,表现儒家的思想观念、道德准则和处世态度,诗风浅显俚俗,自然晓畅,却能平中见奇,隐含哲理,显示出鲜明的艺术特色。

程颢是理学的奠基者,其诗歌现存68首,有不少佳作,诗风轻松自然,含蓄

---

① 邵雍:《伊川击壤集》卷十二,郭彧整理:《邵雍集》,中华书局2010年版,第375页。

深沉。如《秋日偶成二首》之二云:"闲来无事不从容,睡觉东窗日已红。万物静观皆自得,四时佳兴与人同。道通天地有形外,思入风云变态中。富贵不淫贫贱乐,男儿到此是豪雄。"[①]平淡质朴,明白如话,表现出新儒家的人生态度与节操。《偶成》咏其闲适自得的乐趣,脍炙人口,选入《千家诗》,流传甚广。

北宋中原的其他诗人,如魏野有《草堂集》,尹洙有《河南集》,韩琦有《安阳集》,傅察有《忠肃集》,其中都收录他们的诗作,成就各有千秋。

欧阳修任西京留守推官时,游览洛阳附近名山大川,写下《游龙门分题十五首》《独游伊川》等山水诗,又与尹洙、梅尧臣等相唱和,写有《书怀感事寄梅圣俞》《绿竹堂独饮》等诗。他在东京开封、嵩山、许州(治今许昌)、滑州(治今滑县城关镇)等地也写了不少诗篇,《黄河八韵寄呈圣俞》《洛阳牡丹图》等诗清新自然。其诗作不受格律约束,形式自由,有"以文为诗"的特点。

苏轼于熙宁四年(1071)春任开封府推官。元丰二年(1079)"乌台诗案"之后被贬为黄州团练副使,赴任途经陈州(治今周口淮阳区)、蔡州(治今汝南)、新息(今息县)、光州(治今潢川)等地,写了《游静居寺诗并序》等不少歌咏沿途景物的诗篇,又与其弟苏辙唱和。其《和子由渑池怀旧》《许州西湖》《望嵩楼》,描绘所见风景,抒发自己的真情实感。

苏辙除在东京开封任职外,又曾任陈州(治今周口淮阳区)教授、应天府(治今商丘睢阳区)签书判官、汝州知州、许州(治今许昌)知州,写了不少中原景物诗。熙宁五年(1072)八月他在洛阳主持乡试,后经嵩山少林寺前往许州,沿途写诗26首,其中《洛阳试院楼上新晴五绝》《登封道中三绝》《登嵩山十首》等,都脍炙人口。

黄庭坚(1045—1105),字鲁直,洪州分宁(今江西修水)人,宋哲宗时擢国史编修官。其诗追求新奇,是江西诗派的代表作家。他在东京开封写有《晓放汴舟》《汴岸置酒赠黄十七》等,游邓州亦留下《百花洲杂题》《百花洲十首》等诗篇。

此外,范仲淹在邓州写有《中元夜百花洲作》《览秀亭诗》等诗篇。王安石在中原地区也写了许多诗歌,如在东京开封写的《再游城西李园寺》《梅花》《题

---

① 程颢、程颐著,王孝鱼点校:《河南程氏文集》卷三《铭诗》,《二程集》第二册,中华书局1981年版,第482页。

西太乙宫》等,咏汴河的《愁台》,其《黄河》诗写得颇有气势。

在金代文学史上中原作家很少,非中原籍而在中原做官、生活的作家较多,其中元好问最著名。

元好问(1190—1257),字裕之,号遗山,太原秀容(今山西忻州)人,北魏鲜卑族拓跋氏后裔。贞祐二年(1214),因其兄被蒙古军杀害而外逃,携家寓居福昌三乡(今宜阳三乡镇),不久又移家登封。兴定五年(1221)中进士,历任镇平、内乡、南阳县令及尚书省掾、尚书省左司员外郎等职。金亡后隐居从事著述,成果丰硕。

元好问前后在中原生活18年,有不少诗篇真实地描绘那个动乱的时代。他"下太行,渡大河,为《箕山》《琴台》等诗,礼部赵秉文见之,以为近代无此作也。于是名震京师"[①]。在开封写有《梁园春》五首、《雪乡亭杂咏》八首。不少作品反映中原的山水风光、人文景观,如南阳的丰山、竹园寺、石门、洼尊石,嵩山的少林寺、中岳庙,开封的相国寺,林州的隆虑山等,都有题咏。其诗奇崛而绝雕剿,巧缛而谢绮丽。五言诗高古沉郁,七言乐府不用古题,特出新意,歌谣慷慨,挟幽、并之气。

元好问辑有《中州集》《中州乐府》,精审选录金代诗词2100首,又为254位作者立传,详具始末,兼评诗文,旨在借诗以存史。

金代中原诗人有辛愿之,字敬之,福昌(今宜阳三乡镇)人,工五言诗,其《乱后》描写蒙古军队骚扰金国情景。史学,字学优,洛阳人,工诗,有数百首,以《七夕》最为著名。金代后期随金宣帝迁南京开封的文人学士,以磁州滏阳(今河北磁县)人赵秉文和藁城(今属河北)人王若虚较为著名,他们也在中原撰写有一些诗文。

四、词作的兴起

词是古典诗歌和音乐结合的产物。宋词高度发展,成为一种具有时代标志性的文学体裁,对于声乐的发展和世俗民风都有重要的影响。南唐后主李煜晚

[①] 脱脱等:《金史》卷一百二十六《文艺下》,中华书局1975年版,第2752页。

年在东京开封写下了一些委婉隽永、清新自然的词作,著名女词人李清照早年也在中原生活、创作。中原词作家主要有宋祁、贺铸、万俟咏等,在北宋词坛上各显身手。

李煜(937—978),字重光,南唐末主,工书画,知音律,善诗文,尤以词为工。开宝八年(975)降宋,被幽禁于东京(今开封)。他由君主至尊沦为阶下囚,面对国破家亡的屈辱,悲感交集,写下了著名的《虞美人》:"春花秋月何时了,往事知多少? 小楼昨夜又东风,故国不堪回首月明中。雕栏玉砌应犹在,只是朱颜改。问君能有几多愁,恰似一江春水向东流。"[1]又有《浪淘沙》(帘外雨潺潺)、《乌夜啼》(无言独上西楼)等,都在悲慨中引发对现实、对人生的深沉思索。李煜晚年一改花间派的浓艳词风,笔致委婉隽永而又清新自然,体兼刚柔之美,扩大了词的领域,提高了词的表现力和感染力,对宋词发展有重大影响。

晏殊(991—1055),字同叔,抚州临川(今江西抚州)人,少年时以神童被举入朝,后屡历显要,曾任开封府尹、参知政事,宋仁宗时官至宰相。其词作多流连山水,歌舞升平,也抒写离愁别恨。如《浣溪沙》:"一曲新词酒一杯,去年天气旧亭台,夕阳西下几时回? 无可奈何花落去,似曾相识燕归来,小园香径独徘徊。"[2]在亭台如旧、香径依然的情景中,流露出春归花落、佳境不常的轻愁。词句轻清婉转,珠圆玉润。

柳永(987?—1053?),字耆卿,崇安(今属福建)人。早年时到东京开封应试,为歌妓填词作曲,在开封等地过流浪生活,后考取进士,在江南做过几任小官。他是北宋专力写词的作家,其《乐章集》存词近200首。《迎新春》《抛球乐》及《木兰花慢》(拆桐花烂漫)等,写东京开封的繁华,有元宵的千门灯火、九陌香风,清明前后的斗草踏青、斗鸡走马,场景十分热闹。流落江湖的感受也是其词的重要内容。其词以白描见长,多用口语,适合市民要求,流传较广。

大文豪欧阳修写了许多描写爱情以及游子思归、流连风月、叹伤年华的词。风格清新峻洁、洒脱明快。如《浪淘沙》:"把酒祝东风,且共从容,垂杨紫陌洛城东。总是当时携手处,游遍芳踪。 聚散苦匆匆,此恨无穷,今年花胜去年红。

---

[1] 李煜:《虞美人》,詹安泰校注:《李璟李煜词》,人民文学出版社1958年版,第73页。
[2] 晏殊:《浣溪沙》,唐圭璋选编:《全宋词简编》,上海古籍出版社1986年版,第50页。

可惜明年花更好,知与谁同?"①既坦率随性,疏隽豪迈,又轻柔曼婉,意细言长。

宋祁的词虽数量不多,却是一流佳作,收于《宋景文集》中。其《玉楼春》一首广为传诵,"红杏枝头春意闹"句尤其传神,由此他被人称为"红杏尚书"。

贺铸(1052—1125),字方回,号庆湖遗老,卫州(治今卫辉)人,面色青黑,人称"贺鬼头"。其词作集为《东山词》,在文学史上享有盛名。今存词 280 多首,数量仅次于苏轼。代表作《青玉案》是宋词中抒写离愁别恨的著名作品,其中有"梅子黄时雨"句,人皆服其工,故称他"贺梅子"。又有《六州歌头》,是宋词中雄壮豪放类的著名作品。

万俟咏,字雅言,自号大梁词隐。科举落第,在宫廷大晟府供职,声名仅次于周邦彦。其词集为《大声集》,《全宋词》录存其词 29 首。其应制之作《三台·清明应制》《安平乐慢·都门池苑应制》等最为著名。

李清照(1084—1151?),号易安居士,济南(今属山东)人,宋代著名女词作家。她 6 岁至 27 岁时随父李格非在东京开封生活,宣和末年金兵入侵时南迁,流寓江南。其词作编为《漱玉词》,《点绛唇》《如梦令》《一剪梅》《醉花阴》等多首是年轻时在东京开封写成,其中"知否知否,应是绿肥红瘦""莫道不消魂,帘卷西风,人比黄花瘦"等名句深为人们赞赏。

随着宋室的南迁,中原士人朱敦儒、陈与义、岳飞、曾觌、史达祖等迁居江南,有许多词作传世。

朱敦儒(1081—1159),字希真,号岩壑老人,洛阳人,靖康之乱后流落岭南。绍兴二年(1132)应南宋朝廷征召,任秘书省正字等官职。其文学成就主要是词,代表作《鹧鸪天·西都作》是宋词中的名篇,《全宋词》收录其词作 240 余首。

陈与义(1090—1138),字去非,号简斋,洛阳人,宣和五年(1123)为太学博士,迁秘书省著作郎。靖康之变后流落于江南,绍兴元年(1131)到临安(今浙江杭州),官至参知政事,著作编为《简斋集》。其词作名《无住词》,今存 19 首,虽数量不多,但都很精妙,以《临江仙》2 首最为著名。陈与义在诗、文、词方面都有突出的成就,成为后期江西诗派的代表作家。

岳飞(1103—1142),字鹏举,相州汤阴(今属河南)人,抗金名将,被秦桧等人谋害。他不仅通晓兵法,谙熟武艺,诗、词、书法皆有很高造诣。其著作后人

---

① 欧阳修:《浪淘沙》,唐圭璋选编:《全宋词简编》,上海古籍出版社 1986 年版,第 86 页。

编为《岳忠武王文集》,代表作《满江红》脍炙人口,洋溢着强烈的民族精神。

曾觌(1109—1180),字纯甫,号海野老农,东京(今开封)人,曾为建王赵玮府内知客。后赵玮即帝位,即宋孝宗,曾觌受到重用,官至开府仪同三司。其词作名《海野词》,存世 100 余首,《金人捧露盘·庚寅岁春奉使过京师感怀作》是其代表作。

元好问是金代著名文学家,其词作揄扬新声、以写恩怨者有数百篇。一部分词以中原景物为题材,如《水调歌头·赋三门津》写黄河三门峡的水势与地形之壮观,是其豪放词的代表,《水龙吟·少年射虎名豪》写他在南阳出猎的壮观情景,《临江仙·今古北邙山下路》写从洛阳往孟津途中的见闻与感慨,都是不可多得的名篇。

第六节 书画乐舞艺术的繁荣与杂剧的出现

北宋中原的绘画艺术成就最为突出,东京开封的翰林画院聚集和培养了一大批著名画家,郭忠恕、郭熙、王诜、苏汉臣、李唐等是其中的佼佼者。东京开封的宫廷乐舞和中原民间乐舞都极其兴盛,杂剧开始出现。东京开封和西京洛阳的园林艺术也发展到高峰。

一、绘画与书法

五代宋金时期的中原书画艺术,以北宋一代最为卓著。由于北宋皇帝的爱好与倡导,在太学中设立书画学科,着力培养书画人才,在宫廷设立御书院和画院,从事书画创作。宋徽宗赵佶重视书画作品的收藏、鉴赏和整理,派专人鉴别宫廷收藏的大量书画作品之优劣,并亲自加以品藻,编定《宣和睿览集》《宣和画谱》《宣和书谱》,对北宋书法绘画的发展起到了非常重要的作用。北宋一代的书法绘画,特别是绘画艺术取得了突出成就,成为中原绘画史上的巅峰。

1. 中原绘画艺术的繁荣

五代至北宋中原绘画迅速发展,绘画人才济济,艺术成就突出。

北宋皇帝仁宗、神宗、徽宗都非常爱好绘画,他们出于装点宫廷和图绘寺观的需要,不仅在太学设立画学学科,而且建立宫廷画院,置博士、学正、学录、学谕、学直等职衔,负责教学和管理,绘画分为佛道、人物、山水、鸟兽、花竹、屋木六科,后改称翰林图画院。画院网罗全国的绘画名家作画,并访求前代画家的名画,充实宫廷收藏。

北宋画院的画家在艺术上基本遵循五代绘画传统,继承和发展了荆浩、关仝等北方画派的特点。宋初灭后蜀、南唐诸国,江南不少著名画家云集东京开封,来自西蜀的画家黄居寀、高文进等和来自南唐的画家董羽、厉昭庆等带来南方画派的一些特点。于是在画院内部南北各派绘画艺术互相吸收、渗透,共同构成北宋画院兼容并蓄的艺术融通特征。加上雕版印刷技术的发展,佛经大量刻印,佛经中雕版插图的佛像及其他人物风景等图画,也对画院的传统画风有一定的影响。北宋院体画具有注重意境、注重生活等特点。宋徽宗崇宁至宣和年间,宫廷绘画、士大夫绘画及民间绘画非常活跃。北宋画院与社会上的画家的交流和竞争,不断涌现出高质量的绘画作品,促进了绘画艺术的发展。

北宋画院的画家及当时的其他著名画家队伍中,中原画家很多,其中以郭忠恕、郭熙、王诜、苏汉臣、李唐成就最大。此外,王兼济、武宗元、吴元瑜、燕肃、宋道、宋迪、屈鼎、傅文、李迪等的画作也各有千秋。

北宋中原地区的山水画、花鸟画、人物画都有显著发展,又新出现了世俗风情画和以楼观台榭舟船为主的界画。

首先是北派山水画的形成。五代中原画家以荆浩最为著名。他长于山水画,与弟子关仝一起被称为北派山水画的创始人,为中国山水画的发展做出了很大贡献。

荆浩(约850—?),字浩然,沁水(今属山西)人,隐居于太行山洪谷(今济源境内),自号洪谷子。其画作兼采众长而有创新。他曾对人说:"吴道子画山水,有笔而无墨,项容有墨而无笔,吾当采二子之所长,成一家之体。"[1]荆浩的画以描绘大山大水为特点,气势宏大,结构严谨,高峰入云,穷谷深邃,被称为"全景

---

[1] 郭若虚:《图画见闻志》卷二《纪艺上》,《文渊阁四库全书》第812册,第522页。

式山水画",为一时之冠。其传世作品仅见《匡庐图》一幅,现藏台北故宫博物院。此图纵185.8厘米,横106.8厘米,中挺立一峰,崔嵬秀拔,两侧有群峰搭配,间有飞瀑如练,细部有屋宇、小桥等掩映其中,山水壮美,气象幽深,景物生动,气势雄伟。其构图精妙,刻画精细,在用笔和皴法等技术层面有独到之处,是中国绘画史上的精品,当代美术史家及有关学者对它评价甚高。荆浩的山水画标志着中国的山水画在唐末五代之际的一次大突破,对北宋关仝、李成、范宽等人的山水画创作产生重要影响。

关仝、李成、范宽是五代末北宋初三位山水画大家,而以李成影响最大。李成(919—967),字咸熙,李唐宗室,原籍益都营丘(今山东昌乐东南),后徙陈州(治今周口淮阳),郁郁不得志,遂"寓兴于画"。他师法荆浩、关仝,善画山水寒林,"气象萧疏,烟林清旷",在宋初山水画中成就最大,时称"古今第一"。传世画作有《读碑窠石图轴》《茂林远轴图卷》等。范宽(?—1031),字中立,华原(今陕西耀县)人,常往来东京开封与西京洛阳之间。其山水画直溯荆浩、关仝,画作雄杰老质,自成一家。传世作品有《溪山行旅图轴》,今存台北故宫博物院;《雪景寒林图轴》,藏天津艺术博物馆。

燕文贵,吴兴(今浙江湖州)人,宋太宗时入翰林图画院,为祗候、待诏。其山水画被称作"燕家景致",传世作品有《溪山楼观图轴》,藏台北故宫博物院。燕文贵弟子屈鼎,东京开封(一说陕西)人,善画山水,仁宗朝为图画院祗候,一度与范宽齐名。所画山林四时风物和烟霞泉石,富有生活情趣。现存美国纽约大都会博物馆的《夏山图卷》相传为屈鼎所作。

燕肃(991—1040),字穆之,祖籍青州益都(今属山东),后徙阳翟(今禹州),官至龙图阁直学士、礼部侍郎。他善画山水寒林,曾为寺庙、官署作山水壁画。其画作注重写实,不施色彩,清雄奇伟,变化无穷,宫廷收藏其《春岫渔歌图》《春山图轴》等37幅,有《寒岩积雪图》等传世,《春山图轴》藏北京故宫博物院。

宋道,字公达;其弟宋迪,字复古,河阳(今孟州西)人。两人皆进士及第,为诸司郎官。宋道"善画山水,闲淡简远,取重于时,但乘兴即寓意而作,传世故少"。绘有《潇湘八景》。宋迪宣和年间供职开封画院,后南渡,绍兴年间为画院副使。《宣和画谱》记宫廷收藏其画作《晴峦渔乐图》《边岚渔浦图》等30余幅。他以平远山水闻名。"师李成画山水,运思高妙,笔墨清润。又喜画松,或高或偃,或孤或双,以至于千万株,森森然殊可骇也。"①所作山水画体态雍容,情致闲雅,或览物得意,或写物创意,皆运思高妙,笔墨清润,代表作为《潇湘八景》。他亦擅长花鸟画,《雪树寒禽图轴》《枫鹰雉鸡图卷》为全景花鸟,场面浩大。又喜画松,或高耸或偃卧,或单或双,以至于千棵万株,森森然,气象万千。

郭熙(约1000—约1090),字淳夫,河内温县(今属河南)人,长期在开封画院供职,宋神宗时任画院待诏,善画山水寒林。他主张师法自然,临摹真山真水,又自抒胸臆,强调写实。其画作"得云烟出没、峰峦隐现之态,布置笔法,独步一时"②,虽年老落笔犹壮。宫廷收藏他的画作有《子猷访戴图》《奇石寒林图》《诗意山水图》等30幅。今存画作有《早春图》《幽谷图》《关山春雪图》《窠石平远图》等10余幅,多收藏于台北故宫博物院。

王诜(约1048—约1104),字晋卿,祖籍太原,徙居东京开封。他尚英宗长公主,曾任驸马都尉、利州防御使,为人风流蕴藉,能诗善书画。其绘画师从唐人李思训,长于山水风景,作着色山水,自成一家。所作水墨山水,学李成皴法,清润可爱,宫廷收藏他的画作有《烟岚晴晓图》《幽谷春归图》等35幅。此外,《江山秋晚图》《着色山斋图》《蜀道寒云图》《秋壑松云图》也很著名。今存《绣栊晓镜图》《瀛山图卷》,藏台北故宫博物院;《渔村小雪图卷》,藏北京故宫博物院;《烟江叠嶂图卷》,藏上海博物馆。

李唐(约1066—约1150),字晞古,河阳(今孟州南)人,徽宗朝补入画院,南宋建炎年间授画院待诏。他工画山水、人物,名列南宋四大画家之首。其山水画学唐人李思训,在技法上首创"大斧劈"皴染法,用水多,行笔快,笔快皴长。布局多取近景,积墨深厚,酣畅淋漓。《万壑松风图》绘于宣和六年(1124),为其代表作。画中深山群壑,峭壁悬崖,林木葱茏,飞瀑垂涧,云雾缭绕,气象万千,堪称其山水画的代表作。李唐在花鸟人物画上也有超人的造诣,其人物画绝似李公麟,画牛则得戴嵩遗法。今存作品有《万壑松风图》《村医图》,藏台北故宫博物院;《采薇图》,藏北京故宫博物院;《濠濮图》,藏天津市博物馆;《秋景山水》二幅,藏日本京都高相院。李唐继承北方山水画的雄伟风格,开南宋一代山水画新风。

---

① 夏文彦:《图绘宝鉴》卷三《宋》,《文渊阁四库全书》第814册,第571页。
② 夏文彦:《图绘宝鉴》卷三《宋》,《文渊阁四库全书》第814册,第571页。

王希孟(1096—?)是一位在画史文献中没有记载的北宋宫廷山水画家。他在东京开封画院学完画学,到朝廷文书库担任小吏,经宰相蔡京斡旋,得宋徽宗指授,年方18岁时,画成《千里江山图》卷。该卷长11.9米,画幅内涵丰富,高旷远阔。全图由七组群山组成,画中有高耸的山峰和鲜亮的青绿色彩,缓坡、沼泽、流水,高挂的瀑布和巉岩悬崖,建筑、舟船和人物活动。画卷描绘了整个庐山大境,还包括长江口和部分鄱阳湖,充满诗意,体现了宋徽宗"丰亨豫大"的审美观。这幅画既是王希孟唯一的传世作品,也是存世青绿山水画中最具代表性和里程碑意义的作品,现庋藏于北京故宫博物院。

其次是花鸟画。宋初,西蜀画院待诏黄荃、黄居寀父子来到东京开封,其花鸟画在中原影响较大。此后,南唐处士徐熙多画山阴花卉,对中原花鸟画也有影响。

吴元瑜,字公器,东京开封人,曾任光州兵马都监、合州团练使等职。他善绘花鸟,自出胸臆,构思、笔法生动活泼,对当时画院的工整富丽画风造成冲击。其花鸟画线条纤细,色彩鲜明,自成一家。今存作品有《荔枝图》等。

赵令穰,字大年,东京开封人,宋太祖五世孙,曾任光州防御使等职。他常戏弄翰墨,尤得意于丹青之妙。擅长绘小景,常以汀渚水鸟为题材。所作小轴,格调清丽。汀渚水鸟,有江湖意境;小山丛竹,情趣亦佳。其《归田图》,"竹林茅舍,烟林蔽亏,遥岑远水,咫尺千里,葭芦鸥鹭,宛若江乡"①。其《秋村暮霭图》抒发荒寒平远之思,笔法精丽,景象旷绝。今存画作有《湖庄清夏图》《秋塘图》等。

宋徽宗赵佶(1082—1135),北宋亡国之君,政治上昏庸,书画方面成就卓著,是划时代、开宗立派的艺术大师。其绘画受王诜、赵令穰、吴元瑜影响,妙体众形,兼备六法,工细入微,生机盎然,清新俊美,达到形神兼具的艺术境界。他善画花鸟、人物、山水,以花鸟画最为精妙。所画墨竹,全用焦墨,不分淡浓,竹叶交错之处,空一道白,而不相混。所画禽鸟,多用黑漆点睛,隐然若豆,似能活动。现存作品有《柳鸦芦雁图》《竹禽图》《御鹰图》《金鹰秋寝图》《枇杷山鸟图》《芙蓉锦鸡图》《瑞鹤图》《红蓼白鹅图》《腊梅山禽图》等。赵佶亦画山水,

---

① 张邦基撰,孔凡礼点校:《墨庄漫录》卷八《宗室大年善丹青》,与《过庭录》《可书》合刊本,中华书局2002年版,第216页。

《雪江归棹图》气势磅礴,人物画有《听琴图》等,其《摹张萱虢国夫人游春图》《摹张萱捣练图》几可乱真。

金代洛阳人赵霖,金世宗时为待诏,绘有《昭陵六骏图卷》,笔法圆熟清劲,度超侪侣。

佛道人物和仕女绘画也有发展。

五代时陕县(今三门峡)人韩求(一作虬)、洛阳人张图、滑台人李罗汉都是当时的佛教画高手。

北宋武宗元(?—1050),字总之,河南白波(今洛阳吉利区)人,官至虞部员外郎。他擅长画佛道人物,学习吴道子风格,得其闲雅之态。作画注重神韵,行笔如流水,神采活动,如写草书。他在开封、洛阳等地寺观绘作很多壁画。在洛阳上清宫画三十六天帝,用宋太宗的相貌画赤明和阳天帝,宋真宗认出是其父皇形象,连忙焚香叩拜。开封建玉清昭应宫,召募天下画家绘壁画,应召者三千人,有一百多人入选,武宗元为左班之首。其传世作品有《朝元仙仗图》,为白描人物画,描绘道教帝君率诸部从朝见最高神祇的行列,帝君庄严丰满,女仙端丽多姿,神将威猛狰狞,男仙形象各有不同,人物手持仪仗法物行进,现存美国。

苏汉臣,东京开封(一说钱塘,今浙江杭州)人,宣和年间曾为画院待诏,南宋绍兴年间复官。其画师法刘宗古,继承唐代张萱、周昉的人物画传统,善画佛道人物和仕女图,而以儿童画最为著名。其作品线条工整,构图匀称,画面热闹,生活气息浓厚,富丽精工,深受民众喜爱。今存作品有《货郎图》,藏台北故宫博物院;《秋庭戏婴图》,藏北京故宫博物院。还有《妆靓仕女图》《杂技戏孩图》《五瑞图》《击乐图》《开泰图》等。

在东京开封大相国寺,有待诏高益和高文进所作壁画。高益为涿郡契丹人,善画佛道鬼神,番汉人马。奉诏画相国寺廊壁,东壁有阿育王等像,还有《众工奏乐》一堵。高文进出身于蜀地道释人物画世家,其画师从曹不兴、吴道子,笔力快健,施色鲜润,以太宗朝画相国寺壁、大中祥符年间督玉清宫事最为著名。

界画与市井风情画是北宋中原地区产生的新画种。

界画是随山水画的发展而派生出来的一种画作,主要画亭台楼阁、舟船车舆,多使用界笔或直尺等工具,其基本特点是"折算无差"。郭忠恕(?—977),字恕先,洛阳人,后周世宗朝曾以明经中科举,宋太宗时为国子博士,所绘楼观台榭萧散简远,气势高爽,户牖深密。其界画为"一时之绝",列为"神品"。宫廷收藏他的画作有《尹喜问道图》《明皇避暑宫图》《吹箫图》《楼观仕女图》等34幅。今存《雪霁江行图》,上有大船两艘,精细无比,藏台北故宫博物院。

市井风情画以张择端为代表。张择端,字正道,东武(今山东诸城)人。早年游学东京开封,为翰林学士,后习绘事。他本工于界画,后嗜好舟车、市桥、郭径,自成一家。所绘《清明上河图》《金明池争标图》号称神品。《清明上河图》为横幅,长528.7厘米,宽24.8厘米,绢本设色,有蜿蜒的河流、豪华的龙舟、精致的楼台、美观的桥梁,店铺作坊、车船牛马、寺观廨宇、城门庭院,应有尽有。画面人物众多,士农工商、医卜僧道,形形色色,共有700余人,是著名的市井风情画卷。该画繁而不乱,长而不冗,采取"散点透视"的传统画法。构图精妙,笔法细致,栩栩如生,现藏北京故宫博物院,为国之瑰宝。

五代宋金时期中原地区在绘画高度繁荣的基础上,出现了不少绘画理论著作,内容包括画史、画论、绘画鉴赏、绘画作品收藏等。

五代著名画家荆浩著有《笔法记》1卷,提出品评绘画艺术水平高下的"四等"(神、妙、奇、巧)、"四势"(筋、肉、骨、气)和"六要"(气、韵、思、景、笔、墨)法则,是中国古代最早又全面系统地论述山水画创作方法和艺术准则的文章。他另有《画山水赋》一篇。

北宋郭熙的《林泉高致集》分为《山水训》《画意》《画诀》《画题》诸篇,是著名的山水画论著作。他认为"山得水而活,水得山而媚","山水有可行者,有可望者,有可游者,有可居者"。他对自然景物观察细致入微,指出季节不同,山的形象也不同:"春山淡冶而如笑,夏山苍翠而如滴,秋山明净而如妆,冬山惨淡而如睡。"[1]构图有"三远"(高远、平远、深远)的表现手法。

大梁(今开封)人刘道醇著有《圣朝名画评》3卷,分人物、山水林木、家禽、花草翎毛、鬼神、屋木6门。每门再按画艺高低分神、妙、能三品,每品又分上、中、下三等。书中列北宋画家90余人,各有传并加评语。

宋徽宗宣和年间著《宣和画谱》20卷,著录当时内府所藏诸画,魏晋以迄宋宣和年间名画尽收其中,计231家,画作6369轴,分为道释、人物、宫室、番族、鱼龙、山水、鸟兽、花木、墨竹、果蔬十门。每门先有叙论,然后依时间顺序附画

---

[1] 郭熙:《林泉高致集》,《文渊阁四库全书》第812册,第578、574、575页。

家小传,评论其风格成就,追溯源流,列作品名目与件数。这是一部重要的绘画著录与研究著作,是研究中国宋代以前绘画不可多得的资料。

此外,还有郭若虚的《图画见闻志》《画论》、米芾的《画史》、李廌的《画品》等。

宋室南迁后,翰林图画院在临安(今浙江杭州)重建,原北宋图画院的画家纷纷来到南宋图画院。宋代画院的活动及其艺术成就,对后来元、明、清三代的绘画发展影响很大。

2. 书法

杨凝式(873—954),字景度,冯翊(治今陕西大荔)人。唐末任秘书郎,后历仕五代,后汉时任少傅、少师,多次以"心疾"罢职,闲居洛阳十年。他擅长草书、隶书,精工颠草(狂草),笔势雄杰,变化多姿,用笔有破圆为方、削繁为简之妙。其传世书法作品仅存纸本《韭花帖》《夏热帖》《神仙起居法》。《韭花帖》是行草,行间字距,远近适宜,疏密有度,每个字的上下左右部分,或若即若离,或头重脚轻,或倾斜失衡,整体上变化多端,空灵疏朗。《夏热帖》是颠草,布局参差错落,字迹大小有别,笔画随意涂抹,如行云流水,欲行则行,欲止则止,达到出神入化的境界。《神仙起居法》的小草书,一气贯注,挥洒自如,狂放不羁,波澜老成,天真纵逸。"其笔迹遒放,宗师欧阳询与颜真卿,而加以纵逸。……其所题后,或真或草,不可原诘。而论者谓其书自颜中书(颜真卿)后一人而已。"[1]杨凝式的书法对宋人影响很大。

北宋书法艺术的发达,与帝王的推崇、注重和躬行有关。宋朝初年,因经过五代战乱,懂得书法的人甚少,连写诏令碑刻的人也很难寻觅。宋太宗赵光义善"飞白书",即位后,设置御书院,招募善于书法者,入选后充当翰林。由于待遇优厚,不少士子学习书法,书法逐步走向繁荣。国子监中设有书学生,以练习篆、隶、草三种字体为主要课目,又建造秘阁珍藏历代墨宝,遣使寻购珍贵墨迹。

北宋前期中原书法家中较有名气的李建中(945—1013),字得中,祖籍京兆(今陕西西安),迁居洛阳,曾掌西京留守司御史台,累官工部郎中,人称"李西台"。他"善书札,行笔尤工,多构新体,草、隶、篆、籀、八分亦妙,人多摹习,争取

---

[1] 邵晋涵:《旧五代史考异》卷四《周书》第十九《杨凝式传》,《五代史书汇编》,杭州出版社2004年版,第449—450页。

以为楷法"①。北京故宫博物院藏其《贵宅帖》,字法紧密修谨,为其晚年致亲家书。他是五代到北宋中原书法界承上启下的人物。

石延年(994—1041),字曼卿,南京宋城(今商丘睢阳区)人,工诗,善书法,能书写颜真卿体和柳公权体,笔画遒劲,力透纸背,颇受世人喜爱。朱长文《墨池编·续书断》说"曼卿正书入妙品,尤喜题壁,不择纸笔,自然雄逸。尝舣舟于泗州之龟山,寺僧请题壁旁殿榜,乃剧醉卷毡而书,一挥而三榜成,使善书者虽累旬月构思以为之,亦不能及也。"直接书写殿榜之上已属不易,剧醉卷毡而书更不容易,石延年能在墙壁和匾额上直接题字,说明他的书法造诣深厚。

苏舜元、苏舜钦兄弟为绵州盐泉(今四川绵阳)人,均在朝中任职,善诗文,喜好收藏历代书法真迹。苏舜钦尤工行楷、草书,皆入妙品,残章片简,传宝天下。苏舜元草隶卓尔不群,但传世作品不多。

北宋一代最著名的书法家是苏轼、黄庭坚、米芾、蔡襄(一说蔡京)四大家。他们虽非中原人士,但都曾在中原活动,留下不少书法作品。

蔡襄(1012—1067),字君谟,兴化仙游(今属福建)人,曾任西京留守推官、馆阁校勘。庆历三年(1043)任知谏院、直史馆,后出知福州,返京迁龙图阁直学士、知开封府。他善于书法,曾为宋仁宗书写《元舅陇西王碑》。立于安阳韩琦祠西庑的欧阳修《昼锦堂记》,为蔡襄书丹,原石已佚,元至元年间重刊;另有司马光《韩魏祠堂记》,亦为蔡襄书丹。其小真书《茶录碑》,结体似颜平原,字势飘逸,颇有晋人风规,时人张景隆刻于开封。蔡襄书于中原者还有《自书诗稿》《仙居帖》《纡问帖》等。蒋子奇撰文、蔡京书丹,元至元年间重刊的《大悲菩萨传碑记》,镶嵌于平顶山香山寺塔一层塔心室内。蔡京题壁"面壁之塔",每字尺余,字势豪放,在今登封少林寺北。

文豪苏轼也以书法名家。他奉旨撰书《司马温公碑》,文既弘肆,琳琅其音,书法端谨,大有晋唐遗法。其草书欧阳修《醉翁亭记》石刻,长短有度,肥瘦相宜,如绵裹针,外柔内刚,原石不存,清代重刻,今镶郑州博物馆长廊。苏轼写于中原的墨宝还有《治平帖》《致运句太傅帖》《归安丘园帖》《祭黄几道文》等。

黄庭坚(1045—1105),哲宗朝任国史编修官。登封少林寺初祖庵有其书《达摩碑》《祖源谛本》。他写于中原的草书有《花气诗》《老杜浣花溪图引》《致

---

① 脱脱等:《宋史》卷四百四十一《文苑三》,中华书局1977年版,第13056页。

景道十七使君札并诗册》及多种书信手札。其《诗书碑》为行书长卷,字迹开张雄浑,气势如黄河奔涌,莽莽苍苍。原石立于登封县衙,现移嵩阳书院。

米芾(1051—1107),字元章,吴(今江苏苏州)人,善诗文,尤擅长书画。其书法深得王献之笔意,八面出锋,超逸入神。在东京开封书写有《箧中帖》《竹前槐后帖》《伯充帖》《伯修帖》《来戏帖》等多种。

真正可与苏、黄、米、蔡四大家相颉颃,且可称为书法巨匠的是宋徽宗赵佶,其书法在北宋末可谓独步一时。他早年习薛稷、黄庭坚书体,但不落窠臼,能自辟蹊径,独树一帜,于"万机之余,翰墨不倦,行、草、正书,笔势劲逸。初学薛稷,变其法度,自号瘦金书。要是意度天成,非可以陈迹求也"①。人称其字"笔势飘逸,如冲霄鹤影,高迈不凡;掠水燕翎,轻盈无迹,瘦劲而不纡,端整而不板"②。稀世珍品《牡丹帖》是瘦金体的代表作,全帖共 110 字,潇洒飘逸,刚柔相济,结构、行笔都恰到好处,给人以美的享受。其草书也达到炉火纯青的地步,现藏于辽宁省博物馆的《草书千字文》,笔走龙蛇,气势磅礴。全卷长 3 尺有余,写在整幅的描金云龙笺上,其精致美妙可与隋代僧智永、唐代孙过庭、僧怀素的《草书千字文》相颉颃。上海博物馆庋藏的徽宗《草书纨扇》,上写"掠水燕翎寒自转,堕泥花片湿相重"14 个字,婀娜多姿,风流倜傥,也是不可多得的作品。《大观圣作之碑》亦为宋徽宗赵佶撰并书,瘦金体,横画收笔带钩,竖下收带点,撇如匕首,捺如切刀,竖钩细长,个别连笔则如游丝飞鸿,总体瘦直挺拔,逸趣蕴然。新乡县和舞阳县文庙均有刻石。

《嘉祐石经》始刻于庆历元年(1041),完成于嘉祐六年(1061)。原刻《周易》《尚书》《诗》《周礼》《礼记》《春秋左氏传》《孝经》《论语》《孟子》九经。一行篆书,一行楷书,故称《二体石经》。书写者为当时书法名家赵真继、杨南仲、章友直、张次立、胡恢、谢飶等。因出于多人之手,故字迹大小及风格不尽一致。不知何时散失,今存残石和清人拓本。该石经也是北宋中原地区的书法珍品。

北宋一代对书法的重要贡献,是刻帖的出现。《淳化阁帖》简称《阁帖》,淳化三年(992),宋太宗赵炅出秘阁(帝王藏书之所)所藏历代法书,命侍书学士王著精选编次,摹勒刊刻,凡 10 卷,收录书家 103 人,计 420 帖,标明为"法帖",

---

① 陶宗仪:《书史会要》,上海书店出版社 1984 年版,第 28 页。
② 邓白:《赵佶》,上海人民美术出版社 1985 年版,第 28 页。

摹刻在枣木板上,拓赐大臣。但古人法书,赖此以传。作为我国最早的一部汇集各家书法墨迹的汇帖,《淳化阁帖》被称为中国书法丛帖之祖。它不仅保存了许多珍贵而又难得一见的书法作品,而且通过历代传刻,广为流布,对我国书法的发展产生了深远影响。此后又有《大观帖》《续阁帖》《绛帖》《潭帖》《二王府帖》等。

宋徽宗时,帖学有新发展,书法研究亦有显著成就。《汝帖》系北宋大观三年(1109)河南府汝州守王采选择《淳化阁帖》《绛帖》及古碑中字荟而刻成,凡12卷。虽此帖伪讹之书甚多,但宋法帖原石存世者独此帖,加之帖中篆、隶、楷、草诸体皆备,有王羲之、李期、武则天等名人书法,故为世人所重。刻石明代兵乱碑毁,清道光年间据传拓重刻,现存河南汝州市文化馆。

宣和年间所著《宣和书谱》20卷,著录品评汉魏至宋宣和年间近200位书法家的作品1344帖,分为历代帝书、篆、隶、正、行、草、八分凡七类,每类法书目录前依时代先后附书家小传,简要追溯源流,评论风格,是书法作品著录与研究的重要成果,反映了时人高超的书法艺术鉴赏水平。

二、宫廷与民间乐舞

北宋时期东京开封的宫廷乐舞和民间乐舞都极其兴盛。宋初宫廷置教坊,乐舞大体承袭唐旧制。宋四部乐承继唐太常四部乐,即龟兹部、大鼓部、胡部、军乐部。宫廷舞蹈则有不少创新,主要是队舞形式的出现,有"小儿队"和"女弟子队",常表演的节目有20多个,且多有变化。队舞使用的音乐主要是"大曲",演奏特点也比唐代大曲富于变化。宋大曲见于记载的主要有十八调四十大曲。宫廷舞蹈节目还有"传踏"和"缠达"两种形式,其表演和队舞相近,而且是边歌边舞,动作变化比队舞更加快速。

宋徽宗崇宁四年(1105)设置大晟府掌管宫廷礼乐。次年徽宗诏令大晟府议颁新乐,用于宫廷中的郊庙祭祀典礼。徽宗亲制《大晟乐记》,命大中大夫刘昺编修《乐书》,分为八论,其中说大乐之名则曰《大晟》。政和三年(1113),徽宗诏令大晟雅乐不仅用于郊庙,也用于宫廷宴乐活动。政和六年(1116),徽宗又令大晟府编集八十四调并图谱,让刘昺撰作《宴乐新书》,使大晟雅乐的曲调更加规范化。

大晟府的设置对于宋词的发展有重要影响。崇宁年间建大晟乐府,周邦彦为提举官,置七位制撰官,其中万俟咏、晁端礼、晁冲之三人为中原人士,他们对宋词的发展起到重要作用。周邦彦选用一些词人和音律家,制作新曲,称为"大晟词",这些词作家被称为"大晟词人"。

北宋时的民间乐舞也很活跃。尤其是徽宗朝,东京开封和西京洛阳呈现一派歌舞升平的景象。市民文化快速兴起,成为城市生活的一个重要组成部分。据《东京梦华录》及其他宋代文人笔记记述,市民文化的形式有歌舞、说唱、杂剧、妓乐、杂耍、魔术、武术、马术、体育竞技、节日民间文艺表演等,其中歌舞是特别流行与普及的文艺形式。最著名的民间舞蹈节目有《村田乐》《舞鲍老》《迓鼓》及民间社火等。民间歌舞也有"传踏"等形式,这反映了宫廷乐舞和民间乐舞互相影响的情形。

三、杂剧的出现

宋杂剧由唐代参军戏和其他歌舞杂戏发展而成,是北宋时期各种歌舞表演、滑稽表演和杂戏的统称,有时则取其狭义,专指有剧本有角色的戏曲演出。

宋杂剧的体制有正杂剧和艳段之分。正杂剧是一剧的主体,大抵是有相对完整的故事情节,有各种角色的配合表演。艳段是正杂剧演出之前的小段子,其内容未必与正杂剧有直接的联系,大抵相当于后来戏曲演出时的"垫场"。据记载,宋代院本名目700余种,其中官本杂剧的名目280种。[①] 官本杂剧是只见角色出场表演各种动作而没有台词,称为"哑杂剧"。宋杂剧的角色又称杂剧色,名目有末泥、引戏、副末、副净、装孤五个角色。演出时各角色分工明确,演出也各有特点。宋杂剧的演出场所名为"勾栏",又称"勾阑"或"构栏"。北宋时期,东京开封的杂剧演出兴盛,勾栏也特别多。仅东角楼街巷就有大小勾栏

[①] 周密:《武林旧事》卷十"官本杂剧段数",《文渊阁四库全书》第590册,台湾商务印书馆影印本,第281—285页。陶宗仪:《辍耕录》卷二十五"院本名目",中华书局1959年版,第305—315页。

50余座,最大的勾栏可容上千人。

四、园林艺术

北宋东京开封有艮岳等皇家园林,其亭台楼阁建筑美轮美奂。艮岳是宋徽宗倾其国力,仿照杭州凤凰山形状,在都城东北角建造的一处山水园林景观。它以假山为骨干布置景点,变化无穷。在千里外的太湖边设立供奉局,专管搜寻奇花异石,将水中采取和民间家藏的太湖石和花木装上大船,每10船编为一纲,曰"花石纲",运往东京,前后十余年。由太湖石堆砌起来的假山,成满坡置放的根雕盆景,或窝窝洞洞,千窍百孔,或枝枝丫丫,精巧玲珑,形态各异,却一律乳白色,如琼似玉,美不胜收。及金灭北宋,将这些太湖石掳掠至北方。如今北京北海公园的核心景区琼花岛的北侧,那一丛丛叠架着的太湖石就是北宋艮岳的遗石和靖康之难的见证,由此可见北宋开封园林艺术之一斑。开封城西有金明池,其中有临水殿、仙桥,仙桥北端池中心有岛,其上有五座殿宇,仙桥南端有棂星门、彩楼。金明池南有琼林苑,多奇松怪柏、名贵花草。

西京洛阳也有许多达官显贵的园林,如宰相富弼的富郑公园,内有两座假山,堂轩亭台建筑颇多。还有董氏的东园、西园,王开府的环溪,邵雍的丛春园,司马光的独乐园等,李格非的《洛阳名园记》多有记述。洛阳的牡丹花始兴于唐代,繁盛于宋。北宋时品种已近百,人称"洛阳花",有"洛阳牡丹甲天下"的盛誉。著名文学家欧阳修写有《洛阳牡丹记》。

第七节 科学技术的巨大成就

五代宋金时期,尤其是北宋一代,中原地区的医药学集前代之大成,天文学也有明显进步。印刷技术、火药使用、建筑技术的成就格外引人注目,特别是指南针、火药与印刷术,对人类社会进步产生了巨大影响。

一、医药学的发展

宋代中原医学有长足进步，可谓集前代之大成。东京开封设有"太医院"和"药局"，全国的杏林高手云集，成为当时的医学中心。宋初东京开封设有培养医生的学校，有学生300人，分为方脉、针、疡三科。随着医学的发展，分科愈细，神宗时太医局分为大方脉科、小方脉科、风科、眼科、疮肿兼折疡科、口齿兼咽疾科等9科。

为总结医疗经验，朝廷组织医师整理、编纂医学典籍。宋仁宗时设校正医书局，先后校正《素问》《灵枢》《伤寒论》《金匮玉函经》《脉经》《千金要方》《外台秘要》等，为后世医学的发展奠定了基础。同时又对药方进行实验甄审，作为标准验方予以颁布。太宗在藩邸时曾收集名方1000余种，即帝位后又命翰林官院医生各献祖传秘方，得1万余种。道士宋州睢阳（今商丘睢阳区）人王怀隐曾为太宗疗疾，太平兴国初年奉诏还俗，任尚药奉御，累迁翰林医官使。他奉命与副使王祐、郑奇及医官陈昭遇等分门别类编纂方药书。淳化三年（992）书成，凡100卷，共收药方16834首，分为1670类，对病症、病理、方剂、药物也有论述，太宗赐名《太平圣惠方》，并亲自作序，镂板颁行，作为诸州医学博士的参考书。神宗元丰年间设和剂局和惠民局。徽宗时曹孝宗主持编写《圣剂总录》200卷，收方2万有余，分为内、外、妇、五官、儿、养生等60余门。

考城（今兰考）人王贶，字子亨，精通医术，任朝请大夫，著《全生指迷方》三卷。该书于每症之前详述其病状，且一一论其病源，易于运用。其脉论及辨脉法诸条明白晓畅。凡三部九候之形、病症变化之象，以及脉与病相应与否之故，无不辨其疑似，剖析微茫，堪称诊家之枢要。它不仅是重要方书，对诊断学也颇有贡献。

北宋朝廷不断对中药书籍本草增订研究，中原药物学进展明显。开宝年间宋太祖令刘翰、陈昭遇等人考镜源流，辨别是非，厘正谬误，详定《唐本草》。开宝七年（974），李昉等撰《开宝本草》二十一卷，收药983种，刊印流布。宋仁宗嘉祐二年（1057），掌禹锡、林亿等以《开宝本草》和其他各家本草参校，采拾遗佚，收新旧药物1082种。与此同时，朝廷又令各州县绘制当地所产药本，送至京城，由掌禹锡等裒集众说，类聚诠次，编成《本草图经》20 卷，在药物学上有重大价值。明代李时珍编撰《本草纲目》，即以该书为蓝本。宋徽宗大观二年（1108），令唐慎微等编成《大观经史证类备急本草》三十二卷，简称《大观本草》，收药 1746 种。政和六年（1116），曹孝忠撰《政和新修经史证类备急本草》，简称《政和本草》。《大观本草》在朝鲜、日本都有刊刻。李约瑟说，此书"要比十五、十六世纪早期欧洲的植物学著作高明得多"[1]。北宋时期在开封对本草的多次增订和研究，为此后中国本草学的发展奠定了坚实的基础。

陕州（治今三门峡）人孙兆，自称为孙思邈之后，以医术闻名，官至殿中丞。嘉祐二年（1057）奉诏与孙奇、高保衡等人同校医书，又多方搜集佚书，细加稽考。英宗治平年间校就进呈，取名《外台秘要》。孙兆又与林亿等校刊《黄帝内经素问》，纠正其讹误数千条。

王惟一（987—1067），擅长针灸，仁宗朝供职太医局。天圣五年（1027），他总结前人针灸治疗经验，考定明堂经络空穴，主持铸成腧穴铜人式，即两个同真人身体大小相同的针灸腧穴铜人模型。铜人身体表面刻制腧穴，并标注名称，使穴位一目了然，分别放置医官院和相国寺。他又纂集旧闻，订正讹误，著成《铜人腧穴针灸图经》，对经络、穴位做详细考察，发现了一些新穴位，体现着针灸学的新发展。开封人许希擅长针灸，天圣年间仁宗患病，许希应召前往，三针而愈。他将自己的针灸经验与心得撰写成《神应针经要诀》。

张从正（1156—1228），字子和，睢州考城人，金元时期四大名医之一。他精于医术，应召入皇宫为太医，不久挂冠归隐。当时医界盛行滋补之风，医生不问虚实，滥投补剂，使病人蒙受不少痛苦。古医书有《汗下吐法》，各有经络脉理，用之不当则死。张从正用之最精，人称"张子和汗下吐法"。此"法宗刘守真，用药多寒凉，然起疾救死多取效"[2]。他著有"六门二法"，创立中国医学的攻邪派理论，为我国医学发展做出了巨大贡献。稍晚有任履真，字子山，许州长葛（今属河南）人。宣宗贞祐初年（1213）召入太医院，不久辞职。他行医起人之疾甚众。

---

[1] 李约瑟：《中国科学技术史》（中译本）第 1 卷第 1 分册，科学出版社 1975 年版，第 289 页。
[2] 脱脱等：《金史》卷一百三十一《方伎列传》，中华书局 1975 年版，第 2811 页。

二、天文学的突出成就

在天文学方面,苏颂有突出贡献。苏颂(1020—1101),字子容,泉州同安(今属福建)人。官至刑部尚书、吏部尚书,晚年入阁拜相,是著名天文学、药物学家。元祐元年(1086)十一月,受诏定夺新旧浑仪。次年组成"详定制造水运浑仪所",抽调韩公廉、王沇之等进行研制。元祐四年(1089),制成巨型天文仪器水运仪象台,高 12 米、宽 7 米。其上层是观测天体的浑仪,中层是演示天象的浑象,下层是使浑仪、浑象随天体运动而报时的机械装置,兼有观测天体运行、演示天象变化,以及自动敲钟击鼓摇铃报时等三种功用。李约瑟说:"苏颂把时钟机械和观察用浑仪结合起来,在原理上已经完全成功。因此可以说他比罗伯特·胡克先行了六个世纪,比方和斐先行了七个半世纪。"[①]

苏颂《新仪象法要》中绘有 14 幅星图,共绘星 1464 颗,比唐代敦煌星图多 100 多颗,采用圆横结合的画法,绘制更细致更准确,是历代流传下来全天星图中保存在国内的最早的星图。而欧洲 14 世纪文艺复兴前观测的星数仅有 1022 颗,可见宋代中原地区天文学的成就之大。

北宋时期,曾在东京开封对恒星位置进行了五次观测。宋神宗元丰年间(1078—1085)进行第四次观测,其结果绘制成星图,有星 1430 颗,南宋淳祐年间复刻于石,即保存至今的苏州石刻天文图。它是世界上最早的大型实测天文图,以北极为中心绘制三个同心圆,分别代表北极常显圈、南极恒隐圈和赤道;又有 28 条辐射线,表示二十八宿距度。宋徽宗崇宁年间(1102—1106)又进行第五次观测。这次观测发现二十八宿距度误差平均仅 0.15 度,比前人大为精确。

北宋历算有很大进步,天文常数比较准确,计算方法更为科学,而且不断提出修改历法的依据。洛阳人王处讷(915—982),曾任司天监等职。北宋初仍沿用五代时王朴所编《钦天历》,王处讷发现此历多有疏误,遂于乾德元年(963)编成《应天历》,宋太祖亲为作序,次年颁行。《应天历》比前代历法完备。它将

[①] 李约瑟:《中国科学技术史》(中译本)第 1 卷第 1 分册,科学出版社 1975 年版,第 456 页。

每夜分为五更,每更分为五点,为中国更点制计时的开端。后来又颁行《崇天历》和《纪元历》。《崇天历》的推算交食较符合实际,《纪元历》的推算赤道差换算公式比较科学,一直沿用数百年。

三、指南针、火药和印刷技术的发明与应用

我国四大发明中的造纸技术不晚于汉代,而火药、印刷技术、指南针的制造应用则在五代宋金时期。

早在战国时期,人们已对磁石有所认识,并出现了利用天然磁石的磁性制造的指向器——司南,"但是它跟指南针还有本质上的差别。只有利用人工磁化技术制造的指向器,才是真正的指南针,人工磁化技术和指南针是紧密联系在一起的"[1]。

指南针的制造与使用,在北宋时已经用于军事方面。部队行军时"若遇天景曀霾,夜色暝黑,又不能辨别方向……或出指南车及指南鱼,以辨所向。指南车世法不传,鱼法以薄铁叶剪裁、长二寸、阔五分、首尾锐如鱼形,置炭中火烧之,候通赤,以铁钤钤鱼首出火,以尾正对子位,蘸水盆中,没尾数分则止。以密器收之。用时置水碗于无风处,平放鱼在水面令浮,其首当南向午也"[2]。由于铁片是按照地球子午线方向,即地磁的南北方向冷却,在地磁场的影响下,冷却后的铁片磁畴都按地磁方向排列,从而使铁片产生磁性。将这种指南鱼平放入水碗中,受地磁场影响,鱼头指向南方,鱼尾指向北方。著名科学家沈括又介绍了另一种方法:"方家以磁石磨针锋,则能指南,然常微偏东,不全南也。……不若缕悬为善。其法,取新纩中独茧缕,以芥子许蜡,缀于针腰,无风处悬之,则针常指南。其中有磨而指北者。"[3]将磁石磨成针形,用茧缕缚针腰悬挂于无风处,针两头即指向南北。至北宋末,指南针已开始用于航海。

唐代中期以后,炼丹家逐渐对硝石、硫黄、木炭等混合在一起会引起燃烧的

---

[1] 王星光主编:《中原科学技术史》第六章,科学出版社2016年版,第270页。
[2] 曾公亮、丁度等:《武经总要》卷十五,《中国兵书集成》第三册,解放军出版社、辽沈书社联合出版,1988年,第773—775页。
[3] 沈括著,胡道静校注:《梦溪笔谈校证》卷二十四《杂志》,中华书局1962年版,第768页。

特性有了一定认识。大约在唐代晚期，即 9 世纪末 10 世纪初，已发明了真正的火药。北宋火药配方中硝的含量较唐代增加，硫与硝的比例在 1∶2 至 1∶3 之间，与近代黑火药硝占 3/4 的配方接近，且逐渐运用到军事方面。开宝三年（970），兵部令史冯继升向宋太祖赵匡胤献火箭法，并在开封试制。开宝八年（975），宋朝进攻南唐时，已拥有火箭 2 万多支，还有火炮等抛射武器。咸平三年（1000），神卫水军唐福献火箭、火球、火蒺藜等。曾公亮、丁度等编撰的《武经总要》对当时的火药、火器的制造作了规范性说明，记载东京开封制造的火箭、火枪、火药鞭箭、火鸡、竹火鹞、铁嘴火鹞、烟球、毒药烟球、霹雳火球、火炮等火器，并对三种火器的配方作了说明。① 蒺藜火球有 10 种成分，炮用火药有 14 种成分，基本原料是硫黄、木炭、硝三种，再加入其他易燃的油类等物，以增强其燃烧和爆炸力，其制造方式与毒烟火球基本相同。

北宋中期的火药武器，外壳多用纸做成，涂漆以增加硬度和防潮。使用时先点燃，再用弓弩或抛石机放出，使用人力机械发射，其杀伤力主要是燃烧。北宋末年，在抗金战争中发明"霹雳炮"和"震天雷"，外壳用铁制作，火药发作时声如雷霆，主要依靠爆炸来杀伤敌人。靖康元年（1126），金兵攻开封，宋军使用火箭、火炮、蒺藜炮、霹雳炮等武器还击，金军伤亡很大。后来金军占领开封，俘获宋朝技工，缴获火药武器，据此制成铁火炮"震天炮"，用于对南宋作战。12 世纪火药、火炮的制作方法由中亚传至欧洲。恩格斯说："现在已经毫无疑问地证实了，火药是从中国经过印度传给阿拉伯人，又由阿拉伯人和火药武器一道经过西班牙传入欧洲。"②

唐代中原地区的雕版印刷技术逐渐成熟。洛阳图籍采用雕版印刷者间或有之，大多为皇室的一些重要经籍和佛教典籍。司空图在《为东都敬爱寺将律僧惠确化募雕刻律疏》一文中称，重新印刷的武宗会昌五年（845）毁佛事件中洛城所焚佛经印本的佛家经典，"印本共八百纸"。

后唐长兴三年（932），宰相冯道、李愚奏请依据《开成石经》文字刻"九经"印版，广颁天下。于是在洛阳国子监雇召匠人采用雕版印刷技术，刻印郑覃所

---

① 曾公亮等：《武经总要》前集卷十一《火攻·毒药火球》，《文渊阁四库全书》第 726 册，台湾商务印书馆影印本，第 393 页。
② 恩格斯：《德国农民战争》1875 年自注，《马克思恩格斯文集》（第二卷），人民出版社 2009 年版，第 221 页。

校刊《九经》，成为中国历史上首次由政府组织刻印书籍的壮举。后汉时又将《周礼》《仪礼》《公羊》《穀梁》"四经文字镂板"，后周时"校勘《经典释文》三十卷，雕造印板"。① 政府负责图书印制和发行，促进了雕版印刷的发展。

北宋雕版印刷技术更加成熟。东京开封的国子监、崇文院、秘书省、司天监等机构都刻印书籍。国子监是最大的刻印机构，它刻印的书称"监本"，最为有名。后人评论说："镂版书籍……而刊行大备，要自宋始，其时监中官刻与士大夫家塾付梓者，校雠镌镂，讲究日精。"② 天圣二年（1024）以后，敕书等律令文字由刑部"摹印颁行"。司天监自行"模印历日"。东京开封的雕版印刷技术质量上乘，超过蜀本和福建，可与杭州媲美。开封城内有许多私家印书作坊，雇有写工、刻工、印工及做校雠的文化人。相国寺东街的荣六郎经史书籍铺，刻印质量很高。

宋代的活字印刷，是在唐五代雕版印刷的基础上改进而成的。仁宗庆历年间，布衣毕昇发明活字印刷术，字用泥烧制而成，一个字可以反复使用，对后世的印刷技术产生深刻影响。明朝正德年间（16世纪初）在河南汝南一个武官宅院地下掘出黑子数百颗，每子有一字，极为精巧，书法像唐欧阳询的字体，坚硬如牛角，当时有人以为它就是宋活字。③ 北宋泥活字版有四大印刷中心，即今河南开封、四川成都、浙江杭州、福建建安。

四、建筑技术与《营造法式》

城市坊市制度的瓦解和近代城市布局模式的建立，促进了建筑业的发展，北宋时人在建筑实践的基础上对建筑技术做了全面的总结。

东京开封宋初扩建为48里，宫城周围5里，有万岁、垂拱、福宁、柔仪、清居四殿及银台、升龙二门，四殿之后又有大庆殿、大庆门，还有崇政殿，均富丽堂皇。徽宗即位后新建景灵宫、元符殿。政和四年（1114）由童贯、杨戬等人主持

---

① 王溥：《五代会要》卷八《经籍》，上海古籍出版社1978年版，第128—129页。
② 彭元瑞撰：《钦定天禄琳琅书目·续目一》卷四《影宋钞经部》，台北广文书局1968年印行，第263页。
③ 白寿彝总主编：《中国通史》第七卷（下），上海人民出版社1999年版，第1648页。

新建延福宫,规模宏大,殿阁亭台相望。位于京城东北隅景龙门内的艮岳是一座人工堆砌的假山,林泉幽美,气象万千。

太平兴国七年(982),宋廷在东京开封开宝寺西侧的福胜禅院内建了一座13层高120米的木塔,名福胜塔,又称开宝寺塔。此塔为喻浩所建。他所著《木经》,人皆以为法。皇祐元年(1049)该塔重建,历时30年竣工,就是祐国寺塔,仍为13层,高54.66米,呈八角形,仿木结构,内设旋梯,外壁、楼层、塔梯连为一体,每层都有固定的楼层,从而增加横向拉力,使之坚固稳定,堪称砖塔建筑的典型。通体用深色琉璃砖垒成,如同铁铸,故称铁塔。至今已900余年,仍巍然屹立,充分显示出高超的建筑技术。

东京虹桥是北宋木拱桥的代表作,它用木梁相接而成,不用支柱,构件可按尺寸预制,装拆便捷,桥孔高阔,有利通航。这一单跨木构拱桥跨径约25米,拱矢约5米,矢跨比约1∶5。水面净高近6米,桥宽约8米,桥体用6根拱骨相连,虹桥组合以木梁交叠而成,是一种"叠梁拱"。桥面密铺板枋,两侧装设栏杆,桥两端竖立华表,河边桥下石砌桥台,桥台两侧砌石护岸。这种长跨径木桥建筑是桥梁建筑中的杰作,在世界建桥史上十分罕见。

中原地区现存北宋木建筑有两座:一座是建于开宝年间的济源市济渎庙寝宫,单檐歇山,面阔五间,进深三间,是河南现存最早的木构建筑。另一座为建于宣和七年(1125)的登封少林寺初祖庵大殿。

著名建筑学家李诫(？—1110),字明仲,郑州管城(今郑州)人,元祐七年(1092)调任将作监主簿,历将作监丞、将作少监、将作监。东京开封城朱雀门、景龙门及太庙、辟雍、尚书省等城楼官廨,都是由李诫负责设计,他以著《营造法式》一书而彪炳史册。

为总结建筑经验,神宗熙宁年间编纂建筑法式,哲宗元祐六年(1091)成书,称《元祐法式》。但该书有许多疏漏,于是令李诫重新编修。哲宗绍圣四年(1097)着手编纂,元符三年(1100)成书,称《营造法式》。全书凡36卷,分为"释名""各作制度""功限""料例""图样"五个部分,反映了京城熟练工匠的经验,被当时的建筑行业奉为圭臬,是我国古代建筑史上的一部名著。它虽然带有法令性质,属工程条例、规范之类,却坚持"有定式而无定法"的原则,依据具体情况留有余地。根据殿堂、厅堂、余屋三大建筑类型,对承重构件分为三种断面规格,殿堂增加内槽斗拱、天花等构件,屋面材料最为厚重,而余屋构件最为轻便、简单。这些规定表明人们对建筑力学的认识达到前所未有的水平。《营造法式》创立营造尺模数制系列,并从中细化出一套完备、科学的材份模数制用于结构设计。其中以横架跨度大小决定结构模数大小的设计理论早于西方同类理论数百年之久,是中国建筑力学理论的一项重大突破和一次质的飞跃,也是中国建筑发展史上一座极其重要的里程碑。《营造法式》是中国古代最全面的建筑学专著,也是中古时期世界上内容最完备的建筑著作之一。

五、瓷器烧造技术的进步

五代时中原地区出现秘色窑瓷和柴窑瓷。秘色窑瓷器是青瓷。柴窑是后周显德初年建立的瓷窑,窑址在郑州。柴窑瓷器以青色为主,还有虾青、豆青等色。釉极薄,光润明洁,瓷胎致密,扣之作金石声。宋瓷的繁荣,柴、秘二窑实开其端。密县窑器以白釉为主,黑釉、黄釉次之,珍珠地划花又次之。白瓷制作较前精巧优美,丰富多样。由于窑炉结构的改进,成功地控制窑炉还原气氛,较普遍地使用匣钵装烧,呈色均匀纯净,稳定性进一步提高,支烧工艺改进,满釉瓷器烧造成功。

北宋时期中原地区瓷器烧制发达,形成瓷窑群。当时全国有汝窑、钧窑、官窑、哥窑、定窑五大名窑,汝窑、钧窑、官窑都在中原地区,烧造技术先进。汴京官窑设于宋徽宗政和年间,登封曲河民窑也很著名。

汝窑在北宋早期创烧,中期得以发展,晚期臻于鼎盛。其工艺精湛、技艺超群,印花技法广为流传,产品声誉很高,得到宫廷赏识,在汝州建窑,专门烧制御用瓷器。它以玛瑙为釉,色泽特殊,以天青、粉青、天蓝色为多,产品优良。考古发现的宝丰清凉寺窑址堪称汝窑的代表。汝瓷分两次烧成,运用独特的开片技术,表面如同鱼鳞、蝉翼,其釉料铁的还原已趋完成,是中国瓷器史上划时代的产物。

钧窑分布在禹州神垕镇一带,已发现窑址 150 多处,多为民窑。其烧造胎釉选料精细,釉水讲究,利用铜、铁呈色的不同特点,经过窑烧,釉药发生化学变化,形成红、蓝及紫色釉瓷器,打破了已往青、白的单纯色调。其烧成方法为先素烧,然后釉烧,以氧化铜为着色剂,在还原气氛下,用高温烧成。宋代钧窑首先创造性地烧造成功铜红釉,滋润均匀,华而不俗,是一项了不起的成就,对后代陶瓷业发展产生了深远影响。禹州扒村窑瓷器釉上施红绿彩,在有些部位加饰黑彩,起到画龙点睛的作用。

第八节 官学、书院的兴盛与科举制的完备

学校是育人之地。五代政权更迭频繁,战争多发,官学教育衰退,书院、私学兴盛。北宋统治者对学校教育极为重视。北宋中原地区的学校分官学、私学两类,官学又有中央官学与地方官学之别。书院初开办时是私学性质,后来多数转为官办,具有双重性质。官学、私学和书院培养了许多优秀人才,选拔人才的科举考试制度更加完备。

一、官学教育

五代中原政局不稳,注重兴学的皇帝不多,官学教育不振。后唐、后周二代国子监尚在开办,但生员限额减少,经费不足,不过勉强维持而已。

北宋东京开封、西京洛阳和南京应天府(今商丘)都设有国子监,主要招收七品以上官僚子弟入学。建隆三年(962)六月,左谏议大夫、河南偃师人崔颂判东京国子监,重修并主持国学,始聚生徒讲学。开宝八年(975),有生员70人,宋真宗景德年间定额200人。宋代国子监不再是单纯的贵族子弟学校,平民子弟优秀者亦可入学。

国子学下辖广文、太学、律学三馆。广文馆教进士,太学馆教九经、五经、三礼、三传等,律学馆教法律。三馆中以太学馆发展最快。庆历四年(1044),判国子监王拱辰等人上言,发展教育"首善当自京师"始,建议扩大太学规模。此后太学单独建校,又任用教育家胡瑗为国子监直讲,制定校规,聘用名师。至嘉祐元年(1056),学生已有三四百人。熙宁四年(1071)十月,颁布三舍法,对开封太

学进行改革,规定初入学为外舍生,名额不限;经过考试升为内舍生,名额为 200 人;再经考试升为上舍生,名额为 100 人。上舍生学业优秀考试成绩及格者可直接授予官职,不再参加科举考试。神宗元丰年间太学有学生 2400 人,徽宗崇宁年间增至 3800 人,成为宋代太学的鼎盛时期。仁宗庆历三年(1043),曾设四门学,招生对象是八品官员以下及庶民子弟,不久停办。

除太学外,东京开封还设立了一些专科学校,主要有武学、律学、医学、算学、画学、道学等。武学初创于庆历三年(1043),旋废。熙宁五年(1072)重建,生员以百人为额,以《六韬》《孙子》《吴子》《司马法》《三略》《尉缭子》《李卫公问对》等兵书为教材,招收下级武官、门荫子弟和庶民百姓。熙宁六年(1073),正式设立律学,置教授四员,凡命官、举人皆得入学。宋廷鼓励太学生兼习律学,致使律学规模不断扩大。医学原隶于太常寺,熙宁九年(1076)置提举判局专管,徽宗崇宁、大观年间改隶国子监,学生以 300 人为额。算学建于崇宁二年(1104),生员以 200 人为额,培养数学及天文历法人才,大观四年(1110)并入太史局。雍熙三年(986),设立翰林书画院。崇宁三年(1104),正式成立画学和书学,招生与考试办法类同太学,是中国乃至世界最早的国立绘画、书法专科学校。道学置于政和二年(1112),学生主要学习《黄帝内经》《道德经》《庄子》等道家经典。

宋初地方官学甚少。真宗咸平四年(1001)六月,"诏诸路郡县有学校聚徒讲诵之所,赐九经书一部"。仁宗明道、景祐年间(1032—1037),"累诏州郡立学,赐田给书,学校相继而兴"。河南、应天二府,许、郑、孟、蔡、陈诸州,均在此一时期兴办官学。庆历三年(1043),范仲淹推行"新政",大兴州县之学,次年"诏诸路州、府、军、监除旧有学外,余并各令立学。如学者二百人以上,许更置县(学)"[1]。教授纳入官僚体制,教师队伍稳定。中原地方官学由原来的 8 所增加到 33 所。[2] 神宗熙宁四年至元丰八年(1071—1085)、徽宗崇宁元年至宣和三年(1102—1121)曾两度大兴州县学,规定"每州置学官",扩大学校规模并普及县学。徽宗时规定大县 50 人,中县 40 人,小县 30 人,均可设学。神宗时学田

---

[1] 徐松辑:《宋会要辑稿》(三)《崇儒》二之二至二之四,中华书局 1957 年版,第 2189 页。
[2] 黄书光:《宋代地方官学考析》,《华东师大学报》1986 年第 4 期。

法定10顷,徽宗时又将折纳、抵挡、户绝等官田租课"充助学费"。① 还利用常平钱、房廊钱等收入补充办学经费。宋代中原地方官学有开封府学、河南府学、应天府学,州县学在庆历、熙宁、崇宁年间三次大规模兴学之后有较大发展。开封府学学生人数高于其他州学,贡士名额较多,宋徽宗时有学生1158人。西京洛阳的河南府学,宋仁宗时达到数百人,景祐元年(1034)改为西京国子监,徽宗时复为河南府学。南京的应天府学庆历四年(1044)改为南京国子监,生员人数有所增加。在蔡州、孟州、许州、陈州、郑州等地都设有州学。

金代京师分别设有汉人、女真人的国子学、太学,另有司天台五科、医学十科,称为中央六学。金迁都南京开封后,在此设置中央官学。地方学校分府学、州学、县学、乡学四级。府学始设于大定十六年(1176),中原地区有开封府学、河南(洛阳)府学、卫州(卫辉)节镇学、怀州(沁阳)节镇学等。河南府有女真府学。诸府、市镇、防御州的学校置教授1人,课程有《六经》《论语》《孟子》《老子》《荀子》以及历代正史(从《史记》至新旧《五代史》)等。考试也有规定:"凡学生会课,三日作策论一道,又三日作赋及诗各一篇。三月一私试,以季月初先试赋,间一日试策论,中选者以上五名申部。"②

二、私学与书院教育

私学是对官学的补充。启蒙学校多是私办,有私塾、义塾、家塾、小学及季节性的冬学等。启蒙教育的主要方法是背诵经书和临帖习字,稍通文义之后,再学习属对,通过对仗掌握字句声律和作文知识。开封人姜愚曾在东京举办"讲会",讲解《论语》。滑州胙城县(今延津胙城镇)处士王大中在家乡设"讲堂",推其所学以教导于闾里,不少士子负笈前来求学。宋初开封酸枣县(今延津)知名学者、处士王昭素博通九经,常聚徒讲学以自给。理学奠基人程颢、程颐兄弟在洛阳办学,"讲孔、孟绝学于熙、丰之际,河、洛之士翕然师之"③,四方

---

① 徐松辑:《宋会要辑稿》(七)《食货》七十之二十一,中华书局1957年版,第6381页。
② 脱脱等:《金史》卷五十一《选举志一》,中华书局1975年版,第1132页。
③ 脱脱等:《宋史》卷四百二十八《道学二》,中华书局1977年版,第12738页。

士子负笈求学者络绎不绝。

五代时期,官学凋敝,私学与书院兴起。后唐清泰元年至三年(934—936),进士庞廷式在嵩山太乙观聚徒讲学。后周时一些学者在此办起书院,传授儒家经典,人称"太乙书院"。后晋时应天虞城(今属河南)人杨悫在宋城(今商丘睢阳区)创办南都学舍,聚徒讲学。后由戚同文接管,称睢阳学舍。二者是嵩阳书院和应天府书院的前身。

宋代全国有四大著名书院,中原有二,即应天府书院和嵩阳书院,其他书院多是私办性质。

嵩阳书院位于登封市嵩山的南麓,五代后周时为太乙书院。宋太宗至道二年(996)赐"太室书院"匾额及《九经》。仁宗景祐二年(1035)重修,赐名"嵩阳书院",赐学田100亩,设置院长掌管校务。司马光、程颢、程颐、范仲淹等学者曾在此讲学。

应天府书院的前身是创办于后晋的睢阳学舍,后一度停办。北宋大中祥符二年(1009),曹诚捐资建学舍150间,捐书数千卷,招生讲学,真宗赐额为"应天府书院",命戚同文之孙戚舜宾主持书院事务,曹诚为助教。著名学者、诗人晏殊及文学家曾巩之弟曾肇任应天府知府,大力扶持书院,范仲淹曾在此讲学。

除了嵩阳书院和应天府书院,中原地区还有鸣皋书院(在今伊川鸣皋镇)、和乐书院(在今嵩县东)、龙门书院(在今洛阳龙门香山)、花洲书院(在今邓州)、颍谷书院(在今登封颍谷镇)、许州西湖书院(在今许昌)、汝州明道书院(在今宝丰)、卫州百泉书院(在今辉县百泉)等。中原书院林立,为教育发展做出了贡献。

三、科举考试制度的规范化

五代科举考试得以延续,中央的科举考试在东京开封和西京洛阳举行,但行废无常,取士科目减少,不够普遍和正规。

北宋时期的科举考试比唐代更加完善,科举种类分为贡举、制举、词科、武举、童子举等。中原地区的科举考试,首先是开封府、河南府、应天府及各州举行发解考试(简称解试),开封府试非开封府籍士子也可参加,较为兴盛。此外,国子监试也属于发解试。发解试合格者贡举至朝廷,参加东京开封的全国性科举考试,即尚书省礼部主持的考试(省试)和皇帝亲自主持的最高规格的考试(殿试)。北宋中原地区的科举考试分为解试、省试、殿试三级,更加规范化、制度化。

进士科和诸科间年举行一次。宋太祖时,皇帝参与新进士的录取,召对殿中,方下制放榜。景德四年(1007)颁布《考试进士新格》,完全以考试成绩定录取及等级标准。大中祥符四年(1011)颁布《亲试进士条例》,包含一系列规定和等级标准。英宗治平三年(1066)确定"三年大比"的制度,每三年一开科场。为防止考试作弊,废除前代的"公荐"和"公卷"制度,"一切以程文为去留"。淳化三年(992)殿试首先实行"糊名(封弥)考校",即将试卷上举子的姓名、籍贯、家世等密封或剪去,代之以字号,防止考官评卷时徇私舞弊。景德四年(1007)开始,省试也实行糊名考校。大中祥符八年(1015)又设誊录院,考卷经誊录后再送考官。考官亲属另行考试,称"别头试"。东京开封府及国子监别头试的封弥、誊录,则实行省试的制度。

总之,北宋科举考试制度更加完备、规范:一是取消门第限制,凡有一定文化基础的读书人,均可投牒应试,取士名额扩大;二是废除通榜的公荐制度,推行弥封、誊录之法,取士一切以试卷为准,防止考场内外徇私舞弊之事;三是考试内容多样化,进士科从以诗赋为主转变为经义、诗赋、策论并重;四是考中进士者即可授官。

金代女真人占领中原后,科举实行"南北选",女真人与汉人分别进行,今开封尚存《女真进士题名碑》。后来取消南选、北选,实行全国统一考试。考试分为乡试、府试、会试、御试四级。中原黄河以南地区府试多在汴(今开封)举行,黄河以北地区府试则在大兴府(今北京)或东平府(今山东东平)举行。进士科考试策论、诗赋、经义,分为辞赋进士、经义进士、女真进士、特恩进士等科。此外,还有律科、经童等科。自金宣宗迁都南京开封,会试增设南京开封考场,全国性的会试、御试也在此举行。

第九节 风俗习惯

北宋中原地区政治稳定,经济发达,文化繁荣,对当时的社会生活产生了一定影响。北宋中期以后,奢靡之风流行。"咸平、景德以后,粉饰太平,服用浸侈,不惟士大夫家崇尚不已,井市闾里以华靡相胜。"[①]

一、衣食住行习俗

1. 服饰的多样

北宋中原地区的服饰仍存在等级制,但受到一些冲击,出现僭越现象,又受少数民族服饰的影响,呈现出多样化倾向。衣服分为上衣下裳,上衣有襦、袄,下裳有裙、裤,头上戴冠、帽、幞头、巾等,腰间有腰围、革带、勒帛,脚穿鞋、履、木屐、行缠等。它大体可分为一般男子服饰、妇女服饰和品官服饰三类。一般男子服饰有襦、袄、袍、帽、巾等。袍长至足,有里有表。襦有袖头,长至膝盖,是一种衬衣,袄近似襦,燕居所穿。衫是没有袖头的上衣。贫民则穿短褐。妇女日常服饰,上身有袄、襦、衫、背子、半臂等,下身有裤、裙,腰间有围腰、腰巾,贴身内衣有抹胸、裹肚,多种式样发髻、冠子,其上插簪、钗、步摇、梳篦等。贵族妇女命妇的服饰有袆衣、褕翟、鞠衣、朱衣、礼衣及常服等。品官服饰可分为朝服、祭服、公服、时服以及戎服、丧服等。首服为幞头,附属物有革带,材料及制作考究程度以官品高下有所区别。

宋初宫廷衣冠缀饰不用珠玉,尚存简俭之风;宋真宗以后,奢靡之风弥漫开来。宫中、朝中的服饰往往成为庶人之富者模仿的对象,如朝臣衣以紫色为上,后来色深而成黝色,士庶渐相效仿。仁宗时,衣冠之饰更趋富华,至有"珠翡金

---

① 王栐:《宋朝燕翼诒谋录》卷二,《丛书集成初编》第3888册,第14页。

翠照耀衢路"之说,许多富人"一袭衣千万钱不能充给"。① 庆历年间,张贵妃在头饰上戴满珍珠,宫女纷纷效仿。士庶妇女也竞相购买,珍珠价格因此猛涨。宫廷时装不久便风行全国。

东京妇女有穿契丹"钓墩"者,这是一种袜裤。宋徽宗"宣和之季,京师士庶竞以鹅黄为腹围,谓之腰上黄;妇女便服不施衿纽,束身短制,谓之不制衿。始自宫掖,未几而通国皆服之"②。衣服不用带扣,贴身短制,是辽夏少数民族的服装。

北宋中后期,形制美观、穿着方便的"背子"开始流行,从皇帝到士庶都可穿用。背子前襟平行而不缝合,两腋下开衩,袖大而长者为背子,短袖者为"半臂",无袖者为"背心"。妇女穿背子的也很多,禁中贵妇着红背子,上等妇女着紫背子。半臂(半背)本为武士服,属"非礼之服",背心则更随便。宽大飘逸的"道服"为一些隐士和士大夫欣赏,与道服类似的"野服(便服)"也很流行。

女真人原居长白山和鸭绿江流域,天气沍寒,多以皮毛为衣。灭北宋占有淮河以北地区以后,与中原汉人的交往日益频繁。女真人久居中原,仿效汉人服装者愈来愈多。金世宗、章宗接连下诏,禁止女真人学穿南人(即汉人)装束。金天会七年(1129)下令,禁民汉服及削发,不如式者处死。但朝廷的禁令阻挡不住女真和汉人在衣饰上互相学习的趋势,到金章宗泰和年间已有更多的女真人穿着中原地区汉人的服装。

金兵占领开封后,要求汉人从女真风俗,应髡发、左衽、短巾,不从者处死。于是中原汉人在服饰和发型上均有一定变化。大定十年(1170),南宋使者范成大赴金,沿途看到"民亦久习胡俗,态度嗜好与之俱化,最甚者衣装之类,其制尽为胡矣。自过淮河以北皆然,而京师尤甚"。

金朝贵族平民的服装在色泽、质料和式样上都有严格的限制。皇帝在祭祀时头戴衮冕,足穿重底红罗面靴;行幸时则头戴通天冠,身穿绛纱袍;视朝时戴小帽或纯纱襆头,穿窄袖赭袍,黄满领;平时则皂巾杂服。文武百官从一品至九品服饰的颜色、饰物的种类及大小、服饰上花朵尺寸等均有明确的规定。

金章宗明昌年间由礼部会同尚书省对士庶的巾、带、服、靴的样式做出规

---

① 徐松辑:《宋会要辑稿》刑法二之二一,中华书局1957年版。
② 岳珂:《桯史》卷五《宣和服妖》,中华书局1981年版,第54页。

定:巾用皂罗纱,上面结为方顶,折垂脑后。方顶下边两角缀方罗,方罗直径为二寸左右,富人往往在方顶的十字缝处缀上珠子,最长的一颗叫顶珠。衣服多为白色,一般是窄袖、盘领,胸肩袖多饰金绣,以鹘、鹅杂花,或以熊、鹿、山林为纹。式样为圆领窄袖紧身短袍,长至小腿中部,以便骑射,腰带用玉、金或犀象骨角。妇女多穿黑紫色裙,上绣花卉。士人及有师号的僧尼道女可穿花纱绫罗,妇人首饰可用珠。百姓许穿毛褐、花纱、素罗、丝绵,兵卒可穿无纹压罗、绢布、毛褐。奴婢只能穿绢布、毛褐。女真"妇人辫发盘髻,男子辫发垂后。耳垂金银,留脑后发,以色丝系之"①。

2. 饮食品种丰富

中原食粮以麦、粟(小米)为主,东京开封及周边地区官吏军兵以漕粮大米为主食。小米主要用来煮饭,家境殷实的人家多吃小米干饭或蒸饭,贫苦人家则以稀饭度日。面食店通过煮、炸、蒸、煎、烤等不同做法,炮制出前代没有的花样面食。东京开封的面食达数十种,有蒸饼、汤饼、馒头、包子、馄饨等。馒头已经成为人们的主食,带馅食品有包子、馄饨、肉饼、肉油饼、灌浆馒头等品类,而包子又有玉楼梅花包子、虾肉包子、薄皮春茧包子等众多名目。

肉食以羊肉为主,猪肉次之。其他肉制食品除鸡、鸭、鹅等家禽外,还有兔、獾、狐、鸽、鹑、鸠、鱼、虾、蟹等。东京开封酒店与饮食店很多。

3. 豪华的宅第

五代后晋天福年间,邓州王仲昭六代同居,其住宅规模宏大,有厅事、步栏,其前列屏树乌头。在正门左右两侧竖有"阀阅",以张贴功状。小阁橡木为正方形,以墨染黑,号称"乌头"。乌头南面有双阙,临街耸立。沿街种植槐、柳等树木。②

北宋东京开封的皇宫建筑富丽堂皇。出于维护等级制度的需要,对于士庶宅舍建造有严格规定:"凡公宇,栋施瓦兽,门设梐枑。诸州正牙门及城门,并施鸱尾,不得施拒鹊。六品以上宅舍,许作乌头门。""凡民庶家,不得施重栱、藻井及五色文采为饰,仍不得四铺飞檐。庶人舍屋,许五架,门一间两厦而已。"③但

---

① 徐梦莘:《三朝北盟会编》上帙卷三中,海天书店 1939 年版,第 23 页。
② 薛居正等:《旧五代史》卷七十八《晋高祖纪》,中华书局 1976 年版,第 1030—1031 页;欧阳修:《新五代史》卷三十四《一行传》,中华书局 1974 年版,第 373 页。
③ 脱脱等:《宋史》卷一百五十四《舆服志六》,中华书局 1977 年版,第 3600 页。

由于商品经济的发展,城中的暴发户和富裕人家往往突破限制,建造彩绘栋宇。

北宋中原官员宅第的建筑布局,一般由大门、主体建筑和后花园三部分构成。大门一般三间,中为过道,左右为护院人居住。院内建筑有前厅、穿廊和后寝三部分,呈"工"字形或"王"字形。前厅为接待宾客和日常起居之所。院内多种花草。后院多为大小不等的园林建筑。北宋中叶掀起宅院建筑的热潮,东京开封和西京洛阳出现很多官员的豪华第宅。《清明上河图》呈现出东京开封市井的繁华。

4. 出行的便利

北宋中原地区水陆交通发达,东京开封附近有汴渠、金水河、蔡河、五丈河,陆路通向各地。陆路交通主要靠马、车、轿子,水路主要靠船。马逐渐成为主要的交通工具,老年官员则坐轿。富家用人力扛抬的轿子或兜子代步。豪贵人家则乘车。车也是当时的主要运输工具,有太平车、平头车、独轮车等。

二、婚姻丧葬

1. 婚姻礼俗

北宋中原婚姻"不问阀阅",但仍重门第。进士是官宦富贵之家的首选对象,宋人称之为"榜下择婿"。每逢科举考试发榜之日,达官富室便出动"择婿车",到"金明池上路"选择新科进士做女婿,一日之间"中东床者十八九"。[①] 有些有权势者甚至采用强制手段,人称"榜下捉婿"。少数人为避免过度竞争,采用"榜前择婿"的方式,如御史中丞彭思永偶遇程颢,一见异之,许妻以女,后程颢果然中进士第。

嫁娶论财是普遍现象,"将娶妇,先问资装之厚薄;将嫁女,先问聘财之多少"[②]。甚至出现买卖婚姻,卖婚者不只是女性,男性新科进士卖婚者也不少。对新科进士婚前要给"系捉钱",成婚后又给钱与其父母及其亲属,谓之"遍手

---

① 谢维新:《古今合璧事类备要》前集卷三十七《科举门·登第·择婿车》,《文渊阁四库全书》第939册,第304页。

② 司马光:《司马氏书仪》卷三《婚仪上》,《丛书集成初编》第1041册,第29页。

钱"。官宦之家捉进士婿需花钱数百贯,白身商人要花费千余贯。富商大贾凭雄厚财力,既有出钱嫁女进士者,又有娶宗室女以为官户者。神宗、哲宗时,县主的价格为"每五千贯卖一个",开封商人"帽子田家"一买再买,"是家凡十县主"。①

北宋中原婚仪较为简便,将古礼纳采、问名、纳吉、纳征、请期、亲迎等六道礼仪程序简化为纳采、纳币(即纳征)、亲迎三道,每道程序的细则有所省略。

中原婚俗主要有:相媳妇、铺房、坐花轿、撒豆谷、坐富贵、拜天地先灵、撒帐、合髻与交巹等。相媳妇是由男方或其母到女家,看中就以钗子插冠中,看不中则留下一两段彩缎与女方"压惊"。婚前一日,女家派人到男家先行挂帐,铺设卧房。男家负责添置床榻、荐席、桌椅等,女家负责毯帐、帷幔、衾枕等床上用品。至迎娶日,男方要以车或轿子迎娶女方。从上花轿到下花轿有起檐子、障车、拦门三重仪式。男家迎亲队伍到达女家,作乐催妆,促请新娘上轿。女家在新娘上轿后,要赏赐花红市例钱,否则迎亲队伍不肯起轿,此谓起檐子。迎亲队伍返回男方途中被人阻拦,索下酒食钱财,称障车。到达男方门口时,乐官、茶酒等人拦住新娘不让进门,求得市例钱红,方让开路,称拦门。新娘下花轿进入男家房门之前,要有专人手拿花斗,斗中装谷、豆、铜钱、彩果等,边念咒文边望门抛撒,孩儿们争相拾取。新娘下花轿要在青色毡席上行走。进门后,或先进入一间挂有悬帐的房间休息,谓之坐虚帐,或直接进入新房,坐于床上,叫作坐富贵。新郎新娘牵着用红绿彩缎绾成象征恩爱的同心结,相向缓行,称牵手。用秤或机杼挑开盖头后,一拜先灵并天地,二拜舅姑(公婆),三夫妻交拜。交拜礼在入洞房后举行,新郎立于东,新娘立于西,新娘先拜,新郎答拜。女子以四拜为礼,男子以再拜为礼。交拜之后,夫妻坐床上,男坐左,女坐右,礼官抛撒同心花果及物制钱币,钱币上刻有"长命宝贵"等祝福文字,称"撒帐"。新郎新娘得以一绺头发,与绸缎、钗子、木梳、发带等物,合梳为髻,表示白头偕老,命运与共。交巹又称交杯,以彩丝连接双杯之足,夫妻对饮并交换酒杯,饮后将酒杯掷于床下,如酒杯一仰一合,则为大吉,众人贺喜。交杯酒后,婚礼即告结束。此外有拜门(新郎到新娘家参拜岳父岳母)等,直到满月宴喜事才操办完毕。

女真族女子进入婚龄后,"行歌于途。其歌也,乃自叙家世、妇工、容色,以

---

① 李焘:《续资治通鉴长编》卷四百七十二,元祐七年,中华书局1979年版,第11246页。

求申侣之意。听者有未娶欲纳者,即携而归之"①,同时还有抢婚的习俗。迁居中原后,婚姻习俗受汉族影响有明显的变化。女真人富有之家实行多妻制。女真人婚嫁也由家长决定。成婚之前,男子由亲属陪同,带上丰盛的酒食至女方家中,女家人坐在床上,接受男方众人的罗拜,叫作"男下女"。行礼完毕,男家献上马匹,多者百匹,少者十匹,让女方挑选,女方则馈赠衣服作为回报。结婚以后,新婿要在女家服役3年,然后才能携妻子回家。

2. 丧葬礼俗

北宋中原地区分别受儒家和佛教影响,厚葬与薄葬并行,土葬与火葬并存,以土葬为主。礼书对丧葬礼仪的规定相对简便,基本遵循前代礼仪,主要由招魂、殓、殡、葬、服丧等几个部分组成。

民间丧葬习俗:一是点随身灯,人刚断气,就从床前至大门外点纸灯,帮助死者到阴间报道;二是捆绑脚绳、置打狗饼,将死者双脚捆住,手中塞面饼及小棒,以便死者顺利通过阴间的恶狗村;三是山人批书,即请阴阳先生选择入殓时辰;四是写殃榜;五是出殃;六是转空;七是搭彩棚;八是画影,即为死者画遗像。此外,还有题主、吊丧、择墓地和葬日、七七追荐等,更具迷信色彩和人情味。

陵墓预造制度被废除,皇帝死后才动工建造陵墓,一般七日便完成。不少士大夫反对厚葬,法令规定不得以石为棺椁,内不得藏金宝珠玉,但并未完全得到遵循。丧葬烧纸钱成风,富人办丧事做道场、将金银珠玉随葬坟冢的也很多。穷人丧葬较为简便,有的只能藁葬,即用草席裹尸掩埋。

五代后晋天福二年(937)九月,高鸿渐上言:"伏睹近年已来,士庶之家,死丧之苦,当殡葬之日,被诸色音声伎艺人等作乐搅扰,求觅钱物,请行止绝。"②朝廷从之。

金代女真人死亡之后用木槽盛尸,葬于山林,不封不树。女真人有"烧饭"风俗:身份高贵者死后,亲戚、部曲、奴婢设牲牢酒馔前往祭奠,抱膝而哭,以小刀轻刺额头,以示虔诚。

---

① 徐梦莘:《三朝北盟会编》上帙卷三中,海天书店1939年版,第23页。
② 薛居正等:《旧五代史》卷七十六《晋高祖纪二》,中华书局1976年版,第1007页。

三、节日

宋代节日名目繁多。皇帝的生日为"圣节"。新皇帝即位,旧圣节自然消失,另行新的圣节。听政的皇太后也曾立有圣节。每年圣节,要在宫中举行盛大的欢庆礼仪,包括进奉、宴饮、赏赐和文艺表演等。北宋节气和季节性节日有立春、社日、重午、七夕、寒食、中秋、重阳等,官定节日有元旦、上元节、中和节、天庆节等,宗教性节日大多与道教有关。北宋统治者为宣扬皇权神授,将所谓圣祖下凡、天书降临等定为庆节。此外,祀神节日还有佛生日、崔府君生日、神保观神生日、祀山圣诞、东岳圣帝圣诞等。东京开封以元旦、寒食、冬至为三大节,过得极其隆重。

元旦又称正旦、元日、呈日、年节等。元旦五更,燃放爆竹,响彻天空。朝廷举行隆重的"大朝会",百官及高丽、回纥等使臣入大庆殿朝贺,皇帝赐宴。百姓则拜天地、祭祖宗,然后亲邻互相拜贺新年,开展各种娱乐活动。东京开封府放关扑(赌博)三日,街市间以食物、柴炭、灯笼等节日用品,"歌叫关扑"。沿街店铺多结彩棚,铺陈珠翠、衣靴、玩好等商品。舞场歌馆,车马交驰,热闹异常。过了元旦,又有"行春之仪","开封府进春牛如禁中鞭春",百姓卖小春牛,以祈求当年五谷丰登。

正月十五为上元节,即元宵节。宋太祖乾德五年(967)诏令东京开封从十四到十八张灯五日,各地张灯三日,并形成制度。上元节观灯、放烟火、百戏表演,热闹非凡。宫城前有大型木棚彩灯,形成彩山,仅彩山左右门的巨型龙灯就有灯烛数万盏。百戏人物、神仙故事、花竹鸟兽等各类灯饰,有的悬在杆上,有的置于地上。至晚灯火灿烂,宛如仙境。市民区内"万街千巷,尽皆繁盛浩闹",马行街南北近十里,"烧灯尤壮观"[1]。灯展期间,东京开封妇女佩戴大小如枣栗的小灯球、小灯笼,富人车上挂满不燃烛的灯饰,有人甚至将纸做的飞蛾、蜂儿灯用竹篾插在头上,晚上在人流中行走,纸灯震荡,宛然若飞。

寒食与清明二节相连。寒食节在冬至后105天,宋人又称百五节、禁锢节、

---

[1] 蔡絛:《铁围山丛谈》卷五,中华书局1983年版,第82页。

冷烟节。从冬至后 104 日至 106 日,厨房禁火三日,故节前要准备好节日食品,如麦糕、枣饼、乳饼、蒸糯米等。冷食不按顿吃,故开封有"寒食十八顿"之谚。寒食三天是上坟的日子,新坟要到清明日拜扫。此后,祭祖扫墓达一月之久。清明节在寒食节第三天,故节物乐事皆为寒食所包。是日,宫中赐新火给近臣、戚里,士庶出城扫墓。清明为踏青春游之日,集禧观、太一宫及皇家园苑向民间开放。东京开封人争相到园林、野外,在青草之上,芳树之下,罗列杯盘,互相劝酌,形成"四野如市"的景观。城内歌儿舞女到各处园亭进行表演,至暮方归。

五月五日是端午节,原本纪念屈原,至北宋则以驱邪禳灾为主。宫中以菖蒲、通草雕刻天师御虎像,以艾虎、纱匹段分赐百官、亲王,百姓佩戴钗符。东京开封有鼓扇百索市,食用香糖果子、粽子等。

乞巧节又称七夕节。传说七月七日是牛郎、织女相会的日子,反映人们对美好爱情的向往,是日民间少年妇女有乞巧活动。北宋乞巧节主要有乞巧和供奉摩喉罗等内容。"至初六日七日晚,贵家多结彩楼于庭,谓之'乞巧楼'。铺陈磨喝乐、花瓜、酒炙、笔砚、针线,或儿童裁诗,女郎呈巧,焚香列拜,谓之乞巧。"[①]妇女望月穿针,或以小蜘蛛放盒内,次日若蛛网圆正,称作得巧。摩喉罗是一种像儿童的土木偶。

八月十五为中秋节,中原人有赏月、赏桂花、吃月饼的习俗。东京开封"中秋夜,贵家结饰台榭,民间争占酒楼玩月"[②]。丝簧鼎沸,闾里儿童,连宵嬉戏。

九月九日为重阳节,东京开封菊花品种繁多,赏菊是重要的活动。秋高气爽,人们多郊游登高宴乐。用面粉蒸糕,上插小彩旗,掺干果,互相赠送,饮菊花、茱萸泡酒以消灾。

冬至,东京开封人以冬至前夜为"夜除",习俗多仿元旦。此日要"更易新衣,备办饮食,享祀先祖,官放关扑,庆贺往来,一如年节"[③]。民间互相问候馈遗。冬至日多食馄饨。店铺歇市三日,饮酒赌博,称"做节"。

十二月二十四日是祭祀"灶神"的节日,主要仪式有:备酒果送灶王神,烧纸钱,贴灶马于灶上,以酒糟涂抹灶门。至夜在床下点灯,俗称"照虚耗",意谓把

---

① 孟元老撰,伊永文笺注:《东京梦华录笺注》卷八,中华书局 2006 年版,第 781 页。
② 孟元老撰,伊永文笺注:《东京梦华录笺注》卷八,中华书局 2006 年版,第 814 页。
③ 孟元老撰,伊永文笺注:《东京梦华录笺注》卷十,中华书局 2006 年版,第 882 页。

虚耗驱走,以求有利。

除夕是一年的最后一天,普遍贴门神、钉陶符以驱邪避灾,祈求新年好运;张贴年画和春联,增加喜庆气氛。除夕夜普遍流行驱傩仪式,宫中让卫兵戴面具,鼓吹,以驱赶邪祟。民间则有跳灶神、打夜胡等,并进行守岁,彻夜不眠。

许多节日都有各类文娱、体育表演,其中以元旦至元宵节前后的活动最丰富。如东京御街两廊下歌舞百戏、奇术异能鳞次栉比,乐声传数十里。所有艺人都公开演出,有击丸踢球的,踩绳上杆的,表演傀儡戏、木偶戏、魔术、杂剧、讲史、相扑、猴戏、鱼跳龙门、使唤蜂蝶的,连街坊巷口无露台乐棚处,也设小影戏棚子,供附近儿童观赏。

# 第八章 元明清时期文化的缓慢发展

从蒙古太宗窝阔台六年(1234)蒙古与南宋灭金,到清道光二十年(1840)中英鸦片战争前,是中国历史上的元、明、清(早中期)时期,也是封建社会的后期。这一时期全国的政治、经济、文化中心从河南地区移出,河南文化进入缓慢发展期,失去昔日的辉煌,但流风余韵犹存。

这一时期蒙古人和满族人先后通过战争进入河南,与河南汉人发生过冲突,实行过民族歧视政策,但其主流是民族杂居和融合。北方民族进入河南,带来草原游牧民族文化,给河南文化输入了新的血液。

元、明、清三朝在地方实行行省制度,河南行省正式建立。黄河南北的西部山地与东部平原长期被固定在一个行政单元内,文化整合持续不断,各地的风俗民情逐渐趋同。这一时期河南理学思想得以延续。人们的思想长期受宋明理学的熏陶,行为多为封建礼教约束。文坛沉寂,仅有李梦阳、何景明、王廷相和侯方域、宋荦等尚可称道。戏剧艺术逐渐兴起,豫剧逐渐成为重要的地方剧种。科学技术虽比较落后,但在传统医学、天文律历方面仍有重要进展。朱载堉发明的"十二平均律",吴其濬的《植物名实图考》,反映了音律和植物学方面的重要成就,取得了世界性影响。

第一节 元明清时期的河南地区

元代在开封设河南江北行省,管辖黄河以南长江以北广大地区。明、清两代设河南省,地跨黄河南北,地域范围基本固定下来。这一时期,河南地区进入行省阶段。在金、元、明、清四代的700余年间,黄河在下游地区夺淮入海,称作

"黄河南流"。河南地区的生态环境持续恶化。这一时期北方的蒙古和满族人先后入主中原,是北方民族与汉族冲突、杂居、融合的重要时期。全国的政治、经济、文化中心都已移出,河南经济发展缓慢,文化也日渐落后。

一、黄河下游河道的变迁与生态环境的持续恶化

1. 黄河下游的河道变迁与河患治理

金天兴三年(1234)蒙古军在汴京开封以北寸金淀决河灌宋军,导致黄河沿颖、涡和归徐故道分流入淮。元代黄河夺淮入海之势没有改变,但发生多次决溢和改道。元至正四年(1344)黄河白茅(今山东曹县西)决口北徙,威胁会通河和两漕盐场的安全。至正十一年(1350)以河东高平(今属山西)人贾鲁为总治河防使,"发汴梁、大名十有三路民十五万人,庐州等戍十有八翼军二万人供役"①,采取"疏塞并举,挽河东行,使复故道"的方针,②疏浚黄河故道 280 多里,筑截河大堤 19 里,修筑大堤 36 里,并成功堵塞决口,黄河水患消除。贾鲁治河成功,黄河主流又回到归徐故道。贾鲁策划组织的治河大役是治黄历史上的创举。

明初,黄河主流基本上仍走元末的贾鲁故道,即经由河南荥泽、原武、开封,自商丘、虞城而下,与泗水汇合,至清河县入淮,再东经安东至云梯关入黄海。从洪武元年(1368)至弘治十八年(1505)的 138 年间,有 59 个年份黄河发生决溢,且十之八九发生在兰阳(今兰考)、仪封(今兰考仪封乡)以上的河南境内,开封上下的河段更是河患的高发区。黄河如巨龙摆尾,忽南忽北,分汊达十余支,常此决彼淤。这一时期的治河策略是北堵南分,突出"保漕"。永乐迁都北京后,运河漕运成为维系明王朝的经济命脉。但运河航道须借道黄河,治河必须以"保漕"为主,于是"北岸筑堤,南岸分流"便成为这一时期治河常用的方法。河南境内黄河两岸的堤防相继修成,黄河南流由颖入淮的河道也于嘉靖初年逐渐淤塞,于是发生在河南境内的河患明显减少。

---

① 宋濂等:《元史》卷六十六《河渠志三》,中华书局 1976 年版,第 1646 页。
② 宋濂等:《元史》卷一百八十七《贾鲁传》,中华书局 1976 年版,第 4291 页。

明代后期的黄河河道仍比较紊乱。万历三年至五年(1575—1577),黄河连年决口。浙江乌程(今湖州市)人潘季驯鉴于黄河水含沙多的特点,提出"筑堤束水,以水攻沙"的治河方针,对黄河、淮河和运河进行了一次较大规模的综合治理,河道基本归于一途,由兰阳、归德(今商丘)、虞城、砀山、徐州、宿迁、桃源等地,至清河会淮入海,出现"留连数年,河道无大患"的良好局面。

清代前中期黄河基本是与淮河并流入海,黄河决口泛滥频繁、严重。康熙皇帝非常重视治黄事业,亲自到黄河中下游地区实地考察,并提出治理方略。康熙十六年(1677),靳辅为河督,修筑河、运堤防,堵塞大小决口,加培高家堰堤防,导黄河回归故道。

雍正至乾隆中叶以前,黄河在武陟、中牟、郑州等地连续决口,河南灾患严重。雍正二年(1724),嵇曾筠为副总河,长驻武陟,连年大修黄河两岸堤防,使"豫省人堤长虹绵亘,屹若金汤"。又"加修南北两岸危险工程,增培两岸堤工,加筑土埽"。① 至乾隆中叶,黄河堤防不断加强,决口及时堵塞,治河成就显著。嘉庆年间黄河决口多集中在河南睢州以下,道光年间决溢地点逐渐上移。道光十八年(1838)六月,黄河在祥符(今开封)决口,溃水夺溜至安徽临淮关入淮,豫、皖两省五府二十二州县受灾。侯官(今福建福州)人林则徐在遣送新疆戍边途中,奉命襄助王鼎堵塞决口,决口成功合龙。

元、明、清时期河南地区也兴修了一些水利工程。怀孟路丹沁灌区在金末元初的战争中受到破坏,蒙古世祖中统年间(1260—1263)重建唐温渠、修建广济渠,扩大引沁灌区。明代沁河灌区有长足发展。万历年间(1573—1619)河内(今沁阳)县令袁应泰带领民众"凿南山以通流泉",建成通济干渠和24条支渠,济源县几位县令兴建永利渠和兴利河,灌溉面积增加。清代黄河及洛、沁流域的灌溉事业有所发展。河南府(治今洛阳)辖县兴办一些小型水利工程,引沁灌区得到维护。

2. 生态环境的持续恶化

元、明、清时期黄河下游气候变迁和人类活动两大因素交织,使自然环境持续恶化,森林覆盖严重减少,湖沼因淤废和垦殖而消失,土地盐碱和沙化。

明代前期黄淮海平原周边山地尚有森林分布。"太行山中段地区还有竹

---

① 康基田:《河渠纪闻》,中国水利工程学会,1936年版。

林、灌木、藤本植物和草类,植被良好。明代中叶以后,由于大规模的垦荒,次生林也已少见。明末的战火使太行山的森林受到严重摧残,例如林县一带'原是多良田美水,周田七八十里'的低山丘陵区,到明清之际已成'榛莽'。"[1]清初黄河中下游平原地区的森林荡然无存,周边山地的森林资源已非常少,仅太行山区和豫西山区尚保存部分温带落叶阔叶林,其他平原和丘陵区全辟为农田。

12世纪黄河南泛导致黄淮平原湖沼开始发生巨大变迁,豫东、豫东南、鲁西南西部以及淮北平原北部的湖沼,大多被黄河的泥沙填平,部分因人为的垦殖而加速淤废。明万历年间圃田泽洼地尚有陂塘150余处,后水退沙留,淤高的滩地被垦为田,唯洼地的中心仍有积水。清乾隆年间分为东、西二泽,周围尚有不少陂塘。晚清时二泽变为耕地,著名的圃田泽完全消亡。

黄河决溢之后,不仅危及人民的生命财产,也使受灾之地土壤盐碱、沙化,不能耕种。明代黄河下游决溢改道的次数比唐宋时期大幅度增加,河道两旁的平原土壤盐碱化。清雍正三年(1725),阳武(今原阳)一带被黄河淹没,水退后土地皆成盐碱地。中牟县因黄河泛溢,土壤盐碱、沙化最为严重。

从13世纪中叶起到19世纪中叶,是中国古代最寒冷的时期,气候很不稳定,温差年内和年际的波动较大,灾害性的气候频繁出现。元代旱涝灾害在150次以上,其中大旱7次。从泰定四年(1327)到至顺二年(1331)四年大旱,天历二年(1329)的特大旱,黄河南北诸路流民数十万,自嵩汝至淮南死者枕藉。明末清初属于气候严重恶化期。恶劣的气候使中原地区的生态环境变得更加脆弱,更易于破坏,且一旦破坏则很难恢复。

二、行省的设置与政区沿革

元朝在地方设立行省、府路和州县三级政权机构。至元五年(1268),在开封设立河南江北行省,管辖黄河以南、长江以北广大地区,黄河以南有汴梁府路、河南府路和南阳、汝宁、归德三府;黄河以北地区有彰德路、卫辉路、怀庆路以及大名路,隶属于中书省。

---

[1] 邹逸麟:《黄淮海平原历史地理》,安徽教育出版社1993年版,第56页。

洪武元年(1368)十一月,朱元璋在南京称帝,建立明朝,派大将徐达带领25万大军挺进中原,占领汴梁(今开封)、洛阳,在开封设河南等处行中书省,后改称河南承宣布政使司,辖开封、河南、归德、汝宁、南阳、怀庆、卫辉、彰德八府和汝州直隶州,又分封许多藩王于河南地区。明朝河南省辖区北起武安(今属河北),南到信阳,东自永城,西至陕州(今三门峡),基本上奠定今河南省的版图。

顺治元年(1644),清军进入山海关,并迁都北京。次年,清军占领河南地区,在开封设河南行省,省下设府(直隶州)和县(散州)二级政权。至雍正九年(1731)河南省共设开封(治祥符,今开封)、河南(治洛阳)、归德(治商丘)、彰德(治安阳)、卫辉(治汲县,今卫辉)、怀庆(治河内,今沁阳)、南阳(治南阳)、汝宁(治汝宁,今汝南)八府和汝、陈(治淮宁,今周口淮阳区)、许(治许昌)、禹、郑、陕、光(治今潢川)七直隶州。

三、缓慢发展的经济

金末的战乱使中原经济受到严重破坏。元朝统治者以史天泽为河南经略使,设置屯田机构,开展屯田,清查土地,减轻赋税,河南农业、手工业和畜牧业都有所发展,"河南提封三千余里,郡县星罗棋布,岁输钱谷数百万计"[①]。

元末战乱使河南经济再度遭到严重破坏。明初统治者采取移民充实人口、鼓励开垦荒地、实行屯田、兴修水利等措施,推动社会经济的恢复和发展。明中后期耕地面积有较大幅度的增长,万历年间河南耕地达74万顷,居全国第三位。甘薯和玉米引进,单位面积产量提高。棉花和桑树果木普遍种植。棉纺织业和矿冶业保持着良好的发展势头。开封城市经济繁荣,汝阳(今汝南)、朱仙镇、周家口(今周口)的商业贸易也发展较快。

明末清初的战乱导致河南地区土地荒芜,清初采取一系列恢复和发展生产的措施。首先,将原明代藩王的土地转到原种农民名下,又将明代卫所管辖的土地改成民田,使一部分佃农或雇工成为拥有小块土地的生产者。其次,劝民

[①] 宋濂等:《元史》卷一百八十六《张桢传》,中华书局1976年版,第4267页。

垦荒,免征数年钱粮,垦熟的荒地归垦种者所有。最后,实行屯田,治理黄河,兴修水利。清代前期中原人口稳步增长,耕地面积不断增加,除小麦、水稻、玉米等粮食作物外,棉花、烟草、花生及桑树等经济作物也广为种植。手工业以棉纺织业最为突出,多以男耕女织的形式进行生产。商品经济的发展带动城市的繁荣,开封、洛阳、怀庆(治今沁阳)、安阳、南阳等城市人口增加,店铺林立。朱仙镇、周家口(今周口)、赊旗店(今社旗)和北舞渡成为"四大名镇"。怀庆府商人(怀帮)和武安商帮出现。商品经济对中原社会生活影响广泛。

四、民族的流徙与融合

元、明、清时期是河南地区民族交汇、融合的一个重要时期。元、清两个朝代由蒙古、满族建立。蒙古人和满族人通过战争进入河南地区,其间发生过民族歧视和冲突,但其主流是民族杂居和融合。

元朝统一全国后,大批蒙古、色目军士迁入中原,"与民杂耕"。元末明初进入河南的蒙古、党项、维吾尔、回族人已与汉人不易识别。明初朱元璋禁止胡服、胡姓、胡语,留在河南的诸少数民族多变成汉人。清代不少满族人士由于驻军、官宦入籍和逃荒逃难而进入河南定居,也渐与汉人融为一体。

河南汉人的大量南迁使江南人口迅速增加,促进了南方经济文化的发展。北方大批蒙古人、满族人迁居河南,带来草原游牧民族的文化,给河南文化输入新鲜血液,使之更加丰富多彩。

第二节　理学思想的发展

北宋程颢、程颐兄弟创建洛学,奠定理学的基础,至南宋朱熹集理学之大成。元、明二代程朱理学成为占统治地位的思想学术,河南成为理学名区,涌现出姚枢、许衡、曹端等一批理学家。明代中期出现王廷相、吕坤等为代表的主张经世致用的实学思想,陆九渊、王阳明的心学也从南方传入。明代后期至清代前期,孙奇逢、汤斌等接受并传播心学思想,又主张调和理学与心学。这一时期的学术思想显得丰富多彩,但是理学的局限性也逐渐显露出来。

一、姚枢和许衡的理学思想

在元代河南地区的理学家中,成就最大的是姚枢与许衡。

姚枢(1202—1280),字公茂,号敬斋,祖籍柳城(今辽宁朝阳),后迁居洛阳。姚枢少时折节读书,因功授燕京行台郎中。中统二年(1261)拜大司农,又历任中书左丞、昭文馆大学士、翰林学士承旨等职。后弃官携家至辉州(今辉县),与许衡、窦默等讲习理学。

元统治者本北方草原的游牧民族,对统治以农业为主的汉人则力不从心。姚枢等迎合元统治者的需要,送去程朱理学,以三纲五常作为统治百姓的思想武器。蒙古太宗窝阔台时,姚枢随蒙军南下,奉命搜集儒、佛、道、医和卜者,获南宋名儒赵复。赵复北上大都,献出程朱理学著作8000余卷,又担任燕京太极书院儒师,讲解程朱理学,使之得以薪火相传。元世祖忽必烈即位前,姚枢向他陈述先圣之道,提出治国平天下的八条大纲,即修身、力学、尊贤、亲亲、畏天、爱民、好善、远佞,又建议罢世侯,置牧守,设置安抚、经略、宣抚三使司,选贤以居职,颁俸以养廉,去污滥以清政,劝农桑以富民,得到元世祖的赞许。姚枢在理学由南向北传播过程中起到了举足轻重的作用。

许衡(1209—1281),字仲平,号鲁斋,怀孟河内(今沁阳)人,曾师从窦默、姚枢讲习程朱理学,被视为"朱子之后一人",又与刘因、吴澄并称元代三大学者。宪宗蒙哥汗四年(1254),忽必烈召许衡为京兆提学,历任左丞、集贤大学士兼国子祭酒,并领太史院事,其著作后人编为《鲁斋遗书》。许衡倡导儒学,推行汉法,主持元朝国学,以儒家经典教授蒙古弟子,弘扬程朱理学。

许衡认为"道"是绝对不变的精神实体。他说:"太极之前,此道独立。道生太极,函三为一。一气既分,天地定位。"①"太极"是指原始混沌之气。"道"在

---

① 许衡撰,许红霞点校:《许衡集》卷十《稽千古文》,中华书局2019年版,第345页。

"太极"之上,强调"道"是绝对性的。所谓"函三为一",即老子所说的"道生一,一生二,二生三"。他认为由"道"而衍生"一气"(即"精气"),然后分为天地,产生日月星辰与人及万物有形可见的具体世界。总之,许衡认为,道是万物出现之前独立存在的精神实体,由道产生太极,太极再产生天地万物。

在理与气的关系方面,许衡继承程朱之学说。他说:"天即理也。有则一时有,本无先后。""有是理而后有是物,譬如木生,知其诚有是理,而后成木之一物。"[1]这里许衡处于矛盾状态,一方面承认物、理本无先后可言,另一方面,又说"有是理而后有是物"。归根到底还是理先物后,有理而后有形,有形而后有万物,凡物之生,莫不是先有理后有物的。这是程朱"理先气后论"的再版。许衡还继承了程朱"理一分殊"的观点,并把它运用到天地万物和仁义道德等各个方面。

关于心性,许衡认为"心"是"理"在人身上的体现。心、性、理三者实际是一回事。人在孕育时受气清浊不同的影响,出世后其人性非先天的本然之性,而是气质之性。有的气质清美,能够超凡入圣;有的气质浊恶,成为与禽兽无异的恶人。多数人处于中间状态,美恶兼有。应该去其昏蔽,恢复明德之性,成为圣人。改变气质的关键是修养。一人独处时,不与外物接触,也不会被物欲昏蔽,这叫作未发之时;已与外物接触,叫作已发之时。两者之间还有个将发未发的瞬间。根据不同的情况,修养方法也不相同。人的欲念将萌而未发的时候,应特别谨慎,不要因一念之差而做错事。

在知行关系方面,许衡发挥了二程、朱熹的学说。朱熹认为知与行相辅相成,好比车的两轮。知之愈明,行动愈坚定。行动愈坚定,道理就知晓得愈清楚。许衡将格物与致知、闻见之知和思索当作一个完整的过程,并据此发挥,说世界上只有两件事,即知与行,两者应当齐头并进。圣人教人也只是这两个字。从"学而时习之"开始,便只说是知与行;凡是行之不力者,都因为知之不真。只有努力实行才算体现真知。他主张学生读书之暇应习礼仪或书、算。由许衡所开创的以实践为特征的流派,到了明代便成了朱学的正统。

在政治思想方面,许衡主张推行汉法,修德、用贤、爱民。他从总结历史经验出发,说:"考之前代,北方奄有中夏,必行汉法,可以长久……必若今日形势,

---

[1] 许衡撰,许红霞点校:《许衡集》卷二《语录下》,中华书局2019年版,第93、102页。

非用汉法不可也。"①所谓"汉法",就是孔子以降历代各朝制定法律的综合。他认为统治者自身的道德修养非常重要,所谓"道德",就是儒家提倡的"三纲五常"。同时要选用贤士,参与国家治理。统治者要做到爱与公,通过重农桑、减租税等实际行动,取得庶民的信任。

许衡是元代的一位大儒,有"百世之师"的盛誉。他上承程朱理学之传统,下启元代理学,有继往圣、开来学之功。

二、曹端的理学思想

明代河南的思想学术界比较活跃,有以曹端为代表的理学家,何瑭、崔铣、尤时熙、孟化鲤等心学家,也有王廷相、高拱、吕坤等反对理学和心学主张经世致用的实学家。

明代前期,河南地区占统治地位的思想是程朱理学,产生了一批以曹端为代表的理学思想的积极追随者。

曹端(1376—1434),字正夫,号月川,渑池县人,17岁时已遍读五经,永乐七年(1409)中进士,历任山西霍、蒲二州学政,主管州县教育20余年。其著作有《太极图说述解》《通书述解》《西铭述解》《夜行烛》《家规辑略》等,收入《曹月川集》。曹端专心性理之学,守先儒之正传,开明初淳儒之先,被视为明初理学之冠冕。

曹端自称伊洛后学,其思想以朱子学为指归,中心概念是太极。他认为太极即理,而理乃天所显示于人者。他说:"太极,理之别名耳。天道之气,实理所为。理学之源,实天所出。是故河出图,天之所以授羲也;洛出书,天之所以锡禹也。羲则图而作《易》,八卦画焉;禹则书而明《范》,九畴叙焉。圣心,一天理而已。圣作,一天为而已。"②

曹端所谓天道是指宇宙大化运行。宇宙间的一切事物,皆为理所规范、统御,而理的根源在天。河图洛书所显示之理,就是天所示人,圣人则效法天理而

---

① 许衡撰,许红霞点校:《许衡集》卷七《奏疏》,中华书局2019年版,第265、266页。
② 曹端著,王秉伦点校:《曹端集》卷一《太极图说述解》,中华书局2003年版,第1页。

制作。体现在圣人制作中的原则,就是天理。因此,圣人的制作也可以视为天的作为。太极生出的两仪、四象、八卦,都是理的显现。他说:"阴、阳,气也,形而下者也。所以一阴一阳者,理也,形而上者也。道即理之谓也。"①曹端认为太极是天道的本原,由太极的动静而有二气、五行以至万物,故太极无不各具于一物之中,因而物物皆有一太极,故人心即太极。他说,合而言之,万物统体一太极;分而言之,一物具一太极。他认为太极先天地而生,没有形象,没有声气,没有方位,但却充塞天地,贯彻古今,无所不在。总之,太极、理、性都是一个东西,只是说法不同。其《存疑录序》说:"性即理也,理之别名曰太极。"曹端认为,宋儒所说的太极、天理是万物之源。

曹端强调道的伦理性,认为儒家之道不过明人伦而已。曹端的"道"把世界观、人生观和伦理道德糅合在一起。他重申程颐"理一分殊"的观点,将月比作"理一",将"万川映月"比作"分殊",川里的水可能枯竭,一轮明月仍然高悬于天上。

在理与气的关系上,曹端持"理气一体"论。他认为两仪、四象、八卦、六十四卦所象征的一切事物,其产生和存在都是形气之化;但形气之生,皆为理所管辖。他认为朱熹释"无极而太极"为"无形而有理",至为精当,从而强调"有是理便有是气""理是本"的思想。在理之动静问题上,周敦颐、朱熹二人均言太极能动静,曹端遵信此说。但他不赞成把太极与气之动静、理与气看成二物,强调理与气"浑然而无间""理气未尝有异",即理气一体,力图弥合朱熹阐述理气关系中的不完善之处。曹端强调理驭气,旨在维护以理为根本的学说。

在人性论方面,曹端明确区分天地之性和气质之性,认为仁义中正是人的本性。他说:"道则得于天而全于己,而同于人者也。中即礼,正即智。仁义礼智之道,乃其性分之所固有,日用之所常行,固非浅陋固执之可伦,亦非虚无、寂灭之可拟。"②

他认为仁义礼智乃人性之固有,其来源于天,内容是道,此性人人皆同。对于此性,应守之、行之、扩充之。关于气质之性,曹端认为《通书》所谓"刚柔善恶,中而已矣"即是气质之性,"刚""柔""善""恶"与"中"五者,皆是就气禀而

---

① 曹端著,王秉伦点校:《曹端集》卷二《通书述解》,中华书局2003年版,第29页。
② 曹端著,王秉伦点校:《曹端集》卷二《通书述解》,中华书局2003年版,第40—41页。

言。他主张以涵养居敬和事心之学为修养功夫,呈现出务实力行的特征。

在政治思想方面,曹端认为,无论治国、齐家都要有法可依,有章可循。他说:"治国无法,则不能治其国;治家无法,则不能治其家。譬则为方圆者,不可无规矩;为平直者,不可无绳墨。"①治国齐家的准则就是"三纲五常"。他还认为仁是万善之首,礼是人们行为的规范,举手投足都要符合仁与礼,而公正廉洁是为政之要。

曹端反对佛教的生死轮回之说,认为佛教是东汉明帝时传入中国的,轮回之说这时才有,明帝之前则无轮回,这在道理上是说不通的,天堂地狱之说不可信。

三、王廷相、高拱、吕坤的实学思想

明代中叶一些学者从理学中分化出来,而倡导经世之学,王廷相就是其代表。

王廷相(1471—1544),字子衡,号浚川,仪封(今兰考仪封镇)人。弘治十五年(1502)举进士,官至南京兵部尚书。他博学好议论,以经术著称,著作有《王氏家藏集》和《王浚川所著书》,其哲学思想主要包含在《慎言》《雅述》两部著作中。他对星历、舆图、乐律、河图洛书以及邵雍、二程、张载之书,皆有所论驳,是明代批评理学、倡导实学的思想家。

王廷相在宇宙观上继承张载的气一元论,认为世界的本原是物质的,人物草木皆"气聚而成"。② 其《太极辨》中说:"太极之说,始于'易有太极'之论,推极造化之源,不可名言,故曰太极。求其实,即天地未判之前,太始混沌清虚之气是也。虚不离气,气不离虚,气载乎理,理出于气,一贯而不可离绝言之者也。故有元气即有元道。"

这段话可以视为王廷相自然观的纲领。他指出,太极就是太始混沌清虚之

---

① 曹端著,王秉伦点校:《曹端集》卷五《家规纪略序》,中华书局2003年版,第181页。
② 王廷相:《王氏家藏集》卷三十三《杂著·辨》,王孝鱼点校:《王廷相集》,中华书局1989年版,第602页。

气,气与虚不可分离,并非在气之外另有所谓"虚"。他说:"天内外皆气,地中亦气,物虚实充气,通极上下,造化皆实体也。"①关于"理"与"气"的关系,他认为"气"在"理"之先,"气"载乎"理","理"出于"气",否定理学家"天理至上"的观点。

在人性论方面,王廷相认为人性就是"人"这一由气构成的生物族类的性质,所以不能离气言性。王廷相反对天命之性与气质之性的两分,认为这是宋儒之惑中最甚者。他说:"人有二性,此宋儒之大惑也。夫性,生之理也。……余以为人物之性无非气质所为者,离气言性,则性无处所,与虚同归;离性言气,则气非生动,与死同途;是性与气质相资,而有不得相离也。"②

王廷相认为性是气的生理,一本之道,言善恶不可离道。性出于气,气有清浊,则性有善恶。他赞同程颢"生之谓性"之说,而不同意程颐"性即理"之说。

在认识论方面,王廷相具有唯物主义倾向。他认为认识的原则是以"人"就"天",以"常"就"变",即以主观就客观,认识要与客观相符合。他在《慎言·见闻》中说:"学者于道,贵精心以察之,验诸于天,参诸事会,务得其实而行之。"知识源于实践,学者要以行为主。他还认为,认识必须从感觉开始,必须以感性认识为基础。他说:"心者栖神之舍,神者知识之本,思者神识之妙用也。自圣人以下,必待此而后知。故神者在内之灵,见闻者在外之资。物理不见不闻,虽圣贤亦不能索而知之。……夫神性虽灵,必藉见闻思虑而知。积知既久,以类贯通,而上天下地,入于至细至精,而无不达矣,虽至圣莫不由此。"③

在此,王廷相言及人的认识能力、认识的来源和认识的过程等问题。他认为认识是"神"的作用,"神"就是意识,而意识是从"心"发出来的。"心"属于人的五脏,是一种物质性的东西。人认识的对象是"物理",而物理是"在外"的,没有见闻无法知道。因此,见闻是认识的"在外之资"。认识的来源是"见闻",是人的感觉。有了感觉,还必须加以"思虑",才能将感性认识上升为理性认识。理性认识积累多了,就能"以类贯通",得到较为广泛深入的知识。人的认识,就是思考和感觉的结合。

---

① 王廷相:《慎言》卷一《道体》,王孝鱼点校:《王廷相集》,中华书局1989年版,第753页。
② 王廷相:《王氏家藏集》卷二十八《答薛君采论性书》,王孝鱼点校:《王廷相集》,中华书局1989年版,第518页。
③ 王廷相:《雅述》上篇,王孝鱼点校:《王廷相集》,中华书局1989年版,第836页。

在历史观上,王廷相用"气变理亦变"的思想解释人类社会不断发展演化的道理。他认为政治制度和思想文化也要随社会历史的演化而改变。他反对复古和因循守旧,提倡因时而变。他的务实思想和对理学无情的鞭挞,对明清之际新思想的出现有一定的影响。

对王廷相的哲学思想,张岱年有高度的评价,他说:"王廷相(号浚川)是明代中期卓越的唯物主义哲学家。他的哲学著作,在本体论方面,继承、发挥了张载的一元论,深刻批判了程颐、朱熹'理在气先'的学说;在认识论方面,有力地贯彻了唯物主义观点,深刻批判了唯心主义先验论。他在哲学思想发展史上确实做出了光辉的贡献。"①

明代后期中原地区出现了反对理学的高拱和倡导实学的吕坤。

高拱(1512—1578),字肃卿,新郑人,嘉靖二十年(1541)进士,曾任礼部左侍郎、吏部尚书、首席内阁大学士等官,后罢官回乡。在首辅任内,他改革官吏考察制度,推荐和擢用政治、军事、经济方面具有专长的人才,取得显著政绩。著作有《高文襄公集》《问辩录》《春秋正旨》等。

在宇宙观上,高拱坚持元气本体论,将气或元气视为宇宙产生的本原和存在的本体。他说"盖天地之间,惟一气而已"②,主张气一元论。又说"盈天地之间惟万物,凡草木土石诸件皆物也"③,认为天地之间的草木土石等万物,都是本体之气不同的存在形态。关于理与气的关系,高拱认为,理与气为一,理在气中,理在物中。他说:"气具夫理,气即是理;理具于气,理即是气。原非二物,不可以分也。"④在他看来,气中有理,理存于气;气不离理,理不离气。二者俱生俱死,不可分离,也不分先后。气为本,理为末。

在气与心性问题上,高拱反对陆九渊、王阳明"心即理"的观点,也不同意程朱将人性与天理分开的观点,认为"人情即天理"。"天理"就是客观存在的人生"日用彝伦"的法则和真理,"人情"即认定物质精神生活欲求的实情,二者必可截然分开,也不是完全对立的关系。

在天人关系方面,高拱主张天人相分,认为在天有实理,在人有实事。天道

---

① 葛荣晋:《王廷相生平学术编年》序,河南人民出版社1987年版,第1页。
② 高拱:《程士集》卷四,岳金西、岳天雷编:《高拱全集》,中州古籍出版社2006年版,第1048页。
③ 高拱:《问辩录》卷二,岳金西、岳天雷编:《高拱全集》,中州古籍出版社2006年版,第1100页。
④ 高拱:《问辩录》卷八,岳金西、岳天雷编:《高拱全集》,中州古籍出版社2006年版,第1191页。

和人道,灾异与事应,二者既不相通,也不互相感应。对理学家宣扬的"天人感应"和"灾异谴告"进行了驳斥。

在认识论上,主张求实、求是。"求"就是去研讨、探求,"是"即客观事物的规律性,即客观真理。在知行关系上,认为行贵于知。知不等于行,只有行才能获得真知。

在理学充斥的明代思想界,高拱主张经世致用,反对程朱陆王空疏之学,坚持无神论思想,批判天命论,强调人的主观能动性,其思想和实践都有进步意义。

吕坤(1536—1618),字叔简,号新吾,宁陵人。隆庆五年(1571)举进士,官至刑部侍郎。万历二十五年(1597)辞官回乡,读书讲学,著作有《去伪斋集》《呻吟语》《阴符经注》《四礼翼》和《实政录》等。吕坤早年服膺理学,中年以后逐渐认识到理学的弊端,公开宣扬"我不是理学",指斥空谈天道性命的理学家为"伪""腐",极力倡导对国家存亡、百姓生死、身心邪正有用的实学。

在宇宙观上,吕坤倡导气一元论。他将气的最初形态称作元气,元气是天地万物的根源和主宰。他说:"乾坤是毁底,故开辟后必有混沌;所以主宰乾坤是不毁底,故混沌还成开辟。主宰者何?元气是已。元气亘万亿岁年终不磨灭,是形化气化之祖也。"[①]认为元气聚散而成天地万物。虽然天地万物具有无限多样的丰富形态,但构成万物的"物料"只是物质性的元气。元气是世界万物的主宰,它是万古长存的。气的运动是守恒的。天地万物都是由原始的混沌物质形态逐渐演化产生出来的。

关于理与气的关系,吕坤认为"理"寓于"气"之中,强调二者为一,理即气运动的自然规律。他说:"宇宙内主张万物底只是一块气,气即是理。理者,气之自然者也。"气生物成物之所以然就是理。强调"气"是本体,"气"的运动变化形成天地间一切自然现象。

吕坤将人性分为"义理之性"和"气质之性"。他说:"性,合理气之道也。理不杂气,则纯粹以精,有善无恶,所谓义理之性也。理一杂气,则五行纷揉,有

---

① 吕坤:《呻吟语》卷四《天地》,王国轩、王秀梅整理:《吕坤全集》中册,中华书局2008年版,第768页。

善有恶,所谓气质之性也。"①他认为人是理气相结合的产物,故理和气都是心所贮藏的"物"。"理"贮藏在人的心中,构成人的"义理之性","气"贮藏在人的心中,构成了人的"气质之性"。纯善的天理构成义理之性,"善恶相混"的宇宙之气构成气质之性。所谓义理之性是指仁义礼智等封建伦理的道德规范,所谓气质之性主要是"物欲",也就是食色及追求金钱、财富、地位等的物质欲望。人是理气结合的产物,人性是义理之性和气质之性的统一,义理即统一于气质之中。他强调气质之性的重要,重视后天的学习和伦理道德的自我修养的决定性作用。

在政治思想方面,吕坤主张"以理抗势",反对君主过于集权专制;又主张以德治国,以法相辅,以均平为核心进行社会政治改革。吕坤具有民本思想,认为民众是国家的根本。君主的安危,社稷的存亡,掌握在百姓手中。"人心者,国家之命脉也。今日之人心,惟望陛下收之而已。"②强调民众的重要性,主张统治者勤于政事,体察民众疾苦,减轻民众负担,同时要对民众进行教化。

明清之际的中国学术界出现了批判精神、启蒙意识和经世主张。吕坤开启了这一时期批判总结思潮的先河,是当时一位有代表性的思想家。

四、孙奇逢、汤斌的心学思想

清代河南地区思想界较为沉寂,不仅远远落后于江浙诸省,甚至落后于山陕地区。当时河南占主体地位的仍是理学思想,代表人物有孙奇逢、汤斌等。

孙奇逢(1585—1675),字启泰,号钟元,原籍直隶容城(今属河北),清初移居至辉县苏门山下夏峰村,建"兼山堂"授徒讲学,人称"夏峰先生"或"苏门先生"。他与黄宗羲、李颙并称"清初三大儒"。北方学者多出其门下,其学被称为"北学"。孙奇逢在河南地区讲学、著书25年,汤斌、耿介、张伯行、窦克勤、张沐等一批河南学者都受其熏陶。孙奇逢一生著作颇丰,有《理学宗传》《四书近

---

① 吕坤:《呻吟语》卷一《谈道》,王国轩、王秀梅整理:《吕坤全集》中册,中华书局2008年版,第661页。
② 张廷玉等:《明史》卷二百二十六《吕坤传》,中华书局1974年版,第5938页。

旨》《书经近旨》《圣学录》《甲申大难录》《岁寒居答问》《读易大旨》等，后人编为《夏峰先生集》或《孙夏峰先生全集》。孙奇逢早年远承陆九渊和王阳明，钻研心学，其学术思想亦偏重于心学，晚年的学术研究和思想倾向于合会朱、王，试图把理学与心学结合起来。

孙奇逢的宇宙观与认识论呈现出矛盾性。在本体论方面，孙奇逢认为世界的本原是元气。他说："天地一气也。"①"万物之生，本于阴阳之气。"②"元气"不仅在时空上是无限的，而且内含"二气相推迁"的力量，所以派生天地万物，于是天地悠久而无疆。在理、气关系上，孙奇逢认为二者是统一的。他在回答"理与气，是一是二"的问题时说："浑沌之初，一气而已。其主宰处为理，其运旋处为气。指为二不可，混为一不可。"③他又引述刘宗周的话说："理即是气之理，断然不在气先、不在气外。"④孙奇逢以知觉运动论理与气，认为其中感性的表现为气，而深层的法则为理。理先气后，理决定气。理是宇宙的主宰，气乃理之所为，绝对本体是理，理派生气。理气相互统一，其地位不同表现为气为初始，理则为主宰。前者为始基，后者为本体，体现了本体论与发生论的一致。孙奇逢又以"理"解释"太极"，以"太极"释"天"，认为"天"就是"理"，就是"太极"，即绝对的宇宙本体。

关于心性问题，孙奇逢继承了陆九渊"心即理"的命题。他说："吾心即天地万物，就是'博文'，天地万物即吾心，就是'约理'。"他认为"心"是宇宙的"真体"，自然界、人类社会都是"心"的产物。孙奇逢又将人心分为血气之心与虚灵之心，说："人血气之心与虚灵之心，一也。"⑤血气之心是就人的生理而言，是思维的器官；虚灵之心是指思维器官的反映能力与作用，即主观认识。他还认为

---

① 孙奇逢：《读易大旨》卷一《上经》，张显清主编：《孙奇逢集》上册，中州古籍出版社2003年版，第19页。
② 孙奇逢：《夏峰先生集》卷一《语录》，张显清主编：《孙奇逢集》中册，中州古籍出版社2003年版，第535页。
③ 孙奇逢：《夏峰先生集》卷一《语录》，张显清主编：《孙奇逢集》中册，中州古籍出版社2003年版，第518页。
④ 孙奇逢：《日谱》卷三十四，张显清主编：《孙奇逢集》下册，中州古籍出版社2003年版，第1334—1335页。
⑤ 孙奇逢：《书经近指》卷一，张显清主编：《孙奇逢集》上册，中州古籍出版社2003年版，第180页。

人心与道心、存心与尽心都是一个心。人心指生理方面的要求,道心指义理方面的要求,二者都是意识,都属于精神活动。在许多地方,孙奇逢离开思维器官的物质基础,孤立地讲"虚灵之心"的作用,并以时代的道德准则,如仁义孝悌忠信等,去充实它,使"虚灵之心"不断膨胀,直达于绝对本体。他说:"'仁,人心也。'心不违仁,心才得正。"[1]这是单就道德意义论心,"心"要用"仁"去充实,才能真正成其为"心"。"心"要用礼来制约,而"人心"就是"天理"。天地万物之实理,皆备于人之一身。换言之,就是"理在人心"。进而提出"求理于心",重申王阳明"求理于吾心"[2]的命题。关于性,孙奇逢认为天地之性与气质之性是一而二、二而一的关系。人性出于天,故性善,因而人性相近。但习能易性,日行则日远。心性不可分,才情则相去甚远。他又认为,命为万物所禀,性为万物之体,天为万物之主,心为万物之生,四者是一致的。

在认识论上,孙奇逢对格物穷理作了系统的解释。他沿袭程朱"体认先理"的先验论观点,但他认为知与物不相分离,不否认事物的客观存在,认为"离事物,则无可致"。[3]"致"与"格"都是认识事物的方式,致知和格物皆属功夫,二者殊途而同归。认为理根植于心,心为本体,人是通过心而认识外物的。关于知行关系,孙奇逢说:"盖行足以兼知,未有能行而不知者。知不足以兼行,耻躬不逮。"[4]认为格物穷理应该知行合一。他主张知行并进,但更强调行。其学说"以慎独为宗,以体认天理为要,以日用伦常为实际"[5],更注重实行。

汤斌(1627—1687),字孔伯,号潜庵,归德府睢州(今睢县)人,顺治九年(1652)进士,曾在京师编撰史书,后辞官回乡,拜孙奇逢为师,获理学精要。康熙十八年(1679)参加博学鸿儒科考试,获第一名,授翰林院侍讲。后历任江苏巡抚、礼部和工部尚书、内阁学士,著作有《洛学篇》《潜庵诗文集》等。

对于当时的理学与心学之争,汤斌尊崇程朱理学,但不废王阳明心学。他

---

[1] 孙奇逢:《书经近指》卷六,张显清主编:《孙奇逢集》上册,中州古籍出版社2003年版,第424页。
[2] 王阳明著,叶圣陶点校:《传习录》,北京时代华文书局2014年版,第106页。
[3] 孙奇逢:《夏峰先生集》卷一《语录》,张显清主编:《孙奇逢集》中册,中州古籍出版社2003年版,第541页。
[4] 孙奇逢:《夏峰先生集》卷七《书·答魏石生》,张显清主编:《孙奇逢集》中册,中州古籍出版社2003年版,第742页。
[5] 赵尔巽等:《清史稿》卷四百八十《儒林一》,中华书局1977年版,第13101页。

认为程朱理学与陆王心学都是"圣人之道"的嫡派真传,各有长短,完全可以形成互补关系,程朱之学的笃实可以救治王学末流的虚空之弊,弥补陆王之不足。他主张兼采诸家之长,反对末学的门户之见和无谓的纷争,试图弥合二家之分歧。

在宇宙本体论方面,汤斌从阐释《易经》入手,去探讨生生不息、变幻无穷的宇宙。他以为无形的"乾"是由"气"生成,有形的"坤"是由气聚集滋生而成。汤斌认为天地万物都是变化不居的。他说:"天地间物物皆是易,不是交易便是变易,二端之外更无他也。""交易是阳交于阴,阴交于阳,如天地定位,上下相对也。而天气下降以交于地,地气上腾以交于天。……变易如阳极变阴,阴极变阳,此天地自然之理。"[1]他将"易"解释为"交易"和"变易",认为运动变化是宇宙间永恒而普遍的现象,世界万物存在着矛盾的对立面,二者又互相转化,具有辩证法思想。人也要适应这种运动变化,随时而动。

在天人关系方面,汤斌强调人在自然界的重要地位。他说:"天地生物,势不能无缺陷。有缺陷处,端赖人以补助之。故人能赞天地之化育,方为克尽人道。"[2]他认为人不是被动地适应天,人可以发挥主观能动性,赞天地之化育,对大自然施加影响。

汤斌对心、性、道、理都有论述。他认为遇事明察天理,就可以保全人的善性。他说:"故天下知性不外乎仁义礼智,而虚无寂灭,非性也;道无外乎人伦日用,而功利词章,非道也。"[3]性和道并不虚无神秘,并不高远,就在人的身边,在人的心上,表现在纲常伦理和日常生活中。他又说:"夫圣贤之学,其要存心而已。存心者,存天理而已。微而不睹不闻,显而人伦日用,皆天理所在也。"[4]认为天理无处不在,人心就是天理。圣贤之学的要义就是将天理存于人心中。

在认识论上,汤斌认为知止功夫在格物致知。他说:"定静安虑,总由知止。

---

[1] 汤斌:《汤子遗书续编》卷二《解·乾坤两卦解》,范志亭、范哲辑校:《汤斌集》,中州古籍出版社2003年版,第799页。

[2] 汤斌:《汤子遗书》卷一《语录·门人窦克勤手述五十条》,范志亭、范哲辑校:《汤斌集》,中州古籍出版社2003年版,第8页。

[3] 汤斌:《汤子遗书》卷三《记·重修苏州府儒学碑记》,范志亭、范哲辑校:《汤斌集》,中州古籍出版社2003年版,第132页。

[4] 汤斌:《汤子遗书》卷三《记·睢州移建庙学碑记》,范志亭、范哲辑校:《汤斌集》,中州古籍出版社2003年版,第130页。

知止功夫在格物致知,此知之本体,是天所赋我的。能致知的本领,亦是天所赋的。"①就是说,人的认识能力与生俱有。格物与致知是个统一的认识过程。在知行关系上,汤斌主张知行并进。他说:"知行并进,敬义夹持。千圣相传不外此八字。"②有真知而有真行。真知,在于知至善;真行,在于行至善。顿悟与渐修均为修养方法,顿出于渐,二者是统一的。他坚持知行合一,主张践履,反对空谈。他说:"夫所谓道学者,《六经》《四书》之旨体验于心,躬而有德之谓也。"③倡导身体力行,认为"圣人之道"来自实实在在的日用伦常,也需要实实在在地加以体验,"实"和"行"就是此道的根本所在。

孙奇逢、汤斌、李来章、张伯行、耿介、冉觐祖、窦克勤和张沐时人称作"中州八先生",他们的学术成果代表了清前期理学研究的高峰,影响到河南各地的学风与民风。

乾嘉之际,理学进一步失去吸引力,汉学取代宋学,知识界株守考订之学,訾议宋儒,无人读濂洛关闽之书。许多学者在政治、文学、良知三者之间重新权衡,把学术研究转向新的领域。清中期以后,理学名儒相继去世,在西方文化与启蒙思潮的冲击下,程朱理学迅速衰落。

第三节　传统宗教的衰落与西方宗教的传入

元朝统治者对各种宗教采取兼容并蓄政策,河南地区的佛教、道教、伊斯兰教、基督教都有发展,道教的发展更为明显。明、清两代,朝廷对宗教控制加强,佛教和道教从总体上呈现出衰落的趋势。伊斯兰教有所发展,西方天主教及基

---

① 汤斌:《汤子遗书》卷四《书·又答耿亦斁书》,范志亭、范哲辑校:《汤斌集》,中州古籍出版社2003年版,第170页。
② 汤斌:《汤子遗书》卷四《书·与田篑山书》,范志亭、范哲辑校:《汤斌集》,中州古籍出版社2003年版,第182页。
③ 汤斌:《汤子遗书》卷三《记·重修苏州府儒学碑记》,范志亭、范哲辑校:《汤斌集》,中州古籍出版社2003年版,第132页。

督教开始在河南地区传播。

一、佛、道二教逐渐衰落

蒙古统治者与道教早有联系。从蒙古太祖十六年(1221)起,全真教教主丘长春曾三次应邀晋见成吉思汗,献平天下之策。成吉思汗授予全真道士免除一切赋税的特权,全真道获得了比真大、太一诸道派更为优越的地位。真大教第六、七代师祖孙德福、李德和都受到元世祖的恩宠,真大教在河南、陕西建立多个道观。宪宗二年(1252),太一教第四代师祖萧辅道受到忽必烈的召见。忽必烈即位后,太一教第五、六代师祖萧居寿、萧全祐受赐宗师印,封真人号。这些教派都在河南发展势力。元朝统一后,道教仍受统治者重视,各郡设道官一人,一般由道士充任,但须经政府任命,道观则设主掌。鹿邑县今存三通蒙古国时期及元朝初年朝廷保护道教的碑文。元代在河南传布的道教派别以全真教势力最大。汤阴人王志坦成为其第九任掌门人,钧州阳翟(今禹州)人祁志诚成为第十任掌门人。至元十八年(1281),元世祖忽必烈下令除《道德经》外,其余道家经书一律焚毁,并禁止醮祠,道教的传布遭受挫折。

元代统治者对佛教也予以扶持。他们注意保护佛寺,规定和尚均不当差役,不出地税商税,寺内财产不得侵犯。鹤壁今存的一通立于元仁宗皇庆元年(1312)的圣旨碑,表达了上述规定。元代河南地区有很多佛寺,特别是白马寺、少林寺香火不断。元初由龙川和尚主持,对白马寺进行大规模的重修,前后持续约20年,重修后的白马寺华丽壮观。元贞二年(1296)又于寺内塑造佛、菩萨及天王像,大雄宝殿中的一组泥塑罗汉群像精巧至极。元初,洛阳白马寺住持、女真族僧人龙川被封为"扶宗弘教法师""司空护法大师"。元成宗时,白马寺住持文才被封为"真觉国师"。元代禅宗中的曹洞宗、临济宗在北方盛行。曹洞宗高僧福裕金末住持嵩山少林寺,入元后为元世祖钦命,死后封晋国公。立于少林寺慈云堂院内的《裕公道行碑铭》记载禅师裕公住持少林寺前后备受元朝皇帝推崇和多次受到奖赏的情况。一些佛寺、高僧不仅在全国有重要的地位,在国外也有很大影响。曹洞宗一直在少林寺延续,吸引许多外国僧人前来学习。如皇庆元年(1312),日本僧人大智来游嵩、洛,在少林寺习武12年。天历二年(1329),日本高僧古源邵元来到少林寺,在此居住21年,曾担任书记,如今少林寺塔林仍存邵元所撰碑刻。

明、清两代,朝廷对宗教的控制加强,佛教和道教从总体上呈现衰落之势,并与儒学趋于合流。

明初,朝廷严格控制佛教,设善世院统理僧务,限定佛教产业,毁除私建寺庙。河南地区各寺庙的田产曾被限制在60亩以内。但由于当时佛教已经世俗化,明武宗正德年间以后,僧尼人数、寺院数量都大量增加。明太祖朱元璋本为禅僧,故明代佛教大半属于禅宗,河南佛教也以禅宗最盛。明清时期河南地区禅宗一枝独秀,"五家七宗"中以临济宗最盛。登封少林寺既为禅宗祖庭,又以武术著名。洪武十五年(1382),少林寺住持松庭子严担任河南府僧纲司的都纲。正德年间,少林寺一批武僧曾被朝廷征调参军,平定地方叛乱。嘉靖中后期发生倭乱,"少林僧应募者四十余人,战亦多胜"[①]。少林僧兵为抵御外侮、保家卫国再立奇功。曹洞宗至明代中叶仍在固守少室旧地,吸引各地众多僧人前往参禅。但当时河南大多数寺院属于勉强维持状态。

清初统治者力倡程朱理学,对佛教寺庙之建置、僧尼之剃度又严加限制。康熙后期对佛教的控制有所松动,乾隆十九年(1754)取消官给度牒制度。道光年间以后,国势衰落,河南各地寺庙、僧尼也有所减少。明末清初,禅宗已无昔日之盛,且逐渐为净土宗所取代。但禅宗临济宗首先在南阳一带传播,乾隆四十九年(1784)以后流布渐广,且日益兴盛,洛阳、南阳等地的佛教多属临济宗,但少林寺僧仍属曹洞宗。

明代的道教主要是正一教和全真教。全真教主张自守内敛,正一教则行斋醮祈禳。明太祖朱元璋扬正一教而抑全真教。洪武十年(1377),"掌天下道教事"的正一教首领张正常曾奉诏代祀嵩山。明朝初期对道教管理严格,到代宗、英宗以降,对道教的尊崇又愈演愈烈。世宗嘉靖、神宗万历年间,又滥发度牒,于是河南各地大肆修建道教宫观,广置田产。登封中岳庙、栾川老君山道观、鹿邑太清宫都得到修缮。开封有祐圣观、延庆观和三清观。南阳玄妙观有耕地6000余亩,洛阳上清宫、浚县碧霞宫、济源阳台宫等田产都在千亩以上,府城的城隍庙的田产也不下500亩。明中期以后,道教日益世俗化。

---

① 张廷玉等:《明史》卷九十一《兵志三》,中华书局1974年版,第2252页。

明代开封的道宫、三清观等在明末毁于河水,清初得以重建,河南各地的玄武庙也得到修缮。清代庙观田产不断增置,收取课租量大,许多宫观得以多次修缮。明代趋于衰落的全真道,清代得以复兴。清朝晚期,道教衰微。但民间信仰道教之风兴盛,道士除正常日课、圣诞庆祝、三元节设斋外,还为民间做道场。在登封中岳庙、浚县浮丘山都有庙会。

二、民间的白莲教

元、明、清时期,与佛、道两大传统宗教的日趋没落相反,在社会下层,信奉各种教义的民间宗教组织如雨后春笋般涌现出来。它们吸取佛、道、儒各家的教义和理论,分别创立了驳杂而具特色的宗教思想体系,在民间广泛流传。有些教派具有强烈的反抗性,对当时的社会造成了强烈震荡和深刻影响。

元代后期社会矛盾尖锐,河南、山东等黄河下游地区就有白莲教活动。元末河南地区是白莲教活动的中心地区之一。至正十一年(1351),元朝政府调发汴梁(今开封)、大名等地15万民工疏浚黄陵岗(今兰考东)一段黄河,白莲教领袖刘福通、韩山童发动挖河民工举行红巾军起义。红巾军转战大河南北,并攻占汴梁(今开封)。至正二十四年(1464)八月,朱元璋在讨伐张士诚的檄文中说白莲教徒"不解其言之妄诞,酷信弥勒之真有,冀其治世以苏困苦,聚为烧香之党,根据汝、颍,蔓延河、洛"①。

明代民间宗教中最主要的是白莲教。它的一些分支继续在河南地区传布,在传布过程中形成许多分支。

闻香教,又称大乘教、东大乘教、大乘弘通教、弘封教,明万历年间由顺天府蓟州人王森创立。闻香教创立后,很快风靡直隶(今河北)、山东、河南、山西等地。

八卦教是清代华北地区势力最大、影响最深的民间教派,它与弘阳教有一定的渊源关系,又受到多种民间宗教的影响。清康熙初年山东单县人刘佐臣创建五荤道收元教,以八卦各卦为内部教职分管各支,故称八卦教。刘佐臣先后

---

① 邓士龙辑:《国朝典故》卷六十二《前闻记·平吴仁言》,北京大学出版社1993年版,第1390页。

传教于归德(治今商丘)的郜云龙以及山东曹县的王清容和金乡的侯棠等人,分别掌管离、震、坎各卦。八卦教在初创时期,以给人治病、祛灾、避祸作为传教授徒的主要形式。清中叶以后,各教派内设立文、武弟子,或运气练功,或练习拳棒。有些教派有明显的反清倾向。乾隆年间以后,主要活动于山东、河南、河北等省,后来又延伸到山西和苏北等地,形成了一个既有教义说教又带政治异端色彩的庞大宗教团体。嘉庆十八年(1813),山东、河南坎卦教派发动反清武装大起义,遭到清政府残酷镇压,但是散布民间的八卦教组织并未完全消失。

清茶门教由明末闻香教主王森的子孙所创。乾嘉年间王氏家族数十人先后到河南、山西、湖北、江南等地传习清茶门教,该教带有明显的反清倾向。嘉庆二十年(1815)前后,被清政府镇压下去。

弘阳教又称向阳教、青阳教、混元教等,活跃于京畿、直隶(今河北)、河南等地。其教徒多为妇女和旗人,大都烧香拜佛、念经敛钱和为人治病。弘阳教信奉的最高神祇是混元老祖(众神之王)、无极老祖(宇宙开辟者)、无生老母(最高的女性神)。教首樊明德明确提出要改换世界、乾坤,被朝廷捕杀。乾隆五十三年(1788),其弟子刘松、刘之协将混元教改名三阳教,各地教徒不断以"官逼民反"为号召,发动武装斗争。

这些民间宗教的思想主要包含以下方面:一是"三世说",认为宇宙从开创到终止,经历三个阶段,即过去、现在、未来,或青阳、红阳、白阳,或先天、中天、后天,反映了改天换地的意图;二是劫灾思想,世界要经历大劫、末劫、三劫、九劫、十八劫、八十一劫等劫难,宣传劫灾来临,以加深人们的恐怖危机感,使人入教避劫,又宣扬劫灾之后是劫变,即通过动乱到达理想世界;三是弥勒佛和无生老母信仰,将弥勒佛奉为救世主、未来神,带领人们驱走黑暗,赢得光明和幸福,又将无生无灭与母亲结合起来,塑造了无生老母这一最高的女神,它具有母亲的各种优秀品质,又有叛逆性格。

三、伊斯兰教和天主教的传入与犹太教

从公元 7 世纪起阿拉伯人、波斯人来到中国定居,蒙古人西征也带来中亚的伊斯兰教信徒穆斯林。以这些信仰伊斯兰教的中亚商人、移民和波斯人、阿

拉伯人为主体,与元朝的一部分汉族、蒙古族人相融合,形成回族人。随着元代探马赤军在中原屯田,穆斯林散布中原地区,建立礼拜寺,造成"元时回回遍天下"的局面。回族人都遵守伊斯兰教规,保持其风俗。元末明初,穆斯林礼拜寺正式命名为"清真寺"。早期河南地区的清真寺主要限于开封、洛阳和一些水运码头的口岸。明清时期,清真寺数量不断增加,分布于全省各地。明代河南伊斯兰教盛况空前,各府和相当部分州县都有清真寺。开封府城大梁清真寺、朱仙镇清真寺、怀庆河内(今沁阳)水南关清真寺和北大寺等都是著名的寺院。明末,陕西道教经师胡登州提出新格底木学说,其弟子海巴巴和冯阿訇到开封传播胡派学说,遭到以开封东大寺为代表的各清真寺的抵制,掀起新老格底木学派之争。清初曾对伊斯兰教进行镇压,伊斯兰教的地位降低。为获取生存条件,伊斯兰教学者宣称回教与儒学思想同宗同源,其宗教形式得以保留。

明万历四十二年(1614),意大利神父艾儒略、郭居静和法国神父金尼阁等天主教耶稣会士先后到开封,以传播科学知识为名,进行短期传教活动。崇祯元年(1628),意大利神父毕方济到达开封,购置民房,改建教堂。后来费乐德接续其事,向市民传教,教徒达数百人。清顺治末康熙初(约1660—1665),法国耶稣会士恩理格至开封主持传教事务,改建教堂,先后在朱仙镇、扶沟和商丘设立传教点。

北宋时已有经商的犹太人在东京开封居住,他们信奉犹太教。由于犹太人与回族较易产生认同,多与回族通婚,元代被称作"术忽回回",明清时期被称作"蓝帽回回"或"青回回"。明万历年间开封府尚有犹太移民1000多人,开封府祥符县(今开封)犹太教徒发展到500余户4000多人。明末开封城被河水淹没,犹太人逃亡各地。清康熙元年(1662),开封府祥符县城重建,幸存的犹太人返回开封。犹太人后裔赵承基任大梁道中军守备,率军驻汴,康熙十八年(1679)在犹太教清真寺旧址重建犹太教堂。开封犹太教清真寺是犹太人定居中国后建立的唯一有遗址可寻的犹太教寺院,于19世纪中叶毁弃。今开封博物馆尚存三块明清时期犹太教清真寺碑,反映了开封犹太人的生活和迁徙情况。

第四节 学术研究与方志修纂

元、明、清时期,河南地区的经学、史学和金石学得以延续,文字音韵和目录学也有发展,方志编纂则异军突起,取得显著成就。

一、经学与金石学

朱睦㮮(1517—1588),字灌甫,明宗室周定王后裔,著名经学、音韵学、目录学家。他弱冠通五经,万历五年(1577)为周藩宗正,掌管宗学,讲授五经,寒暑不停,又延请四方名士,探究经学精要。他对《易》《春秋》之研究尤为深邃,潜心著述,著有《易学拾遗》《五经稽疑》《授经图传》等。

武亿(1745—1799),字虚谷,偃师人。乾隆四十五年(1780)举进士,在京游学,得乾嘉朴学领袖、金石学家、翰林学士朱筠指授,学问纯美,自群经注疏、诸史异同,下至地志金石,皆有考究,多有创获。其学尊汉儒,著《三礼义疏》,阐发郑玄之学,其经学著作有《群经义证》《三礼义证》《经读考异》等。其金石学成就超过经学,著有《授堂金石文字三跋》及《续跋》、《偃师金石录》、《安阳金石录》等。武亿的经学、金石学成就得到著名学者阮元、孙星衍等称许,在全国有一定影响。

常茂徕(1789—1874),字逸山,祥符(今开封)人,著名经史、金石、藏书家。他对经史皆有论解,尤长《春秋》,经学著作有《增订春秋世族源流考》《春秋国都考》《读经琐言》《读左琐言》等,史学著作有《两汉质疑》《汴京拾遗》《汴中风土记》《汴中岁时记》等,金石学著作有《续两汉金石记》《两汉金石补释》《续中州金石考》《祥符金石记》等。

蒋湘南(1796—1854),字子潇,固始人,以拔贡入京,结识著名学者阮元、龚自珍、魏源等,与考商汉代贾逵、马融、郑玄之学。他始为词章,继则治经,后更读释、道两藏,为学尊道家,又致力于史志。其经学著作有《周易郑虞通旨》《十四经日记》等,史志有《中州河渠书》等,修府、县志十多种。

吴其泰(1790—1857),字希郭,固始人,嘉庆进士,官至江苏按察使,著作有《一蒂十七实斋全集》《地理纂要》,金石方面有《中州金石记》《中州碑迹》等,方志方面有《河南艺文志》《河南废州县志》。

二、史学

明清时期河南史学也取得一定成绩,李贤的《大明一统志》、李濂的《汴京遗迹志》、汤斌的《拟明史稿》堪称代表。

李贤(1408—1460),字原德,邓县(今邓州)人。宣德八年(1433)进士,景泰年间历任兵、户、吏三部侍郎,采古代22位帝王行事可法者,称《鉴古录》,献给朝廷。英宗复位,任礼部尚书兼翰林学士,为朝廷首辅,后官少保、华盖殿大学士。明初魏俊等人编类天下郡县地理形势的《大明志》,其书久已不传。英宗天顺初年,李贤等奉敕重修《大明一统志》,天顺五年(1461)成书,凡九十卷。该书以京师、南京、中都及十三布政使为纲目,每府州之下,分建置沿革、郡名、形胜、风俗、山川、土产、公署、学校、书院、宫室、关梁、寺观、祠庙、古迹、名宦、列女、仙释等二十类,后若干卷记述少数民族地区与四邻诸国。该书是一部全国性的地理总志,虽以《大元大一统志》为蓝本,而门类有增,而较前修三十八门《寰宇通志》简要,粗备一代之掌故,明以前志书部分资料,多赖此保存,为清代修《明史·地理志》所取资。

李濂(1488—1566),字川父,祥符(今开封)人,正德九年(1514)进士,历任沔阳(治今湖北仙桃)知州、宁波同知、山西按察司佥事,嘉靖五年(1526)因"坐忤权贵"免官还乡,以著述自娱。他是一位学识渊博的学者,对历史、地志、文学、医学等都有深入的研究,对开封地方史尤为熟悉,著作有《汴京遗迹志》《祥符文献志》《祥符乡贤传》《汴京鸠异志》《嵩渚集》等。他鉴于传世《东京梦华录》"芜秽猥琐,无足观者",遂用数十年时间编成《汴京遗迹志》二十四卷,嘉靖二十五年(1546)刊行。其前十一卷是关于宋东京内外城的记载,包括大内宫室、内外诸司、官署、山岳、河渠、寺观庙宇、楼台园榭及冈坡井墓等;十二、十三两卷为杂志,记北宋皇帝纪年、官制沿革、登科记总目、户口财赋总数、四京、畿县、汴京四园五学六更十迹八景及靖康之难等;后十一卷总称艺文,包括奏议、记、序、碑铭、杂文、诗赋、长短句等。本书引用资料达 100 余种。在舆记之中,足称善本。非仅记述北宋汴京遗迹,包括宋代前后之开封旧事,兼述宋代有关制度典故,寓"一代兴衰治乱之故"于其中。义例整齐,颇有体要。征引典核,亦具见根据,有较高的学术价值,为研究开封乃至宋史所必读。周城《宋东京考》即从此书脱胎而出。

汤斌,字孔伯,睢州(今睢县)人,清初著名理学家、史学家。他十岁时即读其父手抄的《春秋三传》《国语》《史记》《汉书》等史籍。顺治六年(1649)会试中式,在家闭门批阅《通鉴》《史记》诸书,遂具有史家之才学识。他一生三入史局,修撰《明史》,两次总裁史事,并亲手写下数十万字的《拟明史稿》,又参与两朝《圣训》和《大清会典》的编写。顺治十一年(1654)任国史院检讨,上《陈史法表》,言修史不能仅据《实录》,应广搜野乘遗书,以修《明史》,又请表彰明末死难诸臣,得清世祖的首肯。康熙十七年(1678),清圣祖重设史局。翌年汤斌改翰林院侍讲,同编修彭孙遹等同修《明史》。汤斌负责《太祖本纪》和英、景、宪、孝四朝列传及《天文志》,年余完成《拟明史稿》20 卷,包括《太祖本纪》四卷、《历志》三卷、《后妃传》一卷、《列传》十二卷。时人称"其为书明治乱,辨盛衰,崇贤良,黜奸回。辨天人于毫芒,别是非于微末。笔依承祚而取义实精,体准三国而折中得当,遂使纪传一体无伤词费。宁特并驱袁马,直可上溯二经"[①]。

汤斌不仅撰写《明史》部分书稿,对《明史》修撰还有发凡起例之功。他对《明史》体例有深思熟虑,认为《本纪》记一帝始终,即位、册立、诸诏可记其事删其文,战攻、方略、训诫臣民之辞,必载入本纪,以明事之本末。又撰《〈明史〉凡例议》,并制定《本纪条例》十二条,其大节目煞有发明。认为修史与专家著述不同,专家著述可据一人之私见,奉旨修史,必合一代之公评,未可用意见肆讥弹。要从事久论定,不可尽信《实录》之说,要区分奸臣与酷吏,宦官应分邪正。这些议论成为修撰《明史》应遵循之原则。

---

① 田兰芳:《潜庵先生拟明史稿》序,范志亭、范哲辑校:《汤斌集》第六编《汤斌研究资料》,中州古籍出版社 2003 年版,第 1932 页。

三、语言文字学与目录学

明清时期语言文字学的发展达到较高水平。在河南为数不多的语言文字学者中,吕维祺、王绣、刘淇较为著名。

明朝初年重新确立"中原雅音"作为天下正音。朱元璋"以旧韵出江左,多失正,命与廷臣参考中原雅音正之"[①],称"洪武正韵"。

吕维祺(1586—1641),字介孺,明末新安人,官至南京兵部尚书。他在家乡建立芝泉讲会,在洛阳建立伊洛会,受业弟子达 200 余人。他著有《音韵日月灯》60 卷,由《韵母》《同文铎》《韵钥》三书组成,是一部音韵学总集。该书以"洪武正韵"为语音根据,补其不足,横列 36 个字母,纵列 106 韵部,显示了当时的音架结构,反映了中原音韵的实际情况,在音韵学中有较高的地位。此外,朱睦㮮也著有音韵学著作《韵谱》。

王绣(1802—1848),字黻文,汤阴人。博览经史,尤长于诗,著《韵学指南》。其上卷《广韵》条理精严,与下卷《等韵》互为表里,是为欣赏古诗、创作诗歌而写的音韵学入门书。他还著有《等韵源流》。

刘淇,字武仲,号南泉,确山人。工诗文,晚年迁居京师,闭门著书,一生著述甚丰。他着重研究语法,所著《助字辨略》五卷,是一部研究虚词的著作。书中收集从先秦到元代的经、史、子、集及诗词小说中的虚词 476 字,用正训、反训、通训、借训、互训、转训等六种方法解释词义,比元代卢以纬的《语助》更加详细。

在目录学方面,朱睦㮮、张宗泰有一定造诣。

朱睦㮮不惜重金,广为购求古书,收藏颇为丰富。他著有《万卷堂书目》,将其藏书分为四部三十一目,是明代重要的目录学著作。

张宗泰(1775—?),字鲁岩,祖籍偃师,后迁鲁山,曾任修武县教谕、河南府学教授,著有《鲁岩所学集》15 卷。张宗泰平日专攻《四库全书提要》,写书评、书跋诸篇颇具新意。其书评一方面订正谬误,另一方面对作者记事的优劣,论

---

① 张廷玉等:《明史》卷一百三十六《乐韶凤传》,中华书局 1974 年版,第 3936 页。

点的是非,都持公允的态度,做出恰当评价。其读后、书跋丰富了提要目录的编写方法,为目录学增添了新内容。

四、地方志的修纂

地方志详细记述某一地区的地理、政治、军事、经济、风土人情、人物等情况,是一种重要典籍。河南地区的方志修纂由来已久,元《河南志》就是记述河南府(治今洛阳)的典籍。河南地方志的纂修和研究在明、清两代获得突飞猛进的发展,出现几次修志高潮。广大读书人,乃至高官、学者、名流都投入修志潮流中,其中不乏父子两代、祖孙三代连续修志者,著名学者何瑭、吕坤、崔铣、汤斌、武亿、冉觐祖等皆亲自执笔,外省人士孙星衍、洪亮吉等也在河南志书修纂中发挥其学识与才干。

明代河南共修方志261种,今尚存86种,包括《河南通志》2部,府志21种,县志63种。[①] 在嘉靖和万历年间,河南出现修志高潮,嘉靖年间共修各类志书50种,万历间修30种。成化《河南总志》是明代第一部河南省志,天顺年间由河南提学副使刘昌创修,因其离任未能完成。成化十五年(1479)会稽人胡谧任河南按察副使,加以删润,成化二十一年(1485)成书,次年刊行。该志凡十九卷,卷前附辅图,记载河南三司,尤其是布政使司和都司的管辖情况,又依次详细记载各府、卫、所的建置沿革、治廨、兵备、屯田、职官等,是研究明代前中期河南行政沿革、经济、职官以及都司卫所制度的重要资料。嘉靖《河南通志》由河南布政使邹守愚主修,开封学者李濂、朱睦㮮同纂,嘉靖三十四年(1555)刊行。此志与以前志书相比有重大突破,其中记述黄河变迁,且附有插图,开地方志《河防志》之先河,价值最高。

明代河南地区涌现一批修志专家,李濂、朱睦㮮、崔铣是其中的佼佼者。著名学者、祥符(今开封)人李濂,致力学术研究40年,在志书编修上付出辛勤劳动,有多部关于古都开封的志书,如《祥符文献志》《祥符乡贤志》《汴京遗迹志》等。著名经学家、周王府宗正朱睦㮮所修志书有《河南通志》《开封府志》《中州

[①] 申畅编著:《河南方志研究》,中州古籍出版社1991年版,第11页。

文献志》《中州人物志》等。理学家、安阳人崔铣,官至南京礼部右侍郎,参与纂修嘉靖本《彰德府志》,对志书修撰颇有见解。他认为志书的主要作用是"备物垂轨",应当言简意赅,不尚浮华。其后修志者多以之为圭臬。

清代河南各级政权多重视志书的编纂。顺治十五年(1658),河南巡抚贾汉复曾组织大规模的全省修志活动,谕令各府州县凡无志者,速宜网罗旧章,抓紧修纂。康熙二十九年(1690),巡抚阎兴邦再次通令各府州县修志,并成立全省修志统辖机构。清代10朝河南地区均有方志编修。顺治年间共修志书60种,康熙、雍正两朝河南共修志135种,乾隆、嘉庆两朝修志达到清代修志的高峰,河南共修志达129种。① 清代河南地区的方志总量比明代多一倍,几乎每一府州县均有志书,许多县都有两部以上,在内容、体例与质量上也优于前代。

河南省志的编写较受重视。顺治十七年(1660)刊出巡抚贾汉复、沈荃修纂的第一部50卷本《河南通志》,康熙三十四年(1695)刊出巡抚顾汧、学者张沐修纂的第二部50卷本《河南通志》,雍正十三年(1735)刊出巡抚田文镜、邹升恒与学者孙灏、夏兆丰共同修纂的第三部80卷本《河南通志》,乾隆三十二年(1767)刊出由阿思哈、嵩贵修纂的第四部84卷本《河南通志》。其中顺治《河南通志》影响较大,康熙年间朝廷将此志颁诸天下,诏直隶和各省修志以为格式。这些志书内容详细,涉及面广,子目繁多。

清代河南省9府、10州、1厅和98县中,共有府志30种,州志37种,厅志3种,县志278种。这些志书为后世研究清代河南的政治制度、经济发展、社会生活、自然科学和社会科学提供了大量有价值的史料。

清代河南省也涌现出一批修志专家。著名理学家孙奇逢是顺治年间最杰出的史志专家,著有《守容纪略》《畿辅人物考》《中州人物考》《容城县志》,并协助修纂《新乡县志》。他在修志理论上有所创新,对后人修志颇有参考价值。耿介修纂的《河南通志》《嵩阳书院志》等评价颇高,河内(今沁阳)人萧家芝主持修纂《河内县志》5卷和《怀庆府志》20卷,亦称于时。康熙、雍正两朝河南籍著名的修志者有理学家张沐、汤斌、窦克勤、李来章等。张沐,字仲诚,上蔡人,顺治十五年(1658)进士,曾任知县,五年内修纂《上蔡县志》《开封府志》和《河南通志》,皆上乘佳作。在编纂《河南通志》时,他"正其伪讹,崇简尚实,准诸礼

---

① 申畅编著:《河南方志研究》,中州古籍出版社1991年版,第24—27页。

义,删黜浮嚣,归于正大"①,增加兵制、邮传和仓庾等内容,丰富了志书体系。乾隆、嘉庆两朝出现几位修志名家和一批方志佳品。王聿修,字念祖,号孝山,禹州人,修有《禹州志》《叶县志》《确山县志》《珙县志》和《禹州纪年》等。武亿,字虚谷,偃师人,著名考据家,主修和参与编修的方志有《偃师县志》《宝丰县志》《郏县志》《鲁山县志》和《安阳县志》。其子武穆淳所修《浚县志》和《安阳县志》内容翔实,可补此邦文献之缺。

第五节　小有成就的文学

从元以迄明清的数百年间,中原文学在全国范围已不占主流和主导地位,但由于河南地区悠久的儒学传统和深厚的文化积淀,河南文学仍有不少重要成果。明前期曾发生诗文复古运动,诗词、散文、小说、剧本等文学体裁都有佳作出现。

一、元代的诗文

在元代文坛上,诗歌与散文仍是主要文学样式,河南诗文作家颇多,成就突出的有姚枢、姚燧、许衡、王恽等。

姚枢和许衡二人既是著名理学家,也是文学家。姚枢的诗歌理学气息浓厚,有《雪斋集》一卷,其《聪仲晦古意二十一首爱而和之仍次其韵》是以诗言理学的作品。许衡亦存诗一卷,《登东城》《秋寒》《谢梁安抚惠田》等堪称代表。他又有词作传世,《沁园春·垦田东城》等颇显功力。

姚燧(1238—1313),字端甫,号牧庵,姚枢之侄,文学成就以散文著名,被时人称作"一代之宗工"。其《太华真隐褚君传》记述全真教道士褚志通事迹,堪

---

① 张沐:《河南通志序》,《河南通志》康熙二十四年刊本。

称佳作。其写华山中心谷景色,环境优美,游人心旷神怡,可与唐宋大家媲美。其诗作以古诗成就较高。五言古诗《过大孤山》《过小孤山》《过开先寺》等,艺术性俱臻上乘。七言古诗《清明日陪诗僧悟柳山登落星寺》等,为写景与抒情相结合的名篇。其词现存约 50 首,内容多为咏物抒怀,《虞美人》风格婉约,《贺新郎》风格豪放,均为佳篇。

王恽(1227—1304),字仲谋,号秋涧,卫州汲县(今卫辉)人,入元后历任翰林修撰、国史院编修官、监察御史,官至翰林学士,著作编为《秋涧集》。王恽为文独辟蹊径,不落窠臼,散文多是制诰、状、碑铭、序等应用文,他主张写诗要平淡而有涵蓄,雍容而不迫切。诗歌各体皆备,清新自然,如《过沙沟店》写农村夏日景色,令人欣然神往,《滹沱秋涨行》《平原行》《大雹行》等都是名篇佳什。

许有壬(1287—1364),字可用,汤阴人,延祐四年(1317)进士,官至中书参知政事、中书左丞、翰林学士承旨等职,有《至正集》《圭塘小稿》传世。他虽身居高位,却同情百姓疾苦,其诗歌中有不少哀叹民生多艰的作品,如《书所见》写农民贫窭至极,卖掉田园仍无法度日,又忍痛卖掉儿孙。少壮之人都流浪外地,老弱病残留在家乡而朝不保夕。五律《荻渚早行》写深秋傍晚的水乡泽国,清霜、枫叶、淡月、芦花、平川、炊烟、山崦、人家,构成一幅和谐的图画。许有壬有词 160 余首,模仿苏东坡、辛弃疾,但过于直白,缺乏想象,意境欠佳。

马祖常(1279—1338),光州(今潢川)人,先世为雍古部人,进士出身,曾任礼部尚书、御史中丞、枢密副使等职。其文章宏赡而精赅,专以先秦两汉为法,而自成一家之言,尤致力于诗,圆密精丽。马祖常关心民瘼,诗中多反映百姓的苦难生活,如《马户》写专门为政府养马的农户为保证马匹骠肥体壮,含泪卖田保马,而自身却无冬衣御寒。他还有不少描写各地风土人情的诗歌,其中对少数民族生活的描绘,宛然一幅浓笔重彩的风情画卷,如《河湟书事二首》之一,呈现边塞风光,旖旎如画。

迺贤(1309—?),葛罗禄氏,汉姓马,字易之,先祖随蒙古人入中原,定居南阳。迺贤曾任翰林院编修官,著有《金台集》。他壮年时云游四方,足迹遍及大河南北,抚时触物,悲喜感慨,形之笔墨。其诗清新俊逸,而有温润缜栗之容,如《塞上曲》之三写少女爱美,折来一枝长十八(草花名)插在帽檐,写得清新自然。其诗中还有不少描述百姓疾苦的凄婉苍凉之作,如《颍州老翁歌》《新乡媪》《卖盐妇》等。《新乡媪》写村妇的凄惨景象,令人泪下。他还有描绘蒙金三峰山(今禹州境内)之战的《三峰山歌》《汝水》等,思想性、艺术性都属上乘。

二、李梦阳、何景明与诗文复古运动

明代前期,由于理学、科举对文人思想的严重桎梏,以及历次"文字狱"的影响,诗人创作陷于毫无生气的局面,"台阁体"诗风统治着文坛。明代中叶,在文学领域出现前、后七子的复古运动。在"前七子"中,李梦阳、何景明最为著名。

李梦阳(1473—1530),字天赐,号空同子,祖籍庆阳(今属甘肃),其父任周王府封丘王教授,遂举家迁居开封。李梦阳于弘治七年(1494)进士及第,官户部主事、员外郎,曾三次被捕下狱,后回开封闲居,著作编为《空同集》。李梦阳以"复古自命","倡言文必秦、汉,诗必盛唐,非是者弗道",①是明代中期文学复古派的代表人物。

李梦阳是"前七子"中的领袖人物,在诗文方面有一套自成体系的理论与主张,主要倾向是倡导复古。他论诗强调质与情,肯定汉魏诗和唐诗的直抒性情,而认为宋诗的以理胜情导致诗歌的衰落。他说:"诗贵宛不贵险,贵质不贵靡,贵情不贵繁,贵融洽不贵工巧……三代以下汉魏最近古。"②认为民众所歌咏的那些表现生活与激情的作品,体现着《毛诗序》中所谓的"发乎情,止乎礼义"的传统,就是好诗。在诗的形式方面,李梦阳强调诗的"格"与"调"。他说:"夫诗有七难,格古、调逸、气舒、句浑、音圆、思冲,情以发之,七者备而后诗昌也。"③这里,居第一、二位的就是格与调,是七难各要素的基础。在其他文章中,李梦阳还明确指出,《诗经》《楚辞》及汉魏诗中所显示的古典体格和动情的古调,是古诗的重要传统,而唐代以后古调亡,至宋诗主理不主调,于是唐调也丧失了。而到了明代,文人诗作格调更坏,这就需要向先秦汉魏的古典诗歌学习。李梦阳还提出要重视"比兴错杂",《秦君饯送诗序》云:"盖诗者,感物造端者也……言

---

① 张廷玉等:《明史》卷二百八十二《文苑二》,中华书局1974年版,第7348页。
② 李梦阳:《与徐氏论文书》,《空同集》卷六十二,《文渊阁四库全书》第1262册,台湾商务印书馆1986年版,第563页。
③ 李梦阳:《潜虬山人记》,《空同集》卷四十八,《文渊阁四库全书》第1262册,台湾商务印书馆1986年版,第446页。

不直遂,比兴以彰,假物讽喻,诗之上者也。"①他在这里强调的"比兴以彰,假物讽喻",正是《诗经》的重要特征和优良传统,做到这一点才是诗之上品。

何景明(1483—1521),字仲默,号大复山人,信阳人,弘治十五年(1502)进士,官至陕西提学副使。他与李梦阳、边贡、徐祯卿并称"四杰",文学声望与李梦阳齐名,著作编为《大复集》。

何景明旗帜鲜明地主张复古,在诗歌理论方面和李梦阳有相似之处,论诗主张真性情与实用,反对空洞无物的矫情之音。他在《明月篇序》中说:"夫诗本性情之发者也。其切而易见者,莫如夫妇之间。是以三百篇首乎《雎鸠》,六义首乎《风》。而汉魏作者义关君臣、朋友,辞必托诸夫妇,以宣郁而达情焉。其旨远矣。由是观之,子美之诗,博涉世故,出于夫妇者常少;致兼雅颂,而风人之义或缺。"②这里,何景明赞赏《诗经》的风人之义与寄兴之法,认为这是古典诗歌的典范,并由此而指出杜甫诗有所不足,正是比较典型地表达了其诗歌的复古主张。何景明持论,谓"诗溺于陶(潜),谢(灵运)力振之,古诗之法亡于谢。文靡于隋,韩(愈)力振之,古文之法亡于韩"③。

但是,何景明和李梦阳在诗歌方面的观点也有一定的差异,这主要表现在诗的写作方法和诗的风格上,以至于引起争论。争论的焦点主要集中在两个问题上,其一是关于作诗之"法"的不同理解。何景明认为"辞断而意属,联类而比物"是"诗文不可易之法",④具体来说就是诗中的语句、字词可以是零散的,而所表达的思想与意境应当是连贯的,表达的方式是要用比兴手法。李梦阳则认为"法"是古人谋篇布局的具体方法,如"前疏者后必密,半阔者半必细,一实者必一虚,迭景者意必二"⑤等。简言之,何景明看重的是诗歌的修辞结构,李梦阳更看重诗歌的音调布局与音调句法,侧重点有所不同。其二是关于诗的风格的

---

① 李梦阳:《秦君饯送诗序》,《空同集》卷五十二,《文渊阁四库全书》第 1262 册,台湾商务印书馆 1986 年版,第 477 页。
② 何景明:《明月篇序》,《大复集》卷十四,《文渊阁四库全书》第 1267 册,台湾商务印书馆 1986 年版,第 123 页。
③ 张廷玉等:《明史》卷二百八十六《文苑二》,中华书局 1974 年版,第 7350 页。
④ 何景明:《与李空同论诗书》,《大复集》卷三十二,《文渊阁四库全书》第 1267 册,台湾商务印书馆 1986 年版,第 290 页。
⑤ 李梦阳:《再与何氏书》,《空同集》卷六十二,《文渊阁四库全书》第 1262 册,台湾商务印书馆 1986 年版,第 561 页。

不同认识。李梦阳的诗风显得沉着粗豪,何景明的则显得飘洒俊逸。李梦阳认为何景明的诗"清俊响亮"过于直白,因而提出诗应当做到"柔淡、沉着、含蓄、典厚",何景明不以为然,回信说:"空同贬清俊响亮,而明柔淡、沉着、含蓄、典厚之义,此诗家要旨大体也。然究之作者命意敷辞,兼于诸义,不设自具。若闲缓寂寞以为柔淡,重浊剀切以为沉着,艰诘晦涩以为含蓄,野俚凑集以为典厚,岂惟谬于诸义,亦并其俊语亮节悉失之矣。"[1]他认为柔淡、沉着、含蓄、典厚各点固然不错,但是不能过分地追求,而要在诗歌写作中来适当体现,不至于影响诗意的表达。

三、明代的诗文

明代河南诗文名家较多,以名列"前七子"中的李梦阳、何景明、王廷相三人成就突出,影响最大。何瑭、崔铣、李濂、卢楠等亦著称于时。

李梦阳文章诸体皆备,体现其复古主张,运思谨严,古奥深厚,但流于艰涩,有些显得粗疏。佳作也相当多,如《梅山先生墓志铭》是一篇记人记事的散文,文学性很强,为人称颂。其诗歌成就最著,所写各体诗继承唐代杜甫、白居易的现实主义传统,才气豪迈,笔力雄健,多有反映现实、揭露时弊的内容。如《秋望》,描写边塞景色,用笔苍劲,格调高古,雄浑流离。《石将军战场歌》写凭吊古战场的感慨,气势雄壮,有感人魅力。李梦阳创作的乐府和古诗有不少富有现实意义的作品,寄寓着作者力求有所改革的政治理想。如《朝饮马送陈子出塞》揭露军队的腐败,描写劳动人民的悲惨处境,笔力苍劲沉重。《君马黄》刻画宦官的骄横,栩栩如生,暴露封建统治集团的罪恶。李梦阳善于结构、章法,其乐府、歌行在艺术上有相当成就。如《林良画两角鹰歌》从画说到猎,从猎生发议论,后画猎双收,颇见功力,但有雕凿之痕。其《七律》专宗杜甫,注意开阖变化,多气象阔大之辞。如《台寺夏日》对台寺的描绘有磅礴飞动的气势,蕴藏着鉴古知今的情思。他也有少许形象飘逸、风味盎然的诗篇。人称:"七言律诗自杜甫

---

[1] 何景明:《与李空同论诗书》,《大复集》卷三十二,《文渊阁四库全书》第 1267 册,台湾商务印书馆 1986 年版,第 290 页。

以后,善用顿挫倒插之法,惟梦阳一人。"①

何景明的文章各体皆备,其散文创作风格个性突出,《上续太宰书》《上杨邃庵书》《与何粹夫书》《郑子作郎中序》等篇,行文凝练,情理并重,娓娓道来,亲切感人。其诗作数量甚多,体裁多样,成就高于散文。《平夷所老人》《城南妇行》《官仓行》《冬雨叹》等属于反映现实的诗作。《明月篇》诗前小序论及诗歌发展的源流,实为重要的诗论著作,最为人称道。

王廷相是明代著名思想家,在文学方面主张复古,提倡古文辞,诗文有突出的成就。其诗歌理论在明代文论中占有重要地位。王廷相的诗多应酬赠答、即景抒情之作,也有一些诗篇咏叹世事艰难和民生疾苦,或表现忧国忧民的情怀。如《陇头水》《燕歌行》反映边塞地区的战乱之祸,《燕歌行》苍凉悲壮,颇有唐代高适《燕歌行》的风韵。咏怀古迹的作品气势宏大,意境深远,《帝京篇》《金陵怀古》都是功力很深的佳作。他还有不少词作,《内台集》中存 66 首,多为写景和赠人之作。王廷相的文章体裁多样,议论文章说理透辟,论辩充分,杂文如《狮猫述》等,借物言事,中寓深意。

何瑭(1474—1543),字粹夫,出生于武陟,随家人迁居河内(今沁阳),弘治十五年(1502)进士,官至礼部右侍郎、南京右都御史,著作有《柏斋集》,诗文颇具特色。其文章诸体皆备,说理明晰,叙事简练,顺畅自然,不事雕饰。论说文《战船议》《织造议》《与杨邃庵论兵五篇》等论辩充分,思虑深宏,识见与才略兼具;记叙文《重修沁河堤记》《白斋张先生墓表》等突出重点,文笔简练。

崔铣(1478—1551),字仲凫,彰德(今安阳)人,弘治十八年(1505)进士,曾任南京国子监祭酒、南京礼部右侍郎,著作编为《洹词》12 卷,另有《读易余言》等。其文章各体皆备,内容务实,文风质朴,《政议十篇》《漫记》《喻间》《记王忠肃翱三事》等堪称代表。《喻间》嘲讽人情世态,笔锋犀利,同唐代韩愈《进学解》近似。《记王忠肃翱三事》通过几件具体小事,突出表现吏部尚书王翱其人为官清正、不徇私情的品格,简短精练,是明代散文中的佳作。

李濂(1488—1566),字川父,祥符(今开封)人,诗文编为《嵩渚集》。其诗数量在 2000 首以上,各体皆备,格律纯熟,文采洋溢,内容有游览感怀、寄赠送别、时令纪事、集宴应酬、寓言讽喻等,多为上乘之作。游览怀古之诗《邯郸怀

---

① 张廷玉等:《明史》卷二百八十六《文苑传二》,中华书局 1974 年版,第 7348 页。

古》《梁王台》《汴州怀古》《夷门》《太原中秋》《春兴》等,堪称名篇。以古文名于时,笔锋踔厉,泉涌飙驰,自成一格。

卢楠(1507—1560),字次楩,浚县人。其赋有名于时,其诗善取人长,又能融会创新,自成一家,著有《蠛蠓集》等。

四、清代的诗文

清代,传统的诗文写作仍占重要地位,河南诗文作家人数较多,如清初的理学家孙奇逢及其后的汤斌、张伯行等。诗文名家有侯方域、宋荦、彭而述、周亮工、刘体仁、武亿、周之琦、何家琪等,其中成就突出、影响最大的当推侯方域。

侯方域(1618—1654),字朝宗,商丘人。其父侯恂明末官至户部尚书,侯方域少时随父寓居北京,崇祯十二年(1639)赴南京应试,参加进步文学团体复社,与方密之、陈贞慧、吴应箕合称"四公子"。弘光朝一度被捕入狱。清初归隐商丘故里,与家乡文士结"雪苑社",后悒郁而死,年仅37岁。

侯方域的文学成就主要体现在散文方面,后人将他和吴伟业、魏禧并称为清初散文三大家。其散文存于《壮悔堂集》,体裁有论、传、记、书、墓铭等。其议论文流畅恣肆,气势宏伟,《朋党论》《王猛论》等可谓代表作。其传记文具有唐人传奇笔法,以《李姬传》《马伶传》最为著名。《李姬传》记述风尘女子李香君,后来孔尚任的传奇《桃花扇》即以她为女主角。《与任王谷论文书》《与陈定生论诗书》等论文论诗的文章则表达了他的文学观点。

侯方域的诗存世约200多首,境界很高,以其写给李香君的定情诗《赠人》最为著名。他早年的诗作《恶木》思想内容较有现实意义,《过凤阳陵园》《过江秋咏八首》《梁园怀古》《苦疫行》等都在一定程度上反映了当时的社会现实。《章皇帝御笔歌》是其后期诗作的名篇,写他在苏州周少府家中看到明宣宗所绘《三老图》时引起对明代盛世的追思,曲折地流露出民族情绪。

周亮工(1612—1672),字元亮,祥符(今开封)人,崇祯十三年(1640)进士,官至浙江道侍御史。后降清,官至吏部左侍郎。其诗文都有较高成就,编为《赖古堂集》。其诗作多反映当时的重大历史事件,流露出汉族官员遭受排挤、不被信任的情绪,表现出对人生的无奈、伤感和一定程度的悔恨心态。在风格和艺术性方面宗法唐人,以歌咏性情为主,重视格律,沉稳工整,《寒食诗话楼感怀四首》堪称代表。即景咏怀诗《钱塘江示王古直》《蓬莱阁》等豪情奔放,情景交融。其写景诗富诗情画意,有唐代王维之风。

彭而述(1606—1665),字子篯,号禹峰,邓州人,少时入复社,与吴应箕等名士结交。崇祯十三年(1640)中进士,入清后任贵州巡抚、广西按察使、云南左布政使等职。著作编为《读史亭诗集》16卷、《读史亭文集》22卷。彭而述长期在湘、粤、滇、黔等地为官,对西南地区的山川风物、世俗民情有较深了解,其诗多记时事,且能较为客观地据实描写。其诗《战城南》写清初桂林、长沙两地抗清武装和清兵的激战,场面宏大,气势雄奇。《白米词》写在战乱背景下贫苦百姓生活无着的惨象,在一定程度上揭示了当时的社会矛盾。彭而述还有词作,《金人捧露盘·感旧》追忆历史、怀念往事,词意深邃,格调苍古,耐人品味并引人沉思,是清词中的佳作。

刘体仁(1612—1677),字公㦖,颍川卫(今属许昌)人,顺治十二年(1655)进士,在京师和王士禛、汪琬等名士交往唱和。因家难弃官,师从孙奇逢治学。后再起,官吏部考功郎。刘体仁工诗文,多才艺,平生仰慕成连、陆贾、司马徽、桓伊、沈麟士、王绩、韦应物七人,曾作《七颂诗》,其诗文集即名为《七颂堂集》。刘体仁的诗主要是山水游记和酬答友人之作,也有一些感伤时事的作品,如《书悔》26首等。其诗的艺术风格近似于唐代的孟郊,追求生新瘦硬,力避平庸浅易,《送戴务旃游华山》可称代表作。

宋荦(1634—1713),字牧仲,号漫堂,归德(治今商丘)人。早年在家乡参加由侯方域组织的雪苑社,与侯方域、贾开宗、徐作肃、徐世琛、徐邻唐并称为"雪苑六君子"。后入仕,官至吏部尚书。其著作主要有《西陂类稿》50卷及《绵津山人诗集》《漫堂说诗》等。宋荦的文学成就主要在诗歌方面,其诗当时和王士禛齐名,神苍骨劲,格高气浑。其长篇之雄变如虬龙之细化,短章之秀杰如珠玉之莹润。纪行之作如《荻港避风》《过凤阳》《登废城》《武城道中》等,写当时朝代更替的战乱给各地百姓带来的灾难和造成的社会破坏,具有较强的现实意义。一些咏物题材的诗也各具特色。如《绿牡丹二首》咏洛阳牡丹名品,观察事物细致,构思新奇,诗意酣畅,意蕴丰厚。宋荦的词作亦甚可观,《枫香词》收录其词作25首。其中《南浦·登滕王阁》由滕王阁的位置状貌而引发对历史的感慨,情景交融,意蕴深厚,词藻典雅,文采盎然,堪称代表作。

吕履恒(1650—1719),字元素,号坦庵,新安人,康熙三十三年(1694)进士,官至户部右侍郎,著作有《梦月岩诗集》《冶古堂文集》等。其文学成就中诗歌占主要地位。《梦月岩诗集》中存诗约 1500 首,各体皆备,内容丰富。其诗《斫榆谣》《古城谣》《函谷讴》《捕蝗谣》《邻人别》等,直言当时利病,从不同方面反映当时的社会生活,在一定程度上表现了民众疾苦。其《哀流亡》诗,写当时河南境内灾荒,造成广大民众流离失所,啼饥号寒,对流民的不幸与痛苦表示真挚的同情。有些诗作写河南风物,如《洛阳秋思八首》《淇上怀古》等,对景抒情,中寓深意,启人思考。吕履恒的词作也有很高的成就,《梦月岩诗余》收录其词作 24 首,《念奴娇·对雪和云旷》《鹧鸪天·青要山堂自述四首》《念奴娇·题〈秣陵春〉传奇》均为名作。

刘青藜(1664—1707),字太乙,号卧庐,襄城人。康熙四十五年(1706)进士,选庶吉士,以奉养父母为由告归,著有《高阳山人集》20 卷。其文学成就主要是诗,有数千首,其中古乐府 115 首最为人传诵。此外还有咏古、凭吊等诗,也多有佳作。《清诗纪事初编》收其诗 7 首,大都是反映当时民众疾苦的作品。其中 3 首写蝗虫肆虐给农民造成惨重灾难,表达作者对民生疾苦的深切关注。《乞儿行》写灾荒年景贫苦农民拖家带口外出行乞、饥寒交迫的惨状,《纳谷行》写农民被官府催逼纳缴官粮的悲愤,从不同方面反映现实社会的真相,具有史诗的性质。

周之琦(1782—1862),字稚圭,号耕樵,祥符(今开封)人,嘉庆十三年(1808)进士,官至广西巡抚。他是清代后期河南著名作家,其文学成就主要在词的方面,词作有《金梁梦月词》《怀梦词》《鸿雪词》《退庵词》,总称《心日斋词集》,共约 300 余首。其词浑融深厚,语语藏锋,《惜红衣·访姜白石葬处》《高阳台·叹茂陵》等,堪称代表作。《鸿雪词》中的《汉宫春·汤阴岳鄂王祠》、《浣溪沙》8 首,皆是怀古之作,构思新巧,词意婉转,耐人寻味。

蒋湘南(1795—1855),字子潇,固始县人,曾在山东、江南、陕西等地担任幕僚,又主讲于关中书院,为陕西纂修地方志多部,著有《七经楼文钞》《春晖阁诗钞》等书。其诗歌对山川形势、风光、民情、风俗、经济利弊都有生动的描绘,充满治世进取精神,也写出失意文人怀才不遇、漂泊天涯的无限感慨。他主张真古文,注重实用,反对风靡文坛的"桐城派"古文。蒋湘南的诗文记述了发生在河南的重大事件,例如嘉庆初年白莲教起义、黄河在开封决口,为研究河南地方史提供了有价值的史料。

五、小说创作

明代河南笔记小说作家,应首推著名学者李贤。李贤,字原德,邓州人,官至首辅,有笔记《天顺日录》《古穰杂录》《赐游西苑记》等。其《古穰杂录》记述永乐、洪熙、宣德、正统、景泰诸朝轶事,可补正史之不足;《赐游西苑记》记述西苑(今北京中南海)的景物与风光。章回小说则以方汝浩为代表。方汝浩,字履先,洛阳(一说荥阳)人,约生活于明末,有长篇章回小说《禅真逸史》《禅真后史》和《东度记》等传世。《禅真逸史》分8卷40回,写东魏时高僧林时茂与其高徒杜伏威、薛举、张善相仗义除恶、济世利民、终成正果的故事。《禅真后史》凡60回,情节接续《禅真逸史》。《东度记》又称《续证道书东游记》,凡20卷100回,叙写印度高僧达摩来华传法布道的故事,属神魔小说。

清代河南的长篇章回小说,有《情梦柝》和《歧路灯》。

《情梦柝》出现于清代前期,题"惠水安阳酒民著",作者当曾在安阳生活。小说主人公是归德府鹿邑县(今属河南)人。故事背景是明朝崇祯年间,属于才子佳人小说,以鹿邑秀才胡楚卿与兵备官沈长卿之女沈若素的爱情为主线,以遂平儒生吴子刚的生活经历为辅线展开情节,结构颇具匠心,情节曲折,人物形象鲜活生动。小说继承了明代以来白话小说的特点,熟练运用河南方言口语,具有丰富的表现力和强烈的感染力。

李海观(1707—1790),字孔堂,号绿园,祖籍新安,出生于宝丰。乾隆元年(1736)科举会试不中,开始撰作《歧路灯》,50岁时写完前80回。此后外出游历,曾任贵州印江知县。乾隆三十九年(1774)辞官返乡,完成《歧路灯》的撰作。

《歧路灯》所写故事的时代背景为明嘉靖年间,实际反映的是作者所生活的清中期的社会现实。内容是祥符县(今开封)一个书香世家的公子谭绍闻从开始的堕落败家到后来浪子回头、重振家业的故事,以谭家由盛而衰、由败而兴以及谭绍闻的经历为线索,展示了广阔的社会背景。《歧路灯》用现实主义手法反映和描写当时的社会生活,其中的封建正统思想倾向和救世宗旨具有理想主义的浪漫色彩。小说的结构是以主要人物的经历与命运为主线,辐射到社会生活的方方面面,提纲挈领而又主次分明。朱自清特别推重《歧路灯》的结构,说:"单论结构,不独《儒林外史》不能和本书相比,就是《红楼梦》也还较逊一筹。我们可以说,在结构上它是中国旧来惟一的长篇小说。"[1]

六、杂剧创作

我国的戏曲艺术经历了漫长的孕育过程。话本、说唱等文艺形式和群众有着密切联系,北宋时已得到长足发展。北宋的杂剧和后来的金院本都是戏剧的雏形,宋金说唱文学主要有鼓子词、词话和诸宫调等。传奇小说、话本小说为文学剧本的产生准备了条件,并提供了为人们熟知的人物形象。这些为元杂剧的产生奠定了坚实的艺术基础。元杂剧是在金院本和诸宫调的直接影响之下,融合各种表演艺术形式而形成的一种完整的戏剧形式,被王国维称为"一代之文学"。除元大都(今北京)以外,河南地区是元杂剧创作和演出兴盛的地区,戏曲作家主要有郑廷玉、李好古、宫天挺等。

郑廷玉,彰德(治今安阳)人,生卒年不详,当出生于金亡国前不久,卒于元成宗大德初年。他是元代剧坛的喜剧艺术大师,中国古典喜剧的创始人。郑廷玉编撰的杂剧共22种,今存5种。代表作《看钱奴买冤家债主》是一出不朽的讽刺喜剧,后世多有改编,流传很广。《楚昭王疏者下船》写春秋时楚昭王逃难的故事。《包待制智勘后庭花》写包公断案的故事,剧情虚构,是元杂剧中著名的公案戏之一。其剧作多采用幽默滑稽的喜剧手法,富于浓厚的民间生活气息。

李好古,籍贯不详,或谓西平(今属河南)人。所撰杂剧3种,今仅存《沙门岛张生煮海》,写男女青年对爱情的大胆追求,充满浪漫主义色彩,是元杂剧中的精品,后世作家多对此剧进行改编。如李渔将此剧与《柳毅传书》合编为《蜃中楼》传奇,各地方剧种也曾单独改编此剧。

宫天挺,字大用,大名路开州(今濮阳县)人,曾任钧台(今禹州)书院山长,与《录鬼簿》作者钟嗣成之父为友,卒于常州。他撰作杂剧6种,今存2种,《死

---

[1] 朱自清:《歧路灯》,转引自《歧路灯论丛》(一),中州书画社1982年版,第11页。

生交范张鸡黍》是其代表作。

朱有燉(1379—1439),号诚斋,明太祖第五子周王朱橚之子,三岁时随父到开封,一生基本在开封度过。他创作杂剧 30 多种,总称《诚斋传奇》或《诚斋乐府》,存世者 31 种。作品选材广泛,多为"神仙道化""孝义廉节"和"烟花粉黛"三类,以《曲江池》《义勇辞金》《香囊怨》《继母大贤》思想内容和艺术手法较好。朱有燉的杂剧曾风行一时。

著名科学家、明郑恭王世子朱载堉的《醒世词》,今存 150 余首,属于通俗的俚曲和歌谣。他撰作俗曲的目的是感世、讽世与嘲世,如《高人叹世》用民间小调的形式表达对人情冷暖、世态炎凉的感叹,《山坡羊·休望人》《捣练子·求人难》等用通俗的俚语表现作者经历人生坎坷后对世道人心的深刻体验与感悟,《山坡羊·富不可交》和《黄莺儿·骂钱》是对富人的揭露和对金钱的讨伐,对世俗的抨击与针砭入木三分。

第六节　书画、戏曲与乐舞艺术

元、明、清三代的河南艺术,传统的文人学士书法、绘画与唐宋相比,有所衰落。但是民间艺术,包括民间绘画、民间乐舞、地方戏剧等都有发展,呈现出欣欣向荣的局面。朱仙镇木版年画历久不衰。河南梆子等地方戏剧逐渐形成,民间歌舞亦丰富多彩。

一、书法艺术

元、明、清三代的文人学士在吟诗作文的同时,多能书写。这一时期河南书家甚多,而以元代的鲜于枢、朱德润,明初的宋广,明末清初的王铎最为著名。明潞王朱翊镠,清雍正皇帝胤禛、乾隆皇帝弘历与学者俞曲园等在河南多地题诗、题匾、树碑、刻石,对中原书法的延续有一定推动作用。

鲜于枢(1246—1301),字伯机,出生于汴梁(今开封),居官江南扬州、杭州,是元初影响最大的书法家。他擅长楷书、行书,草书尤精,传世墨迹有《韩愈进学解草书卷》《真草千字文》《杜甫魏将军歌卷》《楷书老子道德经卷》《行书秋兴诗册页》等,为赵孟頫推崇。

朱德润(1294—1365),字泽民,睢阳(今商丘睢阳区)人,后寓居苏州。他曾任国史院编修,至治二年(1322)进献《雪猎图》,后退隐家居。至正十一年(1351)出任江浙中书省照磨,晚年病归故里。其书法以王羲之为宗,笔力遒健,可与鲜于枢、赵孟頫相颉颃。

宋广,字昌高,南阳人,生卒年不详。主要活动于明初洪武年间,曾任沔阳(治今湖北仙桃)同知。他擅长草书,大草师法唐书法家张旭、怀素,亦善章草。《太白酒歌轴》堪称其代表作,又有《临自叙帖》《风入松词轴》传世。

王铎(1592—1652),字觉斯,孟津人,明天启二年(1622)进士,南明弘光朝官至东阁大学士,后降清,官至礼部尚书,乞归乡里。王铎的书法取法东汉末钟繇,亦宗承晋代王羲之、王献之,兼采唐代欧阳询、颜真卿、柳公权及宋代苏、黄、米、蔡诸家之长,通过自己的领悟与创造,形成独特的风格,功力颇深。其楷书、行书、草书都很成熟,尤擅长临王羲之的草书帖。其草书以沉雄顿挫为体,以飞动变化为用,达到寓变态于毫端、寄情于纸上的艺术境界。他晚年将书、画、诗融为一体,达到更高的艺境。留存后世的作品有摩崖、碑碣、墓表和《拟山园帖》《延香馆帖》《琅华馆帖》等字帖。王铎的书法在明末已享有很高声誉,对清初书法产生一定的影响。当代日本书画界称他为"神笔王铎",对其书法极为推崇。

二、文人绘画与民间画派

元、明、清三代的河南绘画,可分为文人画与民间艺人画。文人画以山水画为主,乃北派山水的延续;民间绘画主要是壁画、年画等。

北派山水画,元代的朱德润、明代的张路与张成龙、明末清初的王铎堪称代表。

朱德润,字泽民,睢阳(今商丘睢阳区)人,迁昆山。其山水画师法许道宁和郭熙,构图或作溪山清远,或作林木挺健、峰峦耸秀,极富真实感,笔墨秀劲清雅。传世作品有《秀野轩图》与《松溪鲂艇图》,藏于故宫博物院,又有《林下鸣琴图轴》《浑沦图》等。

张路(1464—1538),字天驰,祥符(今开封)人,山水、人物、花鸟虫鱼画皆工。其山水画有戴进风致,《山水人物册页》《道院驯鹤图》堪称其代表作。传世作品还有《吹箫女仙图卷》(藏故宫博物院)、《山雨欲来图卷》和《溪山放艇图轴》等。他早年临摹吴道子、戴进所画人物,能以假乱真。其人物画继承吴道子、梁楷、牧溪的疏体写意传统,笔势雄壮。

张成龙,字白云,大梁(今开封)人。他爱好诸家山水,久而化之。其画作细密精工,笔力高古,有自家风格,代表作《峨眉积雪图轴》图画积雪峨眉,山脚下、山顶上几丛稀疏树木,下临江水,全景用淡墨衬底,留白表积雪,山石很少皴擦。又有一幅扇面山水,风格与《峨眉积雪图轴》相同。

著名书法家王铎亦善绘画,多取法五代北宋诸家,而颇具特色。其山水花卉画有不少上乘之作。其山水画效法荆浩、关仝,风格苍秀清新,后人评价颇高,《山水轴》堪称代表。传世作品有《乡野卧游》《秋山居闲》《设色山水册页》,其《山水团扇》尤为精彩。其花卉画着意神采,不求形似,也有一定影响。

谢缙(或作晋),字孔昭,号兰亭生、葵丘道人,祖籍河南,侨寓吴中。画山水师从赵孟𫖯、王蒙、赵原诸家,传世作品极少。《潭北草堂图轴》描绘的是峰下茅屋,峰峦耸秀,画面气势雄奇,湿润华滋,沉郁深秀,气韵苍厚,是明朝山水画中难得的佳构。

祥符(今开封)人周亮工,明末任浙江道监察御史,入清官至户部右侍郎。他能文善诗,精于书画、印章、版刻艺术,著有多种杂著。其《画人传》《印人传》,为篆刻、绘画艺术史的研究提供了重要资料,其家刻本《赖古堂集》被誉为清代佳刻。

元代洛阳涌现出一个民间画派,永乐宫壁画是杰出的代表作。永乐宫位于山西省芮城县永乐镇,其三清殿内的东、西、北三壁及神龛左右两侧绘有大型壁画《朝元图》,据三清塑像背后扇面墙内侧的云气壁画题铭可知,此壁画的创作者是河南洛阳人马君祥、马七父子及其徒弟,其中多数是宫廷绘画待诏。《朝元图》完成于元泰定二年(1325),描绘道教神仙朝元的盛况。画面有 8 位身高 3 米的道教帝君,围绕帝君共有 286 位各路神仙,重重叠叠分为四层排列。整个壁画浑然一体,场面宏伟,人物组合主次分明,和谐统一,画法细腻,线条流畅,色调纯朴浑厚,艺术性达到古代壁画的最高境界。《朝元图》是中国绘画史上的艺术珍品,显示出元代中原民间画工的卓越成就。其绘画渊源可以上溯到唐代吴道子的《五圣朝元图》,对明、清两代的佛道人物画有一定的影响。

三、朱仙镇木版年画

朱仙镇木版年画源于北宋都城东京开封的木版门神画,城南的朱仙镇当时已经是绘制、刻印及销售年画的重要地点。从明中期至清中期,朱仙镇逐渐发展成为全国四大名镇之一,百业兴隆,传统年画制作规模增大,成为当地著名特产。明代后期朱仙镇已经有相关行会,雕版艺人有"门神会",敬鲁班和财神;红纸业有"红纸会",敬葛仙。清乾隆、嘉庆年间,朱仙镇有生产、经销年画的作坊数百家,镇周围数十个村许多民众从业。

朱仙镇木版年画大体可分为五大类:其一是门神类,武门神绘秦琼、尉迟恭等,文门神绘天官赐福等,还有财神门神、三星门神、童子门神、辟邪门神等。其二是神码类,所绘有灶画、天地全神、车旗、场旗、圈神、佛祖全图等。其三是故事年画,取材于历史故事、神话传说、戏曲人物、英雄豪杰、才子佳人等。其四是家堂,为家庭祖宗的画像,有大家堂、二家堂等不同式样。其五是游戏图,有升官图、消寒图等,供玩耍、消遣之用。

木版年画的绘图采用传统国画的表现手法,用黑色线条勾勒,套色印刷。色彩多用大红大绿大黄大蓝大紫,也有全用黑色者,色彩鲜艳,构图奔放,粗犷雄浑,主题突出,表现出传统的审美观念。其刻版技艺要求很高,印制工序严格。技术有技师传授,代代传承。

四、地方戏剧的产生

明清时期河南地方戏开始形成,主要是河南梆子与越调的产生。河南梆子是豫剧的前身。

明代中叶在河南地区流传的民歌小调《锁南枝》《傍妆台》《山坡羊》《打枣杆》等,被许多剧种吸收作为曲子。河南梆子就在这种源远流长的戏曲演变中应运而生。

河南梆子是中原地区的主要剧种,产生于清代乾隆年间。清代梆子腔由秦腔演变而来,它由西向东、向南发展,演化为同州梆子、山西梆子、上党梆子、蒲州梆子、河南梆子、山东梆子、章丘梆子、莱芜梆子等,至江南则演化为昆梆、绍剧等。另有"三省三州说",以为梆子腔诞生于陕西的同州、山西的蒲州、河南的陕州这个三角地带,首先"中心开花",而后向四方流传。

当代学者多认为,河南梆子由甘肃、陕西一带的秦腔传入河南而形成。河南流行的梆子戏、罗戏、卷戏,合称"梆罗卷",其中的"梆"就是后来的河南梆子的前身。乾隆年间河南剧作家吕公溥的《弥勒笑》传奇"自序"中说:"关内外优伶所唱十字调梆子腔,真嘉声也。歌者易歌,听者易解,不似听红板曲辄思卧也。"这里提到的"关内外"是指潼关内外,"十字调梆子腔"就是当时从西边传来的梆子腔,唱词多采用十字句式,即早期河南梆子的一种调式。徐珂说:"北派有汴梁腔戏,乃从甘肃梆子腔而加以变通,以土腔出之,非昔之汴梁旧腔也。"[①]这里所谓的"汴梁腔戏",即从西边传来的"甘肃梆子腔"演变而成的河南梆子,亦即后来河南梆子的豫东调的前身。

康熙年间,曾在开封做官的刘廷玑,在其《在园杂志》中谈到弋阳腔演变为四平等腔之后,梆子腔、乱弹腔、巫娘腔、唢呐腔、罗罗腔就是河南本地土腔。《歧路灯》也记载当地土腔,说明这时河南梆子已经形成。清代中后期逐渐发展成熟,有班社、名演员、剧目,还因地域不同形成不同流派。戏班一般由官府或富绅举办,朱仙镇明皇宫就是同治年间豫剧班社集资修建的。当时共有74班社,遍及26个府县,最有名的是老三班、义成班、公兴班、公议班。流派分祥符调、豫北高调、豫东调、沙河调、豫西调,以祥符调最普及,各流派都有自己的名旦、花脸、须生、小生、名丑、红脸等名演员。

越调原来称四股弦,属于弦索腔系统,音乐唱腔和表演语汇都十分丰富。在河南地方戏中,越调是起源最早的剧种之一。明代末年即有越调。清代中叶,河南省境内已有越调班社在活动。乾隆年间禹县(今禹州)县衙和车马行组

---

① 徐珂编撰:《清稗类钞》第十一册《戏剧类·汴梁腔戏》,中华书局1984年版,第5021页。

织过越调班社。清代后期越调班社主要流行于南阳一带,清末河南地区已经有100多个越调班,越调已经进入全盛时期。

五、民间乐舞

在音乐舞蹈方面,明代乐律学家朱载堉著有《操缦古乐谱》《旋宫合乐谱》《乡饮诗乐谱》《六代小舞谱》《小舞乡乐谱》《八佾缀兆图》《灵星小舞谱》等,收存于《乐律全书》中。

明清时期河南的民间乐舞与民俗活动内容丰富,形式多样,其中不少是与音乐歌舞相关的文艺活动的形式。一些常见的民间文艺形式也大体定型,代代流传。城乡逢年过节或有喜庆活动,都要进行表演,表演者有民间专业班子,也有普通民众参与。民间乐舞的主要形式有舞龙、玩狮子、跑旱船、推小车、踩高跷、打腰鼓等。

舞龙,又叫耍龙灯。龙用竹篾或铁丝编成,外面糊纸或布,上画龙鳞、饰龙爪,龙头木制彩绘。龙长数丈,每节下面安装木柄,舞者手持木柄挥动,配合龙头动作,整个长龙活灵活现。

玩狮子,又叫狮子舞,一般由两人表演。一人持头扮狮子前半身,另一人抓住前一人腰部扮作狮子的后半身,合作表演狮子的各种动作,或者由一人扮作小狮子,随在大狮子的前后做出撒欢、蹦跳等动作,滑稽惊险。

跑旱船,也叫赶花船、旱船舞。船体用竹篾扎成,外面蒙彩布为船身,上扎凉棚,加花边装饰。一年青女子驾船步行,一男青年扮作拨船者,两人配合,做出船在水面急行、转弯、颠簸等动作,表现男女谈情说爱内容,富有生活情趣。

推小车,也叫小车舞。小车用木条扎制,两边垂布幔,上画着车轮。一年青女子站在"车"中,车上放两个扎制的假腿。后有一人推车,多扮作老汉。车旁另一女子扮作侍女。三人配合表演推车赶路,做出观景、调笑、逗乐动作,乡村气息浓厚。

踩高跷,也叫高跷舞。高跷腿用硬木制作,上面一侧固定一块约20厘米大小的脚蹬。表演者把高跷绑在腿上,脚板踏着脚蹬,不停地走动保持平衡。高跷分文、武跷两种。文跷注重表演调情逗乐,引人发笑;武跷有劈叉、跳跃、翻跟头等动作,表演难度较大。

打腰鼓。腰鼓两头大、中间细,称作细腰鼓,也有两头较细、中间较粗的长圆筒状。将小鼓系腰间,边敲击边舞。表演者双手各持一鼓槌按照节奏轮番击打,欢快而热闹。表演者统一着装,舞步和鼓点整齐划一,非常壮观。

明清时期中原的民间乐舞与民俗活动形式很多,还有扭秧歌、铜器舞、灯彩舞、花伞舞、鬼神舞等。这些乐舞与活动形式在民众中扎根,至今还活跃在民间。

第七节 科学技术的新成就

元代以降,河南乃至全国的自然科学技术已落后于欧洲许多国家,其主要表现是近代科学技术没有萌生的迹象,但一些传统的自然科学则继续缓慢发展,河南学者开始接受西方的科学技术,有的科技领域走在全国乃至世界的前列。

一、天文律历学与数学

元朝初年使用的辽、金《大明历》是金朝在宋《纪元历》的基础上稍加订正而成。后虽重修,但因使用时间过长,已出现历法与天象不符的情况。至元十三年(1276)六月,世祖忽必烈下诏设太史局编制新历,命郭守敬、王恂率南北日官,分掌测验推步,左丞、怀孟河内(今沁阳)人许衡参与其事。许衡认为:"冬至者历之本,而求历本者在验气。"[①]也就是要测定二十四节气,首先是测得冬至的准确时刻,才能制定出完善的历书。许衡乃与太史令郭守敬等新制仪象圭表以进行观测。

---

① 宋濂等:《元史》卷一百五十八《许衡传》,中华书局 1976 年版,第 3728 页。

郭守敬(1231—1316),字若思,顺德邢台(今属河北)人,著名天文、水利学家,曾领都水监、知太史院事。他上奏说:"历之本在于测验,而测验之器莫先仪表。今司天浑仪,宋皇祐中汴京所造,不与此处天度相符,比量南北二极,约差四度,表石年深,亦复欹侧。"郭守敬于是动手改进并创制天文观测仪器,"作正方案、丸表、悬正仪、座正仪,为四方行测者所用"①。为进行天文观测,至元十六年(1279)郭守敬在全国建造27处观测台(站),至今保存下来的只有阳城(今登封告成镇)一处。"观星台的基本结构,一是由回旋踏道簇拥着的巍峨台身;一是由台身北壁凹槽内向北平铺的石圭。""石圭与直壁、横梁是一组观测日影的仪器。"②此台建筑完整,石圭基本完好,是我国现存最早的天文台建筑,也是世界上重要的天文遗迹之一。

在取得大量准确观测数据的基础上,郭守敬、王恂和许衡等制定《授时历》,于至元十七年(1280)颁布。《授时历》建立在天文观测的基础上,参照大量古代天文资料,推算极为精密,远远优越于其他历书。

朱载堉(1536—1611),字伯勤,明朝郑恭王世子,生活在河内(今沁阳)。他终生从事科学研究,领域广泛,涉及乐律学、天文学、数学、计量学、历学等许多方面。

在历法方面,朱载堉著有《圣寿万年历》和《万年历备考》等,集为《历学新说》一书。他将明初以来通行的《大统历》与《授时历》加以比较,发现误差甚大,"考古则气差三日,推今则时差九刻",于是考其异同,吸取许衡、郭守敬的成果,结合万历前后百年天象实践,以万历九年为元,制定新历,称《圣寿万年历》。

在乐律方面,朱载堉著有《律学新说》《乐学新说》《律吕精义》,收存于《乐律全书》中。朱载堉是世界上第一个运用数学等比级数来划分音律的人。万历十二年(1584),他创造的"十二平均律"("新法密率")是世界乐律史上的杰出成就。中国古代音律有五声八音之说,随着音乐的不断发展,提高音乐的准确率成为迫切需要。朱载堉找到一个计算律管长度的公式,求出完整的八音度,然后将八度分为十二个相等的半音,制成一个表,标明标准律管的长度、半长律

---

① 宋濂等:《元史》卷一百六十四《郭守敬传》,中华书局1976年版,第3847页。
② 张家泰:《登封观星台和元初天文观测的成就》,《考古》1976年第2期。

管的长度及双长律管的长度。由于各相邻的两律之间的振动比完全相等,所以称为"十二平均律"。这种音乐律制解决了前人从未攻克的旋宫转调的难题,被广泛运用于控键盘乐器和竖琴等乐器,在欧洲直到1636年才由法国科学家提出相同的理论。

朱载堉在数学、计量学方面的成就是撰作《算学新说》《嘉量算经》《圜方勾股图解》等。他除了将数学理论应用于乐律与天文历法方面的计算,在圆周律的计算问题上也有重要进展,并发明用珠算开平方、开立方的运算方法,在九进制和十进制的小数换算、求解等比例数列、三角形与圆形的勾股问题上都有重要发现。他的许多成果和研究方法已接近近代自然科学的边缘。

由于上述成就,朱载堉被誉为"明代的科学和艺术巨星",被联合国教科文组织确定为世界文化名人。

杜知耕,字端甫,归德府柘城(今属河南)人,康熙二十六年(1687)举人。他对明末徐光启的数学译著《几何原本》"复加删削",提出自己独到的见解和论题新法,著成《几何论约》7卷。又有《数学钥》7卷,"以古九章为目"。在中国古代数学论著的基础上,采用西方学者数学研究的方法,认为数学研究离不开图形,而图形又离不开手指,遂发明用甲、乙两字代替手指作图解,人称"图注九章"。

杜知耕的同乡李子金,号隐山,酷爱数学,著有《隐山鄙事》四卷,创造性地发展一些几何原理。睢州(今睢县)人孔兴泰对数学理论也有较深入的研究。他在《大测精义》一书中提出求半弧正弦法,其步骤和方法与杰出数学家梅文鼎的正弦简法异曲同工。

二、植物学

朱橚(1361—1425),明太祖朱元璋的第五子,洪武十一年(1378)由吴王改封为周王,藩府在开封府祥符县(今开封)。朱橚好学能诗文,曾作《元宫词》百章,在植物学、医学方面都取得显著成就。他重视实践和实地调查,建立植物园引种各种野生植物,观察其生长、发育、成熟、繁殖,取得第一手资料,还派人到河南各地考察植物产地,远及陕西华山和太白山。元末明初开封府自然灾害频繁,人民生活艰难困苦。朱橚以国土夷旷,庶草蕃芜,"念林林总总之民,不幸罹于旱涝,五谷不熟,则可以疗饥,恐不得已而求食者,不惑甘苦于荼荠,取菖蒲弃鸣啄,因得以裨五谷之缺,则岂不为救荒之一助哉"①,遂编写《救荒本草》一书,胪列救荒植物 414 种,其中见于旧本草者 138 种,新增 276 种。《救荒本草》是我国最早的一部中原植物志,对植物的描述、分类、加工及生态环境方面的研究超越了前人,对剧毒植物采取的吸附分离技术有极高的科学价值。美国科技史专家萨顿称《救荒本草》是"中世纪最卓越的本草书"②。

吴其濬(1789—1847),字瀹斋,号吉兰,固始人。出身于书香门第,29 岁考中状元,历任多省巡抚、总督。他在政务之余从事科学研究,在植物学、矿物学、水利学、农学等方面均有建树,而以植物学成就最大。他在做云贵总督期间,深入矿区调查研究,编写了《滇南矿厂图略》。这是我国第一部关于矿业生产工具及矿厂经营管理方面的专著,对于研究中国古代采矿技术与管理有重要的学术价值。他还考察淮河,写出对治淮颇有参考价值的《治淮上游论》。他科学地接受国外引进的良种,如南瓜、玉米等,并着力加以推广。

吴其濬对植物进行全方位的研究。他在家乡固始创办植物园——东墅,作为研究植物的场所。他参考《神农本草经》《南方草木状》《梦溪笔谈》《天工开物》《本草纲目》和《救荒本草》等植物学典籍和地方志书数百种,首先编写《植物名实图考长编》22 卷,近 90 万字,在此基础上编写出旷世巨著《植物名实图考》。该书共分 38 卷,记载植物谷、蔬、山草、隰草、石草、水草、蔓草、芳草、毒草、群芳、果、木凡 12 大类 1714 种,涉及 19 个省,比李时珍所录植物多 519 种。全书侧重植物的药用价值,每种植物大都详尽记述其形色、性味、用途与产地,并附图 1865 幅,共计 7 万余字。该书是我国第一部以植物命名的学术专著,是收载植物最多的区域性植物志,对植物分类学、药材形态学、药物治疗学等都有创造性贡献,将我国传统的植物学研究推向新的高峰,开近代植物学之先河。该书道光二十八年(1848)刻印问世,很快传到国外,在植物学史上的地位为中外学者公认。德国学者瑞得内斯 1870 年出版的《中国植物学文献评论》一书

---

① 下同:《救荒本草序》,朱橚著,倪根金校注:《救荒本草校注》,中国农业出版社 2008 年版,第 1 页。
② 潘吉星编:《李约瑟文集》,辽宁科学技术出版社 1986 年版,第 781 页。

说,《植物名实图考》中的"刻绘尤极精审","其精确程度往往可资以鉴定科或目甚至物种",欧美学者研究中国植物必须一读。1880年传到日本,即被翻刻。日本东京大学植物学教授伊滕圭介称赞《植物名实图考》"辩论博深""详细精密"。

三、医药学

元、明、清时期河南地区的传统医学继续发展,诞生了许多名医,并有多部重要的医学典籍问世。

元代彰德府汤阴县(今属河南)"一真堂"名医张傅文,既善于针灸,又能用药物治疗,善用酷烈剂,曾为同乡官员许有壬治病。许有壬称他:"针法得其真,则治病不谬。诊病识其真,则用针不忒。制药得其真,则施用不悖。"[①]大梁(今开封)人赵宜真,亦是元代著名医家。

明周王朱橚少时即有志于医药,弱冠之年,令藩府掾属纂集《保生余录》《普济方》。在他主持编辑的几种医药方剂书中,以《普济方》最有影响力。朱橚垂悯边鄙之民,地物俗异,编择古今群方之经验者萃成一书,就是留传于世的《普济方》。该书在朱橚主持下,由周王府教授、祥符(今开封)人滕硕和周王府长史、南阳人刘醇等编辑,永乐四年(1406)成书。全书共168卷,汇集古今方剂61739个,是中国古代规模最大、内容最为丰富的一部中医药方剂汇编。由于卷帙浩繁,故长期未能再度刊刻,至清代,原刊本已残缺不全。乾隆年间编纂《四库全书》时,将该书收入,将其改编为426卷,共1960论,275类,778法,61739方,并附图239幅。

《普济方》内容大致可以分为七个部分:一是方脉总论、运气、脏腑;二是身形,包括头、面、耳、鼻、口、舌、咽喉、牙齿、眼目等;三是诸疾,包括诸风、伤寒、时气、热病即杂症等;四是诸疮肿,包括疮肿、痈疽、瘿瘤、痔漏、折伤、膏药等;五是妇人,包括妇人诸疾、妊娠诸疾、产后诸疾、产难等;六是婴孩,包括儿科诊断法、新生儿护理法、新生儿常见疾病、各类儿科疾病等;七是针灸,包括总论、经络腧

[①] 许有壬:《至正集》卷三十九《一真堂记》,《文渊阁四库全书》第1211册,第282页。

穴、各种病候针灸疗法等;最后附有本草药性、畏恶和异名。其总论、门类、方则等运用中国传统的中医理论,用五运六气解释病理,集中华医药方济之大成。

《普济方》创造性地采用"论""类""法""方""图"等五种手段相互结合,对中医药方进行了一次大规模、高水准的整理、编辑、考证、校订工作,将中国古代方剂学典籍的编辑推向一个新高度。该书的最大特点是广泛搜集前人的各类药方,且均注明其来源,是我国现存古代最大的一部方书,其最大价值在于分类整理和保存了许多业已失传的珍贵药方。清四库馆臣评论道:"橚当明之初造,旧籍多存。今以《永乐大典》所载诸秘方勘验是书,往往多相出入。是古之专门秘术,实籍此以有传,后人能参考异同,而推求其正变,博收约取,应用不穷,是以仰山而铸铜,煮海而为盐矣。"[1]

洪武二十三年(1390)朱橚寓居慎阳(今正阳北江口集)时,"知彼夷方,山岚瘴疟,感疾者多,惜乎不毛之地,里无良医。由是收药诸方,得家传应效者,令本府良医,编类锓诸小板,分为四卷,方计三千七十七,门八十一,名曰《袖珍》"[2]。这就是《袖珍方》的收集、成书与刊刻情况。该书分四卷八十一门,收录3077方。永乐十三年(1415)令良医校订,重刊行世。

李中立,字正宇,开封府雍丘县(今杞县)人,天资聪敏,多才艺,早年师从罗文英攻读儒学,博极秦汉诸书。万历二十三年(1595)考中进士,曾任大理寺评事等职。他兼通医理,尤精于本草。他鉴于当时一些医家"谬执臆见,误投药饵,本始之不原而懵懵",于是"核其名实,考其性味,辨其形容,定其施治,运新意于法度之中,标奇趣于寻常之外","手自书,而手自图之",而著成《本草原始》[3]。由于该书的编撰目的是推原药物之本始,以济临床之用,故名《本草原始》,又因书中药物多配有图谱,图文并茂,后世又称《绘图本草原始》。该书大约在万历二十一年(1593)开始编撰,而于万历四十年(1612)成书,它是我国较早的一部生物学性质的医书,也是一部优秀的本草图谱。

《本草原始》分为十部凡十二卷,即草部、木部、谷部、菜部、果部、石部、兽部、禽部、虫鱼部、人部,草部又分为上、中、下三卷,其余九部各一卷。共收入药

---

[1] 永瑢等:《四库全书总目》,中华书局1965年版,第873页。
[2] [日]丹波元胤:《中国医籍考》,人民卫生出版社1956年版,第916页。
[3] 李中立撰,张卫等校注:《本草原始》,学苑出版社2011年版,第4页。

物 478 种,药图约 420 幅,并附有药方 369 副。每药详述其产地、释名异名、名实考证、基原形态、用药部位、采收季节、传说逸闻、功能主治、形态辨析、真伪鉴别、入药部位、修治方法、凄清和合、服食宜忌、各家论述、附方等,内容丰富,广征博引,考证精详。

《本草原始》的医学成就,主要在中医药物的鉴定方面。由于中药材生长的地域不同、形态差异、功效之别、入药部位各异等原因,再加上历代本草学之讹误,常常造成一物多名,一名多物,或名实不符,给药材采集和临床用药带来不便。李中立依据自己亲见,或参考古籍所载,对历代本草中的药名与实物加以核实,从药物的名称演变、产地变迁、形态描述和采收季节、质量、疗效等进行考证,以正本清源,并予以图解。附图以药材图为主,主要描绘药用部分,以突出药材的形状特点,有助于药材的鉴别。对于各种伪品,亦详述其造假原料、方法及鉴别要点,并以图示。该书辨别药材真伪,区分优劣,充分发挥药材的医疗功效。

明代河南地区出现了一些全国知名的医学家。洛阳人冯国镇是儿科专家,著作有《痘疹规要》等,促进了我国儿科中医学的发展。颍川卫(今许昌)人张鹤腾(约 1558—1635),精通医学,著有《伤寒全书》。

在临床医学方面,明代河南有不少良医给百官和普通百姓治病。如周王府医正史仕,洛阳人,世代行医。他"精于《素问》《难经》诸书,治病能察虚实,依病制方,无弗取验",至 87 岁终老。[①] 河南府(治今洛阳)名医辈出,有善治危症、能化险为夷的王守诚,有诊断准确、立判死生的何宜健,有传为"华佗再世"的外科名手祝尧民,有精通儿科、人称"地仙云"的寿星冯国镇,子孙也世代行医著述,有乐善好施、远近闻名的儿科医家赵玉壁,还有精于医方研究、著有多种医著的孙应奎等,他们都为医学的发展做出过贡献。

清代中原地区也有不少医学家和医学著作出现。一些医家不仅医术高明,而且还根据自己的临床经验编写出专门的著作。

杨璇(1706—1795),字玉衡,晚号栗山老人,夏邑人。在医疗方面,擅长辛凉宣泄、升清降浊、清热解毒、攻下逐秽疗法,在当地颇有名气,也对后来医家理

[①] 《古今图书集成》第 49 册《艺术典》第五百三十六卷《医术名流列传(十三)》,中华书局、巴蜀书社 1986 年版,第 56836 页。

论与实践产生较大影响。① 他结合一生医疗实践,著有《伤寒温疫条辨》六卷。古医书所载伤寒与温病易于混淆,杨璇遂采集诸家学说予以详辨,于乾隆四十九年(1784)成书。该书卷一列述伤寒与温病的脉证、病因、治法等多方面内容;卷二、三辨析伤寒、温病各种病候;卷四、五医方辨,计正方180首,附方34首;卷六本草辨,述药物188种。在这部著作中,杨璇推崇吴有性戾气病因说,认为温病得自天地间"杂气",有别于伤寒。

清朝的医学著作还有许多,如商水人王广运,诸生出身,精通医理,著有《张仲景伤寒注解》《十三经络针灸秘法》等。固始人王云锦,曾官广东肇罗道,著有《伤寒论》。汝阳(今汝南)人张全仁,博学多才、医术精道,有《经验良方》《痘疹备览》传世。鲁山人宁蕤宾,研习医学,治病诊脉,专心思虑,所开药方,十分效验,他曾收集数万条验方流传于世,著有《医方摘要》。

在临床治疗方面,河南医家逐渐形成自己的特色。嘉庆年间孟津县平乐村的郭祥泰在长期的行医实践经验中,逐步摸索出一套独特的正骨方法,是远近闻名的"老八先"。他的正骨技术经过子侄的发扬光大而世代发展,逐渐形成独特的"郭氏正骨术",是中国正骨中的一个重要流派。始于康熙年间的孟津县象庄秦家妇科,主治"男妇块疾,妇女气血凝滞,月经不调"等妇女疾病,后来逐步发展,在河南及西北等地都有广泛的影响。

四、水利技术

元、明、清三代在治理黄河的实践中,河南水利技术不断进步。

元至正十一年(1351),由贾鲁策划组织的治河大役取得了巨大成就,成为治黄史上的一个创举。贾鲁治河的指导思想,一是挖河南流,以复故道,保证会通河漕运的安全,二是疏、浚、塞并举,三是先疏后塞。这是一项综合治理工程,在工程技术上多有创新。如筑堤时以竹络为筋骨,填土与铺设苇索草束交互进行,使筑起的河堤更加坚固。在堵决口时首创沉船截流之法,成效显著。元代的修堤筑埽技术有新的发展。为了保证河堤的质量,人们开始注重土质的鉴别

---

① 杨璇:《伤寒瘟疫条辨·自序》,人民卫生出版社1986年版,第20—22页。

和选择。又根据不同的功用,将堤防和埽工分为多种类型。

明代沿河各州县已经有雨情记录,人们对洪水周期性变化已有所认识。在堤防工程建设上形成一套严密的施工和管理办法。永乐年间抢险时对贾鲁的"竹络法"进行改进,创造"大囤"之法。

清代的河工技术,对于堤线选定、取土地点、质量要求、施工时间、运土工具等都有明确的规定。乾隆二十七年(1762),黄河北岸阳武(今原阳)一带沙土堤防遭到严重破坏,河督张师载采用漫堤的淤土在大堤临河坦坡包淤,类似近代加固堤防所修的黏土斜墙。此后这一做法在多沙地段推广,并逐步发展为堤身三面包淤,对保护堤身起到良好作用。堵口工程开始采用立堵法。

黎世序(1773—1824),字景和,罗山县人,治河名臣。嘉庆十六年(1811)任淮海道员,采取"束水攻沙"方略,疏浚海口淤积,使河水复返故道入海。翌年升任江南河道提督,于治河方略多有建树,改"束水攻沙"为"重门钳束",改厢埽为碎石护坡。黎世序注意积累治河经验,收集河工资料,组织编撰水利著作《续行水金鉴》,继任者接续其事,道光十一年(1831)成书,共156卷,以河水、淮水、运河、永定河、江水为序,辑录大量治河资料,包含丰富的治河方略与技术。此外,黎世序还著有《治河奏议》。其子黎学淳取其精华,辑录成《黎襄勤公奏议》,内容包括接筑新堤、疏通海口,改建山圩三坝以畜清敌黄,统筹整修黄河堤坝以保漕运等。

第八节 传统学校教育的衰落

元、明、清三代没在河南地区建都,河南不再有中央官学,但地方官学、私学和书院教育仍然延续不绝。明清时期乡村出现社学和义学。但是这一时期河南地区的学校教育整体衰落,落后于江南沿海地区。

一、元代的学校教育

元代河南地区路、府、州、县四级设官学。路学有教授、教谕、学正、学录各1人;在散府、上州与中州设教授1人,下州学校设学正1人;县学设教谕1人。此外,地方还设有蒙古字学、医学、阴阳学。蒙古字学招生对象是路府州官员子弟及平民子弟,教材是蒙古文《通鉴节要》。各级政府拨地充作学田,以提供教师薪俸和学生廪给。学生通过翰林考试可充当"学官译史"。诸路医学学生主要学习《素问》《难经》及张仲景的医学著作。阴阳学学生学习天文、术数、阴阳、漏刻、测验等。

除官学外,还有私学。元代继承宋、金的私学传统。私学主要是通过家庭和私塾来传授知识,以对儿童进行启蒙教育者居多,也有较高层次的专门学术与知识的传授。家庭教育有家庭传授、亲戚传授和延师执教等。有些家长满腹经纶,自己担负教授子弟的任务,更多的是延请宿儒讲授。

元朝统治者非常重视书院,规定凡"先儒过化之地,名贤经行之所,与好事之家出钱粟赡学者,并立为书院"[①]。各州县的学正、山长、学录、教谕均由礼部任命,意味着书院享受同州县学一样的待遇。河南旧有书院如辉县百泉书院、登封嵩阳书院、伊川书院等,元代继续兴办。此外,还陆续新建一些书院,如登封颍谷书院、永宁(今洛宁)洛西书院、陈留(今开封祥符区陈留镇)志伊书院、禹州儒林书院等。这些书院对促进元代教育起到积极作用。

二、明代的学校教育

明代河南地区的学校有府、州、县学等地方官学,也有书院和社学。

洪武二年(1369),朱元璋下令在全国各地广泛地建立府州县学,府设教授,州设学正,县设教谕,俱各1名,并佐以训导。学生人数统一规定府学40人,州

[①] 宋濂等:《元史》卷八十一《选举志一》,中华书局1976年版,第2032页。

学 30 人,县学 20 人。除廪生外,还有增广生、附学生。地方官学的学习内容是"四书""五经""六义"。生员专修一经,又以礼、乐、射、御、书、数设科分教,以备科考。作文的格式俱为八股文。府州县学在岁考中获前一、二等的生员参加科考乡试,由省府举办,中式者为举人。次年举人试之京师,称会试。中式者皇帝试于殿中,谓之廷试。然后由礼部拟定,皇帝批准授官。

明朝河南地区除府州县学外,还有遍布城乡的社学。洪武八年(1375),倡立社学,按统一规定延师以教民间子弟。有些州县社学在 10 所以上,但不少县的社学兴废无常。社学以学习《百家姓》《千字文》为主,兼及《御制大诰》等典章制度与古礼,也学习经史历算。社学有奖惩制度,"童生文理通、说书明、写字佳、歌诗善者,为一等,除童生量给笔墨外,其师赏大纸一百页;中等者,平常相待,仍行帖以示鼓励;下等,社师怠惰废业、文理不通、管教不严者,革去馆谷,将童生并于一等"[①]。社学还进行品德操行的考核。成绩优异、品行端正的童生可以递补县级儒学成为生员。社学的数量比府州县学和书院多,在识字教育、启迪童心方面起到一定作用。

书院教育在学校教育中发挥着重要作用。由于地方官学衰落,各地陆续恢复原有书院,并新建一批书院。明代河南较著名的书院有嵩阳书院、大梁书院、洛中书院等。开封城内有大梁书院和二程书院。大梁书院原名丽泽书院,天顺五年(1461)重建,更名大梁书院。成化十五年(1479),迁往丽景门外繁台东侧,是河南最为闻名的大书院。二程书院建于原大梁书院旧址,毁于明末战火。嵩阳书院北宋时名扬天下,后被毁。明嘉靖七年(1528),侯泰立志复兴教育,"访民占嵩阳观址,造房十六间,复书院额",并捐助学田数百亩,聘师聚徒,建立二程祠,嵩阳书院重新振兴。

明中期以后河南地区陆续重修和新建一批书院。从正德到嘉靖年间,洛阳名儒温格孟、薛友谅等创建同文书院、伊川书院、洛西书院和洛中书院,以洛中书院名声最著。宪宗成化年间,提学吴伯通檄修伊川书院和洛西书院,又新建伊洛书院。成化四年(1468),户部尚书襄城人李敏丁忧回乡,在紫云山建房读书讲学,订立条规,传授理学,创建紫云书院。明代书院多以个人名义倡建,学术研究与教学应试结合,允许不同学派、不同地域的人听讲、学习,但书院官办

---

① 吕坤:《实政录・民务》卷三《兴复社学》,浙江书局同治十一年春重刊本,第 11 页。

化趋势较为明显。

三、清代的学校教育

清代学校俱由专门学务机构负责,学政掌管全省的学校教学与岁试、科举考试。各府设府学教授一人,州(直隶州与散州)设学正,县学设教谕和训导,职掌所辖地区的生徒教导。学校的学习内容仍是传统的"四书五经"。

清政府广泛推行民间基层教育,如社学、义学等。顺治九年(1652),礼部题准"乡置社学一区,择其文义通晓、行谊谨厚者补充社师,免其差役,量给禀饩养赡"①,教授近乡12岁以上的孤寒生童。府州县教谕对所辖社学进行督导。河南城乡都有义学或社学,城镇更为普遍。社学的官办成分稍大,而义学主要以民间捐建为主,有些县有专门的义学田来保证其经费支出。义学属于政府倡导下的私学,是民办教育的主要形式。

清代儒学浸衰,教官多不称职,培养人才主要靠书院。雍正十一年(1733),始令建立书院,择一省文行兼优之士,读书其中,使朝夕讲诵。朝廷颁布统一的书院学规,将书院教育纳入全国教育体系。此后,河南地区开始大规模地创办书院。大多数书院由知府、知州或知县,抑或由当地著名学者,或当地在外任职的官员告老还乡后,凭借自己的声望倡导捐资或拨款所建。其中,最有名气的是百泉书院、嵩阳书院、大梁书院、二程书院、紫云书院等。

理学大师孙奇逢主讲的百泉书院,吸引河南地区大批学者就学,汤斌、宋荦、吕履恒、张沐、耿介、冉觐祖、李灼然、窦克勤,数学家杜知耕和李之铉都曾在此学习,后来他们在书院建设和教学中发挥了重要的作用。

清初登封嵩阳书院破落不堪,康熙初年知县叶封重新修建。当地著名学者耿介曾在北京任少詹事,入直上书房,辅导皇太子。告老还乡后,将自家200亩田产全部捐出,又垦荒130亩,以扩建嵩阳书院。耿介前后主持书院教育30年,嵩阳书院学风大盛,不少名儒来此讲学。乾隆皇帝颁赐给该书院"五经"、

---

① 昆冈等纂:《钦定大清会典事例》卷三百九十六《礼部·学校·各省义学》,商务印书馆光绪三十四年版。

《康熙字典》、《朱子全书》和《性理精义》等典籍,以资鼓励。

开封的大梁书院在清代颇具盛名。康熙十二年(1673),巡抚佟凤彩在城内重建,规模宏大。河南许多著名学者至此讲学。学者张沐主讲时,两河之士翕然宗之。乾隆时,著名学者余集任山长,李海观、周之琦和常茂徕曾在此学习。道光十六年(1836),经学大师阮元的弟子钱仪吉受邀主讲大梁书院,讲授经史、小学、天文、地理等,开创新的学风,培养了宋继郊、蒋湘南等知名学者。开封二程书院亦在康熙年间重建。康熙二十八年(1689),重修的游梁书院邀请知名学者张沐主讲,并开展学术活动。

河南府(治今洛阳)也曾创建或重修许多书院。著名的伊川书院在清康熙年间得以重修,嵩县知县徐士纳修建三间大殿祀奉二程,并邀请知名学者前往讲学。清前期河南府共兴修或复建书院20余所。

由于社学和义学主要设立在城镇和大的乡村,教学内容较为浅陋,广大城乡少年教育主要依赖于私塾。各类私塾星罗棋布,有的县多至数百所,以开展基础教育。私塾教育可分蒙馆和经馆两种。前者主要诵习《百家姓》《千字文》等,为初级的识字教育;后者重在诵习"四书五经",进而按照科举要求,研习八股文和作诗作对。就办学形式而言,可分为专馆和散馆。前者在殷富家庭开设,或由多家联办,礼聘塾师教授子弟,有的在祠堂庙宇等场设学;后者为塾师自办,招收附近生徒在其家就读。每馆一塾师,学生人数数人至数十人不等。这些由民间自办的私塾无论城镇、乡村都很普遍,蒙学占其中的绝大部分。在经济条件较好的地区乡村私塾林立,在普及识字教育上起过积极作用。

清代河南地区的学校主要研习八股文,为学生应试准备"敲门砖",许多青年才俊成为只懂八股而无实学的"禄蠹",严重阻碍了学术文化的发展。另一方面,统治者通过这些学校达到灌输封建思想与伦理道德,以维护封建秩序的目的。

第九节 风俗习惯

元朝建立后,以蒙古族为代表的游牧民族风俗广为传播,河南地区风俗受其影响,出现一些新变化。明代经过百年社会经济的恢复发展,以商品经济为基础产生的各种思想观点,对原来的社会生活方式、谨尊程朱的传统伦理道德以及人情世风都产生强烈的冲击。清朝是满族人建立的政权,满族人进入河南地区后,也带来一些东北满族的风俗。于是,河南社会生活习俗渐趋多样化。

一、衣食住行

1. 服饰

蒙古人早期多穿由皮革制成的短衣。世祖忽必烈统一天下后,上至天子下至庶人服饰均作具体规定。仁宗时因为士民靡丽之风日盛,尊卑混淆,命中书省规定服色等第,下不得僭上,违者治罪。官民皆戴帽子,帽檐有的是圆的,有的前圆后方,有的像兜鍪。衣服贵者用浑金线为纳石失(金锦),或者腰线绣通神襕。

平民百姓的衣着也有规定,只能穿丝绸绫罗、毛毳,不许穿赭黄色衣服,帽笠不许饰金玉,靴不准裁置花样。在河南汉人聚居区,"民间流行的服装,有上盖、布袍、团衫、唐裙、裙腰、背子、汗塌、裹肚等"[1]。上盖有袄有袍,是男子在比较庄重的场合所穿的外衣。汉族妇女平时穿唐裙和裙腰。唐裙裙裾飘飘,舞袖低垂,别有风情。裙腰是一种短裙。妇女的礼服是团衫。褡褙是无袖短衣。汗塌是内衣。女子戴头巾,称包髻,首饰有钗、钿、耳环、梳等。男子所戴头巾(幞头)有唐巾、抹额。妇女以脚小为美,普遍缠足,所穿之鞋称弓鞋。许多汉人辫

---

[1] 史卫民:《元代社会生活史》,中国社会科学出版社1996年版,第111页。

发、戴胡帽,女子穿窄袖短衣,下着裙裳。

明朝廷对官员和百姓的服饰有严格规定,洪武三年(1370),规定官员器服不得以黄色为饰,不得彩画古帝王后妃圣贤人物故事及用龙凤狮子麒麟犀象之形。普通百姓不许用黄,不得僭用金绣、锦绮、纻丝、绫罗,只许绸绢素纱;首饰钗镯"止用银",不许用金玉、珠翠。关于妇女服饰的面料、款式、色泽和饰物,规定:"士庶妻,首饰用银镀金,耳环用金珠,钏镯用银,服浅色团衫,用纻丝、绫罗、䌷绢。""民间妇人礼服惟紫绗,不用金绣,袍衫止紫、绿、桃红及诸浅淡颜色,不许用大红、鸦青、黄色,带用蓝绢布。"[①]单一的青、白、黑等颜色,反映了严酷的封建政治统治与文化专制。明中期以后,服饰的功能由蔽体取暖转向求新求美,体现了向个性方向发展,前期的淳朴风俗逐渐被追求艳丽华贵、慕尚新奇风潮所取代,服饰显得五彩缤纷,争奇斗艳。商人将南方的新潮服饰带到北方,为河南地区达官显贵所效仿。

清代河南人因社会地位、家境不同,在服饰上也有差别。富裕家庭的男子多穿大襟长袍,分棉、夹、单三种,样式是右衽竖领,扣子用布盘成,下摆至脚踝骨处,两侧在膝盖处开衩。老年人外套马褂。妇女穿丝绸旗袍或风云扇裙子,内穿红绿裤子。农民则穿对襟布扣短袄,外罩坎肩;妇女所着袄褂稍长,或对襟,或大襟右开,一般都有镶边,衣服拐弯处绘有图案。男女均着上腰大裆裤子。农民的衣料多用自家纺织染色的棉布,富裕之家衣料多用绫罗绸缎。

冬季寒冷,无论贫富都戴帽子。士绅之家戴帽壳,帽顶缀有红色或黑色疙瘩,贫民多戴绒帽。洛阳富人戴"瓜皮帽",用六块三角形细布缝制,帽顶缀有红色珠玉。一般农家戴"瓜壳帽",用粗布缝制,俗称"瓜壳"。百姓男子穿手工布鞋,女子穿辣椒样绣花鞋;男袜多白色,女袜多青色。

清代河南地区男女改用满族发型,男子留长发,梳一长辫垂于脑后;女子婚前蓄长发,编为一根长辫,额前有刘海,婚后将头发挽成发髻,盘于头顶,插上簪子,有金钗、耳环、步摇等头饰。

2. 饮食

河南地区的农作物以小麦、玉米、红薯、高粱、豆类为主,人们多节衣缩食。明代河南人的饮食因社会等级不同,从粗茶淡饭到品种较多,进而丰盛甚至奢

[①] 张廷玉等:《明史》卷六十七《舆服三》,中华书局 1974 年版,第 1650 页。

侈浮华。由于元末战争中河南经济破坏严重,明初官民饮食无不节俭。明中后期河南城乡的饮食日益奢华。豪门大族、商贾名流食山珍海味,饮酒成风,动辄大办酒席,歌舞吹弹。

清代农作物产量很低,小麦亩产不过百斤,农民除去租赋所剩无几,多吃杂粮,荒年或以草根树皮充饥。百姓日常饮食以馍和面条为主,伴以自腌的萝卜丝、酸菜、韭花等,富人才能吃上鸡鸭鱼肉。

不同地区出现各自的风味小吃,如西华县逍遥镇的胡辣汤,临颍县繁城镇的锅盔馍、洪家牛肉等。河南府名吃种类繁多,如洛阳的不翻、海参、高家驴肉,新安县的烫面角、炒面、浆面条、刘秀羹,孟津县的刘水粉汤、尚记牛肉汤等,从清代一直流传至今。南阳的馍饼类有蒸馍、油馍、菜合、煎饼、火烧、锅贴、油旋等,物美价廉,味爽可口。

3. 居住

明清两代河南民居分为宅院式住房和窑洞两种。西部山区居住窑洞者较多,平原地区以宅院式住房为多。

宅院式建筑有四合院、三合院、半个院等形式。典型的四合院以南北轴线对称设计,以主房、东西厢房、南房组成,是中原民居最正规的形式,多为官宦之家和富人居住。房屋雕梁画栋,飞檐斗拱,施以彩绘,富丽堂皇。平民住房则比较简易。农村最常见的三合院,有正房五间或三间,两边厢房各三间,南墙正中间设大门、影壁。贫穷人家正房外,只一边有厢房,俗称半个院。更贫穷的只有一间茅草房或搭棚居住。

窑洞可分为靠崖窑和天井窑院两种。靠崖窑选择天然崖面开凿,可分窑间窑、间墙窑、天窑、房洞结合窑等。窑间窑充分利用黄土层,先挖一个5尺的拱形空间,在门洞之后再挖高6尺、宽9尺的拱形窑洞体。间墙窑不必挖门洞,而是根据所需的窑洞高度、宽度去挖,然后用砖或坯垒砌窑间墙,封好窑洞后,墙上留门窗。天窑是在窑洞之上再挖一层小窑洞。房洞结合窑是前房屋后窑洞紧密相连为一体。天井窑院又称地坑院,建在地面以下。首先挖一方形天井,再在四面或三面挖窑洞,一面开坡道通向地面。在地面上用砖、石、土坯建成一层或两层拱券式宅屋,称锢窑。

4. 出行

河南省辖境位于中国东西南北的重要交通线上。元代河南江北行省和大都及周边各省都有驿道相连,水陆交通仍然便利。明清从首都北京至湖广、广西的陆路经过河南开封府、朱仙镇、罗山等地,从北京至陕西、四川陆路经河南新乡、怀庆、渑池、陕州至潼关,从北京至贵州、云南二省陆路经河南卫辉、郑州、南阳至襄阳。这些都是国家的重要官道,沿线设有驿站馆舍。不少河段可行舟船进行水上运输,渡口可用船摆渡。民间行旅的代步工具主要是车、船和轿。车有人力和畜力两种。人力车主要是一人推行的独轮车,用于近距离运输,畜力车用马、骡、牛、驴,骡马大车有双轮和四轮两种,也有直接骑马、驴、牛出行的。坐轿在明代开始流行。

二、婚姻丧葬

1. 婚姻

元代的婚姻制度变化不定,到世祖至元年间才确定下来。当时规定:同一民族结为婚姻,按照本民族的婚俗进行;不同民族之间的婚姻,按照男方的婚俗进行,但蒙古女子嫁给外族人可以依照蒙古人的风俗。

蒙古人的婚姻分抢亲、议婚两种。所谓抢亲,即不管女方是否愿意,只要抢来就可成为夫妻。入元后抢亲明显减少。所谓议婚,是指父亲可代儿子向女方求婚,女方父母同意后,饮许亲酒,办许婚筵席,聘礼一般用马匹。蒙古人婚嫁也讲究门当户对,贵族之间联姻称作"安答",即姻亲之义。元代蒙古人财产多者可娶多妻乃至数十妻,平民一般一妻。蒙古人还存在收继婚制,即父死后子可以后母为妻,兄死后弟可收嫂为妻,但妻后母的情况不多见。

元代河南汉人男子十五六岁,女子十三四岁即可婚配。婚姻仍沿袭原有习惯,从提亲到结婚分为几个步骤:一是议婚,先通媒妁之言,征得女方同意。二是纳采,也就是下定。男方父亲写好婚书,祭告于祠堂,派子弟持婚书至女方家,女方父亲出迎,奉婚书告祭祠堂,出还使者,使者复命,男方主人再告祭祠堂。三是纳币,即下采。男方举办筵席,请女方亲人至。男方在门外陈列币帛,媒人通报,女方出迎。见礼毕,女方先入席,男家携币随之,行饮酒、受币之礼,然后缔婚男女相见。四是亲迎。结缡前一日,女方使人布置新房,次日夫婿迎亲,乘马至女家。行礼毕,女方登车,婿乘马先行,至夫家,夫妇交拜,就坐饮食。

食毕婿脱掉吉服,送出蜡烛,大会宾客。五是新妇拜见舅姑(公婆)。次日清晨,新妇拜见公婆,公婆还礼,然后拜见其他长辈。六是三日之后新妇拜祭祠堂。最后是新婿拜见岳父母。

明清河南地区的婚礼承袭古代制度,婚礼遵循纳采(说亲)、问名(合八字)、纳吉(定亲)、纳征、请期(送好)、亲迎等程序。纳采是男方托媒人向女方提婚,若女方同意,男方再备礼向女方求婚。问名是看男女二人"八字"是否相合,生辰、属相是否相克。纳吉是男方求神得吉兆,决定与女家缔结婚姻。下聘也称纳征、纳币,是双方缔结婚约后,择吉日设宴,互换定聘礼。送好是确定迎娶日期。婚期确定后,男方向女方送礼,女方也要回赠,并将已置办好的装奁送往男家。

中原多地有"暖房"风俗,新郎的嫂嫂要去新房叠被铺床和"撒床",多在新婚之夜进行。撒床之物一般是核桃、枣、花生、带籽棉花。撒床时唱"撒床歌"。

迎娶之日,花轿上坐一"压轿童",轿后有人持两个灯笼、两个火把、两支三眼铳以及鸣道锣、彩旗、唢呐等,沿途燃放爆竹。轿至女家门口,新娘着礼服,以红盖头遮面,坐椅子上,由亲属抬入轿内。抵男家门口,男家人持一烧红的犁铧,上浇以酒,围轿转六圈,以除秽避邪,又唱"吉利歌"。然后新郎出迎,向轿作揖,两名女傧相挽新娘至桌前,拜天地、高堂,夫妻对拜,入洞房,婚仪结束。

2. 丧葬

元代河南汉人仍以土葬为主,多埋葬在家族墓地。家贫无地可葬者,可瘗埋于系官坟地。坟地一般选在高亮爽垲的风水好地。个别实行火葬。

蒙古人进入中原后,多效法汉人的殡葬风俗。人死后,口中、身下放钱,称"口含钱""垫背钱";头或脚放一盏油灯,叫"随身灯",意在让死者在阴曹地府照明。出殡时沿途要抛撒纸钱,称"买路钱",走一段路要停下来路祭,唢呐伴奏。死者子女亲属身穿丧服,手执哀杖随灵柩前行至墓地。死者埋葬后,每隔七天做一次佛事,七次为止,超度死者早升天界。贫窭之家无财力做佛事,子女亲属逢七之日要到坟上祭奠。

明清各地丧葬习俗大同小异。讣告即报丧,死者门口竖白纸柳枝幡旗,并以白纸帖或口头告知亲友,死者子女要披麻戴孝。晚上死者亲属到土地庙焚香烧纸叩拜,次日晨在本村通往城隍庙的十字路口,用草木灰撒一"方城",表示死者要去城隍庙报到。设灵、入殓是为死者设立灵堂,子女日夜守灵,亲友前来祭吊。入殓是移尸入棺。选墓、卜吉是请风水先生选择适宜埋葬的位置,择吉日下葬。辞灵、出殡是安葬前日晚向灵柩举行告别仪式。送殡时以纸人纸马为前导,吹奏哀乐者其后,死者长子手扶灵车缓缓行进,最后是亲属乘坐的送殡车。到墓地后要"摔老盆",鸣炮奏乐。行葬、安神是按选定的方位下棺,拢土成丘,或用砖砌作冢。葬毕返家,将死者灵牌放入中堂,供儿孙祭拜。洛阳一带丧葬仪式有浴尸更衣、报丧奔丧、大殓入棺、成服备葬、出殡安葬、除丧守孝六个程序。

三、节日习俗

元代河南百姓仍然沿袭古代流传下来的节日习俗。元旦、立春、上元、清明、端午、中秋、重阳、除夕等成为金朝法定节日,官民举行各种庆祝纪念活动。元代统治者规定元正、寒食、立春、重午、立秋、重九等节日官员放假一至三日,表现对汉族的传统节日的尊重和因袭。

正月初一日称元正、元旦,即民间的春节,是一年中最隆重的节日。百官脱去公服,与人互相志贺。士庶彼此往还迎送,敦睦情谊。蒙古人称春节为白节。中原蒙古人身穿白衣,以示吉祥如意。门外摆放供桌供品,面对日出方向磕头拜天,再回家里向神祇上香叩头。互相拜年后,按辈分、年龄入座饮茶、敬酒。还要燃放爆竹。

正月十五日是上元节,有观灯习俗。正月十三日便开始悬灯,十六日止。

清明前一两日为寒食节,人们一般不举火热食。清明则祭祖扫墓以寄托哀思,有斗鸡、打球、荡秋千等游戏。

五月五日称重午、端午,中原汉人多吃粽子,有艾虎、泥塑品等。有河池的地方百姓多赛龙舟。

七月七日称乞巧节、七夕节,夜晚少女少妇在庭院摆设香案,上放水果,向织女乞巧,希望自己心灵手巧,万事顺遂。

七月十五日为中元节,祭祀祖先,祈求庇佑阖家平安幸福。

八月十五是中秋节,富贵之家登上台榭,贫苦人家选择高阜之地,赏月吃月饼。富贵人家奏乐助兴,直至深夜。

九月九日称"重九",即重阳节。时秋高气爽,菊花绽放,人们登高远望,观赏菊花。

十月一日俗称送寒衣,意为为亡故的亲人送冬衣御寒,此日祭祖上坟称"扫黄叶"。十一月冬至日家家吃饺子。进入腊月,祭灶,贴春联,打扫卫生,迎接新春佳节的到来。除夕晚上人们围炉絮语,称守岁。

明清两代河南的传统节日甚多,内容也丰富多彩,表达百姓盼望五谷丰登、祈求祖先庇佑、诸事顺遂的美好愿望。

春节从正月初一到初五。各家祭祀祖宗,燃放鞭炮,到近门亲邻处拜年、走亲戚。正月十五为元宵节,人们要吃元宵、赏灯。二月二,龙抬头。南阳地区家家蒸"捂狼眼馍"、炒黄豆吃,认为"吃后不被狼吃、虫咬"。[①] 清明节祭祖扫墓。

五月五日为端午节。食粽子,喝菖蒲酒,以艾叶插门,用雄黄涂耳,以避虫毒。出嫁的女儿回娘家省亲。

七月七日俗称七夕节,妇女乞巧。七月十五中元节,多举办盂兰盆会,放河灯。八月十五为中秋节,是与端午、新年并重的三大节日之一。举家聚饮,馈赠分享团圆月饼,赏月祭月。九月九日为重阳节,接出嫁女儿回家,登高赏菊。

十月一日为寒衣节,人们祭奠亡灵,制作纸衣,焚之墓侧。冬至日,吃饺子。十二月初八俗称腊八,人们喝腊八粥,开始置办年货。腊月二十三俗称"小年下",人们祭灶王爷,祈求他"上天言好事,下地保平安"。大年三十称除夕,家家具酒肴、写桃符、绘门神,贺新年。阖家围坐火炉旁饮酒说话,以"守岁"。

四、民间娱乐

明清河南地区的民间娱乐活动比较丰富。明末有多种娱乐形式,如棋类、杂耍、口技、武技等。官商与平民都有自己的娱乐方式。省城开封专门设有娱乐场所,如书场、妓院等。富乐园"中多有出奇美色妓女,善诙谐,谈谑,抚操丝弦,撇画、手谈、鼓板、讴歌、蹴圆、舞旋、酒令、猜枚,无不精通,每日王孙公子、文

---

① 南阳地区地方史志编纂委员会:《南阳地区志》下册,河南人民出版社1994年版,第538页。

人墨士,坐轿乘马,买俏追欢,月无虚日"①。

乡村普通百姓的文艺活动丰富多彩。河南的庙会各种文艺节目异彩纷呈,百姓不仅可以烧香还愿,也可以进行商品买卖。明嘉靖年间的河南庙会已初具规模,遍及各地。省城开封有著名的东岳庙会,"每年三月二十八日,圣诞之辰,五日前,会起,进香,做醮,拥塞满门。所卖各种货物,遍地皆是,棚搭满院,酒饭耍货,诸般都备;香火燎天,人烟盖地"②。方圆几十里乃至上百里的富商大贾和平民百姓拥向庙会,领略多姿多彩的民间艺术。清代各地的庙会也人山人海,热闹非凡。

第十节 武术的兴盛

中国武术既具有健体和防身功能,又是一种竞技和娱乐方式,自古以来为人民所喜爱。中原武术的兴起不迟于南北朝时期。印度僧人佛陀扇多专精禅学。太和十九年(495),魏孝文帝在嵩山为佛陀禅师建寺,称少林寺。佛陀弟子惠光和僧稠武艺高强,少林寺僧兴起习武之风。及至唐初,秦王李世民进攻盘踞洛阳的王世充,少林寺武僧志操、惠玚、昙宗等十三人鼎力相助,擒获王世充侄子王仁则,因功得到封赐。唐太宗李世民特许少林寺训练武僧。北宋时少林寺方丈福居大和尚邀请全国武术高手到少林寺献艺,兼采众长,编成《少林拳谱》。少林武术逐渐形成,成为中原武术的代表。

一、少林功夫的发展

元末明初,少林寺高僧觉远善击技,又得少林武术,功力大进,从学者日众,

---

① 孔宪易校注:《如梦录》第六《街市纪》,中州古籍出版社1984年版,第49页。
② 孔宪易校注:《如梦录》第六《街市纪》,中州古籍出版社1984年版,第47页。

少林功夫名声渐著。觉远外出游学,到洛阳拜会少林击技泰斗白玉峰,在同福禅寺切磋技艺,二人同归少林寺。觉远创"五拳",将少林拳套路十八手发展到七十二手,被尊为"中兴之祖"。白玉峰削发为僧,号"秋月禅师",又将套路增至一百七十三手。明代抗倭名将俞大猷、武术家程宗猷也对少林棍术的发展做出了贡献。程宗猷著《少林棍法阐宗》。少林武术向四方传播,两粤派的蔡九仪、皖浙派的张松汉也大力宣扬少林武术。清顺治、康熙年间,亡明遗臣遗老多隐身于伽蓝佛地,潜心钻研武术,以求健身强体。于是少林武术蔓延于大江南北,拳法达到巅峰。

少林拳以"五拳"为上乘,有"内外三合"之法。内三合是心、意、气的相合,外三合是肩与胯、肘与膝、手与足的相合。要求"内静外猛",讲究"手眼身步法"运用自如,"来去一条线","拳打卧牛之地";力从气出,与气功紧密结合。除徒手技击和套路拳术外,还有兵器武艺,而以棍为主。

少林武术具有完整的体系,目前少林寺流传和收集的套路有545套,包括拳术、器械、对练和其他功法。少林功夫讲究"禅武合一",富有文化内涵和宗教底蕴,是中国武术的主要派别,在国内外影响广泛。

二、太极拳

太极拳是少林武术发展过程中的一个分支,属于内家拳的一个拳种。陈氏太极拳发源于河南温县陈家沟,对太极拳有创始之功和光大之誉,使太极拳得以传承、发展和完善。

明洪武四年(1371),山西人李清江和河南温县陈家沟陈氏始祖陈卜同一起,从山西洪洞县回到河南怀庆府(治今沁阳),学习千载寺、三圣祠和太极宫的世传拳术与导引吐纳之术,为他们后代创编太极拳奠定了基础。陈家沟陈氏九世孙陈王廷(约1600—1680)文武兼修,颇有名望,于17世纪60年代在少林拳的基础上创立太极拳法,是"陈氏拳手刀枪创始之人"。明清之际陈王廷隐居乡间,与投奔他的武林高手蒋发互相切磋,依据祖传拳术,在《易经》《黄庭经》和中医经络学说、传统导引吐纳之术的基础上,吸取戚继光《纪效新书·拳经》中的招势,创造了一套阴阳结合、刚柔相济的拳法,称太极拳,其双人推手和双黏枪可谓独树一帜。陈王廷传授一至五路太极拳(又称十三势)、长拳108式、炮捶一路和双人推手,以及刀、枪、剑、棍、铜、双人黏枪等器械,温县、沁阳一带兴起练武之风。

清代,陈家沟陈氏十四世孙陈长兴揣摩前人所造,潜心体悟,由博返约,编成太极拳一路、二路(又名炮捶),人称太极拳老架(大架),著《太极拳十大要论》《太极拳用武要言》《太极拳战斗篇》等书,为太极拳的弘扬传播做出很大贡献。乾隆三十六年(1771),陈长兴将太极拳传给外姓人杨露禅等,此后太极拳衍化为四派:杨氏太极拳以杨露禅为代表,姿态舒展,柔和匀缓;武氏太极拳以武禹襄为代表,动作轻灵,步法敏捷,绵密紧凑;吴氏太极拳以吴剑泉为代表,灵巧细腻,沉静柔和,紧凑自然;孙氏太极拳以孙禄堂为代表,架高步活,开合鼓荡。

太极拳合于动静、刚柔之道,体现着中国古代哲学精髓。它不受场地限制,套路简练规范,动作柔缓,有利于强身健体,修心养性,深受世人喜爱。

三、其他拳种

除少林功夫和太极拳外,河南地区还有月山八极拳、心意六合拳、苌家拳等。

北宋河北西路(今河北保定)人崇苍(1109—1196),自幼习武,武进士出身。金人占领中原后,到怀州月山寺(今属博爱)出家为僧,向空相禅师学习少林武术,在此基础上创造新的套路。南宋绍兴年间,崇苍在月山寺组织当地民众抗金,和抗金义军中多家武术门派交往、切磋,前后揣摩40余年,终于在金大定二十五年(1185)创立搏拳,即八极拳,明永乐年间传入民间。八极拳创立八百年来,在怀庆府传承不绝。八极拳又称"开门八极"。所谓"开门",就是用六种开法破对方门户;所谓"八极",是沿用"九州之外有八寅,八寅之外有八闳,八闳之外有八极"之说。

心意六合拳据说是明代怀庆府唐村李氏八世祖李春茂(1568—1666)首创,其堂弟李自奇修炼研传,弟子姚际可总结创新而成。姚际可曾师从李自奇学心意拳,又向李春茂弟子董承乾学六合枪法,后来到少林寺学习心意拳,武术精湛。他又深入研究流行于少林寺的五行拳,并将岳飞《岳武穆拳谱》中的大枪术融入拳法中。姚际可除将心意六合拳传给六个儿子外,又传给"南山郑氏"。后来继续传承,分成山西、河南、河北、安徽、四川等多个派别。

苌家拳的创始人苌乃周(1724—1783),是清代汜水(今荥阳汜水镇)苌村人。他学问广博,兼练武术,曾向李鹤林学习太极拳和枪剑技艺。他在《周易》《黄庭经》等阴阳理论的基础上,汇集众派之长,熔医、拳、内气、外形、技法于一炉,创立苌家拳。

第九章 清代后期与民国时期的文化转型

从清道光二十年(1840)的中英鸦片战争到1949年中华人民共和国成立的110年历史,称作中国近代史,它又以1912年中华民国的成立为界,分为晚清和民国两个阶段。近代河南省的政治、经济、社会都发生了巨大的变革,与之同时,文化也发生转型,由旧的传统文化发展演变为近代的新文化。

鸦片战争以后,中国社会逐渐沦为半殖民地半封建社会,河南地区的社会历史也进入一个新阶段。外国商品辗转输入,天主教和基督教中的新教派广泛传布,西学东渐。这些给河南的经济、政治、文化带来冲击和震荡,社会经济和文化加速向近代转型。甲午中日战争以后,帝国主义经济侵略的魔爪直接伸入河南地区,焦作煤矿的开采和经营权被掠夺,外国教会在河南省的半数州县建立教堂,给河南经济和社会生活带来广泛而深刻的影响。到了20世纪初,民族资本主义工业呱呱坠地,一些商办的工厂和煤矿出现,代表着新的生产力和生产关系,标志着河南半殖民地半封建社会的逐步形成。但由于以地主阶级土地占有制为基础的封建农业和以耕织结合为特征的自然经济比较强固,地主阶级对劳动人民的盘剥日益加重,河南地区在近代化的进程中步履蹒跚。20世纪初清政府下令各省开办新政,主要是练兵、振兴农工商业和废除科举、开办学堂等。随着新式学堂的开办和出国留学,资产阶级知识分子逐渐成长起来,他们接受资产阶级的革命思想,并积极投入辛亥革命的历史洪流中。

中华民国时期军阀混战,河南地区作为主要战场之一,社会经济遭受严重破坏。在新文化运动和五四运动的影响下,人们追求科学和民主,逐渐接受马克思主义学说,投入新民主主义革命事业。日本帝国主义侵略中国,河南大部分地区受到日军铁蹄的蹂躏。中原儿女发扬爱国主义精神,奋起抵抗日军的侵略,挽救民族危亡。随后又投入中国共产党领导的人民解放战争,为民族独立、人民解放做出卓越的贡献,在艰苦卓绝的斗争中创造新文化。1949年中华人民共和国成立,河南省与全国各地一道进入了新的历史时期。

第一节　清代后期与民国时期的河南省

明、清两代在黄河南北设河南省,中华民国因袭未改。晚清咸丰五年(1855),黄河由原来的"南流"改道"东流",即由夺淮河河道注入黄海变为东向注入渤海。黄河水患加重,河南地区生态环境严重恶化。帝国主义的侵略和军阀的混战,导致河南政局动荡不已。经济发展虽然缓慢但也在由自然经济向商品经济转型,民族工商业逐渐发展。河南人民踊跃投入民主革命和反对帝国主义侵略、争取民族独立的战争中,并取得胜利。总之,清后期与民国时期是一个大变革的时期,河南经济、政治方面的巨大变革导致文化转型,传统文化衰落,新文化兴起。

一、黄河水患的加重与生态环境的恶化

1. 黄河兰考铜瓦厢决口与下游新河道的形成

清咸丰五年发生在河南兰考铜瓦厢的黄河决口,是黄河史上的一件大事。从此黄河改道向东北流,横穿运河,在山东利津附近注入渤海,终结了长达700多年的黄河南流夺淮入海的局面,黄河形成新的东流河道,一直延续至今。

清道光、咸丰之际,经徐州夺淮入海的黄河下游河道淤积严重,兰阳(今兰考)以下河流异常平缓,两岸堤防的间距愈向下游愈窄,排泄洪水的能力愈低。河道滩面一般高出背河地面 7—8 米,两岸堤防高出地面 10 米上下,成为"地上悬河",一遇洪水,常发生溃决。兰阳黄河北岸的铜瓦厢(今兰考东坝头西)是明清时期河防的一个险要处所,河水由西面东来,至此漫转东南。而从此地向东北地形低洼,开封到兰阳一段北岸河决多由此低洼地带流向东北,至张秋(今山东阳谷东南)冲断京杭大运河。

咸丰五年六月中旬,黄河发生洪水,下游水位连续上涨。十八日铜瓦厢三

堡以下的堤段顿时塌十余米。夜晚南风大作，波浪滔天。十九日堤防溃决，次日全河夺溜。黄河主流首先流向西北，淹及封丘、祥符（今开封祥符区），然后折转东北，在长垣、东明两县境内分为三股，"均穿张秋运河,经小盐河夺大清河，由利津牡蛎口入海"①。七月初口门扩大到五六十米宽,河水由曹、濮归大清河入海,给河南、直隶（今河北）、山东三省的五府二十余州县带来巨大的灾难。

从咸丰五年铜瓦厢决口到同治三年（1864）的十年间，清统治者针对黄水四处泛滥的状况，劝谕各州县自筹经费，顺河筑堰，遇湾切滩，堵截支流，以限制水灾的漫延。直隶（今河北省）和山东沿河两岸先后修起民埝，地方官府又在民埝的基础上陆续修建两岸堤防，菏泽贾庄以上至河南考城的直、豫两省的南岸大堤和北岸补修的金堤"一律完竣"。至光绪十年（1884）改道后的新河堤防已经全部修建完毕。但是新堤比较单薄,难以抵御大的洪水。

2. 黄河水患与治理

近代黄河下游水患频仍。清光绪十三年（1887）黄河在郑州十堡石家桥决口，河水奔东南夺淮入海，郑州、中牟以下 15 州县一片汪洋，灾民达 200 万人。为迅速修复堤坝，向外国购买窄小铁轨，建成 5 里长的铁路，以人力、畜力为动力的运土铁车行驶其上，购进电灯照明设备和小轮船，又用洋灰（水泥）砌石筑坝。又架设开封至济宁的电线，在开封设电报局，加强治河前线与朝廷的联系。这是河南地区办洋务的开端。

民国前期，河南、河北、山东三省分别成立河务局，负责各自黄河河段的治理。1931 年成立黄河全流域的治理机构——黄河水利委员会，各省河务局改称修防处。民国时期黄河支流伊洛河、沁河灌区的灌溉事业有所发展。伊洛河流域灌溉面积 150 万亩。沁河下游沁阳、武陟二县新建分水闸，1935 年灌溉面积尚有 21 万亩。抗战时期灌渠受到破坏，1945 年沁河五龙口水利工程全部淤废。

民国时期治河经费拮据，河防工程残破，难以抗御洪水。38 年间黄河 17 年溃决，给人们带来深重的灾难。1933 年 8 月，洪水在黄河北岸温县冲决十多处，到郑县（今郑州）附近河水飞涨二三米，水面与京汉路铁桥平。兰封（今兰考）小新堤首先溃决，南北堤继又决开三口，考城（今兰考堌阳）城内水深一米。逆流进入归德（今商丘），新筑堤埝全部溃决，山东曹县、巨野、定陶、单县相继被

---

① 邹逸麟主编：《黄淮海平原历史地理》，安徽教育出版社 1993 年版，第 115 页。

淹。水灾延续8个多月,黄河决口达56处,河南、山东、河北三省淹没村庄4000处,塌毁房屋50万所,灾民多至320万。① 河南长垣、滑县等地受灾最为严重。

清后期河南地区灌溉面积逐渐下降,每遇严重干旱,成千上万穷苦人民饥饿而死。例如光绪三、四年(1877—1878),河南遭受罕见的大旱,人称"丁(丑)戊(寅)奇荒",59个州县受灾,社会经济破坏严重,几十年内未能恢复到原来水平。民国时期黄河中下游地区旱灾频繁。1920年、1928到1931年,1942到1943年,河南均遭受严重旱灾。1931年河南全省90余县春夏秋大旱,约6000万亩农田受灾,全省饿死和逃亡者约300万人,待救济者1500万人。1942年夏到1943年春河北、河南、山东的旱情触目惊心,河南全省3000万人中十之八九处于饥饿之中,饿死300万人。

3. 黄河决溢对生态环境的破坏

黄河洪水对生态环境的破坏,一是湖沼淤平,二是土地的沙化、盐碱化,易旱易涝,农业凋敝。

黄淮海平原湖沼的消亡过程,是黄淮海地区自然环境变化的一个重要标志。至清末,豫东、豫东南、鲁西南西部以及淮北平原北部的湖沼大多被黄河的泥沙填平,部分是因人为垦殖而加速淤废。大量湖沼在平原上消失,严重地影响农业生产的发展,加速洪涝灾害发生的频率,阻碍水运的畅通,造成局部地区小气候的变化。

黄河洪水所过之地,聚落荡然无存,良田泥沙覆盖。"洪水退落,村舍田园,沙泥壅塞,高积寻丈,数十里之内,悉成荒废",而且"水涨之后,沙淤性寒质紧,禾苗秀而不实"。② 光绪十三年(1887),黄河在郑州十堡石家桥决溢后,沿河400多万亩耕地变成沙丘。20世纪30年代中期,豫东、豫北受黄河影响的四十余县,盐碱地多达五百余万亩,农作物的产量极低,商丘等地"小麦每亩约产三四十斤,高粱及小米,每亩约产六七十斤"③。

---

① 《黄河水利史述要》编写组:《黄河水利史述要》,黄河水利出版社2003年版,第403页。
② 黄河水灾救济委员会:《黄河水灾救济委员会报告书》,中华书局1935年版,第5—6页。
③ 周锡祯:《河南碱地利用之研究》,萧铮主编:《民国二十年代中国大陆土地问题资料》,成文出版社有限公司,[美国]中文资料中心1977年印行,总第24936—24938页,第24982—24983页。

二、动荡不已的政局

道光二十年(1840)鸦片战争以后,中国社会逐渐沦为半殖民地半封建社会,河南地区的社会历史也进入一个新阶段。由于河南以地主阶级土地占有制为基础的封建农业和以耕织结合为特征的自然经济比较强固,地主阶级的盘剥日益加重,劳动人民不堪重负,河南在全国近代化的浪潮中步履蹒跚。

鸦片战争的失败,不平等条约的签订,西方资本主义侵略势力的扩展,直接或间接地给河南以深广的影响。外国商品和资本的输入,外国教会的进入,给这一地区的经济、政治、文化带来一些冲击和震荡。封建统治者敲骨吸髓的盘剥,激化了社会矛盾,以捻党为中心的农民反封建烈火在各地延烧,太平天国的北伐军三次进入,削弱了清政府对河南的统治。洋教士霸占农田房屋,包揽词讼,庇护教徒为非作歹,激起民愤,南阳、确山等地民众围攻、捣毁教堂,这种称作"教案"的反洋教斗争,在义和团运动期间达到高潮。

20世纪初河南省的门户被打开,西方列强在河南开采煤矿,修筑铁路,给河南人民的经济政治生活与文化习俗都带来深广的影响,加快了社会半殖民地半封建化的进程。民族资本主义工业呱呱坠地,虽然其力量还十分弱小,却代表着新的生产力和生产关系。这些标志着河南地区半殖民地半封建社会的逐步形成。帝国主义侵略的加深、封建压迫和剥削的加重,激起人民的怒火,河南各地展开收回路矿权、反对洋教的斗争。清政府为巩固自己的统治,谕令各省开办新政,河南也裁减、整编军队,学习西方训练方法,设立巡警;设立商务农工总局和矿务、商务、农务总会,在各地办工艺局、农林会,发展农工商业;开办新学堂,选派留学生。中国同盟会河南支部则秘密开展革命宣传,发动武装起义,为革命做准备。

宣统三年(1911)辛亥革命期间,同盟会河南支部领导人张钟端在开封发动起义,没有成功。后来民国南京临时政府与以袁世凯为代表的清廷实权派达成妥协,河南省成为中华民国的一部分。中华民国建立后,地方实行省、道、县三级建置。河南省分为四道:开封道辖豫东38县,河洛道辖豫西19县,河北道辖豫北24县,汝阳道辖豫南27县。1930年,废除道制,地方实行省、县两级建置。

河南项城人袁世凯于光绪三十一年(1905)任署理直隶总督兼北洋大臣,遂扩建军队,发展势力,逐渐形成北洋军阀集团。1911年武昌起义爆发后,袁世凯出任清政府钦差大臣。他一方面授意部下通电赞成共和,逼迫清帝退位;另一方面要挟南京中华民国政府,以选举他为总统作为议和条件。于是民国临时大总统孙中山辞职,袁世凯任第二任临时大总统,并将临时政府迁往北京。不久,袁世凯恢复帝制,当上"洪宪皇帝"。革命军人发动护国战争,讨伐袁世凯,袁世凯抑郁而死。袁世凯执政期间先后任命亲信张镇芳、赵倜署理河南都督,在河南地区实行黑暗统治,激起人民的反抗。袁世凯死后,北洋军阀分裂为直系、皖系和奉系,互相争权夺利。直系军阀吴佩孚坐镇洛阳,统治河南。由于革命成果落入投机的官僚、军阀手中,河南社会经济停滞不前的局面未能改变。

1919年五四运动爆发,河南学生成立全省学生联合会,罢课、演讲、散发传单、查禁日货。五四运动如一声春雷打破了河南地区的沉闷局面,青年社团和传播新思想的刊物应运而生。社会主义成为当时的新思潮,传播马克思主义的刊物《新青年》《每周评论》等在河南热销,河南青年逐渐觉醒。在中国共产党的直接领导下,河南铁路工人成立俱乐部和工会,发动了震惊中外的京广、陇海铁路工人二七大罢工,广大农村出现红枪会运动。

1921年中国共产党的成立,使河南社会历史的发展出现新的转机。河南人民前仆后继地投身于新民主主义革命的洪流,如1921年的陇海铁路工人大罢工,1923年的京汉铁路工人大罢工,1925年上海爆发"五卅"运动后开封、洛阳、郑州等地的罢工、罢课、示威游行。河南省总工会和河南省农民协会相继成立,蓬勃发展的工农运动推动了国民党与共产党统一战线的建立,支持了北伐战争。

1927年7月,武汉国民政府的北伐军进入河南,与冯玉祥的第二集团军会师,结束了北洋军阀在河南的统治。不久,武汉国民政府与蒋介石控制的南京政府合流,大革命失败,国民党在河南推行"新县制"和保甲制度。中共河南党组织发动确山刘店、信阳四望山和商城起义,创建鄂豫皖苏区和中国工农红军第四方面军。1930年爆发蒋介石与冯玉祥、阎锡山之间的中原大战,给河南社会经济带来严重破坏。冯玉祥失败后,国民党在河南的统治强化。

1937年7月侵华日军占领华北后,先沿平汉铁路南下,又沿陇海铁路西进,侵犯河南。国民党军队先后在豫北、豫东抗击日军,一度阻滞敌人的进攻。而后节节败退,豫北、豫东 43 县沦陷。日军在沦陷区建立伪政府,对人民进行经济掠夺、政治压迫和奴化教育。共产党与国民党建立抗日统一战线。国民党第一、第五战区军队在豫南和中条山区抵抗日军的正面进攻,中共河南地方党组织发动各阶层组建抗日武装,收复失地,先后建立豫皖苏、晋冀豫和晋豫边、冀鲁豫、豫鄂边、豫西等抗日根据地。1944 年日军发动打通平汉铁路的河南战役,洛阳、南阳相继失守,八路军、新四军先后进军河南,进行局部反攻。1945 年 8 月日本宣布无条件投降,抗战结束。

1946 年 6 月,蒋介石调集 30 万军队向中原解放区进犯。中国人民解放军奋起自卫,由防御转为进攻。次年夏秋,刘伯承、邓小平率领晋冀鲁豫野战军挺进大别山,陈赓、谢富治率领太岳兵团南下豫西,陈毅、粟裕指挥华东野战军转战豫东,解放开封、洛阳、郑州等城市,粉碎了国民党军队的中原防御体系。1948 年淮海战役结束后,河南省完全获得解放。

三、缓慢前行的经济

鸦片战争前夕,河南地区完全是一个农业社会。鸦片战争以后,外国商品和鸦片辗转输入中国,许多农民放弃传统的家庭手工业和农业生产,转而从事商品生产,农副产品商品化扩大,但是河南地区仍然保持着传统的小农业和家庭手工业紧密结合的自然经济。到了 20 世纪初,英国公司夺取焦作煤矿的开采和经营权,汉口等地的洋行直接在河南设立商行和货站,河南地区商品经济持续发展,自然经济趋于解体,出现商办工厂和煤矿,民族资本主义工业和民族资产阶级出现,成为新生产力和生产关系的代表,标志着河南地区半殖民地半封建社会的形成。

辛亥革命后,河南省处于北洋军阀的统治之下,社会经济停滞不前的局面未能改变。军阀混战导致人民死亡,土地荒芜,天灾人祸交织,河南大地满目疮痍。帝国主义的经济侵略加剧,农产品的商品化加速,民族资本主义工矿业有较大的发展。随着铁路的修通和门户的洞开,河南地区与国际市场的联系日益紧密,外货灌输日增,商品经济的新潮冲击着农耕社会的"死水微澜",但是自然经济仍有所存留。抗日战争期间,豫东、豫北大片国土沦入敌手,日本侵略者在河南廉价掠夺原料,甚至直接吞并民族企业。抗战胜利不久,国民党发动内战,河南地区土地抛荒,物价飞涨,社会经济濒临崩溃。

1. 农业的衰退与农产品商品化的扩大

清代后期河南省人口在 2500 万上下,耕地面积不下 800 万公顷。民国初年全省人口约 3200 万,1937 年增加到 3429 万,后经灾荒与日军铁蹄的蹂躏而大量耗减。1947 年恢复到 2921.8 万人,耕地 733 万公顷。农民遭受官府、地主、军阀的盘剥,生活困苦,生产积极性低落。耕地贫瘠,十分之九为旱地,抵御自然灾害的能力差,加上生态环境日趋恶化,自然灾害异常频繁严重,中原农业生产呈现衰退的图景。

鸦片战争以后,河南经济作物种植日广,农副产品商品化的步伐加快。河南省小麦种植占耕地总面积的 60% 以上,总产量占全国第一位。淮河、白河、洛河及豫北地区有水稻种植。产棉县增加到 90 个,逐步形成几个初步专业化的植棉区。芝麻、黄豆、花生等种植渐广,产量居全国前列。民国初年引进美国的高产棉种,棉花种植面积增加,1937 年达 62 万公顷。清代后期烟草在邓州、许州、洛阳等地种植特多,所产晒烟品质优良,销往山西和广东、湖北各口岸。民国时期河南成为全国烤烟的主要产区,1918 年烟草栽培面积有 45 万多公顷,年产 1135 万担。民国初年南阳、洛阳山区柞蚕丝生产有明显发展。河南油料作物种植面积和产量均居全国前列。经济作物的种植和农副产品商品化的扩大,加速了自然经济解体的进程,为资本主义经济因素的成长奠定了基础,河南城乡经济与国内、国际市场的联系愈益紧密,近代化的步伐加快。

2. 手工纺织业与近代工矿业兴办

随着资本主义经济因素的输入,河南传统手工业有较大发展。清代后期正阳、孟津、禹州、临颍、光山、罗山等县农村手工棉纺织业发展很快。开封的丝织业最为发达,南阳、镇平、南召、鲁山、汝阳成为新的丝织业区,个体机户和手工作坊的商品生产由副业变为主业,促进了手工业和农业的分离。19 世纪中叶河南 23 个州县开采矿藏,19 世纪末仅豫北三府土煤窑工人已达 20 余万人,纸张、皮革、铜锡器、竹器制造业均有新发展。

20 世纪初,河南传统经济结构渐趋解体,大量农民和手工业者破产,商品市场和劳动力市场扩大,地主官僚敛集的钱财可以转化为工商业资本,从而为资本主义新经济的产生提供了条件。河南掀起前所未有的兴办近代厂矿的高潮,截至宣统三年(1911),河南省已有采矿、机器制造、纺织、面粉、榨油、制瓷等工矿业企业23家。但从总体上说,河南民族资本主义工业幼弱,资本数额小,企业使用机器少,发展缓慢,难与邻近地区比肩。

中华民国成立至抗日战争前,河南省的民族资本主义工矿业有较大发展,出现新的建厂开矿高潮。1919年至1927年新开办的民族资本主义厂矿不下70家,资本总额约为1300万元。手工加工业也有新的发展,针织企业开始使用机器生产,呈现出资本主义化的态势。1936年河南全省规模较大的工厂有122家,达到民国时期的高峰。此后河南兵燹连年,工矿业受到摧残而衰落。从总体上说,民国时期河南地区民族工矿业力量微弱,工厂数量有限,厂矿规模小,技术装备差,资本有机构成低,发展困难。

3. 铁路的修筑与沿线城镇的兴起

清代后期河南地区的交通运输主要靠官道和水运。清光绪二十四年(1898),修建纵穿河南的卢汉(卢沟桥至汉口)铁路,后改称京汉铁路。光绪二十八年(1902),英国福公司为运煤修筑道清(滑县道口至沁阳清化镇)铁路。这两条铁路于光绪三十二年(1906)贯通。光绪二十九年(1903),修建汴洛(开封至洛阳)铁路,宣统元年(1909)通车,后又向东西延伸,称陇海铁路。1932年陇海铁路河南段全线通车。1937年全省公路通车里程增至5700公里,汽车营运线路2800公里,初步形成以省会开封为中心的公路交通网。铁路和公路的开通,极大地改善了中原地区的交通条件,车船牛马逐渐被火车、汽车所取代。清末河南省已设电报局(含支局)33个、邮局58个,新型邮电网络初具规模。

铁路、公路开通后,河南交通运输形成以铁路、公路为骨架的新格局,铁路运输成为商品流通的主要渠道,朱仙镇、社旗镇等原来靠水运而繁华的集镇逐渐衰落,铁路沿线一批商业城镇快速崛起。郑州作为京汉、陇海铁路的交会处成为货物的重要集散地和对外开放的商埠,从1917年至1927年的10年间人口增长10倍。郾城的漯湾河渡口、确山的驿站驻马店自京汉铁路穿过,都变成商贾聚集的繁华城镇。原来的开封、洛阳、安阳、新乡、许昌、商丘等城市铁路开通后商业更为繁荣。这些铁路沿线的城镇形成以城市为主体、具有近代特点的商品市场。

4. 近代商业与金融的发展

清代后期河南商业有新的发展。光绪年间(1875—1908)唐河上的赊旗店、豫鄂陕三省交界处的荆紫关和沙颍河上的周家口成为农产品和其他货物的集散地,道口镇有卫河直通天津,粮、盐、药材、百货运销兴旺。以经营药材为主的怀商等河南土著商人和商业资本也有发展。市场洋货和土货共存。商品经济的发展导致河南商人队伍逐渐扩大并建立商会。

民国时期铁路沿线的商业城镇迅速崛起,商业资本作为外国资本主义工业的附庸和补充而存在和成长,经营方式上也仿照资本主义方式扩大业务和积累资金,河南商业开始走上近代化道路。抗战前河南近代商业继续有所发展,洋货广泛销售于乡镇,农产品商品化加大。1923 年豫泉官银局改组为河南省银行,1928 年 3 月在开封成立河南农工银行。银行的出现对河南资本主义工商业的发展起着推动作用,抗战期间河南商业遭受日本侵略者的破坏和掠夺。后来内战爆发,正常的商业活动无法进行,商业落入民国时期的最低点。

第二节　西方宗教与思想学说在河南的传播

近代基督教等西方宗教在河南强势传播,也激起人民的反抗。随着近代书报的创办发行和青年学子的出国留学,西学在河南地区广泛传播,传统的理学思想受到冲击,人们思想有所解放,民智逐渐开启。新文化运动的影响和马克思主义的传入,极大地改变了人们的思想观念。

一、洋教的传入与人民的反抗

洋教是指基督教、天主教、东正教、新教及一些较小派别。在中国通常称新教为基督教,或耶稣教。早在明万历四十二年(1614),意大利神父艾儒略、郭居静和法国神父金尼阁等天主教耶稣会士先后到河南开封,以传播科学知识为名,进行短期传教活动。崇祯元年(1628),意大利神父毕方济到开封传教,购置民房改建为教堂,这是河南地区最早建立的教堂。清顺治末康熙初年(约

1660—1665），法国耶稣会士恩理格到开封主持传教事务，建天主教堂 1 所，又在朱仙镇、扶沟和商丘设立传教点。

鸦片战争以后，中国门户洞开，为洋教的传播带来便利条件。道光二十三年（1843），意大利米兰外方传教会的教士进入卫辉府传教，法国遣使会传教士安巴都等到南阳靳岗恢复传教。次年，罗马教廷在南阳靳岗设立总教堂，管理全省教务，天主教渐次发展。光绪五年（1879），属新教派的奥斯定会进入河南省，从此基督教中的新教开始在河南传播。光绪十年（1884），基督教内地会在周家口建福音堂。据统计，光绪十九年（1893），河南全省约有 8 个县建立教堂 31 所，外国传教士及家属 26 人，大多属于天主教。光绪二十六年（1900），河南省天主教徒已发展到 1300 多人，于是重新划分教区。新教各派在全省建福音堂 14 所。光绪三十一年（1905），俄国东正教开始传入河南。至宣统二年（1910），天主教堂和福音堂共 75 所，分布于河南省 7 府、36 州县、15 镇。洋教士霸占农田房屋，包揽词讼，庇护教徒为非作歹，勒索教务赔款，引起河南人民的愤恨，先后爆发多次反洋教斗争。

咸丰四年（1854），光州（今潢川）经坊寺监生何正清等向官府控告天主教"异端惑众"，县役驱逐教士数人，没收传教物品。此后开封、禹州、鹿邑、汝阳等地都发生人民群众反对洋教的斗争，其中最有代表性的是南阳绅士百姓围绕"还堂案"开展的反对天主教会的斗争。

咸丰十一年（1861）至同治元年（1862），南阳靳岗天主教堂指认城内江浙会馆是康熙年间的天主教堂旧址，通过法国驻北京公使，要求总理衙门咨请河南当局归还，南阳士民要求据理严拒。同治五年（1866），河南巡抚李鹤年遵循清廷"曲全邻好"的意旨，令南阳府县"劝谕"江浙会馆首事之子"情愿将会馆捐让"，并允许教堂买城内周姓房地产。消息传出，南阳百姓鸣锣纠众，张贴告白，声称要尽杀教士、教民。一些绅士也联名具呈，反对在城内建天主教堂。李鹤年只好作罢。但是清廷循法国公使之请再次要求河南巡抚和南阳府、县催督妥协。同治七年（1868），南阳人民又掀起抵制高潮，"还堂"再次搁浅。光绪十年（1884），中法战争爆发，南阳人民掀起新的反天主教的浪潮，主教安西满逃至湖北武昌。直至光绪二十年（1894），天主教堂以准许靳岗教堂建筑围墙为条件，答应"永远不索"城内江浙会馆。这场延续 30 多年的"南阳还堂案"以洋教士失败、南阳人民的胜利而告终。

义和团运动期间,河南再次发生群众性的"烧堂毁教"活动。光绪二十六年(1900)7月6日,南阳农民7000人手持刀矛棍棒,高喊"扒洋楼,报冤仇"的口号,围攻靳岗教堂。9日,靳岗聚集民众达数万人。安西满派徒众骑马持枪,冲出教堂打死打伤和捕捉农民多人。由于官府调动军队威胁镇压,诱骗群众解围,靳岗教堂得以保存下来。7月24日,确山民众3000多人围攻韩庄天主教堂,教徒冲出教堂疯狂反扑,互有伤亡。次日,周围数十里村民前往协助围攻,教堂被攻克,教士出逃。在西华、安阳、新乡、夏邑、南召、桐柏、商水等29州县也发生焚毁教堂、破坏器物的事件,"教堂被毁者十之七八"①。

反洋教斗争的引起,或因帝国主义对中国的侵略,或因教徒的胡作非为,或因不同宗教信仰、不同文化之间的冲突。河南各地发生的群众性反洋教斗争,捣毁不少教堂,一些教徒悔悟脱教,打击了外国传教士的嚣张气焰,但是洋教在河南传播的步伐并未停止。西方宗教的传播以及教会学校的开办,在客观上为河南地区带来西方文化,对文化转型也有一定作用。

二、近代书报的刊行与西学的传播

鸦片战争后,中国在政治、军事、经济、文化各个领域落后于西方资本主义国家的现实,被越来越多的人所认识,人们认为向西方学习是中国摆脱落后的必由之路。在这种历史条件下,欧洲16世纪以来的近代自然科学、社会科学以及西方社会的各种知识,统称西学,逐步在中国广泛传播。河南是宋明理学发源地,理学在思想文化领域仍居优势,开西学风气较晚。甲午中日战争前后,西学方进入河南地区。西学的传播主要表现在翻译介绍西学的书籍,编著有关西学的书刊,出版近代报纸,创办新式学校,讲授西方科学文化知识等。

近代以来,外国人先后在北京、上海、广州、天津等地创办报纸。河南省创办近代报纸较晚。光绪三十年(1904),巡抚陈夔龙创办的《河南官报》是河南最早的报纸。该报为书本形式,每逢农历初五、初十出版。宣统三年(1911)改

---

① 王治心:《中国基督教史纲》,沈云龙主编:《近代中国史料丛刊》第635册,文海出版社1973年版,第235页。

为周刊,每期印 8000 册。光绪三十二年(1906),河南学务公所创办《开封简报》,每日一张,后改为两张,小四开铅印,这是河南最早的日报。该报辟有谕旨、要闻、本省新闻、外国新闻、院藩辕抄、告白等版面,接近于现代报纸。宣统三年改名《中州日报》,划分四版。同年出版的《河南白话报》,每 10 日一册,间刊图画,通俗易懂。此后又有狄杏南在开封主办的《与舍学报》,为立宪服务。陆续出版的还有河南提学使孔祥霖创办的《河南教育官报》以及抚署创办的《宪政月刊》《自治官报》等。这些报纸主要由官方创办,宗旨是为官府作政治宣传,客观上为西学在河南地区传播、交流信息起到一定作用。

与此同时,河南省的资产阶级知识分子也开始创办自己的报刊。光绪三十二年(1906),由河南留日同乡会集资在日本创办《豫报》,32 开本,共出版 6 期。每期近百页,辟有论说、学说、时评、教育、文苑、译丛、小说、调查、新闻等 20 多个栏目。该报分析帝国主义列强侵略河南的形势,唤醒人民对民族危亡的觉悟;抨击封建君主专制制度,痛斥清朝卖国政府;宣传资产阶级立宪政治,鼓吹发展经济,兴办教育,对河南经济、文化、政治以及树立民族主义思想起到促进作用。

光绪三十四年(1908)初,留日河南籍学生创办《河南》杂志,以张钟端为总经理,刘积学任总编辑。《河南》辟有政治、历史、地理、教育、军事、译著、文苑、小说、时评等栏目,宣传资产阶级民主革命纲领和思想,批判封建专制主义,主张暴力革命。张钟端在该刊发表文章,尖锐批驳封建体制,表现出鲜明的民主革命立场。《河南》"风行海内外,每期销售数千份,以输入本省者占半数,河南人士思想之开发,此杂志之力为多焉"[1]。后来清政府勾结日本政府勒令停刊。

《中国新女界》杂志,光绪三十三年(1907)创刊于日本东京,留日女学生燕斌担任主编。该刊每期约 4 万余字,宣传资产阶级自由、平等、天赋人权学说,反对封建社会男尊女卑的恶习,鼓励广大妇女从封建道德的束缚下解放出来,提高妇女的政治地位;提倡兴女权,要求妇女有婚姻自主权、生业权、享受教育和参政议政权。此外,还有刘基炎创办的《武学杂志》。这些近代报刊、书籍作为"时务"和"新学"的载体,在河南各地逐渐广泛传播。

20 世纪初,各种宣传新学、报道时事、倡导维新乃至鼓吹革命的出版物大量

---

[1] 冯自由:《革命逸史》(第三集),中华书局 1981 年版,第 273 页。

问世,并通过各种途径传播到河南地区。为便于图书的发行、收藏和阅读,河南省开始创办书店,兴建图书馆,图书事业有较快发展。

光绪二十八年(1902),顺天乡试和河南乡试在开封举行。次年,全国的会试也在开封举行,各省举人云集。上海开明书店在开封开辟门市,销售《日本三十年维新史》《法兰西革命史》等200余种新书,《政艺通报》《清议报》等多种报刊。光绪三十四年(1908),日本留学回乡的资产阶级革命党人李锦公,在开封创办大河书社,销售新书和《河南》《豫报》等报刊。商人茹葆田创建商品陈列所,展销中西图书和各种报刊。此后阅报社、图书馆、书店陆续开办。

光绪二十三年(1897),河南省河北道谕令属员购买传播新思想的《时务报》,让书院诸生阅读,以广见闻。光绪三十年(1904),项城小学堂存有新学读物60多种。众多近代书刊对传播西学、开启民智起到推进作用。宣统元年(1909),河南提学使孔祥霖创立河南省图书馆,藏经史子集、译著、新书、外文书等1600余种43000多册,年平均接待读者1200人。大体同时建立的还有开封师范学堂图书馆,藏书24000余册;河南省立普通图书馆,有中文书1762部。此后,各地陆续建立图书馆。民国四年(1915),全省共建通俗图书馆22处,藏书9000余部,读者日平均1050人。全省还有139处公众阅报所。

西学的传播与各种新事物的出现,为河南资产阶级民主思潮的兴起推波助澜,启发青年学子,教育封建知识分子,使他们的思想观念发生深刻变化。

三、新文化运动的冲击与马克思主义的传播

1. 新文化运动对中原的冲击

辛亥革命的成果被北洋军阀夺取后,中国进入更加黑暗的历史时期,救亡和启蒙成为时代的主题。陈独秀、胡适、蔡元培等先进知识分子发动新的思想启蒙运动——新文化运动,提倡民主和科学;反对封建礼教,批判孔孟之道;提倡新文学,反对旧文学;提倡白话文,反对文言文,致力于塑造健康人格,建设自由公正的社会。新文化运动的春风吹进河南,对人们的思想意识、政治理念都产生了深刻的影响。

新文化运动的旗帜《新青年》杂志深受河南广大青年的喜爱,《每周评论》

《新潮》《国民》等刊物也在河南各地大量发行。省内也有一批新报刊破土而出,如河南省第一师范冯友兰、嵇文甫等创办的《心声》,青年学会的《青年》以及第一师范学校的《新河南》、女子同志会的《女权》以及《新中州报》等,都发表宣传新文化的文章。《心声》杂志明确宣布:"本杂志之宗旨在输入外界之思潮,发表良心上之主张,以期打破社会上、教育上之老套,惊醒其迷梦,指示以前途之大路而促其进步。"[1]《新中州报》刊文主张劳工神圣,认为"劳心者治人,劳力者治于人"的千年古训,实是"万恶无道的思想,我们要用全力打破它"。在这些刊物影响下,河南青年学生高举民主、科学的大旗,提倡新道德、新文学,反对纲常名教与旧婚姻制度,批判尊孔读经,呼吁教育改革。

总之,五四运动爆发前,新文化运动的浪潮已经冲击着封建势力根深蒂固的河南大地,解放着青年的思想,为行将到来的五四爱国运动和新民主主义革命创造了条件。

2. 马克思主义在河南的传播

五四运动时期,进步杂志和书籍不断向人们介绍马克思主义,书店及书刊销售部积极发行马列主义著作,在河南思想界特别是青年学生中产生很大影响。唐河人郭须静在天津北洋法政专门学校学习期间,与李大钊交往密切。1912年秋二人一起加入北洋法政学会,编辑《言治》月刊。后来又一起参加中国社会党,共同主持社会党天津支部的工作。1917年11月李大钊留学日本回国在北京大学任教,郭须静也到北大工作,二人一起议论时政,交流思想。在李大钊的影响下,郭须静开始翻译介绍有关马克思主义思想来源的文章。他翻译的《理想家的社会主义》,1920年1月发表于《心声》杂志第2卷第1期上,成为中原地区传播马克思主义相关理论的先声。

中国共产党成立前夕,李大钊为传播马克思主义,多次来到河南,给郑州工人夜校的学员讲述革命道理。中国共产党诞生后,上海、北京等地党的工人运动领导机构多次派中共党员到河南开展工作。1921年11月,洛阳铁路工人发动的陇海铁路总同盟大罢工,得到中国劳动组合书记部北方分部的大力支持,罢工的胜利,使马克思主义在工人群众中得到广泛的传播。随后,北京中共党组织又派党员到郑州、开封等地开展工作。

---

[1] 冯友兰:《〈心声〉发刊词》,载《心声》第1卷第1期,1918年。

1925年秋,以王若飞为书记的中共豫陕区委成立,以肖楚女为主编的中共豫陕区委机关刊物《中州评论》大量发表宣传马克思主义的文章,旗帜鲜明地批判反动思想,为河南青年指明前进的方向。

马克思主义在河南地区的广泛传播,使革命运动突飞猛进地发展,出现了工农运动的高潮。至1926年底,工会、农协在河南各地普遍建立,为北伐战争的胜利准备了条件。

第三节 现代考古学的开端与殷墟甲骨文的发现

中国古代的金石学是现代考古学的前身。金石学是以古代青铜器和石刻碑碣为主要研究对象的一门学科,广义的金石学还包括竹简、甲骨、玉器、砖瓦、封泥、兵符、明器等文物。清代河南的金石学在宋代金石学的基础上发展、昌盛,姚宴的《中州金石目》汇集了河南全省的金石志目,毕沅的《中州金石记》收集河南的碑石,黄易的《嵩洛访碑日记》记录郑州、登封、荥阳、洛阳等地文物古迹和古碑。

中华民国时期,由于受到西学影响,中国的考古方式发生重大变化,由传统的对传世文物的研究转而进行田野发掘。20世纪二三十年代河南的考古发掘,标志着中国现代考古学的诞生。

一、20世纪二三十年代的河南考古

早在1921年,受聘于中国北洋政府农商部矿业顾问的瑞典地质学家安特生带领地质所5位工作人员,对河南渑池县仰韶村遗址进行首次发掘,中国地质学者袁复礼参与其中,出土很多彩绘陶片。考古工作者将这类文化遗存命名为"仰韶文化"。这是中国境内最早的一次田野发掘,堪称中国新石器时代考古

的先河。此后，安特生等人又调查试掘渑池不召寨新石器时代遗址，调查渑池洋河村、西庄村和荥阳秦王寨、牛口峪等新石器时代遗址。

1928 年中央研究院历史语言研究所成立，采纳南阳人董作宾的建议，组建考古队对安阳殷墟进行有计划的发掘。至 1937 年抗战前，在李济、梁思永、董作宾的主持下，先后对殷墟进行了 15 次发掘，河南省政府和教育厅派南阳人郭宝钧以及河南大学实习生滑县人刘燿、偃师人石璋如参与其中。10 年的发掘共揭露宫殿、宗庙建筑基址 53 座，贮藏物品和抛弃废物的窖穴 296 个，发现建筑础石、水沟和部分墓葬，初步弄清殷墟的范围、布局，使尘封地下的商代后期王室宫殿建筑基础重见天日，出土 10 余万片刻字甲骨和大量的青铜器、玉器、石器和陶器，其成果结集为李济主编的《安阳发掘报告》和《田野发掘报告》。在此期间，河南省博物馆等单位由何日章等带队两次在殷墟发掘，所获器物与甲骨，由关百益编为《殷墟文字存真》《殷墟器物存真》出版。这些发掘报告和著录，对研究殷商时代的历史有着非常重要的价值。

1931 年，浚县辛村西周卫国墓地被盗挖，许多青铜器流散欧美。次年河南古迹研究会由郭宝钧主持进行抢救性发掘，次年刘燿主持发掘浚县大赉店新石器时代遗址。1933—1934 年又发掘浚县刘庄、巩县塌坡和马峪沟、广武青台等新石器时代遗址。1935 年郭宝钧发掘汲县(今卫辉)山彪镇、辉县琉璃阁东周墓地。1936 年冬河南省古迹委员会李景聃等在商丘、永城进行考古调查，并发掘造律台、黑堌堆、曹桥新石器时代遗址，都获得大量有重要价值的历史文物。

上述考古发掘，尤其是安阳殷墟的发掘，不但有重要的考古发现，而且建立了一套科学的考古发掘方法，使中国现代考古成为一门新兴学科。"现代意义的中国考古学的发轫，一般认为应以中国学者自己主持的田野考古工作为标志，这便要提到 1926 年清华研究院李济先生对山西夏县西阴村的发掘，以及 1928 年中央研究院历史语言研究所开始的殷墟发掘。"[①]

河南地区另一项考古成果是南阳汉画像石的发现。1923 年至 1924 年南阳籍学者董作宾、杨章甫等首先发现一些石刻画像。1927 年至 1928 年河南通志馆编修张中孚在南阳发现不少画像石刻，收集拓片带回开封，河南博物馆馆长

[①] 李学勤：《新郑李家楼大墓与中国考古学史》，河南博物院、台北历史博物馆：《新郑郑公大墓青铜器》，大象出版社 2001 年版，第 8 页。

关百益从中选取40幅,辑成《南阳汉画像集》一书,1930年由中华书局出版,引起学术界的关注。此后南阳籍学者孙文青有更多发现,鲁迅也为南阳汉画像石的收集做出过贡献。

除了正规发掘,河南地区偶然发现或者墓葬被盗也获得许多重要文物。1923年8月25日,新郑李家楼乡绅李锐在自家菜园凿井,发现一些铜器。陆军第十四师师长靳云鹗将已出铜器收缴,又令副官、参谋监督继续挖掘,至10月初结束。著名考古学家李济曾到墓葬现场采集一些人骨。该墓为郑公大墓,共出土青铜器、贝币、骨玉等700余件。所出青铜器称"新郑彝器",在国内外轰动一时,其中的一对莲鹤方壶乃国之瑰宝。这些文物由河南古物保存所保管。1927年7月,河南博物馆成立。1935年11月河南博物馆选出部分精品到英国伦敦参加"中国艺术节国际展览会",受到各国人士的赞赏。后日军侵华,河南文物辗转南运,终分藏三地四家,即河南博物馆、台北历史博物馆、北京故宫博物院和中国历史博物馆。1928年至1930年,洛阳金村一批战国墓遭到盗掘,所出青铜器等文物迅即流往国外,多藏于加拿大、日本等国博物馆。

新安人张钫曾任河南省代理主席。1933年7月他率部移驻洛阳,收集当地出土唐朝至清代的墓志、绘画、书法、石刻1413件,其中唐代墓志多达1185件。在新安铁门镇砖圈窑洞15孔,建天井、回廊,将志石嵌于壁上。1936年竣工,称"千唐志斋",是河南第一座石刻博物馆。

郭宝钧(1893—1971),南阳人,1922年毕业于北京国立师范大学国文系,先后任河南大学、北京大学教授,是河南最早的考古学家。1928年参加中央研究院历史语言研究所对安阳殷墟的首次发掘。1930年进该所工作,1932年主持浚县辛村西周卫国墓地的发掘,1935—1937年主持辉县琉璃阁和汲县山彪镇等地的考古发掘。关百益,原名葆谦,出生于开封,1907年毕业于京师大学堂(北大前身),师从著名学者罗振玉,后任河南博物馆馆长、省志馆编纂。他对史学、考古学、金石学、方志学均有深邃造诣,著有《金石学》《考古浅说》《殷文字存真》《龙门二十品详证》《伊阙石墨撷英》《河南金石志》等。张嘉谋(1874—1941),字中孚,南阳人,1930年任河南博物馆馆长,次年任河南古迹研究会主任委员,编著出版《浚县彝器》《殷墟彝器》和《汲县彝器》。他们都为河南的文物考古事业做出了重要贡献。

二、甲骨文字的发现整理与河南的甲骨学家

清光绪二十五年(1899)前后,安阳北郊小屯村村民在田间耕作常挖到古老的龟甲兽骨,多作为中药材"龙骨"出售。时在北京任国子监祭酒的山东福山人王懿荣患病,中药中有一味龙骨。他凭借渊博的学识,认定其上的刻画是一种古老的文字,遂派人收购。古董商人闻讯竞相购买,小屯及附近村民纷纷挖掘出售。早期识读和收集收藏甲骨文字的有王襄、孟定生、刘鹗、罗振玉、王国维等,还有几个外国人。

在 20 世纪 30 年代,中央研究院历史语言研究所对安阳殷墟进行 15 次发掘,河南省有关部门也曾参与其中,共发掘获得 2.7 万片。其中在小屯村北的 127 坑出土刻辞甲骨 1.7 万片,完整的龟甲 300 多片,属于武丁时代卜辞,被人们称作殷王朝的档案库。

江苏丹徒(今镇江丹徒区)人刘鹗,字铁云,搜集有字甲骨约 5000 片。光绪二十九年(1903),他将收藏的 1000 多片甲骨文拓片印成《铁云藏龟》。次年,孙诒让根据《铁云藏龟》写出第一部研究甲骨文的著作《契文举例》。民国以后对甲骨文的研究著作相继出版。罗振玉的著作最多,有《殷墟书契前编》《殷墟书契后编》《殷墟书契菁华》《铁云藏龟之余》《殷周贞卜文字考》和《殷墟书契考释》等。王国维将甲骨文资料用于历史研究,1915—1917 年撰写重要论文《殷墟卜辞中所见地名考》、《殷卜辞中所见先公先王考》和《续考》,利用卜辞考证《史记·殷本纪》所载殷王世系基本可靠,并纠正其错误,证明小屯村就是 3000 多年前的殷墟。这一关于中国上古史的重大发现轰动了国内外学术界。1929 年郭沫若写成《卜辞中的古代社会》,从卜辞中发掘商代社会生产状况的第一手资料,为商史研究开辟了新途径。他还著有《甲骨文研究》《卜辞通纂》《殷墟粹编》等,为甲骨文的编纂整理创立了一个科学体系,将甲骨文研究提高到新的水平。于是甲骨文字的整理研究逐渐形成一种专门的学问——甲骨学。

参加殷墟发掘的河南籍学者也致力于甲骨学研究,并取得骄人的成果。

董作宾(1895—1963),字彦堂,南阳人。1923 年入北京大学研究所国学门读研究生,后任国学门干事。1928 年中央研究院历史语言研究所成立,任编辑

员。他多次主持(或参加)殷墟发掘并率先进行研究,1931年发表《大龟四版考释》,提出应以卜辞中的贞人(史官)建立甲骨文断代基础。1933年发表《甲骨文断代研究例》,提出甲骨文分期的10个标准,并将殷墟甲骨文分为五个时期,使甲骨文研究走上全新道路,其分期至今仍为研究者所遵循。1940年他随中央研究院历史语言研究所迁四川南溪李庄,继续整理甲骨文资料,并做全面研究,写成《殷历谱》。他1944年任历史语言研究所代所长,1948年被选为中央研究院院士。1949年去台湾,著作有《殷墟文字甲编》《殷墟文字乙编》等。他和罗振玉、王国维、郭沫若同为"甲骨学四堂"之一。

石璋如(1902—2004),偃师人。1928年考入河南中山大学文科,大学三年级时参加安阳殷墟的发掘。1932年河南大学文学院毕业,到中央研究院历史语言研究所考古组工作,长期从事殷墟的考古发掘与研究,有《第七次殷墟发掘报告》等甲骨学论著多种。他1948年去台湾,继续从事相关研究教学工作,是著名考古学家和甲骨学家。

孙海波(1900—1972),潢川人。1934年北平师范大学研究院毕业,曾任中央研究院历史语言研究所助理员,北平师范大学、云南大学中文系教授。1934年10月哈佛燕京学社出版其《甲骨文编》。该书选择1933年以前著录出版的甲骨文摹拓本,每字照原形摹录,注明所录书的卷页片号,按《说文解字》分部之顺序编排,共收单字2116个,其中已释1006个,未释1110个。后又出修订本。1938年1月河南通志馆出版《甲骨文录》,著录甲骨拓片950片,乃何日章在安阳所采集和原河南博物馆两次在"殷墟"发掘所得甲骨3656片中挑选之精粹。

此外,还有湖南醴陵人朱芳圃(1897—1987),字芸僧,曾任河南省立中山大学、河南大学教授,著有《甲骨学文字编》《甲骨学商史编》《殷卜辞中所见先公先王再续考》《殷周文字释丛》等,也为甲骨学做出了贡献。

第四节 现代学术的萌生与发展

晚清是河南的传统学术日趋没落、新学术逐渐兴起的时期。程朱理学日益为士人所冷落,括帖制艺之学随着科举考试的废除而不存,经世之学波及河南。随着民族危机的加深,一些胸怀忧患意识的青年士子转而向西方和日本寻求救国新知。民国时期一些河南学子赴欧美、日本留学,学习近代西方学术,接受西方的学术理论,回国继续从事相关教学与研究。他们采用新的观点和方法研究学术,在各自的领域中崭露头角,甚至成为中国一些新学科的奠基人或开创者,为现代中国学术的发展做出了卓越贡献。民国时期河南省的考古学、哲学、史学、语言文字学等领域成就显著。

一、抱残守缺的理学与经世之学

清代后期,程朱理学在河南仍有庞大的社会基础,在广大中下层民众的思想和信仰中占据着统治地位。河南学界仍然崇奉传统理学,沁阳人李棠阶、开封人倭仁、鄢陵人苏源生、林县人徐定唐以及刘廷诏、王检心、王涤心等一批名重于时的理学家涌现。咸丰十一年(1861),河南巡抚严树森重修开封二程祠,又为鄢陵理学家苏菊邮的《大学臆说》作序,刻印发行。光绪十一年(1885),开归陈许郑道陈彝在睢州办洛学书院,请黄曙轩主讲理学。光绪二十八年(1902),巡抚锡良创办河南大学堂,聘"泥古而不通今,尊中而不重西"的山东理学家孙葆田为总教习,让学生诵读《孝经》《小学集注》等书。项城人杨凌阁主讲许州(今许昌)聚星书院,以程朱理学诲人。光绪三十一年(1905),一位洛阳举人自豪地说:"方今学术淆乱,弃夏就夷,惟吾乡尚保洛学不失。"但19世纪80年代经世之学兴起,20世纪初民族危机深重、维新和革命思潮渐趋高涨,空疏的"心性之学"受到怀疑和冷落,胸怀忧患意识的青年士子纷纷离开先辈故辙,转向西方和日本寻求救国新知。到民国中后期,程朱陆王之学在河南地区已是明日黄花。进入20世纪以后,随着科举考试的废除和清王朝的覆亡,制艺之学方退出学术文化的主阵地,仅在私塾中有所残留。

鸦片战争以后,中国一些南方省份涌现出一批颇具生气的反映时代需要的"经世"之士。他们力纠汉学、宋学、帖括之学脱离实际的弊端,提倡学术为现实的国计民生服务,着力研讨政治、经济、社会、边防等问题,并从不同角度提出相应的对策。这种学术新潮也波及河南地区。例如固始回族人蒋湘南原为经学名儒,后受时代影响,主张经世之学,在鸦片战争期间积极为国计民生出谋划策,对当时的重大问题禁烟、治河等都有专门论述。获嘉文士王钊"学无不窥",鸦片战争失败后,用其所学潜心撰作《筹海(防)十三策》,呈交当局。他如项城王诜贵与张安雅、封丘何家琦、陕县张谐之等,各有经世之作问世。19世纪八九十年代,民族危机加深,经世之风在河南士林发展,滑县士人郭云升作《安边十五策》,专程赴京上陈。

中日甲午战争以后,中华民族危机空前严重,维新变法思潮和政治运动高涨,河南地区受传统学术羁勒较轻的青年士子,把目光转向西方和日本,从那里寻找经世良方和救国真理。19世纪初各类学校陆续开办,更多青年接触时代新知。青年士子对西学产生更多的渴求。如商丘青年井俊起,在甲午战争中国战败的刺激下,于"一切中西时务书,尽力搜求,尽力涉猎,不为旧学束缚",后来进入开封河南师范学堂学习,回乡组织"迪新社","宣传新思想"。原先耽志于程朱理学的新蔡人刘纯仁,因受甲午战争失败的刺激,博览中外政治、法律、史地、哲学、外交、财经诸方面的出版物,思想大变,成为河南民族民主革命的宣传者和领导人。五四运动以后,一些书籍、刊物宣传科学、民主和社会主义思想,河南一些先进的知识分子在资产阶级民主主义或马克思主义的指引下,研讨近代哲学、社会科学和自然科学,且多有建树。

二、哲学领域的新成就

随着西学的传入,河南学者开始接触西方哲学,并用其理论审视中国古代哲学,成为学界翘楚。他们在中国古代哲学史和古代哲学领域取得显著成绩,具有思想启蒙和现代中国学术奠基意义。

兰封(今兰考)人傅铜(1888—1970)是中国最早学习西方哲学的学子。他1905年赴日本留学,1913年回国,又赴英国牛津大学和伯明翰大学深造,师从英国著名哲学家、逻辑学家伯特兰·罗素。1918年应北京大学校长蔡元培之邀回国,任北大哲学教授,后历任西北大学、安徽大学校长。1940年至1948年任北京中国大学教授、研究院副院长及华北文法学院哲学系主任,著有《知行难易问题之根本解决》等书,并主办《哲学》和《人生评论》等刊物。

冯友兰(1895—1990),字芝生,唐河人。1918年毕业于北京大学,次年赴美国哥伦比亚大学研究院读研究生,专攻西方哲学。回国后曾在中州大学、广东大学、清华大学哲学系任教。他运用马克思主义研究哲学,1926年出版《人生哲学》,最早将东西方哲学结合起来进行论述。1931年出版《中国哲学史》上、下卷,论述从先秦诸子到晚清康有为、谭嗣同的哲学思想,在体系和一系列重大问题上提出自己的新见解,取材严谨,持论精确,是我国具有现代意义的中国哲学史学科的奠基之作,受到国内外学者的赞誉,被译为多种外国文字,作为多个国家讲授中国哲学史的教材。1939年至1946年,他陆续发表《新理学》《新世论》《新世训》《新原人》《新原道》《新知言》等著作,统称"贞元六书",将程朱理学与西方的新实在论结合起来,建构了一个富有思辨色彩的"新理学"哲学体系。1947年又出版《中国哲学简史》。冯友兰是我国有代表性的著名哲学家。

嵇文甫(1895—1963),原名嵇明,以字行,汲县(今卫辉)人。1918年毕业于北京大学哲学系,在开封省立第一师范任教。1928年以后曾在北京大学、燕京大学、清华大学执教,1933年任河南大学文学院院长。20世纪30年代撰写出版的《先秦诸子政治社会思想述要》是较早用马克思主义研究中国哲学史的著作;《左派王学》论述王阳明的道学革新精神以及左派王学代表人物的哲学思想,并做出精当的评价;《船山哲学》指出王船山"宗师横渠,修正程朱,反对陆王",在继承唯物主义、批判唯心主义的基础上,建立自己的哲学体系,阐述了自己的历史观。其《左派王学》和《船山哲学》在学术界广受赞誉,时人评论这两部著作"见人所未见,道人所未道",也使作者成为一位卓有成就的学者。

赵纪彬(1905—1982),原名济焱,字象离,内黄人。早年从事革命活动,1934年开始致力于古代哲学和中国哲学史的研究。1939年出版的《中国哲学史纲要》是用马克思主义观点撰写的中国哲学简史,1942年出版的《中国知行学说简史》系统阐述中国认识论发生、发展的历史,驳斥法国哲学家哈克夏否认中国有认识论的谬说。1943年任教东北大学,讲授《哲学概论》和《中国哲学史》,在中国古代哲学和中国哲学史领域颇有影响。

此外还有魏明经(1912—?),邓州人,1941年在西南联大北京大学历史系读书,与任继愈一起师从汤用彤先生,后又在济南齐鲁大学学习。抗战时期先后在长沙临时大学南岳文学院、成都齐鲁大学研究所、昆明北京大学研究所从事教学与研究。1944年以后在武昌华中大学、济南齐鲁大学任教,对先秦诸子

(特别是庄子)和宋明理学颇有研究,著有《朱子哲学》《理学新诂》和《中国古代学术源流的诸子哲学》,对中国哲学史上的一系列问题提出自己的见解,在学术界有一定影响。

三、新史学的开创

清代后期中原史学处于沉寂之中,唯祥符(今开封)人常茂徕在史学、金石学方面的成就尚可称道。其著作《汴中风土记》《汴中岁时记》《汴京拾遗》《增订如梦录》有较高的史料价值,是研究河南尤其是开封的民俗史不可或缺的资料。他还著有《增订春秋世族源流考》《春秋女谱》《洛阳石刻录》《祥符金石记》《续中州金石考》等。此外,内乡人王检心著《真州救荒录》、商城人周祖颐著《商城守御纪略》等,在专题研究和地方史记述方面有一定建树。

20世纪初中国思想界发生急剧变化,梁启超等"新史学"的倡导者竭力输入和传播西方近代史学理论和方法,猛烈批判为封建专制统治服务的旧史学,呼吁建立具有崭新思想内容、唤起民众觉醒、适应救国需要的新史学,于是中国传统史学开始向近代史学演变。与此同时,殷墟甲骨文、汉晋简牍、敦煌文书、内阁大库档案等新史料陆续发现,为新史学的出现提供了学术机遇。安阳殷墟甲骨文的发现更是中国近代发生的重大事件,影响甚巨,被郭沫若称作"新史学的开端"。他说:"我们要说殷墟的发现是新史学的开端,王国维的业绩是新史学的开山,那样评价是不算过分的。"[1]

民国时期,河南学者采用西方新的史学理论和研究方法研究中国历史,在诸多领域取得骄人的成果。

在中国上古史与考古学方面徐旭生和刘燿二人颇有建树。徐旭生(1888—1976),原名炳昶,唐河人。1913年赴法国巴黎大学留学,1919年在河南留美预备学校任教,后曾任北京大学哲学系教授、教务长,北平师范大学校长,北平研究院史学所所长。他对中国上古史与考古学颇有研究,所著《中国古史的传说时代》对传说中的上古部族提出全新的见解,是一部关于传说时代历史的重要

---

[1] 郭沫若:《古代研究的自我批判》,《郭沫若全集》历史编(2),人民出版社1982年版,第6页。

著作。刘燿(1906—1983),后改名尹达,滑县人,1928年考入中州大学哲学系,1932年考取中央研究院历史语言研究所考古组研究生,毕业后留所工作。曾参加安阳殷墟的发掘,其著作《中国原始社会》是国内率先用马克思主义原理,结合考古资料,研究中国史前社会的一部专著,在近代中国史学史上具有开创意义。20世纪40年代他又参加范文澜主编的《中国通史简编》的撰写。

清代后期国内兴起蒙元史研究的热潮,民国时期姚从吾、韩儒林成为蒙元史研究的佼佼者。姚从吾(1894—1970),原名士鳌,襄城人,1920年北京大学文科毕业,赴德国留学,专攻蒙古史。1931年将《元典章》译为德文,将《蒙古史发凡》译为中文。1934年回国,历任北京大学历史系教授、河南大学校长、故宫博物院文献馆馆长,在我国边疆史、蒙古史研究方面有开拓性成果。韩儒林(1903—1983),舞阳人,1923年考入北京大学哲学系,毕业后任教于北京师范大学。他1931年翻译法国史学家色诺博斯的名著《西洋文明史》,1933年赴欧洲留学,先后在比利时鲁文大学、法国巴黎大学、德国柏林大学攻读欧洲史、蒙古史、拉丁文,兼及中亚史和波斯、蒙、藏、突厥文。1936年回国,先后在燕京大学、中央大学任教。其《成吉思汗十三翼考》《蒙古答剌汗考》等论文,征引丰富,考证精审,为蒙元史研究做出了重要贡献。

在明清史研究方面谢国桢有突出贡献。谢国桢(1901—1982),安阳人,1925年考入清华大学国学研究院,主攻明清史,1949年到南开大学历史系任教。他30岁时在梁启超家中任塾师,发表《增订晚清史籍考》,为其学术发轫之作。其后发表《清初开国史料考》《明季奴变考》,均有很高的学术价值。其《明清之际党社运动考》是对晚明史开创性的研究,被称作"研究南明史料的一个钥匙"。

在民族史的研究领域,白寿彝对回族和伊斯兰教史有开创之功。白寿彝(1909—2000),开封人,1929年至1932年在燕京大学国学研究院攻读中国哲学史,后任禹贡学会、国立北平研究院历史研究所编辑。1938年以后任云南大学、中央大学教授。他早年致力于回族与伊斯兰教的研究,著有《中国回民小史》《中国伊斯兰教纲要》。1937年出版的《中国交通史》也是一部具有开创性的著作,两年后即被译为日文在东京出版。

关于中国近代史的研究,郭廷以有显著成绩。郭廷以(1904—1975),舞阳人,1926年东南大学历史系毕业,先后在清华大学、河南大学任教,曾任中央大学历史系主任,专攻中国近代史。20世纪30年代纂集《近代中国史长编》三册,出版《近代中国史事日记》(清末)、《近代中国史事日记》(民国)。后迁居台北,创建台湾"中央研究院"近代史研究所,任所长。他依据丰富的史实立论以重现历史原貌,是实证史学的卓越代表,出版专著多种,《太平天国历法考订》《郭嵩焘先生年谱》《中国近代史纲》堪为代表。

此外,尚钺、张邃青等在历史教学和研究方面也可称道。尚钺(1902—1982),原名宗斌,字健庵,罗山人,1921年考入北京大学英国文学系,后从事革命活动,1940年开始从事历史教学和研究。他在昆明瑞云中学执教期间,大量阅读马列著作,自学甲骨文和考古学,先后在云南大学分校教授中国历史文献和中国通史课程。1948年以后在山东大学、山西北方大学和华北大学任教。中华人民共和国成立后曾任中国人民大学历史系主任,主编《中国通史纲要》,是我国著名历史学家之一。张邃青(1893—1976),原名森桢,太康人,1919年毕业于北京高等师范学校历史地理部,到开封省立第一师范教书。1927年到河南省立中山大学任文史系教授,讲授中国史部目录学、中国上古史、中州文化史、河南史地研究等课程。1940年以后兼任系主任、文学院院长,编撰《中原文化史》讲义与《史通研究》等。

此外,在历史文献整理方面,汲县(今卫辉)人李时灿(1866—1943),字敏修,民国初年受聘参与撰修《清史》,发起编辑《中州文献》,在北京创立中州文献征集处,前后共收集1500多部文献。1922年创立河洛书社,致力于中州文献的收集整理。他一生著述颇丰,编辑有《中州异闻录》《中州先哲传》等。南阳人张嘉谋曾任河南通志馆纂修,参与《河南通志》编纂,主撰《河南疆域沿革考》,并校注明嘉靖《南阳府志》。

四、语言文字学的进展

发现于安阳殷墟的甲骨文字是我国已知的成熟的文字,河南学者在整理和研究方面做出了较大的贡献。南阳人董作宾的《大龟四版考释》认定"贞人"即史官,以此建立殷墟甲骨文断代基础;《甲骨文断代研究例》提出甲骨文分期的十个标准,将甲骨文分为五个时期,从而使甲骨文研究走向全新之路,堪称甲骨文研究的划时代之作,其《殷墟文字》甲、乙编等书,在中外学界享有盛誉。潢川人孙海波的《甲骨文编》《诚斋殷墟文字》《甲骨文录》《甲骨文考释》及《说文籀文古文考》等专著和论文中关于甲骨文、金文的著录和考释,获得学界同行的好评。

在音韵研究方面,赵荫棠、于安澜取得的成绩引人注目。赵荫棠(1893—1970),字憩之,巩县(今巩义)人。1924年考入北京大学研究所国学门研究生,后师从钱玄同学习音韵。1932—1939年任教于北京大学、辅仁大学。1949年后先后在河北师院、西北师院执教。其《中原音韵研究》一书对近古语言、音韵加以考订和标注,颇有价值,入选"国学小丛书",《等韵源流》入选"中华现代学术名著丛书",在学术界有一定影响。于安澜(1902—1999),原名海晏,以字行,滑县人。1931年毕业于河南大学国文系,后考入燕京大学研究院从事古音韵研究,后任河南大学教授,著有语言、书画著作多种。其《汉魏六朝韵谱》综合分析汉至隋代的诗、赋、韵文,分列三个演变时期,"多发前人所未发"。

丁声树(1909—1989),邓州人,1932年毕业于北京大学中文系,进入中央研究院历史语言研究所工作。1944年至1948年赴美国考察,兼任哈佛大学和耶鲁大学语言部研究员。20世纪三四十年代致力于古汉语中典型字词的研究,陆续发表《释否定词"弗""不"》《〈诗经〉"式"字说》《〈诗·卷耳〉"采采"说》《论〈诗经〉中的"何""曷""胡"》《"何当"解》《"早晚"与"何当"》等。除训诂学外,他在音韵研究方面,发表《"碏"字音读答问》《说"匿"字音》等。他曾赴湖北、四川进行方言调查,参编的《湖北方言调查报告》1948年出版,受到好评。新中国成立后任中国科学院语言研究所研究员、哲学社会科学部学部委员,是我国著名语言学家。

陈介白(1902—1978),西平人,我国早期修辞学家。五四运动时在北京大学预科班读书,毕业后考入燕京大学中文系,主修中国语言学,兼修英语、中国史,后任中国古代文学史教授。1931年他撰写出版《修辞学》,1932年出版《文学概论》,1936年出版《新著修辞学》,曾与刘共之合译叔本华的《文学的艺术》。

第五节　新文学的兴起

清代后期以来,由于社会动荡与变革,文学从内容到形式逐渐发生变化,新文学兴起,新的文学观点和代表人物出现,人们开始写新体诗、白话文。民国时期,河南地区的文学创作、文学研究方面都有新的成就。

一、文学创作

(一)清代后期的散文、诗词

清代后期河南文坛相对沉寂,唯何家琪、蒋湘南、周之琦与周星誉尚值得称述。

何家琪(1843—1905),字吟秋,号天根,封丘人。光绪元年(1875)中举,选授洛阳教谕,升汝宁府教授,以诗文著称于世,著作有《天根文钞》《天根诗钞》。何家琪的诗文皆享盛誉,文章的成就更胜于诗歌。其文气韵贯通,朴实明扬。如《与汤兰士论艺书》论人的秉性气质和文章才艺的关系,其观点值得重视。其一些传记文记事简练,重点突出,且多有评语,叙述议论结合,观点鲜明,如《卖饼佣传》仅寥寥数语,即描绘出一位生动传神的人物形象。其诗歌作品题材多样,格律精严,不乏佳作。其《民讼冤》《江南景》《逃兵叹》《久雨叹》等,反映当时的现实与民生疾苦;即景抒情、友人赠答类的诗作情景交融,颇见功力,《野望》堪称代表。有些诗作描写河南地区的景物,如《郑州》写灾后田野荒芜、民不聊生的境况,《嵩山》则颇有气势,堪足欣赏。所著《天根文法》以"词义精深,叙事奇变,脉络贯输"为作文"三法",又提出"义(言有物)、法(言有序)"为"二纲",有独到见解。

周星誉(1826—1884),字叔云,祥符(今开封)人,道光三十年(1850)进士,官至两广盐运使兼署广东按察使,著作有《鸥堂剩稿》《鸥堂日记》《鸥堂诗》等。其诗词以词作最著名。其《踏莎行·丙午春日即事》写春日慵懒的贵族妇女,《永遇乐·登丹凤楼望黄浦怀陈忠愍公》写临战场而怀军将,可谓清词中的名篇。

(二)民国时期的新文学

民国时期受新文化运动和社会变革的影响,河南地区出现不少有成就的作家,在诗歌、小说、报告文学、戏剧创作等方面出现繁荣景象。抗日战争期间,河南作家创作了许多揭露日本侵略者罪行、鼓舞全民抗战的作品。文学革命在河南亦有反响。《新中州报》发表文章指出,现在文学所有的作品不能不是民众所要求的文学,其材料自然是取之于民众的生活。提倡白话文,反对文言文,是文学革命的重要内容。开封第一师范教员嵇文甫,在课堂上宣讲用新思想、新文体写作文章,并指导学生写白话文。

1. 诗歌

民国时期,河南地区涌现了几位著名诗人,发表了颇有影响的作品。

徐玉诺(1894—1958),原名言信,鲁山人,是五四时期河南地区跻身中国文坛的第一位新诗人。他1915年入开封省立第一师范读书,受五四新文化运动影响,民主思想逐渐形成,开始文学创作,发表小说《一只破鞋》。1920—1924年进入创作高峰期,5年发表作品300多篇。1922年出版诗集《将来之花园》《雪潮》,鞭挞黑暗的社会现实,反映河南人民的苦难生活,堪称白话诗的经典作品。叶圣陶称赞他的诗有"奇妙的表现力,微妙的思想,绘画般的技术和吸引人的格调"。其诗又受到鲁迅、茅盾的好评。他还有小说《遗民》《我的最后》等。

于赓虞(1902—1963),西平人,毕业于燕京大学。1927年赴英国伦敦大学留学,抗战时期曾任西北大学教授兼文学院院长、河南大学教授兼外文系主任、河南印书馆总编辑等职。有诗作《晨曦之前》《落花梦》《孤灵》等,采用现代派的艺术形式,表现反帝反封建的思想内容,抒发对人生的悲叹,风格情调独具特色,在当时的诗坛颇有影响。他还翻译过意大利著名诗人但丁的《神曲》,是19世纪三四十年代我国早期诗歌运动中有影响的诗人之一。

苏金伞(1906—1997),原名鹤田,睢县人。1920年入开封第一师范学习,受老师冯友兰、嵇文甫等影响,酷爱文学,后来进入解放区,任华北大学三部文学创作组研究员,1932年开始发表作品。抗战初期发表《跟妈妈说》。1939—1949年发表诗作300多首,其中《雪夜》《雪中开拔》《睡眠》《一个女宣传员》以及诗集《无弦琴》热情讴歌中原儿女反抗日本侵略的奋斗精神。1947年出版诗集《地层下》《窗外》。其诗作朴实自然、清新隽永,富有乡土气息,深受读者欢迎。

李季(1922—1980),原名李振鹏,唐河人。1938年入延安抗日军政大学学习,1942年入鲁迅艺术学院太行分校学习。1946年9月22日在《解放日报》发表长诗《王贵与李香香》,产生很大影响。

2. 小说

冯沅君(1900—1974),原名淑兰,字德馥,唐河人。1917年入北京女子高等师范学校读书,受社会新思潮的感染,个人自由思想迅速发展,连续创作《隔绝》《隔绝之后》《慈母》《旅行》等短篇小说,辑为《卷葹》《春痕》《劫灰》三个小说集,系统表现一个青年女性生活的全过程,大胆写出当时女性挣脱旧礼教束缚的恋爱心理,表达五四前后青年对封建传统的激愤和反抗。其作品富有浪漫主义特色,以人物心理刻画为重心,以人物的心理、情绪发展为作品的线索,多用书信作为作品主体和第一人称的叙述方式,浸染了古典诗词的艺术格调,具有很强的艺术感染力。冯沅君与蜚声文坛的冰心、庐隐齐名,是五四以后新文学史上第一批有影响的女作家之一。

姚雪垠(1910—1999),原名冠三,字汉英,邓州人,少年时开始阅读我国五四时期和俄国的文学作品,对文学很有兴趣。1929年考入河南大学预科,发表《两个孤坟》等。30年代中期到北平等地,开始文学创作,发表《野祭》《碉堡风波》《生死路》《选举志》等小说十余篇。1938年到武汉,发表短篇小说《白龙港》《差半车麦秸》,中长篇小说《红灯笼的故事》《牛全德与红萝卜》《春暖花开的时候》《戎马恋》《新苗》《重逢》等。抗战胜利后,创作自传性长篇小说《长夜》,以绿林人物为对象,反映军阀混战时期豫西农村的社会状况。还有散文《我的老祖母》《外祖母的命运》《大嫂》等,论文《小说是怎样写成的》等。

师陀(1910—1998),原名王继增,字长简,杞县人,九一八事变后,开始在报刊上发表小说和散文。抗战时期创作大量作品讴歌广大抗日军民的献身精神和英雄气概。短篇小说《谷》,深刻反映了中国北方农村的凋敝;长篇小说《结婚》揭露了抗战时期都市的癫狂。

丰村(1917—1989)，原名冯克勋，清丰人，1935 年毕业于河北大名师范学校，1939 年赴延安，开始文学创作。抗日战争期间发表《回炉货》《爷爷》《烦恼的时代》等 20 多部中短篇小说，其长篇小说《大地的城》生动表现了冀南人民的反军阀斗争。1946 年前往上海担任教师、编辑，出版有《北方》《毁约》《灵魂的受难》《呼唤》等作品。

刘知侠(1918—1991)，又名兆麟，卫辉人，1938 年赴延安抗日军政大学学习，次年转赴山东，曾任《山东文化》副主编。在战争年代著作甚丰，以长篇小说《铁道游击队》最为著名。

曾克(1917—)，原名曾佩兰，太康人，是一位在小说、散文、报告文学、话剧领域都有创作的女作家。1929—1936 年她在开封北仓女中读书时，开始发表诗歌散文。后来肄业于上海大夏大学师范专修科，积极参加抗日救亡运动，为第二、五战区抗日文化工作团团员。1938 年在武汉发表《战斗的心曲》，出版报告文学《在汤阴火线》。次年到重庆参加文艺界抗敌协会，发表小说、报告文学、话剧《铁树开了花》《走上前线》等。1940 年经周恩来、邓颖超介绍前往延安，为延安文艺界抗敌协会专业作家。抗战胜利后到晋冀鲁豫根据地，出版小说集《新人》、散文集《光荣的人们》。1947 年深入敌后，发表《挺进大别山》。还有小说《千里跃进》。

王实味(1906—1947)，原名诗微，潢川人，1925 年考入北京大学文学院预科，发表书信体小说《休息》。1937 年到延安，从事马列著作翻译工作。1942 年发表《政治家艺术家》和《野百合花》两篇文章。

3. 报告文学

李蕤(1911—1998)，原名赵悔深，荥阳人，1935 年加入北方"左联"，发表《柿园》《眼》《楼上》等作品，反映小农破产和下层人物的悲惨命运。次年考入河南大学文史系，抗战时期主编《燧火》等文艺报刊。1942 年河南发生严重旱灾，深入灾区写成十几篇报告，集为报告文学《豫灾剪影》，生动深刻地反映了大旱给农民带来的苦难。

此外，女作家曾克的报告文学《在汤阴火线》《挺进大别山》等也颇有影响。

4. 戏剧

赵清阁(1914—1999)，字景深，信阳人，她是一位著名剧作家、画家。1929 年赴开封求学，后来辗转上海、南京、武汉、重庆等地，积极参加抗战文艺活动。

全面抗战开始后在武汉主编抗战文艺刊物《弹花文艺月刊》,后至重庆创作反映太湖地区抗日游击队斗争业绩的话剧《女杰》,宣扬爱国主义、激励人们抗日的《潇湘淑女》。1943年先后与老舍合著剧本《王老虎》(又名《虎啸》)和话剧《桃李春风》,在当时颇有影响。1940年出版中篇小说《凤》。1945年8月到上海定居,发表短篇言情小说《落叶无限愁》。

二、文学研究

从20世纪20年代开始,河南学者在中国古典文学、戏剧和中国文学史的研究方面有许多成果,为学术界瞩目。

唐河人冯沅君不仅是著名女作家,也是著名文学史、戏剧史专家。1922年她在北京大学研究所国学门攻读研究生期间,发表论文《为病呻吟》《对于文学应有的见解》《不著名的文人作品》《闲聊与文艺》等,阐发自己的文学见解。1932年赴法国巴黎大学留学,专事中国古典词曲的研究。1933年出版论文集《沅君卅前选集》。1935年回国,次年写出《古剧四考》(《勾栏考》《路岐考》《才人考》《做场考》)及其《跋》,探讨古代的剧场、演员、剧作者及其团体、戏剧演出等方面的实际情况。1939年以后在河北女子师范学院、武汉大学、中山大学、东北大学等校中文系任古典文学教授,继续古典文学、文学史的研究著述,出版《张玉田年谱》《古优解》《孤本元明杂居题》《古剧说汇》等。《古剧说汇》收入著者1935年以后的十年间撰写的关于古代戏曲的考证文章15篇,涉及宋金元时期有关戏曲的若干具体问题。1931年与陆侃如合作出版《中国诗史》《南戏拾遗》。《南戏拾遗》对宋元南戏佚曲进行辑录,扩大了学术界对南戏的认识。《中国诗史》打破传统见解,颇有新意。1932年与陆侃如合作出版《中国文学史简编》,影响较大。

任访秋(1909—2000),原名维焜,字仿樵,南召人。1923年夏考入河南省立第一师范学校,1929年考入北京师范大学中文系,1933年在北京大学研究所国学门攻读研究生,后在洛阳师范学校主讲中国文学史。从全面抗战开始到新中国成立前夕,先后发表《民族主义思想家王船山》《整理国故运动与朴学》等论文,出版《中国现代文学史》(上)、《子产传》、《中国文学史散论》等专著。新中国成立后在河南大学任教,论文、著作颇丰,为文学界所称道。

段凌辰(1900—1947),汲县(今卫辉)人,1923年毕业于国立武昌高等师范学校,先后在西北大学、齐鲁大学、国立中山大学执教。1938年任河南大学文史系教授,著作有《中国文学概论》《汉魏六朝赋选》《八代诗选》《和沈修文乐府》《潭上胜录》等。《中国文学概论》1933年出版,列入"民国丛书",影响较大。

李嘉言(1911—1967),武陟人,唐诗专家。1930年考入清华大学中国文学系学习,毕业后在母校任助教。抗战时期在西南联大中文系任教,在名师陈寅恪、闻一多指导下从事唐诗、楚辞、《诗经》的研究考证,成果丰硕,有《贾岛年谱》等,后又发展到魏晋六朝文学领域。1947年后在河南大学任教。

第六节　艺术的发展

清代后期至民国时期是河南戏曲艺术的发展形成期,这一时期无论戏剧还是曲艺都很繁荣。书法基本上因袭前代而没有太多创新,绘画在继承前代国画的基础上,引入西洋的油画和水彩画,一些画家融汇中西画法,推动了绘画艺术的进步。

一、河南地方戏曲

河南地方戏曲历史悠久,遗产丰富。数百年来,经过无数艺人的探索、创新,形成不同风格、不同流派的剧种。清末河南地区出现正规戏院,更适于戏曲的演出和观赏。宣统二年(1910)开封建成丰乐园,场内男女分坐,是一座正规的戏院。

豫剧,原称"河南梆子""河南高调""河南讴",是河南地区最大的剧种,流行于河南全省及全国大多数省份。清末民初是河南梆子发展的黄金时期。清末主要在乡村演出,涌现了一批在群众中有很高威望的演员,例如密县(今新密)的老盛三、开封的王海晏与王致安、豫东的段德福与张建才等,均享誉一方。民国初年豫剧进入开封、洛阳、商丘、信阳、郑州等城市,逐渐风靡河南城乡,成为一个成熟的剧种。

20世纪20年代末至30年代初豫剧进入一个新阶段:大批女演员登上舞台,剧目由男主角的戏向女主角的戏转化,出现以生、旦为主的戏;声腔由以男角为主向以女角为主演变,以E、F、G为基本调高;伴奏乐器原以大弦、二弦、三弦为主,20世纪30年代以板胡为主奏乐器,小三弦、方笙、闷子成为特色乐器。逐渐形成以开封、商丘为中心的豫东调和以洛阳为中心的豫西调。前者发声多用假嗓,男声高亢激越,女声活泼跳荡,擅长表演喜剧风格的剧目;后者发声多用真嗓,男声苍凉悲壮,女声低回婉转,擅长表演悲剧风格的剧目。传统剧目有《白蛇传》《穆桂英挂帅》等600多个,著名演员有陈素真、司凤英、常香玉、阎立品、马金凤等。

樊粹庭为豫剧的发展做出了突出贡献。樊粹庭(1905—1966),原名樊郁,遂平人。1929年毕业于中州大学,曾在河南民众师范讲授戏剧课。1935年邀请陈素珍、刘朝福等一批演员在开封创办"豫声剧团",致力于豫剧改革,使豫剧艺术出现新的飞跃。全面抗战开始后,改称"狮吼剧团",宣传抗日,剧作有《涤赤血》《中国侠》《克敌荣归》等。1940年在西安组建"狮吼儿童剧团",培养了一批优秀豫剧人才。因此樊粹庭被誉为"中国现代豫剧的开山祖"。

曲剧,原称"高台曲""河南曲子",系在河南民间说唱艺术鼓子曲的基础上,吸收其他剧种的艺术成果发展而成。清末,王凤桐将坐唱形式的南阳鼓子曲带到洛阳并进行革新,将它与原本在洛阳流行的曲子和高跷表演结合起来,形成"高跷曲",从而由说唱艺术向戏剧艺术跨越。1926年以后经地摊、高跷阶段进入戏曲舞台。20世纪30年代曲剧迅速发展,逐渐规范化,出现解新富、朱万明等一批艺人,形成南阳曲子(又叫大调曲子)和洛阳曲子(又叫小调曲子)两种流派,前者沉稳,后者活泼。1943年李金波、白永玲在淅川组建曲子戏班社"抗建剧团",演出《长台关》等抗日剧目。1946年到开封演出,更名"新生剧社",是20世纪40年代影响很大的演出团体,传统剧目有《风雪配》《游龟山》等200多个,著名演员有张新芳、王秀玲等。曲剧唱腔以真嗓为主,假嗓为辅,唱调柔和,朴实自然,婉转轻快,抒情性强,具有民歌的特点,生活气息浓烈,音乐朴实自然,委婉缠绵,抒情性强,生活气息浓郁。至20世纪40年代末,曲剧在河南地区已是很有声望、受到广泛欢迎的剧种。

越调是河南的地方大戏,其伴奏乐器以四股弦为主,因此亦称"四股弦"。越调产生于明代,清代中叶河南地区已有越调班社演唱,清后期主要在南阳一带流行,清末民初开始兴盛。清末越调班社发展到100多个,出现吴春城、陈小金等著名演员,以王溆岑越调班和芹菜沟越调班最有影响。越调从它诞生时起就以登台表演、地摊说唱、傀儡(即木偶、皮影)三种形式演出。由于它长期在农村流传,具有粗犷、质朴的风格,富有地方特色。演员分为生、旦、净、丑四大行。音乐原为曲牌体,清乾隆以后逐渐演化为板式变化体,间用杂曲小调。伴奏乐器文场以短杆坠胡和四弦为主,武场有板胡、大小锣、手镲等。剧目有"老十八本""小十八本"之说。传统剧目有《收姜维》《诸葛亮吊孝》等500多个,著名演员有申凤梅、毛爱莲等。

除以上三大剧种外,大平调、怀梆、宛梆、大弦戏、二夹弦等剧种也在河南一些地方流行,受到群众的喜爱。京剧、汉剧、蒲州梆子、眉户戏、河北梆子、柳琴戏也从外地传入河南。

二、曲艺

河南地区的曲艺名目很多,主要有河南坠子、河洛大鼓、大调曲子、三弦书和评书等。

河南坠子因用坠胡伴奏并主要用河南语音演唱而得名。它诞生于开封,是一种比较独特的曲艺形式,也是覆盖全省的说唱艺术。晚清坠子的从艺者全为男性,1914年以后女性演员登场,形式更加丰富多彩,讲究手、眼、身、法、步、内、炸、腾、挪等表演技巧,在唱腔上吸收一些花腔、民间小调、小曲以及山东大鼓、豫剧、越调等的声腔,从而提高到一个新的层次,并由地摊进入书场。演唱形式由最初脚踏木梆自拉自唱逐渐演变为一拉一唱的"二人班"。唱腔音乐包括起腔、平腔、送腔、尾腔。在发展过程中逐渐形成以商丘为中心的东路,以郑州、开封为中心的西(中)路和以安阳、新乡为中心的北路三个分支,各具特色,互相促进,成为河南人民喜闻乐见的主要曲种。

河洛大鼓起源于清末民初,由洛阳琴书和大鼓书结合并吸收河南坠子的某些曲调而成,表演有单口(一人伴奏,一人演唱)和对口(一人伴奏,二三人演唱)之分。其基本唱腔有引腔、起腔、送腔、二八腔、流水等近十种,主要流行于豫西、豫中、豫北,远及我国西北各省。

河南大鼓书因以大鼓为主要伴奏乐器而得名,流行于全省,有豫南大鼓、豫东大鼓、鼓词(流行于洛阳、许昌、南阳)、大鼓京腔(流行于豫北)和铁板书之分,均以说唱为主,辅以说白,单人上场,以说大书见长。

大调曲子又称开封鼓子曲,也在全省流行,可分为汝南丝弦道、周口弦歌社、豫西洛阳曲子、豫北八音会和中州鼓调等支派,有曲牌近200个。

三弦书因以三弦为主要伴奏乐器而得名,也在全省流行,有南阳一带的中鼓三弦、尉氏周围的宜丰三弦和洛阳琴书之分,唱腔有铰子腔、鼓子腔之别,形式上有腿缚节板自弹自唱和一人弹一人唱两种。

评书也流行于全省各地,起初多为坐讲,20世纪三四十年代增加武打招数,并用醒木、扇子、手帕为道具辅助表演。

清代后期,遍布河南各地的民间器乐不断发展,乐种繁多,可以分为鼓吹乐、弦索乐两大类。鼓吹乐是以吹管乐器唢呐、管子或笛子为主奏乐器,配合其他弦乐器、打击乐器的民间器乐合奏形式;弦索乐则是全部用弦乐器演奏的民间器乐合奏形式。鼓吹乐中的十盘音乐和弦索乐中的板头曲最具特色。十盘音乐乐队中大小不一的十面云锣处于明显地位,此外还有管子、笛子、拍板、鼓。以管子为主奏乐器,有坐立演奏和行走演奏两种形式,曲牌丰富,主要流行于以洛阳为中心的豫西地区。板头曲主要是弹拨乐器加胡琴、四胡等拉弦乐器,多数为独奏,乐器用古筝、三弦和琵琶,少部分为合奏,可用多种乐器,为稀有乐种。分为快板、慢板两种。慢板一板一眼,曲调哀怨低沉;快板有板无眼,曲调欢快流畅。

商城人王霁初(1893—1933),早年参加革命,从事文艺宣传。1930年筹建红日剧团,并任团长。他利用大别山民间文艺的传统曲调,经过加工整编,创作了《八月桂花遍地开》《十二月宣传歌》《送郎当红军》《空树枝》等革命歌曲和新剧目。

三、书法绘画

1. 书法

书法是河南地区一种传统艺术。但是自王铎之后，没有出现杰出的领军人物，但是好尚者仍然很多，不乏有成就者。

秦树声（1850—1926），字宥横，固始人，光绪年间进士，历任工部主事、广东提学使等。民国初年书写墓志多种，字体秀逸遒劲，名重当时。靳志（1877—1969），字仲云，开封人，光绪年间进士，曾留学英法，历任民国总统府和国民政府秘书、驻外使节。其书法宗晋人王羲之，擅章草，风格典雅古秀。许均（1878—1959），字平石，开封人，曾任河南大学文学院兼职教授、开封修志馆馆长。其书法宗承魏碑，主张碑帖融通，是民国时期河南地区有代表性的书法家。关百益（1882—1956），原名葆谦，曾任河南博物馆馆长、省志馆编纂，书法宗魏碑，擅行、楷、隶书，风格雄厚质朴，著有《龙门二十品释证》《伊阙石墨撷英》。袁克文（1890—1931），字豹岑，项城人，曾任法部员外郎、清史馆编纂，书法雄健多姿，意在颜真卿、褚遂良之间。

河南地区也有书画兼长的艺术家。例如胡义赞（1831—1902），字叔襄，光山人，同治年间举人，曾任知县，署海宁知府。他工书法，善画山水，其行书、楷体和山水画皆学董其昌，擅篆刻。唐玉润（1924—2015），祖籍陕西咸阳，后移居郑州，自幼酷爱书画艺术，1942年考入鲁山艺术学校师从王耀光先生。其书法专攻颜体，博采众长，逐步形成自己的风格；绘画风格清新秀逸，用笔简练，设色淡雅。

2. 绘画

近代中原绘画的时代特点，是西洋画的传入，人们开始学习油画和水彩画，在绘画技法上有人将国画与西洋画结合。

吴新吾（1883—1924），信阳人，20岁开始国画创作。1911—1919年留学法国，入巴黎美术学院，师从美术大师孟二原普学油画，兼及雕塑。后回国任北京大学画法研究会油画导师，又执教北京美专，成为当时北方油画界之首。他对唐、宋、元绘画有独到见解，主要油画作品有《旗装妇女肖像》《巴黎风景》《北京风光》《雨》《青龙英雄》等,著作有《西洋画派汇考》《大同云冈石窟》。

李剑晨(1901—2002),原名汝骅,内黄人。1926年毕业于北京国立美术专科学校,1937年赴英国伦敦大学、法国巴黎库拉西美院研究水彩画、绘画与雕塑。1939年回国任重庆国立美术专科学校西画系主任、教务长。其水彩画在继承英国水彩画写实传统的基础上,结合中国色彩,形成自己独特的风格。

谢瑞阶(1902—2000),巩义人。1924年毕业于上海美术专科学校西洋画系,至开封任美术教师。他20世纪20年代以油画、水彩画为主,20世纪30年代开始自学中国画,著有《人物画法简述》,将西洋画的人体解剖运用到中国人物画中。1935年国画作品《朗吟飞过洞庭湖》入选全国美展。

李丁陇(1905—1999),新蔡人。1937年毕业于上海美术专科学校,曾任中华艺术专科学校校长、上海师范学院教授。1937年去敦煌莫高窟临摹壁画,创作《极乐世界》长卷。全面抗战时期用绘画宣传抗日,依据红军长征事迹,画长卷《赣江行迹图》和《二万五千里长征》连环画。

第七节 科学技术的进步

清代后期至民国时期,西方自然科学传入中国,河南许多青年学生赴欧美和日本留学,攻读自然科学,学成回国后在各自的领域中取得许多新进展。清末,河南各地曾开办过一些带有科学研究和技术推广性质的农事试验场。民国时期,省、县、区一度普遍建立农事试验场。20世纪30年代以后,河南省先后建立的科研机构有省地质调查所、省棉产改进所、省化工试验所、省卫生试验所等,河南地区的生产技术也取得不少进步。

一、自然科学的新进展

清代后期河南地区已经有人从事数学、生物学、地理学、医学等自然科学研究,并取得一定成绩。

在数学方面,河南一些数学家在中国传统数学的基础上,吸纳西方数学知识,钻研数学,并有所创获。如河阴(今属荥阳)人秦阿灼,为学广博,著有《数学初基》。宜阳人梁凤诰曾在新野、西华等地任教,他精研数学,著有《天文历法无代冥稿》。又有数学家李元勋,光绪二十四年(1898)前后著有《天文勾股》《圆率引》《招差引》等书。19世纪八九十年代,汜水(今荥阳汜水镇)贡生陈元勋精研数学、天文、地理、历法,有《禹贡考》《天文节略》等八种著作,又自制多种天文仪器,成为近代中原自然科学的先驱者。

在地理学方面,光绪三十二年(1906),北洋陆军练兵处引进西方测量方法,在河南省彰德府(今安阳一带)测绘1∶2.5万比例尺地形图50幅,这是河南地区第一批用平板仪测绘的地形图。[①]

在医学方面,中国的传统学科中医仍有很多人研究实践。如固始人万青选,他精研医术,妙手回春,有《医贯》《寿世葆元辨证》《士材三书辨证》等著作传世。尉氏人刘鸿恩,道光二十六年(1846)进士,任道员署按察使,从政闲暇,研究医理,专攻医道,医理精深,问医者甚众,晚年据平生之经验,著成《医门八法》,为后世所推崇。再如镇平人高建章亦精研医理,著有《伤寒论广义》《金匮要略广义》等。郑县(今郑州)人弓泰,精通医术,长于眼科和儿科,著有《方脉合编》《眼科正谬》《幼科医案》等行世。郑县人弓士骏(1780—1860),亦精通医学,著有《弓氏医学辨讹》。林县(今林州)人徐定唐(1795—1854),亦以精通医学著称。

清代后期西方医学已经通过西方教会开办的医院在河南地区传播。刘宇澄是河南第一位西医妇产科医生,光绪三十年(1904)在固始开办普仁医院,采用新法接生。

民国时期,河南地区专攻自然科学的学人逐渐增多,在理化、生物、地质和水利诸领域都有显著成就。

在物理学方面,高能物理学家袁家骝最为著名。袁家骝(1912—2003),项城人,1932年燕京大学毕业,1936年赴美国留学。1940年获美国加利福尼亚州

[①] 河南省地方史志办公室编纂:《河南省志·科学技术志》,河南人民出版社1995年版,第657页。

理工学院博士学位,1949年开始担任美国布鲁克海文国家实验室高级研究员,负责设计并建造世界上第一台特殊高频系统,这是当时世界上能量最高的质子加速器。

在化学方面,高济宇、李俊甫成就显著。高济宇(1902—2000),舞阳人,1927年毕业于美国华盛顿州立大学化学系,获伊利诺伊大学化学博士学位。回国后任南京中央大学教授、化学系主任,中国化学会总干事,《化学通讯》总编辑,致力于二酮及其衍生物合成、性质、反应的系统研究。李俊甫(1905—1981),洛宁人,1924年考入美国加州伊利诺艾大学,毕业后入康奈尔大学研究班,在著名化学家班克拉夫特教授指导下从事溶液理论研究。1932年回国,执教北平师范大学。

在生物学方面,秉志、郝象吾、曲仲湘、王鸣岐的成就引人注目。秉志(1886—1965),姓霍,满族,开封人,1909年入美国康奈尔大学生物系学习,1920年回国。他在南京高等师范学校创建我国第一个生物系,1922年又创建我国第一个生物研究机构中国科学社生物研究所,任所长,撰写有《中国北方的腹足类》等著作,是中国近代动物学的奠基人之一。郝象吾(1899—1952),武陟人,1918年赴美国留学,钻研生命科学,获加州大学理学博士学位。回国后任国立第五中山大学农科主任兼农艺系主任、河南大学农学院院长,讲授遗传学和优生学。曲仲湘(1905—1990),唐河人,植物生态和环境保护学家。1926年入东南大学植物系学习,毕业后任中国科学社生物研究所植物标本采集员。1940年任复旦大学生物系主任、教授。1946年入美国明尼苏达大学研究院深造,1948年回国。方心芳(1907—1992),临颍人,在菌种的开发和保藏研究上做出了突出贡献,与人合著的《商粮曲酒之研究》为时人所称道,成为中国微生物学的开拓者。王鸣岐(1906—1995),生物学家,植物病毒学研究泰斗。他1928年考入河南省立中山大学,1937年留学美国归来,在河南大学任教十年,后任复旦大学教授。

在地质学方面,河南地区涌现出更多的才俊。冯景兰(1898—1976),唐河人,地质矿床学家。1918年赴美国留学,1921年毕业于金诚科罗拉多矿业学院,入纽约哥伦比亚大学地质研究院攻读矿床、岩石、地质学。1923年回国,曾任清华大学教授、地质系主任,西南联大教授兼云南大学工学院院长和采矿系主任。其《两广地质概要》为岭南地质研究奠定了基础,书中提出的"丹霞地形"为国内外学者所沿用。孙健初(1897—1952),濮阳人,1927年毕业于山西大学采矿地质系,在陕西省从事矿产地质工作。1937年参加西北矿产试探队,发现甘肃老君庙油田,是玉门油矿的奠基人,写有《甘肃玉门石油地质报告》《中国西北部甘肃青海二省地质调查》《甘肃玉门油田地质报告》《祁连山一带地质史纲要》,发表论文多篇,编制出《中国石油理想分布图》。高振西(1907—1993),荥阳人,1931年毕业于北京大学地质系,曾任该校助教,中央研究院地质研究所研究员。1934年发表《福建二叠纪地层》,又有《华北震旦纪地层》,是前寒武纪地层和震旦层地质研究的开拓者。李春昱(1904—1988),卫辉人,1928年毕业于北平大学地质系,1934年赴德国柏林大学留学。1937年回国,曾任四川省地质调查所所长,中央地质调查所所长兼重庆大学、中央大学教授。张人鉴(1897—1976),确山人,1917年赴美国留学,毕业于科罗拉多大学采矿系,回国后在西北地区进行矿产调查,撰写多种矿产调查和《开发西北采冶计划》。1931年就任河南地质调查所所长兼技正,出版汇刊、地质报告多种,出版《河南省矿产志》,抗战胜利后又编印《河南省煤矿志》等,为早期河南地质工作做出了重大贡献。

在医学方面,有鲁斐然(1900—1955),新野人,病理学家。1923年赴德国慕尼黑明星大学专攻病理学,1928年毕业留校,随保儿斯特教授深造,次年冬回国,任河南大学教授。张静吾(1900—1998),巩县(今巩义)人,1922年入德国哥廷根大学学习临床医学,1926年回国。1934年任河南大学医学院院长兼内科教授。高云峰(1906—1976),孟津人,著名正骨专家。1930年随丈夫骨科名医郭灿若学医,掌握郭氏正骨法,积累了丰富的正骨经验。

在建筑学领域,有杨廷宝(1901—1982),南阳人,1921年赴美国宾夕法尼亚大学建筑系留学,1924年设计作品获美国城市艺术协会设计竞赛一等奖和艾默生设计竞赛一等奖,1925年回国。1932年主持天坛祈年殿等古建筑的修缮工程。1936—1939年间,相继主持9所高校的总体建筑设计规划工作。

二、生产技术的进步

1. 农业生产技术

河南地区曾推行区田法。区田法亦称区种法,是中国古代一种成套的旱作农田丰产技术。咸丰七年(1857),许州(今许昌)人陈子勤试种区田八区,收谷子二斗,以此推算一亩地产量当为十六石二斗多。次年,温县东乡平皋原峰冠、原峰峻兄弟试种谷子一分地,收获谷子一仓斗六升,以此推算一亩地可收十六石。

在试种区田法中,成绩卓著的是淇县(今属汤阴)人冯绣(1860—1909)。他"以伏廪生得选恩贡于乡",后被奖授候补直隶州州判。冯绣有志于农业试验,不惮劳苦,以自有的18亩田用于区田试验,采用古代方法而多有变通,在田间布局上对土地的利用面积加大,天旱时灌溉方便,可以省水;在种植技术上多种经营、套种、间作技术,使土地终年得到利用,四季有作物收获。他还掌握了增产技术的关键,"粪大水勤",保证通风,种的谷子生长旺盛。[1] 光绪二十五年(1899),冯绣试种区田,谷苗约高八尺,粗过食指,约三十七八穗可收一淇斗,一亩地收谷合十三四石。光绪三十三年(1907),卫辉知府华辉将冯绣所著《区田试种实验图说》一书刻印散发民间,大力推广其实验成果,依此种植者达30余家。有人路过河南,"沿途见田中粟穗大如碗,累累长二尺余,心甚异之,问于农人,始知即区田法也"[2]。尽管区田法因工本大,没有得到广泛推行,但是冯绣通过科学试验,总结了综合运用复种间套的经验,创造出极其宝贵的多熟集约种植模式,对农业耕作技术的发展有重要意义。

唐河人郭须静(1895—1934),字厚庵,法国巴黎凡尔赛园艺专门学校肄业,带回精选的香蕉苹果和玫瑰香葡萄接穗、插条,在开封农专试验场嫁接引种,取得成功,又将这些优良果木引种到上海、南京、陕西、甘肃、武汉等地。开封人张震东赴法国攻读生物学,以精于"淡水养鱼"著称。他在中州大学创建生物系,

---

[1] 冯绣:《区田试种实验图说》,河南劝业公所1910年版,第1—4页。
[2] 王毓瑚:《区种十种》,财政经济出版社1955年版,第62页。

发表淡水养鱼方面的学术论文,引起国内外同行的关注。后来在北京师范大学、农业大学、北京大学执教,为我国养鱼事业做出很大贡献。

西华人王陵南(1898—1986),1918年赴美国加利福尼亚州大学农学院学习,又入康奈尔大学研究生院攻读农学,侧重昆虫学、生物遗传学的研究。1926年执教中州大学,讲授植物生理、遗传实用作物、土壤肥料、农业概论等课程,从事昆虫、嫁接的研究。在国内最早进行南瓜和倭瓜杂交试验,并将结果写成论文。1939年以后赴北平、东北、四川任教,在生物遗传学、昆虫学方面成就显著。

2. 新水利技术的采用

清代后期至民国时期,在黄河下游平原地区,开始用抽水机(水泵)和虹吸管引黄河水灌田。1929年7月,河南河务局主办的郑县花园口西虹吸引黄工程——"河平渠"竣工,开始吸水灌田。这是最早建成的虹吸管工程,后来在山东一些地方举办。

民国时期中国向外国派遣留学生数量日益增多,其中不少人学习西方先进技术。外国学者、工程师也来华考察黄河。美国工程师费礼门、德国教授恩格斯和方休斯等,在黄河治理方策的探索方面发表了一些有益的见解。西方先进水利技术的引进,使治河方略和技术发生明显变化。1919年在陕县(今三门峡)设立水文站,监测流量、水位、含沙量和雨量,又在沁河流域设立雨量站,降雨的观测范围扩大。在河防工程方面,开始进行水工模型试验,采用欧美的"沉排"成法修筑坝埽的根基,以抗冲刷。

此外,在机器制造方面,汤仲明贡献卓著。汤仲明(1897—1980),原名俊哲,孟县(今孟州)人,1919年赴法国留学,获机械工艺工程师职称。1926年回国,在郑州铁路总局工作。1931年制造出第一台木炭汽车,南京政府下令在全国推广,在上海建厂生产。1940年在桂林创建"中国动力制造厂",生产的"仲明动力机",远销全国各省。

第八节　近代教育的发展

清末废除了延续上千年的科举考试制度,为科举考试服务的旧学校教育也走到尽头。河南省和全国各地一样,创办许多新式学堂,教学内容也发生重大改变,主要传授科学知识和实用技能。河南大学创办后经历曲折的发展历程,成为近代河南高等教育的代表。

一、清末科举考试的废除和新学堂的开办

清代后期河南的学校仍可分为儒学、社学、书院、私塾四类。府、州、县儒学和乡(镇)社学属于官办学校。儒学教育主要是为士子参加科举考试服务,道光二十年(1840)河南省有儒学 118 所。这时的书院已经官学化。省会开封有省辖书院"大梁书院"和"明道书院",分别隶属于巡抚和学政;道辖书院有河北道的"河朔书院"和南汝光道的"豫南书院",其余为府、州、县级书院。鸦片战争初期钱仪吉主持大梁书院,进行教育改革,拓广教学和考试内容,开创新的学风。光绪年间河南尚有书院 106 所。私塾是进行基础教育的主要场所。此外,还有外国教会组织开办的教会学校。

贡院是举行科举考试(乡试)的场所。道光二十二年(1842),河南贡院在开封重建。新建的河南贡院规模宏大,与北京顺天贡院、南京江南贡院、广州两广贡院并称全国四大贡院。光绪二十六年(1900),八国联军侵入北京,顺天贡院被毁,癸卯(1903)恩正并科会试、甲辰(1904)正科会试及顺天乡试改在开封河南贡院举行,并实行一些改革。考试内容有重大变动,作文一律不用八股文。这是清代最后两次全国性的科举考试。光绪三十一年(1905)八月,直隶总督袁世凯等奏请立停科举以广学校,清廷宣布全国及各省科举考试一律停止,发端于河南地区并延续 1300 多年的科举考试制度终于被废除。

光绪二十八年(1902),清政府颁布设立新式学校章程。同年,河南巡抚锡良在开封西门大街游击衙署设立河南大学堂,以胡翔麟为总办,徐仁录为监督,孙葆田为总教习,选取80名乡试落榜的士子作为学生。学堂设中学、算学、西文三门课程。中学以四书、五经、纲常大义为主,以历代为史鉴,中外政法艺学为辅;西文讲授算学、地理、历史。两年后河南大学堂改称河南高等学堂,设置预科、正科和专科。光绪三十二年(1906)开始聘用中外大学毕业生充任教习,由英国人为教习讲授物理、化学课。此外,开封还设有优级师范学堂,即第一师范学堂和第二师范学堂,这是河南近代高等教育的开端。

除了省会开封的高等学堂,河南各地陆续开办中等学堂(包括师范学堂、实业学堂等)和小学堂。光绪二十八年(1902)荥阳县令张绍旭在县内设立高等小学堂等5所学堂。商城人刘伯襄在家乡创办"明强学堂"。光绪三十一年(1905),河南各地掀起办学堂的热潮,各府县学堂"亦次第扩充","民间逐渐开化,较之往昔,固已改观"[1],新式学堂日益增多。

宣统元年(1909)三月,焦作路矿学堂开办,1915年改称福中矿务学校,设预科和本科,为采矿、冶金和铁路培养专门人才。据统计,是年全省有专门学堂(高等、理科、法科、体育专修科)11所,实业(农业、工业、商业、实业预科)学堂30所,师范(优级、初级、传习所)学堂63所,中学堂23所,小学堂2800多所,女子学堂17所,在读学生近9万人。至辛亥革命前夕,开封已有官办、绅办和私立的各级各类正规学堂近30所,包括高等学堂、优级师范学堂和中州公学。各府城一般建有中学堂,县乡则有高等或初等小学堂。各级各类学堂的建立标志延续几千年的封建传统教育的终结,资产阶级新教育制度初步确立。尽管学堂仍然灌输封建思想,但授课内容增加近代科学知识,对西学在河南的传播起到一定作用。

张绍旭、李时灿、张嘉谋、任芝铭、王敬芳、韩殿英、王锡彤、林伯襄、杨源懋等从民间发起"兴新学运动",是近代河南教育的开拓者。

李时灿(1866—1943),字敏修,汲县(今卫辉)人,与江南张季直、河北严范孙同为清末倡导新学的著名人物。他首先改革书院教育,于光绪九年(1883)成立汲县读书学社,主讲时务新书,倡设图书阅览室。光绪二十六年(1900)在读

---

[1] 陈夔龙:《庸庵尚书奏议》卷六,文海出版社1970年版,第9—10页。

书社的基础上创建经正书院,并担任院长。这是一所新型书院,分斋设堂,使学生专攻一业。要求学生"研究经义,以穷其理;博综史事,以观其变;参考时务,兼习算学"。将天文、地理、农务、兵事等一切实用之学统称为"格致"课,又进行课试改革,提倡学以致用。光绪三十二年(1906),李时灿任河南学务公所议长、河南省教育总会会长,协同河南提学使掌全省教育行政。他手订《学务管见十六条》,要求全省各级各类新学全面变更"州县儒学及书院的教法","新设理化、博物、算学、外语、格致等科目",首次对课程设置、教法变更、经费筹措等提出具体意见,使不少学校的教学内容以近代科学知识和外国语言为主。他倡导建立师范、法政等各种专门学校,培养各类人才。

张嘉谋(1874—1941),字中孚,南阳人,近代河南著名教育家。他身体力行创办新学。光绪三十一年(1905),在南阳创办两所小学堂,并担任宛南中学堂总教习,自此南阳人才辈出。光绪三十三年(1907)又与李时灿创办中州女学堂,后改为河南女子师范学堂。

刘青霞(1877—1922),本姓马,安阳人,嫁尉氏刘耀德,随夫姓。她留学日本回国后曾在北京、开封、尉氏等地兴办女子学堂,并捐银两资助办学,被聘为北京女子法政学校校长、北京女子学务维持会会长。1922年冯玉祥任河南督军时,她将巨额家产捐出,用于河南教育事业。此外,任芝铭、王敬芳、韩殿英、王锡彤、林伯襄、杨源懋等为河南兴办新学做出巨大贡献。

青年学子除在国内学习外,河南省也选派留学生赴国外留学,赴日本留学的人数最多。光绪三十一年(1905),河南省从河南武备学堂中选送50名学生入日本振武学校学习军事,又选派60余人同赴日本其他学校学习。这些留学生回国后为西学在河南地区的传播起到推动作用。

二、民国时期学校教育的曲折发展

1912年中华民国建立后,河南教育以西方资产阶级教育为楷模,一批新型学校应运而生。

1912年创建河南留学欧美预备学校,首届招生140人,主要学习英、德、法等外国语言与基础课,林伯襄为校长,延揽名师,严格管理,实行学分制。不少学生在校内完成预备学业,出国留学。1913年又创办河南公立农业专门学校,改建法政专门学校。

1927年至1937年的10年间,河南教育规模扩大,教学质量提高。张洪烈、邓萃英、查良钊、黄际遇、齐真如等热心乡邦教育的人士为此做出很大贡献。省立第一高中和几所私立中学教学成果显著。1935年河南全省共有各类师范学校97所,学生13367人;高中17所,学生2080人;初中99所,学生19819人;各类职业学校41所,学生3006人。[1] 无论学校数量还是在校学生人数,都比北洋军阀政府统治时期明显增加。

1937年日军从华北南侵,豫北、豫东地区相继沦陷,河南省政府把大部分沦陷区学校西迁伏牛山区。但是崇山峻岭并未能阻挡住日军,教育事业遭受空前浩劫。1944年底与1936年相比,中等学校由265所减至145所,学生由52269人减至49506人。抗日战争胜利后,西迁各校陆续搬回原址,停办的学校也先后恢复。到1946年底,全省公、私立中等学校发展到425所,在校学生达56590人,成为民国时期河南教育发展史上的高峰。

在土地革命和抗日战争、解放战争时期,中国共产党领导的各革命根据地在极其艰苦的条件下创办各种学校,小学教育、扫盲夜校、干部教育、职业学校等遍布各地。

三、河南大学的兴建与演变

河南大学是河南省的一座百年老校,在近代中原教育史上具有独特的无可替代的地位。它的前身是1912年创建的河南留学欧美预备学校,此后校名多次变更。

1922年5月,冯玉祥任河南督军兼河南省政府主席,经省议会同意,在留学欧美预备学校的基础上建立中州大学,以张鸿烈为校长,李敬斋为教务主任,设文、理两科共九个本科专业,冯友兰、曹理卿分别为科主任,次年3月开始招生。

1927年,冯玉祥再次主持河南政务,将中州大学、河南公立法政专门学校、

---

[1] 陈访先:《河南教育现状》,《教育杂志》1935年第8期。

河南省立农业专门学校合并,组建国立开封中山大学,旋改称河南省立中山大学,增设农、法两科,次年又增设医科。1930 年更名为河南大学,设文、理、农、法、医五个学院 15 个系,文学院聘请萧一山、范文澜、嵇文甫、郭绍虞、姜亮夫、毛礼锐、张邃青、朱芳圃等全国著名教授来校任教,在校学生 900 余人,校舍、图书、仪器、设备都有增添,成为在国内颇有声誉的综合大学。

1937 年 7 月卢沟桥事变后,河南大学被迫辗转搬迁。是年底,农、医两学院迁往镇平,文、理、法三学院迁往鸡公山。次年 10 月日军侵入豫南,在鸡公山的三个学院也迁到镇平。1939 年 5 月,日军进攻豫西南,河南大学师生北迁嵩县。1944 年夏日军进入伏牛山区,师生员工仓促逃至荆紫关,许多图书、仪器焚毁、遗失,损失惨重。次年春又西迁陕西宝鸡。

抗日战争胜利后,河南大学迁回开封,1946 年春正式开学。到 1948 年初,学校设文、理、法、医、农、工 6 个学院 15 个系,学生 2150 余人,是中华人民共和国成立前学校历史上的鼎盛时期。不久河南地区成为内战的主战场,河南大学的教学秩序被打乱。1948 年 6 月,解放军进入开封,部分师生进入解放区,在中共中央中原局支持下创建中原大学,先后以范文澜、潘梓年为校长,次年 8 月迁至武汉,另有千余名师生接受国民党当局指令迁到南京,又转至苏州。1949 年 5 月,中共河南省委、河南省人民政府决定重建河南大学,派人到苏州迎接原河南大学师生返回开封,河南大学的历史掀开新的一页。

民国初年,焦作路矿学堂改为河南福中矿务专门学校,1921 年又改为福中矿务大学。1931 年焦作福中矿务大学更名焦作工学院,内设采矿、冶金和土木工程科,获得较大发展。1937 年 8 月迁往陕西西安,次年再迁甘肃天水。1939 年 7 月,焦作工学院与迁到陕西的北平大学工学院、东北大学工学院、北洋大学工学院合并成立西北工学院,迁至陕西城固复课。1946 年夏,焦作工学院独立,迁回洛阳关林复校招生。1948 年初秋,焦作工学院师生一度南迁江苏苏州,后迁回焦作。

第九节 新旧风俗的交替

伴随着近代社会的巨大变革,河南民众的风俗习惯也发生了新旧交替。不仅日常的衣食住行发生改变,礼仪习俗中西杂糅,岁时节庆古今合璧,一些不良的乃至丑陋的习俗也在革除。

一、衣食住行的改变

1. 服装的东西杂糅

服饰变化是社会风尚转变的重要标志。河南的传统服饰不仅直接体现人们的仪容和风度,而且体现个人的身份地位和等级尊卑。近代河南人的衣着打扮,无论是服装式样、做工用料还是花色品种都出现了一些新变化。

近代河南的衣料是土布与洋布并存,而以土布为主。土布往往是用蓝靛染料染成蓝黑色,或者用赭色棉纱直接纺织成紫色的布料,颜色较单调。西洋染料传入后,棉布花色日益增多。清代后期西方用机器纺织的洋布进入河南城乡,清末民初盛行于铁路沿线的城市和农村。但河南百姓"所制衣料多用土布,少用洋布","乡民之买布穿者十不一二"。[①] 除一些官宦家庭或殷实人家偶尔穿绫罗锦缎外,"余则均以自织之棉布加以颜色裁为衣裳,一袭成就,间或浣濯,直至破烂而后已"[②]。一般农民平常仍穿粗棉布,洋布鞋帽非婚嫁不用。在偏远山村,农民毕生不知绸缎、洋布为何物。

中华民国建立后,先后进行一系列服饰制度改革,打破了衣着上的等级观念。随着西方文化的传播,逐步形成一种"赶时髦、崇奢华"的消费心理和消费

[①] 丁世良:《中国地方志民俗资料汇编》中南卷,北京图书馆出版社 1991 年版,第 34、309 页。
[②] 丁世良:《中国地方志民俗资料汇编》中南卷,北京图书馆出版社 1991 年版,第 102 页。

趋势。下层人士开始模仿上层人士的衣着打扮。清末民初,河南士商阶层的男式服装以长袍马褂为主,女式服装以上衣下裙为主;劳动阶层不论春夏秋冬,男女老少几乎都是上衣下裤。1927年5月国民军进入河南后,"凡有公职者,俱服中山式制服,而袍褂式之礼服,乃日见减少"①。于是西装、中山装以及旗袍、长裙开始在士商阶层中占据主导地位。机关公务人员一律制服,商人仍多穿长袍。广大劳动人民尤其是贫苦农民的服装式样仍然是以短褂和大腰裤为主。"男性喜服短衣,壮丁多于衣服外束粗布腰带一条,以示壮健;女性家居时多用整幅黑巾裹头,巾余之处下垂至背,遇庆贺则用缎帽、绫帽、绒帽、呢帽"②。不过此时的短装样式较前有一个比较明显的变化,由过去男女率多左襟变为男内衣多对门,女内衣仍左襟,外衣均沿旧。

到20世纪二三十年代,河南城乡居民"装饰有学西式者,有用制服者,有购洋绸、洋缎、洋呢者,大约舶来品居多"③。城镇出现西式礼帽、鸭舌帽、学生帽。在开封、洛阳、郑州等城市街头还出现不少头戴"博士帽"、手拄"文明棍"、架着太阳镜、足蹬高跟皮鞋、身穿西装或旗袍的时髦男女。乡村也有一些青年男子西装革履,上下笔挺;女子涂脂抹粉,婀娜多姿。贫苦民众冬春寒季只穿一件破烂的单衣,着鞋而无袜,夏秋打赤膊、赤脚者比比皆是。

2. 饮食结构与方式的改变

随着近代经济社会的发展变化,河南民众的饮食结构、习惯和方式都有不同程度的变化。

近代河南地区盛产小麦、玉米、豆类、小米、红薯、大米等,除林县等地以粟米为主,信阳等地以大米为主,其余地区都以小麦为主。面粉是绝大多数人的主食,有小麦面、玉米面、高粱面等。磨面多用石磨,新出现一些现代面粉加工企业。富人终年以白面为食品,一般农家麦收后多食麦面,自秋收以至次年春多食杂面及红薯。19世纪末小米、高粱等杂粮及糠菜的分量有所下降,玉米、白面等所占比例有所提高,面制品逐渐多样化,既有面条、面汤、糊涂,也有烙馍、蒸馍、油条、包子、饺子等。菜蔬以红白萝卜、白菜、蔓菁为最多,肉食以鸡肉、猪

---

① 刘景向总纂:《河南新志》上册,中州古籍出版社1990年版,第124页。
② 丁世良:《中国地方志民俗资料汇编》中南卷,北京图书馆出版社1991年版,第216页。
③ 丁世良:《中国地方志民俗资料汇编》中南卷,北京图书馆出版社1991年版,第216页。

肉和鱼为主,冬季多吃牛、羊肉。一般人家一年难得吃上荤菜,小康之家只在岁时令节品尝肉味。农忙时节一般一日三餐,农村平时多一日两餐。

河南人民生活俭朴,平时待客或过年过节则以白米饭佐粉菜杂蔬,加肉者即为盛馔,遇到婚丧等红白喜事时方设席宴宾。民国时期城市宴客日益奢靡,宴席的档次提高,置办次数增加。到20世纪二三十年代,城市的饭店不断增加,开封、洛阳、郑州等地出现面包房、咖啡店及西式餐馆,吃西餐逐渐成为一种时髦,洋烟、洋酒、饮料、啤酒、西式糕点、糖果越来越受到人们的青睐。

3. 住宅建筑与起居

建筑格局、建筑样式和人们的日常起居都受环境、习惯、心理等因素的影响。河南地域广阔,既有一望无际的平原,也有沟壑纵横的山地和高低起伏的丘陵,民居建筑样式和人们的起居习惯也不尽相同。

就广大农村而言,豫南丘陵起伏,"多二三家散处为村,砌土为墙,借蒿为瓦","间有聚族而居之富室,屋宇雅洁,清流环抱";豫西山势高峻,"房屋大概堆石作墙,编茅覆檐,矮狭异常";豫东平原地区人口稠密,聚居之村"因避兵匪,多筑寨堡,防卫之严,俨若城垣";在黄土层分布较厚的地区,人们多挖窑洞居住,郑州以西到潼关"有穴居地下者","太行山深处,亦间有之"。[①] 从整体上看,河南农村住房主要有瓦房、草房和平房等几种,楼房则寥寥无几。近代以来的总趋势是瓦房渐多。富裕人家往往用砖瓦木石建筑院落,每院大约有上房五间,左右厢房各三间,过厅五间,客堂、书斋、卧室、厨房、仓库、马房等一应俱全。小康之家"其制虽同,其物料则多系土坯墙壁,不全用砖瓦也"[②],往往是在石头地基上垒土坯墙,在房顶上盖瓦。

近代河南的城市建筑日益西化,旅馆、公寓、里弄等多采西式。修建于20世纪初期的河南大学建筑群,既具有鲜明中国传统建筑特色,又吸取部分西式建筑手法,是典型的中西合璧的近代建筑群。鸦片战争后一些传教士深入中原腹地,城乡建有不少欧式或兼具中西风格的天主教堂。开封东郊1932年修建的天主教河南总修院,主体建筑是中西结合式砖木及砖混结构,外观为中国古典式,内部为西式装饰,上下两层均有外走廊环绕。随着城镇花园洋房和西式

[①] 刘景向总纂:《河南新志》上册,中州古籍出版社1990年版,第164—165页。
[②] 丁世良:《中国地方志民俗资料汇编》中南卷,北京图书馆出版社1991年版,第102页。

公寓的出现,西式家具和西式装饰也开始成为城市中上层社会居家追求时尚的象征。

4. 交通与出行

鸦片战争以后,连接城乡的仍然是残破不堪的土路,交通工具主要是车和牛马,运输主要靠肩挑手提或用牛马骡驴等畜力。河南城乡道路多为土质公路,村间道路多为土面小路,晴天尘土飞扬,雨天泥泞难行。百姓外出多步行。即使开封、洛阳这样的城市也是"晴天三尺土,下雨一街泥"的土路面。河流是商旅往来的重要通道,黄河、淮河、卫河、沁河、伊洛河、唐河等河流沿岸多有码头。当时交通条件落后,人们出行艰辛,非万不得已不轻易远出。

清朝末年河南地区开始修建铁路,光绪三十二年(1906)后卢汉铁路纵穿河南南北。宣统元年(1909)底汴洛(开封至洛阳)铁路竣工,1927 年向西延伸至灵宝,向东至徐州,道清铁路客运岁有增加。又修筑多条省际、县际公路,并开行汽车。20 世纪 30 年代,欧亚航空公司开辟北京至洛阳和北京—郑州—武汉—长沙—广州的航线。抗战时期中原地区初步形成以铁路和公路为主、水运与航空为辅的近代交通运输网络,为人们的远距离出行提供了便利。

清光绪三十年(1904),省会开封修筑了一条从鼓楼到武胜角的马路,这是河南的第一条城市公路,此后城内公路逐渐增多,出现胶皮车和脚踏车。随着公路里程的增加,马车、两轮牛车、四轮的太平车、黄包车以及脚踏车成为城乡的交通工具。

二、礼仪习俗的中西杂糅

数千年以来河南地区传统礼仪习俗陈陈相因。近代社会发生"千年未有之变局",封建制度解体,西方文化传入,人们的思想观念改变,传统礼俗受到前所未有的冲击,出现许多新变化。

1. 婚姻礼俗

河南传统婚姻是为满足家庭和宗族传宗接代的需要而存在的,贯穿着"父母之命、媒妁之言"和"从一而终"等封建伦理观念。近代以来,社会倡导一夫一妻制,反对纳妾;青年男女强调男女平等和婚姻自由,自己选择配偶的愿望强烈。辛亥革命后人们的婚姻自主观念不断加强,出现青年男女不由父母之命或媒妁之言,自己接触而相爱结婚的现象。自由结婚有利于青年男女实现人格独立和个性解放,也为他们追寻幸福提供了机会。但是不少封建卫道士仍然认为青年男女公开社交、自由恋爱是伤风败俗。从总体上看,民国时期旧式婚姻在中原仍占绝对多数。

传统婚姻礼俗存在婚事包办、礼仪繁杂、浪费钱财等弊端,民国以后渐为世人诟病。新式婚礼仅在城市的学界和机关人员中举行,广大农村仍然遵行传统婚俗。但是结婚礼仪逐步简化,"依古制定六礼,近约为四,省去纳吉、问名"①,剩余四礼也尽量简便易行。

民国时期,开封、洛阳、信阳、南阳、淮阳等城市流行"文明结婚",仪式较为简单。如信阳男女自由结婚,"新郎新妇同御车马,周历通衢。拣一公共地址饰作礼堂,植国旗,集齐主婚二人、证婚二人、介绍人及来宾行礼;新郎新妇相向鞠躬,向主婚、证婚、介绍人三鞠躬,向来宾等均一鞠躬,分别致演说词、贺词,礼毕宴客","其余旧礼,一概免除"。② 新式婚礼不仅革除坐花轿、拜天地、闹洞房等习俗,举行完仪式即设宴谢客,大多一天了事。南京国民政府提倡新生活运动时,镇平、邓县等地开始出现"集体婚礼"。

婚姻自由不仅指结婚自由,也包括离婚和再婚自由。1915 年民国政府颁发《民律亲属编草案》,规定离婚诉讼的条件,为自由离婚提供了法律依据,于是离婚再婚在河南频频出现,不少寡妇通过"逃嫁""招夫"或者通过媒人介绍再嫁,重新安排自己的生活,但女性再婚依然受社会歧视。

2. 丧葬礼俗的变革

丧葬礼俗是人们安葬和哀悼逝者的礼仪习俗。河南传统丧葬礼俗注重慎终追远,强调视死如生,崇尚厚葬,丧葬礼仪程序繁杂。清末民初随着欧风东渐,西方新式丧礼逐渐为人们所接受,旧式丧葬礼俗受到前所未有的冲击。

1928 年,河南省政府颁发的《河南暂行丧礼仪式》规定:死者殁后"报丧""可用讣帖,或登报,向亲友通知丧期";"受吊"时,"来宾至灵前行三鞠躬礼";主人致谢,"行一鞠躬礼";主人与来宾施"辞灵礼"亦行三鞠躬礼;出殡时"铭旌

---

① 丁世良:《中国地方志民俗资料汇编》中南卷,北京图书馆出版社 1991 年版,第 45 页。
② 丁世良:《中国地方志民俗资料汇编》中南卷,北京图书馆出版社 1991 年版,第 227 页。

在前,次挽联花圈,次乐队,次提炉像亭,次送殡者,次主人,次灵柩",主人和送殡者行"殡墓礼"时"向墓前行三鞠躬礼","主人向送殡者行一鞠躬礼"。至于丧服,"殡时主人穿白衣白冠,用白布腰带,不执哭丧杖。其余来宾佩带纸花"。① 但这一丧礼仪式遵行者尚不多。旧丧葬礼俗在河南城乡尤其是农村依然盛行,只是有些方面不那么拘泥。

由于人们生活拮据,甚至父母去世无力安葬,于是不少地方出现一种经济互助组织。淮阳人家约集若干家庭经济情况相当、父母年龄在五六十岁以上且情投意合的亲友结为"行孝会",若遇到其中一家有丧事,其他会员提供一定数量的面粉、柴火、现金,使丧事顺利进行。武陟的老人会、孟县的天伦会,都是类似的组织。

民国时期丧葬礼俗中最有意义的改革是开追悼会。军公人员因公去世,除定期设奠、受人吊唁外,还在家中或公共处所召开追悼会,程序是摇铃开会、奏哀乐、献花果、奏风琴唱追悼歌、述行状、读祭文、奏哀乐、行三鞠躬礼、演说、家属行三鞠躬礼答谢,体现着传统丧礼不曾有的隆重和简朴。

三、岁时节庆古今合璧

中国古代实行阴历。1912年初孙中山就任中华民国临时大总统后,通电全国改用阳历。民国时期新、旧二历并存,"新历下附星期,旧历下附节气"②,出现一些新的节庆。在以农业经济为主体的河南地区,人们在欢度传统节日的同时,也用各种方式庆祝新的节日。古今合璧是近代河南岁时节庆的重要特征。

中国传统的年节不仅是历法上的节气,而且积淀为丰厚的文化观念与心理习惯。民国初期,将阴历正月初一即"元旦"改为"春节",废除传统的"迎春礼"和"送春礼","民间于是日食薄饼、萝卜丝,谓之'咬春'";清明节改称"植树节",是日县官率绅民植树;端午节改称"夏节",各公署、局所、学校均休息;中秋

---

① 刘景向总纂:《河南新志》上册,中州古籍出版社1990年版,第150—151页。
② 中国第二历史档案馆编:《中华民国史档案资料汇编》第2辑,江苏人民出版社1981年版,第19页。

节称"秋节",也放假,废除旧日官具太牢祭关帝、民间演戏等仪式;冬至改称"冬节",放假休息,废除传统的"官府五鼓朝贺"。① 1928 年为纪念孙中山逝世 3 周年,将植树节定为 3 月 12 日。1930 年国民政府下令不许国民过旧历春节,要求过公历元旦。

由于传统节日具有相对稳定性,在广大河南农村几乎全部保留,每逢旧历岁首元日,"各家男女均黎明即起,吃扁食,拜神祭祖",然后互相拜年祝福;元宵节,夜晚"结队提灯,鸣锣击鼓,赴附近各村镇任意玩耍";清明节,"各家必折柳枝插于门端";端午节,"而插艾于门,则比户皆然"。② 其他节日也几乎没有什么变化。

中华民国政府为纪念一些重大事件规定许多纪念节日,其中全国放假一天的纪念节日就有七个。此外还有职业性节日,如妇女节(3 月 8 日)、儿童节(6 月 1 日)、劳动节(5 月 1 日)、教师节(8 月 27 日)等。在革命根据地也规定了一些新的节日和纪念日,如列宁逝世纪念日(1 月 21 日)、二七罢工纪念日(2 月 7 日)、五卅纪念日(5 月 30 日)、十月革命节(11 月 7 日)等。圣诞节、复活节等洋节也开始在河南流行。

封建专制制度的推翻和中华民国的建立对河南社会产生广泛的影响。1913 年元旦,开封的机关团体悬挂民国国旗,大街小巷张灯结彩,"共和万岁""民国万岁"等匾额随处可见。此后每年元旦,各级官署张灯结彩,悬挂国旗,并向国旗行三鞠躬礼,"各职员向长官行礼亦如之。或通电致庆。商民则彼此互贺"。国民军进入河南后,元旦公务人员放假五日,"免除贺年之浮文,而与人民同乐,举行提灯大会。各公署皆演剧。凡旧有年节所有之百戏,可以供人民之娱乐者,皆于此五日内行之"。③ 国庆节即"双十节","缀柏枝为门彩,悬国旗于门,商民门首皆悬国旗,以志庆祝","军民长官,及文武各职员、各团体,齐集演武厅大会场、鸣炮三十六声,向国旗及总理遗像脱帽行三鞠躬礼",然后举行提灯大会。新式节日庆祝活动在政府领导和绅士推动下举行,并以此作为国民党党化教育的平台,平民百姓参与积极性不高。在河南民间,这些节庆的规模和

---

① 丁世良:《中国地方志民俗资料汇编》中南卷,北京图书馆出版社 1991 年版,第 125—126 页。
② 丁世良:《中国地方志民俗资料汇编》中南卷,北京图书馆出版社 1991 年版,第 208—209 页。
③ 刘景向总纂:《河南新志》上册,中州古籍出版社 1990 年版,第 127 页。

隆重程度不及传统节庆。

四、尽力革除不良习俗

河南人民在长期的生产生活实践中形成不少良风美俗,也积习诸多恶风陋俗。近代以来,为革除各种不良习俗,河南人民在剪发放足、破除迷信、查禁黄赌毒等方面进行了不懈努力。

1. 剪发与放足

清廷确立对河南的统治后,强制汉人剃发蓄辫。在高压之下,河南士民逐渐习惯蓄辫。辛亥革命时期,辫子的去留成为区别一个人革命和保守的重要标识。在革命党人的推动下,一些先进人士开始剪掉头上的辫子。1912年3月,南京临时政府公布孙中山致内务部令,要求"凡未去辫者,于令到之日,限二十日一律剪除尽净"①。河南省议会也通过进行剪发的具体方案,去辫剪发得到广大下层群众的积极响应。然而,在袁世凯窃取辛亥革命果实后,一些地主豪绅组织"束发会""保发会",公然反对剪发,不少男子"还留有辫子"。1927年冯玉祥第二次主政河南,发动一场声势浩大的剪发运动,男人头上的辫子终于成为历史的记忆。

缠足是压迫女性、畸形审美的产物,是一种残害妇女的陋习。清光绪二十四年(1898)皇帝谕"令各省督抚劝诱禁止缠足"。1912年3月南京临时政府颁布《大总统令内务部通饬各省劝禁缠足文》,要求各省"一体劝禁,其有故违禁令者,予其家属以相当之罚",但收效甚微。1927年冯玉祥任河南省政府主席时,成立各级放足处,要求全省各地"按照省政府放足处训令,大力推行妇女放足工作"②,声势大、工作细,在中原城乡形成一次放足运动,许多女子纷纷放足。到1931年,除乡村仍有个别缠足者外,县城妇女基本全放足,缠足逐渐转变为"天足"。

---

① 《临时政府公报》,第29号。
② 买文兰:《冯玉祥主豫期间的社会风俗改革述评》,《华北水利水电学院学报(社科版)》2004年第1期。

2. 破除迷信

迷信是指对人或事物的盲目信仰或崇拜。古代河南民众都认为神灵是人类社会最高的主宰，人类的一切活动都有神灵监临。于是善男信女为城隍、关帝、观音等各种神灵塑造金身、修建庙宇、顶礼膜拜，认为敬神拜佛可以消灾免祸，求签问卜可以趋吉避凶，延巫请道可以诊治百病。民国时期河南地区仍存在卜筮、相术、风水、算命、拆字、召魂、圆梦等封建迷信活动。

主政河南的冯玉祥认为，要消除人们对神灵的迷信和敬畏心理，必须推倒神像、毁庙兴学。1927年10月他下令没收庙产、遣散寺僧、捣毁佛像，将开封大相国寺改为中山市场，救苦庙、泰山庙、土地庙也被拆除。在滑县，"寺院多改为学校，僧人还俗"；城隍庙神像被毁，烧香求神之风遂息。然而，在广大农村地区，"近虽破除迷信，毁除泥像，而信仰既深，尚非仓猝所能挽回焉"①。时过境迁后，各种迷信活动又死灰复燃。在一些革命根据地，一方面开展无神论思想的宣传教育；另一方面广泛发动进步群众砸毁神像、撤掉祖宗牌位、祛除神汉巫婆，并取缔反动会道门等活动。

3. 革除陋习

赌博、吸毒、嫖娼等行为不仅影响人们的身心健康，危及家庭乃至社会的和谐与安定，也败坏社会风气。为扫除这些陋习，民国时期中央和地方政府均做过一些努力，并取得一定成效。

近代河南城乡赌博之风盛行，有麻将、牌九、吕宋发财票、扑克等，而且逐步职业化。赌博不仅助长贪婪狡诈的恶劣风气，而且给个人、家庭带来种种不幸。民国初期颁布禁赌法令，要求各省都督查禁赌博。1928年南京国民政府颁布的《中华民国刑法》中专列"赌博罪"，并规定具体处罚办法。冯玉祥治豫期间严禁赌博。20世纪30年代，河南省"新生活运动促进会"一方面发布告示，广为宣传，大造禁赌舆论；另一方面动员基层和民间组织协助政府禁赌，并实行责任制，采取突击检查等切实可行的措施。②但赌博具有较大的投机性，难以禁绝。

鸦片是一种麻醉性毒品，极易上瘾。不少人因吸食鸦片而"抛荒祖宗业，吸

---

① 丁世良：《中国地方志民俗资料汇编》中南卷，北京图书馆出版社1991年版，第116、75页。
② 《河南省新生活运动促进会禁赌运动倡导办法》，广东省禁赌委员会编印：《禁赌概览》，1936年版。

倒金银山","肉尽留枯骨,活容换死颜"。① 随着价廉易得的烟土大量投入市场,河南各地"土店烟馆所在皆是,多不胜数"②,农民则因种烟而吸食。清政府于光绪三十二年(1906)颁布禁烟令,采取铲除烟苗、抵制外来鸦片输入、取缔鸦片运销、强迫吸食者戒断等措施。民国中央政府及河南省政府重申前禁,并加大治理力度。到1917年,中原农村的罂粟种植基本绝迹。③ 但是20世纪20—40年代,各地的罂粟种植和鸦片制作又卷土重来,还出现吗啡、海洛因、红丸、金丹等新毒品。在彭禹廷、别廷芳领导的宛西自治区,为禁吸鸦片,专门成立"烟杆队",请医生为其戒烟瘾,安排他们从事植树造林、修建水利工程等体力劳动,直到戒掉烟瘾为止。抗战时期,各根据地也制定《禁烟禁毒条例》,对吸食毒品的人按年龄段分别规定戒除的时限,对贩卖毒品的人处以罚金并判刑。

卖淫嫖娼也是一种恶习。晚清时期娼妓主要集中在省会开封的第四巷、会馆胡同等地,民国时期洛阳、郑州等地有不少妓院。冯玉祥第二次主政河南时采取措施革除卖淫嫖娼等陋俗,将妓女送进济良所从良。1928年他率部进驻新乡,责令妓院停业。主持宛西自治的别廷芳发现妓女卖淫,即将她们许配与人。在鄂豫皖革命根据地和共产党领导的抗日根据地也先后革除卖淫嫖娼等恶习。

---

① 丁世良:《中国地方志民俗资料汇编》中南卷,北京图书馆出版社1991年版,第102页。
② 王守恩:《近代华北农村社会的毒品问题》,《晋阳学刊》1998年第5期。
③ 罗运炎:《毒品问题》,商务印书馆1936年版,第10页。

结语

本书勾勒了从原始社会到新中国成立河南地区的历史画卷。由于本丛书体例的统一要求,本书的时间下限是中华人民共和国成立前夕。但是新中国成立后的70余年,特别是改革开放以来的40多年,是河南文化的辉煌时代,河南文化发展繁荣,取得的成就是此前任何时代所无可比拟的。在此,拟对新中国成立至今的河南文化成就予以简要阐述,以飨读者,同时对河南历史文化的传承创新略述己见。

一、新中国70余年河南的文化成就

新中国成立后,河南省文艺、科技、教育、卫生等各项文化建设事业全面发展,成就显著。改革开放以后河南省委和省政府对文化事业和文化产业更为重视。为了发挥河南的文化资源优势,2005年10月,省政府发布《河南省建设文化强省规划纲要》(2005—2010),提出"加快文化资源大省向文化强省跨越"的战略部署,对文化事业与文化产业管理体制进行改革,推动文化产业的发展。2017年,河南省委、省政府印发《河南十三五时期构筑全国重要文化高地规划纲要》,明确了构筑文化高地的方略和路径,近年来河南省立足中原文化资源优势,守正创新,各项文化事业快速发展,文化高地建设取得显著成效。

70多年来,河南省在思想学术、文学艺术、科学技术、学校教育和精神文明建设等方面都取得了举世瞩目的成就。

1. 思想学术

哲学、史学和考古学是河南省的优势学科,在全国学术界影响较大。

著名哲学家、北京大学哲学系教授、唐河人冯友兰,用马克思主义的立场、观点和方法撰写出版《中国哲学史新编》。卫辉人嵇文甫先后任河南大学校长、郑州大学校长,著《先秦诸子政治社会思想述要》《晚明思想史》《中国社会史》。开封师范学院院长、内黄人赵纪彬著《中国儒家哲学批判》《论语新探》《困知录》。河南省社会科学院哲学所研究员、安徽六安人崔大华著《庄学研究》和《儒学的现代命运》。这些学术著作在国内外颇有影响。

南阳人徐旭生是中国科学院考古研究所研究员,对夏文化研究有素,调查发现偃师二里头夏都遗址。信阳人尚钺曾任中国人民大学历史系主任,撰写《中国原始社会史探索》,主编《中国历史纲要》。舞阳人韩儒林为南京大学教授,著有《穹庐集》《成吉思汗》。安阳人谢国桢供职中国科学院历史研究所,对晚明史造诣颇深。开封人白寿彝曾任北京师范大学历史系主任,主持编写鸿篇巨制《中国通史》《中国史学史》。省内史学工作者也取得骄人的研究成果。河南博物馆馆长许顺湛著《中原远古文化》《中国奴隶社会》。河南大学教授孙作云著《〈诗经〉与周代社会研究》;朱绍侯著《军功爵研究》,主编《中国古代史》教材。郑州大学教授高敏著《云梦秦简初探》《魏晋南北朝经济史》。河南大学胡思庸教授著《儒家思想与近代中国》。河南省社会科学院陈振研究员主编《中国通史·宋辽夏金卷》;王天奖研究员对太平天国史和辛亥革命史研究造诣颇深。

1950—1976年,河南考古事业快速发展。中国科学院考古研究所在安阳、洛阳设立工作站,河南省建立文物工作队。1978年河南省文物研究所成立,涌现出安金槐、许顺湛和李伯谦等一批著名考古学家。20世纪90年代以来,国家实施的"夏商周断代工程"和"中华文明探源工程",都以中原地区为重点。南召猿人、栾川人遗址的发现证明数十万年前中原地区已有古人类生活。新郑裴李岗、舞阳贾湖、灵宝西坡和巩义双槐树等史前遗址的发掘对于探索中原文明起源、特点、进程与动因意义重大。登封王城岗、新密新砦、偃师二里头、郑州商城遗址、偃师商城和安阳殷墟的发掘极大地推动了夏文化和商史研究。东周洛阳城、郑韩故城、三门峡虢国墓地、平顶山应国墓地和淅川、信阳楚墓的发掘,汉魏、隋唐洛阳城与墓葬的发掘,以及内黄三杨庄汉代聚落遗址、安阳西高穴曹操高陵的考古发掘,都意义重大,成果丰硕。大批考古报告和研究著作面世,为延长历史主轴、增强历史信度、丰富历史内涵、鲜活历史场景发挥了重要作用。

2. 文学艺术

河南文学在"文化大革命"前的十七年呈现勃勃生机,改革开放以后中原作家群崛起,作品体裁多样,文学繁荣,戏剧、绘画、书法、音乐、舞蹈艺术丰富多彩。

新中国成立后老一代作家继续推出新成果，一批新作家登上文坛。邓州人姚雪垠著长篇历史小说《李自成》，唐河诗人李季有《难忘的春天》《李季诗选》，睢县人苏金伞有诗集《三黑和土地》。郑州人魏巍有散文集《谁是最可爱的人》、长篇小说《东方》等。孟津人李凖有小说《不能走那条路》《李双双小传》。西峡人乔典运创作农民农村题材小说《磨盘山》《贫农代表》《满票》，反映了当时的社会生活。济源人王怀让有诗集《十月的宣言》《人的雕像》《神土》。改革开放后"文学豫军"推出一批小说新作，张一弓的《犯人李铜钟的故事》《张铁匠的罗曼史》，阎连科的《情感狱》《日光流年》《受活》，周大新的《走出盆地》《第二十幕》，张宇的《活鬼》《疼痛与抚摸》，李佩甫的《城市白皮书》《金屋》，二月河（原名凌解放）的长篇历史小说《康熙大帝》《雍正皇帝》，均为广大读者喜爱。

1956 年河南豫剧院成立，"五大名旦"把豫剧艺术推上新高度。人民艺术家常香玉的《拷红》《白蛇传》《花木兰》在省内外广受赞誉，崔兰田、马金凤、阎立品都形成各自的艺术风格。越调表演艺术家申凤梅的剧目塑造了鲜活的诸葛亮形象，有"活诸葛"之称，曲剧著名演员张新芳演艺精湛。河南豫剧院三团以发展现代戏为主，《李双双》《朝阳沟》《冬去春来》相继问世。许昌豫剧团坚持现代戏探索创新，走出一条独特的道路。改革开放后河南戏剧全面复兴，剧坛多方位开拓发展。河南卫视开办的电视戏剧节目《梨园春》对弘扬戏剧艺术、丰富人民群众的精神文化生活起到积极作用；节庆节目《唐宫夜宴》《端午奇妙游》《中秋奇妙游》等，实现厚重历史、高科技和艺术传播的融合碰撞，为弘扬中华优秀传统文化做出了贡献。

美术作品显现出鲜明的时代特征。焦作人靳尚谊曾任中央美院院长，油画代表作有《瞿秋白》《塔吉克新娘》。巩义人谢瑞阶有油画《黄河三门峡》和巨幅国画《黄河在前进》《大河上下浩浩长春》。洛阳人李伯安画作有《日出》《走出巴颜喀拉》。著名版画家、书法家、巩义人陈天然有《套耙》《牛群》《山地冬播》等。偃师人张海曾任中国书协主席，有《张海书法作品集》《张海新作选》。

解放军艺术学院音乐系主任、伊川人时乐濛创作《三套黄牛一套马》《歌唱二郎山》《英雄战胜大渡河》等歌曲。天津歌舞剧院演员、新乡人关牧村演唱歌曲《打起手鼓唱起歌》《吐鲁番的葡萄熟了》，饮誉歌坛。

3. 科学技术

新中国成立后河南涌现出一批科学家,科学技术不断发展进步,在数学、理化、医学等领域取得显著成就。著名数学家、新密人侯振挺曾任中南大学数学学院名誉院长,主要从事概率论,特别是马尔科夫过程构造论的研究。郑州大学原校长、长沙人曹策问在微分算子特征值研究方面造诣颇深。开封人赵九章曾任中国科学院地球物理所所长、卫星设计院院长,他利用气象和探空火箭进行高空探测研究,对我国第一颗人造地球卫星、返回式卫星等总体方案的确定和关键技术的研制起到重要作用,是"两弹一星"的元勋之一。郑州大学副校长、湖北人霍炳权的宇宙线研究,新乡师范学院原院长、洛宁人李俊甫的化学溶液理论研究,郑州大学化学系教授吴养浩的物理有机、金属有机及大环化学研究,郑州大学原校长、南阳人申长雨的塑料模具研究等都颇有影响。在医学方面,省医学科学研究所开展乙型肝炎和食管癌的防治研究。洛阳正骨研究所采用中西医结合手法复位治疗外伤性陈旧性关节脱位、板式架治疗下肢骨折,均效果良好。河南中医学院原院长、洛宁人李振华医术精湛,荣获国医大师称号。

河南省陆续建立一些农业、水利、工业等方面的科技机构,国家生物育种产业创新中心、国家农机装备创新中心、国家超级计算郑州中心等获批建成。党的十八大以来,河南深入实施创新驱动战略,培育高新技术企业,取得了一批在全国具有重大影响的科技成果,突破了一批支柱产业的核心技术。2018年,河南16项科技成果荣获国家科技奖励。这些为全省经济高质量发展提供了强大的科技支撑。

新中国成立后,河南逐渐建立三级农业科研网络体系。改革开放以来,国家小麦工程技术研究中心和国家小麦玉米大豆品种改良中心郑州分中心等国家级研究中心、基地和重点实验室在郑州建成。西北农学院副院长、淇县人赵洪璋长期从事小麦育种研究,先后育成碧蚂1号、矮丰3号等优良品种。河南农学院等单位专家协作进行小麦高产、稳产、优质、低成本生产模式研究,从根本上改变了河南小麦低而不稳的局面。河南农业大学著名作物育种学家吴绍骙用异地培养理论进行玉米育种,选育不少优良品种;郭天财教授专注小麦高产栽培研究与技术推广,在全国率先创造一块土地上小麦、玉米万亩连片平均亩产超1吨半的新纪录。

工业科技也有许多发明创造。1964年,洛阳第一拖拉机厂的东方红-75马力履带式拖拉机、郑州纺织机械厂的全套粘胶纤维设备车获得全国新产品展览会一等奖。1971年,河南省同位素研究所与郑州国棉三厂合作研制成功高速并条机同位素检测自动调整装置。河南省科学院能源研究所研制成功高稳定不间断供电微机电源、太阳能电钟、电视机电源。焦作矿院研制成功主井自动连续喷射混凝土机组。20世纪80年代,洛阳玻璃厂研制成功浮法玻璃生产新工艺。郑州大学研制的球型氨催化剂荣获国家发明奖,石油发酵尼龙3号填补了国内空白。南召人王永民的汉字编码研究解决了7000多个汉字和2000多条词语的输入问题,使我国彻底告别活字印刷,他发明的"大一统五笔字型"荣获国家技术进步二等奖。农民发明家、滑县人李官奇创造的世界植物蛋白改性纤维,获中国专利金奖。

4. 学校教育

中华人民共和国成立后,河南省创立了当代学校教育。1953年的院系调整中,河南大学农学院、医学院独立,改为师范学院。1956年,新建文理科大学郑州大学。1961年对学校进行大规模调整,压缩规模,合理布局。1976—1985年教育战线实行全面调整、整顿、恢复和发展,高等学校恢复考试招生制度,普及小学教育。1993—2001年教育改革全面深化,基本普及九年制义务教育,积极发展高等教育。郑州大学入选国家211建设项目,河南8所部属高校实行省部共建。2000年合并组建新的郑州大学和河南大学,基本形成门类齐全、结构趋于合理、比例比较适当、逐步适应河南经济建设和社会发展需要的教育体系。2017年,郑州大学、河南大学跻身"一流大学、一流学科"建设高校行列。

5. 精神文明建设

中华人民共和国成立初期,改革旧社会陋习,贯彻新婚姻法,实行婚姻自由、一夫一妻、男女平等。禁绝毒品,打击吸毒贩毒,禁止赌博,树立新风尚。20世纪60年代,河南全省掀起学雷锋的高潮,弘扬雷锋忠于党和祖国,毫不利己、专门利人的精神。1962年冬,兰考县委书记焦裕禄带病工作,带领民众消除内涝、风沙、盐碱三大灾害,以身殉职,全省党员干部掀起学习焦裕禄一心为革命、一心为人民精神的群众运动。1960—1974年,林县人民发扬自力更生,艰苦奋斗精神,开凿红旗渠引漳水入林县,全省掀起学习红旗渠精神的热潮。在这些精神的感召下,河南社会形成艰苦奋斗、助人为乐的新道德风尚。1981年河南省开展"五讲(讲文明、讲礼貌、讲卫生、讲秩序、讲道德)四美(心灵美、语言美、行为美、环境美)三热爱(热爱祖国、热爱社会主义、热爱中国共产党)"活动,取得良好社会效果。20世纪90年代以来,大力开展社会主义精神文明建设,培育社会主义核心价值观,推进文明单位建设经常化、制度化、科学化,在农村积极宣传双文明村镇,弘扬社会新风尚。

二、中原文化、黄河文化的保护、传承与弘扬

习近平总书记指出:"中华优秀传统文化是中华民族的精神命脉,是涵养社会主义核心价值观的重要源泉,也是我们在世界文化激荡中站稳脚跟的坚实根基。"国家"十四五规划"和"2035年远景目标纲要"提出,"深入实施中华优秀传统文化传承发展工程,强化重要文化和自然遗产、非物质文化遗产系统性保护,推动中华优秀传统文化创造性转化,创新性发展"。

2011年9月28日颁布的《国务院关于支持河南省加快建设中原经济区建设的指导意见》,把"华夏历史文明传承创新区"列入中原经济区的五大战略定位之一。这是国家赋予河南的文化发展战略任务。2021年10月9日中共中央、国务院发布《黄河流域生态保护和高质量发展规划纲要》,指出黄河流域"文化根基深厚","孕育了河湟文化、关中文化、河洛文化、齐鲁文化等特色鲜明的地域文化,历史文化遗产星罗棋布",从而把"中华文化保护传承弘扬的重要承载区"作为黄河流域的战略定位,要求域内各省"依托黄河流域文化遗产资源富集、传统文化根基深厚的优势,从战略高度保护传承弘扬黄河文化,充分发展中华优秀传统文化的独特魅力、革命文化的丰富内涵、社会主义先进文化的时代价值,增强黄河流域文化软实力和影响力,建设厚植家国情怀、传承道德观念、各民族同根共有的精神家园"。在战略布局上又提出"构建多元纷呈、和谐相容的黄河文化彰显区",系统保护黄河文化遗产,深入传承黄河文化基因,讲好新时代文化故事,打造具有国际影响力的文化旅游带。

河南和山西属于"河洛—三晋文化区,主要包括中游伊洛河、汾河等流域,是中华民族重要的发祥地,分布有大量文化遗存",要"依托古都、古城、古迹等丰富人文资源,突出地域文化特点和农耕文化特色,打造世界级历史文化旅游

目的地"。

建设"华夏历史文明传承创新区"和"中华文化保护传承弘扬的重要承载区",是党和国家赋予河南的两项重要任务。"两区"建设对于扩大中原文化的影响力,传承中原优秀传统文化,维系薪火相传数千年的中华文脉,提升海内外华人的文化认同感和归属感,增强中华民族的凝聚力与向心力,加强国家的文化安全,建设中华民族共有精神家园,实现文化强国和中华民族伟大复兴,具有深远的历史意义。

进行"两区"建设,就要对河洛文化、中原文化、黄河文化进行科学阐释,做好历史文化遗产的保护利用,深入挖掘其当代价值,进行创造性转化和创新性发展。

1. 科学阐释华夏历史文明和中原文化,以增加文化自信

河南所在的中原地区处于我国中心地带,是中华民族和华夏文明的重要发源地。发源于中原、发展于中原、繁盛于中原的华夏历史文明,是中华民族文化的主体形态,是中华文明的根源和主干,也是建设"华夏历史文明传承创新区"和"中华文化保护传承弘扬的重要承载区"的重要支撑。我们要以马克思主义为指导,深入研究华夏历史文明、中原文化、黄河文化,廓清其历史发展规律,阐明它在世界东方文明、中华传统文化中的重要地位,发掘其精神内涵和时代价值。要注重传统文化与马克思主义基本原理的有机结合,推动坚持马克思主义与弘扬中华优秀文化同向而行,以马克思主义引领中华优秀传统文化的发展,为其民族形式附上更高价值的科学内涵。

2019年9月18日,习近平总书记在郑州主持召开黄河流域生态保护和高质量发展座谈会并发表重要讲话,明确指出:"黄河文化是中华文明的重要组成部分,是中华民族的根和魂。"著名学者季羡林在《搞传统文化,正是为了现代化》一文中说:"现代化而没有传统文化,是无根之'化',是全盘西化,在有数千年文化史的中国,是绝对行不通的。"我们应该着力阐释"何以中国",为什么说黄河文化是中华民族的根和魂等问题,以坚定文化自信,为实现中华民族伟大复兴的中国梦凝聚精神力量。

2. 做好历史文化遗产的系统保护和开发利用

历史文化遗产是不可再生、无可替代的宝贵资源,是历史留给全人类的珍贵财富。文化遗产承载灿烂文明、传承历史文化、维系民族精神,是加强社会主义精神文明建设的深厚滋养。文化遗产保护关乎阐释文明特质、传承文化基因,关乎坚定文化自信、彰显中国精神,关乎文明互鉴、展示真实中国,必须高度重视。

河南省是我国现代考古学的发祥地,也是全国数一数二的考古大省、文物大省。近期公布的全国"百年百大考古发现"中河南省就占14项,位居全国第一。河南历史文化遗产丰富,应该强化重要文化和自然遗产、非物质文化遗产的系统保护,坚持以保护为主,抢救第一,实行科学保护、完整保护。要高水平保护以二里头、双槐树为代表的重要遗产,加大对宫殿、帝王陵等大遗址的整体性保护和修复力度,加大龙门石窟、巩义石窟等的保护力度,加强古建筑、古镇古村等农耕文化遗产和古灌区、古渡口等水文化遗产保护,保护关津、古栈道等交通遗迹遗存。洛阳、开封等历史文化名城要保护和完善历史风貌特色。要完善非物质文化遗产保护名录体系,大力保护戏曲、武术、民俗、传统技艺等非物质文化遗产,以展示中原文化、黄河文化和中华优秀传统文化。

河南有十分丰富的历史文化资源,要做好开发利用。应深入挖掘黄帝故里、姓氏、文字、武术等文化资源,办好新郑黄帝故里拜祖大典、洛阳河洛文化节、淮阳姓氏文化节、固始根亲文化节等,大力弘扬中原文化,为港澳台同胞和海外华侨架起一座回归精神家园的桥梁。要打造具有国际影响力的中原文化旅游带,依托古都、古城、古迹等丰富人文资源,突出地域文化特点和农耕文化特色,打造世界级历史文化旅游目的地。

3. 深入挖掘优秀传统文化的当代价值,使它走向现代,走向未来

党的十七届六中全会通过的《关于推动社会主义文化大发展大繁荣若干重大问题的决定》指出:"优秀传统文化凝聚着中华民族自强不息的精神追求和历久弥新的精神财富,是发展社会主义先进文化的深厚基础,是建设中华民族共有精神家园的重要支撑",要"加强对优秀传统文化思想价值的挖掘和开发","使优秀传统文化成为新时代鼓舞人民前进的精神力量",要"深入挖掘中华优秀传统文化蕴含的思想观念、人文精神、道德规范",以涵养社会主义核心价值观。

我们要建立沟通历史与现实、拉近历史与现代的中原文化体系。中原文化、黄河文化中蕴含着天人合一、以民为本、刚健自强、崇尚德义、中和大同等精神,已经作为文化基因融入人民的骨髓,深刻影响着人们的思维方式、审美旨趣和行为活动。深入挖掘蕴含其中的哲学思想、人文精神、价值理念、道德规范。深入挖掘其时代价值,与时代精神紧密结合,把社会主义核心价值观融入社会发展各方面,转化为人们的情感认同和行为习惯。

4. 推进优秀传统文化的创造性转化与创新型发展

文化在传承中创新,在创新中发展,在发展中提升。传承是创新的前提,创新是传承的关键。我们要加快推进优秀传统文化的创造性转化与创新性发展,实现中华优秀传统文化与时代文化相融相通;要通过创造性转化使之呈现富有时代气息的价值内涵和表达形式,激活其生命力;又要通过创新型发展使之拓宽内涵和外延,增强其感召力。

我们要以先进文化为引领,以时代精神为核心,以中原文化为基础,以传承创新为手段,以发展繁荣为旨归,开展中原文化的传承、创新工程,推动优秀农耕文化遗产的活化利用和传承创新;要综合展示农田水利、天文历法、治河技术、建筑营造、中医中药、传统工艺等领域的文化成就,推动融入现实生活;要大力弘扬大别山精神、焦裕禄精神、红旗渠精神,用以滋养初心,淬炼灵魂,为实现文化强省、文化强国而奋斗。

参考资料

一、古籍类

1. 《帝王世纪 世本 逸周书 古本竹书纪年》,齐鲁书社 2010 年版。
2. 杜预:《春秋左传集解》,上海人民出版社 1977 年版。
3. 韦昭注:《国语》,上海古籍出版社 1988 年版。
4. 司马迁:《史记》,中华书局 1959 年版。
5. 班固:《汉书》,中华书局 1962 年版。
6. 范晔:《后汉书》,中华书局 1965 年版。
7. 陈寿:《三国志》,中华书局 1959 年版。
8. 房玄龄等:《晋书》,中华书局 1974 年版。
9. 魏收:《魏书》,中华书局 1974 年版。
10. 李延寿:《北史》,中华书局 1974 年版。
11. 沈约:《宋书》,中华书局 1974 年版。
12. 魏征等:《隋书》,中华书局 1973 年版。
13. 刘昫等:《旧唐书》,中华书局 1975 年版。
14. 欧阳修、宋祁:《新唐书》,中华书局 1975 年版。
15. 薛居正等:《旧五代史》,中华书局 1976 年版。
16. 欧阳修:《新五代史》,中华书局 1974 年版。
17. 脱脱等:《宋史》,中华书局 1977 年版。
18. 脱脱等:《金史》,中华书局 1974 年版。

19. 宋濂等:《元史》,中华书局1976年版。
20. 张廷玉等:《明史》,中华书局1974年版。
21. 赵尔巽等:《清史稿》,中华书局1977年版。
22. 司马光:《资治通鉴》,中华书局1956年版。
23. 李焘:《续资治通鉴长编》,中华书局1979年版。
24. 吴任臣撰,徐敏霞、周莹点校:《十国春秋》,中华书局1983年版。
25. 宇文懋昭著,崔文印校证:《大金国志校证》,中华书局1986年版。
26. 杜佑撰,王文锦等点校:《通典》,中华书局1988年版。
27. 王溥:《唐会要》,上海古籍出版社1991年版。
28. 王溥:《五代会要》,上海古籍出版社1978年版。
29. 徐松:《宋会要辑稿》,中华书局1957年版。
30. "中央研究院"历史语言研究所编:《明实录》,1962年版。
31. 顾祖禹:《读史方舆纪要》,中华书局2005年版。
32. 孔颖达疏:《尚书正义》,十三经注疏本,中华书局1980年版。
33. 蔡沉撰,王丰先点校:《书集传》,中华书局2017年版。
34. 顾颉刚、刘起釪:《尚书校释译论》,中华书局2005年版。
35. 王弼注,孔颖达等正义:《周易正义》,十三经注疏本,中华书局1980年版。
36. 周振甫译注:《周易译注》,中华书局1991年版。
37. 公羊寿传,何休解诂,徐彦疏:《公羊传》,十三经注疏本,中华书局1980年版。
38. 杨天宇:《礼记译注》,上海古籍出版社1997年版。
39. 杨天宇:《周礼译注》,上海古籍出版社2004年版。
40. 王聘珍撰,王文锦点校:《大戴礼记解诂》,中华书局1983年版。
41. 康有为注,楼宇烈整理:《论语注》,中华书局1984年版。
42. 黎翔凤撰,梁运华整理:《管子校注》,中华书局2004年版。
43. 朱谦之校释:《老子校释》,中华书局1984年版。
44. 王弼注,楼宇烈校释:《老子道德经注校释》,中华书局2008年版。
45. 杨伯峻译注:《孟子译注》,中华书局1960年版。
46. 郭庆藩辑:《庄子集释》,中华书局1961年版。
47. 孙诒让:《墨子间诂》,中华书局2001年版。

参考资料 583

48. 梁启雄:《荀子简释》,中华书局 1983 年版。

49. 王先慎集解,钟哲点校:《韩非子集解》,中华书局 1998 年版。

50. 申不害:《申子》,魏征等:《群书治要》引,《四部丛刊》子部第 12 册。

51. 高亨注释:《商君书注释》,中华书局 1974 年版。

52. 景中译注:《列子》,中华书局 2007 年版。

53. 张湛:《列子注》,《文渊阁四库全书》第 1055 册。

54. 郭象注:《庄子注》,《文渊阁四库全书》第 1056 册。

55. 许富宏:《鬼谷子集校集注》,中华书局 2008 年版。

56. 陈奇猷校释:《吕氏春秋校释》,学林出版社 1984 年版。

57. 陆贾:《新语》,"百子全书"本,浙江人民出版社 1984 年版。

58. 贾谊撰,阎振益、钟夏校注:《新书校注》,中华书局 2000 年版。

59. 陈广忠译:《淮南子》,中华书局 2014 年版。

60. 刘向:《说苑》,中华书局 1985 年版。

61. 王充:《论衡》,上海人民出版社 1974 年版。

62. 王符著,汪继培笺:《潜夫论笺校正》,中华书局 1985 年版。

63. 朱熹:《诗集传》,上海古籍出版社 1980 年版。

64. 朱熹:《楚辞集注》,上海古籍出版社 1979 年版。

65. 萧统编,李善注:《文选》,中华书局 1977 年版。

66. 刘勰著,周振甫注:《文心雕龙注释》,人民文学出版社 1981 年版。

67. 曹操:《曹操集》,中华书局 1959 年版。

68. 俞绍初辑校:《建安七子集》,中华书局 2005 年版。

69. 赵幼文校注:《曹植集校注》,人民文学出版社 1984 年版。

70. 李志均等校点:《阮籍集》,上海古籍出版社 1978 年版。

71. 夏明钊译注:《嵇康集译注》,黑龙江人民出版社 1987 年版。

72. 瞿蜕园笺证:《刘禹锡集笺证》,上海古籍出版社 1989 年版。

73. 魏仲举集注:《五百家注韩昌黎集》,中华书局 2019 年版。

74. 元稹:《元稹集》,中华书局 1982 年版。

75. 元稹:《元氏长庆集》,《文渊阁四库全书》第 1079 册。

76. 王梵志著,项楚校注:《王梵志诗校注》,上海古籍出版社 1991 年版。

77. 李文泽、霞绍晖校点:《司马光集》,四川大学出版社 2010 年版。

78. 欧阳修:《欧阳修全集》,中国书店1986年版。

79. 毛德富主编:《苏东坡全集》,北京燕山出版社1998年版。

80. 孔凡礼点校:《苏轼文集》,中华书局1986年版。

81. 王安石:《王文公文集》,上海人民出版社1974年版。

82. 邵雍著,郭彧整理:《邵雍集》,中华书局2010年版。

83. 程颢、程颐著,王孝鱼点校:《二程集》,中华书局1981年版。

84. 许衡:《鲁斋遗书》,《文渊阁四库全书》第297册。

85. 许有壬:《至正集》,《文渊阁四库全书》第1211册。

86. 曹端著,王秉伦点校:《曹端集》,中华书局2003年版。

87. 王廷相著,王孝鱼点校:《王廷相集》,中华书局1989年版。

88. 高拱著,岳金西、岳天雷编:《高拱全集》,中州古籍出版社2006年版。

89. 吕坤著,王国轩、王秀梅整理:《吕坤全集》,中华书局2008年版。

90. 李梦阳:《空同集》,《文渊阁四库全书》第1262册。

91. 何景明:《大复集》,《文渊阁四库全书》第1267册。

92. 张显清主编:《孙奇逢集》,中州古籍出版社2003年版。

93. 范志亭、范哲辑校:《汤斌集》,中州古籍出版社2003年版。

94. 严可均辑:《全上古三代秦汉六朝文》,商务印书馆1999年版。

95. 丁福保编:《全汉三国晋南北朝诗》,中华书局1959年版。

96. 彭定求、曹寅等编:《全唐诗》,中华书局1960年版。

97. 董诰等编:《全唐文》,中华书局1983年版。

98. 李调元编,何光清点校:《全五代诗》,巴蜀书社1992年版。

99. 詹安泰校注:《李璟李煜词》,人民文学出版社1958年版。

100. 唐圭璋编:《全宋词简编》,上海古籍出版社1986年版。

101. 胡应麟:《诗薮》,上海古籍出版社1979年版。

102. 黄舒昺辑:《中州名贤集》,江苏广陵古籍刻印社清光绪刊本。

103. 桓宽编,马非百注释:《盐铁论简注》,中华书局1984年版。

104. 陈立:《白虎通疏证》,中华书局1994年版。

105. 应劭撰,王利器校注:《风俗通义校注》,中华书局1981年版。

106. 许慎撰,段玉裁注:《说文解字注》,上海古籍出版社1981年版。

107. 王弼:《周易略例》,商务印书馆1929年版。

108. 释僧祐:《出三藏记集》,中华书局1955年版。

109. 刘义庆:《世说新语》,上海古籍出版社1982年版。

110. 杨衒之撰,范祥雍校注:《洛阳伽蓝记校注》,上海古籍出版社1980年版。

111. 颜之推撰,王利器集解:《颜氏家训集解》,上海古籍出版社1980年版。

112. 郦道元著,陈桥驿校证:《水经注校证》,中华书局2007年版。

113. 张仲景述,王叔和集:《新编金匮要略方论》,《丛书集成初编》第1377册。

114. 张彦远:《历代名画记》,《文渊阁四库全书》第812册。

115. 张鷟:《朝野佥载》,《文渊阁四库全书》第1035册。

116. 陆羽:《茶经》,北京时代华文书局2020年版。

117. 李筌疏:《阴符经疏》,钱锡祚辑:守山阁丛书第18函。

118. 李筌:《神机制敌太白阴经》,《丛书集成初编》第943册。

119. 封演:《封氏闻见记》,台湾商务印书馆1986年版。

120. 苏轼:《经进东坡文集事略》,中华书局香港分局1979年版。

121. 郭若虚:《图画见闻志》,《文渊阁四库全书》第812册。

122. 丁如明等校点:《唐五代笔记小说大观》,上海古籍出版社2000年版。

123. 沈括著,胡道静校注:《梦溪笔谈校证》,中华书局1962年版。

124. 张齐贤:《洛阳搢绅旧闻记》,《文渊阁四库全书》第1036册。

125. 李昉等编:《太平广记》,中华书局1961年版。

126. 钱宝琮点校:《算经十书》,中华书局1963年版。

127. 章学诚著,叶瑛校注:《文史通义校注》,中华书局1985年版。

128. 张瀚:《松窗梦语》,上海古籍出版社1986年版。

129. 陈元龙:《格致镜原》,台湾新兴书局有限公司1972年版。

130. 冯梦龙评纂,庄葳、郭群校点:《太平广记钞》,中州书画社1982年版。

131. 李肇:《唐国史补》,与《因话录》合刊本,上海古籍出版社1979年版。

132. 段成式著,方南生点校:《酉阳杂俎》,中华书局1981年版。

133. 徐坚等:《初学记》,中华书局1962年版。

134. 虞世南:《北堂书钞》,《文渊阁四库全书》第889册。

135. 司马承祯:《坐忘论》,《道藏》第22册,文物出版社、上海书店、天津古籍出版社1988年版。

136. 司马光:《司马氏书仪》,《丛书集成初编》第1041册。

137. 周密:《武林旧事》,《文渊阁四库全书》第 590 册。

138. 曾公亮、丁度等:《武经总要》,《文渊阁四库全书》第 726 册。

139. 孟元老撰,伊永文笺注:《东京梦华录笺注》,中华书局 2006 年版。

140. 岳珂:《桯史》,中华书局 1981 年版。

141. 陶宗仪:《辍耕录》,中华书局 1959 年版。

142. 陶宗仪:《书史会要》,上海书店出版社 1984 年版。

143. 朱弁:《曲洧旧闻》,《丛书集成初编》第 2768 册。

144. 王栐:《宋朝燕翼诒谋录》,《丛书集成初编》第 3888 册。

145. 刘斧:《青琐高议》,中华书局 1959 年版。

146. 谢维新:《古今合璧事类备要》,《文渊阁四库全书》第 939 册。

147. 蔡絛:《铁围山丛谈》,中华书局 1983 年版。

148. 金盈之:《醉翁谈录》,古典文学出版社 1958 年版。

149. 康基田:《河渠纪闻》,中国水利工程学会 1936 年版。

150. 倪根金校注:《救荒本草校注》,中国农业出版社 2008 年版。

151. 王士俊编:《河南通志》,康熙三十四年刊本。

152. 徐珂编撰:《清稗类钞》,中华书局 1984 年版。

153. 李中立撰,张卫等校注:《本草原始》,学苑出版社 2011 年版。

154. 吕坤:《实政录》,浙江书局同治十一年刊本。

155. 昆冈等纂:《钦定大清会典事例》,商务印书馆光绪三十四年刊本。

156. 徐梦梓:《三朝北盟会编》,海天书店 1939 年版。

157. 孔宪易校注:《如梦录》,中州古籍出版社 1984 年版。

158. 张邦基撰,孔凡立点校:《墨庄漫录》,与《过庭录》《可书》合刊,中华书局 2002 年版。

159. 桃源居士编:《唐人小说》第三十七帙,上海文艺出版社 1992 年版。

160. 李昉等编:《太平御览》,中华书局 1960 年版。

161. 杜光庭:《中华道藏》第 11 册,华夏出版社 2014 年版。

162. 谷应泰:《博物要览》,中华书局 1985 年版。

163. 王阳明著,叶圣陶点校:《传习录》,北京时代华文书局 2014 年版。

164. 邓士龙辑:《国朝典故》,北京大学出版社 1993 年版。

165. 彭元瑞撰:《钦定天禄琳琅书目续目》,台北广文书局 1968 年版。

166. 永瑢等:《四库全书总目》,中华书局 1965 年版。
167. 段玉裁:《与顾千里论学制备忘之记》,《经韵楼集》卷十二。
168. 俞正燮:《癸巳类稿》,商务印书馆 1957 年版。
169. 高承:《事物纪原》,《丛书集成初编》第 1209 册。
170. 夏文彦:《图绘宝鉴》,《文渊阁四库全书》第 812 册。
171. 顾炎武:《天下郡国利病书》,《四库存目丛书》史部第 171 册。
172. 广东省禁赌委员会编:《禁赌概览》,1936 年版。

二、著作类

1. 中共中央马克思恩格斯列宁斯大林著作编译局编译:《马克思恩格斯文集》,人民出版社 2009 年版。
2. 袁行霈等主编:《中华文明史》,北京大学出版社 2006 年版。
3. 白寿彝总主编:《中国通史》,上海人民出版社 1994 年版。
4. 郑师渠总主编:《中国文化通史》,中共中央党校出版社 2000 年版。
5. 吕思勉:《中国文化史》,新世界出版社 2008 年版。
6. 任继愈主编:《中国哲学史》(第一册),人民出版社 1979 年版。
7. 冯友兰:《中国哲学史》上,神州国光社 1931 年刊。
8. 冯友兰:《中国哲学史新编》,人民出版社 2004 年版。
9. 李约瑟:《中国科学技术史》(中译本),科学出版社 1975 年版。
10. 刘叙杰主编:《中国古代建筑史》,中国建筑工业出版社 2003 年版。
11. 王治心:《中国基督教史纲》,沈云龙主编:《近代中国史料丛刊》第 635 册,文海出版社 1973 年版。
12. 胡适:《白话本文学史》,岳麓书社 1986 年版。
13. 鲁迅:《鲁迅全集》,人民文学出版社 1981 年版。
14. 王玉哲:《中华远古史》,上海人民出版社 2003 年版。
15. 宋镇豪主编:《商代史》,中国社会科学出版社 2010 年版。
16. 杨宽:《西周史》,上海人民出版社 2003 年版。
17. 宋镇豪:《夏商社会生活史》,中国社会科学出版社 1994 年版。
18. 罗贤祐:《元代民族史》,四川民族出版社 1996 年版。
19. 史卫民:《元代社会生活史》,中国社会科学出版社 1996 年版。

20. 岑仲勉:《黄河变迁史》,中华书局 2004 年版。
21. 胡兆量等:《中国文化地理纲要》,人民教育出版社 2005 年版。
22. 程民生:《河南经济简史》,中国社会科学出版社 2005 年版。
23. 程有为、王天奖主编:《河南通史》,河南人民出版社 2005 年版。
24. 杨玉厚主编:《中原文化史》,文心出版社 2000 年版。
25. 申畅、申少春主编:《河南文化史》,中州古籍出版社 2002 年版。
26. 王星光主编:《中原科学技术史》,科学出版社 2016 年版。
27. 程有为总主编:《中原文化通史》(八卷本),河南人民出版社 2019 年版。
28. 徐旭生:《中国古史的传说时代》,科学出版社 1960 年版。
29. 蒙文通:《古史甄微》,商务印书馆 2020 年版。
30. 陈寅恪:《金明馆丛稿》,上海古籍出版社 1980 年版。
31. 高明:《中国古文字学通论》,文物出版社 1987 年版。
32. 吕大吉:《宗教学通论新编》,中国社会科学出版社 1998 年版。
33. 高江涛:《中原地区文明化进程的考古学研究》,社会科学文献出版社 2009 年版。
34. 魏建震:《先秦社祀研究》,人民出版社 2008 年版。
35. 常玉芝:《殷商历法研究》,吉林文史出版社 1998 年版。
36. 史念海:《黄土高原历史地理研究》,黄河水利出版社 2001 年版。
37. 朱士光:《黄土高原地区环境变迁及其治理》,黄河水利出版社 1999 年版。
38. 邹逸麟:《黄淮海平原历史地理》,安徽教育出版社 1993 年版。
39. 刘起釪:《尚书研究要论》,齐鲁书社 2007 年版。
40. 李京华:《中原古代冶金技术研究》,中州古籍出版社 1994 年版。
41. 孙毓棠:《孙毓棠学术论文集》,中华书局 1995 年版。
42. 张岱年等:《国学今论》,辽宁教育出版社 1991 年版。
43. 卢云:《汉晋文化地理》,陕西人民教育出版社 1991 年版。
44. 唐长孺:《魏晋南北朝隋唐史三论》,武汉大学出版社 1993 年版。
45. 吕思勉、童书业编著:《古史辨》,上海古籍出版社 1982 年版。
46. 张泽咸:《唐五代赋役史草》,中华书局 1986 年版。
47. 张振犁:《中原神话研究》,上海社会科学院出版社 2009 年版。
48. 李民、张国硕:《夏商周三族源流探索》,河南人民出版社 1998 年版。

49. 郭沫若:《郭沫若全集·历史编》,人民出版社1982年版。
50. 孙作云:《诗经与周代社会研究》,中华书局1966年版。
51. 杨向奎:《宗周社会与礼乐文明》,人民出版社1992年版。
52. 杨向奎:《墨经数理研究》,山东大学出版社2000年版。
53. 李硕之、王式金:《吴子浅说》,解放军出版社1986年版。
54. 邓白:《赵佶》,上海美术出版社1985年版。
55. 何广博:《〈述善集〉研究论集》,甘肃人民出版社2001年版。
56. 杨璇:《伤寒瘟疫条辨》,人民卫生出版社1986年版。
57. [日]丹波元胤:《中国医籍考》,人民卫生出版社1956年版。
58. 罗运炎:《毒品问题》,商务印书馆1936年版。
59. 河南大学黄河发展研究中心:《黄河开发与治理六十年》,科学出版社2009年版。
60. 刘继兴编著:《魅力毛泽东》,新华出版社2009年版。
61. 申畅编著:《河南方志研究》,中州古籍出版社1999年版。
62. 潘吉星编:《李约瑟文集》,辽宁科学技术出版社1986年版。
63. 李庚香:《中原文化精神》,河南文艺出版社2007年版。
64. 李民主编:《中原文化大典》,中州古籍出版社2008年版。
65. 刘成纪、杨云香主编:《中原文化与中华民族》,河南人民出版社2012年版。
66. 朱绍侯主编:《中国地域文化通览·河南卷》,中华书局2014年版。
67. 中国社会科学院考古研究所、河南省文物考古研究所:《灵宝西坡墓地》,文物出版社2010年版。
68. 中国社会科学院考古研究所:《中国考古学·夏商卷》,中国社会科学出版社2003年版。
69. 陈旭:《夏商考古》,文物出版社2001年版。
70. 河南省文物考古研究所:《安阳鄣邓》,大象出版社2012年版。
71. 河南省文物考古研究所:《郑州商城1953—1985年考古发掘报告》,文物出版社2001年版。
72. 郭沫若:《殷契萃编》,科学出版社1965年版。
73. 中国社会科学院考古研究所:《殷墟妇好墓》,文物出版社1980年版。
74. 河南博物院、台北历史博物馆:《新郑郑公大墓青铜器》,大象出版社2001

年版。

75. 河南省文物局:《河南文物》,文心出版社2008年版。
76. 冯自由:《革命逸史》,中华书局1981年版。
77. 中国第二历史档案馆编:《中华民国史档案资料汇编》,江苏人民出版社1981年版。
78. 丁世良:《中国地方志民俗资料汇编》(中南卷),北京图书馆出版社1991年版。
79. 刘景向总纂:《河南新志》,中州古籍出版社1990年版。
80. 河南省地方史志办公室编纂:《河南省志·科学技术志》,河南人民出版社1995年版。
81. 河南省地方史志办公室编纂:《河南省志·文化志》,河南人民出版社1995年版。
82. 单远慕:《中华文化通志·中原文化志》,上海人民出版社1998年版。
83. 南阳地区地方史志编纂委员会:《南阳地区志》,河南人民出版社1994年版。
84. 《黄河水利史述要》编写组:《黄河水利史述要》,黄河水利出版社2003年版。
85. 黄河水利委员会:《黄河志》,河南人民出版社2017年版。

三、论文类

1. 丁文江:《历史人物与地理的关系》,《努力周报》第43、44号,1923年。
2. 陈寅恪:《邓广铭宋史职官志考证序》,《金明馆丛稿二编》,上海古籍出版社1980年版。
3. 李铁华:《伟哉大禹,德治始祖》,《光明日报》2004年9月30日第3版。
4. 郭沫若:《评〈古史辨〉》,《古史辨》(七)下,上海古籍出版社1982年版。
5. 赵化成:《周代棺椁多重制度研究》,《国学研究》第五卷,北京大学出版社1998年版。
6. 孙毓棠:《战国秦汉时代的纺织业》,《孙毓棠学术论文集》,中华书局1995年版。
7. 邹逸麟:《黄河下游河道变迁及其影响概述》,《复旦学报(社会科学版)》1980年S1期。
8. 张岱年:《正确评价二程洛学》,《洛学与传统文化》,求实出版社1989年版。

9. 黄书光:《宋代地方官学考析》,《华东师范大学学报(教育科学版)》1986年第4期。

10. 朱自清:《歧路灯》,《歧路灯论丛》(一),中州书画社1982年版。

11. 买文兰:《冯玉祥主豫期间的社会风俗改革述评》,《华北水利水电学院学报(社科版)》2004年第1期。

12. 王守恩:《近代华北农村社会的毒品问题》,《晋阳学刊》1998年第5期。

13. 苏秉琦:《关于仰韶文化的若干问题》,《考古学报》1965年第1期。

14. 王胜昔、王羿:《揭开五千年前"河洛古国"神秘面纱》,《光明日报》2020年5月8日第1、9版。

15. 中国社会科学院考古研究所河南二队:《河南临汝煤山遗址发掘报告》,《考古学报》1982年第4期。

16. 郭沫若:《古代文字之辩证的发展》,《考古学报》1972年第1期。

17. 于省吾:《关于古文字研究的若干问题》,《文物》1973年第2期。

18. 《早期中国——中华文明起源展》,《中国文物报》2009年9月30日第9版。

19. 河南省文物考古研究所:《河南鹤壁市刘庄遗址下七垣文化墓地发掘简报》,《华夏考古》2007年第3期。

20. 李延祥:《中原与北方地区早期青铜产业格局的初步探索》,《中国文物报》2014年2月28日第5版。

21. 中国科学院考古研究所安阳发掘队:《1975年安阳殷墟的新发现》,《考古》1976年第4期。

22. 夏鼐:《我国古代蚕、桑、丝、绸的历史》,《考古》1972年第2期。

23. 胡厚宣:《殷人疾病考》,《甲骨学商史论丛》初集,1944年。

24. 胡厚宣:《论殷人治疗疾病之方法》,《中原文物》1984年第4期。

25. 中国社会科学院考古研究所安阳工作队:《河南安阳殷墟大型建筑基址的发掘》,《考古》2001年第5期。

26. 石璋如:《小屯·殷墟建筑遗存》,台北"中央研究院"历史语言研究所1959年。

27. 董作宾:《商代龟卜之推测》,《安阳发掘报告》,1929年。

28. 熊传新:《商周青铜器的动物造型和纹样与古代图腾崇拜》,《南方民族考古》1991年第1期。

29. 马承源:《何尊铭文初释》,《文物》1976 年第 1 期。
30. 蔡运章:《洛阳北窑西周墓青铜器铭文简论》,《文物》1996 年第 7 期。
31. 河南省文化局文物工作队:《郑州南关 159 号汉墓的发掘》,《文物》1960 年第 8、9 期。
32. 张家泰:《登封观星台和元初天文观测的成就》,《考古》1976 年第 2 期。

后 记

这部《河南文化史》书稿是"河南专门史大型学术文化工程丛书"的一种。在此,我想谈一下撰写这部书的动因,与读者分享。

我供职的河南省社会科学院历史研究所是以研究河南历史为宗旨的研究机构。我 1982 年进所工作,也把主要精力放在河南历史研究上,曾与王天奖先生一起主持四卷本《河南通史》的撰写。2000 年《河南通史》书稿完成,所里下一步科研工作以什么为重点提上议事日程。当时我承乏忝充所长,与同事商定继续深化河南历史研究,撰写一套十种"河南专门史丛书"。旋向省社会科学规划办申报,被列入省社会科学"十五"规划项目,资助经费 1.2 万元。这点经费对于一个大型课题而言无疑是杯水车薪,课题难以按计划完成,于是约请任崇岳研究员撰写一本《河南移民简史》,结项出版了事。一晃几年过去,2005 年历史研究所与考古研究所合并成立历史与考古研究所。所长张新斌等不忘初心,经过多年的准备,终于在 2015 年底启动"河南专门史丛书"项目,计划用 10 年时间,分批撰写出版河南专门史 100 本,此举得到院领导魏一明、张占仓等的大力支持和积极推动,列入本院重大专项工作。我作为河南专门史研究的"始作俑者"之一,对此项目得以实施感到欣慰,虽然已退休多年,仍愿参与其中,以尽绵薄之力,遂与唐金培等共同撰写了一部《河南水利史》书稿,收入该丛书的第一辑。这就是我和河南专门史研究项目的缘分。

2019 年 9 月 18 日,习近平总书记在黄河流域生态保护和高质量发展座谈会上讲话指出,"黄河文化是中华文化的重要组成部分,是中华民族的根和魂",

号召人们"保护、传承、弘扬黄河文化"。黄河文化就是黄河流域的历史文化,河南文化(即狭义的中原文化)是黄河文化的重要组成部分。研究河南文化和黄河文化,也是河南省的史学工作者义不容辞的责任,而文化表现在以往全部的历史过程中。著名史学家钱穆曾说:"除却历史,无从谈文化。我们应从全部历史之客观方面来指陈中国文化的真相。"要深入了解河南文化和黄河文化,必须考察其全部历史,探讨其形成、发展、演变的轨迹,以"通古今之变",获得规律性认识。

关于河南文化历史的著作,此前已有几种。

最早的是杨玉厚先生主编的《中原文化史》,2000年由文心出版社出版。该书以河南地区为地域范围,将中原文化史分为前后两段阐述。作者筚路蓝缕,以启山林,开创之功实不可没。但此书过于简略,仅20余万字,内容仅写古代部分,近代则没有涉及。

其次是申畅、沈长春两位先生主编的《河南文化史》,2002年由中州古籍出版社出版。此书有三四十万字,内容比较丰富、具体,但在体例上是以文化门类设章,实际上是一部河南文化志。

第三种是我主持撰写的《中原文化通史》,凡八卷360万字,2019年由河南人民出版社付梓。其地域范围以河南省为主体,兼及陕西东部、山西南部、河北南部、山东西部、安徽西北部地区,与中原经济区的地域范围大体相当;时间断限上起原始社会,下讫新中国成立。这是一部大型地域文化通史著作,更适于从事历史、文化工作的专业工作者阅读。有鉴于此,我觉得有必要写一部繁简适当、体例规范、更适宜广大读者阅读的河南文化史著作,这就是本书撰写的缘起。

在"河南专门史大型学术文化工程丛书"中,各部书的内容涵盖范围并不一致。《河南文化史》是一部内容广泛的书,它涉及思想哲学、学术、文学、艺术、科技、教育、风俗习惯等多方面的知识,又要贯通古今,撰写难度较大。虽然我曾经主持撰写了《中原文化大典·大事记》和《中原文化通史》,并担任《中国地域文化通览·河南卷》的主要撰稿人,对河南历史文化较为熟悉,但写起来并不轻松。书中的不足之处在所难免,敬请学界同人和广大读者指正。

"河南专门史大型学术文化工程丛书"编委会将本书列入丛书第二辑,审稿人任崇岳、徐志刚先生对书稿进行了认真的审读,特别是徐志刚先生提出了许多具体而中肯的修改意见,纠正了其中的文字错讹,使我获益匪浅。大象出版社的张前进先生、李建平先生、曲静女士在本书的编校中付出了许多辛劳,特表示衷心感谢。

程有为

2021 年 7 月 31 日于洛嵋斋